Herman Riegel

Cornelius, der Meister der deutschen Malerei

Herman Riegel

Cornelius, der Meister der deutschen Malerei

ISBN/EAN: 9783744671347

Hergestellt in Europa, USA, Kanada, Australien, Japan

Cover: Foto ©Thomas Meinert / pixelio.de

Weitere Bücher finden Sie auf **www.hansebooks.com**

Cornelius

der

Meister der deutschen Malerei.

Von

Herman Riegel.

Hannover.
Carl Rümpler.
1866.

Druck von

Inhalt.

Erster Abschnitt.
Einleitung. — S. 1—17.

Allgemeiner Gesichtspunkt (1). Berechtigung, über Cornelius zu sprechen (2). Schinkel, Thorwaldsen, Cornelius (2). Die Aufgabe der Zeit (3). Aufschwung des deutschen Geistes im 18. Jahrhundert (4). Rückkehr zum Alterthum (4). Der Genius (5).

Die Wiedergeburt deutscher Kunst (6). Allgemeines Vorgefühl (6). Mengs (6). Carstens (7). Seine Aufgabe (7) und seine Bedeutung (8, 9). Der künstlerische Gedanke (10). Wächter, Schick, Koch (10). Thorwaldsen (10). Schinkel (11). Rom (11, 12). Geburtsstunden der neuen Kunst (12). Sinn und Wesen der Wiedergeburt (12, 13). Einfluß der Literatur (13). Overbeck und W. Schadow (14). Antike und Mittelalter (14, 15). Cornelius nationales Auftreten (15).

Die nächsten historischen Gesichtspunkte, unter denen Cornelius und seine Werke betrachtet werden müssen und allein richtig verstanden werden können (15—17).

Zweiter Abschnitt.
Die Jugend und die deutsch-nationale Epoche im Leben des Cornelius, von 1783 bis um das Jahr 1815. — S. 17—51.

Entwicklungsstufen (18). Vier Epochen bei Cornelius (19). Schwierigkeit, seine Werke kennen zu lernen (19). Ungenügende Vervielfältigungen (19). Fresken in Rom und München (20). Behandlung der Kartons in Berlin (20, 21). Hieraus erwachsende Schwierigkeiten für Verfasser und Leser (21).

Aloys Cornelius (22). Peter (22). Kinderzeit (23). Jünglingsjahre (24). Abneigung gegen die Akademie (24, 25). Erste Versuche (25). Neuß (25). Geistige Einflüsse (25, 26). Oeffentliche Zustände (26, 27).

Frankfurt (27). Werke daselbst (27). Entschiedene Einkehr ins Altdeutsche (27). Zusammenhang mit der Zeitströmung (28). Faust (28 ff.). Anlaß und Art seiner Entstehung (28, 29). Sieben Blätter fertig (29). Göthe (30). Göthe's Brief (30, 31). Wahres und Falsches darin (31, 32). Deutsch-nationale Bedeutung des Faust und sein Verhältniß zu Carstens (32). Vorzüge und Mängel (33). Vollendung des Faust in Rom (33). Widmung an Göthe (33, 34). Damals und Jetzt (34). Die Faustblätter eine Vorstufe (34, 35). Schiefe Urtheile (35). Nochmals Göthe (36).

Einfluß Italiens (36). Künstlerischer Styl (37). Revolutionärer Einfluß des Faust (38). Reise in den Taunus (38).
Reise nach Rom (38). Helwig-Fouqué'sches Taschenbuch (38). Eintritt in Rom (39). Vermählung des Hellenischen und Deutschen (39). Klassizität (39, 40). Die deutsche Künstlerkolonie (40). Carstens und seine Nachfolger (40). Overbeck und seine Genossen (40). Die alten Meister (40, 41). Ihre Bedeutung gegenüber der Antike (41). Ihr Einfluß im Allgemeinen und auf Cornelius (42, 43). Verhältniß zu den klassischen und den christlichen Künstlern (43). Endliche Versöhnung beider Richtungen in Cornelius (43). — Entwickelungsgang in Rom (44). Wandlung um 1815 (44). Die Niebelungen (44 ff.). Ihr künstlerischer Charakter (44, 45). Das Titelblatt (45). Composition; und Beruf zur Monumental-Malerei (46). Uebergang zur folgenden Epoche. — Der römische Künstlerkreis in seiner Einzigkeit (47). Die öffentlichen Zustände (48). Freies Künstlerleben (48). 1813 (48). Die Niebelungen als patriotische That (49). Abwehr der Romantik (49, 50). — Aenderung der europäischen Verhältnisse (50). Pius VII. (50). Bartholdy und Niebuhr (50). Sehnsucht nach dem Vaterlande (50, 51).

Dritter Abschnitt.
Die römische Epoche, etwa von 1815 bis um 1830. — S. 52—116.

Bisheriger Gang (52). Erwartungen (53). Beruf zum Freskomaler (53). Oel und Fresko (53). Monumental-Malerei (54). Wiederaufnahme der Freskotechnik (54). Bartholdy (54). Die Josephs-Fresken (55 ff.). Cornelius und seine Freunde (55). Wahl des Stoffes (56). Künstlerische Bedeutung (56). Sieg über das Zopfthum (57). — Niebuhr (57). Seine Bekanntschaft mit den Künstlern (57). Urtheile (58). Anregung zu Aufträgen (59). Brief an Savigny (59 ff.). Niebuhr und die Künstler (62). Cornelius religiöser Standpunkt (62, 63). Convertiten (64, 65). Cornelius Unbefangenheit (65). Verketzerung (65, 66). Spannung der Verhältnisse in Rom (66). Ihre Sprengung (67). — Dante's Paradies (67 ff.). Idee und Composition (68, 69). Dante und die neuere deutsche Malerei (69). — Kronprinz Ludwig (70). Reise nach Neapel (70). Verhandlungen (70). Ludwig und die Künstler in Rom (71). Das Fest in Villa Schultheiß (71). Rückert's Schilderung (71 ff.). Niebuhr und Cornelius (76). Sein Gutachten an Altenstein (76 ff.). Directorstelle in Düsseldorf (80 ff.). Veränderte äußere Lage (81). Schüler und Leitung (81). Künstlerische Grundsätze (82, 83). Veränderung (83).

München (83). Ludwig und die deutsche Kunst (84). Einfluß des Ludwig'schen Auftrages auf Cornelius (85). Die Antike, Rafael und Giulio Romano (85, 86). Eingehen des Cornelius in den Geist des Alterthums (86). Griechenthum und Neukatholizismus (87). Abfall von Freunden (88). — Die Glyptothek-Fresken (88 ff.). Ewige Bedeutung des klassischen Alterthums (88, 89). Vertheilung des Stoffes (89, 90). Die unsterblichen Götter (90). Der Göttersaal (90). Der trojanische Saal (91). Die Verbindungshalle (91). Monumentale Raumtheilung (92). Raumfüllung (93). Neues künstlerisches Element (93). Plastische Schwesterkunst (93). Die Entnahme des Stoffes aus den alten Schriftstellern (94). Echter Geist (94). Unterschied dieser Malerei von der antiken (95). Weiterbildung des Stoffes (95). Entführung der Helena (95). Urtheil des Paris (96). Erinnerung an Rubens (96). Die stylvolle Composition (96). Die Unterwelt (97 ff.). Ein Gedanke in ganzen Bilderreihen (100). Die Zerstörung Troja's (101 ff.). Die antiken Darstellungen der Unterwelt und der Zerstörung Troja's (103). Gesammteindruck der Glyptothek (104). Die Ausführung (104). Das Gebäude (104). Einzigkeit dieser Werke (105). Anerkennungen (106).

Die münchener Bestrebungen (106). Cornelius als Director der Akademie (107). Abwehr von Vorwürfen (107). Grundsatz (108). Geselliger Verkehr (108, 109). Feste (109). Das Dürerfest in Nürnberg (109 ff.) Grundsteinlegung der Ludwigskirche (113). Das Thorwaldsenfest in München (113). Die Geschichte der Malerei im Bogengange der Pinakothek (114). Bildniß des S. Boisserée (115). Art und Weise von Cornelius Schaffen (116).

Vierter Abschnitt.

Die christlich-katholische Epoche, etwa von 1830 bis um 1842. — S. 117—162.

Die bisherigen Werke (117). Glyptothek und Ludwigskirche (117, 118). Das Kirchliche (118). Die christliche Kunst und der Glaube (119 ff.) Ehedem (119). Rom und Overbeck (119). Düsseldorf (120). München (120). Katholizismus und Protestantismus (121). Die christliche Malerei in den Händen der Katholiken (121). Gründe (122). Zukunft und Gegenwart (123). — Cornelius religiöse Denkart (123, 124). Die Ludwigskirche und die übrigen Werke des Cornelius (125).

Die Ludwigskirche (125 ff.). Das Gebäude (125). Vertheilung des Stoffes (126). Fortschritt in den Arbeiten nach der Entstehungszeit (126). Künstlerische Schönheiten (127). Gott Vater und seine Darstellung (127). Dante (128). Standpunkt zur Beurtheilung (128). Das jüngste Gericht (129 ff.). Entstehung (129). Schlechtes Licht (129). Gedanke (130). Positive Auffassung (130). Freie, historische Auffassung (130, 131). Allgemeine menschliche Bedeutung (132). Freiheit in der Wahl des Standpunktes (132). Abstammung des Gedankens aus dem Alterthum (133). Griechisches Todtengericht (133). Ethische Bedeutung (134). Veränderungen durch die christliche Anschauung (135). Das Fegefeuer (136). Anordnung (136). Dies irae (137). Dante (137). Giotto und die Italiener (137). Die Deutschen (138). Michelangelo und Rubens (139). Der Grundgedanke bei Cornelius (140). Anordnung (141 ff.) Der obere Theil (141). Die Verdammten (142 ff.). Die Heuchler (143). Die alberne Luthersage (143). Wahre Bedeutung (144). Mittellinie des Bildes (145). Die Teufel (145). Die Gesegneten (147). Das ganze Werk (148). Verständniß und Auffassung (149). Vergleich mit Michelangelo (150). Ueberschätzung und absprechendes Urtheil (150). — Die Ludwigskirche als Ganzes (151). Kirchlicher Charakter der Bilder (152). Ihre Bedeutung für Cornelius Entwickelung (152). Künstlerische Vorzüge (153).

Reisen nach Rom 1830 und 1834 (154). Reise nach Paris (155). Schillerfest in Stuttgart (155). Düsseldorfer Kunst (156). Sendung aus Belgien (156). Cornelius-Fest in München (157). Das Oelbild: „Christus in der Vorhölle" (159, vergl. 171 ff.). Friedrich Wilhelm IV. (160). München und Berlin (161). Abschied von München (162).

Fünfter Abschnitt.

Die klassische Epoche, etwa von 1842 bis jetzt. — S. 163—267.

Reise und Ankunft in Berlin (163). Freunde und Philister (163, 164). Reise nach England (164). Augenkrankheit (165). Phidias und Rafael (165). Glückliche

Fügung für Cornelius und die Kunst (166). Der Glaubensschild (166 ff.). Die Composition (167). Die Darstellung des Abendmahles (168). Kugler's Urtheile als Zeichen allgemeiner Umstimmung (169). Die Tasso-Umrisse (170). „Christus in der Vorhölle" (172 ff.). Verdammungsgeschrei (171). Schwierigkeit des Verständnisses (172). Versündigung an der Kunst (173). Die Composition dieses Bildes (173). Das Technische (174). Die Färbung (175). Der Bruch zwischen Cornelius und Berlin (175). Kugler's Klotzianismus (176). Rückwirkung auf Cornelius (177). Neuer geistiger Aufschwung (178). Phidias (178). Die Größe seiner Werke (179). Naturwirklichkeit (179) und idealer Naturalismus (180). Verkennung des Geistes der Antike (180—182) Der Geist klassischer Kunst und die höchsten Ideen (182).

Die Friedhofs-Halle in Berlin (182 ff.). Die Aufgabe (182). Die Ausführung nach den äußeren Umständen (182). Modernste Verkehrtheiten (183). Kein Zweifel in der Wahl des Stoffes (183). Der Tod und die Gedanken an Gräbern (184). Die höchsten Ideen (184). Mittelalter und Neuzeit (184, 185). Das Abstracte und die Kunst (185). Das Gleichniß im höheren Sinne (185). Das neue Testament (186). Cornelius und der christliche Stoff (187). Die volle Freiheit der Kunst in diesen seinen Werken behauptet (187, 188). Vorgänger in dieser Richtung (188). Einzigkeit in unserm Jahrhundert (188). — Der dargebotene Raum (189). Die Bestimmung des Gebäudes (189). Sehr glücklicher Auftrag (190). Die höchsten Ideen und der christliche Stoff (190). Unsterblichkeit und Tod (190). Erste Wand: Sünde und Erlösung (191). Unsterblichkeit (191). Auferstehung (192). Zweite Wand: Unsterblichkeit (193 ff.). Anspielungen aus der klassischen Mythologie (194). Die erste und zweite Wand als Ganzes (195). Die dritte Wand: Ausbreitung des Heiles (196). Letzter Zuruf in der vierten Wand (197). — Gruppen der Seeligkeiten (197). Cornelius als Dichter und Künstler in diesem Entwurfe (199). — Die vierte Wand (200 ff.). Die Offenbarung des Johannes (200). Schwierigkeiten für den Künstler (200). Cornelius und das Gedicht (201). Die Theilung der Wand (201). Mittelbild: Gleichniß der zehn Jungfrauen (202). Zusammenhang des Mittelbildes mit den Flügeln (203). Erstes Feld: die sieben Engel (204); die apokalyptischen Reiter (204); Sockelbild (205). Zweites Feld: der Herr der Ernte (205); der Fall Babels (206—8); Sockelbild (208). Die Gruppe (209). Der letzte Gedanke dieser beiden Felder (209). Das dritte Feld: Ankunft des neuen Jerusalem (210); Fesselung des Satans, klassischer Typus (211); Sockelbild (212). Das vierte Feld: Gott auf den vier Lebendigen (212); die Auferstehung (213), Beseitigung der Teufel (215); Sockelbild (215). Die Gruppe (216). Die Kartons und ihre Technik (216). Cornelius und seine Vorgänger (217). Der hohe Geist in den Kartons (217). Die acht Gruppen (218). Die Sockelbilder (219). Das Gastmahl (219). Verhältniß zum Mittelbilde (220). — Die vierte Wand und die drei übrigen (221). Die beiden Grundgedanken (221). Die visionären Ideen und die Thatsache der Geschichte (222). Historische Bedeutung der Kartons (223). — Die fertige Friedhofshalle (223). Ihre Volksthümlichkeit (223). Religion, Liebe, Kunst (224). Ideale Dreieinigkeit (225). Noch einmal die Volksthümlichkeit (225). Das Campo santo von Pisa (226). Jetziger Zustand (226). Rückblick in die Geschichte: die Grabstätte im Alterthum und Mittelalter (227). Pisa (228). Der Berliner Friedhof als Vorhof des Domes und als Königsgruft (228, 229). Barbarischer Stumpfsinn (230).

Reise nach Rom 1843 (230). Doctor-Diplom von Münster (230). Brief des Cornelius (230). Neue Reise nach Rom 1845 (231). Haus in Berlin (232). Aufenthalt in München (232). Die apokalyptischen Reiter (233). Das aufgefundene Abendmahl in S. Onofrio zu Florenz (234). Cornelius Brief (234). Irrthum und richtiges Prinzip (235). Rückkehr und Stellung in Berlin (236). Kaulbach (237). Die Schinkel'schen Fresken in der Halle des Museums (238). 1848, Unterbrechung des Dombaues (239). Reaction und ein neuer Auftrag (240). Reise nach Rom 1853 (241). Das „Pereat" in München (241).

Die Erwartung des Weltgerichts (241 ff.). Entwurf und Fresko (241). Aeußere Bedingung (242). Gedanke des Gegenstandes (242). Behandlung desselben durch die Kunst (244). Förderung der christlichen Kunst (245). Verhältniß der „Erwartung" zur Friedhofshalle (245). Visionäre Auffassung (246). Composition (247). Unzweifelhafte Bedeutung derselben (248). Stimmung des Beschauers (249). Die Altargruppe (250). Der Gedanke des Gerichtes veredelt (250). Großer Fortschritt (251). Die Idee und das Positive (251). Unbewußtes Schaffen des Genius (252). Bedenklicher Punkt hinsichtlich der Bestimmung des Bildes (253—256). Die Composition nach Bau und Gliederung (256). Gruppirung, Gewandung, Ausdruck (258). Farbe (258).

Auflehnung des modernen Virtuosenthums (259). Ludwigsfest in Rom (259). Cornelius Rede (259—261). Familienereignisse, Heirath (262). Rückkehr nach Berlin (262). Veranlassung (263). Neueste Reisen (264). Cornelius als Mensch (264). Bildnisse des Cornelius (264). Orden und Titel (265). Brief der deutschen Kunstgenossenschaft (266).

Sechster Abschnitt.
Schlußbetrachtung. — S. 268—346.

Allgemeiner Gesichtspunkt (268). Cornelius nationaler Ursprung (268). Neigung zum Mittelalter (269). Uebergangsperiode (270). Die Richtungen von Carstens und Overbeck (270). Endliche Versöhnung Beider (271). Umfassung der drei Weltalter (271). Nothwendigkeit im Entwickelungsgange des Cornelius (272). Constellationen (272). Der allgemein künstlerische Charakter des Cornelius (273 ff.). Standpunkt (273). — Die Stoffe (273). Fortschreiten und Vielseitigkeit (274). Geschichtsauffassung (274). Zug des Genius (275). Die ewigen Ideen (275). Das Kunstwerk als Gleichniß (276). Das organische Wachsen (277). Die Productivität (277). Neigung zur Großheit (278). Einzigkeit derselben (279). Selbstbekenntniß (280). Neigung zum Verborgenen (280). Prometheische und epimetheische Naturen (282). Harmonie beider (282). — Inhalt und Darstellung (283). Der Styl (283). Die Composition (284). Freiere (285) und strengere Compositionen (286). Ausfluß von des Künstlers Wesen (287). Gruppenbildung (287). Zeichnung (288). Anatomie (289). Gewandung (289). Die Kohlenkartons (290). Bewegung und Ausdruck (291). Gewaltsame Stellungen (291). Die einzelnen Härten (292). Des Künstlers Wille (293). Grund der Härten (294). Die Köpfe (294). Schönheit und Grazie (296). Die Färbung (297). Falsche Standpunkte (297). Vorurtheile (298). Cornelius als Oelmaler (299). Gegensatz gegen die düsseldorfer Technik (300). Styl und Farbe (300). Grundsatz (301). Eigenthümlichkeit der Freske (301). Cornelius und die Freske (302). Seine Weise (303). Farbensinn (304). Abfertigung (305). — Verständniß des Cornelius (305 ff.). Nothwendiger Standpunkt (306). Die Anfänger (306). Schwierigkeiten (307). Vollkommene Stumpfheit (308). Die Uniformen auf der Erwartung des Weltgerichts (309). Neue Schwierigkeiten (310).

Cornelius angebliche Unpopularität (311). Grundirrthum (311). Unerläßliche Bedingung zum Verständniß der Kunstwerke (312). Sich überhebende Anfänger (313). Das Thatsächliche im Kunstwerk (314).

Die Aufgabe der Zeit (314). Nachfolge in Carstens und Overbeck's Richtungen (315). Das klassische Alterthum (315). Schinkel, Thorwaldsen, Cornelius (316). — Die düsseldorfer Schule (317). Wilhelm Schadow (317). Berechtigung und Ueberhebung (318). Umfang der düsseldorfer Kunst (318). Cornelius und die Düsseldorfer (319). Universalität der modernen Kunst (319). Schadow's Recht und Irrthum (320). Akademische Schule (321). Entwickelungsgang der deutschen Malerei (321). Cornelius Einfluß (322). Die Schule des Cornelius (322). Möglichkeit einer Schule (322). Cornelius Erfahrungen (323). Kein dauernder Erfolg (324). Wilhelm Kaulbach (324). Cornelius und Kaulbach (325). Standpunkt in Bezug auf Kaulbach (325). Der Genius, die Schule und das gesammte Kunstleben (326). Akademische Richtung (327). Schnorr, Heinrich Heß, Rahl, Schwind (327). Ferdinand Wagner (328). Schnorr's Schule in Dresden (328). Cornelius Einfluß in der Folge (328 ff.). Feindlichkeit unsrer Zeit gegen die Kunst (328). Gang des deutschen Geistes (329). Aufschwung der Kunst (330). Deutschland seit 1815 (330). Nothwendige nationale Forderung (332). — Falscher Anschluß an Cornelius (332). Richtiger Weg (333). Bildhauerei (333). Bessere Zukunft und eine unerläßliche Bedingung (334). Die künftige Kunst (335). Ein neuer Genius (335). Weltgeschichtliches Prinzip (336). Vergleichungen (336 ff.). Dürer (337). Leonardo (337). Rafael (338). Michelangelo (339). Tizian und Rubens (340). Heine über Rubens und Cornelius (341). Wahres darin (343). Sterbegefühl (343). Hoffnung (345) und sicheres Bewußtsein (346).

Beischriften: № 1 bis 21 . . . . S. 347—372
 Uebersicht der Beischriften . . . . S. 348
Verzeichniß der Werke . . . . S. 373—436
 Vorbemerkung . . . . S. 375
Haupt-Verzeichniß:
 I. Wandmalereien, Oelbilder, Kartons und Zeichnungen verschiedener Ausführung . . . . S. 381
 II. Skizzen und Studien . . . . S. 424
Uebersicht der Werke nach den Orten ihrer Aufbewahrung . . . . S. 429

Berichtigungen und Nachträge.

S. 8 Z. 5 v. u. statt „bei Fernow": — „nach Fernow bei Platner". (Beschreibung der Stadt Rom von Platner, Bunsen, Gerhard und Röstel. Stuttgart 1830. Bd. I. S. 580 und 581.)

S. 19 Z. 14 v. u. statt „n" — „in".

S. 23 zu Z. 10 bis 6 von unten: Die düsseldorfer Sammlung von Abgüssen antiker Bildwerke war zu jener Zeit in Deutschland, nächst der Mengs'schen Sammlung, wohl die bedeutendste; sie enthielt die besten der damals bekannten Werke. Cornelius zeichnete schon als Knabe nach denselben fleißig und empfing hier tiefe Eindrücke, die ihn früh für die Antike begeisterten. Unter den Gemälden der Gallerie entzündeten ihn namentlich die zahlreichen Bilder des Rubens und regten die eigne Kühnheit an. Dann aber auch wirkte Dürer besonders durch die „Marter der Christen" (jetzt in Schleißheim) nachdrücklich und bestimmend auf ihn ein. Cornelius kopirte nach mehreren Meistern in der Gallerie, hielt sich aber doch gern zu Rubens, dessen „Kapuziner" und „Nymphen" (jetzt in München) ihm besonders gelungen sein sollen. Im achten Jahre etwa empfing Cornelius durch diese verschiedenen Kunstwerke die ersten nachhaltigsten und maßgebenden Anregungen, und dieser glückliche Einfluß dauerte bis 1805, wo die Gallerie aus Düsseldorf entführt wurde, so daß gerade in die, für die Entwickelung und Lebensrichtung entscheidenden, Knaben- und Jünglingsjahre diese nicht hoch genug anzuschlagende Einwirkung fällt. Der Grund, welcher auf diese Weise für seine ganze künstlerische Bildung, für seine Anschauungen und die Ziele seines Strebens gelegt wurde, war so fest und bestimmt, daß er noch aus Rom, nach mehrjährigem Aufenthalte in Italien, einem Freunde schreiben konnte, „ein deutscher Maler sollte nicht aus seinem Vaterlande gehen." Zu dieser seltenen nationalen Begeisterung wirkten die besonderen Verhältnisse des Cornelius mit den allgemeinen Zuständen zusammen, wie dies weiterhin an mehreren Stellen ausgesprochen ist.

S. 25 in der Anmerkung Z. 3 v. u. statt „nur" — „um".

S. 83 zu Z. 12 v. u. Schon vor oder gleichzeitig mit den preußischen Anträgen für Düsseldorf war dem Cornelius die Stelle des Akademie-Directors zu München angeboten worden, um ihm auf diese Weise gleich die allseitigste und einflußreichste Wirksamkeit zu öffnen. Allein diese Stelle hatte sein Lehrer Johann Peter Langer seit 1806, wo dieser der entführten Gallerie nach München gefolgt war, inne; deshalb lehnte Cornelius ab, weil er nicht gesonnen sein konnte, einem Rufe zu folgen, der ihn dazu gezwungen haben würde, seinen alten Lehrer und ehemaligen Director zu verdrängen. Langer starb 1824; Ludwig kam 1825 zur Regierung, und so ließ sich der frühere, bis zu geeigneteren Umständen vertagte, Plan ohne Gewaltsamkeit ausführen.

S. 86 Z. 6 v. o. statt „zwei" — „vier".
S. 155 in der Anmerkung statt „12" — „13".
S. 166 Z. 7 v. u. statt „?" — „."
S. 169 Z. 10 v. o. statt „etwa" — „vielleicht".
S. 294 in der Anmerkung statt „18" — „19".
S. 383. B. ist hinzuzufügen: Bildniß einer Dame im Strohhut; im Besitze des Malers H. Mosler zu Düsseldorf. (s. S. 432.)

S. 389 zu dem Umriß der Wiedererkennung. Dieses Blatt ist später als der Karton und das Fresko entstanden und hat als Hülfszeichnung bei der Anfertigung eines Oelgemäldes von derselben Größe gedient, welches Cornelius von Rom aus an den König nach Berlin einsandte. Mit größter Wahrscheinlichkeit ist anzunehmen, daß dies Bild noch im Schlosse sich befindet, doch war das Vorhandensein jetzt nicht festzustellen, weil mir die Kenntniß von dieser Sache erst kurz vor Beendigung des Druckes zukam und die Zeit zu weiteren Nachforschungen nicht ausreichte.

S. 395 zu II. Lünette 1. Dieser Karton ist vollständig ausgeführt, jedoch vor dem Bildhauer Leeb, der bei der Modellirung des Reliefs half, gezeichnet. (Vergl. S. 432.)

S. 460 Z. 1 u. 2. v. o. Das Rheinlands-Album mit der Zeichnung des Hagen ist z. Z. im Empfangszimmer der Königin zu Koblenz aufgestellt.

Erster Abschnitt.

Einleitung.

Es mag gewagt erscheinen, die Bedeutung eines Zeitgenossen unparteiisch darzustellen. Denn wir wissen aus täglicher Erfahrung, wie sehr unser Urtheil und unser Blick durch glanzvolle Erscheinungen, deren Wesen nicht entsprechend gehaltvoll ist, geblendet werden kann, wie oft uns die unscheinbare Hülle einen wahrhaft gediegenen Kern übersehen läßt. Mitten im Strome der Zeit, dessen Treiben sich Niemand entziehen kann, fehlt uns die freie Umschau, die Uebersicht auf die Bewegung, welche er in seinem Laufe gemacht, auf die Spuren und Denkzeichen, welche er unmittelbar hinter sich zurückgelassen hat. So geht uns der natürliche Standpunkt zur Beurtheilung der Mitlebenden in Bezug auf ihren geschichtlichen Werth oft ab: wir stehen ihnen zu nah und halten sie, getäuscht, für Riesen, wir stehen ihnen zu fern und wir glauben Zwerge vor uns zu haben. Ein klares zuverlässiges Bild der eigenen Zeit ist schwer, ja es würde uns ganz unmöglich sein, wenn wir nicht, belehrt durch das Verständniß früherer Abschnitte, einen Halt an allgemeinen Grundsätzen besäßen. Nach ihnen die Gegenwart messen, und diese mit früheren Zeitläuften vergleichen: dies ist das Geheimniß, durch dessen Kenntniß wir hie und da ein Siegel lösen von dem Buche, welches den Geist unseres Jahrhunderts verschließt.

Wenn so uns ein Maßstab in die Hand gegeben ist, den wir selbst mit Erfolg an die Ereignisse des Tages legen können, so ist dennoch die Mangelhaftigkeit allzu groß, da wir nur im Stande sind, heute einzelne Dinge, einzelne Handlungen, einzelne Personen zu erkennen, morgen andere

Einzelne wahrzunehmen, und so leicht in die Lage kommen können, daß auch von uns das Wort gilt: „Dann hat er die Theile in seiner Hand, fehlt leider! nur das geistige Band". Der Genius der Geschichte allein webt dies geistige Band, und wenn wir ihm in der Vergangenheit nachforschen, werden wir auch sein Walten in der Gegenwart ahnen. Denn vom Allgemeinen aus eine einzelne Erscheinung zu beurtheilen, ist etwas ganz anderes, als diese, wie eine zufällige Einzelheit, zu betrachten. Und gehört nun eine solche einzelne Erscheinung einer fast abgeschlossenen Periode an, ragt sie nur noch in unsere Zeit gleichsam herein, wenn auch in Rüstigkeit und Frische wie der greise Nestor in die jüngeren Geschlechter seines Volkes, so ist es nicht nur erlaubt, es ist geboten, nach dem Sinn derselben zu fragen. Wenn wir uns selbst klar darüber zu machen suchen, welche Aufgabe solchen Erscheinungen ward, und wie sie sie lösten, wenn wir nachforschen, welche Zustände sie fanden, und wie sie dieselben umgestalteten, in welche Wechselwirkung sie mit verwandten Geistern getreten sind, und was sie von diesen trennt, — so fördern wir nur unsere eigene Erkenntniß, und Niemandem leisten wir einen größeren Dienst damit, als uns selbst.

Diese Erwägung rechtfertige mein Beginnen, wenn ich versuche, von Cornelius zu sprechen. Nichts Voreiliges ist es, das Wirken dieses Mannes und seine Bedeutung in der Kunstgeschichte zum Gegenstand einer besonderen Untersuchung zu machen. Denn die Parze, welche unerbittlich den Faden seiner beiden großen Kunstgenossen schon vor mehr als zwanzig Jahren abgeschnitten, ging schonend an seinem Leben vorüber und ließ ein neues Geschlecht heranwachsen, welches, mit der Verehrung für die beiden gewaltigen Helden der Kunst, Schinkel und Thorwaldsen, groß geworden, sich auch nun bemüht, den dritten in diesem leuchtenden Dreigestirne seiner wahren Bedeutung nach aufzufassen. Dies Verhältniß von Cornelius zu jenen beiden Männern erleichtert außerordentlich das Verständniß seiner Stellung in der Kunstgeschichte. Das Wirken von Thorwaldsen und Schinkel liegt längst vor aller Blicken klar; und mag auch Thorwaldsen in seinem Leben reiche Anerkennung, Lohn und Ehre gefunden haben, dennoch blühte erst über seinem Grabe das wahre Bewußtsein von seiner Größe empor, — und noch mehr ist dies bei Schinkel der Fall, welcher, während er lebte, nur von Wenigen und selbst auch von diesen nur bedingt, als das erkannt und gewürdigt wurde, was er wirklich war und ist. Mit jedem Jahre aber nimmt der Kreis derer zu, die in Schinkel und Thorwaldsen den Fels erkennen, auf welchem die Baukunst und die Bildnerei unserer Zeit ruhen, und so wird auch nothwendig Cornelius immer mehr als der Grund= und Eckstein der deutschen Malerei verstanden werden.

Denn dies ist er und nichts anderes. Die große Aufgabe der Zeit war in der Dichtung, wie in der Kunst und Musik, die innige Ver= webung der hellenischen Schönheit und des deutschen Geistes, es war jener tiefgreifende Vorgang, den der alternde Göthe sinnbildlich in der Vermäh= lung des Faust und der Helena gefeiert hat. Das deutsche Wesen, gereift durch große Ereignisse der Geschichte und erzogen durch nie rastende wissen= schaftliche Arbeit, begabt mit einem reichen Schatze ursprünglichen Gefühls und einer tiefen Innigkeit der Empfindung: es sollte geläutert durch den Geist des Alterthums, gekleidet in eine klassische Form auf allen Gebieten der Poesie neu in die Erscheinung treten. Cornelius war der Genius, welchem das Loos zufiel, für die Malerei diese Aufgabe zu lösen. Er hat sie im weitesten Umfange gelöst, sie über die Grenzen, innerhalb welcher Thorwaldsen und Schinkel die ihrige auffassen mußten, ausgedehnt, und auch für die höchsten christlichen Ideen die klassische Verkörperung gefunden. Diese Verschiedenheit beruht in dem verschiedenen Wesen der drei Künste selbst. Und hiermit im nothwendigen, ursächlichen Zusammenhange befindlich er= weisen sich die religiösen Abweichungen dieser drei Männer. Schinkel und Thorwaldsen standen ebenso wenig auf dem Boden positiven Dogmen= Glaubens wie Schiller und Göthe: sie waren sämmtlich freisinnige Pro= testanten von der philosophischen Richtung Lessing's, Kant's und Fichte's. Es war dies kein Zufall; und warum es gerade nothwendig war, daß Cornelius als einziger in diesem ausgezeichneten Kreise aus einer alten streng katholischen Familie hervorgehen mußte, dies werden wir später zu betrachten haben. Halten wir inzwischen fest an der engen Gemeinsam= keit des Strebens aller drei großen Männer und versuchen wir, uns den Zustand der deutschen Kunst zu Ende des vorigen Jahrhunderts kurz ins Gedächtniß zurückzurufen.

Die Reformation hatte einst die deutsche Kunstentwickelung abgeschnitten.

Sie faßte alles Interesse in dem Kampf um die höchsten Güter zusammen, und nur zu bald und zu lange wurde dieser Kampf blutig und verhängnißvoll. Als er geendigt, lag Deutschland erschöpft und todtkrank an den schwersten Wunden hoffnungslos darnieder, die Nachbarn warteten, als lachende Erben, begierig auf seinen Tod, und nicht schien es, daß es jemals sein Haupt wieder männlich und kraftvoll erheben würde. Doch es geschah anders. Der deutsche Geist ist der Geist der Zukunft, er ließ sich wohl zurückdrängen, aber nicht aufhalten. Auf allen Gebieten regte er sich zu Anfang des achtzehnten Jahrhunderts, und bald sollte er in der Gestalt Friedrich's einen Ausdruck finden, der das Volk zur Begeisterung hinriß und sein Nationalgefühl neu anregte. Langsam bereitete sich Alles auf große Ereignisse vor: es traten die gewaltigen Tonkünstler auf, es erhob Klopstock seine geweihte Stimme, und Lessing warf das Schwert deutscher Kraft in die geistige Waage der Welt. Hoch schnellte die Schaale mit dem wälschen Perrückenkram! Was weiter geschah, weiß jeder Knabe in deutschen Landen, und es ist nicht angemessen, Namen, die in jedes Munde sind, noch besonders zu nennen. Genug, daß wir uns geistig als Nation wieder gefunden hatten, daß wir uns bewußt geworden, es lebe ein unaustilgbarer Schatz in uns selbst, es sei uns die große Aufgabe der neuen Zeit, ihrem edleren Theile nach, zur Lösung gestellt.

Tonkunst, Dichtung und Philosophie schritten voran, am Himmel stiegen die Zeichen einer neuen politischen Bewegung auf, ungeahnte Reichthümer der Wissenschaften und Erfindungen schlummerten, ihr nahes Erwachen schon ankündend, im Schooße der Zeit. Wie also hätten die bildenden Künste schlafen können? Wie hätten sie allein in Reifrock und Perrücke einherstolziren können, da doch ringsum Alles sich verjüngte, da doch ein einziges frisches Rauschen der kastalischen Welle den ganzen falschen Putz hinwegspülen konnte! Auch die Künste mußten zum Alterthum zurückkehren, mußten dort an der ewigen Schönheit tiefe Lebenskraft gewinnen, und neu verjüngt erstehen zu einer Blüthe der deutschen Kunst. Doch nicht ohne Kampf gegen Vorurtheil und Gewohnheit, nicht ohne Opfer für die Sünden der Zeit konnte das Große erreicht werden, das wir, nun in seiner innersten Nothwendigkeit erkennend, überblicken, als hätte sich seine Erscheinung mühelos von selbst verstanden.

Was aber ist der Einzelne für sich, sei es, daß er eine große Aufgabe der Geschichte löst, sei es, daß er in dunkler Verkennung derselben sich dem Neuen feindlich entgegen stellt? Jedem fällt sein Loos, und sein eigenes Verdienst, wie seine Schuld schieben wir gern den glücklichen oder den unglückseligen Gestirnen zu. Wie also könnte man sich wundern, daß die Vertheidiger des Alten und Abgelebten glaubten, im Rechte zu sein; wie erstaunen, daß selbst ein großer Genius an sich zweifeln kann? Niemals aber wird man finden, daß ein wahrhafter Genius in blinder Selbsttäuschung seine Thaten seiner eigenen, kleinen, menschlichen Person zu Gute hält, er beugt sich in Demuth vor dem Gotte, der auch durch ihn sich offenbart, und erkennt sich als Träger einer weltgeschichtlichen Idee. Und sobald er diese verstanden, schwindet das Kleine und Unsichere, er ist nicht mehr, der er war, er ist geheiligt als der Erfüller reifer Bedürfnisse der Menschheit. Deshalb ist es thöricht, ja erbärmlich, die Genien der Menschheit auf der Waage des Marktes zu messen; es ist albern, sich zu streiten, ob Schiller oder Göthe der größere von beiden sei, und es ist kindisch, bei Michelangelo von schülerhaften Zeichenfehlern, oder bei Phidias von Mangel an Ausdruck zu reden. So etwas vergleicht sich dem Treiben der Gassenbuben, die dem Feldherrn nachlaufen, und statt der Lorbeeren, die sein Schwert umkränzen, nur die Flecke sehen, die das Blut der Feinde in den Stahl gefressen, nun aber ein Geschrei erheben, daß der Herr General nicht einmal einen blank geputzten Degen hat. Denn es ist unendlich leichter, das Zufällige, Unwesentliche und ganz Nebensächliche wahrzunehmen, als das Wesen einer wahrhaft bedeutungsvollen Erscheinung auch nur zu ahnen. In den großen Begebenheiten der Geschichte aber ist kein Zufall. Wie das Verhängniß auf der attischen Bühne, so mit unbezwinglicher Nothwendigkeit schreitet die Geschichte über die Weltbühne. Und wer darf sagen: er hat sie verstanden? Der Dichter allein. Er, unter allen Erdgeborenen der einzige, hat das Unanschaubare geschaut, er hat „gehorcht in der Götter urältestem Rath" und hat, was er geschaut und gehört, niedergelegt in unsterblichen Gesängen, in Tönen, die nie verrauschen, in Gestalten, die nie altern, in Gemälden, aus denen ewig der Hauch des Göttlichen uns entgegen weht. Wohl denen, die das Walten des Geistes empfinden, wenn sie im Genuß dieser Werke versunken sind!

In Bezug auf unsere deutsche Kunst ist es also zweierlei, was uns dem Verständniß ihrer Blüthe näher bringt: die Einsicht in die Nothwendigkeit ihrer Verjüngung und das Bestreben, die großen Genien nach Wesen und Bedeutung wahrhaft zu fassen.

Die zur französischen Perrückenmode entartete Kunst beherrschte, durch sittenlose Höfe begünstigt, auch in Deutschland den allgemeinen Geschmack. Von nationalem Ursprunge, von innerer Wahrheit und edler Schönheit kann Niemand in ihren Ausgeburten eine Spur entdecken. Freilich tauchte dann und wann ein reineres Talent auf, welches die Mode verschmähend zu würdigen Vorbildern sich hielt, wie wir ein solches in Schlüter bewundern und selbst auch in Knobelsdorf nicht verkennen dürfen, — allein diese Männer glichen den Oasen in der Wüste. Ihr Wirken blieb vereinzelt und ohne Folge. Das Volk aber ward endlich übersättigt, es fühlte sich angeekelt von den Formlosigkeiten einer unwahren Hofkunst und verlangte nach reineren Genüssen. Dies Anfangs noch unbewußte Verlangen gährte nach und nach in jeder Brust. Man sah ein, daß Bedeutendes kommen müsse, und fühlte dies so stark, daß Ismael Mengs, — wie sonst fromme Katholiken ihre noch ungeborenen Söhne dem geistlichen Stande etwa verloben — geloben konnte, der Sohn, der ihm zuerst geboren werde, solle Maler und noch mehr, er solle der Wiederhersteller der Malerei werden. Die ganze Erziehung von Anton Rafael Mengs verfolgte diese Absicht, aber neben der Absicht kann keine Ursprünglichkeit bestehen, und Ursprünglichkeit ist ja die Seele der Poesie. So wurde Mengs ein talentvoller Eklektiker, aber er war weit entfernt, der Genius für eine neue Kunst zu sein. Vielmehr, als habe die Geschichte zeigen wollen, daß es mit der eklektischen Art, wie man die Alten, Rafael und die anderen Meister benutzte, für immer vorbei sei, erscheint er gleichsam nur wie eine Wiederholung Caraccischer Muster, ohne den Erfolg wie diese. Ein anderer Mann mußte kommen, der nicht von seinem sechsten Jahre an schon im Zeichnen abgerichtet, im dreizehnten nicht schon in Rom geschult worden war. In einem Zweiundzwanzigjährigen, der, durch widriges Geschick gezwungen, mit dem Küferschurz in dem weitab von den Schätzen der Kunst liegenden Eckernförde einhergehen mußte, brach die Flamme der Begeisterung durch alle einengenden Schranken kühn emvor, und ward zu einer Leuchte auf dem Wege, dem von nun an die Bahn gebrochen war. Jakob Asmus Carstens ist der Mann, welcher die entscheidende kühne That gethan, und von ihm aus verzweigt sich, mit Ausnahme der Romantiker, die ganze Entwickelung unserer Kunst bis in ihre höchsten Spitzen. Doch Carstens sollte, so lange er lebte, weder Ruhm noch Glück haben; wie ein Opfer seiner Idee erscheint er, angefeindet, geschmäht und endlich frühe vom Todesgenius umschattet. Vierundvierzig Jahre alt starb er, und die Hälfte seines Lebens war dahin, als er zur Kunst kam. Mit Mühen und unter Sorgen arbeitete er sich nach und nach zu innerer Klarheit und äußerer Stellung, aber kaum, daß einige Wenige ihn erkannt, hörte sein Wirken auf.

Was in den tieferen Geistern der Nation schlummerte, was in der Dichtung sich schon so herrlich vollzog, was in der Tonkunst hell glänzte, es war nun auch als die befruchtende Sonne der deutschen Kunst klar gezeigt. Winckelmann hatte es unabläßig, wie in prophetischer Begeisterung, gepredigt, Lessing hatte darauf hingewiesen, als das, wo jede Kritik verstummt, und nun kam Carstens als schaffender Künstler, in dessen Innerm der Ruf widerklang, und öffnete das Thor der klassischen Kunst. Ihm war es nicht beschieden, auch die goldene Frucht zu brechen, ja nur zu schauen, daß verwandte Geister ihm auf der neuen Straße folgten, und die Gewißheit mit ins Grab zu nehmen, daß das von ihm gepflanzte Samenkorn zur prangenden Blüthe gedeihen werde. Ob Carstens der Mann war, welcher, hätte er länger gelebt, auch die Aufgabe der Zeit **ganz** durchgeführt, mögen wir nicht entscheiden, doch dies müssen wir annehmen, daß, als er starb, **seine Aufgabe gelöst war**. Ohne Zweifel war seine Zeit im Allgemeinen auch noch nicht reif für die Erscheinungen, die später eintraten, und gerade dadurch, daß er nur der Vorläufer dieser ist, und so in ziemlich abgeschlossener Einsamkeit sich in seiner ganzen Bedeutung zeigt, tritt er um so bestimmter als der eigentliche Gründer der neuen deutschen Kunst hervor. Der hier naheliegende Einwurf, daß er demnach also zu früh gekommen wäre, ist, wie eine genaue Betrachtung der damaligen Kunstverhältnisse jedem zeigt, nicht stichhaltig. Es ließe sich nun leicht darüber reden, worin er stark und bedeutend war, leicht ließe sich nachweisen, was ihm gemangelt, und man könnte wohl darthun, warum

Carstens nicht selbst der große Genius unserer Kunst, sondern eben der Vorläufer großer Genien werden mußte. Doch wir nehmen ihn wie er ist, und begrüßen in ihm den Morgen einer schönen Zeit. Freilich ohne Rührung können wir nicht bei seinem Bilde verweilen, denn sein Leben ist wie von einem tragischen Geschick begleitet, seine Kraft wie von einem tragischen Verhängniß gebrochen.

Carstens erscheint in seinem Verhältniß zu den großen Genien unserer Kunst ähnlich wie Klopstock zu Göthe und Schiller, oder etwa wie ehedem Andrea Mantegna zu der Blüthe der italienischen Kunst. Allerdings, Verschiedenheiten sind da, aber dennoch haben Carstens und Mantegna enge Verwandtschaft, und beide weisen auf Größere hin, die nach ihnen kamen, dennoch sind Carstens und Klopstock in ihrem Streben nach geistiger Vertiefung und klassischer Form sich verbrüdert. Carstens griff das Uebel der Zeit in tapferer Gründlichkeit gerade beim rechten Ende an, und warf den Krebsschaden der Kunst, das verrottete Lehrverfahren über Bord. Denn dies Letztere richtete die Hand zur handwerkmäßigen Künstlerschaft ab, es verlieh ihr eine gewandte Technik, aber um die echte Bildung des Geistes, die Läuterung der Phantasie und die Erfassung tief poetischer Gegenstände war es ihm nicht zu thun. Nüchterne Gehaltlosigkeit bei gutem Vortrag war das Beste, was erreicht wurde. Diesen Zustand erkannte Carstens in seiner ganzen Ueberlebtheit, das akademische Lehrverfahren stieß seine Natur gewaltsam zurück. Auf ganz eigenthümliche Weise studirte er deshalb für sich allein Natur und Antike, und machte sich zum Herrn der Form, so daß sie ihm frei zur Verfügung stand für den Ausdruck seiner Ideen, ebenso wie dem Dichter das Metrum.

Es lag nahe und bestätigt nur eine allgemeine Erfahrung, daß Carstens in seinem berechtigten Haß gegen das Hergebrachte auch das wenige Gute übersah, was dieses besaß. Er betrachtete Antike und Natur, und lernte lebendig ihre Form auswendig; dann zeichnete er nachher aus dem Kopfe den Gegenstand auf. „Er zog", heißt es bei Fernow, „nie Modelle zu Rathe und verwarf auch hier mit dem Mißbrauche den rechten Gebrauch... In den Besitz einer echten Kunstbildung gelangt, betrachtete er den richtigen und lebendigen Ausdruck der dargestellten Idee als die wesentliche Forderung an ein Kunstwerk. Ein wahrer, durchgeführter und dem Charakter des Gegenstandes angemessener Styl ist in dieser Forderung schon inbegriffen, weil nur durch diesen die Ideen plastisch und auf kunstgemäße Weise dargestellt werden können. Statt daß also das Hauptverdienst der meisten damaligen Kunstwerke in der Vermeidung einzelner Fehler und in sorgfältiger Ausführung einzelner Theile nach dem Modell und Gliedermann bestand, so waren Carstens' Werke durch bedeutende Auffassung des dargestellten Gegenstandes und durch einen schönen Sinn des Ganzen ausgezeichnet. Hingegen erschienen dieselben im Einzelnen keineswegs fehlerfrei." Carstens hatte zu diesem Verfahren eine Berechtigung durch seine eigenthümliche Aufgabe den allgemeinen Zuständen gegenüber, er mußte es übertreiben, um den wahren Kern desselben recht in das Licht zu stellen. Denn dies sichere Auswendigwissen der Form, dies Aus-dem-Kopf-zeichnen —, über das, gleich den Anhängern des alten Zopfes einst, auch die naturalistischen Virtuosen neuester Art halb mitleidig, halb spöttisch die Achseln zucken, — ist eine Grundbedingung für den echten Künstler. Er muß die Form auswendig wissen, denn den nenne ich keinen Künstler, der nur seine Modelle sich zurechtsetzen und copiren kann. Das Kunstwerk nimmt seinen Ursprung in der Phantasie des Künstlers, aber nicht im lebenden Modell. Wie soll also der Künstler das Bild seiner Phantasie skizziren, wie soll er die Idee gleichsam niederschreiben können, wenn ihm die Buchstaben nicht geläufig sind? Hievon ging aber die Methode, wie Carstens sich selbst unterrichtete, aus. Ihm kam es auf das Wesentliche an: die poetische Idee in anschauliche Form zu bringen. Die Ideen schöpfte Carstens aus den Sagen der griechischen Welt, und nur um den vollen und ganzen Ausdruck dieser Ideen war es ihm zu thun. Farbenglanz und was die Leute jetzt oft unter malerischer Freiheit verstehen, lag ihm ganz und gar ferne, und so ist denn Carstens in den Augen der modernen sogenannten Coloristen nichts als ein verunglückter Bildhauer.

Aber eben diese Ansicht erhebt die Bedeutung von Carstens erst recht. In ihm steckte wirklich ein großer und hoher plastischer Sinn, und diesen gerade muß man als echt deutsch bezeichnen. Er findet sich bei uns besser vertreten, als bei irgend einem anderen Volke der Neuzeit, und er ist es, der unsere Malerei stylvoll, streng und gedankenreich erhalten hat, bis die Coloristen die Nachahmung der Franzosen und Belgier für das Heil erklärten

Auch den modernsten Schwärmern für Naturwirklichkeit und Farbenpracht gilt eben der tiefere künstlerische Gedanke wenig, wie denn die Manieristen ja niemals nach Geist fragen; es ist deshalb nichts Seltenes, in solchen Kreisen dieselbe Aeußerung zu hören, welche einst von den Anhängern des Zopfes und später besonders von Wilhelm Schadow endlos wiederholt wurde, Cornelius möge vielleicht ein geistvoller Zeichner sein, aber durchaus sei er kein Maler. Wir wollen uns dieses Umstandes und seines, theils zopfigen, theils persönlichen, theils französisch-belgischen Ursprungs nur erinnern, um desto deutlicher die Wahrheit hervorzuheben, daß Carstens die ganze Tiefe seines Wesens an die klassische Kunst hingab, und daß der letzte Grund unserer ganzen Kunstblüthe nur in der innigsten Vermählung deutschen Geistes mit hellenischer Schönheit beruht. Fern sei es, hier den Reiz und die Poesie der Farbe leugnen und herabsetzen zu wollen, doch Alles hat sein Maß und seine Grenze, und jene angedeutete Partei übertreibt wiederum das Wahre und Berechtigte ihrer Ansichten, so daß auch sie zum ernsten Kampf herausfordert. Viele aber giebt es gewiß noch, die ein Papier mit poesievoller, geistreicher Zeichnung einer Leinwand mit blendendem Farbenanstrich vorziehen. —

In das Jahr 1798 fällt der Tod von Carstens. Drei Männer nahmen sich ihn sogleich zum Vorbild für ihr eigenes malerisches Streben und arbeiteten in Rom mehrere Jahre ruhig weiter. Es waren Wächter, Schick und Koch. Ihnen aber war das Hohepriesterthum für die neue Verkündigung der Kunst nicht beschieden, sie sollten nur Alles erhalten und zurichten, bis die Stunde kommen würde. Und diese war im Herannahen. Denn schon war auch Thorwaldsen in Rom. Er sah Carstens, der ihm von dem gemeinsamen Besuche der Kopenhagener Akademie schon bekannt war, noch persönlich, und erklärte stets offen und frei, welche maßgebende Anregung er von ihm empfangen; ja er sagte, daß er Carstens Alles verdanke. Man weiß, wie unfertig in seiner allgemeinen und künstlerischen Bildung Thorwaldsen nach Rom kam, so unfertig, daß er oft meinte, erst in Rom habe sein Leben begonnen, erst der Tag seiner Ankunft in Rom sei sein wahrer Geburtstag. So wuchs dort in der ewigen Stadt der deutsche Praxiteles im Anschauen edler Kunstwerke, geleitet durch Carstens grundlegende Arbeiten, heran. Ich nenne ihn deutsch. Denn es ist sehr irrig, Thorwaldsen als einen geborenen Dänen im Gegensatz zum deutschen Leben zu denken, oder ihn gar zum modernen Eider=Dänen zu machen, wie das sein Biograph Thiele in dem dreibändigen vielfach so mangelhaften Buche thut, welches schließlich fast keinen anderen Zweck zu haben scheint, als Thorwaldsen zu einem dänischen Parteimann zu stempeln. So etwas ist mehr als schwach, wenn man die deutsche Bildung der besseren Kreise Kopenhagens zumal am Ende des vorigen Jahrhunderts, Thorwaldsen's Zustand, bevor er nach Rom kam, und seinen vollen Eintritt in die deutsche Kunstentwickelung ins Auge faßt. Auch hat Thorwaldsen sich selbst stets in diesem Sinne und Zusammenhange betrachtet, und sich lebendig in Uebereinstimmung mit deutschem Geist und Wesen gefühlt, wie dies vor den neuesten Kämpfen alle wahrhaft gebildeten Dänen thaten. Weiteres über diesen sonnenklaren Punkt zu sagen, wäre Thorheit.

Die ersten sieben Jahre in Rom verlebte Thorwaldsen wie in künstlerischer Kindheit, fast nur aufnehmend und sich bildend. Von 1803 an beginnt sein eignes Schaffen. Und gerade im Jahre 1803 kam auch Schinkel auf seiner ersten italienischen Studienreise nach Rom. So erkennen wir jetzt in dem ersten und zweiten Jahrzehnt unseres Jahrhunderts die einzelnen Geburtsstunden für unsere Kunst und ihre Zweige; wir verstehen die vorbereitende Kultur = Entwickelung, wir sehen dann in Carstens die erste Regung des neuen Wesens, und begreifen in dem ganzen geistigen Streben des Volkes das befruchtende Lebenselement. So im Innersten und im vollsten Sinne organisch aus dem deutschen Volke emporgewachsen erscheint die deutsche Kunst. Kühn und im eigenen Gefühle der Kraft hat sie sich erhoben, kein August und kein Mediceer hat ihre Jugend gepflegt, erst die blühende Jungfrau wurde von Königen und Fürsten umbuhlt, aber sie blieb ihres Ursprungs gedenk und hielt stets zum Volke. Uns aber, die wir eine solche Kunst besitzen, ziemt des Dichters stolzes Wort:

> "Kein Augustisch Alter blühte,
> Keines Mediceers Güte
>   Lächelte der deutschen Kunst.
> Sie ward nicht gepflegt vom Ruhme,
> Sie entfaltete die Blume
>   Nicht am Strahl der Fürstengunst. . . .

Rühmend darf's der Deutsche sagen,
Höher darf das Herz ihm schlagen;
Selbst erschuf er sich den Werth."

Ein doppeltes Vermächtniß ist es so für uns, die Nachlebenden, das herrliche Gut rein und lauter zu erhalten, uns nicht vom falschen Scheine blenden zu lassen, sondern treu und fest an den Lebensquellen der Kunst zu stehen.

Für Bildnerei und Malerei ist der Geburtsort Rom selbst; für die Baukunst änderte sich dies naturgemäß vermöge der besonderen Eigenschaften der Werke in dieser Kunst. Schinkel baute von 1818 ab das berliner Schauspielhaus, und in dieses Jahr muß man den Anfang der Blüthezeit unsrer Architektur setzen. Der neue Geist der Kunst und der künstlerische Genius des Erbauers kamen in diesem Werke zum durchschlagenden Ausdruck, und die baukünstlerischen Unternehmungen seit jener Zeit stehen durchaus in einer ursprünglichen Zusammengehörigkeit mit jenem, welches die vorbereitende Entwickelung schließt und die Baukunst in die Blüthenepoche führt. Fast zu gleicher Zeit schlug die Geburtsstunde der Malerei. Seit 1815 wurde ein Saal des Bartholdy'schen Hauses zu Rom a fresco unter Cornelius' Leitung gemalt, und hierin oder richtiger in des Meisters eigenen beiden Bildern aus der Geschichte Joseph's sehen wir den Wendepunkt zur Blüthe. Für die Bildhauerei behauptet Thorwaldsen's Jason vom Jahre 1803 dieselbe Bedeutung. So zeigt es sich auch hier und weist auf die alte Verwandtschaft hellenischen und deutschen Wesens hin, daß die Plastik zeitlich der Malerei vorausschreitet, während die Baukunst sich ihrer besonderen Bedingungen wegen in mehr abgesonderter Weise hält. In Italien war es dereinst umgekehrt. Dort ging die Malerei vorauf, und erst als diese fast schon ihre Mittagshöhe erreicht hatte, folgte die Bildnerei. Diese Erscheinungen sind gewiß nicht Zufall, sie liegen ebenso im Charakter der Deutschen und Italiener wie in der großen, allgemeinen kunstgeschichtlichen Entwickelung überhaupt begründet.

Der Sinn von der Erscheinung dieser drei Männer ist, wir haben es schon ausgesprochen, die Wiedergeburt der klassischen Kunst im deutschen Geiste, es ist die zweite Renaissance, aber nicht wie jene erste, eine neue der römischen Kunst, sondern die der griechischen. Die

Dichter des vorigen Jahrhunderts, besonders Klopstock, gingen in die Schätze der griechischen Literatur zurück, der Homer wurde ein Buch, das man in der Tasche trug und im Schatten einer traulichen Linde las. So innig verwebte sich das Alte mit dem Lebenden, und es mag für uns bezeichnend sein, daß die Blüthe der Dichtung der der Kunst voraufgehen mußte, ja daß auch Musik und Philosophie ihre glänzenden Höhenpunkte bereits erreicht hatten, als die bildenden Künste ihre Blume zu entfalten strebten. An den Werken unserer Dichter sind unsere Künstler groß geworden, die Töne Gluck's und Mozart's schlugen an ihr Ohr, und ohne daß sie es vielleicht selbst merkten, waren schon durch Schiller Gedanken der Kantischen Philosophie in ihr Fleisch und Blut übergegangen. Von Schinkel wissen wir auf das bestimmteste, wie er sich an Goethe, Schiller und Lessing gebildet, wie er Fichte hoch verehrte; Cornelius konnte in seiner Jugend Schiller's Gedichte und Dramen, besonders die der ersten Periode, fast auswendig, und seine Begeisterung für den Faust spricht aus seinen Zeichnungen, — daß aber auch Thorwaldsen an den Brüsten deutscher Dichtung gesäugt ist, müssen wir ohne jeglichen Zweifel annehmen, wenn wir nur einen Blick werfen in den römischen Kreis, in welchem Thorwaldsen sich bewegte. Er wohnte mit Koch zusammen, hatte mit Fernow und Koch gemeinsam den Nachlaß von Carstens geordnet, — den übrigens Herr Thiele auch zu einem dänischen Maler macht, — war mit Wächter und Schick auf das Innigste vertraut, und hatte zeitlebens die deutschen Klassiker und den deutschen Homer um sich in seiner kleinen Büchersammlung. Als er seinen Fuß an die Küste Italiens setzte, verstand er kein Wort italienisch, in Rom waren es Deutsche, die zuerst seinen Umgang bildeten, und mit denen er stets verkehrte. Wer soll die Namen alle nennen? Und wer wagte zu sagen, daß Thorwaldsen, von Haus aus mit deutscher Sprache und Art vertraut, in dieser steten Umgebung nicht die Einflüsse der deutschen Literatur lebendig und folgenreich in sich aufgenommen? Wenn die griechischen Künstler sich an Homer, Aeschylos und Sophokles begeisterten, wenn mit Dante's Einwirkung die italienische Kunst auflebt und mit dem Erlöschen jener selbst abstirbt, so sind die Dichter, aus deren Gesängen die Begeisterung in die Seele deutscher Künstler drang, Schiller und Göthe.

Unter diesen geistigen Einflüssen lebte der deutsche Künstlerkreis in

Rom, lebten die Meisten derjenigen in der Heimath, die später an ihn sich anzuschließen oder im Vaterlande zu wirken hatten. Aber ein ganz neues Element trat in jenen Kreis im Jahre 1810, als Overbeck und Wilhelm Schadow nach Rom kamen. Beide waren Protestanten, aber von großer Neigung zur Romantik und zur christlichen Heiligen=Geschichte. Overbeck, eine reine Seele von frömmster Gläubigkeit, fand im Protestantis= mus, der gegen die reiche Pracht, gegen die Fülle poetischer Legenden, welche die katholische Kirche bietet, immerhin nüchtern erscheint, keine Be= friedigung; und wenn wir auch noch so große Gegner aller Conversionen sind, so mögen wir Overbeck frei sprechen, denn er mußte nothwendig ka= tholisch werden. Die Richtung seiner aus der tiefsten Seele entspringenden Kunst forderte dies. Overbeck ist aber überhaupt eine so für sich einzeln stehende Erscheinung, daß er ganz nach eigenem Maßstabe nur wie eine Aus= nahme, nicht als ein Muster für andere beurtheilt werden kann. Schadow stellt in gewissem Sinne den vollsten Gegensatz zu Overbeck dar, und Viele behaupten, sein Uebertritt zur katholischen Confession sei nicht rein inneres Bedürfniß gewesen. Sei ihm, wie ihm sei: er hat unzweifelhaft von demselben großen äußern Vortheil gehabt, und Overbeck's Gewinn war geistiger Natur. Wenn so beide Männer später einen erheblichen Gegensatz ausdrücken, als Menschen, Künstler und Lehrer, so vereinigte sie damals doch derselbe schwärmerische Drang, und es ist ihnen zu danken, daß sie im Streben, ihre christliche Begeisterung auszudrücken, auf die mittel= alterlichen Meister zurückgingen, und so der Malerei das zweite Moment zuführten, ohne welches diese nicht emporblühen konnte.

Ueber die ewige Gültigkeit und unantastbare Schönheit der klassischen Antike auch nur ein Wort zu wiederholen, hieße wahrlich Eulen nach Athen und Wasser in die Donau tragen. Aber eben so wenig richtig wäre es, sie ausschließlich, besonders für Malerei gelten lassen zu wollen. Von ihrem Studium allein konnte namentlich nicht die Darstellung christlicher Stoffe in der Malerei ausgehen, eben so wenig wie von Dürer oder Ru= bens die plastische Kunst. Und was hieße es auch, die mittelalterliche und neuzeitliche Malerei, was, die Deutschen und Italiener, was, Rafael ver= leugnen? Von hier floß der andere Strom, der, mit den Wassern des Helikon gemischt, den Boden fruchtbringend bespülte, aus dem die deutsche

Malerei für sich neben Bildnerei und Baukunst erwuchs. Der Antike fehlt die Gefühlsinnigkeit, die seelische Tiefe, die den christlichen Gegenständen eigen ist, und diese nun selbst in der Form auszusprechen, konnte man nur an Werken lernen, die sie ihrerseits aussprechen. Auch ist es ja natürlich, daß lediglich aus dem Studium der Plastik die Malerei sich nicht voll entwickeln kann, und will man es selbst ganz äußerlich nehmen, so mußte die Lücke, wo die antike Malerei fehlte, durch anderes ausgefüllt werden. Aber die Dinge liegen doch unendlich tiefer, und sowohl die der Bildnerei nicht gewährte Fähigkeit, welche die Malerei besitzt, inneres Seelenleben anschaulich zu machen, wie die Unentbehrlichkeit biblischer Stoffe für die Kunst würden hier in Betrachtung kommen. Am einfachsten und naivsten findet sich nun die fromme Empfindung in den Werken jener trefflichen Männer ausgesprochen, die den großen Meistern Italiens vorausgingen, und die Vorstufe zur hohen Blüthe der Malerei bilden: Giotto, Masaccio, Mantegna, Ghirlandajo, Perugino u. A. In diesen Werken lebt Einfachheit, Schlichtheit und Tiefe der Empfindung, so daß sie, hierin der strengen Antike gleich, ein empfängliches Gemüth und ein redliches Streben verlangen, um ihren stillen und wahren Sinn zu verstehen. Zum vollen Ausdruck der Seele in ihren Tiefen und Höhen befähigte das Studium dieser Arbeiten, und die Antike verlieh den Werken Formenreinheit und edlen Styl, so daß alle Bedingungen erfüllt schienen, um nun das Aufbrechen der Blume zur vollen Blüthe zu erwarten.

Und es war keine Täuschung. 1811 kam Cornelius nach Rom, aber nicht wie vierzehn Jahre zuvor Thorwaldsen mit mangelhafter Bildung, nicht wie Overbeck und Schadow in religiös=kirchlicher Schwärmerei, sondern als ein Künstler, der bereits durch den Faust sich einen Namen erworben, und dessen Begeisterung nur ein Ziel kannte: das Höchste und Edelste in der Kunst, — als ein deutscher Mann im Gefühle seiner nationalen Kraft, die ihn wie einen Antäus geistig im vaterländischen Boden hielt. Er war bald das Haupt der ganzen malerischen Thätigkeit in Rom, und wir werden versuchen, seine Bedeutung auch in diesem Sinne hervorzuheben.

Zunächst aber sei es gestattet, noch einmal daran zu erinnern, daß Cornelius' künstlerisches Wirken bereits der Geschichte angehört, daß

wir seit dem ersten öffentlichen Auftreten dieses Meisters zwei Menschenalter
zählen, daß er in das heutige Geschlecht hereinragt wie ein künstlerischer
Heros, ähnlich dem Michelangelo, dessen hohes Alter ihn auch auf ein=
samer Höhe mitten im Nachwuchs, ja in der Entartung fand. Und wie
Vasari einen Lebensabriß des Michelangelo bei dessen Lebzeiten heraus=
gab, so ist es sicher nicht minder erlaubt, unsere Zeitgenossen daran zu
erinnern, was Cornelius' Erscheinung in unserm Jahrhundert und jetzt be=
deutet, ohne freilich als Verfasser hiermit im guten oder üblen Sinne
irgend in eine Parallele mit Vasari treten zu wollen. Meine Absicht ist
es auch nicht, die Lebensschicksale unseres Meisters in neuer Weise zu er=
zählen, noch über ihn als Mensch und Charakter ausführlich zu reden, oder
seine Ansichten von Dingen und Menschen zu berichten: in Bezug auf Alles
dies will ich mich wesentlich nur an das halten, was bereits irgend einmal
bekannt wurde, denn ich meine, es sei nicht ganz schicklich, Weiteres,
was ich etwa in dieser Hinsicht weiß, hier vorzubringen. Anders ist es
mit Cornelius dem Künstler, denn seine Werke sind öffentlich, sind ideelles
Eigenthum der Nation und der Menschheit, und es steht jedem frei, über
dieselben zu reden und zu schreiben, was ihm beliebt, wenn er zu sprechen
das Bedürfniß hat. Daß von diesem Rechte seither auch freier Gebrauch
gemacht ist, werden wir wiederholt zu bestätigen haben, und ich glaube
Niemandem ein Wort der Erklärung schuldig zu sein, daß ich auch meiner=
seits von ihm jetzt Gebrauch mache. Und dies um so mehr, als unser
Standpunkt hier nicht ein eigentlich kritischer, sondern ein vorwiegend histo=
rischer sein wird. Denn nicht darauf kommt es uns in erster Reihe an,
die Schönheit der einzelnen Werke an sich nachzuweisen, sie zu erklären
nach Gegenstand und Composition, oder die Kopflängen nachzumessen und
dergleichen mehr. Unser Zweck soll der sein, uns womöglich ein bewußtes
und allseitiges Verständniß von dem Künstler anzueignen, welcher den
Höhenpunkt der deutschen Malerei bezeichnet, welcher in der gesammten
Kunstentwickelung unserer Zeit als einer der drei Hauptträger erscheint.
Cornelius gehört, um Niebuhr's treffende Worte in Bezug auf Göthe zu
wiederholen, „für den, dessen Grundansicht immer historisch ist, so ganz zur
Geschichte", und wir können, ja wir müssen eine fast sechszigjährige öffent=
liche und große Thätigkeit unter diesem Gesichtspunkte zu begreifen suchen.

Auch werden wir Gelegenheit finden, einen vergleichenden Blick auf Cornelius und die anderen großen Maler zu werfen, und wir werden oft Veranlassung haben, mit Stolz die echt deutsche Art unseres Meisters anzuerkennen. Die geistige Tiefe, welche Rafael in Dürer's Arbeiten erblickte, und die ihn zu dem Ausrufe trieb: „Wahrlich, dieser würde uns allesammt übertreffen, wenn er gleich uns die ewigen Meisterwerke der Kunst vor Augen hätte", — diese finden wir durchaus bei Cornelius wieder. Und so scheint es, daß Rafael's Rede, wenn auch nicht ihre buchstäbliche Erfüllung, — denn wer vermöchte Rafael zu übertreffen! — so doch dem Sinne nach ihre Erfüllung erlangt hat; denn aus den Werken des Cornelius spricht der deutsche Geist seiner ganzen Fülle nach im hohen Style der Kunst. Und darum ist es wahrlich nicht eine Arbeit, die im Vorübergehen gemacht werden kann: Cornelius'sche Bilder zu betrachten und zu verstehen. Sie sind schwer, je schöner und gehaltvoller, um so schwerer. Nun ist es aber sehr leicht, überall einen Mangel zu finden — denn welches Menschliche wäre ganz vollkommen? — und so geschieht es oft, daß über die Fehler des Cornelius mit Eifer gesprochen wird, ehe auch nur eine Ahnung von wirklichem Verständniß erreicht ist, ja ohne daß die Bedingungen zu diesem vorhanden sind. Man muß den Werken des Cornelius gegenüber treten, wenn man ihre Schönheit verbürgt nicht in sich selbst empfindet, so mit dem Vorurtheile, welches Winckelmann der Antike gegenüber fordert, viel Schönes zu finden, und man wird es finden, je mehr, je öfter man sie eingehend betrachtet.

Zweiter Abschnitt.

Die Jugend und die deutsch-nationale Epoche im Leben des Cornelius, von 1783 bis um das Jahr 1815.

Der Mensch macht Entwickelungsstufen in seinem Leben durch, und auch der Genius kommt nicht als ein fertiges Wunder zur Welt. Der Irrthum ist auch seine Mitgabe, wie die jedes Anderen, aber ebenso läutert sich auch bei ihm das Streben mit der besseren Einsicht. Sollen wir an Schiller's Kämpfe, an Göthe's süß-schmerzliche Herzleiden erinnern? Sollen wir die verschiedenen dichterischen Epochen dieser Männer aufführen? Das ist in jedem Literatur-Geschichtsbuche zu lesen. Wir weisen nur auf Allbekanntes hin, um eine Rechtfertigung zu finden für die uns zweifellos erscheinende Gliederung in der künstlerischen Entwickelung des Cornelius. Durch sie klärt sich der Ueberblick über eine reiche und lange Thätigkeit, durch sie bahnt sich ein besseres Verständniß jeder einzelnen Arbeit des Meisters an. Wollten wir bei Göthe Alles durch einander werfen, Götz und Iphigenie, Faust und Hermann, ohne auf die Entwickelung des Dichters, auf seine Weiterbildung und die Einflüsse, welche auf ihn wirkten, Rücksicht zu nehmen, so würden wir nie zur klaren Würdigung Göthe's, nie zum vollen Erfassen seiner einzelnen Werke gelangen können. So auch bei Cornelius. Man muß unterscheiden zwischen Faust und Domhof, Glyptothek und Ludwigskirche, denn nur so sehen wir die wirkenden Ursachen, die den Meister von Stufe zu Stufe erhoben. Freilich, er in seinem künstlerischen Streben, in seiner begeisterten Hingabe an die Kunst ist stets derselbe geblieben, aber dies versteht sich ja auch von selbst; nur die einzelnen

Modificationen wollen wir durch solche Gliederung andeuten. Es kann diese somit nicht willkürlich sein, sondern sie muß sich unmittelbar aus der Sache selbst ergeben, denn nur so hat sie ja Berechtigung und Sinn.

Vier Epochen sondern sich in Cornelius' künstlerischer Erscheinung von einander. Die erste bezeichnet sich durch den Faust und die Niebelungen, und schließt in Rom unter den Einflüssen der dortigen Kunst. Wir müssen deshalb die zweite Epoche die römische nennen, und schreiben ihr als Hauptwerk die Glyptothek zu. Die dritte wird durch den Bilderkreis der Ludwigskirche dargestellt und zwar als eine christliche, oder wenn man will, christlich-katholische, während die vierte als die eigentlich klassische Epoche sich zu erkennen giebt. Die Werke, welche in diese gehören, sind die Entwürfe und Kartons zum Domhof. Wir werden die Einflüsse zu betrachten haben, welche den Genius des Meisters in dieser Entwickelungsreihe bestimmten, aber wir werden uns bemühen, in den Werken nicht die besonderen Einflüsse, vielmehr den Meister in seiner geschlossenen Ganzheit und künstlerischen Einheit zu erkennen. Göthe ist Göthe, ebenso im Götz wie in der Iphigenie, und Cornelius ist ebenso Cornelius im Faust wie in den apokalyptischen Reitern.

Nicht unsere Sache ist es, hier die Begabung des Cornelius abzuwägen und ihn als Künstler mit unsern großen Dichtern etwa zu vergleichen, aber er ist in seiner Wirkung auf das Volk in unendlichem Nachtheile gegen diese. Göthe, Schiller und Lessing sind fast in jedem Hause. Wer Lust und Beruf hat, sie kennen zu lernen, darf nur aufschlagen und lesen. Wer aber kennt Cornelius? Ich glaube nicht zu hoch zu greifen, wenn ich meine, daß kaum unter Hunderttausend, die Schiller recitiren, einer ist, der von Cornelius mehr zu sprechen weiß, als was er von Hörensagen hat. Und wie sollte es anders sein! Seine Werke sind, einige wenige gut gestochene Blätter abgerechnet, zum Theil in nicht geeigneter Form, zum größeren Theil gar nicht herausgegeben, und man wird in zehn Kunsthandlungen für eine treten können und nichts vorgelegt erhalten, wenn man nach Cornelius fragt. Gewiß ist an diesem Uebelstande der Meister nicht ganz ohne Schuld, und er selbst hätte hier manches Gute anregen können, ohne auch nur entfernt den Schein des, sogar von Künstlern hie und da mit kaufmännischem Geschick betriebenen, Kunstschachers auf sich zu ziehen. Allein es waltete meist auch ein unglücklicher Stern über dem, was wirklich herausgegeben wurde, und es kam entweder nicht in die rechten künstlerischen oder, was öfter der Fall war, nicht in die rechten kunsthändlerischen Hände. In diesen Umständen liegt ein wesentlicher Grund, weshalb Cornelius verhältnißmäßig so wenig wirklich in seinen Werken gekannt wird.

Ein anderer Uebelstand ist der, daß der Meister fast nur a fresco gemalt und Kartons gezeichnet hat. Oelbilder von seiner Hand giebt es nur einige wenige. Seine Fresken sind in Rom und weit überwiegend in München. Wer also nicht in Rom die beiden Josephsbilder gesehen, oder vornehmlich wer nicht in München Glyptothek, Pinakothek und Ludwigskirche studirt, der kennt ihn nicht. Es geht ihm wie dem Michelangelo, der in Aller Munde ist und von Wenigen nur gekannt. Aber es könnte mit Cornelius anders sein, wenn die preußische Regierung nicht eine schwere Schuld auf sich geladen. Ich rede nicht von einer Schuld gegen die Person des Meisters, denn diese, wenn sie vorhanden, tritt zurück hinter die Schuld gegen die Sache und das Volk. Es ist nämlich, wie bekannt, das Unglaubliche geschehen, daß die Kartons des Cornelius, welche fast sämmtlich im Besitze des preußischen Staates sind, theils zusammengerollt irgendwo verliegen, theils in Ateliersräumen dicht gedrängt hängen, so daß man sie also gar nicht oder nur kümmerlich sehen kann. Dieser Zustand dauert seit 25 Jahren, und ich finde kein geeignetes Wort, um ihn, wie er es verdient, zu bezeichnen. Nur einmal, im Jahre 1859, war eine Ausstellung dieser Kartons auf kurze Zeit durchgesetzt worden, und wie dringend man in Berlin auch seitdem, da man nun die Größe des Meisters mit eigenen Augen sah, die dauernde Aufstellung derselben forderte, es geschah nichts. Ich will nicht von dem Genuß sprechen, der im Anschauen dieser Werke liegt, nicht davon, wie die Kunstentwickelung seit einem viertel Jahrhundert hätte anders sein müssen, wenn Künstler und Volk im täglichen Anschauen dieser Kartons sich hätten bilden können. Nur dies will ich betonen: der Staat hat damals diese Kartons erworben, damit sie gesehen, nicht, damit das Licht unter den Scheffel gestellt werde. Das heißt aber schon im gewöhnlichen Leben keine gute Wirthschaft, heute Geld für Dinge ausgeben, die man Tags darauf in den Winkel wirft. Und um wie viel schlimmer stellt sich das, wenn diese Dinge Kunstwerke edelster Art sind, wenn der Besitzer der Staat ist! Zudem, die Kartons sind Papier auf Leinwand gezogen, und jedes Kind weiß, daß Papier ein dünner unzuverlässiger Körper ist. Wie leicht also können dieselben durch Feuer und Nässe, durch Brüche und Rauch leiden? Der Gedanke ist gradezu beängstigend, wenn man sich zugleich erinnert, daß von den Domentwürfen nur erst die Reiter angemessen vervielfältigt sind, daß von den Glyptothek=Fresken nur drei Blätter in Kupferstich erschienen. Ein einziger unglücklicher Zufall kann die Perlen der deutschen Malerei in wenigen Minuten spurlos vernichten; und sie sind unwiderbringlich und auf immer verloren. Kann die Regierung bei solcher Sachlage und Erwägung den preußischen Staat noch fernerhin so bloß stellen, daß man dereinst sage: Für alles Andere war Geld in Hülle und Fülle da, nur um ein paar Wände aufzurichten, an denen man die Meisterwerke der Kunst aufhängen könnte, dafür war jeder Groschen zu schade. Noch einmal, ich weiß kein Wort, um dem Gefühle erlaubten Ausdruck zu geben, welches mich überkommt, wenn ich bedenke, wie sehr leicht die preußische Regierung hier ihre Pflicht erfüllen konnte, und wie seit fünfundzwanzig Jahren Nichts geschieht! Nur eines sage ich: Dieser Zustand tritt der Ehre des deutschen Namens zu nahe. Es muß ein Cornelius=Museum für sich einzeln, oder, wenn dies nicht zu erreichen, als eine Abtheilung des verheißenen National=Museums unweigerlich erbaut werden. *)

Für uns, den Leser und den Verfasser, bieten sich bei solcher allgemeinen Sachlage manche Schwierigkeiten dar; denn wie herrlich wäre es, wenn wir bei unseren Unterhaltungen sagen könnten: „In jenem Saale der so und so vielte Karton", oder wenn wir die Werke in gelungenen Photographieen zur Seite hätten! Wir müssen uns behelfen, d. h. der Verfasser wird von der Beschreibung und der kritischen Würdigung der einzelnen Werke, soweit der angegebene Zweck dies nicht dennoch erfordert, wie schon bemerkt, Abstand nehmen. Vielleicht, daß spätere Zeiten hierzu günstigere Verhältnisse bringen. Unser Ziel richtet sich auf die künstlerische und geschichtliche Sendung des Meisters im Großen und Ganzen, doch

---

*) S. Beischriften. 1.

diesem Ziele können wir wiederum uns naturgemäß ja nur nähern durch schrittweise Betrachtung des Einzelnen. —

Aloys Cornelius, der Vater unseres Meisters, war selbst Maler; diesen Beruf hatte er nur durch große Festigkeit und zum Verdruß seiner Eltern, deren Willen ihn dem geistlichen Stande bestimmte, ergreifen können. Später wurde er Inspector der Akademie zu Düsseldorf und Lehrer in der Elementarklasse dieser Anstalt. Mit der Akademie in naher Beziehung stand die berühmte Gemäldegallerie, welche 1805, als der bayerschen Krone der 1801 von Napoleon zugewiesene Besitz von Düsseldorf gefährdet schien, unter dem Titel der Sicherstellung und Flucht nach München geschafft wurde. 1806 verlor Bayern auch wirklich Düsseldorf, aber die Gallerie behielt der Münchener Hof, und ließ sie später in die Pinakothek mit übergehen. Dieser offenbare Kunstraub nach besten Napoleonischen Muster hatte nur dies eine Gute, daß wenigstens die Bilder in Deutschland blieben. Aloys Cornelius erlebte diese „Flucht" nicht; er starb 1799.*) Die Wittwe und die Kinder sahen sich der Rauhheit des Lebens ausgesetzt; die Söhne lernten früh Sorge und Arbeit kennen. Fünf Schwestern und zwei Brüder erreichten höhere Lebensalter; der ältere dieser letzteren, Lambert, war Nachfolger des Vaters und Inspector der Akademie, der zweite ist Peter, der Meister, welchem unsere Betrachtungen hier gelten. Er wurde am 23. September 1783 zu Düsseldorf geboren. Schon in der frühen Kindheit verrieth sich sein angeborener Sinn für die Kunst, indem die Abgüsse im Antikensaal oder auch Bilder oft dazu dienen mußten, den schreienden Knaben zu besänftigen; ja es wird erzählt, daß die Mutter sogar in der Nacht dies Mittel anwendete, gewiß ein Zeichen der ungewöhnlichen Wirkung jener hohen Götter- und Heldengestalten auf ein Kind. Einen liebenswürdigen Zug, der von diesem ursprünglichen, im Kinde schon früh sich regenden Triebe zur Kunst ein artiges Zeugniß ablegt, hat der gleichnamige Neffe unseres Meisters, der Componist Peter Cornelius, in sinnigen Versen erzählt. Ich theile, freundlichst hierzu ermächtigt, das legendenähnliche Gedichtchen in der, Cornelius selbst anredenden Form, hier mit:

---

*) S. Beischriften. 2.

„Ich hört' einmal in froh erregter Stund'
Den Lebenszug aus deinem eignen Mund:
Du warst nur noch ein Knabe zart und klein;
Bei deiner Mutter kehrten Freunde ein.
Und wie in Scherz und Ernst die Rede lief,
Der Freunde einer zu sich her dich rief.
Hielt dir ein Geldstück nagelneu und licht
Und schwarze Kreide lächelnd vors Gesicht.
Und sprach: Nun Pitterchen, nun wähle hier,
Was du am liebsten willst, das geb' ich dir.
Du aber nahmst die Kreid' ihm aus der Hand
Und lieffst und maltest eifrig an die Wand.

So oft mir's einfällt, rührt mich tief mit Lust
Der Trieb des Genius in des Knaben Brust.
Wenn unsre Zeit einmal zur Sage ward,
Die mit Gescheh'nem holde Wunder paart,
Gewiß, dann wird in deines Wirkens Licht
Dein Leben auch zum heiligen Gedicht.
Gewiß, dann singt dein Volk: Der das erfand,
Ein Engel gab die Kreid' ihm in die Hand!"

In dem Alter dann, wo der Schulbesuch beginnt, war Peter schon oft um den Vater beschäftigt, und reinigte ihm Pinsel und Palette; bald auch kam er selbst zum Zeichnen, und er wurde fleißig angehalten, nach Stichen Rafaelischer Bilder sich zu üben. Sein angeborener Trieb zu bilden entfaltete sich mehr und mehr und war so groß, daß er schon als zehnjähriger Knabe Bilder mit der Scheere in schwarzem Papier ausschnitt, die er nach den Stellen der biblischen Geschichte, wie sie der Lehrer in der Schule erzählt hatte, sich erfand und dachte; einige dieser Papierschnitzereien sind noch vorhanden. Der häufige Aufenthalt unter den Gemälden der herrlichen Gallerie und den Antiken mußte natürlich die Phantasie eines solchen Knaben mächtig entzünden, und die Begeisterung für die Kunst wie der Glaube an den eigenen künstlerischen Beruf wurde so immer lebendiger. Wohlthätig wirkte auch auf ihn das muthige Streben seines ziemlich gleichaltrigen Vetters ein, mit dem er oft spielte und verkehrte, und der schon frühe seinen Beruf zur Schauspielkunst begeistert empfand, sich später auch Ruhm durch seine Darstellung Shakespearischer Charaktere erworben hat; er war der Vater des eben genannten Componisten Peter Cornelius. Das Wort eines Freundes vom Vater unsres Meisters, der,

die Begabung des Knaben erkennend, eines Tages ausrief: „Nehmt mir das
Kind in Acht! Das wird einmal ein Ueberflieger", mußte in der Folge
nothwendig Trost und Kräftigung verleihen, als nach des Vaters Tode an die
Mutter die Aufforderung erging, ihren Sohn Peter das Goldschmiedehand=
werk erlernen zu lassen, welches als gutes Geschäft die Familie mehr sichern
würde, als die Malerkunst. Es war dasselbe Schicksal, welches einst drohend
an Dürer herangetreten, der auch Goldschmied werden sollte. Dürer's
Vater, die Begabung des Sohnes endlich erkennend, gab mit Widerstreben
den eigenen Willen auf, Cornelius Mutter aber, an den künstlerischen
Beruf ihres Sohnes glaubend, schützte ihn vor dem gefährlichen Drängen.
Ueber diesen wichtigen Entscheidungspunkt in seinem Leben schrieb Cor=
nelius später an den Grafen Raczynski: „Ich verlor meinen Vater, als
ich im sechszehnten Jahre war; ein älterer Bruder und ich mußten nun die
Geschäfte und Obliegenheiten einer zahlreichen Familie übernehmen. Es war
damals, als meiner Mutter von einer Seite der Antrag gemacht wurde,
ob es nicht besser wäre, wenn ich statt der Malerei das Gewerbe der
Goldschmiede ergriffe, weil erstens diese Kunst zu erlernen so viel Zeit
koste, andererseits es so viele Maler schon gebe? Die wackere Mutter
lehnte Alles entschieden ab; mich selbst ergriff eine ungewöhnliche Begeiste=
rung; durch das Zutrauen der Mutter und durch den Gedanken, daß es
nur möglich wäre, der geliebten Kunst abgewendet werden zu können, ge=
spornt, machte ich Fortschritte in der Kunst, die damals viel mehr ver=
sprachen, als ich geworden bin. Es war nicht leicht eine Gattung der
Malerei, worin ich mich nicht geübt, wenn es verlangt wurde. Es waren
oft geringfügige Aufträge (Kalenderzeichnungen, Kirchenfahnen, Bildnisse ꝛc.),
denen ich eine Kunstweihe zu geben trachtete, theils aus angebornem Triebe,
theils nach des Vaters Lehre, welcher immer sagte, daß, wenn man sich
bemühe, Alles, was man mache, aufs beste zu machen, man auch bei Allem
etwas lernen könne." Diese von Cornelius erwähnte „eine Seite" war
der Akademie=Director Langer, und man kann sich hieraus, wie aus den
verwandten Umständen bei Overbeck, wie auch aus der Behandlung von
Carstens durch die Akademie in Kopenhagen, den preußischen Minister
v. Heinitz und die deutschen Künstler in Rom eine Vorstellung bilden von der
mechanischen Schulmäßigkeit und der dünkelhaften Schulweisheit, welche

damals die künstlerischen Kreise in Deutschland beherrschten. Cornelius Abneigung gegen die Vorurtheile der Zeit und gegen das Abrichtungsverfahren auf den Akademieen wurde durch persönliche Maßregeln, wie Langer sie gegen ihn beabsichtigte, natürlich früh zu bewußtem Widerstande, in welchem die Mutter ihn bestärkte, verschärft.

Als die ersten Versuche eigener Compositionen werden außer seinen Schnitzereien Schlacht- und Jagdstücke genannt, die Cornelius noch im Knabenalter entwarf. Die Zeit dann, wo die Kunst in rastloser Arbeit zur Herbeischaffung der Mittel für den Lebensunterhalt geübt wurde, mag wesentlich dazu gedient haben, die Phantasie des Jünglings vor Ungemessenheiten zu bewahren, und den Blick an der oft harten Wirklichkeit des Lebens festzuhalten. Die Beziehungen, in welche ihn diese Arbeiten brachten, führten ihn auch zur Bekanntschaft mit dem Domcapitular Walraff, dem einen der Gründer des Kölnischen Stadtmuseums, und dieser vermittelte einen Auftrag, wonach Cornelius während der Jahre 1806—8 in Chor und Kuppel der Stiftskirche zu St. Quirin in Neuß die Gestalten der Evangelisten und Apostel, sowie auch Engelfiguren, grau in grau mit Wasserfarben malte. Diese Malereien hatten mit der Zeit so gelitten, daß vor einigen Jahren die Stadt Neuß ihre Ersetzung durch neue Gemälde von Andreas Müller beschlossen hatte; vor ihrer Vernichtung wollte man sie zeichnen lassen, allein dies ist nicht geschehen*). Von Personen, welche die Bilder früher sahen, wird versichert, daß selbst noch aus dem stark beschädigten Zustande ein überaus kühner Geist und eine großartige Auffassung gesprochen hätten; namentlich einzelne Figuren seien überraschend vollendet gewesen, auch solle sich das Studium Rafael's in denselben haben erkennen lassen.

Unter den Einflüssen, die geistig auf Cornelius wirkten, steht in erster Reihe die klassische Literatur. Es war die Zeit zu Anfang unseres Jahrhunderts, wo die herrlichsten Werke Schiller's erschienen, wo Göthe's Faust die Jugend mehr oder weniger entzündete und hinriß. Diese gewal-

---

*) Um nicht durch ein Urtheil meinerseits über dies Verfahren Jemandem zu Liebe oder zu Leide etwas auszusprechen, sondern nur dem Leser selbst die Beurtheilung anheimzugeben, theile ich in den Beischriften (Nr. 3) das betreffende, an mich gerichtete amtliche Schreiben aus Neuß mit.

tige Regung der Phantasie wies zu den tiefsten Tiefen der Poesie zurück und ebenso zu den festesten Wurzeln, mit denen der Einzelne im vaterländischen Boden steht. Die Herrlichkeit des alten Deutschland redete nun auch laut zu Cornelius durch den unvergleichlichen Anblick, den die Stadt Köln darbot, ehe man in unseren Tagen das eiserne Joch über den Rheinstrom gelegt. Wessen Seele hätte nicht gejubelt, wenn er zum ersten Male die thurmreiche Stadt in königlicher Breite drüben hinter den grünen Wogen unseres Rheins erschaut? Und wie mußte dieser Anblick die junge Künstlerseele ergreifen, die aus dem Jammer der Fremdherrschaft sich in des Ideales Reich, in den Traum einstiger deutscher Größe flüchtete! Aber zugleich wirkten die alten Gemälde der kölnischen und niederdeutschen Schule, besonders das Dombild und diejenigen, welche Walraff zusammenbrachte, in ihrer tiefen Innigkeit mächtig anregend. Nebenher aber ging immer das eifrige Studium der Antike, der Italiener, besonders des Rafael, und auch der damals in größerem Ansehen als jetzt stehenden Franzosen, vornehmlich des le Sueur. Zu allen diesen Einflüssen trat noch ein überaus wichtiger für die weitere künstlerische Entfaltung: es war die volle Vertrautheit mit der Bibel, die Cornelius durch fleißiges Lesen wach erhielt. Hierin liegt ein wichtiger Ausgangspunkt für die Beurtheilung von Cornelius' besonderer und eigenthümlicher Stellung innerhalb des ganzen neuen Aufschwunges unseres Volkes, und gerade hierin ist der Grund zur Möglichkeit der klassischen Vollendung seiner Werke auch hinsichtlich ihres Gegenstandes in späteren Jahren zu erkennen. Denn diese klassische Vollendung ist nicht ohne gewissen ursprünglichen Zusammenhang eben mit dem biblischen Stoffe selbst. Hierauf werden wir noch öfter zurückkommen müssen.

Bis zu seinem sechsundzwanzigsten Jahre blieb Cornelius in seiner Vaterstadt. Wir wissen, wie es zu Anfang dieses Jahrhunderts in Deutschland herging und auch was am Rheine geschah. Unmöglich konnten die öffentlichen Zustände unmittelbar anregend und fördernd wirken. Vielmehr mußten sie in allen besseren Naturen den edelsten Zorn anfachen, und alle Wünsche in dem Einen vereinen: das Vaterland von Tod und Untergang zu erretten. Auch Cornelius sah damals jenen dämonischen Herrn der Schlachten mit dem sprühenden Adlerauge, dessen Blitze den Aar Friedrich's bei Jena niedergeworfen; aber er gehörte nicht zu jenen schwachen Leuten, die von der mächtigen Erscheinung des corsischen Mannes überwunden, dem fremden Gewalthaber Weihrauch streuten. Sein Herz schlug deutsch, und ließ ihn geistig mit in den Befreiungskampf treten, an welchem thatsächlichen Antheil zu nehmen, seinem dringenden Verlangen entgegen, ihn sein späterer Aufenthalt in Rom hinderte. Alle diese Verhältnisse sind von erheblichem Einflusse auf Cornelius Entwickelung, und man darf sie nicht unterschätzen. Heute schickt so mancher junge Künstler, der eben von der Akademie kommt, seine stolzen Erstlingswerke auf ein Dutzend Ausstellungen herum in deutschen Landen, und gute Freunde schlagen dazu häufig den nöthigen Lärm in einigen Zeitungen: der geniale Künstler, wie man sich auszudrücken beliebt, wird auf solche Weise schnell in die Mode gebracht. Anders damals; es war von Kunst ringsum nichts lebendig. Das Erste, was sich regte, war das neu beginnende Interesse an den Werken des Mittelalters. Aber dennoch wußte jeder Kundige, daß an einem Orte ein wirkliches Kunstleben bestehe, daß dort junge deutsche Männer in kühnem Streben vereinigt seien, und daß nur dort für das eigene Wirken die angemessene Stelle sei. Dieser Ort war Rom. Und wenn auch die Sehnsucht des Cornelius dahin seit Langem mächtig und stets mächtiger war, so hielten ihn dennoch ernste und heilige Pflichten daheim zurück. Die veränderten Familienverhältnisse jedoch gestatteten im Jahre 1809 seine Uebersiedelung nach Frankfurt, und hier lebte er zwei Jahre, reichlich beschäftigt durch Aufträge verschiedener Art. Unter diesen zeichnet sich das Oelbild einer heiligen Familie aus, das er für den Fürsten Primas, von Dalberg, machte. Auch malte er eine Anzahl von Bildnissen nach dem Leben, die noch größtentheils in den betreffenden Familien erhalten sind. Von den Wandmalereien, welche er im Schmidt'schen Hause ausführte, sind jedoch nur noch die Skizzen vorhanden.

Die öffentlichen Verhältnisse waren zu Frankfurt nicht anders als in Düsseldorf. Napoleon war auf der Höhe seiner Macht und die Völker, welche sein Befehl durcheinander warf, zogen oft und bunt durch die Mauern der alten Kaiserstadt. Diese aber mit ihren großen und reichen Erinnerungen, mit ihrem einladenden Aeußern und den lebendigen Beziehungen zu dem besseren Theile der Gegenwart, mußten in einem Manne wie Cornelius manch neue Anregungen erzeugen. Sie lenkten ihn mehr und mehr auf die altdeutsche Kunst hin und zugleich nahm sein Geist eine immer

freiere Richtung. Selbst in religiöser Beziehung stand Cornelius damals
unter dem Einflusse der Zeit, die bekanntlich in ihrer allzu nüchternen und
einseitigen Negation so weit ging, daß Schiller, der freie Denker, sich dar=
über beklagen konnte; wenn Cornelius nun auch nie bis an diese äußerste
Grenze gegangen ist, so erhielt er doch eine Grundlage, welche ihn später
bewahrte, seine Kunst in einseitig kirchlicher Uebung zu verwenden, und
welche seiner Denkart die, von wahrer Größe untrennbare, Freiheit
und Duldsamkeit verbürgte. Diese volle geistige Unabhängigkeit und
Selbstständigkeit verdankt Cornelius neben der allgemeinen Strömung der
Zeit den Dichtern, vornehmlich Shakespeare, Schiller, Göthe. Und wenn
er in der Jugend sich mehr zu Schiller hingezogen gefühlt hatte, so war
es jetzt in Frankfurt ganz besonders Göthe, der den gereiften Mann
fesselte. Der Faust, wie schon angedeutet, begeisterte ihn so, daß er Stift
und Papier ergriff und die Bilder seiner Phantasie ins Leben rief.

Man liest sehr oft, Göthe's Vaterstadt habe Cornelius zu seinen
Faustblättern unmittelbar angeregt; mir erscheint dies doch zu äußer=
lich. Wer überhaupt einer Begeisterung fähig ist, wird diese nicht dem
Unwesentlichen verdanken; und was schiene mir im Vergleich zu der inneren
Anregung, die Göthe durch seine Faustdichtung giebt, wohl unwesentlicher,
als diejenige Erinnerung an ihn, welche der Hirschgraben in Frankfurt
wach ruft? Cornelius hat im Faust gelebt und lebt noch in ihm, er hat als
Jüngling die Dichtung auswendig gekonnt und kann sie noch auswendig.
Man muß schlechterdings keine Ahnung haben von der Gewalt, mit welcher
der Faust in die Seele eines Jünglings dringt, sie bestürmt, durchwühlt,
beruhigt und erhebt, wenn man zu sagen sich erlaubt, einem Manne, der
vielleicht tiefer als sonst Irgendwer diese überwältigende Macht empfun=
den, habe die Begeisterung erst der Anblick von einigen Straßen und
Häusern, die kein anderes Verdienst haben, als Göthe's Vaterstadt zu
sein, erweckt. Cornelius, in allen Dingen klar erkennend, hat gewiß ge=
wußt, daß er den Faust nothwendig um des Dranges seiner Seele willen
componiren mußte, und hat gewußt, wie er ihn componiren müsse, und
warum grade so und nicht anders. Cornelius würde nicht Cornelius sein, und
wir würden ein wesentliches Stück bei ihm und in der neueren Kunstgeschichte
vermissen, läge sein Faust nicht vor. Er ist sein künstlerisches und mensch=

liches Glaubensbekenntniß, er ist das erste Werk wieder von wahrhaft deutscher Kunst. Man fasse nur die Zeit von damals genau ins Auge, man denke an den Sturm, den Schiller's erste Dramen gegen die alte Ordnung der Gesellschaft geschlagen, man stelle sich den Brand vor, den Werther's Leiden in den Gemüthern entzündet, und erinnere sich all der großen und kleinen Strömungen, die von der Weltbühne in das Herz des Einzelnen drangen und zurück aus dem Kopfe des Einzelnen in die Wirklichkeit ihren Weg suchten. Und welches Werk schlug alle Saiten so mit einem Male an, als der Faust? „Hierin liegt" — wie Gervinus sich ausdrückt — „die eingreifende Verzweigung dieses Gedichtes in die höchsten Ideen der Zeit. Es lebte mit diesen fort, es ward als ihr Kanon angesehen, als eine Weltbibel erklärt, als das System einer Lebensweisheit und Strebensregel bewundert. Jeder fand sich bei seiner Erscheinung, wie es Niebuhr von sich aussagt, in seinen innersten Regungen ergriffen, und fühlte sich geneigt, es fortzusetzen; man versuchte die eigene Kraft daran und Jeder glaubte, dem geheimnißvollen Dichter erst nachgeholfen zu haben, wenn er ihm seine eigenen Empfindungen unter= und anschob." Wenn so die Massen diesen Drang der Weiterbildung fühlten, wie sollte der Mann, der dem Dichter ein ebenbürtiger Genius ist, diesem Drange nicht gefolgt sein? Diese innerste Nothwendigkeit aus der Tiefe der Seele heraus betone ich hier ganz besonders, nicht nur weil die Entstehung der Faustzeichnungen fast überall an jenen äußerlichen Umstand geknüpft wird, sondern hauptsächlich aus einem andern Grunde. Denn ich möchte gleich hier darauf in der entschiedensten Weise hindeuten, daß Cornelius stets aus dem Urgrunde seines Geistes seine Werke schuf, wie man dies freilich auch von einem wahrhaften Künstler nicht anders denken kann, wie es aber trotzdem nur allzu oft unbeachtet bleibt, da die tägliche Erfahrung ein Anderes lehrt. Gar häufig nämlich wird nach dem Stoff gesucht, und der Beruf ihn zu gestalten, ist kein innerlich tieferer; wir sehen dies jeden Tag und es ist nur Allbekanntes, was ich sage. Cornelius aber schuf seinen Faust wie der echte Dichter, den der Gott im eigenen Busen treibt, nicht leimte er sein Werk als „Ragout von Andrer Schmaus" zusammen, wie der „schellenlaute Thor, der blinkend der Menschheit Schnitzel kräuselt".

Im Frühjahr 1811 waren sieben Zeichnungen des Faust fertig.

Sulpiz Boisserée reiste nach Weimar und legte sie Göthen nebst anderen Zeichnungen und Kupfern vor. Alle diese zusammen bezogen sich auf das Mittelalter, und auch dem klassischen Dichter theilte sich Boisserée's Interesse an „eine zwar düstere aber durchaus ehren- und antheilswerthe Zeit" mit, wenn sich jener auch nur „wie bei einer veränderten Theaterdecoration, abermals gern in Zeiten und Localitäten versetzen ließ, zu denen man in der Wirklichkeit nicht wieder gelangen sollte". Göthe hatte einmal erkannt, daß die eine Schönheit, von der Winckelmann redet, in der klassischen Antike ruhe und nur von dort neues Leben empfange; seine einstige Schwärmerei für die Kunst des Straßburger Münsters war vorüber, sie erschien ihm seltsam. Diese Ansicht ist jedenfalls die höhere und richtigere. Für uns aber sind die Erscheinungen jener Tage jetzt, wo die nationaldeutschen Kunst- und Literaturbestrebungen von damals zur Romantik mit all deren schwärmerischen Folgen sich ausgebildet und deren Schicksal getheilt haben, ganz vorwiegend geschichtliche. Und deshalb sehen wir Blätter wie den Cornelius'schen Faust anders an, als Göthe es einst that. Doch hören wir erst das Urtheil des Dichters selbst über die malerische Gestaltung seines eigenen Werkes. Er schrieb am 8. Mai 1811 an unseren Künstler den folgenden Brief:

„Die von Herrn Boisserée mir überbrachten Zeichnungen haben mir auf eine sehr angenehme Weise dargethan, welche Fortschritte Sie, mein werther Herr Cornelius, gemacht haben, seit ich nichts von Ihren Arbeiten gesehen.*) Die Momente sind gut gewählt, und die Darstellung derselben glücklich gedacht, und die geistreiche Behandlung, sowohl im Ganzen als Einzelnen muß Bewunderung erregen. Da Sie sich in eine Welt versetzt haben, die Sie nie mit Augen gesehen, sondern mit der Sie nur durch Nachbildungen aus früherer Zeit bekannt geworden, so ist es sehr merkwürdig, wie Sie sich darin so rühmlich finden, nicht allein, was das Costüm und sonstige Aeußerlichkeiten betrifft, sondern auch der Denkweise nach; und es ist keine Frage, daß Sie, je länger Sie auf diesem Wege fortfahren, sich in diesem Elemente immer freier bewegen werden.

„Nur vor einem Nachtheil nehmen Sie sich in Acht. Die deutsche

---

*) Früher hatte Cornelius an Göthe wegen einer Preisbewerbung eine Zeichnung „Theseus beim Peirithoos in der Unterwelt" eingesendet; s. Beischriften 4.

Kunstwelt des 16. Jahrhunderts, die Ihren Arbeiten als eine zweite Naturwelt zu Grunde liegt, kann an sich nicht für vollkommen gehalten werden. Sie ging ihrer Entwickelung entgegen, die sie aber niemals so, wie es der transalpinischen geglückt, völlig erreicht hat. Indem Sie also Ihren Wahrheitssinn immer gewähren lassen, so üben Sie zugleich an den vollkommensten Dingen der alten und neuen Kunst den Sinn für Großheit und Schönheit, für welchen die trefflichsten Anlagen sich in Ihren gegenwärtigen Zeichnungen schon deutlich zeigen. Zunächst würde ich Ihnen rathen, die Ihnen gewiß schon bekannten Steinabdrücke des in München befindlichen Erbauungsbuches so fleißig als möglich zu studiren, weil, nach meiner Ueberzeugung, Albrecht Dürer sich nirgend so frei, so geistreich, groß und schön bewiesen, als in diesen gleichsam extemporirten Blättern. Lassen Sie ja die gleichzeitigen Italiener, nach welchen sie die trefflichsten Kupferstiche in jeder einigermaßen bedeutenden Sammlung finden, sich empfohlen sein, und so werden sich Sinn und Gefühl immer glücklicher entwickeln, und Sie werden im Großen und Schönen das Bedeutende und Natürliche mit Bequemlichkeit auflösen und darstellen.

„Daß die Reinlichkeit und Leichtigkeit Ihrer Feder und die große Gewandtheit im Technischen die Bewunderung aller derer erregt, welche Ihre Blätter sehen, darf ich wohl kaum erwähnen. Fahren Sie so fort, auf diesem Wege alle Liebhaber zu erfreuen, mich aber besonders, der ich durch meine Dichtung Sie angeregt, Ihre Einbildungskraft in die Regionen hinzuwenden und darin so musterhaft zu verharren. Herrn Boisserée's Neigung, die Gebäude jener merkwürdigen Zeit herzustellen und uns vor Augen zu bringen, stimmt so schön mit Ihrer Sinnesart zusammen, daß es mich höchlichst freuen muß, die Bemühungen dieses verdienten jungen Mannes zugleich mit den Ihrigen in meinem Hause zu besitzen" u. s. w.

Dies Urtheil Göthe's ist in jedem Sinne bedeutend. Er erkannte in Cornelius die Ungewöhnlichkeit und Ursprünglichkeit der Begabung, den natürlichen Zug zur Großheit und Schönheit, aber er witterte mit feinem, wohlberechtigtem Gefühl die Gefahr romantischer Ueberschwänglichkeit, welche das Anknüpfen an die alte nationale Kunst nahe legen mußte, heraus. Nun aber empfahl er einem Manne von achtundzwanzig Jahren, der von klein auf nach Rafael gezeichnet hatte, italienische Stiche, aus denen Cornelius unmöglich noch etwas Wesentliches lernen konnte, und dies war ein Mißgriff. Er hätte ihm schreiben müssen: „Schnüre heute lieber als morgen dein Ränzel, und pilgere nach Rom zu den Werken des Alterthums und der großen Maler, denn dort wird dir eine neue Welt aufgehen." Andererseits aber ist es vom höchsten Werthe, daß Göthe in Cornelius Blättern die Verwandtschaft mit Dürer erkannte, denn dies gerade macht uns den Faust vom kunsthistorischen Standpunkte aus so einzig und wichtig, daß er den Faden deutscher Kunstentwickelung an dieser Stelle wieder anknüpfte. Die ältere deutsche Kunst war durch die Reformation gebrochen und endlich durch italienische und französische Mode getödtet worden. Die akademischen Wiederbelebungsversuche der Kunst durch Mengs waren gescheitert, von Carstens wußte man damals diesseits der Alpen noch wenig, aber man fühlte ebenso heftig wie dieser, daß man mit dem alten Verfahren brechen, daß man den Akademieen offenen Krieg auf Leben und Tod erklären müsse. Wo aber hätte unter solchen Umständen ein, in die Entwickelung der Kunst eingreifender, Genius eine nationale Grundlage, künstlerische Echtheit und geistige Wahrheit finden können, wenn nicht bei Dürer? Und gerade dazu, sich an die alte deutsche Tüchtigkeit zu klammern, drängten die schmachvollen öffentlichen Zustände unsres Vaterlandes, die um jene Zeit ihren Höhenpunkt erreichten. Es war also keineswegs eine absichtliche Form, die Cornelius seinen Compositionen gab, vor Allem zwang ihn sein innerer Trieb dazu, sein Werk in jedem Betracht als ein national deutsches zu schaffen. Er konnte seinem Faust ebensowenig eine klassisch vollkommene Form geben, wie Göthe seinem Götz. Beide Werke lassen sich übrigens für die Entwickelung des Dichters und des Künstlers, wie für die allgemeine der Literatur und Kunst auf das Treffendste vergleichen und durch viele verwandte Beziehungen einander nahe bringen. Genug, wenn man Klopstock und Carstens, wie wir thaten, vergleicht, und ihren Rückgang auf die Antike, deren idealer Schönheit sie begeistert nachstrebten, als die wesentliche Grundlage zur klassischen Vollendung unserer Literatur und Kunst anerkennen muß, so treten Göthe's Götz und Cornelius Faust mit dem Vollgewichte deutsch=nationalen Wesens hinzu. Beide Werke stehen nicht auf der absoluten Höhe der Dichtung und Kunst, aber sie sind unschätzbare Perlen, und verknüpften deutsche Dichtung und

Kunst der neueren Zeit mit einer ruhmreichen Vergangenheit, welche deutsche Art, Sitte und Kraft in erhebender Größe widerspiegelt.

Von diesem Gesichtspunkte aus kann Niemandem die Großheit und Kühnheit der Auffassung in den Cornelius'schen Faustblättern entgehen, Niemand wird die treffende Gestaltung der einzelnen Figuren verkennen, von deren Mustergültigkeit spätere Künstler ungestraft nicht wohl abweichen konnten, Niemand wird die eigene poetische Kraft, mit welcher der Künstler die Dichtung in sich selbst durchbildete, übersehen, wenn er sich auch sagen muß, hier sei eine Form hart, dort eine andere eckig. Dies nehmen wir freudig mit in den Kauf; denn der hohe Sinn, der aus diesen Zeichnungen spricht, ist der, daß in ihnen der Geist Dürer's lebendig geworden, daß wir in unsrer Kunst deutschen Grund und Boden wieder unter uns fühlen, in dem unsere Kraft mächtig gedeihen müßte. Aber den befruchtenden Thau sendete **unser** Himmel nicht herab, das heilsame Lebenselement reichte jenseits der schneebedeckten Berge in goldener Schaale der Genius der klassischen Kunst.

Im Herbste desselben Jahres 1811 reiste Cornelius nach Rom. Seine künstlerischen Anschauungen waren noch ganz im Mittelalter befangen; sein Geist lebte und webte noch ganz im heimischen Wesen. Wir werden nachher zu dem römischen Kreise zurückkehren, in den er nun, noch in seiner Sendung unerkannt, eintrat, und wir werden versuchen, uns ein Bild zu machen von jenem einzigen, auf das Höchste gerichteten Streben. Zunächst lag ihm sein Faust am Herzen und er zeichnete, wenn auch mit Unterbrechungen, welche die Studien und andere Arbeiten herbeiführten, die weiteren fünf Blätter, welche 1815 fertig wurden. Es befindet sich unter diesen das Blatt mit der Widmung **an Göthe**, welche, aus Rom vom September 1815 datirt, wie folgt lautet:

„Wenn auch jede wahre Kunst nie ihre Wirkung auf unverdorbene Gemüther verliert, und die Werke einer großen Vergangenheit uns mächtig in die damalige Denk- und Empfindungsweise hineinziehen, so sind doch die Wirkungen einer gleichzeitigen Kunst noch ungleich größer und lebendiger, und ganze Völker, ja ganze Zeitalter sind oft von den Werken eines einzelnen großen Menschen begeistert worden. Wie Ihre Excellenz auf Ihre Zeit und besonders auf Ihre Nation gewirkt haben, ist davon der sprechendste Beweis. Möchten Sie unter jenen tausend Stimmen der Liebe und Bewunderung, die sich dankbar zu Ihnen drängen, die meinige nicht ganz überhören und diesem geringen Werke, als einem schwachen Widerscheine Ihrer lebendigen Schöpfungen, eine kleine Stelle in Ihrem Andenken so lange gönnen, bis ein Würdigerer kommt, der mit größerer Kunst und reich begabterem Geiste das wirklich vollführt, wonach ich so sehnlich aber mit geringem Erfolge gestrebt habe. Peter Cornelius."

Neben der, den Menschen hoch ehrenden, Bescheidenheit und der schönen Pietät gegen Göthe, die sich in diesen Worten aussprechen, erkennen wir in ihnen vornehmlich die volle Klarheit und bewußte Sicherheit, mit welcher Cornelius seinem künstlerischen Berufe sich hingab. Er wollte sich an das Vaterland anschließen, wo auch die „starken Wurzeln seiner Kraft" waren, und wollte, wenn möglich, so zurückwirken zur künstlerischen Hebung des Vaterlandes selbst. Durch Nichts aber hätte er dies in so hohem Maße gekonnt, als gerade durch Darstellungen aus Göthe's Faust, die er im national-deutschen Geiste, wie dieser in Anlehnung an das Mittelalter damals als das Ideal erscheinen mußte, auffaßte. Heute, wo ein halbes inhaltreiches Jahrhundert seitdem verrauscht, stehen die Sachen anders. Ein späterer Künstler, der einst ein echt deutsches Kunstwerk schaffen will, wird sich nicht an Dürer, er wird sich an Cornelius anlehnen müssen, und er wird hier den echten deutschen Geist in klassischer Form vereint mit Allem, was unsere Zeit Großes und Edles darbot, finden. Jetzt einen Faust zeichnen zu wollen, wie es Cornelius zu Anfange der großen Kunstentwickelung that, deren Ende wir leider allzu nahe zu stehen scheinen, wäre unmöglich, und würde es dennoch versucht, thöricht. An Stelle der Naivität, der ungezwungensten Hingebung, mit welcher Cornelius in der alten deutschen Kunst lebte, würde Absichtlichkeit und gezwungene Unwahrheit treten müssen: kein Mensch möchte so Etwas gern sehen, ebenso wenig als ein vorurtheilsfreier, gesunder Sinn sich von dem absichtlich Naiven gewisser ultramontaner Maler angezogen fühlen kann.

Aber noch in einem anderen Betrachte sind die Faustblätter von dem größesten Interesse. Trotz der technischen Meisterschaft in der Führung der Feder, trotz der seltenen Sicherheit, mit welcher jede Linie gezogen ist, läßt sich doch wahrnehmen, daß die künstlerische Darstellungsfähigkeit, also die Form, zum vollkommenen Ausdrucke der Phantasie nicht durchaus genügt hat Es ist dies kein technischer Mangel im gewöhnlichen Sinne des Wortes, vielmehr beruht dies auf einem Umstande der tiefsten Bedeutung. Bei jeder ursprünglichen Kunst zeigt sich ein Ringen mit dem Stoffe, ein Kampf des Geistigen mit der Form, der erst, nach und nach ausgekämpft, zu reiner und voller Harmonie zwischen beiden führt. Ich habe dies Verhältniß ausführlicher an einem anderen Orte in gehörigem Zusammenhange *) besprochen, und es dort als Vorstufe bezeichnet; hier das Wesen dieser Vorstufe nun und ihre geschichtlichen Beziehungen zur Blüthe und zum Verfall zu behandeln, ist deshalb nicht wohl thunlich. Einfach darauf hinzuweisen, muß uns genügen. Denn es kommt uns jetzt nur darauf an, diese ursprüngliche Kraft, diese Mächtigkeit der Phantasie, diese Größe geistiger Gestaltungsfähigkeit in dem Faust des Cornelius zu erkennen im Vergleiche zu einer Zeichnung, die noch nicht Alles, was der Künstler empfunden und gewollt, in einer das Geistige vollkommen deckenden Form ausspricht. Das Charakteristische gelingt ihm deshalb besser als das Ideale, und so sehen wir in den Köpfen der Martha und des Mephisto einen lebendigeren und wahreren Ausdruck als in denen des Faust und des Gretchen. Es ist dies durchaus dasselbe wie bei Dürer und den vorrafaelischen Meistern, und, wenn auch etwas umgeartet, wie bei den Werken der entsprechenden Periode antiker Kunst. Und eben deshalb fordern diese Faustblätter ein sinnvolles Eindringen, eine freie Hingabe, und ein liebevolles Verständniß, gerade wie die Gemälde jener alten Maler. Hat man dies richtig erkannt und den hohen Geist in dieser naiven Form empfunden, dann wird man weder von äußerlichem Gebrauch Dürerischen Styles noch von einer unvollkommenen Jugendarbeit reden. Beides ist geschehen. Leute, die diesen Faust betrachteten und denen jene sinnvolle Liebe abging, sahen die an sich unvollendete Form, und blickten halb mitleidig auf die mangelhafte Jugendarbeit, ohne freilich zu erwägen, daß man ohnehin im Alter von siebenundzwanzig bis zweiunddreißig Jahren keine Jugendarbeiten, wohl aber reife Erstlingswerke macht. Zu den andern aber gehörte Göthe. Er empfand nicht die große künstlerische Kluft zwischen Cornelius und Retzsch, welcher letztere um

---

*) S. des Verfassers „Grundriß der bildenden Künste" S. 39 ff.

dieselbe Zeit Umrisse zum Faust herausgegeben hatte, so daß die Hefte mit den Stichen beider Maler zusammen in des Dichters Hände gelangt sein müssen. In seinen Annalen von 1816 nämlich findet sich folgende Stelle aufgezeichnet, die bestätigt, daß Göthe die mittelalterliche Form nur vom theatralisch-äußerlichen, nicht vom poetisch-innerlichen, am wenigsten aber vom national-geschichtlichen Standpunkte aus auffaßte. Sie lautet*): „Zeichnungen zum Faust von Cornelius und Retzsch wirkten in ihrer Art das Aehnliche (d. h. sie erfreuten ihn): denn ob man gleich eine vergangene Vorstellungsweise weder zurückrufen kann noch soll, so ist es doch löblich, sich historisch-praktisch an ihr zu üben, und durch neuere Kunst das Andenken einer älteren aufzufrischen, damit man, ihre Verdienste erkennend, sich alsdann um so lieber zu freieren Regionen erhebe." So überaus wahr der Schlußgedanke ist, so besteht dennoch ein Grundunterschied zwischen Göthe's Urtheil, das die historisch-praktische Uebung gelten läßt, und Cornelius Phantasie, die „von den Werken einer großen Vergangenheit mächtig in die damalige Denk- und Empfindungsweise hineingezogen" war.

Wenn wir so im Faust des Cornelius das Werk erkennen, welches gleichsam wie mit kräftiger deutscher Faust die erwachende Kunst auf den Weg echt vaterländischer Entwickelung stieß, so ist in den späteren Zeichnungen desselben Werkes doch bereits das Element klar ausgesprochen, welches diese Entwickelung läutern und zu reiner Klassicität veredeln mußte. Wir nehmen es wahr an Aeußerlichkeiten, wie etwa dem Ornament auf Valentin's Harnisch, mehr aber an dem Geist, der vielfach in anderer Weise hier sich offenbarte, als in den früheren Blättern. Die Gewandungen, welche zuerst eckig und knickig nach altdeutscher Art erscheinen, fließen so z. B. später in edlerer und freierer Weise. Und wie anders werden die einzelnen Figuren behandelt! Man vergleiche nur den Mephisto in der Gartenscene mit dem in der Schlußscene, oder Gretchen vor der Mater dolorosa mit dem im Kerker, oder selbst den Faust auf den ersteren Blättern mit dem in der Schlußscene: und man wird die Weiterbildung des Meisters schwerlich verkennen. Einen deutlicheren Fingerzeig über die Art der letzteren werden wir jedoch noch in den Niebelungen em-

---

*) Ausgabe von 1840. Bd. 27. S. 315.

pfangen. Aber schon hier sehen wir zweifellos: Rom hatte gewirkt. Die Werke des Alterthums und besonders die vorrafaelischen Maler hatten ihren Einfluß geübt, der nach und nach Cornelius in künstlerischer Weise derart umgestaltete, daß wir ungefähr nach 1815 eine von der ersten verschiedene Periode seiner Entwickelung als Künstler setzen müssen. Nichtsdestoweniger ist aber bereits der Faust ein Werk, das alle Grundeigenschaften von Cornelius Kunst in sich schließt. Wir besprachen die Art der geistigen Entstehung dieses Faust, sein Emporwachsen aus dem Boden deutscher Kunst, und wiesen auf ihn als ein Werk der Vorstufe im Vergleich zu den späteren klassischen Malereien des Cornelius hin; allein dasjenige, wodurch, abgesehen von Geist, Phantasie, Bildung und Technik, Cornelius ohnehin alle Maler seit Rafael hoch überragt, haben wir noch nicht erwähnt, und gerade dies liegt, wenn auch bedingt und verschleiert, so doch tief im Innern dieses Faust. Es ist der Styl. Nicht jener Styl vollendeter Schönheit, den Winckelmann begeistert preist, wohl aber jener Styl, der aus der Großheit der Idee und dem höchst bestimmten Charakter des Künstlers heraus dem Werke ein festes, gleichsam monumentales Gepräge aufdrückt, aus dem man, wie ex ungue leonem, den Genius erkennt. Die ganze Kraft dieses Styles liegt im Geist, in der Zeichnung, und gerade dies weist von vornherein auf die hohe monumentale Malerei hin, der Cornelius später sein ganzes Wirken weihte. In diesem gehaltenen Ernste und dieser stylistischen Strenge beruht Dasjenige, was uns Cornelius so unvergleichlich macht, und das ihn zugleich der großen Masse ferner rückt, welche sich so lange von den leicht verständlichen, schimmernden, aber dabei meist unstylistischen Bildern vieler Düsseldorfer und Belgier gefesselt fühlte. Für uns aber ist die Hauptsache hier, daß der Faust das Erwachen der deutschen Kunst auf heimathlichem Boden und ihr Zurückgreifen auf den alten, echten nationalen Geist bezeichnet, — hierneben, daß er alle hohen künstlerischen Eigenschaften, die Cornelius zum Genius unserer neueren Malerei gemacht haben, klar und bestimmt, wenn auch noch wie in einer Knospenhülle verschlossen, in sich trägt.

Die Stiche nach diesen Faustzeichnungen waren 1816 erschienen. Sie beschworen einen Sturm in der Kunstwelt herauf, ähnlich wie ehedem Schiller's Räuber einen Brand in die Welt geschleudert. Die Herren, welche sich unter der alten akademischen Perrücke behaglich fühlten, schrieen Zeter und Wehe, denn sie empfanden, daß ihre Zeit nunmehr gekommen sei. Und schon in wenigen Jahren war die Umwälzung vollzogen, das Neue hatte gesiegt, Cornelius ward 1820 Director der Kunstakademie zu Düsseldorf. Doch kehren wir nun zu dem jungen Meister nach Rom zurück.*)

Nach dem zweijährigen Aufenthalte in Frankfurt, der für Cornelius in jeder Hinsicht angenehm und erfreulich war, verließ er die stolze Stadt und wanderte in das ersehnte Land der Kunst, Italien. Nach Frankfurt war er mit seinem Freunde Christian Xeller aus Biberach von Düsseldorf her gekommen, und mit ihm wohnte und lebte er in engster Beziehung zusammen. Beide hatten auch gemeinschaftlich im Juni 1811 vor dem Aufbruch nach Rom eine Fußreise in den Taunus gemacht, von welcher noch Cornelius Tagebuch mit Zeichnungen vorhanden ist. Xeller begleitete ihn auch nach Italien, wohin sie große Strecken zu Fuß pilgerten. Außer ihm gehörten noch Karl Mosler aus Coblenz und Karl Barth aus Hildburghausen zu Cornelius engerem Freundeskreise in Frankfurt.

Zum Theil auf der Reise, besonders in Heidelberg, zum Theil erst in Rom, zeichnete Cornelius 11 Blättchen für den Buchhändler Reimer in Berlin, welche dieser stechen ließ und in dem Helwig=Fouqué'schen Taschenbuche der Sagen und Legenden herausgab. Der erste Theil dieses Buches erschien 1812 und am 20. December desselben Jahres schreibt Sulpiz Boisserée an Göthe: „Schade, daß Cornelius sich zuerst durch die Bildchen in diesem Taschenbuche bekannt machen mußte; indessen auch bei ihm geht leider die Kunst nach Brod, und diese kleine vorübergehende Erscheinung wird wohl weder einen guten, noch einen schädlichen Einfluß auf ihn haben." Diese geringschätzige Meinung theile ich nun ganz und gar nicht. Die Blättchen sind für die damalige Zeit sehr bedeutend und zur Beurtheilung von Cornelius damaligem Standpunkt in seiner künstlerischen Entwicklung sehr interessant. Sie sind ganz im Geiste und Style des Faust gehalten, abgesehen von den italienischen Einflüssen in den späteren Blättern dieses letzteren, sie zeigen durchaus die ungetheilte Neigung zum deutschen Mittelalter und verleugnen den großen Sinn in der Auffassung keineswegs.

---

*) S. Beischriften 5 a. u. b.

Wie ganz anders betrat Cornelius jetzt Rom als Thorwaldsen vierzehn Jahre vor ihm! Beide waren fast in demselben Alter, als sie in Rom einzogen, aber dennoch welch' ein Unterschied! Thorwaldsen setzt die Stunde seiner geistigen, künstlerischen und also wahrhaften Geburt in den Tag seiner Ankunft zu Rom, und auch mehrere Kinderjahre, in denen er nur aufnahm, ließ er dort verstreichen. Dann plötzlich offenbarte sich sein Genius und er begann zu schaffen. Cornelius war ein anderes Geschick geworden. Er hatte in seinem Faust eine Fahne aufgepflanzt, die ihn siegreich durch das abgelebte Akademicenthum, durch den Perrückenwust hindurch zu echt vaterländischer Freiheit in der Kunst geführt hatte, und die er nun hoch hielt, um das Heiligthum klassischer Kunst auch für sich eroberud zu öffnen! Das ist etwas ganz anders. Wie Carstens war er vom Krieg gegen das Bestehende ausgegangen, aber jener hatte sich in idealem Streben ganz in die Fluthen griechischer Schönheit gestürzt, und die Helena gesucht, ohne sie als Bräutigam heimführen zu können. Denn sie sollte nicht wie ein Schatten aus Persephone's Reiche in der alten Wirklichkeit auferstehen, sie sollte durch den deutschen Geist von einem vieltausendjährigen Banne erlöst werden, und dafür, wie unsere Volkssagen so sinnig erzählen, dem fremden Helden Herz und Hand schenken. Von ihrer Schönheit überwältigt, sollte der deutsche Faust ihr huldigen:

> „Was bleibt mir übrig, als mich selbst und alles,
> Im Wahn das Meine, dir anheim zu geben?
> Zu deinen Füßen laß mich, frei und treu,
> Dich Herrin anerkennen, die sogleich
> Auftretend, sich Besitz und Thron erwarb."

Und die griechische Helena sollte aus freiem Herzen bekennen:

> „Ich scheine mir verlebt und doch so neu,
> In dich verwebt, dem Unbekannten treu."

So vermählen sich sinnbildlich Faust und Helena; so innig zu echtem, wahrhaftigem und lebendigem Wesen vermählen sich deutscher Geist und hellenische Schönheit in den hohen Werken unserer klassischen Dichtung und Kunst.

Carstens war, von glühender Sehnsucht vor der Zeit verzehrt, hinabgestiegen in das dunkle Schattenreich, als er die hohe Schönheit, die den Träumen seiner Jugend vorgeleuchtet, gesehen, aber Cornelius war eine kräftigere Natur. In deutscher Ritterlichkeit trat er wie ein ganzer Mann, vom Wirbel bis zur Zehe eins, kühn auf, und, als er nun den Inbegriff der Schönheit leibhaftig schaute, freite er mit dem scharfen Schwerte rast= losen Strebens und mühevoller Arbeit um die herrliche Göttin. Jahre= lang mußte er freien, aber endlich erfüllte die Umrungene seine Seele mit voller Begeisterung für das höchste Schöne. Von nun an leuchtete der Stern klassischer Kunst über seinem Wirken, und ließ ihn selbst Werke schaffen, die groß, edel und klassisch den Ruhm deutscher Malerei für alle Zeiten befestigen. —

Als Cornelius in Rom erschien, fand er die **deutsche Künstler= kolonie** im Besitze der hervorragendsten Kräfte. Dieselben traten ge= meinsam zwar gegen die auch dort vorhandenen Anhänger des Zopfes, deren Gewalt Carstens einst so schwer empfunden, auf, doch ließen sich schon damals innerhalb dieses kleinen Kreises zwei verschiedene Richtungen deutlich erkennen. Auf der einen Seite standen Thorwaldsen und Koch, denen bis vor Kurzem Wächter und Schick beigesellt gewesen waren, als die unmittelbaren Nachfolger von Carstens, auf der anderen Overbeck und Schadow als die Romantiker. So schied sich schon damals das Klassisch=Antike und das Christlich=Romantische. Es war natürlich, daß Cornelius sich mehr von diesem angezogen fühlte, und so schloß er mit den sogenannten Klosterbrüdern in S. Isidoro, einem alten Ordenshause, wo Overbeck und seine Genossen wohnten, enge Freundschaft. S. Isidoro selbst hatte er nicht bezogen, er wohnte stets von Anfang an in einer gewöhnlichen Mieths= wohnung, und zwar, so lange Xeller in Rom blieb, mit diesem gemein= schaftlich, später allein. Die eigenthümlich sinnvolle und edle Persönlichkeit Overbeck's mußte in ihrer natürlichen Verwandtschaft mit den altdeutschen und vorrafaelischen Meistern Cornelius, der ja gerade in seinem Faust sich an die mittelalterliche Kunst angelehnt hatte, mächtig fesseln. Ein inniger Freundschaftsbund erwuchs damals zwischen beiden Meistern, der auch heute, nach mehr als fünfzigjähriger Dauer, noch in fester Treue besteht. Ge= meinsam machten beide oft ihre Uebungen, sie zeichneten zusammen Acte nach dem Leben, suchten in gleicher Begeisterung aus den Werken der alten Maler, besonders des Giotto und Masaccio, zu lernen.

Die Bilder dieser alten Meister vom Beginn der italienischen

Malerei bis auf Rafael sind für die gesunde künstlerische Bildung eines Historienmalers schlechthin unentbehrlich, da sie in gewissem Sinne, wie die Antike, um Winckelmann's Worte zu gebrauchen, mit Wenigem Viel sagen wollen, und so von dem studirenden Künstler eine weit größere eigene Arbeit des Geistes verlangen, als selbst manche der klassischen Gemälde, von den nachrafaelischen ganz zu schweigen. Die Wahrhaftigkeit und Treue, die Schlichtheit und Liebe geht aus diesen Werken unmittelbar in den Sinn des neuen Künstlers über, wenn er Redlichkeit, Hingebung und Fleiß genug besitzt, um zu solcher Aufnahme auch fähig zu sein. Es ist die tiefste Innerlichkeit und die seelenvollste Empfindung, welche in dem Studium dieser alten Meister erworben und gebildet werden kann, welche aber, wie wir schon bemerkten, von malerischen Kunstwerken, sowohl um des eigensten Wesens der Malerei als Kunst, wie um desjenigen des darzustellenden Gegenstandes willen, nicht zu trennen ist. Die Malerei will auch Innerliches durch äußere Form anschaulich machen, sie will Leidenschaften und Stimmungen, wie sie im ruhenden oder handelnden Zustande der Menschen erscheinen, ausdrücken. Es ist wahr, Laokoon und Niobe sind erschütternde und tief rührende Versteinerungen des gewaltigsten Seelenschmerzes, im barberinischen Faun ist die freie geistige Kraft ganz aufgelöst in vollkommen unthätiger (also passiver, d. h. leidender) Hingabe an die Natur: aber dieser Umfang der Empfindungen genügt für die Malerei nicht. So wie, im Gegensatz zu der plastischen Ruhe der klassischen Welt, das Seelenleben überhaupt durch das Christenthum erst in seinem wahren Wesen geweckt und vertieft wurde, so können wir auch das innerste Herz und Gemüth wiederum nur in Werken christlicher Kunst suchen. Das ist das Große und ewig Bleibende der mittelalterlichen Kunst, daß sie das innigste Leben der Seele auszusprechen verstand, und hierin liegt das unendlich Belehrende und Bildende gerade für die Künstler unserer Tage, die, wir wissen es ja alle, nur zu oft auf den Effect, d. h. auf den bestechenden, in sich unwahren Schein, hinarbeiten. Deshalb werden alle heutigen Maler, welchen es um eine hohe und ernste Kunst zu thun ist, sich nicht nur mit Vortheil den alten Meistern zuwenden, sondern sie werden diese mit unumgänglicher Nothwendigkeit studiren müssen, wenn sie für ihre weitere Entwickelung eine gediegene und feste Grundlage haben wollen. Es ist ganz richtig und trefflich, daß man sich an die großen Meister hält, aber irrig ist es und verkehrt, die künstlerische Bildung auf sie ausschließlich gründen zu wollen. Wie sie es gemacht haben, so mache es der Nachgeborene auch, denn der Fingerzeig der Natur weist für jede gesunde Entwickelung auf den Fortschritt vom Beschränkteren zum Vollkommeneren hin. Freilich

„Wie schwer sind nicht die Mittel zu erwerben
Durch die man zu den Quellen steigt!" —

Aber kann etwa Jemand meinen, er kenne den königlichen Strom in seinen Breiten und Tiefen vollkommen und ganz, wenn er nie an den lauteren Quellen seines Ursprunges den Trank des Lebens geschöpft!

Ich betone diesen Umstand absichtlich vielleicht mehr, als Manchem nöthig scheinen mag. Mir aber ist er in seiner allgemeinen Bedeutung so hochwichtig, daß ich lieber in zehnfach größerem Umfange mich über die Nothwendigkeit, daß unsere Maler die Werke vorrafaelischer Kunst studiren, aussprechen möchte. Dann aber ist diese Hingabe an die alten Meister besonders für die Entwickelung des Cornelius von dem weitgreifendsten Einflusse gewesen. Wir vermißten ja im Faust gerade in gewissem Sinne die Fähigkeit, eine fein empfundene künstlerische Absicht auch ganz und ebenmäßig in die Form übergehen zu lassen. Und hierdurch befand sich Cornelius in ähnlicher Lage, wie jene liebenswürdigen Maler der Vorstufe. Ging er also auf sie ein und verfolgte denselben Weg, den sie, zu immer Vollkommenerem und Höherem übergehend, in ihrer Gesammtreihe bis auf Rafael zurückgelegt, so lag hierin eine Schule, die ihm, von dem Standpunkte der Vorstufe zu dem klassischer Meisterschaft sich zu entwickeln, die reinste und edelste Gelegenheit bot. Es ist schon für den Laien einer der größesten und erhebendesten Genüsse, die unaufhaltsame Fortbildung der Malerei von Giotto, Masaccio, Fiesole, den Altflorentinern und Umbriern zu einem Perugino, zu einem jugendlichen Rafael hin zu beobachten, und sich dann in die gewaltige Entwickelung zu vertiefen, die dieser große Meister von seinen eigenen schüchternen Anfängen an bis zur sixtinischen Madonna und den sogenannten Tapeten durchlaufen. Denn es ist unendlich anziehend, rührend und beseligend, zu sehen, wie etwas Großes wird; traurig und entmuthigend aber ist es, den Weg zu verfolgen, den das Große im absterbenden Verfalle zurücklegt, indem es die Bedingungen des Irdischen löst. Aus diesem einfachen Grunde schon wird man nie eine neue Kunstentwickelung bei nachklassischen Perioden anknüpfen können. Wenn eine solche Betrachtung aber schon der Laie macht, um wie viel mehr mußte ein bewußter und in jeder Hinsicht selbstständiger Künstler wie Cornelius, sich von den alten Meistern gefesselt fühlen! Rastlos vertiefte er sich in sie, und diesem Eindringen war sicher der Umgang mit Overbeck, dessen Natur dazu mehr hinneigte, als die des Cornelius, höchst förderlich. Dabei wurde das Studium der Natur und die Weiterbildung des Geistes nicht verabsäumt, und nächstdem ist der Einfluß nicht zu unterschätzen, der von dem klassisch=antiken Theile der deutschen Künstlerschaft zu Rom, also mittelbar von Carstens, auf Cornelius ausging.

Mit Koch und Thorwaldsen wurde feste Freundschaft geschlossen, und so mehr und mehr auch die Antike in den engeren Kreis des Studiums gezogen. Kaum kann es größere Gegensätze geben, wie Overbeck und Thorwaldsen als Menschen und Künstler: jener katholischer Convertit, dieser freisinniger Protestant, jener für christlich=romantische Stoffe, dieser für griechische begeistert, jener auf den malerischen Ausdruck innerlichster Empfindungen, dieser auf die plastische Gestaltung reinster Schönheit ausgehend, jener der fromme Klosterbruder, dieser der klassische Heidenfreund. Beide aber waren in ihrer Weise vollkommen, nur mit dem Unterschiede, daß Overbeck den Umkreis der Malerei nicht erschöpfte, Thorwaldsen dagegen seine Aufgabe, die Wiedergeburt klassischer Plastik, durchaus löste. So trat Cornelius persönlich in die Mitte zwischen beide Männer und künstlerisch in die Mitte zwischen beide Richtungen; oder besser, wenn man in der Malerei die Gegensätze durch Overbeck und Carstens bezeichnet, er erhob als Maler sich über beide. Das Christliche und Klassische wurden in ihm versöhnt, und darin besteht die große That, durch welche er in unserer ganzen klassischen Literatur= und Kunstperiode nahezu einzig ist; ihm am meisten verwandt in dieser Hinsicht ist Klopstock, und vielleicht einige andere Dichter noch oder Musiker.

Leider läßt sich aus den Werken selbst der Entwickelungsgang des Cornelius während dieser Jahre nicht in allen Punkten genau verfolgen. Einiges ist, wie schon angedeutet, entschieden und deutlich in den letzten Blättern zum Faust ausgesprochen. Noch bestimmter wird die Einwirkung Roms in einem Skizzenbuch erkannt, welches ich Gelegenheit hatte einzusehen, und welches eine Reihe von Studien nach dem Leben, Gewandstudien und auch einige Skizzen landschaftlicher Art, die auf einem Ausfluge nach Neapel entstanden waren, enthält. Man ersieht zum mindesten hieraus, nicht weniger wie aus den Studien jüngster Zeit, daß Cornelius damals schon mit dem unermüdlichsten Eifer die Natur studirt, und daß er mit einer unglaublichen Sicherheit und Gewandtheit gezeichnet hat. Aber dann lassen diese Studien eine entscheidende styliftische Wandlung wahrnehmen, welche, nach den beigesetzten Jahreszahlen zu urtheilen, in das Jahr 1815 fallen muß.

Das bei weitem Wichtigste jedoch, welches die künstlerische Fortbildung unseres Meisters bezeugt, sind seine Zeichnungen zum Niebelungenliede. Zwar gehören sie der Periode des reinen und geläuterten Styles, welcher erst, wie wir sehen werden, in den Fresken des Bartholdy'schen Hauses auftritt, noch nicht an, sie wurzeln noch ganz in dem nationaldeutschen Wesen; allein der römische Einfluß macht sich doch bereits in sehr bedeutendem Maße geltend.

Das erste Blatt, welches „der Königinnen Grüßen" darstellt, zeigt die unmittelbarsten Folgen des Studiums der alten Meister. Die Gewandungen fließen in jener eigenthümlich schüchternen, doch edlen Weise, welche zu dem sinnvollen Geiste jener vortrefflichen Künstler so wohl stimmte, die Gesichtstypen, namentlich in den beiden Königinnen selbst, weisen unzweideutig auf die Werke des Giotto hin, das Pferd, auf dem der Held Siegfried herzusprengt, erinnert an jene wenig schön gestalteten Thiere, die auch noch bei Rafael vorkommen, und selbst die ganze Composition trägt jenes frühzeitige Gepräge. Dies ist doch nicht Zufall? Cornelius hatte schon 1811 auf seinem Rabenstein viel naturwahrere und edlere Pferde gezeichnet, als das des Siegfried hier: muß man also hieraus nicht auf einen anderen Einfluß schließen, und aus jener Verwandtschaft mit alten Vorbildern weiter, daß dieser Einfluß dem lebendigsten Eindringen in die vorrafaelischen Meister entsprang. Kein Blatt bezeugt das Studium, dem

Cornelius damals sich hingegeben, treffender, als dieses. Und wiederum nehmen wir von Blatt zu Blatt eine Um- und Weiterbildung wahr, bis wir auf Blatt fünf und sechs dem „Morde Siegfried's" und der „Klage um seine Leiche" einer neuen, freien und selbstständigen Entwickelung begegnen. Ganz besonders überzeugend ist in dieser Hinsicht der „Mord" oder, wie es auch heißt, der „Verrath Hagen's". Die Composition gliedert sich hier bereits in ebenso kunstvoller wie scheinbar naturgemäß zufälliger Weise, wenn auch die Gliederung der Mittelgruppe noch eine gewisse Gezwungenheit verräth, — die Haltung der einzelnen Figuren ist frei, kühn und wahr, der Ausdruck voll und lebendig, die Gewandung edel und rein. Es ist ein ganz gewaltiger Unterschied zwischen dieser Zeichnung und dem Blatt eins, und kaum kann Etwas belehrender sein, als die Stiche beider mit einander zu vergleichen. Denn der bewußte Vergleich ist die Seele wahrhaft historischer Betrachtung der Kunstwerke, besonders der durch den Gegenstand, die Zeit oder die Person des Künstlers nahe verwandten. Dort zeigt sich Cornelius im Banne der Altitaliener, hier ist er der Meister in selbstständigster Uebung seiner Kunst, doch nach seiner Wahl in jeder Linie deutsch, freilich geläutert eben durch das Studium und den Einfluß jener.

Noch deutlicher tritt die freie Wahl des deutschen Wesens jetzt, nachdem Cornelius bereits sich einmal ganz in die Welt des Giotto und Masaccio versetzt hatte, hervor in dem herrlichen Titelblatte, welches allerdings erst, nach dem Monogramm und der Jahreszahl, die es trägt, zu schließen, 1817 beendet wurde, das wir aber hier anreihend gleich mit erwähnen. Es hat die Unterschrift: „dem geheimen Staatsrath Niebuhr als ein geringes Zeichen unbegrenzter Verehrung, Liebe und Dankbarkeit von Peter Cornelius." Wie unmittelbar spricht die Seele mit all ihren Regungen aus diesen Gestalten, wie frei, leicht und wahr sind alle Bewegungen! Dabei ist weder ein Körnchen der geistig tiefen Auffassung und des vollen Eindringens in die Dichtung, noch eine Spur des strengen Styles, den wir beim Faust wahrnahmen, hier irgendwie verloren gegangen, beides, besonders das Letztere, erscheint vielmehr ebenfalls geläutert und fortgeschritten. Ein neues Moment tritt aber in den Nibelungenbildern hinzu, welches uns jetzt schon eine der seltensten Eigenschaften des Cornelius in einer, man darf sagen, fast vollkommenen Aeußerung enthüllt. Wenn wir nämlich in der Kraft der Zeichnung, in dem Ernst des Styles, die den Faust auszeichnen, bereits einen deutlichen Hinweis auf den Beruf des Meisters zur monumentalen Malerei erblicken mußten, so wird jetzt dieser Hinweis durch eine großartige Compositionsfähigkeit verstärkt. Nicht allein bekundet sich diese schon im „Morde des Siegfried" und der „Klage", sondern sie zeigt sich im Titelblatte grade in ihrem reinsten Wesen: es ist die, im Sinne großer Wandmalereien an eine architektonische Gliederung sich lehnende, Raumtheilung. So ergänzt sich das künstlerische Bekenntniß mehr und mehr, welches Cornelius schon in seinen ersten Faustblättern angedeutet, und durch das er nun seinen **Beruf zum monumentalen Freskomaler** großartig darlegt. Wenn aber die Malerei monumental auftreten soll, muß sie sich der Architektur anschließen; und mit dieser sich zu einem einheitlichen Kunstwerke verschmelzen, kann sie nur durch die Raumtheilung, die sogenannte Compartimentirung. Im Titelblatte zum Faust war auch eine freie Composition dargeboten, die wohl zu jener monumentalen Auffassung anregen konnte: Cornelius aber nahm sie mehr im mittelalterlich-phantastischen Sinne. Mit Recht ist also ein sehr erheblicher Fortschritt, ein reifer und reifer Werden von Stufe zu Stufe auch im Niebelungentitel wahrzunehmen, wenn man ihn unter diesem Gesichtspunkte mit dem zum Faust vergleicht. — Wir dürfen leider hier nicht übergehen, daß die von Lips und Ritter, namentlich dem letzteren, gestochenen Blätter der Niebelungen die Cornelius'schen Zeichnungen nicht erreichen, und nicht selten einen überraschenden Mangel des richtigen Verständnisses verrathen. Vortrefflich ist dagegen der Stich des Titelblattes von Amsler und Barth.

Inzwischen hatte Cornelius sich bereits als Freskomaler praktisch im Bartholdy'schen Hause bewährt, doch wollen wir dies der nächsten Periode seines künstlerischen Wirkens vorbehalten. An diesem Uebergange aber jetzt schon erkennt der Leser, daß unsere Scheidung der Entwickelungsperioden keine haarscharfe sein kann, daß vielmehr ein lebendiger Fluß das Ganze zu einer vollkommenen Einheit verbindet. Nur zur Erleichterung des Verständnisses dieses reichen Künstlerlebens ist eine Gliederung nach Art der Periodentrennung bei Göthe, Schiller u. a. hier versucht worden. Und wir hoffen, daß dies zu nützlichem Erfolge geschehen. —

In diesem rüstigen Studium und dieser thatkräftigen Arbeit gingen die ersten Jahre seines römischen Aufenthaltes für Cornelius dahin. Eine gemeinsame Begeisterung trug die befreundeten Künstler und das höchste Ziel ward ihren Bestrebungen gesteckt. Cornelius in seinem überwiegenden Geiste war von großem Einflusse auf die Andern, aber nicht minder wirkten die Andern auf ihn zurück. Ja wenn man den Gang seiner Entwickelung mit ihren tiefgehenden Umbildungen betrachtet, und dagegen erwägt, wie Overbeck, so zu sagen damals in seinem künstlerischen Wesen schon fertig, bis diesen Tag eigentlich derselbe geblieben, so möchte man meinen, Cornelius verdanke dem Umgange mit seinen Freunden mehr als diese ihm. So befremdlich dies bei seiner selbst von seinen Gegnern*) anerkannten Ueberlegenheit zuerst klingen mag, so liegt doch viel wahres darin, und Cornelius selbst hat oft genug freimüthig erklärt, daß er Overbeck Vieles zu verdanken habe. Damals aber verband den ganzen Kreis dasselbe edle Streben, ein Streben von solcher Reinheit, daß man seines Gleichen kaum in der Kunstgeschichte wieder findet, und daß man ihm in dieser Gemeinsamkeit schon damals keine lange Zeitdauer versprechen konnte, denn das Treiben und Drängen des Lebens ist solchen Erscheinungen nicht günstig. Später von dem Grafen Raczynski aufgefordert, Mittheilungen über sich selbst zum Zwecke der Benutzung für dessen Geschichte der neueren deutschen Kunst, zu machen, schrieb er diesem: „Es ist mir unmöglich, den Kreis geistiger Entwickelung während meines Aufenthalts in Rom in so kurzen und dürftigen Notizen darzustellen. Aber ich darf sagen, es wurden die Bahnen von Jahrhunderten durchkreist: ich spreche hier nicht blos von mir, sondern von jenem Verein von Talenten und Charakteren, die getragen von allem, was das Vaterland und Italien Heiliges, Großes und Schönes, was der begeisternde Kampf gegen französische Tyrannei und Frivolität in allen besseren Gemüthern so tief aufregte, damals in so reichem Maße darbot**)."

So ernst und treu wurde damals von den Deutschen in Rom gestrebt. Der Geist des Künstlers wird in jener ewigen Stadt gehoben und

---

*) Zu diesen gehörte später W. Schadow. Vergleiche dessen modernen Vasari. Berlin 1854. S. 128.

**) Nach dem Facsimile bei Raczynski. Bd. II. mit Berichtigung der veralteten Orthographie.

getragen: die Selbsterkenntniß und die Ziele wachsen gemeinsam. Dies war bei jenen ernsten Männern vollgewichtig der Fall, wenn auch die herrlichsten Bildwerke und Gemälde zu jener Zeit in Paris den buonapartischen Kunstraub vermehren halfen. Vieles lag auch noch eingepackt und sollte nach Frankreich eingeschifft werden, als die öffentlichen Zustände Europas sich änderten. Aber der geistige Einfluß Roms wirkte dennoch unaufhaltsam, bei den meisten jener Männer rein künstlerisch, bei einigen jedoch auch religiös, was wir noch zu berühren haben werden.

Inzwischen lösten Ernst und Scherz sich in heilsamen Wechsel ab, Philisterei oder gar Duckmäuserei waren natürliche Verbannte. Es wurde gekneipt und gesungen, gejubelt und gelebt; heimische Lieder waren die tägliche Lust und am fernen Tiber erschollen unter Becherklang oft die deutschen Weisen. Die Phantasie der jungen Künstler ließ den römischen Wein für Rebensaft vom Vater Rhein gelten, und sie priesen im Liede den König aller Weine:

„Bekränzt mit Laub den lieben, vollen Becher
Und trinkt ihn fröhlich leer!"

Voller aber hoben sich die Stimmen bei der herrlichen Stelle, wo es heißt:

„Ihn bringt das Vaterland aus seiner Fülle,
Wie wär' er sonst so gut?
Wie wär er sonst so edel, wäre stille,
Und doch voll Kraft und Muth?"

Ja, der Uebermuth selbst verlangte auch sein Recht, und so unternahm Cornelius eines Tages das halsbrecherische Wagniß, um den Knopf der Peterskirche herum zum Kreuze hinaufzuklettern. Eine neue Anregung erhielten diese lebensfrohen Künstler durch die Nachrichten aus Deutschland, die von Neujahr 1813 an nach Rom gelangten. Die Vaterlandsliebe schlug in hellen Flammen auf, und einige der Genossen wurden mit den Mitteln, welche die andern zusammenschossen, nach Deutschland zurückgesendet, um ihres Theiles, wenn möglich, mitzukämpfen. Auch Cornelius wäre gern aufgebrochen, aber er vertauschte doch nicht den Stift mit dem Schwerte, sondern kämpfte mit seinen friedlichen Waffen zu demselben Zwecke mit. Die Recken des Niebelungenliedes schienen wieder lebendig geworden, ein ganzes großes Volk, durch die kühne That York's im alten

Lande Preußen aufgeweckt, kämpfte gegen die frechste Tyrannei, und grub seinen Namen in die ehernen Tafeln der Geschichte ein, neben denen der Helden von Marathon und Salamis. Leichen wurden auf Leichen gethürmt, und das Titanische der Menschennatur erfaßte die weitesten Massen. Wer noch einen Funken deutschen Sinnes in seiner Brust fühlte, der sah sich entbrannt, und so versenkte sich unser Meister zur poetischen Läuterung des unmittelbar Wirklichen in das National-Epos unseres Volkes.

Als eine solche **patriotische That** sind denn auch die **Niebelungen-Blätter** bei ihrem Erscheinen begrüßt worden, und sie haben nicht wenig dazu mitgewirkt, den Geist des Volkes nach der ungeheuren Anstrengung des Krieges vor allzu tiefer Erschlaffung zu bewahren, indem sie seine Blicke nachdrücklichst auf unsere große Vergangenheit richteten. Dies ist das hohe kulturgeschichtliche Verdienst der deutschen Romantik, und bis hierher stimmte Cornelius mit ihren Bestrebungen überein. Später wurde er ein entschiedener Gegner der romantischen Ausschreitungen, und wandte sich mehr und mehr zur klassischen Welt hin. In den Niebelungen ist er, weil von urkräftiger Gesundheit, ein Romantiker in jenem Sinne, wie etwa auch Körner, Rückert, Arndt, Stein bedingungsweise dies sind; doch nennen wir ihn lieber, da von dem Namen Romantiker eine gewisse krankhafte Schwärmerei nicht zu trennen ist, einen national-deutschen Künstler. Die Romantiker rechneten natürlich einen Künstler wie Cornelius, so lange es irgend anging, mit Stolz zu den Ihrigen, und da er mit ihnen in Vaterlandsliebe und Achtung des Mittelalters eng verwandt war, so war die Einreihung der Niebelungen-Blätter in die romantischen Leistungen als eine scheinbar selbstverständliche beim Publikum leicht durchzubringen. Aber der Schein beruhte auch hier auf Unwahrheit. Denn schon frühe erkannten Einsichtige, daß Cornelius sehr weit von dem geistigen Wesen dieser Schule entfernt sei; und bereits 1822 wirft der Maler Wächter*) in einem Briefe an einen Freund die Frage auf: „Erklären Sie mir doch auch deutlich, was denn eigentlich Romantiker ist und in wiefern diese Benennung auf jenes (Niebelungen-) Titelblatt anzuwenden sei?" Nur aus der patriotischen Bewegung jener großen Zeit kann dies Werk begriffen werden. Der

---

*) Haach, Beiträge z. n. d. Kunstgesch. Stuttgart 1863. Seite 368.

Meister selbst, welcher damals einem vertrauten Freunde nach Deutschland schrieb: „unter diesem warmen Himmel, wo die Herzen so kalt sind, fühle ich, daß ich bis ins innerste Mark ein Deutscher bin, mit Schmerzen und mit Freuden", — er nannte den Zweck dieser seiner eigenen Zeichnungen den „zum Besten unserer Nation ein Senfkörnlein zu pflanzen." Und das Senfkörnlein ging auf und wuchs, und ward ein schöner, mächtiger Baum, eben weil es mit seiner reichen, inneren Triebkraft in den echten, mütterlichen Boden gepflanzt war. Göthe rief aus, als er die Niebelungen=Blätter sah: „Ein wahres Wunder! Die Kunst ist gleichsam in Mutterleib zurückgekehrt und wiedergeboren." —

Die Begeisterung für Kunst und Vaterland blieb natürlich wach und lebendig, wenn auch die äußeren Verhältnisse sich schnell änderten. Das Jahr 1813 flog vorüber, Deutschland wurde frei, Blücher drang gegen die französische Hauptstadt vor. Da entließ Napoleon den gefangenen Pius VII., der, überall als Märtyrer begrüßt, seinen Weg nach Rom einschlug. Am 24. März 1814 zog er in die Sieben=Hügelstadt ein und richtete die alten Verhältnisse wieder auf. Auch viele Kunstwerke wurden ausgepackt oder kamen nach und nach wieder, aber mehr als Alles dies waren zwei Ereignisse, die mit der Herstellung der alten Ordnung zusammenhingen, für Cornelius von hoher, ja entscheidender Wichtigkeit. Jakob Salomon Bartholdy wurde als preußischer General=Konsul für ganz Italien 1815 nach Rom geschickt, und 1816 erschien ebenda Niebuhr als preußischer Gesandter beim päpstlichen Hofe. Beide Männer spielen eine wichtige Rolle in Cornelius Leben, und wenn jener mehr eine kunstgeschichtliche Bedeutung behauptet, so tritt dieser in das engste persönliche Verhältniß zu ihm. Es ergänzen sich ihre Verdienste in dieser Weise wechselseitig zu schöner Einheit. 1815 war auch Philipp Veit, der Enkel Moses Mendelssohn's und der Stiefsohn Friedrich Schlegel's, in Rom angelangt. Er hatte die Kriege zuerst im Lützow'schen Freicorps, dann als reitender Jäger bei den Brandenburgischen Kürassieren unter Kleist mitgemacht, und konnte mit warmem Herzen das Selbsterlebte den neuen Freunden erzählen. So bildete sich nach und nach ein neuer Kreis und neue Verhältnisse. Die aus dem Vaterlande Ankommenden aber brachten alle einen frischen und neubelebten deutschen Sinn mit, der wie ein Hauch echter Gesundheit aus den wür=

zigen Wäldern unsrer Heimath selbst den Glanz der hesperischen Sonne trübte. Cornelius Herz war daheim und in Sehnsucht nach der Heimath schrieb er um diese Zeit einem von Rom scheidenden Freunde diese Zeilen ins Stammbuch:

„Kommt ihr ins Vaterland zurück, so grüßet, Freund,
Die Guten alle, die noch mein gedenken!
Auf freien Höh'n, im dunklen heil'gen Wald,
Beim Rauschen deutscher Ströme denkt an mich.
Doch kommt ihr an den schönen stolzen Rhein,
So grüßt den Alten, rufet meinen Namen
Mit lauter Stimme in die dunkle Fluth,
Sprecht ihm von meiner Sehnsucht nach der Heimath.
Doch tretet ihr zu Köllen in den Dom,
O so gedenket meiner vor dem Herrn,
Auf daß ich heimgelang' ins Land der Väter."

Dritter Abschnitt.

Die römische Epoche, etwa von 1815 bis um 1830.

Mit den Niebelungen schließen im höheren Sinne verstanden Cornelius Lehr- und Wanderjahre ab. Wir sahen den Künstler aus dem deutschen Boden in seiner ganzen Kraft emporwachsen, sahen seine malerische Ausdrucksfähigkeit sich vornehmlich an den Altitalienern bilden, und erkannten bereits den Weg, auf dem er zur Vollendung des Meisters in Composition und Styl vorgeschritten ist. Und hier sind wir wiederum da angelangt, wo wir in unsrer einleitenden Betrachtung verweilten: daß die volle Durchbildung und klassische Läuterung der Form nur durch die lebendige Erfassung der Antike zu gewinnen ist. Dies gilt für die Kunst ganz im Allgemeinen und schlechthin. Für die Malerei treten naturgemäß noch die klassischen Werke der neueren Zeit seit dem Ende des fünfzehnten Jahrhunderts hinzu, vornehmlich um der malerischen Composition und der Farbe willen, für die das Alterthum uns keine genügenden Vorbilder hinterlassen hat. Aber hierin liegt kein Gegensatz, sondern nur eine Ergänzung, denn Phidias und Rafael stehen einander sehr nahe in ihren höchsten Schöpfungen. Wenn also ein Maler, der die Schule der Altdeutschen und Altitaliener durchgemacht, sich die großen Meister seiner besonderen Kunst zum Vorbild nimmt, und die strenge Formenvollendung, die reinste Weihe der Begeisterung und vor Allem das edle Maß aus der Antike schöpft, so hat er sicher einen festen und unerschütterlichen Grund unter sich. Doch dabei ist von selbst die eigene Begabung des Mannes vorausgesetzt, und für diese hatte Cornelius ja in seinen bisherigen Werken die vollgültigsten

Zeugnisse niedergelegt. Keiner war so wie er aus dem Geiste seines Volkes künstlerisch hervorgegangen, keiner hat sich geistig so gesund und frei gezeigt, keiner eine solche Kühnheit der Phantasie mit solcher Strenge des Styles verbunden: Alles Große zu erwarten war man also durchaus berechtigt, sobald jetzt Cornelius eine ideale Aufgabe monumentaler Art zu lösen hatte. Sie ward ihm durch den Kunstsinn Bartholdy's ermöglicht.

In den bisherigen Arbeiten zeigte sich deutlich und unverkennbar Cornelius Beruf zum Freskomaler. Neben der stylistischen Haltung und der Raumtheilung offenbarte sich dies tiefer und gewaltiger in dem Geiste der Großheit, womit alle Compositionen aufgefaßt waren. Je mehr Cornelius sich entwickelte, nahm dies Streben ins Ungemessene, dieser Drang ins Große zu, und besonders bei den späteren kleinen Zeichnungen wird man oft bekennen müssen, daß die Gedanken nicht in den engen Raum hineinwollen, daß sie eine Wand zu ihrer Darstellung fordern. Nehme man z. B. die Lady Macbeth (1856 gez.) und betrachte sie mit unbefangenem Auge. Ist das nicht eine Gestalt, deren Wesen erst aus einem kolossalen Freskobilde ganz und lebendig zu uns sprechen würde? Um dies vollkommen einzusehen, erwäge man nur, wie unendlich verschieden der Eindruck eines großen Wandgemäldes auf uns ist von demjenigen, welchen wir aus einem Stiche nach demselben empfingen, wie ganz ungleich ein antikes Bildwerk und eine kleine Maschinen=Copie desselben wirken. Oder glaubt man etwa, daß der Zeus des Phidias und der Moses des Michelangelo in einer Höhe von sechs Zoll uns auch mit überwältigender Kraft zur Bewunderung hinreißen könnten? So ist es durchgehends bei Cornelius. Ueberall tritt das Große heraus und drängt auch zu einem ungewöhnlichen Maßstabe in der Darstellung, so daß zwischen der tiefsten Begabung des Meisters und seiner Darstellungsart die engste und nothwendigste Wechselwirkung Statt findet. Er mußte schlechterdings a fresco malen.

Cornelius hat allerdings mehrere Bilder in Oel ausgeführt, doch wird Jeder zugeben müssen, daß auch in diesen Werken der Freskomaler sich keineswegs verleugnet. Nun sagt man zwar, dies eben sei gerade eine Schwäche; allein ich vermag es doch nicht für eine Schwäche anzusehen, wenn der einzige geborene Monumental=Maler unsres Jahrhunderts dies auch mit seiner ganzen Kraft ist. Wilhelm Schadow namentlich bemängelt die technische Tüchtigkeit des Cornelius in der herbsten Weise, und sieht es für ein Wunder an, daß „bei so mangelhaften Kenntnissen" seine Bartholdy'schen Fresken, doch noch „zu seinen gelungensten Werken" gezählt werden müssen. Schadow verkannte durchaus die hohe Bedeutung der Monumentalmalerei, und da er selbst mit der Oelfarbe gut Bescheid wußte, meinte er, alles Heil käme daher. Er konnte nie verstehen, daß ein Mensch einen mächtigen, inneren Beruf zur Freskomalerei haben könne, und daß Fresko und Oel zweierlei Dinge seien. Der hohe Styl und damit die eigentliche und wahre Blüthe der Malerei kann nur aus dem Fresko erwachsen. Die bedeutende Fläche, die Anlehnung an die Architektur und die Verbindung ganzer Reihen von Darstellungen zu einem einheitlichen Gesammtwerk: dies Alles kann das Oelbild nicht bieten, und gerade dies ist nöthig, um die Malerei auf die höchste Stufe der Kunst überhaupt zu erheben.

So wie wir jetzt Cornelius Beruf zur monumentalen Malerei aus den Faust- und Niebelungen-Blättern erkennen, so klar war derselbe damals dem Meister innerlich bewußt. Sein ganzes Streben ging dahin, eine Gelegenheit zu finden, wo er seine Gedanken a fresco darstellen konnte. In Deutschland war diese Technik so gut wie unbekannt, denn was im vorigen Jahrhundert bei uns in dieser Weise ausgeführt wurde, konnte weder begeistern noch als Vorbild dienen, und auch in Rom war Jahrzehnte lang nicht a fresco gemalt worden. Cornelius und seine Freunde mußten sich also zunächst genaue Kenntniß des Verfahrens zu erwerben, und dann dasselbe so gut als möglich anzuwenden suchen. Das erste Werk, die Bartholdy'schen Bilder, fielen trotzdem über alle Erwartung vollendet aus, und nur eine starke Retouche läßt die technischen Schwierigkeiten ahnen, welche jene vortrefflichen Künstler zu überwinden hatten. Ernst Förster, der die Bilder wiederholt sah, erklärt in dieser Hinsicht: „In der technischen Behandlung wird Niemand einen Anfänger, sondern einen geübten Meister vermuthen, obwohl es Cornelius erste Freskomalerei war." Auch lobt er die „große Einheit des Tons und die ungestörte Harmonie der Farbe." Diese Meinung wird allgemein von urtheilsfähigen Personen getheilt, die Rom und jene Fresken kennen.

Bartholdy hatte die Casa Zuccaro, welche der Künstlerfamilie dieses Namens einst angehörte, bezogen. Einen Saal des oberen Stockwerkes wollte er mit Arabesken ausmalen lassen und wandte sich deshalb an Cornelius, der ihm rathen und beistehen sollte. Cornelius erfaßte diese Gelegenheit mit Feuereifer, um Bartholdy für eine größere Idee zu begeistern. Nach ihm sollte das Zimmer mit Fresken geschmückt werden, und da eine solche Unternehmung natürlich erheblich über die von Bartholdy ausgesetzten Summen hinausgehen mußte, so wäre hieran vielleicht das Ganze gescheitert, wenn Cornelius und seine Freunde nicht auf allen Gewinn verzichtet und nur die Lieferung der Materialien und Lebensbedürfnisse verlangt hätten. Man wurde einig. Cornelius leitete die Arbeit und seine Genossen Overbeck, Veit und Schadow nahmen an derselben Antheil. Was es jetzt galt, fühlten diese Männer in seiner ganzen Größe. Es sollte vor der Welt offen das Zeugniß abgelegt werden, daß die deutsche Malerei die Erbschaft der klassischen Kunst angetreten, daß sie selbst ihre Auferstehung feiere. Von diesem Gedanken erfüllt, wurde in heiliger Begeisterung nicht um Ehre und Lohn, sondern in Liebe und Selbstverleugnung der hohen Sache der Kunst gedient. Jeder strebte mit verdoppelter Kraft, und das Gute, was er leistete, war ihm immer noch nicht genug; einer wollte den anderen in edlem Wetteifer übertreffen, und doch traten sie gern und willig dem Ueberlegeneren nach. Hier fand die Reinheit des Strebens, die wir an dem damaligen Künstlerkreise in Rom schon rühmten, ihren glänzendsten Ausdruck. Nach dieser Zeit machen sich Mißklänge verschiedener Art bemerklich, und nie ist seitdem jene erste keusche Blüthe wieder erreicht worden. Overbeck versenkte sich mehr und mehr in einseitig kirchlich-mystische Innerlichkeit, Schadow erkannte seine geringere Begabung und trennte sich später von seinen alten Freunden, besonders von Cornelius, und Veit endlich verfolgte auch seitdem eine mehr ausschließlich romantisch-kirchliche Richtung. Die Wege, welche so die damaligen Genossen später einschlugen, lagen schon in ihren Bildern angedeutet; wir können hier jedoch nicht darauf eingehen, und wir müssen uns beschränken, einfach die Thatsache zu erwähnen, daß kein Zweifel darüber bestand und besteht, unter allen seien die beiden von Cornelius ausgeführten die bei Weitem bedeutenderen. Und unter diesen wird allgemein wiederum der Begegnung Joseph's mit seinen Brüdern der Vorzug eingeräumt.

Als einen Glücksfall muß man es ansehen, daß der Gegenstand der Darstellungen gerade so, wie es geschah, gewählt wurde, daß die Geschichte Joseph's den Stoff der Bilder liefern sollte. An mehreren Orten liest man, daß diese Wahl aus Rücksicht auf das jüdische Bekenntniß Bartholdy's getroffen worden sei, dies ist jedoch irrig, da derselbe schon zu Anfang des Jahrhunderts in die protestantische Kirche eingetreten war. Dieser äußere Grund ist also hinfällig; jedoch scheint mir die Erwägung nicht ohne Einfluß gewesen zu sein, daß man zumal in Rom einen Saal, wo voraussichtlich zahlreiche profane Gesellschaften sich versammeln würden, mit Gegenständen aus der evangelischen Geschichte unmöglich schmücken konnte; ebenso konnte die Legende eines Heiligen, als lediglich der katholischen Kirche angehörend, einen Platz hier nicht finden. Und zur profanen Geschichte mochten jene Künstler wohl um so weniger greifen, als ihnen die Bibel mit ihrem unerschöpflichen Reichthum für künstlerische Darstellungen stets so nahe gestanden. Die dichterisch so schöne und sinnvolle Geschichte Joseph's ward auserlesen, und Alle billigten die Wahl. Es kann sein, daß Cornelius zehn Jahre später sich für einen mythologischen Stoff entschieden hätte, allein dies Gebiet lag ihm damals noch zu fern, und auch dies müssen wir als ein Glück in mehrfacher Hinsicht betrachten. Jedenfalls war die Wahl des Gegenstandes eine äußerst günstige. Strenge historische Wahrheit konnte sich mit dem edelsten Styl in der innerlichsten Auffassung verbinden, ohne Gefahr zu laufen, nach der einen Seite in übernatürliche Symbolik, oder nach der anderen in sinnliche Heiterkeit zu verfallen: wahrhafte und echte Geschichtsbilder konnten so entstehen.

Diese Höhe der Geschichtsmalerei erkennen wir nun vorzugsweise in dem Bilde des Joseph, der von seinen Brüdern wiedererkannt wird. Auf eine besondere Darlegung der großen Schönheit dieses Werkes können wir nicht eingehen: Cornelius offenbart sich darin ganz in seiner jugendlichen Meisterschaft. Neben der tiefen Erfassung des Gegenstandes und dem kühnen Geiste ist eine Läuterung des Styles in Composition und Zeichnung wahrzunehmen, die durch das edle Maß, welches aus ihr spricht, echt antiken Geist athmet. Ideale und reine Formen in den Gestalten, Köpfen und Gewandungen bezeugen die umfassenden und eingehenden Studien des Meisters; und wie kunstvoll und weise die Composition an sich ist, wird der am besten zu würdigen verstehen, dem es vergönnt war, einige flüchtige Skizzen zu sehen, die Cornelius damals entwarf, umbildete und bei Seite schob, bis ihm die wirklich ausgeführte Composition endlich gelang. In dieser war ein Werk hingestellt, das den entschiedensten Sieg über die Malerei der Zopfzeit, deren Anhänger damals noch diesseits und jenseits der Alpen zahlreich waren, verkündete. Die monumentale Malerei war in ehrenvollster und vielverheißendster Weise aufgelebt, und Künstler von großer, ja einziger Begabung hatten sich bewährt. So war das Leben der wiedererstandenen Kunst verbürgt und auch die äußern Erfolge blieben nicht aus. Der Auftrag des Marchese Massimi war der erste unter denselben. —

Inzwischen war Niebuhr in Rom eingetroffen. Wenn Bartholdy der deutschen Malerei in seinem Hause die Wiege bereitete, und jeder Freund der Kunst diese Schwelle nur mit Gefühlen aufrichtiger Dankbarkeit gegen jenen Mann betreten wird, so war Niebuhr's persönlicher Einfluß besonders auf Cornelius von der größesten Tragweite. Niebuhr, der edle Charakter und freisinnige Mann, der begeisterte Verehrer des Alterthums und kenntnißreiche Gelehrte, der bewährte Vaterlandsfreund und kühne Denker ward preußischer Gesandter in Rom. Die deutschen Künstler erblickten in ihm ihren natürlichen Schützer und Freund, und als sie wenige Tage nach seiner Ankunft die Leipziger Schlacht am 18. October 1816 mit Festmahl und Becherklang feierten, war Niebuhr ihr Ehrengast. Er saß zwischen Thorwaldsen und Cornelius. Gegenseitig machten sie den besten Eindruck auf einander und der Verkehr zwischen ihnen wurde bald lebhafter; die Theilnahme wuchs. Schon nach vier Wochen will Niebuhr Funde, die er in der vaticanischen Bibliothek zu machen hofft, in England verwerthen, um aus dem Erlöse von einigen der Maler Fresken machen zu lassen. Und wie er hier sogleich für sie als Künstler wirken will, ebenso schnell bildete sich die persönliche Zuneigung aus. „Cornelius", sagt er,*) „sei der geistreichste von allen; doch auch Overbeck und Wilhelm Schadow seien liebenswürdige Leute und tüchtige Künstler ungeachtet ihres Proselytenkatholicismus." Die Künstler gingen bald bei ihm ein und aus, und bereits am 23. November schreibt er: „Diesen

---

*) Diese und die folgenden urkundlichen Stellen sind entlehnt aus den „Lebensnachrichten über Niebuhr aus Briefen desselben u. s. w. Hamburg 1838."

Abend erwarte ich einen Besuch von dreien der bedeutendsten hiesigen Deutschen: Cornelius, dessen schöne Zeichnungen Du kennst, Platner und Koch." Am 7. Dezember lobt er wieder die Künstler, „ganz besonders Cornelius", und seine Achtung steigt mit jedem Tage. Eine wie klare Einsicht und wie lebendige Empfindung spricht aus dieser Stelle vom 21. Dezember an Savigny! „Cornelius ist ein höchst ausgezeichneter und anziehender Mann... In diesen jungen Malern ist Tiefe und Wahrheit, und ihre Werke sind sehr bedeutend. Wenn doch Deutschland sich unsrer jungen Männer annähme! Wie leicht wäre es in einer Stadt wie Berlin, eine Subscription zusammen zu bringen, damit Cornelius, Schadow und Overbeck einen Saal in einem öffentlichen Gebäude a fresco ausmalten, oder nur dafür, ihnen Aufträge zu Oelgemälden zu senden, und diese an einem öffentlichen Orte auszustellen? Lieber Savigny, das empfehle ich Ihnen. Das wäre eine herrliche Sache, und wie leicht zu machen, wenn man nur nicht die verschmäht, die nun einmal im Besitz des Mammon sind. Eichhorn müßte auch einmal zu Hardenberg darüber reden. Aufgewacht ist die Kunst gewiß, und die jungen Männer sind ganz anderer Art, als was man sonst Künstler nannte. Sie leiden beinahe Noth fröhlichen Muthes, und keiner trachtet danach reich zu werden. Anstatt des ehemaligen Geldfischens der falschen Künstler, schweigen sie unverbrüchlich über ihre Verlegenheiten. Der Faust von Cornelius ist sehr erhaben. Wären diese lieben Landsleute nicht hier, wie würde uns sein!"

Diese inhaltreichen Stellen bedürfen einer Erläuterung und Verbindung nicht; sie eröffnen unmittelbar den Blick in jene Zeit und ehren nicht minder ihren Verfasser als auch die Künstler, besonders unter diesen Cornelius. Ich schließe deshalb hier sogleich ein Stück eines Briefes vom Weihnachtsabend 1816 an die Frau Hensler an: „In der lebendigen Gegenwart haben nur unsre deutschen Künstler Werth; und mit ihnen, soweit ihre Sphäre reicht, versetzt man sich wohl auf Stunden in ein besseres Volk. Cornelius kennst Du aus den Zeichnungen zu den Nibelungen. Ohne Vergleich ansprechender sind die bereits gestochenen zum Faust. Cornelius hat sich ganz und gar selbst gebildet. Sein Sinn in der Kunst geht ganz in die Tiefe und auf das Einfältige und Große. Wir kommen uns immer näher und könnten uns schon Freunde nennen. Er hat ein braves Weib, eine Römerin, von der ich hoffe, daß sie Gretchen zur Zeit der Noth Hülfe leisten wird. Er ist sehr arm, weil er für sein Gewissen und seine eigene Befriedigung arbeitet, und die Käufer, welche ihre Preise darnach messen und messen können, nicht vorkommen. Ich vermag es nicht, den Künstlern Arbeit zu geben, sondern bin froh, als Freund aushelfen zu können, wenn die Noth sehr groß ist."

In einem Schreiben an Nicolovius vom 22. Januar 1817 spricht sich Niebuhr über den Gedanken wegen Ausführung von Fresken in Berlin näher aus; er sagt: „Auf zwei Wegen kann etwas Ersprießliches und Preußens Ehre Angemessenes geschehen: der eine ehrt die Regierung, der zweite wenigstens das Publikum. Entweder rufe die Regierung einige der vorzüglichsten Künstler nach Berlin, und beauftrage sie, eine große Arbeit in Fresko auszuführen: im Dom, im Universitätsgebäude oder in einem andern öffentlichen Local. Oder, wenn das Ministerium dafür kein Ohr hat, so suche man unter den Reichen eine Subscription für denselben Zweck zu Stande zu bringen, wobei man freilich auch von den Zäunen laden muß, wenn die Lumpen geistige und der Beutel voll ist. Ich habe über eine ähnliche Idee an Savigny geschrieben. Ich glaubte, daß man die Prinzessin Wilhelm dafür interessiren könnte, und im Nothfall würde ich ihr darüber schreiben. Cornelius Faust haben Sie wohl noch nicht gesehen? Er hat, oder wird Ihre Erwartung weit übertreffen. Cornelius ist ein sehr geistreicher, edler und liebenswürdiger Mann: Katholik, wie er geboren ist, aber so wenig ein Zelot, daß er, da wir mit ihm über seine Lieblingsidee, ein jüngstes Gericht zu malen, redeten, uns zwar abschlug, Luthern in die Himmelsglorie zu versetzen, weil er das nicht dürfe: aber er solle dem Teufel die Bibel entgegen halten und dieser davor zurückweichen." Auf diese religiöse Humanität bei Cornelius, besonders im Gegensatz zum Ultramontanismus und dem Eifer der meisten Convertiten werden wir noch zurückzukommen haben.

Der Brief an Savigny vom 16. Februar 1817 ist sehr reich an anziehenden und werthvollen Mittheilungen: . . . „Um auf das Vorhergesagte zurück zu kommen, so behaupte ich, daß ein echter und sicherer Kunstsinn schlechterdings ohne den historischen nicht sein kann, weil die Künste nichts abgesondertes sind; daß der historische sich kund thun wird, wo jener wirklich ist, ohne alle Gelehrsamkeit, wie z. B. bei Cornelius." Im Schreiben wurde Niebuhr unterbrochen, er fährt am folgenden Tage unmittelbar fort: „Ich brach ab, weil aus Brandis Zimmer das Getümmel der Versammelten erscholl, und wir den Abend nicht zu kurz sein lassen wollten. Cornelius der Düsseldorfer, Platner der Leipziger, Koch der Tyroler, Overbeck der Lübecker, Mosler der Coblenzer, Wilhelm Schadow der Berliner waren mit Bunsen bei Brandis versammelt. Auf verschiedene Weise und in verschiedenen Graden sind sie uns alle lieb, alle bedeutend. Ihre Persönlichkeit ist die größte menschliche Erheiterung hier und ihre Kunst ist viel für die Gegenwart, noch verheißender für die Zukunft. Ich glaube allerdings, daß wir jetzt in der Kunst für Deutschland in eine Epoche treten, wie die unsrer aufblühenden Literatur im achtzehnten Jahrhundert war, und daß es nur ein wenig Aufmunterung der Regierungen bedarf, um uns dieser schönen Entwickelung theilhaftig zu machen. Cornelius und Platner sind unsere eigentlichen vertrauten Hausfreunde, auch ihre Frauen, Römerinnen aus dem guten Bürgerstande, sind Gretchen recht sehr lieb. Die Frauen dieser Klasse sind hier ohne Vergleich den Männern vorzuziehen, schon weil sie einen natürlichen Beruf haben, und dafür großen Pflichteifer: diese beiden sind anmuthig und treuherzig. Ich hatte Cornelius und Wilhelm Schadow um Mittag die fröhliche Botschaft gebracht, daß Schuckmann's Brief Hoffnung gebe, daß ihr sehnlicher Wunsch, eine Kirche zu malen, in Erfüllung gehen könnte. Es ist, wenn dies zu Stande kommt, unerläßlich, daß der unzertrennliche Overbeck mit ihnen arbeite, dessen Genie beide eigentlich als das höchste unter ihren zeitverwandten Kunstgenossen verehren, und ihm huldigen. Mir freilich scheint Cornelius doch fast der reichste, so er der wundervollste Zeichner ist. Diese fröhliche Botschaft hatte unsere Freunde in Bewegung gebracht, und sie kamen, um einen luftigen Abend mit uns zu machen und zu theilen. Es kam nach ihnen auch der Mecklenburger Ruschewehy, der meisterhafte Kupferstecher, ihr Freund und Gesell, ebenso ein tüchtiger und sehr liebenswürdiger Mann. Wir waren alle gutes Muthes, neckten uns mit Platnern, dem die Reste der leipziger Höflichkeit mit Gewalt abgewaschen werden sollen, der deshalb einem förmlichen moralisch=diätetischen Cursus unterworfen ist und genau beobachtet wird, wenn der alte Schaden wieder hervor=

brechen will … — Darauf fuhren wir, wo letzthin abgebrochen war, im
Lesen fort. (Göthe's ital. Reise.) Koch schläft immer beim Vorlesen ein,
wenn es nicht durch Mark und Bein geht: der also schlief in der Ecke
des Sophas. Als wir an die Stelle kamen, wo Göthe erzählt, wie die
Todten hervorgerufen werden, nachdem der Vorhang gefallen, da rief ihm
Cornelius zu: Koch, die Vorhänge sind bei Euch auch gefallen! Was ist's?
fragte er, sich die Augen reibend. — Cornelius ist ein inniger Enthusiast
für Göthe, vielleicht keiner mehr, wenigstens hat Göthe keinen inspirirt
wie ihn. Er ist ein sehr reiches, inniges, tiefes Gemüth. Bei allen
lebendigen, anschauungsreichen Schilderungen leuchtete die Freude auf seinem
Gesicht, aber dann ward er wieder traurig und wehmüthig. Die Stelle
über den Gondelgesang hallte in allen Herzen wieder und einstimmig aus
jedem Munde. Aber als wir geschlossen hatten für dieses Mal und Gretchen
zur Ruhe ging, wir Männer noch über das Gelesene redeten, ehe wir uns
um unser sehr frugales Abendessen setzten, nahm er das Wort und sagte,
wie tief es ihn bekümmere, daß Göthe Italien so gesehen habe. Entweder
habe ihm das Herz damals nie geschlagen, das reiche warme Herz, es sei
erstarrt gewesen, oder er habe es gleich festgekniffen. So ganz und gar
nicht das Erhabene an sich kommen zu lassen, das Ehrwürdige zu ehren:
aber so viel Mittelmäßiges zu protegiren ….. und alle jammerten gen
Himmel über das unselige Weimarer Hofleben, in dem Simson seine
Locken verloren habe." Später kommt Niebuhr in demselben Briefe, der
so lang geworden, daß er ihn ein Ungeheuer nennt, auf die Künstler zurück:
„Die hiesigen Maler sind entschieden in zwei Parteien getheilt, die eine
besteht aus unsren Freunden und denen, die sich an sie anschließen, die
andere ist der zusammenhaltende Phalanx derer, die um das Feuer in den
Büschen auf dem Blocksberg tanzen: an ihrer Spitze stehen die R. (Riepen=
hausen), weltkluge Bursche, die sich der Fremden bemeistern, und die unser
akademischer College Goliath (Hirt) vollkommen gelten läßt. Das intriguirt
und lügt und klafcht, — es soll nicht Licht werden, durchaus nicht. Jene sind
von exemplarischem Lebenswandel, hier blühet die alte Lüderlichkeit der
deutschen Maler zu Rom, wie vor dreißig Jahren. Die talentvollen jun=
gen Ankommenden ziehen sich zum Glück jetzt zu jenen: es versteht sich
aber, daß es auch den letzteren nicht an Rekruten fehlt. Merkwürdig aber

ist es, daß einige Ausländer und selbst Italiener auf die Kunst unserer Freunde aufmerksam werden. Marchese Massimi hat Cornelius und Overbeck die Ausmalung zweier Zimmer einer Villa übertragen, und wird sie brav bezahlen. Jener wird einen Cyklus aus Dante, dieser aus Tasso malen."

Als sehr bezeichnend für das geistige Verhältniß Niebuhr's zu den Künstlern stehe hier eine Aeußerung an Frau Hensler vom 21. März 1817, bei deren Beurtheilung jedoch die aus Niebuhr's Kränklichkeit und seiner Geringschätzung der Italiener folgende Unbehaglichkeit und Mißstimmung, die er stets beklagt, nicht außer Acht gelassen werden kann. Es heißt: „Mit unsren Künstlern dauert unser Umgang mit Herzlichkeit und Vertraulichkeit fort: nur unerschöpflich ist unser Gespräch nicht, obgleich ein paar von ihnen geistreich sind. Es fehlt ihnen der Stoff, und ich muß in ihren Kreis hineingehen, sie können nicht in den meinigen kommen." Natürlich war dies wohl, denn der wissenschaftliche Bildungsstand beider Theile war sehr verschieden: Niebuhr, ein Gelehrter der alten Schule mit vollster Beherrschung der griechischen und römischen Literatur nach Sprache und Inhalt, und Cornelius ohne alle Gelehrsamkeit. Um so erfreulicher und schöner ist die Freundschaft, da sie sich nur auf wahre Humanität, nicht auf Gemeinsamkeit des Berufs oder der Interessen gründet. Auch wurde sicher der Schatz positiver Kenntnisse bei Cornelius durch Niebuhr's Mittheilungen und Anregungen vermehrt, wie andrerseits seine einfache volksmäßige Schulbildung ihn, namentlich der Religion gegenüber, im vollsten Sinne des Wortes naiv erhielt. Und wie innig hiermit die Kunst des Cornelius zusammenhängt, ist zweifellos: wir haben es also vielfach als ein besonderes Glück anzusehen, daß er nicht eine gelehrte Jugendbildung empfing.

Diese naive Unbefangenheit und ursichere Gesundheit unterscheidet Cornelius von allen seinen damaligen Kunstgenossen. Cornelius war fromm erzogen, am katholischen Niederrhein aufgewachsen, Zweifel an dem, was ihm als göttlich und heilig gezeigt wurde, waren ihm fremd gewesen. Die Literatur und die Richtung der Zeit hatte auch ihn mit ihrem Geiste der Verneinung angehaucht, aber sein positiver Glaube hielt sich dennoch fest. Sein Bedenken richtete sich, besonders auch in Rom, wo er vieles Mißbräuchliche aus erster Hand kennen lernte, gegen die Form, aber nicht gegen die Sache. Seine innige Vertrautheit mit der Bibel trug vor Allem dazu bei, diesen Standpunkt zu kräftigen, dessen hauptsächliche Bedeutung in dem, damals von vielen gebildeten Katholiken getheilten, Verlangen sich aussprach, daß der nach Rom zurückgekehrte Papst Pius VII. eine allgemeine Kirchenversammlung berufe, die Verbesserungen durchführen sollte. Daß hieraus nichts wurde, konnte einen so bewußten und unbeugsamen Charakter wie Cornelius nicht beruhigen; die Bedenken blieben. Aber ebenso wenig konnte er sich entschließen, dem Proteste Luther's gegen die durch die katholische Hierarchie in die christliche Kirche eingeführten Uebelstände beizutreten. Er gab zu, daß er zu Luther's Zeiten gewiß einer der eifrigsten Anhänger der Reformation geworden wäre — wie dies ja auch das Beispiel seines Vorgängers Dürer wahrscheinlich macht — allein er erklärte zugleich, daß der moderne in Pietismus und Nihilismus gespaltene Protestantismus ihn abstoße. Er blieb Katholik, doch im Besitze all der geistigen Errungenschaften, welche die, wesentlich auf protestantischer Grundlage beruhende, Entwickelung der deutschen Dichtung und Wissenschaft unsrem Volke zugeführt. So hatte er alle geistigen Vortheile des Protestantismus mit den Vorzügen des Katholicismus, die wir noch hervorheben werden, in sich harmonisch verbunden; und weil dies bei ihm zum lebendigen Bewußtsein geworden, glaubt er seit jener Zeit mit Vorliebe an eine allgemeine Vereinigung beider Confessionen. Wir haben hier nicht die Möglichkeit einer solchen zu besprechen, nur möchten wir noch erinnern, wie klar Cornelius selbst die Einwirkung des protestantischen Geistes auf sich stets erkannte. Ein späterer Vorfall in München, den Ernst Förster erzählt, mag dies bekunden. Cornelius und Förster hatten ein Gespräch über Confessionen und Kunst, und bei einer Meinungsverschiedenheit sagte letzterer: „Und doch ist unser bedeutendster Künstler ein Protestant!" Förster fährt dann fort: „Und als ich nun auf seine weitere Frage seinen eigenen Namen nannte, da sah er mich einen Augenblick lang forschend an, ergriff dann mit Innigkeit meine Hand und sagte: Sie verstehen mich." *)

---

*) E. Förster, Geschichte der deutschen Kunst. Leipzig 1860. IV. S. 213.

Diese unbefangene und schöne Menschlichkeit war es auch, die Niebuhr so anzog, und die ihm Cornelius vor den Anderen stets werther machte. Anfangs waren die Beziehungen zwar mit Allen innig, und Niebuhr, dessen strenger Protestantismus keinen Zweifel zuläßt, unterschied noch nicht, ja er entschuldigte sogar, wenn auch mit Bedauern, die zur römischen Kirche übergetretenen Künstler. Besonders galt dies dem „stummen und schwermüthigen" Overbeck, denn „für Schwermuth ist Rom ein tödtender Ort, da es gar keine lebendige Gegenwart darin giebt, bei der es der Wehmuth wohl werden kann." Diese Aeußerung kurz nach seiner Ankunft in Rom war milde und wohlwollend, aber bald sah er schärfer und unterschied. „Das empfinden auch die geborenen deutschen Katholiken, daß es mit den Geistlichen hier nicht ist, wie es sein sollte. Ich will aber einige junge Künstler, die katholisch geworden sind, nicht verdammen; sie haben nicht gewußt, was sie thaten. Ein Paar von ihnen gehören sogar zu unserem engeren Kreise und unsere vertrauten, guten Freunde sind alle deutsche Katholiken. Cornelius ist ein ausgezeichneter und anziehender Mann." Wenige Tage später, in dem schon erwähnten Briefe vom Weihnachtsabend 1816 an Savigny, klagt er jedoch bereits, daß „der Katholicismus Overbeck's und des einen Schadow viele Punkte von aller Berührung ausschließt." Und schon erkennt Niebuhr, daß kein Ort so im Lutherthum befestige, als Rom. Aber kaum ist er dreiviertel Jahre in der Tiberstadt, als er auf das Entschiedenste seine Künstler trennt. Er schreibt: „Der einzige Cornelius scheint von Kindheit auf, durch die Erziehung einer frommen, aber keinesweges bigotten Mutter, und durch eine ganz ungelehrte Bildung, worin die Bibel (obwohl in einer katholischen Familie) sein einziges Buch gewesen ist, gleichförmige und dauernde Gesinnungen und Ueberzeugungen angenommen zu haben, die ihm so fest sind wie alle eigenen Erfahrungen, und sein Katholicismus geht im Grunde gar nicht weiter als der Glaube der alten Protestanten. Bei andern, die im Katholicismus geboren sind, und gleichgültig aufgewachsen sein mögen, scheint es mir ganz anders zu stehen. Von denen, die diese Religion angenommen haben, ist Overbeck ein Schwärmer und ganz unfrei: ein sehr liebenswürdiges Gemüth und begabt mit herrlicher Phantasie, aber von Natur unfähig durch sich selbst zu stehen, und keineswegs so verständig wie er poetisch ist. Ihm ist das Joch angewachsen, in welches ein anderer unsrer Hausfreunde (Schadow), der den nemlichen falschen Schritt gethan hat, sich immer wieder hineinschieben muß, weil es von ihm zurückweicht."

Niebuhr's Urtheile über Sachen und Personen werden immer strenger, ja sein Mißmuth reißt ihn zu Aeußerungen hin, wie etwa diese: „die hiesige Religion ist dem Unbefangenen ein Ekel." Um so mehr gewinnt Cornelius bei ihm, um so näher rückt er ihm. Ich hebe aus einem Briefe vom 6. Juni 1818 folgende inhaltreiche Stelle heraus, welche die damaligen Verhältnisse zu Rom in ein helles Licht stellt: „Durch Rauch will ich Ihnen eine Broschüre schicken, die hier ausdrücklich zur Bekehrung der jungen Deutschen bekannt gemacht ist. Kommt Schmieder (der preußische Gesandtschaftsprediger), so muß er Luther's Schriften für mich mitbringen und tüchtige Schriften gegen den Papismus. Wie ekelhaft das Zeug wird, je länger man ihm zusieht, läßt sich nicht aussprechen. Jetzt haben die Bekehrer Schadow (den anderen) am Köder, einen der tüchtigsten jungen Künstler. Lieber Nicolovius, dies ganze Leben der Künstler taugt nichts: es ist grundverderblich. Ihre ganze Lage ist falsch: sie machen hier einen vornehmen Stand aus, sie werden blind und schief über alle Verhältnisse der Welt, so dünkelvoll und eitel. Um Gotteswillen denke man daran, keinen zu lange hier zu lassen. Nur in einer mannigfach und reich geordneten bürgerlichen Gesellschaft kann ein Künstler, der nicht ein Wunder ist, wie Cornelius, ein gesunder Mensch bleiben. Daß Cornelius ein gesunder Mensch ist, davon nur ein Beispiel! Den Abend nach der Kindtaufe bei Bunsen's waren wir mehrere dort: Bunsen wohnt oben im Palast Cafarelli und über dem Palatin; als wir nach Mitternacht auf der Loggia standen, sahen wir Jupiter funkeln, als schaue er auf seinen tarpejischen Fels. Es waren Gesundheiten getrunken, ich sagte zu Thorwaldsen: Laß uns die Gesundheit des alten Jupiter trinken! Von ganzem Herzen! antwortete er mit beklemmter Brust. Einige stutzten: Cornelius stieß an und erwiderte uns." Dieser Vorfall gewinnt um so höhere Bedeutung, wenn man erwägt, daß Cornelius sich seiner Cartons wegen für die Villa Massimi in das Studium des Dante vertieft hatte, und Dante einmal Gottvater selbst den sommo Giove nennt. Die Ultramontanen verketzerten natürlich unseren Meister, und ihre Ueberhebung wurde tagtäglich größer. Auch Niebuhr,

der „dies dumme Wesen nachsichtiger als Jemand beurtheilt" hatte, macht
es „unwillig und grimmig, daß sie hochmüthig sind, verführen wollen und
ihre Unwissenheit als höhere Einsicht aufstellen."

Diese Unbefangenheit, Duldsamkeit und freie Menschlichkeit kann selbst
heute noch nicht, nachdem Cornelius die Ludwigsfresken und die Dom=
kartons geschaffen, von Seite der Ultramontanen ihm verziehen werden.
Ein literarisches Erzeugniß dieser hyperkatholischen Richtung „Convertiten=
bilder" *) bespricht in der Biographie Overbeck's auch den deutschen
Künstlerkreis in Rom, und sagt u. A.: „Es ist diese wunderbare Ueber=
einstimmung in allen Ansichten um so merkwürdiger, als die jungen Männer,
deren Anzahl immer größer wurde, vorher in keiner Beziehung zu einander
gestanden hatten, und mitunter Elemente eintraten, die mit ihrem ent=
schiedenen Wesen zuweilen die Harmonie der kleinen Republik zu zerstören
drohten. Dahin gehörte vor Allen Peter Cornelius, der, obschon einer
altkatholischen Familie entstammend, gleichwohl unter diesen zumeist im
Protestantismus geborenen Kunstjüngern den Rationalisten spielte, und
während jene religiöse Bilder malten, Cartons zu den Niebelungen ent=
warf." Welch' einen geistigen Zustand der Leser bei dem Urheber dieser
denkwürdigen Aeußerung übrigens vorauszusetzen hat, mag er daran be=
messen, daß jener ein paar Zeilen später Göthe „den alten Heiden" schimpft.
Doch dies nebenher.

In Rom wurden die Verhältnisse immer gespannter. Niebuhr
klagt über die Jämmerlichkeit der Künstlergespräche, doch nimmt er Cor=
nelius aus, „dessen lichter und reicher Genius nach allen Seiten zu
schauen vermag." Und ein andres Mal nimmt er ihn wieder vom
allgemeinen Urtheil aus; er sagt: „Eine glorreiche Ausnahme macht
Ihr Landsmann Cornelius, der Ihnen (Jacobi) in einigen Monaten einen
Brief bringen wird; — das ist der Göthe unter den Malern und in
jeder Hinsicht ein frischer und mächtiger Geist, frei von aller Beschränkt=
heit." Endlich zogen sich die meisten Künstler von Niebuhr zurück, nur
Cornelius und wenige andere blieben ihm treu. Wie sehr aber jene bei Niebuhr
den Künstlerberuf überhaupt herabgesetzt, beweist folgende Aeußerung, nachdem

---

*) D. A. Rosenthal, Convertitenbilder aus dem 19. Jahrhundert. Schaffhausen 1865. I. 1. S. 210.

Cornelius schon mehr als zwei Jahre fort war, und Niebuhr die Fähigkeiten seines kleinen Sohnes im Hinblick auf dessen künftige Lebensstellung beobachtete; er scheut sich, seine künstlerischen Anlagen zu fördern. „Lieber alles andre als Künstler! Schaarenweise kommen sie aus Deutschland hier an: rohe Naturalisten, die gar nichts gelernt haben, ohne Geld, aber mit Empfehlungsbriefen, in denen man gebeten wird, sie zu unterstützen. Welche Bursche sind dies größtentheils! Und wie dünkelvoll! Wenn man ihnen eine Arbeit geben will zum Copiren, so lehnen sie es ab, weil sie eigene Compositionen malen wollen: eigene Compositionen! Leute, die oft keine Ahnung haben davon, worin das Vortreffliche dessen bestehe, was sie sehen." —

So waren die schönen Zeiten des ersten Strebens in Rom und der gemeinsamen Arbeit dahin, es war anders geworden und Alles war verschoben. Die Gefahr einer babylonischen Kunstscheidung wurde gefühlt, und sie giebt sich deutlich in einem Briefe von Sulpiz Boisserée zu erkennen, den er von Wiesbaden, wo er mit Thorwaldsen zusammen war, im September 1819 an seinen Bruder schrieb. Sie sprachen von den Malern in Rom, und da heißt es weiter: „Wir kamen so tief in den Text, daß ich das ganze Verhältniß der jungen Maler in Rom, der besten wie der geringsten, aus dem Grunde kennen lernte, und erst vollends einsah, daß mein Wunsch, sie von Rom nach Deutschland zurückversetzt zu wissen, das einzige ist, was übrig bleibt in dieser furchtbaren Verwirrung. Wirklich sagt auch Thorwaldsen, daß sie seit der Ausstellung alle unter einander verneint wären und aus einander fahren würden." Dies Auseinanderfahren ist buchstäblich eingetroffen und ohne Zweifel hat auch Cornelius das Herannahen desselben lange vorher gefühlt. So wurde ihm denn die Lösung dieser Verhältnisse leichter und die Heimkehr ins Vaterland doppelt willkommen. Auch der Auftrag des Marchese Massimi, die Dante-Fresken in seiner Villa zu malen, der zwar so erfreulich und ehrenvoll für ihn gewesen, konnte ihn nicht zurückhalten; er brach die Arbeit ab, und verließ nicht lange darauf Rom. Unbehaglichkeit in den dortigen Zuständen und eine lockende Zukunft in Deutschland trieben ihn hinweg, und wir werden sehen, daß ähnliche Beweggründe noch einmal in seinem Leben einen großen Wendepunkt herbeiführten.

5*

Doch wir haben an dieser Stelle mit wenigen Worten der Massimi'schen Arbeiten zu gedenken. Die in Frascati entstandene und zum Theil farbig angelegte Umrißzeichnung läßt uns eine länglich viereckige Deckenfläche erkennen, in deren Mitte ein Oval angeordnet ist, das von einem breiten Ringe umgeben wird. Indem so Cornelius in das Mittelfeld das innerste Paradies legte, boten ihm die Felder des Ringes Raum dar, die einzelnen Sphären der Seligkeiten, wie der Dichter sie beschreibt, durch entsprechende Gestalten zu veranschaulichen. Freilich, wenn Dante's Phantasie den Leser frei von Planet zu Planet, von der Sonne zu den Sternen führt, so blieb der Maler eng im kleinen Raume beschränkt und durch die Gränzen seiner Kunst bedingt. Aber darin grade, wie er die Idee des Dichters aus dem Worte in die sichtbare Form übertrug, zeigte er die Tiefe seines Geistes und stellte ein großes Beispiel von dem wahren Verhältnisse der Dichtung und Malerei zu einander auf. Durch die Sternenwelt schwärmen gern die leichten Gedanken, und sie folgen willig dem führenden Dichter, jene Gebilde mit abgeschiedenen Menschen zu bevölkern: da ist kein Band und keine Schranke, der ungemessene Raum ist leicht durchmessen. Aber nun kommt die schwere Wirklichkeit, und der ganze Traum soll plötzlich in Form und Farbe künstlerisch gestaltet vor unsern Augen erscheinen! Wir meinen, es sei nicht möglich, und dennoch löst der wahrhafte Künstlergeist das scheinbar Unmögliche leicht und glücklich. In die architektonische Strenge monumentaler Raumtheilung hat Cornelius diese Idee gewiesen, und hat sie durch eine im höheren Sinne symbolische, also gleichnißartige Auffassung bewältigt; er setzte an die Stelle des Ganzen jedes Mal den Theil als Vertreter, und stellte so eine Folge her, die denselben innersten Zusammenhang hat, wie die Dichtung selbst.

Das Mittelbild ist auf Goldgrund angelegt — wodurch auch die in der Lithographie störenden großen Heiligenscheine fast bis zum Verschwinden gemildert sind, — dann folgt eine Glorie von Cherubim, hierauf in dem Ringe der blaue Himmel mit den Wolken, auf denen die Seligen ruhen, und endlich abschließend ein Rand mit Sternenzeichen. Durch Streifen und Blumengehänge ist der elliptische Ring getheilt, und zugleich mit dem Mittelbilde und dem Rande eng verbunden; natürlich wird hierdurch auch der Charakter des Werkes als eines Deckenbildes, als eines kunstreichen

Teppiches auf das Entschiedenste gesichert. Wenn so die Composition in erster Reihe gerühmt werden muß, so wird auch dem aufmerksamen Betrachter nicht entgehen, wie Cornelius nach allen Seiten die Dichtung im echten Geiste erfaßt, wie er in das Dante'sche Wesen verwandtschaftlich eingedrungen ist. Jene geistvolle Mystik mußte er in der Darstellung mit derselben Hoheit und Würde zu verbinden, wie wir dies im Gedichte bewundern. Und was die künstlerische Form anbetrifft, so wird man schwerlich ein eingehendes Studium von Rafael's unsterblichen Schöpfungen verkennen können, wenn auch in einzelnen Stücken eine sichtliche Vorliebe für das frühere Mittelalter von der reinen rafaelischen Schönheit ableitet. So wird es besonders interessant sein, mitten in der klassischen Anordnung und umgeben von rafaelischen Blumengehängen den Thron und die Heiligenscheine der Dreifaltigkeit in streng gothischen Formen zu erblicken.

Diese Arbeit ist, wie schon erwähnt, nicht vollendet worden, dennoch ging von ihr ein weittragender Anstoß aus. Die neuere deutsche Malerei ist nämlich zu Dante in eine enge, vertraute Beziehung getreten, und schon Carstens machte eine seiner schönsten Compositionen nach dem fünften Gesange der Hölle. An Carstens schloß sich zwar sogleich Joseph Koch mit einigen Dantezeichnungen an, aber selbst dieser, für den großen Florentiner so hoch begeisterte, Künstler erhielt doch durch Cornelius erst die entscheidende Richtung. Nach dieser Zeit dann entstanden unzählige Dante=Blätter, die sich aber alle nur illustrationsartig an einzelne Scenen hielten, und nicht immer ein wahrhaftes Eindringen in den Geist des Dichters verrathen. Ich habe dieses wichtige Verhältniß zwischen „Dante und der neueren deutschen Malerei" ausführlicher in einem besonderen Aufsatze zu schildern versucht, und muß mich deshalb hier auf die thatsächliche Bemerkung beschränken, daß kein Künstler seit Michelangelo den Dante so treu und echt erfaßt hat wie Cornelius, und daß Dante auch auf die späteren Schöpfungen unseres Meisters einen zum Theil maßgebenden Einfluß ausgeübt hat. Wir werden dies letztere namentlich bei Besprechung der Ludwigskirche auch hier im weiteren Verlaufe noch hervorheben müssen.

Cornelius stand zu jener Zeit, als er mit den Massimi'schen Arbeiten beschäftigt war, in der Mitte der Dreißiger, er hatte sich eine Familie gegründet und durch seine Werke den Ruf der Berühmtheit jenseits und dies=

seits der Alpen erworben. Niebuhr drang, wie wir sahen, wiederholt in Berlin darauf, daß Cornelius, der ja durch die Erwerbung von Düsseldorf preußischer Bürger geworden, heimgerufen und beschäftigt würde. Aber es war vergeblich. Möglich, daß er endlich etwas durchgesetzt, allein inzwischen nahmen die Verhältnisse eine raschere Entwickelung. Im Januar 1818 war der bayerische Kronprinz Ludwig nach Rom gekommen; er sah die Fresken im Bartholdy'schen Hause, sah Cornelius Entwürfe und Zeichnungen, ging persönlich mit ihm um und erkannte, daß dies der Mann sei, den er haben müsse, um seine kühnen, auf großartige Kunstschöpfungen gerichteten, Pläne verwirklicht zu sehen. Bereits im April desselben Jahres war eine Einigung zwischen ihm und Cornelius erfolgt. Sie betraf nichts Geringeres, als die Ausmalung zweier Säle der Glyptothek in München. Ein solcher Auftrag, von so bedeutender Ausdehnung und so ehrenvoll erhebend durch das Gefühl, im Vaterlande selbst große monumentale Werke der Malerei auszuführen, und so dem neuen Kunstleben eine weite und kühne Bahn zu öffnen, mußte einen Feuergeist wie Cornelius in helle Begeisterung versetzen. Er brach die Massimi'schen Arbeiten ab, indem er an seiner Statt seine Freunde Philipp Veit und Joseph Koch empfahl, und bereitete sich für die neuen Werke vor. Den Sommer 1818 brachte er in Ariccia bei Rom zu, und machte noch in demselben Jahre einen Ausflug nach Neapel gemeinschaftlich mit dem, durch sein Werk über Rafael später so bekannt gewordenen, J. D. Passavant. Seine Absicht war, jetzt sogleich nach Deutschland zurückzukehren, aber freilich war es unbestimmt, an welchem Orte er seinen eigentlichen Wohnsitz nehmen würde, und dies eben hauptsächlich verzögerte seinen Aufbruch von Rom. Denn, wenn Niebuhr's Bemühungen auch nicht Aufträge von Berlin ausgewirkt hatten, so hatten sie doch die Aufmerksamkeit der leitenden Kreise auf Cornelius gerichtet, und man ging mit dem Gedanken um, ihm das Directorat der neu zu eröffnenden Kunstakademie in Düsseldorf anzubieten. Die Verhandlungen kamen in Gang, aber sie gelangten erst im Jahre 1819 zum Abschluß. Während dessen hatte Cornelius sich natürlich dem Ludwig gegenüber die Freiheit der Entschließung vorbehalten müssen, ihr Vertrag bezog sich nur auf die Leistung der Malereien in sachlicher Hinsicht, ohne den Meister persönlich in beengender Weise zu binden.

In die römischen Künstlerkreise hatte aber Ludwig ein Element getragen, das die schon vorbereitete Umwälzung und theilweise Entartung zur schnellen Reife brachte. Der Dünkel, welchen Niebuhr schon längere Zeit vor des Prinzen Ankunft in Rom bei den Künstlern, besonders den jüngeren, beklagt und gerügt hatte, steigerte sich in sehr bedenklicher Weise, so daß wir in einem Briefe vom 26. Juni 1818 bereits diese, nur all zu treffende Aeußerung finden: „Es ist ein wahrhaft neues Licht in der Kunst aufgegangen. Meine Sendung hat hier, ohne Blödigkeit zu reden, vielleicht viel gewirkt. Ihr Kronprinz kann mehr thun: aber sein Aufenthalt hier hat auch geschadet. Er hat die Jünglinge hochmüthig gemacht; der besonnene Freund genügt seitdem nicht mehr, weil er nicht anbetet u. s. w." Diese übermäßige Gunst von Seiten des Kronprinzen, seine kühnen Pläne, welche die Betheiligung vieler Kräfte in Aussicht stellten, wirkten auch auf die Stimmung der Künstler gegen ihn zurück. Man sah ihn bereits als den berufenen Mäcenas für die deutsche Kunst an und feierte ihn durch Wort und That in ausgesuchter Weise. So gab man ihm am 29. April 1818 kurz vor seinem Abschiede aus Rom ein außerordentliches Fest. In der Villa Schultheiß hatten die Künstler Räumlichkeiten gewonnen und einen großen Saal mit Blumen und Laubgewinden, zwischen denen sie Transparentbilder angebracht, sehr geschmackvoll geziert. Cornelius hatte den Gedanken zu diesem Schmucke angegeben, und seine Freunde halfen ihm brüderlich bei der Ausführung. Friedrich Rückert, dessen Muse schon im Jahre zuvor, 1817, das deutsche Octoberfest in der Siebenhügelstadt verherrlicht hatte, sprach ein Gedicht, in dem er nach einander die in dem Hauptbilde dargestellten Künste: Musik, Malerei, Bildnerei, Baukunst und Dichtung selbst reden ließ. Dies Gedicht sandte und widmete er später seiner Braut, indem er ihr die Entstehungsgeschichte desselben als eine Einleitung erzählte. Ich kann es mir nicht versagen, als die schönste Verewigung dieses einzigen Festes, an dem Cornelius einen so hervorragenden Antheil hatte, eine Stelle aus Rückert's Schilderung hier anzuführen:

„Freundin! die du mehr als andre
liebest meine Poesie,
weil du eben mehr als andre
mich, den Dichter, selber liebst;

Deinen liebevollen Augen
widm' ich heute dies Gedicht,
das mir lieb vor vielen andern,
weil im alten Rom ich's schrieb
zu des schönsten Tages Feier,
einem Fest zum Schmucke, wie
die am Tiberufer blühnde
deutsche Künstlerrepublik
nie ein gleiches hat gefeiert,
nie ein gleiches feiern wird.
In der ew'gen Weltstadt Mauern,
wo der Künste Heimath ist,
ward in diesen schönen Tagen
ein gemeinschaftliches Ziel
deutscher Lieb' und Kunstbestrebung
Mittelpunkt, um welchen sich
Eifer und Begeist'rung drehten,
Bayerns kronenwürd'ger Prinz.
In der Fremd' als deutscher Fürsten
Stellvertreter ehrend Ihn
bot, Ihn würdig auszuzeichnen,
deutsche Kunst die Waffen, die
ihren Händen Gott gegeben,
diesmal auf zu Fürstendienst.
Eine Villa war gewonnen
vor der Porta populi,
wo an eines weiten Saales
erst noch nackten Wänden itzt
plötzlich war hervorgesprungen,
wie durch einen Zauberblitz,
eine Welt von Farbengluten,
eine Himmelsfantasie,
ein lebendig Meer des Glanzes,
ein gemaltes Paradies,
eine neue Frühlingsschöpfung,
ein Hesperien der Magie.
Doch durch Müh' und Fleiß errungen,
war, was hingezaubert schien.
Denn es hatte, häuslich gleichsam,
eine Malerkolonie
draußen nieder sich gelassen,
die das Werk so rastlos trieb:
Malen sah' die Sonn' am Tage
und die Nacht bei Kerzenlicht.
Dem Cornelius, dem Meister,
der erdacht des Ganzen Riß,
auch die Hauptfigur, wie billig,

seinem Pinsel vorbehielt,
während er in all das andre
sich die andern theilen ließ;
dem Cornelius, dem Meister,
der dem, was gemeinschaftlich
nur gefördert werden konnte,
der Erfindung Einheit lieh,
der an jener gliederreichen
deutschen Malerrepublik
(weil ein Werk von vielen Händen
niemals ohn' Ein Haupt gedieh)
war als Haupt hervorgetreten;
dem Cornelius hatten sich
diesesmal die andern Meister,
sonst wohl gleichgeordnet ihm,
alle schweigend untergeordnet,
jeder unterm Haupt ein Glied.
Jeder stand an seiner Stelle,
ohne daß er die bestritt,
die sein Nachbar eingenommen,
keinem schien sein Amt gering;
weil dem Ganzen jeder diente,
ehrte jeden jeder Dienst;
ob er Hauptfiguren malte,
oder ob er Farben rieb.
Damals sah ich, wie der Meister,
vor dem großen Mittelbild
auf dem Werkgerüste schwebend,
eben noch der Poesie,
die er herrlich dort in aller
Künste Mitte thronen ließ,
bunte Flügel an die Schulter
schuf mit kühnem Pinselstrich;
während erst in halb begrünten
Eichbaums Wipfel ober ihr,
um ihn völlig grün zu färben,
hoch ein Landschaftsmaler hing,
der, phantastisch grün gekleidet,
selbst des Baumes Vogel schien.
(Sei du mir genannt mit Wehmut,
Fohr, du schönes Jugendbild,
Das zu früh der Kunst, zu früh uns
in der Tiber unterging!)
Aber unter das Gerüste
hatte noch ein dritter sich,
in der Hand den Pinsel haltend,
ungesehen hingeschmiegt,

>wo zu aller Künste Füßen
eine kaum bemerkte Zier
er bescheiden stille Blumen,
stille Kräuter sprossen ließ.
So arbeitet' eine edle
Malergilde, während sich
eine Zunft von Architekten
schon geschäftig auch bewies,
aus dem Frühlingsschmuck der Gärten,
aus des Landes Blumenzier,
aus endlosem Ueberflusse
von Jasmin und Rosmarin,
von Granat' und Oleander,
Lorbeer, welscher Eich' und Myrth',
Oelblatt und Orangenzweigen
ebenmäßig, kunstgeschickt
grüne Säulen aufzubauen
an des Saales Wänden rings,
die auf ihren Scheiteln trugen
Fruchtgehäng und Laubgewind.
Alle Künste so beschäftigt,
müßig nur der Dichter, ich!..."

Dann erzählt Rückert, wie er nun zur Abfassung des Festgedichtes innerlich getrieben sei, und läßt dies selbst folgen. Am Schlusse spricht die Poesie und schildert in kurzen treffenden Worten die Transparent= bilder:

>"... Die Malerei hat aus dem Schwesterchor
besonders sich hervorgedrängt, den andern
das neidenswerthe Amt hinweggehascht,
die geist'ge Wirthin dieses Mahls zu machen.
Sie hat uns selbst im Bilde hier versammelt,
wo wir, zum Aug' in lichten Farben redend,
des Worts für diesmal kaum bedürftig sind.
Zur Seite hier, auf diesem Nebenbild,
hat sie die alten Meister vorgerufen,
die Künstler jeder Art und aller Zeit,
aus allen Himmelsgegenden hieher
zu unsrer jüngsten Meister Fest versammelt.
Genüber aber auf dem andern Feld,
o seht, entgegen tritt dem Künstlerchor
ein anderer von alten Kunstbeschützern.
Denn Kunst, die zwar ihr sichres Erbtheil droben
im Himmel hat, bedarf, so lange sie
auf Erden geht, des irb'schen Schutzes wohl.

Wie ziehen sich die beiden Chöre an,
und streben liebend vorwärts gen einander.
Gewiß, sie werden in der rechten Mitte
sich finden, wo der Kunst aus Fürstenschutz,
dem Fürsten aus den Künsten, die er schützte,
der gegenseitige Gewinn erwächst.
Da hat nun, der bei jeder Kunst gern spukt,
hier unten auch, der Witz sich hingehuckt,
geschildert in gemalten Basrelieffen,
Geschichten, die vortrefflich sind und treffen:
Hier, wie die alten Mauern Jerichos
einstürzen vor der Kunsttrompeten Stoß;
Hier, wie des Augias versäumten Stall
Herakles reinigt vom verjährten Schwall;
hier, wie für ihr verräth'risches Geflüster
Simson mit lust'gem Kolben trifft Filister.
Wir alle fühlen hier uns nicht getroffen,
drum darf der Witz von uns Verzeihung hoffen.
Witz ist unschädlich, den ich halt' am Zügel;
ich nehm ihn unter meine breiten Flügel,
sammt allen andern, wie's hier ist gethan;
Wer wagt es nun und ficht es weiter an?"

Dies Fest wird, so lange deutsche Kunstgeschichte dauert, als ein schönes Denkmal des großen Aufschwunges fortleben, den besonders die Malerei durch Ludwig's königlichen Schutz genommen. Und deshalb seien die Namen auch der andern Maler, die zu jenem Ehrentage mitgewirkt, hier nicht übergangen; es sind Overbeck, Joseph Suter, Fohr, Philipp Veit, Karl Vogel, Rambour, Lund, Horny, Eberhard, Wach, Wilhelm Schadow und Julius Schnorr. Alles was sonst an kunstsinnigen deutschen Männern und Frauen in Rom war, hatte sich natürlich dieser ausgezeichneten Huldigung angeschlossen. Denn es war kein Fest, was Diener ihrem Herrn, was Hofleute ihrem Fürsten gaben; nicht dem Prinzen galt es, es galt der Kunst, deren begeisterter Pflege ein begabter, thatkräftiger und reicher Fürst sich rückhaltlos gewidmet hatte. Und das war billig. Denn fragen wir uns offen: was wäre aus der deutschen Kunst, namentlich der Malerei geworden ohne Ludwig's schützenden Arm? Durch jene festliche Erklärung seitens der Künstler nun an den Dienst der Kunst unverbrüchlich gefesselt, schied Ludwig aus der Tiberstadt mit dem Gruße: Auf Wiedersehen in Deutschland!

Unser Meister verweilte noch zu Rom bis Anfangs September des nächsten Jahres, dann folgte er dem ihm gewordenen Rufe und kehrte nach achtjährigem Aufenthalt in der Fremde zur Heimath zurück. Niebuhr sah ihn mit Trauer scheiden, denn die Freundschaft beider Männer war eine edle und echte. Ein schönes Denkmal ist ihr in den vortrefflichen Briefen, aus denen wir das Wesentliche, was Cornelius betrifft, mittheilten, erhalten; denn hierin spricht ebenso der seltene Charakter Niebuhr's herrlich sich aus, wie auch unser Meister als Mensch und Künstler die wahrste und beste Würdigung findet. An diesen Grundurtheilen Niebuhr's wird alle spätere Geschichtsschreibung festzuhalten haben, und sie wird dies um so mehr können, als ihr Gewährsmann selbst ein hervorragender Geschichtsschreiber ist, „dessen Grundansicht, wie er sagt, immer historisch ist." Niebuhr faßte den Cornelius bereits durchaus in seiner geschichtlichen Bedeutung auf, und wir können mit voller Ueberzeugung von der Wahrhaftigkeit dessen, was er ausspricht, seine Urtheile und Ansichten aufnehmen. Wie das Bild des Cornelius nach diesem erscheint, haben wir durch die gemachte Auswahl geeigneter Stellen dem Leser vorzuführen gesucht, und wir wissen, daß auch heute über den Charakter und das Wesen unsres Meisters im Grunde nichts anderes gesagt werden könnte. Das glänzendste Zeugniß für Cornelius aber ist noch zurück. Es ist ein Bericht von Niebuhr, den er in seiner Eigenschaft als Gesandter an den Kultusminister von Altenstein zu Berlin amtlich richtete, und der noch bei den Acten des Ministeriums aufbewahrt wird. Durch die Gefälligkeit des Ministers von Bethmann-Hollweg erhielt vor einigen Jahren Ernst Förster eine Abschrift dieses Berichtes, den er dann im fünften Bande seiner Geschichte der deutschen Kunst veröffentlichte. Wegen Besetzung der Directorstelle bei der Düsseldorfer Akademie hatte nämlich Altenstein von Niebuhr ein Gutachten über Cornelius eingefordert, und dieser schrieb dann am 5. Juni 1819 dem Minister:

„Die Aufforderung, womit Ew. Excellenz mich beehrt haben, auf Grund meiner genauen Bekanntschaft mit dem Maler Herrn Cornelius eine Erklärung über seine in Vorschlag gebrachte Berufung als Director der Kunstakademie zu Düsseldorf abzugeben, hat mich sehr erfreut, und zu lebhaftem Danke verpflichtet. Die lange Zeit, welche ohne Entscheidung vergangen ist, seitdem diese Berufung von der Königlichen Regierung zu Düsseldorf eingeleitet worden, hat unvermeidlich Besorgnisse erregt, daß ein Vorhaben, worüber ich mich in jeder Beziehung innig gefreut hatte, aufgegeben oder vereitelt sei. Hierüber beruhigt, erkenne ich zugleich das ehrende Vertrauen auf unbefangenes Zeugniß, welches in einer Anfrage liegt, die einen Mann betrifft, von dem es Ew. Excellenz wohl bekannt sein wird, daß ich seinen Geist, seine Kunst und sein Herz ausgezeichnet liebe und verehre.

„Die Kunstakademieen, wie sie allgemein eingerichtet sind, scheinen den Zweck zu haben, die Kunst, abgesehen von der Erscheinung großer für sie geborener Genien und von dem geistigen Einflusse der Zeit und des allgemeinen und einzelnen Seelenlebens, zu erhalten. Die schönen Jahrhunderte der Kunst im Alterthum wie in den beiden Ländern, in denen allein sie in der neueren Zeit geblüht hat, wußten Nichts von solchen Lehranstalten, so weit man auch damals von der gefährlichen Meinung entfernt war, daß es andern als ganz seltenen Menschen gelingen könne, sich selbst Lehrer zu sein. Die großen Künstler waren Meister, umgeben von Jüngern und Schülern, denen sie ihre äußerst zahlreichen Regeln und Lehren mittheilten, deren Auge und Hand sie leiteten, und für deren Geist ein Licht von dem ihrigen aufging.

„Wenn die Kunstakademieen, so wie sie sind, nichts Gutes leisten, wenn man dies hier zu Rom vielleicht noch lebendiger, als irgendwo, einzusehen veranlaßt wird, so sind sie nun in den Händen der Regierungen, wenn diese ihre Grundfehler einsehen, ein Mittel, das untergegangene ächte Verhältniß der Meisterschaft wieder herstellen zu helfen. Wie in tausend andern Dingen der Verlust der freien eigenen Leitung von den Individuen verschuldet worden, und diese sich freiwillig unter eine Vormundschaft der Unmündigkeit begeben haben, aus der nichts Frisches mehr werden kann, und die Regierungen, welche es redlich meinen, die Heilung darin erkennen, daß sie den Geist eigener Thätigkeit innerhalb der bestehenden Formen aufrufen und nicht diese Formen zerschlagen: so gilt dies auch wohl von den Kunstakademieen.

„In einer Zeit, wo das bewundernde Hinaufsehen zu einem ächten Meister und ein festes Anschließen an ihn in jeder Art der Kunst, von der poetischen bis zur bildenden, ganz selten geworden ist, weil Liebe und Demuth fast verschwunden sind, würde auch für die bildende Kunst aus einer Abschaffung der Kunstschulen eine geistige Anarchie und Verwilderung entstehen, an der, so weit sie sich auf diesem Felde wohl zeigen mag, der Widerstreit gegen die jetzige Unzweckmäßigkeit der Kunstakademieen un= läugbar einen großen Antheil hat.

„Wählt aber der Staat einen großen Künstler, der berufen ist, eine wahre Schule zu gründen, sichert diesem ein heiteres Leben und ein Aus= kommen, wobei er einen großen Theil seiner Zeit auf die Leitung tüchtiger Schüler verwenden kann, noch mehr aber sie an seinen, dann leicht einer sehr großen Erweiterung fähigen Arbeiten Theil nehmen läßt, und eine gesetzliche Autorität über diese Schüler, deren die frühern guten Zeiten entbehren konnten, die unsrige aber nicht, so kann und wird eine solche Kunstschule wenig kostbar für den Staat, sobald man viel belästigendes Fachwerk wegwirft, und mit der Unterstützung der Eleven behutsam ist, um nicht, anstatt des wahren Berufs, der kraftlosen Neigung auf die Bahn zu helfen, von dem allerglänzendsten Vortheil für die Kunst sein, und dem Staat zur herrlichen Ehre gereichen.

„In diesem Sinne bin ich überzeugt, daß Herr Cornelius, ohne irgend eine Ausnahme oder Vergleichung, der berufenste unter unsern Zeitgenossen ist, um eine Kunstschule, unter welchem Namen sie genannt werden mag, zu schaffen und zu leiten.

„Sein Genie, mit dem umfassendsten Talent und der tiefsten Einsicht in alle Zweige seiner Kunst verbunden, ist in Deutschland, wie hoch man es auch würdigen mag, nur sehr unvollkommen bekannt und kann dort noch nicht vollkommen bekannt sein. Was nach ihm gestochen worden, ist theils im Stich gar nicht glücklich dargestellt, theils ist es aus früherer Zeit, und wir sehen ihn, der sich seinen Weg völlig selbst bahnen mußte, in jeder neuen Arbeit sich selbst übertreffen und vervollkommnen; theils erregt es wegen der den Gegenständen angeeigneten Darstellungsart zufälliger Weise eine ganz irrige Vorstellung von Einseitigkeit und freiwilliger Beschränkung auf einen gewissen Styl. Das cyclische Blatt der Niebelungen übertrifft ohne Vergleich die früher gearbeiteten einzelnen, und ich scheue mich nicht, zu sagen, daß auch nicht eine ähnliche Darstellung des Alterthums oder

der neueren Zeit über die des Hunnenkönigs unter dem vertilgten Heldengeschlecht gestellt werden kann. Der Carton der Wiedererkennung Joseph's und seiner Brüder giebt doch keinen Begriff von der meisterhaften Behandlung des Gemäldes, und wenn wir uns sehnen, daß er einst den unvergleichlichen Cyclus der drei Gedichte des Dante, wie er ihn gedacht und seinen Freunden angegeben hatte, möge ausführen können, wenn ich unserm Lande das Glück wünsche, irgendwo dieses Werk von ihm zu besitzen, und unserer Regierung die Ehre, es zu bewirken: so ist doch die Arbeit, welcher jene für jetzt gewichen, die sehr glückliche Veranlassung geworden, seine ganze freie Vielseitigkeit nicht allein den Zweiflern zu beweisen, sondern vielleicht glücklicher, als wenn er erst in späteren Jahren diese Gegenstände darzustellen angefangen hätte, zu entwickeln. Man sieht und bewundert in dem Carton für den Saal, der ihm zu München für S. K. H. den Kronprinzen von Bayern zu malen aufgetragen worden, eine ebenso tiefe, liebende und ächte innige Auffassung der griechischen Poesie, als in seinen früheren Werken der heiligen Geschichte und der vaterländischen alten Zeit, und unerschöpflichen Reichthum der Erfindung, vereint mit dem einfachsten Tiefsinn.

„Einen Ausspruch, von dem man wie von seinem Dasein gewiß sein kann, daß wenigstens das nächste Geschlecht ihn allgemein bekennen wird, darf man getrost äußern, ehe er noch die allgemeine Stimme sein kann: Cornelius ist unter unsern Malern, was Göthe unter unsern Dichtern ist. Sein Verstand ist ebenso vorzüglich, wie sein Genie und Talent: er zeichnet sich aus durch die seltenste Richtigkeit der Beurtheilung über alles, was ihm so vor den Geist tritt, daß es möglich ist, ohne Gelehrsamkeit es zu durchschauen, und ich glaube, daß sein Urtheil nie falsch sein wird, wenn eine auch ganz fremde Sache, klar dargestellt, ihm vorliegt; er ist in keinen Vorurtheilen befangen, und durch und durch von lebendiger Wahrheitsliebe beseelt.

„Mit diesen Eigenschaften verbindet er die, welche zum Erfolg des Wirkens von Mensch auf Mensch die wichtigsten sind. Daß er frei von dem leisesten Neid ist, folgt bei einer schönen Seele unmittelbar aus dem stillen Bewußtsein, welches er von dem, was er ist, haben muß. Er ist aber nicht nur dies, sondern voll Liebe und voll Eifers, den jüngeren Künstlern mit Rath und That zu helfen; er zieht sie gern an sich; ich habe gesehen, wie er sich freute, als Einem es gelang, eine übertragene Theilarbeit sehr brav auszuführen, und ich weiß von denen, die sich mit aufrichtigem Wunsch nach Belehrung an ihn gewandt haben, wie eindringend und klar, wie schonend und aufmunternd er ihnen die Schwäche ihrer Werke zeigt, und ihnen hilft, sich von angenommenen Grundfehlern frei zu machen. Solche, die redlich Belehrung suchen, sind freilich bei der herrschenden Sinnesart unserer Zeit, und hier, wo die meisten so hinkommen, daß sie sich schon etwas zu sein glauben, nicht zahlreich. Wird Cornelius auf die Stelle gesetzt, wo er mit der Muße freier Bewegung, die dem großen Künstler nothwendig gelassen werden muß, der Meister einer ächten Kunstschule sein kann, so wird er mit verdoppelter Lebenskraft schaffen und wirken, weil er sich dann ganz glücklich fühlen wird.

„Ich setze also voraus, was vielleicht allein bei unserer Regierung in Sachen der Wissenschaft und Kunst kein täuschendes Vertrauen ist, daß nicht die Nichtkünstler dem großen Künstler und Meister buchstäblich vorschreiben und einrichten werden, wie der Schüler zum Maler gebildet werden soll, sondern daß man sich darauf verlassen wird, daß der glücklich Gefundene, ein heilig gewissenhafter Mann, voll Liebe für die Sache und unbesorgt, ob ihn ein Schüler übertreffen könne, dies wissen, und nach Wissen und Gewissen es bewirken werde: und ich verbürge meine Ehre und Wort, daß der Erfolg diese Versicherung rechtfertigen wird, daß Niemand mehr, als er, und Keiner, von dem ich weiß, wie er zum Director einer Kunstschule geeignet ist.

„Wenn Ew. Excellenz die Sprache einer sehr warmen Freundschaft in diesem Berichte wahrnehmen, so bitte ich Sie, nur nicht zu bezweifeln, daß es eine nicht verblendete ist."

Dies herrliche Schreiben, das auch für das klare, vorausschauende Erkenntnißvermögen seines Verfassers ein Denkmal ist, entschied für Cornelius. Er trat im Jahre 1821 das Directorat in Düsseldorf an, nachdem er sich bereits fast ein Jahr in München aufgehalten, und dann einen längeren Besuch in Berlin gemacht hatte. Die doppelte Beziehung zwischen Düsseldorf und München wurde so geordnet, daß der Winter in jener Stadt, der Sommer in dieser zugebracht wurde. Dort entstanden viele von den

Kartons, hier wurde die farbige Ausführung gemacht. Es war ein fortwährendes Hin= und Herreisen, eine Zeit der vollsten und angestrengtesten Thätigkeit, denn neben jenen Arbeiten galt es noch, eine anderthalb Jahrzehnte lang geschlossene Akademie neu und nach neuen Grundsätzen lebenskräftig zu organisiren, galt es, Künstler heranzubilden und Aufträge zu erlangen. So war Cornelius mit einem Schlage aus einem beschränkten Kreise in Rom auf die Höhe des Lebens gestellt: er hatte die edelste und ehrenvollste Arbeit zu liefern, die bis dahin überhaupt einem Maler in Deutschland zu Theil geworden, er stand an der Spitze einer Kunstschule, die an die alten Akademieen nur noch durch ihren Namen erinnerte. Talentvolle Schüler sammelten sich um den Meister; Männer wie Stürmer und Stilke, Götzenberger und Hermann, Carl Schorn und Anschütz, Eberle und Kaulbach nebst vielen andern stellten sich unter seine Fahne, und malten vielfach am Rhein in Schlössern, Burgen und öffentlichen Gebäuden a fresco. Jene reiche Thätigkeit zu schildern vermag nur Derjenige, der sie mit Augen gesehen, der selbst in Beziehung zu ihr stand; für uns ist heute nur noch die Erinnerung der entschwundenen Glanzzeit vorhanden, und wir müssen traurig unser Jahrhundert fragen, warum die letzten Früchte so wenig dauernd und allgemein wurden? Damals ahnte und fürchtete Niemand, daß nach vierzig Jahren schon die kurze Blüthenepoche stark an ihr Ende mahne; damals war man voll Vertrauen, Eifer und Liebe, man wußte, was es galt, und setzte alle Kräfte ein. Wir sind in der Lage, das Zeugniß zweier Augenzeugen anführen zu können, und wir glauben so am besten das edle Streben jener Jahre zu charakterisiren.

A. Fahne spricht in seiner Schrift über die Düsseldorfer Akademie auch von Cornelius. Er sagt: "Seinen persönlichen Eigenschaften vielleicht mehr noch als seinem großen Künstlerruhm verdankte er die Schüler, welche sich um ihn sammelten. Es war das Künstlerleben früherer Jahrhunderte, welches sich entwickelte. Meister und Jünger standen neben einander, Liebe zog Liebe groß, und diese Unmittelbarkeit, dieses der Kunst würdige, bildend innige Verhältniß schloß den festen Kreis um das Ganze, und ließ von der Akademie, welche der Staat im Jahre 1822 gleichsam von Neuem stiftete und unter Cornelius Leitung stellte, Producte erwarten, welche der innersten Anschauung abgewonnen, und nicht einem falschen Ehr=

geize und niedriger Brotlust abgedrungen sind." Ernst Förster, der sich damals mit unter den Schülern des Meisters befand, giebt uns eine anziehende Schilderung, die uns doppelt werth ist, da er zugleich künstlerische Grundsätze von Cornelius mittheilt. Er schreibt:

„Am Familienleben des Meisters nahmen wir Theil, als wären wir seine Söhne, und als im Frühling 1824 seine Gattin von einer schweren Krankheit genesen war, veranstalteten wir in einem nahen sehr romantischen Felsenthale ein Fest der Freude, wie es nur Kinder der Mutter bereiten können. In der Akademie bezog sich alles nur auf ihn, da neben ihm die übrigen Lehrer zu wenig Bedeutung hatten, ja selbst mit den hervorragenden Schülern nicht wetteifern konnten. Alles war von beispiellosem Eifer beseelt, thätig von früh bis zum späten Abend, und Cornelius überwachte mit unermüdlicher Theilnahme alle Arbeiten und Studien, ja ich muß sagen die Gedanken seiner Schüler und deren Richtung. Drang er im Aktsaal beim Studium nach dem Nackten auf genauestes, treues und gründliches Naturstudium zur Aneignung der Formenkenntniß, und regte er außer demselben zu steter aufmerksamer Beobachtung des Lebens und seiner charakteristischen Aeußerungen an, so suchte er bei der Ausführung von Werken zugleich den Sinn für Größe und Schönheit zu entwickeln, oder auch schon auf die Wahl des Stoffes einen bestimmenden Einfluß zu üben. Wir Schüler stellten uns unter einander Aufgaben und wählten dazu Scenen aus Shakespeare, Göthe, Uhland u. s. w. Bei einer solchen Gelegenheit äußerte Cornelius einmal: „„Es taugt nicht, den Dichtern nachzudichten. Unsere Kunst ist frei und muß sich frei gestalten. Erwärmen sollen wir uns an der Begeisterung der Dichter; das ganze Leben muß von ihnen durchdrungen sein; aber wo wir dichten, sollen wir dichten und nicht für uns dichten lassen. Dante durchdrang mit seiner divina commedia das ganze Mittelalter. Von Giotto an, dessen persönlicher Freund er war, bis auf Rafael und Michelangelo spürt man seinen Geist, doch keiner hat zu seinem göttlichen Gedicht Darstellungen gemacht und nur hie und da klingt es in einzelnen Motiven durch. Scenenmalerei ist Nachdruck; die freie Kunst muß sich dessen schämen. Ich habe sie freilich einst selbst ausgeübt; aber nur, weil es der einzige Weg war, dem Leben sich zu nähern, welchem Dichter und Tonkünstler näher stehen als

Maler. Nun aber ist die Bahn gebrochen: wir sind dem Leben keine fremde Erscheinung mehr; nun müssen wir uns die Freiheit erhalten, die auch die alte Kunst so hoch erhoben. Sage und Geschichte, das Testament bieten reichen Stoff zur Entwickelung selbstständiger Ideen, und selbst wo es gilt, den Dichter aufzufassen, darf er niemals copirt werden."" Dann empfahl er wiederholt die Alten: „"Das ist das einzige Heilmittel gegen die magere Sentimentalität unserer Zeit, gegen die Madonnensucht und Undinenschwärmerei. Da ist die ganze Welt in jenen großen Schöpfungen, selbst Christenthum und Christenpoesie. Denken wir immer daran, daß uns Einheit komme in die Geschichte, daß wir die Wurzel, die uns nährt, vom Stamm nicht trennen!"" Und dabei rühmte er des Aeschylos gewaltigen Geist, dem er Michelangelo, wie Rafael dem Sophokles und in bedingter Vergleichung Giulio Romano dem Aristophanes an die Seite setzte. — Ein Feind alles Scheins und aller Eitelkeit warnte uns Cornelius bei jeder Gelegenheit vor diesem der Kunst ganz besonders tödtlichen Gift, und ging uns stets an, mit ihm in Wort und Werk der Welt zu zeigen, weß Geistes Kinder wir seien." Förster spricht davon, wie er um Gewinn unbekümmert war und führt seine eigenen, so wahren Worte an: „Unser Glück ist die Ausübung unseres Berufes, und damit sind wir reicher und bevorzugter als die Reichsten."

Dies glückliche und fruchtbringende Leben sollte jedoch nur wenige Jahre dauern, denn König Ludwig rief kurz nach seiner Thronbesteigung Cornelius ganz in seine Dienste nach München, und übertrug ihm die Leitung der dortigen Akademie, und zwar mit der ausdrücklichen Ermächtigung, daß der neue Director diejenigen Lehrkräfte, welche er zur Reorganisation der Anstalt nöthig hielt, nach eigenem Ermessen wählen möge. Cornelius benutzte diese Freiheit, um bewährte Männer, wie Heinrich Heß, Schnorr, Ludwig Schorn u. A. heranzuziehen, und hierdurch, sowie durch die Ausführung der großen Malereien, zu denen die Hülfe der akademischen Kräfte oder ihre selbstständige Bethätigung nöthig war, gelangte die Akademie schnell zu einer Blüthe, die alle Erwartung übertraf, und die weder vorher noch nachher je erreicht ist. Cornelius siedelte 1826 gänzlich nach München über, wo eben der eine der beiden Festsäle in der Glyptothek unter seiner Leitung beendet wurde. Doch wir müssen jetzt wieder zu der eigenen künstlerischen Thätigkeit unseres Meisters zurückkehren, und den großen monumentalen Arbeiten in München unsere Aufmerksamkeit zuwenden.

Möge man auch, wie man immer wolle, von der Kunstliebe des Königs Ludwig denken, setze man selbst den treibenden Stachel eines leidenschaftlichen Ehrgeizes voraus, so wird man dennoch, sogar von dem strengsten Standpunkte aus, mit Stolz und Dankbarkeit anerkennen müssen, daß Ludwig große Dinge mit kenntnißreichem Takte und wahrhaft königlicher Thatkraft zum Ruhme Deutschlands durchgeführt hat. Dies ist schlechterdings nicht zu bestreiten, wenn auch Verkehrtheiten und Irrthümer, zum Theil erheblicher Art, mit einliefen. Sehen wir von Baukunst und Bildnerei ab, so wäre dies allein ein unsterbliches Verdienst, die klassischen Malereien des Cornelius ermöglicht zu haben. Und wir wollen billig dem Könige Manches nachsehen, was besser nicht oder anders geschehen wäre, wenn wir jene herrlichen Fresken betrachten, die für alle Zeiten der unveräußerliche und stolze Besitz Münchens geworden sind. Daß aber Ludwig auch alle seine Unternehmungen in dem sicheren Bewußtsein einleitete und führte, in ihnen eine nationale That zu vollbringen und dem deutschen Volke ein Denkmal zu errichten, dies geht aus vielen Anzeichen und urkundlichen Zeugnissen deutlich hervor. Am lautesten spricht sich diese edle Gesinnung in der Entstehungsgeschichte der Walhalla aus. Ludwig mußte im Jahre 1806 als ein unbedeutendes rheinbündlerisches Kronprinzlein hinter dem französischen Eroberer her mit in die preußische Hauptstadt einziehen; als Lehnsmann eines Fremden sollte er mit über die Vernichtung dieses Staates jubeln; das fachte sein vaterländisches Gefühl mit aller Macht an, und er beschloß, da Deutschland verloren schien, wenigstens dem deutschen Volke durch die Kunst ein Denkmal seines nie verlöschenden Ruhmes zu errichten, und die Walhalla zu bauen. Es ist befriedigend zu sehen, wie die Kunstliebe des Fürsten, den wir gerade auf unserem Gebiete in Deutschland den Ersten nennen müssen, aus derselben nationalen Quelle entsprang, wie die Kunst unseres Meisters, dem wiederum von diesem Fürsten Gelegenheit ward, seinen Genius in der großartigsten Weise zu bethätigen.

Als Cornelius mit Ludwig zu Rom im April 1818 abschloß, lebte er noch sehr im Mittelalter. Zunächst im Dante vertieft und dann immer mit der Bibel beschäftigt, fand er in diesen Stoffen und seiner eigenen Thätigkeit volles geistiges Genügen. Die Kunstwerke des Alterthums gewährten ihm Genuß, Freude, Belehrung und Ausbildung, aber das Alterthum seinem innersten Wesen und Geiste nach war ihm noch nicht erschlossen. Die Farnesina mit Rafael's herrlichen Bildern vom Eros und der Psyche hatten ihn zwar begeistert für die alte Mythologie, aber jene dahingesunkene Welt erschien ihm nur in ihrer lächelnden Heiterkeit; ihren tiefen Ernst, ihre ethische Größe aber hatte er noch nicht erfaßt. Wenn ihm hierfür nun auch zweifellos der Sinn zur rechten Zeit aufgegangen sein würde, so war immerhin der romantische Duft des Mittelalters und der Umgang mit seinen frommen Freunden in gewisser Hinsicht für ihn gefahrdrohend. Cornelius kraftvoll gesunde Natur würde sicher nie, dies bin ich überzeugt, einem kränklichen Mysticismus oder schwächlichen Pietismus sich unterworfen haben, allein wahrscheinlich ist es doch, daß seine Entwickelung für die Folge eine andere geworden wäre, wenn Ludwig nicht dazwischen getreten, wenn ihm statt der mythologischen Fresken damals sogleich katholische Kirchenbilder aufgetragen worden wären. Nach dem, durch die Bestimmung der Glyptothek bedingten, Willen des Prinzen aber, die Säle in München mit Darstellungen aus dem Götter- und Heldenkreise der Griechen zu schmücken, sah sich Cornelius plötzlich einer anderen Welt gegenüber: Hellas glänzende und herrliche Gefilde lagen vor seinem Auge. Diese Wendung seines Geschickes ist ein hochwichtiges Glied in der Kette seiner ganzen künstlerischen Entwickelungsgeschichte, kaum weniger wichtig als sein Eintritt in Italien oder später seine Uebersiedelung nach Berlin. Gerade das, was ihm noch fehlte und was allein ihn auf dem Wege zu höchster Vollendung erhalten konnte, ward ihm jetzt: er ward von Dante und der Bibel zu Homer und den Tragikern gewiesen.

Alles, was Cornelius schafft, schafft er mit ganzer Seele. Er versenkte sich tief in das Alterthum, studirte jene Dichter, umgab sich mit allem Hohen und Herrlichen, was die neuere Kunst, aus dieser Quelle schöpfend, hervorgebracht. Die Werke der alten Kunst wurden genauer und verständnißvoller auf ihren Gegenstand hin angesehen, in der Farnesina Rafael's unvergleichliche Composition und Raumtheilung bewundert, und besonders „zwei zierlich in Farben ausgeführte Zeichnungen des Giulio

Romano zu der im Palazzo del Te gemalten Geschichte der Psyche", *) die in der Villa Albani aufbewahrt werden, eifrig betrachtet. Daß natürlich hier die Erscheinung von Carstens besonders lebendig auf Cornelius einwirken mußte, leuchtet von selbst ein. Und wir müssen uns zugleich auch erinnern, wie gerade Carstens, als er auf seiner ersten abenteuerlichen Reise nach Italien zu Mantua zwei Wochen im Palazzo del Te sich gefesselt sah, bis das Reisegeld erschöpft und die Heimkehr geboten war, selbst bekennt, daß nur die Vorstellung dieser Werke ihm nachher „wie ein Leitstern vorgeleuchtet und ihn auf rechter Bahn erhalten". Später auf seiner Heimreise sah Cornelius Mantua selbst, und auch in Düsseldorf fand er in der dortigen Sammlung kleine Zeichnungen des Palazzo del Te (angeblich die Farbenskizzen des Giulio). So sind denn die Mittel, welche ihn zu dem neuen großen Werke, das ihm aufgetragen war, besonders weiter bildeten: der Geist des klassischen Alterthums aus den griechischen Kunst- und Dichterwerken, und die monumentale Composition der Malereien aus den Arbeiten Rafael's und seiner Schule. Aus diesen Bildungselementen schuf Cornelius durch die Kraft seines Genius Werke höchster Kunst.

In Rom entwarf er bereits das Ganze der Grundidee nach, die jedoch später im Einzelnen vielfach anders ausgeführt wurde, und brachte sogar im Herbst 1819 bereits einige Cartons mit nach München. 1826 war der Göttersaal vollendet, 1830 der trojanische Saal mit der, diese beiden Räume verbindenden, kleinen Halle. Seit mehr als einem Menschenalter sprechen diese Bilder jetzt von Gewölb und Wand herunter zu jedem fühlenden Herzen, und machen das edelste Wesen griechischer Kunst uns, den Beschauenden, lebendig. Denn es ist echter hellenischer Geist, der uns hier umfängt, aber nicht wie ein Fremdes, sondern wie unser Eigenes: des Meisters deutsche Art verleugnet sich nicht; sie gerade hat ihn geleitet und geführt, den Quellen des Parnasses als ein Vertrauter zu nahen.

Ein solches Eingehen des Cornelius in das Alterthum überraschte manche seiner Freunde. War er diesen schon zuweilen wie ein Ketzer erschienen, so fürchteten sie jetzt, er könne gar nach Göthe'scher Weise ein moderner Heide werden. Man hätte es dort lieber gesehen, wenn er beim Dante

---

*) Burckhardt, Cicerone. Basel 1860. S. 937.

und der Bibel blieb, wenn er ein Altarbild oder Kirchenfresken in Auftrag erhalten; denn die Götter und Helden der Heiden, wie man sich in tendenziöser Behaglichkeit oder beschränkter Selbstgefälligkeit stets auszudrücken beliebt, zu malen, gilt an solchen Stellen für eine schwere Sünde. Es bedarf keines Nachweises von der Einseitigkeit dieser Anschauungsart: ohne den biblischen und christlichen Stoffen etwas von ihrem Werthe zu nehmen, ist es doch zweifellos, daß es sehr viele Ideen und Vorstellungen giebt, die sich gar nicht anders als durch Gestalten der hellenischen Religion darstellen lassen. Und was schadet dies? Ist doch in dieser Griechen-Religion auch Ewiges und Wahres, was ja Paulus zu Athen in seiner Rede selbst bezeugt; stand doch auch in dieser selben Stadt ein erhöheter Altar mit der Inschrift: „Dem unerkannten Gotte!" Aber dies Alterthum und das wahre Christenthum schließen sich ja nicht aus, am allerwenigsten für die Kunst: wo der Ideenkreis jenes aufhört, beginnt der von diesem; was dies nicht ausdrücken kann, tritt in den Formen jenes hervor. Aber um diese Einheit zu fühlen und in sich wahr zu machen, ist ein naiv gesunder Sinn nöthig, wie Rafael, wie selbst die Päpste jener wundervollen Zeit ihn besaßen, wie ihn aber gar nicht die Ultramontanen unserer Tage, bei denen Alles gleich Tendenz wird, zeigen. Wie wenig jener entscheidungsvolle Schritt noch in späteren Jahren dem Cornelius von diesen Kreisen verziehen wurde, bekundet eine Stelle in Wilhelm Schadow's modernem Vasari, die auf S. 129 so lautet: „Der ehrenvolle Ruf zu den kolossalen Werken, welche König Ludwig von Bayern in München ausführen ließ, unterbrach diese Arbeit (Dante) und brachte seine Thätigkeit auf ein Feld, was die wahren Verehrer seines Genies ihm einige Jahre später gewünscht hätten, weil auch die größten Anlagen eine geraume Zeit zu ihrer technischen Ausbildung bedürfen. Damals wäre es möglich gewesen, die unverschuldeten Mängel seiner künstlerischen Erziehung auszugleichen. München war aber einem Treibhause vergleichbar" u. s. w. Nachdem Schadow bereits die technische Meisterschaft bei den Bartholdy'schen Arbeiten, wie wir auch anführten, anerkannt hat, bringt er hier diese Gründe hervor, ohne zu behaupten, daß die Glyptothek-Fresken technisch schwächer als jene seien! — und ohne zu bedenken, daß die Dantebilder auch a fresco ausgeführt werden sollten, und also keine anderen technischen Bildungsmittel und Erfahrungen bieten

konnten, als die Glyptothek auch)! Heißt dies nicht mit der Wahrheit
Versteck spielen? Hätte er doch gerade herausgesagt: „Uns überfrommen
Neukatholiken war es damals, vor mehr als dreißig Jahren, nicht recht,
daß Cornelius sich mit dem Heidenthume befaßte; er hätte ein christlicher
Romantiker bleiben — d. h., in unsrer Sprache zu reden, werden —
sollen!" Wir aber haben es schon als die größte Wohlthat hervorgehoben,
daß Cornelius endlich in die Fülle des Alterthums hineintrat. Und er
mußte es unbedingt. Denn, wie er das Alterthum erfaßte und lebendig
machte, dies bezeugt wohl hell und klar, wie sehr sein Genius nach diesen
Wassern verlangte, wie innig verwandt sein Geist mit dem edelsten Wesen
des klassischen Hellenismus schon damals war.

Wenn wir jetzt versuchen, uns eine Meinung über die kunstgeschicht=
liche Bedeutung der Glyptothek=Fresken zu bilden, so dürfen wir es
nicht unterlassen, uns sogleich an das Ewigbleibende in der klassischen My=
thologie wieder zu erinnern. Denn die Gestalten der griechischen Religion
sind durchaus Personificationen allgemeiner Ideen, die sich an die Natur
und den Menschen innig anlehnen; überall treten sie in hoher poetischer,
durch eine tausendjährige Kunst vollendeter Bildung auf, und es ist bei ihnen
keine Symbolik im Sinne christlicher Romantik anzutreffen: was die Olym=
pier und die niederen Gottheiten zu sein scheinen, das sind sie auch voll=
kommen; und ebenso erscheinen die Helden der verschiedenen Sagenkreise
als ganz besonders bevorzugte und herrliche Menschen. Wenn aber jene
mehr zu einer tiefen, gehaltvollen Darstellung kosmischer und ethischer
Bezüge sich darbieten, und so den wichtigsten Ideen — natürlich mit Aus=
schluß der christlichen, welche historisch und künstlerisch betrachtet jene doch
ergänzen, — einen Ausdruck gestatten, so weisen diese mehr zur wirklichen
Menschlichkeit, zur rein historischen Auffassung. Und dies Alles würde
eben an sich nicht entscheiden, wenn nicht die Ueberlieferungen des Alter=
thums die erhabenste Poesie und vollkommenste Ausgestaltung des Stoffes
uns bereits entgegen brächten. Wir treten in eine fertige Welt, die ein
hoch begünstigtes Geschlecht einst mit ihrer Herrlichkeit umgab, und die auch
uns um ihrer ewigen poetischen Wahrheit und Größe willen unveräußer=
licher Besitz ist. Wir opfern dem Apollon nicht, aber glauben in Dichtung
und Kunst an den Gott der Lieder und den himmelumwandelnden

Helios; wir errichten bei unsern Heiligthümern der Kunst und Wissenschaft das Bild der mutterlosen Athene, und auf den Denkmälern unsrer Siege thront die herrliche Nike mit dem Lorbeerkranze und dem Oelzweige. Die Gestalten des Alterthums sind uns schlechthin unentbehrlich, wir haben keinerlei sonstige Mittel, jene Ideen auszusprechen. Und wohl ziemt es sich, daß ein großer Künstler in die frische, homerische Götterwelt sich vertieft, daß ihn die ethische Größe eines Aeschylos und die keusche Einfalt der sophokleischen Muse mit Ehrfurcht erfüllt, daß ihn die herrlichen Gebilde der alten Kunst mit Begeisterung entzünden und zu eigenem Schaffen aufrufen. Denn kein höheres Vorbild kann es für einen bildenden Künstler geben, als diese Werke des Alterthums: die hohe Idealität, die reinste Vollendung der Form und das wahre Wesen der Kunst schließt ihm das Reich der erhaltenen Denkmäler auf, — das Leben dieser Gestalten, die ethischen Grundbeziehungen und den hohen Styl architektonischer Gesammtcomposition öffnen ihm die Dichter. Der Bau einer äschyleischen Tragödie ist so gewaltig und in sich so gegliedert und geschlossen, daß ein Künstler hieran sehr wohl lernen kann, was in der Kunst und besonders in der künstlerischen Composition Styl eigentlich sei. Erfüllt sich ein berufener Genius nun mit diesem Geiste und erzeugt frei aus sich heraus neue Schöpfungen und Gestaltungen des alten, wandellosen Inhalts: dann werden wir nicht zweifeln, daß die Höhe klassischer Kunst wirklich wieder gewonnen sei. —

Es ist bekannt, daß die Fresken sich in zwei Sälen der Glyptothek und einer jene verbindenden Vorhalle befinden. Die Säle sind quadratisch mit einspringenden Eckpfeilern, auf denen die rundbogigen Kreuzgewölbe aufsetzen, angeordnet. Es entstehen so vier Gewölbeviertel und vier Spiegelflächen, von welchen letzteren eine als Fenster ausgebaut ist. Einer der Säle ist nun dem Leben und Wirken der Natur, dem Kosmos gewidmet und mit den Gestalten der Götter geschmückt. Die Vorhalle veranschaulicht die denkende und empfindende Geistesverschiedenheit des Menschen unter dem Bilde des Prometheus und Epimetheus. Endlich der zweite Saal stellt die Gewalt, Leidenschaft und Kraft des Menschen durch die Geschichte des Trojanischen Krieges dar. Der Grundgedanke ist also im vollsten Sinne einfach, wahr und darum ewig. Freilich mag es sein, daß es höhere Ideen giebt, und wir werden sehen, daß Cornelius auch an diese höheren und höchsten Ideen noch gelangte, aber jene haben dennoch, wie wir eben andeuteten, ihre wandellose Berechtigung für alle Zeiten und gelten heute, wie ehedem und immerdar; ja, selbst auch die Form der bestimmten Sage, ihre Schaale und ihr Kleid, in dem sie uns überliefert sind, ist von ihnen nicht zu trennen. Wir, obwohl einem andern Geschichts= alter angehörend, als jenem, wo der strenge Priester mit der schweigsamen Jungfrau hinaufstieg auf die Akropolis und das Capitol, verehren den= noch poetisch den ewigen Olympos, und können wahrhaft und vollkommen nicht Menschen sein ohne der unsterblichen Götter freundliche Huld. Denn die Götter von Hellas leben ewig durch die unwandelbaren Ideen ihres Wesens. Durch sie ist die poetische Offenbarung Gottes in der Natur gegeben, wie durch Christus die ethische Offenbarung Gottes im Menschen. Beides ergänzt sich also, wie wir schon sagten und noch näher zu berühren haben werden, und es ist Nichts als pharisäischer Glaubensstolz oder bar= barischer Stumpfsinn, wenn gewisse sehr thätige Kreise von Künstlern und Kunstfreunden in absprechend verächtlicher Weise und mit sichtlichem Be= hagen immer und immer wieder vom „abgelebten Heidenthume" und dessen „ausgefahrenen Geleisen"*) sprechen. Lernt erst in diesem Geleise fahren und ihr werdet anfangen Menschen zu sein!

Im Göttersaale zeigen sich auf den drei halbkreisförmigen Spiegel= flächen die Darstellungen der Erde, des Wassers und des Feuers, zu denen ergänzend an Stelle der Luft das Fenster hinzutritt. Reliefs und Arabesken bilden den Uebergang zu den Bildern der Gewölbekappen, unter denen die vier Tageszeiten zunächst folgen; über diesen finden sich die Jahreszeiten und endlich oben am Scheitel die Liebe als Herrscherin der Natur über= haupt. Die Beziehungen sind so gewählt, daß Gleichartiges vereinigt ist, und daß also z. B. zu dem Wandbilde des Olympos, wo der Adler mit dem Feuer des Zeus die elementare Bedeutung angibt, der Mittag, der Sommer und endlich Eros, mit demselben Adler schmeichelnd, gehören. Diese Abstractionen sind nun zwar für den Beschauer zum Verständniß des Ganzen sehr förderlich und nöthig, allein wir dürfen doch nicht

---

*) Beliebte Paradepferde in den Schriften des Herrn Dr. A. Reichensperger, des Apostels der Gothik, der hier als sehr passendes Beispiel die ganze Gattung ver= treten mag.

übersehen, daß der naive Sinn der Alten Idee und Form der religiösen
Mythe nicht trennte, und daß auch der Künstler, wenn er immerhin den
Grundgedanken nach der reinen abstrahirten Idee entwirft und diese nie
aus dem Auge verliert, doch nur das Concrete, die wirklichen Gestalten in
seiner Phantasie zu neuem Leben erzeugen kann. Deßhalb wird auch der
Beschauer vom Concreten ausgehen und die Erkenntniß der ewigen Idee
in demselben dem fortschreitenden Verständniß vorbehalten müssen. Wir
aber an dieser Stelle haben die zwingendste Veranlassung, auf diese Ideen
in den Werken unseres Meisters hinzuweisen, denn sie allein vermögen erst,
Darstellungen aus der griechischen Religion, welche als solche doch für alle
Zeit untergegangen und todt ist, mit unsterblichem Leben zu erfüllen.

Noch mehr als in diesem Göttersaale ist aber die allgemeine Idee
in dem trojanischen Saale verschleiert; wir müssen sie hier aus der Ge=
schichte des Krieges von Ilion kennen und in den Bildern wiederzufinden
wissen. Denn diese Bilder halten sich, wenn auch im einzelnen mit voller
künstlerischer Freiheit, treu an den Gang der Geschichte. Den Anfang der
Ereignisse erblicken wir am Scheitel des Gewölbes in der Hochzeit des Peleus
und der Thetis, der Eltern des Achilleus. Dies Rundbild umschließen die
hochwaltenden Götter und dann reihen sich die ersten Thaten an: das Ur=
theil des Paris, Hochzeit und Entführung der Helena und der Iphigenia
Opferung. Nun aber sind Scenen des Krieges vor Troja selbst dargestellt,
und in den Wandbildern zeigen sich die letzten Schicksale: der Zorn des
Achilleus, der Kampf um den Leichnam des Patroklos und endlich die Zer=
störung der Burg des Priamos. Welche Tiefe und welcher Reichthum des
menschlichen Wesens in Leidenschaft und Edelsinn ist hier entfaltet! Und
wie schildert so dieser Saal den Menschen im Gegensatze zu jenem, wo
die Natur in ihrem Wirken verbildlicht ist!

Der kleine Verbindungsraum zwischen beiden Sälen ist der doppelten
Kraft im Menschen gewidmet, jener Kraft, welche, wie die zwei Seelen in
der Brust des Faust sich von einander trennen möchten, so auch die Men=
schen scheidet in Vordenkende und Nachdenkende, in prometheische und
epimetheische Wesen. Dem stolzen Geist jener ist das eigene sich überhebende
Bewußtsein gefährlich, diesen droht der hinraffende Genuß der Sinnlichkeit.
Und so hat Cornelius im Mittelbilde den Prometheus als Gründer und

Vater aller höheren Bildung der Menschen dargestellt, in den Lünetten aber die Kehrseite dieser Errungenschaft, ihre Wendung ins Unglück gezeigt. Prometheus erleidet, weil er sich zu hoch gedünkt, selbstverschuldete Strafe, sinnbildlich ausgedrückt durch den Adler, der an seinem Leben frißt, und Epimetheus, sein Bruder, unterliegt den Reizen der Leiden und Tod bringenden Pandora. Wir erkennen hier auch zugleich den Menschen als Herrn der Natur und als ihren Knecht, und fühlen gewiß die Schicklichkeit des Ueberganges aus dem Saal der Götter in den der Menschen, wie ihn Cornelius eben in der Prometheussage gewählt hat. —

Die Meisterschaft des Cornelius in der monumentalen Raumtheilung haben wir schon öfters hervorheben müssen, aber hier in der Glyptothek sehen wir sie zum ersten Male in wahrhaft großartiger Weise bethätigt. Aufs innigste lehnt sich die Malerei an die Architektur und bildet mit dieser gemeinsam einen Raum höchst vollkommen künstlerisch aus. Aber dabei waltet kein Zufall; überall sind enge und vertraute geistige Bezüge der einzelnen Darstellungen zu einander, so daß aus zweien oder mehreren von diesen der Gedanke eines höheren Ganzen sich aufbaut, und daß wieder diese höheren Ganzen zu letzter Einheit sich zusammenschließen. Oder umgekehrt, der große Gedanke des Ganzen gliedert sich in mehrere Gruppen, und diese wieder laufen in kleine und einzelne Darstellungen aus. Diese verbundene Zusammengehörigkeit ist nur ermöglicht durch die Theilung der Gewölb- und Wandflächen, welche durch Arabesken und Ornamente der Architektur sich auf das Unmittelbarste anfügen. So wechseln zugleich größere und kleinere Bilder mit einander ab, und vermehren so die Lebendigkeit des Ganzen; die theilenden Arabesken und Ornamente schlingen sich um die Darstellungen zum Theil in heiterer Weise und mildern den Ernst jener zu dem reinsten künstlerischen Wohlgefallen. Diese Raumtheilung der Glyptothek ist von so wunderbarer Eurhythmie, von solcher Strenge des Styles und solcher inneren Wahrheit, daß selbst unter den Meisterwerken italienischer Monumentalmalerei sich ihres Gleichen kaum finden könnte. Denn der Charakter der Decke in der Sixtina wie der Fresken in der Farnesina ist ein anderer: Cornelius war in seiner Glyptothek der Composition nach strenger und ruhiger als dort Michelangelo, der geistigen Erfassung des Alterthums nach ernster und tiefer als hier Rafael. Und selbst die Stanzen sind in Bezug auf Gesammtcomposition und Raumtheilung kaum so einheitlich gedacht, und keineswegs so in antiker Strenge durchgeführt.

Diese allgemeine Raumtheilung wiederum wird durch die Raumfüllung der einzelnen Compartimente auf das glücklichste unterstützt, um in der innigsten Weise das Ganze mit der Architektur zu verbinden. Die Compositionen fügen sich in der natürlichsten Ungezwungenheit dem Raume, der für sie bestimmten Wand- oder Gewölbfläche ein; nirgends blickt auch nur in der leisesten Art das Gefühl hindurch, daß der Maler sich irgendwie durch die Form und Gestalt des Raumes beengt gefühlt habe. Cornelius weiß Alles so zu ordnen und Jedes so an die unbedingt richtigste Stelle zu bringen, daß das Ganze leicht und zufällig, ja selbst bei größter Figurenfülle klar und übersichtlich erscheint. In dieser Hinsicht ist vielleicht keine der Darstellungen meisterhafter als das halbkreisförmige Bild des „Kampfes um den Leichnam des Patroklos".

Und so werden wir denn das neue Element des allgemein künstlerischen Fortschritts als das einer strengeren Theilung des Raumes und einer glücklicheren Füllung der einzelnen Räume durch die Composition in der Glyptothek nicht verkennen, während wir zugleich die vertiefte und veredelte geistige Auffassung des Alterthums im Vergleich zu jener früheren der Heiterkeit, die zuweilen nahe an Gaukelei streifte, besonders wahrnehmen.

Wir dürfen auch nicht vergessen, an dieser Stelle anzumerken, daß Cornelius die plastische Schwesterkunst herangezogen, um den monumentalen Charakter des ganzen künstlerischen Schmuckes noch zu verstärken, um eine angenehme Unterbrechung der Malereien an geeigneten Stellen zu ermöglichen, und an andern einen wohlthuenden Uebergang zur Architektur hervorzubringen. Diese Skulpturarbeiten sind nach Cornelius Zeichnungen durch Schwanthaler, der hier zuerst sein Talent in würdiger Weise bethätigte, Halbig und andere ausgeführt. Und endlich müssen wir des Reichthums der Erfindung und des klassischen Styles Erwähnung thun, welche sich in den Ornamentbändern und Arabeskenstreifen ausgesprochen finden. Diese haben den doppelten Beruf, den gegebenen Raum künstlerisch zu gliedern und zugleich die einzelnen Bilder zu einem einheitlichen Ganzen zu vereinigen. Deshalb sind sie bei der monumentalen Malerei von hoher, unentbehrlicher Bedeutung, und es ist nothwendig, daß der Künstler auch zu ihrer Erfindung die ganze Kraft einsetze. Cornelius war nun in den Arabesken der Glyptothek äußerst glücklich; zwar strebte er dem Vorbilde der pompejanischen und rafaelischen Gemälde nach, allein doch mit solcher Freiheit und Selbstständigkeit, daß er überall als ursprünglich und schöpferisch erscheint. Hierdurch hat er auch diesen wichtigen Theil der Kunst, welcher seit Giulio Romano erloschen war, neu belebt und durch den strengen Geist der klassischen Antike geläutert.

Seinen Stoff schöpfte Cornelius aus dem Homer und den Tragikern, Ovid führte ihm Einiges, Virgil fast Nichts zu; die alten Denkmäler und die Ueberlieferungen der alten Schriftsteller über hohe Werke der Kunst wurden eingehend studirt. So befruchtet stand der edelste griechische Geist in unsrem Meister zu lebendiger Schöpfungskraft auf. Denn dies geben selbst grundsätzliche Gegner von Cornelius zu, daß in den Glyptothekfresken wahrhaft und echt der hellenische Geist lebe; sie legen aber darauf keinen Werth und sagen halbverächtlich: was ist es denn Großes? eine Ilias post Homerum. Nun wohl, wäre es auch dies nur, so wäre es immerhin nichts Geringes, denn wir suchen vergeblich in der ganzen Malerei, soweit Denkmäler seit dem Alterthum bis heute zugänglich sind, nach einer zweiten solchen Ilias post Homerum. Was es heiße, den homerischen, das ist den höchsten griechischen, Geist in sich zu empfinden und künstlerisch gestaltet auszudrücken, das hat Göthe in dem edlen Bekenntniß ausgesprochen: „Und Homeride zu sein, auch nur als letzter, ist schön." Es ist schon sehr schwer, den hohen Geist und den einheitlichen Urquell aus dem bunten Gestalten-Gewimmel der griechischen Religion heraus einfach als etwas Ewiges und Göttliches zu erkennen, wie viel schwerer aber ist es, in diesen Geist sich so einzuleben, um in ihm künstlerisch zu schaffen! In der ganzen neueren Kunst giebt es nur drei Männer, deren Genius diese That vollbrachte; wir brauchen ihre Namen hier nicht zu wiederholen. Was aber jene mit ihrer absprechenden Bemerkung sagen wollen, ist dies, daß ihnen Cornelius wie ein äußerlicher Nachahmer der Alten erscheine. Jeder Kundige sieht sofort, daß ein derartiges Urtheil nur aus Unwissenheit entspringen kann. Cornelius Malereien sind aus innerer tiefster Begeisterung für das Alterthum erwachsen, sie sind freie, selbstständige Werke im Geiste der vollendetesten Kunst, der griechischen.

Aber daß diese Malereien, historisch betrachtet, sich ganz anders darstellen müssen, als wie wir uns die antiken Malereien derselben Gegenstände zu denken haben, dies bedarf keiner Ausführung. Unsere heutigen malerischen Mittel sind ganz andere als die der Griechen waren, unsere malerische Composition nach Perspective und Gruppirung ist eine durchaus veränderte. Schon in diesem Betrachte gehören jene Werke ganz unserer Zeit an, und sie mögen sich zum Alterthume vielleicht ähnlich verhalten wie Göthe's Iphigenie. Ueberhaupt kann nach dem schon früher von uns Gesagten wohl nicht gut ein Zweifel über die Meinung irgend entstehen, wie die Aufnahme des Alterthums in die Kunst der Neuzeit in Wahrheit verstanden werden muß, und wie diese Aufnahme niemals etwas gemein haben kann mit jener geistlosen Nachahmungsmethode der Antike, die auf den Akademieen einst blühte. —

Im Einzelnen können wir hier die Werke nicht betrachten, verweisen sogar wegen der näheren Bezeichnungen und der weiteren Anordnung auf den anhängenden Katalog. Nur einige der Darstellungen müssen wir kurz anführen, um theils auf die ursprüngliche und sinnvolle Weiterbildung des Stoffes, theils auf die hohe und stylvolle Composition aufmerksam zu machen. Jenes wird kaum an einem zweiten Beispiele so leicht zur vollkommensten Klarheit gelangen, als an dem kleinen Bilde der „Entführung der Helena." Im hochgeschnäbelten Schiffe sitzen in traulicher Liebe verbunden Paris, der göttliche Held, und die herrliche Helena; gaukelnde Eroten führen die Ruder, und andere haben sogar eines der stolzen Meeresrosse schmeichelnd herangelockt und zur schnelleren Flucht dem Schiffe vorgespannt. Eros selbst, der Gewaltige, mit der leuchtenden Fackel der Liebe führt das Steuer, und in heiterer Lust geht die Fahrt durch die stillen Fluthen. Aber in schreckenvoller Nähe stürzen dem Entführer und der treulosen Gattin die schlangenumringelten Erinnyen nach, ihre nächtlichen Fackeln am hochzeitlichen Feuer entzündend. Nie kann es poetischer und tiefer anschaulich werden, wie aus dem schuldbeladenen Glück die Rache entsproßt, wie auch der äußere Verfolger

„in den blutströmenden Rachestreit
zog, aufsuchend die Spur des Kiels"*)

---

*) Aeschylos, Agamemnon (von Minckwitz). 693 ff.

und wie die Gluth der sündigen Liebe im Herzen sich wandelt in die brennende Asche des eigenen fluchsprechenden Gewissens. Wenn so der Künstler schafft, ist er in Wahrheit ein Dichter, ist er ein Künstler. Noch viel Anderes ließe sich nennen, wo Cornelius in neuen Gedanken den alten, von so vielen Dichtern, Künstlern und Geschichtschreibern behandelten, Stoff vertieft oder weiterbildet, und auch Einiges könnte angeführt werden, wo er mit andern poetischen Geistern wahrscheinlich unbewußt zusammengetroffen ist. So war es für mich eine Freude, wahrzunehmen, wie schon Rubens die Erinys in die Darstellung vom **Urtheil des Paris** eingeführt hat. Rubens ist in vielen Stücken künstlerisch ein voller Gegensatz gegen Cornelius, aber dennoch war er ein gewaltiger Genius, und gewiß ist es bedeutungsvoll zu sehen, wie solche bevorzugte Genien sich im wahrhaft Poetischen begegnen. Rubens malte auf einem kleinen Bilde, in der Dresdener Gallerie, die Furie mit Schlange und Fackel, wie sie in Wolken Verderben drohend an dem frevelhaften Auftritt vorüberzieht; Cornelius ließ sie auf allen Vieren heimlich lauschend herbeischleichen. Das Alterthum begnügt sich dabei, die Scene zu geben, wie sie ist, oder in vereinzelten Beispielen auch die Eris als Zuschauerin zu zeichnen; in der von Rubens und Cornelius erfundenen geistigen Vertiefung hat es aber das Urtheil des Paris meines Wissens nie dargestellt. Daß Cornelius das Rubens'sche Bild gekannt, möchte ich aus äußeren Gründen verneinen, obwohl es auch keineswegs als Nachdruck zu betrachten wäre, wenn er diese Idee jenem entlehnt hätte. Alle großen Meister, auch Rafael, haben künstlerische Motive ihrer Vorgänger aufgenommen und weitergebildet, und auch Cornelius hat dies richtige Verfahren stets einer falschen und krankhaften Sucht nach sogenannter Originalität vorgezogen. Allein in diesem Falle glaube ich, daß die beiden großen Künstler sich in derselben Idee freiwillig begegnet sind. Doch wir müssen uns jetzt zu dem anderen Punkte, dem der historischen Composition wenden.

Hiermit ist nicht jene poetische Erfindung gemeint, sondern der stylvolle Aufbau, die wahrhaft von historischem Geiste getragene Anordnung des Bildes. Es ist außer jeder Frage, daß in diesem Punkte Cornelius unter allen Neuern so gut wie einzig dasteht, denn gerade in der Lösung desselben offenbart sich unzweifelhafter als in vielen andern der wirklich hohe künstlerische Genius. Nur sehr wenigen Meistern überhaupt, vor allen Rafael und Dürer, oder wenn wir plastische Compositionen wie die Giebelfelder des Parthenon hinzuziehen, dem großen Phidias gelang es, Compositionen zu schaffen, welche in ihrer tief gesetzmäßigen, stylvollen, ja fast architektonischen Gesammtanordnung durch die geistreichsten und feinsten Einzelheiten so gemildert sind, daß sie wie das Werk des Zufalls erscheinen, und man meinen möchte, sie könnten gar nicht anders sein. Auch auf diese Vollendung der Composition bei Cornelius werden wir später noch zurückkommen müssen, nur für jetzt möchten wir hervorheben, daß schon damals in den Glyptothek-Fresken für einen wahrhaft historischen und hohen Styl die herrlichsten Beispiele der Composition gegeben waren. Freilich all die Darstellungen sind nicht von gleicher vorzüglicher Meisterschaft, wie das natur- und sachgemäß kaum anders sein kann, und wir werden gewiß mit Recht zwei derselben, in jedem Saale eines der drei großen Wandbilder, als die schönsten ansehen müssen. Ja, was reine Composition betrifft, wird man sogar von allen Bildern der „Unterwelt" die Palme zuerkennen müssen, während in Bezug auf die überwältigende Kraft des Eindrucks dem „Falle von Troja" den ersten Preis Niemand streitig machen kann.

Cornelius hatte nämlich im Göttersaal zu den drei Wandbildern die Darstellungen der Reiche des Zeus, Poseidon und Hades gewählt, und dieselben zum Menschengeschlechte in Beziehung gebracht. Dort wird Herakles, der Sohn des Zeus und der sterblichen Alkmene, nachdem er, durch Arbeiten, Leiden und endlich durch freiwilligen Tod geläutert, auf einer Wolke gen Himmel gefahren war, durch Hebe, die ewige Jugend, in den Kreis unsterblichen Glückes eingeführt:

> „Des Olympus Harmonien empfangen
> den Verklärten in Kronion's Saal
> und die Göttin mit den Rosenwangen
> reicht ihm lächelnd den Pokal" *).

Dann singt Arion auf einem Delphine reitend seine Lieder, und die Götter des Wassers lauschen ihm entzückt. Hier endlich wandelt der trauernde Orpheus in den Hades, um die entrissene Gattin zu finden, und bändigt durch die Töne seiner Leyer selbst des Schattenbeherrschers düsteren Sinn.

---

*) Schiller, das Ideal und das Leben.

Eine Vorstellung dieses letzteren Bildes nun ohne Anschauung ist, wie überhaupt bei jedem Kunstwerke, zwar nicht möglich, allein wir müssen doch anführen, daß das Ganze sich gleichsam in drei Theile gliedert, die sich aus dem rechten Hintergrunde, der Tiefe des Hades, nach links vorn zu den stygischen Wassern hin bewegen. An dieser linken Seite hält Charon in seinem Nachen, der dreiköpfige Kerberos bewacht den Eingang, und eben angekommene Schatten, die Hermes als Führer der abgeschiedenen Seelen geleitet hat, harren vor den Todtenrichtern des Spruches. Weiter nun tritt Orpheus, nachdem er Fährmann und Wächter schon gerührt, von Eros noch ermahnt, zum Throne des Hades, der mit der trauernden Persephone in dem dunkeln Reiche herrscht; an dem Pfosten des Thrones neben der unterirdischen Königin lehnt, den Blick ihres geliebten Orpheus erwidernd, Eurydike. Aber jetzt öffnen sich nach rechtshin die Schrecken des stygischen Landes und wir erblicken den gequälten Sisyphos und die Danaiden in ihrem eitel vergeblichen Thun; vor ihnen lagern die Erinyen und ganz rechts ergießt der stygische Flußgott die Urne seines Quelles, während über ihm das geflügelte Gorgonenhaupt emporragt. Durch die schräge Anordnung dieser drei Theile des Bildes, die man kurz als die der Todtenrichter, des Thrones und der Erinyen bezeichnen kann, wird jede Steifheit von Grund aus vermieden, und sie schieben sich zu einem einheitlichen frei componirten Ganzen, dessen Grundlinien wiederum einer höheren, malerischen Symmetrie unterliegen, zusammen. Auch ruhen, auf diese Weise in den mittleren Vordergrund gebracht, die Erinyen auf den Stufen des Thrones, deren eine den nahenden Orpheus zornvoll anschaut. Zu dieser unvergleichlichen Composition gesellt sich die meisterhafteste Vollendung der einzelnen Gruppen und Figuren. Namentlich sind von jeher die Gestalten der Todtenrichter und der Erinyen zu dem Besten gezählt worden, was überhaupt die Malerei hervorgebracht. Minos, der ernste König, den schon Odysseus in der Unterwelt erblickte und von dem er sang:

> „Jetzo wandt' ich auf Minos den Blick, Zeus edlen Erzeugten,
> der mit goldenem Stab, Urtheil den Gestorbenen sprechend
> da saß; Andere rings erforschten das Recht von dem Herrscher,
> sitzend hier oder dort stehend in Aïdes mächtigen Thoren." *)

---

*) Odyssee. XI. 567 ff.

Dieser Minos thront in der Mitte der Gruppe, ihm zur Seite sitzen
Aiakos und Rhadamanthys; sie drei gemeinsam richten die Seelen und ent=
senden sie je nach den Thaten ihres Lebens in die Hölle, den Tartaros,
oder den Himmel, die seligen Inseln, das Elysium, oder endlich in den
Mittelzustand nach der Asphodelos=Wiese des Hades, das griechische Fege=
feuer. *) Die Gerechtigkeit selbst scheint in diesen ehrwürdigen Gestalten
verkörpert zu sein, und unnahbare Hoheit der Seele spricht aus ihnen.
Wie tröstlich ist diese aber auch, wenn der Blick von unserer Gruppe in die
Mitte des Bildes sich wendet und den leidenschaftlichen Herrscherstolz auf
dem Antlitz des, im stygischen Dunkel thronenden, Königs oder die furcht=
baren Gestalten der Erinyen schaut. In ihnen, die kein menschliches
Auge erblicken möchte, ist das Grauen durch die Kunst und deren edles
Maß zum Tragischergreifenden zurückgeführt, und wir sehen diese nächtigen
Unholde gern. Erinnern wir uns, wie die Pythias aus dem delphischen
Tempel stürzt, als sie den Orestes von dem schlafenden Erinyenchor um=
geben geschaut; entsetzt ruft sie aus:

> „Doch Frauen nicht, Gorgonen nenn ich sie vielmehr;
> indessen auch Gorgonen sehn unähnlich sie;
> wohl eher noch Harpyien gleicht ihr Aeußeres:
> Auf Malereien sah ich sie als fliegende
> Kosträuber Phineus: diesen fehlt das Flügelpaar
> jedoch, und schwarze Farbe macht sie schaudervoll;
> sie schnauben rings verpestenden scharfen Odemhauch;
> aus ihrem Aug' ergießt sich ein unholder Guß,
> und ihr Gewand darf Keiner vor den Bildnissen
> der Götter tragen, noch in Menschenwohnungen.
> Nie schaute noch mein Auge dieses Schwarms Geschlecht,
> noch hört ein Land ich rühmen, welches ungestraft
> und ohne Reue pflege solches Graungezücht."**)

So kann der Dichter schildern, aber der Künstler bildet anders. Nie
wird er, wenn der echte Geist der Kunst in ihm wohnt, das Entsetzliche
in seiner nackten abschreckenden Wahrheit darstellen, er wird es mildern
zu einem versöhnend tragischen Eindruck. So hat hier Cornelius mit

---

*) Ueber die allgemeine Bedeutung dieser Vorstellungen vom Gerichte der
Seelen vergl. im folgenden Abschnitt die bezügliche Ausführung beim jüngsten Gericht.
**) Aeschylos, Eumeniden 47 ff.

wahrhaft hellenischem Sinne von Schönheit und Maß jene Unholde gezeichnet, die von sich selber sagen, daß sie „niemals hüllt und kleidet und schmückt der Schimmer von weißen Gewändern" *), daß sie „in der Erde Geklüft und sonnenleerer Finsterniß wohnen" **). Alekto, die nie Rastende, sitzt stark emporgerichtet mit der nächtlichen Fackel am Throne des Hades, ihren verderblichen Blick unglückverheißend auf Orpheus gerichtet. Auf ihrem linken Knie ruht das ermüdete Haupt der Tisiphone, der Rächerin des Mordes, deren Rechte noch krampfhaft den entsetzlichen Dolch packt. Ueber dieser, gegen die Schulter der Alekto gelehnt, ragt der in Schlaf gesunkene Kopf der Megaira, der feindlichen heraus, die sich so selbst um ihren Dienst bei der Ankunft des Orpheus betrügt.

Doch wir müssen hier abbrechen, und wollen nur noch andeuten, wie Cornelius tiefere Beziehungen in ganzen Gemäldereihen auszudrücken pflegt. So hat er über jenem Bilde im Relief den Raub der Persephone und unter demselben ebenso die Wiedervereinigung der Geraubten mit ihrer Mutter Demeter dargestellt. Es ist hierdurch zugleich das Absterben der Natur mit dem Versenken der Frucht in die Tiefe der Erde im Herbste, der Aufenthalt derselben im unterirdischen Schooße während des Winters, und ihr Aufsprossen im Frühling nach den poetisch personificirenden Vorstellungen der Alten gegeben. Weiter stößt an dieses Wandbild, oben im Gewölbe, der Zwickel der Nacht, die im Innern der Erde herrscht und selbst die Hälfte der oberirdischen Zeit für sich behauptet. Zuerst in einem Arabeskenfries tritt der Mensch im gewaltigen Kampfe auf gegen ihre sagenhaften Gebilde; Gorgonenhäupter schließen sich daran, doch kleinere Darstellungen zur Seite deuten bereits die freundliche Beziehung der Nacht zu den Menschen an. Dann folgt sie selbst, die Wohlthätige, auf leichtem Wagen mit den Genien des Schlafes und Todes in ihren Armen; ihr vorauf fliegen die Träume. Rechts und links von diesem Bilde zeigen sich die Gestalten des Schicksals, und über ihr ruht von heiterem Spiel umgeben die Hore des Winters. Aber ganz oben im Scheitel schmeichelt der bezwungene Kerberos mit dem allwaltenden Eros. Und dieser Sinn geht in der ganzen Folge von unten herauf durch: vom Eitelvergeblichen und Furcht=

---

*) Aeschylos, Eumeniden 328. **) Ebendaselbst 360.

baren zum Heiterguten, bis endlich die Liebe selbst auch die Hölle bezwungen.

Ueber die Zerstörung Troja's müssen wir uns bescheiden, nur einige Worte zu sagen, denn in das Bild ausführlich einzugehen, gebricht es hier, gegenüber dem angegebenen Zwecke, durchaus an Raum. Darüber, daß diese Darstellung die gewaltigste unter allen Glyptothek=Fresken ist, besteht nirgends ein Zweifel. Der Eindruck des unerreichten Werkes ist ergreifend und überwältigend. Wir können hier seinen Aufbau nicht schildern, nur möchten wir einladen, die Beschreibung von Troja's Zerstörung bei Virgil im zweiten Buche (auch von Schiller übersetzt) nachzulesen, und hiermit unser Bild zu vergleichen. Wer irgend noch im Zweifel war, welcher Unterschied zwischen Nachahmung und Ursprünglichkeit besteht, wird es hier inne werden. Der alte römische Dichter erscheint absichtlich und nüchtern gegen die hochpoetische und tiefe Erfassung des Gegenstandes bei Cornelius. Und zugleich kommt hier wiederum der wesentliche Unterschied zwischen dichterischer und künstlerischer Gestaltung eines und desselben Gegenstandes zur vollsten Klarheit, und es zeigt sich, daß der Künstler, wenn auch das Gedicht den Stoff im Allgemeinen giebt, ihn ganz frei und selbstständig von Neuem schaffen und darstellen muß. Was wir im Bilde sehen, ist Cornelius freies und ganzes Eigenthum. Sein Geist hat die Dichtung Homer's und der Tragiker im Gemälde wiedergeboren; nicht mit einem verblaßten Abklatsch nüchterner Römer haben wir es zu thun. Vor Allem gemahnt die Hauptgestalt des Ganzen, Kassandra, an die Höhe Aeschylei=scher Poesie. Wie anders erscheint sie bei Cornelius, als wenn Virgil sie schildert:

„Siehe, des Priamos Tochter Kassandra mit fliegenden Haaren
ward aus dem Tempel geschleppt und dem Heiligthum der Minerva;
aufwärts hub sie zum Himmel die glühenden Augen vergebens,
Augen! denn Bande umschlossen die zartgebildeten Hände. *)

Die fliegenden Haare schmückt hier der Seherkranz Apollon's; ihre linke Hand ruht fest gegen die Brust, die Rechte ist in prophetischer Begeiste=rung hoch emporgestreckt und, als Agamemnon ihr wehren will, glaubt man

---

*) Virgil, Aeneide. II. 403 ff.

schon jetzt die schrecklichen Worte zu vernehmen, die sie in Argos sprach, als
dem Leben des hohen Mannes das Racheschwert nahe stand:

„Durch dieses Haus tönt fort und fort der Rachechor
einstimmig, doch in grausenvoller Harmonie,
berauscht zur höchsten Raserei von Menschenblut,
und schwer hinaus zu bannen, tobt und schwelgt am Heerd
der Fluch-Erinnen schreckenvoller Schwesternbund.
Im Haus gelagert, singt der Schwarm im Jubelsang
des Hauses Urschuld." *)

Es ist ein gewaltiges Pathos und die höchste tragische Leidenschaft, die sich hier in dieser Kassandra und dem ganzen Hause des Priamos, das dahinsinkt, aussprechen. Ilios, die Stadt voll prangender Häuser, ist ausgetilgt; es ist alles verloren, aber gegen die Verderber erhebt sich die rächende Stimme des Schicksals, und der Sieger vermag ihr nicht zu wehren. Ein unabwendbares Geschick, furchtbare Schuld und künftige Sühne ruhen in diesen Gestalten und ergreifen jedes empfindende Herz. Es ist als sähen wir die Katastrophe einer antiken Tragödie plötzlich künstlerisch verkörpert vor uns: so zwingend ist die Nothwendigkeit der dargestellten Handlung ausgedrückt.

Dies Bild, das rein historischen Inhalts ist, muß als das Höchste gelten, was die profane Geschichtsmalerei überhaupt hervorgebracht hat. Denn nirgend findet sich ein gleicher Verein so hervorragender Eigenschaften: diese tief poetische Auffassung des Stoffes, diese vollendete Gliederung der Composition in die große Mittelgruppe und die beiden sich unterordnenden Seitengruppen, diese klare, übersichtliche und stylvolle Anordnung eben der Mittelgruppe bei solcher Figurenfülle, dieses leidenschaftliche Pathos, durch tragisches Maß fern von jedem Theatereffect, und endlich diese der Antike würdige Form im Nackten und in der Gewandung. Es ist der hohe historische Styl, den wir hier bewundern, und der diese Werke grundwesentlich von jenen andern Geschichtsbildern unterscheidet, die etwa Figuren mehr oder weniger willkürlich aneinander reihen oder geschickt angeordnete Modelle copiren. Dort arbeitet der Künstler, um die Gegensätze durch ihre äußerste

---

*) Aeschylos, Agamemnon. 1186 ff.

Verschärfung in zwei Worten klar zu machen, von Innen nach Außen, hier umgekehrt von Außen nach Innen.

Wir dürfen diese Gemälde von Troja's Fall und der Unterwelt nicht verlassen, ohne der Darstellung derselben Gegenstände im Alterthume zu gedenken. Namentlich die Zerstörung Troja's war vielfach und in der verschiedensten Weise künstlerisch gebildet worden; als plastischer Schmuck fand sie sich beispielsweise am Tempel der Here zu Argos, und noch jetzt ist eine Relief-Darstellung derselben auf der sogenannten Ilischen Tafel im Kapitolinischen Museum zu Rom erhalten. Von den malerischen Darstellungen sind mehrere Vasenbilder auf uns gekommen, und außerdem wissen wir von verschiedenen Wandgemälden. Das berühmteste unter allen ist aber jenes große Werk, welches in der Lesche zu Delphi von Polygnotos ausgeführt war, und das mit einer Darstellung der Unterwelt von eben diesem Meister einen und denselben Raum schmückte. Beide Bilder sind ausführlich beschrieben von Pausanias *), und auch die Zeugnisse anderer alter Schriftsteller lassen sie als höchst ausgezeichnet und rühmenswerth erscheinen. Ueber diese Gemälde ist in neuerer Zeit eine ausführliche Literatur entstanden, und auch Künstler haben sich daran gemacht, sie nach der Beschreibung in Zeichnungen wiederherzustellen. Vor allen nennen wir Göthe's Schrift **) und die Umriß-Radirungen der Brüder Riepenhausen ***). Ein Vergleich dieser Wandmalereien des Polygnot mit den Compositionen des Cornelius wird zu dem Interessantesten und Lehrreichsten gehören, was überhaupt die vergleichende Kunstgeschichte darzubieten im Stande ist. Der große Unterschied beider, trotz Polygnot's hoher Meisterschaft und geistiger Größe, wird jedoch schon durch den Mangel richtiger Perspective, das Fehlen von Licht und Schatten und die Hinzufügung der Namen bei jeder Figur genügend angegeben. Besonders anziehend für unsere flüchtige Betrachtung wird es aber sein, daß auch die Kassandra des Polygnot, „die an der Erde saß und das Bild der Athene hielt", eine besonders ausgezeichnete Gestalt von edler Würde war. —

---

*) X. Cap. 25—31.
**) Sämmtliche Werke in 40 Bd. Bd. 31. S. 118 ff. Wissenschaftliche Abhandlungen über diese Bilder bei Welker, Brunn, Jahn, Herrmann, Overbeck u. A.
***) Les peintures de Polygnote etc. etc. Rome 1826 und 1829.

Wenn wir nun nach dem Gesammteindruck dieser beiden Säle fragen wollen, so dürfen wir eines Umstandes nicht vergessen, der allerdings von üblem Einflusse gewesen ist, und den man alle Zeit wird beklagen müssen. Es war die drängende Eile des Königs Ludwig. Sie, die bei so vielen vortrefflichen Bestrebungen auch so manches Uebel angerichtet hat, und die nicht zum geringen Theile die Schuld trägt, daß dem Unbefangenen in München jetzt fast Alles wie auf Befehl gemacht erscheint, sie hatte auch Cornelius gezwungen, schneller als gut die Ausführung zu fördern. Er mußte fremde Hülfe herbeiziehen und dieselbe vielfach beim Malen benutzen. Es wurde ohne Farbenskizzen gearbeitet, und so tüchtig auch Schotthauer und Zimmermann sich gehalten haben, so ist es doch gewiß nur natürlich und sehr erklärlich, daß hie und da ein Mißklang die reine Harmonie des Ganzen stört; denn die von Cornelius mit eigner Hand ganz durchgeführten Bilder (s. Verzeichniß) sind wahre Perlen der Malerei. Allein wir haben die Sachen doch nun zu nehmen, wie sie sind, und können höchstens solchem Umstande gegenüber von Neuem beklagen, daß die Kartons unzugänglich unter barbarischem Verschluß gehalten werden. Immerhin aber ist der Geist, der in jenen Sälen wohnt, wenigstens für mich, so ehrfurchtgebietend, daß jede Kritik, jede kritisirende Neigung verstummt. Man fühlt sich dem Besten und Edelsten nahe, und möchte nur stets anschauen und genießen. Um des Verständnisses solcher Werke willen steigert sich unbewußt die Selbstachtung, und wir empfinden deutlich die Wahrheit von dem Dichterwort, daß der Menschheit Würde in des Künstlers Hand gegeben ist. Wohl muß sie sich heben, wenn solche Werke lebendig auf ein Volk einwirken. Und wir können mit gerechtem Stolze sagen, daß die Fresken der Glyptothek zweifellos das Höchste sind, was die moderne Malerei an monumentalen Werken hervorgebracht hat, denn die Berliner Kartons unseres Meisters haben leider ihre monumentale Verwirklichung nicht gefunden. Freilich das Bauwerk selbst, nach Klenze'schen Entwürfen ausgeführt, reicht in seinem Grundgedanken und als Ganzes nicht entfernt an die Höhe der Fresken, jedoch sind die Säle, wo diese sich befinden, für sich genommen ohne erheblichen Tadel, und sie bieten sich willig dar, um mit jenen zusammen als ein einheitliches Kunstwerk zu erscheinen. Wie sehr aber auch Cornelius bedacht war, die Malereien selbst soviel als möglich mit der Bestimmung des Gebäudes in engste Beziehung zu bringen, mag

beispielsweise der Umstand andeuten, daß er in der Zerstörung Troja's mit
dem fliehenden Aeneas, der seinen Vater und das Palladium trägt, einen
Hinweis auf das von jenem gegründete Rom hat geben wollen, inso=
fern man nämlich durch die unter diesem Bilde befindliche Thür eben zu
dem Saale gelangt, wo die römische Kunst durch Denkmäler vertreten
ist. Manches andere ähnlicher Art würde sich gleich dem ersten Eindruck
ankündigen, wenn der ursprünglichen Bestimmung gemäß, auf die der
Maler Rücksicht nahm, der Eingang zur Glyptothek durch die Vorhalle
beibehalten wäre, so daß man rechts in den Götter=, links in den Helden=
saal träte. Cornelius liebt derartige feine Bezüge, und wie er ganze Reihen
von Darstellungen zu einem höheren Ganzen zu verbinden weiß, suchten
wir schon auszusprechen.

Jeder aufmerksame Beschauer, welcher tiefer in diese Werke einzudrin=
gen vermag, wird immer Neues und Neues entdecken, und bei jeder er=
neuten Betrachtung werden sie ihm lieber werden. Daran aber giebt sich
das wahre, aus tiefster Seele poetisch geborene Kunstwerk zu erkennen,
und je mehr Menschen erst diese Erkenntniß gewonnen haben, um so all=
gemeiner wird das Bewußtsein werden, daß die Glyptothek diesseits der
Alpen ihres Gleichen nicht hat. Verwandtes mag ihr in dem Museum
Schinkel's zur Seite stehen, aber es ist nur Verwandtes, denn dort liegt
der Schwerpunkt in der monumentalen Malerei, hier in der Architektur.
Jenseits der Berge mit dem ewigen Schnee laden aber Rafael's Zimmer
im Vatikan schwesterlich ein, und wie man jetzt dorthin als zu den Heilig=
thümern der Kunst wallt, so wird man auch Jahrhunderte lang, so lange
es empfindende Menschen giebt und ein gütiges Geschick jene Schätze be=
wahrt, fromm und andächtig in die Glyptothek pilgern. —

Schon während ihres Entstehens erregten diese Malereien allgemeine
Bewunderung, und des Meisters Ruhm verbreitete sich durch ganz Deutsch=
land und über unsere Grenzen hinaus. Ehrenbezigungen und Lobeserhebun=
gen aller Art ließen nicht auf sich warten, kaum aber dürfte von all den
Anerkennungen eine zweite so erfreuend für Cornelius gewesen sein, als die
Göthe's. Göthe, den jener von Jugend auf hochverehrt, hatte sich trotz
seines anfänglichen Wohlwollens zurückgezogen und erst nach vielen Jahren
erkannt, daß er Cornelius ehedem nicht immer richtig geschätzt. In den

Beischriften (5 a—c.) habe ich das auf Göthe und Cornelius Bezügliche, soweit es nicht schon vorn im Text enthalten ist, zusammengestellt und theile hier in Nr. 5 c. auch Göthe's Brief an unsern Meister mit. Warum er später wieder einen Schritt zurückthat, findet sich ebenfalls dort angegeben. Göthe's Namen verdunkelt andere Kundgebungen; aber damit ist nicht gesagt, daß in diesen nicht vielleicht doch eine richtigere und tiefere Beurtheilung sich fände. In diesem Sinne ist ein Brief*) des Malers Gérard an Cornelius aufzufassen. Wir finden darin eine Würdigung seiner kunstgeschichtlichen Bedeutung, die bei einem Franzosen doppelt erfreulich ist, und die sich nur dadurch erklärt, daß Gérard die tiefste Verehrung für die klassische Richtung der deutschen Kunst überhaupt hegte. Doch wir müssen es mit diesen beiden Beispielen äußerer Anerkennung genug sein lassen. Von allen Seiten ließen sich damals Aeußerungen der Bewunderung vernehmen, und Auszeichnungen der verschiedensten Art, in erster Reihe natürlich vom König Ludwig, wurden dem Meister zu Theil. —

Neben dieser eigenen künstlerischen Thätigkeit übte aber Cornelius den umfassendsten Einfluß auf alle münchener Bestrebungen aus. Eine Reihe vortrefflicher Genossen und hoffnungsvoller Schüler wirkten an seiner Seite, und nie ist in Deutschland zu irgend einer Zeit ein so umfangreiches und inhaltlich bedeutendes Kunstleben gewesen. Zwar wissen wir ja, was im Mittelalter am Nieder- und Oberrhein geleistet wurde, wie Augsburg und vor Allem Nürnberg eine seltene Kunstblüthe feierte; aber so groß und öffentlich war das Streben doch nicht, so gemeinsam wirkten die Kräfte nicht zusammen. Ueber das, was Architektur und Plastik an sich zu München aus Licht brachten, ist freilich viel Rühmliches nicht zu melden. Neu-München ist eine monumentale Musterkarte architektonischer Stylarten ohne Styl, und die dicht gesäeten Denkmäler — mit Ausnahme der beiden von Thorwaldsen und Rauch — sind meist so trübselig, daß man den münchener Volkswitz begreift, wenn er den Promenadenplatz in Kirchhof umtaufte. Die wahrhafte, kunstgeschichtliche Bedeutung München's liegt in der monumentalen Malerei, und auf diesem Kunstgebiete sind dort, auch

---

*) S. Beischriften Nr. 6.

Cornelius Werke nicht gerechnet, Arbeiten entstanden, die zu dem Besten gehören, was Deutschland an Kunstwerken hervorgebracht hat. Namentlich müssen die historischen Fresken von Schnorr, die kirchlichen von Heinrich Heß und die Landschaften von Rottmann genannt werden. Hiermit ist keineswegs ausgeschlossen, daß nicht auch schwere Verirrungen statt gefunden hätten. Doch diese sind in ihren schlimmsten Stücken erst nach Cornelius Abgang aus München eingetreten, und wir haben hier zunächst nur die Zeit von 1825 bis 1840 oder noch enger genommen bis 1830, wo die Glyptothek fertig wurde, im Auge. In Bezug auf diese Zeit aber läßt sich nicht leugnen, daß ein hohes künstlerisches Leben in München gewaltet, ähnlich dem in Florenz und Rom unter den Mediceern und den großen Päpsten.

Auch des Meisters Thätigkeit als Director der Akademie war von einer bisher nicht gekannten Tragweite, und dieser Erfolg wurzelte ebenso in Cornelius großartiger Persönlichkeit wie in dem günstigen Umstande, daß die lernenden und lehrenden Kräfte der Akademie an den verschiedensten Kunstunternehmungen sich üben und bewähren konnten. Der Ruhm und die Blüthe der münchener Akademie überstrahlte damals ganz Deutschland, und niemals hat eine ähnliche Anstalt seit Gründung der ersten durch die Caracci eine gleiche Höhe erreicht. Natürlich ist auch hier wiederum vorwiegend von der Malerei die Rede, aber selbst in Bezug auf diese fehlt es nicht an Angriffen und tadelnden Bemerkungen. Zwei Dinge sind es hauptsächlich, die hier Cornelius immer wieder vorgeworfen wurden, und die, wie wir schon bemerkten, in Wilhelm Schadow und seinen Anhängern die eifrigsten Vertreter fanden. Der eine Punkt besteht darin, daß Cornelius seinen Schülern stets seinen eigenen Genius zugetraut, und hiernach die Anforderungen an sie überspannt habe. In dieser Unbedingtheit hingestellt ist der Vorwurf entschieden gegenstandslos, obwohl ihm ein wahres Moment zu Grunde liegt, nemlich dies, daß Cornelius alle künstlerischen Erscheinungen vom höchsten Standpunkte aus beurtheilt. Dies hat aber mit der Schätzung des Talentes seiner Schüler nichts gemein; daß er jeden in seiner Weise genommen und viele an die rechte Stelle gebracht, beweisen zahlreiche Thatsachen. Der zweite Punkt richtet sich darauf, daß Cornelius die technische Ausbildung seiner Schüler vernach=

läffigt habe; und auch dieser Vorwurf ist ungerechtfertigt, sobald man eben nicht Wilhelm Schadow's Standpunkt für die eigene Beurtheilung annimmt. Wir kommen später noch auf diese grundsätzliche Verschiedenheit zwischen Cornelius und den Düsseldorfern zurück, und halten uns inzwischen an eine Aeußerung unseres Meisters, die er diesen Vorwürfen gegenüber abgegeben hat, und die schon im Werke des Grafen Raczynski*) sich mitgetheilt findet: „Sei er kein schellenlauter Thor, es trägt Verstand und rechter Sinn mit wenig Kunst sich selber vor. Demgemäß verachte ich jedes Machwerk, und erkenne nichts als Kunst an, was nicht lebt. Aber die Grade des Lebens in der Kunst sind so unendlich als die der Natur selbst, und wenn ich das geringste Leben mit Zärtlichkeit lieben kann, so werde ich darum nicht irre an der höchsten vollendetsten Anforderung menschlichen Kunstvermögens, und nur mit Absicht kann man verkennen wollen, daß ich mit allen Kräften das Mögliche zu leisten gesucht habe durch Lehre und durch die That." Ich glaube, man wird nicht irren, wenn man Schadow, der auch des Künstlers „Glück im Vortrage" suchte, mit Wagner und Cornelius, der „in der Wesen Tiefe trachtet" mit Faust vergleicht. Mir scheint vielmehr dieser Vergleich in mancher Hinsicht recht treffend.

Der geistige und gesellige Verkehr des Meisters wird sich in Kürze nicht wohl schildern lassen. Mit allem Bedeutenden, was München damals bot, war er in stetem Bezuge. König Ludwig war der häufige Gast bei seinen Arbeiten, wenn auch umgekehrt die Künstler, und unter ihnen Cornelius, als nicht hoffähig niemals an die Tafel des Königs gezogen wurden. Der Leibarzt des letzteren, Ringseis, den Cornelius auch schon 1818 in Rom hatte kennen lernen, war einer seiner näheren Freunde geworden. Mit Schelling war der Umgang häufig, auch Clemens Brentano war als geistvoller Mann trotz seiner beißenden Zunge stets willkommen. Thiersch, Döllinger, Lassaulx und viele andere ergänzten diese Kreise, zu denen als hauptsächlichste Glieder dann natürlich auch die ausgezeichneten Künstler gehörten, die damals in München wirkten: Schnorr, Heinrich Heß, Schwanthaler und andere. Daß übrigens trotz alles freien Strebens und Philister-

---

*) Histoire de l'art moderne en Allemagne. Bd. II. S. 192.

hasses eine strenge und pünktliche Hausordnung herrschte, entnehmen wir einem Briefe Bertram's an Boisserée vom 13. October 1827 aus München, wo jener zum Besuch verweilte. Er schreibt: „Nur klagen die Leute, daß ich ein Hausordnungsverderber sei, wie es wenige gebe, und die Nacht= schwärmerei auch in die stillsten Haushaltungen einzuschwärzen wisse. Cor= nelius Frau und Schwester jammern am meisten, weil der arme Pietro die Nachtruhe nimmer habe." Neben diesen häuslichen und engeren Be= ziehungen wurde der Umgang mit den Genossen und Gehülfen bei Wein und Bier nicht versäumt, und auch gemeinsame Ausflüge nach Haar= laching, der Menterschwaig, Ebenhausen und andern Orten fröhlich mitgemacht. Aus solchem heiteren und geselligen Treiben entwickelten sich dann jene vielgepriesenen Künstlerfeste, die eine Zeitlang München einen eigenthüm= lichen Reiz verliehen, und die, wenn auch in mancher Hinsicht verändert, sich bis jetzt erhalten haben. Es war natürlich, daß damals Cornelius der gefeierte Mittelpunkt derselben sein mußte, ja das erste dieser Feste galt ausschließlich ihm und seiner Verherrlichung. Am Peter=Pauls= tage 1827, dem Namenstage unsres Meisters, brachte ihm die Künstler= schaft in Maskenvermummung einen Fackelzug. Das bei dieser Ge= legenheit gesprochene, von Ernst Förster verfaßte, Gedicht ist in dessen Ge= schichte der deutschen Kunst (V. 258) zu finden. Ein zweites Fest ihm zu Ehren fand nach Vollendung der Glyptothek statt. Unter den Gesängen, die solche Feierlichkeiten belebten, erfreute sich besonders ein Lied von Clemens Brentano des allgemeinsten Beifalles, das nach dem Muster des Prinzen Eugenius in Bezug auf Cornelius gemacht war. Dies, freilich etwas wunderliche Gedicht, das wir hier im Anhang*) doch seiner Laune wegen mit= theilen, ist seither das eigentliche Festlied für Cornelius geworden, und hat den Meister überall begrüßt, wo man ihm huldigend entgegen kam.

Mitten in die Zeit der damaligen hohen Begeisterung hinein, wo um den Meister dicht gedrängt die Schaaren der Jünger strebten, fiel das herrliche Dürerfest zu Nürnberg. Es war der 6. April 1828, als in der alten freien Reichsstadt der Grundstein gelegt wurde zum Denkmale des Mannes, dessen Name der schützende Genius der deutschen Kunst ist.

---

*) S. Beischriften Nr. 7.

Das Standbild, ein würdig edles Werk des trefflichen Rauch, erhebt sich längst dort, und Niemand, der heute auf dem Dürerplatze die Gestalt des alten Meisters verehrend betrachtet, denkt daran, wie ein buntes viel verheißendes Leben damals in den alterthümlichen Straßen wogte, als deutsche Künstler aus allen Landen die Urkunden einsenkten, und deren ewigen Verschluß unter dem Fußgestell von Dürer's Bildsäule durch die drei Hammerschläge beglaubigten. Wir besitzen mehrfache Berichte von Anwohnern dieses Festes, und wir müssen daraus entnehmen, daß es erheblich mitgewirkt habe zur Stärkung des allgemeinen Kunststrebens in Deutschland. So schreibt in seinen „Jugenderinnerungen" Rietschel,*) der in Rauch's Auftrage dort war: „Es waren unbeschreiblich schöne Tage . . . Vor allem erhob mich die dort versammelte Künstlergenossenschaft begeisterter und nach dem Höchsten der Kunst aufstrebender Talente, an ihrer Spitze der gewaltige Meister Cornelius." Des Meisters Schüler hatten zur Erhöhung einer Feier im Rathhaussaale Transparentbilder gemalt, die jedoch nach der eigenen Meinung derselben „bürgerlich gemüthlich" waren. Cornelius tadelte dies; er sagte: „Wie darf bei einem Ehrenfeste des größten deutschen Künstlers der größte italienische fehlen? Das darf Sie nicht irren, daß sie einander im Leben nicht gesehen. Im Geiste waren sie doch vereint, und im Himmel wie in der Geschichte haben sie sich die Hände gegeben." Wer möchte hier nicht an Dürer's eigenhändige Bemerkung denken, die sich noch auf einem der ihm von Rafael geschenkten Blätter befindet, und die mit den Worten schließt „und hat sy — er der Rafael — dem Albrecht Durer gen Nornberg geschickt, im seyn Hand zu weisen!" So wurde denn wenigstens noch ein Bild höheren Inhaltes, wo Dürer und Rafael am Throne der Kunst Kränze empfangen, von Eberle angefertigt**). Eine anziehende Schilderung jedoch von der Art und Weise, wie Cornelius sich bei diesem Feste benommen, und wie ihm begegnet wurde, finden wir bei Sulpiz Boisserée***), der in einem Briefe an seinen Bruder Melchior den Hergang liebenswürdig beschreibt. Da derselbe zugleich ein Bild von der allgemeinen Wallfahrt gen Nürnberg, und dem gemeinsam heiteren

---

*) Oppermann, Ernst Rietschel. S. 82.
**) E. Förster, Geschichte der d. Kunst V. 66 ff.
***) a. a. O. I. S. 513 ff.

Treiben der Künstler in jener Zeit überhaupt giebt, so theile ich ihn hier vollständig mit. Er lautet:

„Lieber Melchior! Gleich nach dem Aufstehen setze ich mich hin, Dir zu sagen, daß ich mich mit Professor Heß recht wohl befinde. Dank sei es Deiner Sorge, uns einen verschlossenen Wagen zu verschaffen. Schon in Pfaffenhofen trafen wir mit Cornelius und seiner Familie zusammen, und wir blieben von dort auf der ganzen Reise bei einander. In Ingolstadt fanden wir Kobell und Bürgel mit ihrer Gesellschaft. Die zweite Nacht brachten wir in Ellingen zu, und als wir gestern Morgen einige Stunden gefahren waren, holte uns Ringseis mit seiner Frau und Nichte, der Fräulein Lieder und Professor Schlotthauer ein, so daß wir eine kleine Karavane bildeten, die gegen sechs Uhr Abends hier ankam. Der Thor= schreiber verkündigte, daß für uns Alle Quartier im rothen Roß bestellt sei; auf dem Wege dahin kamen wir an einem Kaffeehause vorbei, welches wie ein Bienenschwarm von jungen Künstlern wimmelte, die sogleich heraus= sprangen, die Wagen umschwärmten und von den Transparenten sprachen, die sie im großen Saale des Rathhauses malten. Dies Zwischenspiel dauerte nicht lange; wir richteten uns bald so gut als möglich in unserem Gasthof ein, machten einige Besuche und fanden uns beim Abendessen wieder zusammen. Nach neun Uhr gingen wir mit Cornelius in den Dürer= Verein, der sich, wie alle Tage, heute jedoch unendlich zahlreich in dem Hause des Meisters Albrecht versammelt hatte. In der Dunkelheit der Nacht und der Stille der Straßen gedachte ich jener Zeit, wo Wacken= roder und Tieck zuerst wieder das Andenken des alten Künstlers erweckt, und ich trat nicht ohne Ehrfurcht über die Schwelle des halbdunkeln Vor= hauses. Cornelius, der neben mir die Treppe hinaufging, war, wie ich aus einem Worte entnehmen konnte, in derselben Stimmung. Wir sollten jedoch bald in eine andere versetzt werden: denn, als wir oben an die kleine Thüre eines langen, niedrigen Saals gelangten, trat uns ein Mann ent= gegen, der mit der größten Emphase Cornelius mit einem dreimaligen Lebehoch empfing, welches nach einer kleinen Pause aus einer blauen Dampf= atmosphäre von hundert kräftigen Stimmen wiederholt wurde. Cornelius suchte gleich durch die Frage abzulenken: „Das ist also des ehrwürdigen Dürer's Wohnung?" Das half aber Nichts, der salbungsvolle Mann trug seine erzählende Antwort mit derselben Emphase wie seine erste Anrede vor. Dort hat er geschlafen, dort hat er gemalt; hier ist er gestorben auf einem Lotterbettlein, durch seine Frau zum Tode gebracht. Er wußte Alles, was die Umstehenden, was besonders Pirkheimer dabei gesprochen, und nach vielem Gerede wandte er unsere Gedanken auf die Gegenwart, in deren Gedränge wir uns, immer noch dicht an der Thüre stehend, zwischen Tischen und Bänken befanden. "Sehen Sie, aus diesem sonst in verschiedene Theile abgesonderten Raum haben wir uns einen Versammlungsort bereitet, wo wir, um den großen Künstler zu ehren, auf gut deutsche Weise bei einem Glase Bier und Tabak fröhlich sind." Der Redner wollte sich noch weiter in erhebenden Phrasen über den Verein einlassen, als Cornelius den guten Gedanken hatte, dazwischen zu fahren mit den Worten: "Nun, ich hoffe, Sie werden mir doch erlauben, zu Ihnen niederzusitzen, und ein Glas Bier mit Ihnen zu trinken!" Es waren dies wahre Erlösungsworte für die ganze Gesellschaft, von allen Seiten erklang ein lautes Bravo, Bravo, mit einem so herzlichen Ton, daß man fühlte, es war Jedermann wohl, von dem Schwätzer befreit zu sein. Reimer von Berlin war hinter mir hereingekommen, und ich hatte ihn bald gefragt: "Ist das ein Pfaff, der uns so mit seinen Reden besalbt?" Er aber antwortete: "Ach, kennen Sie denn Campe nicht mehr?" — und nun war mir Alles klar geworden. Nachher kamen die beiden Bürgermeister Binder und Scharrer, denen man hatte sagen lassen, daß Cornelius im Verein sei; und nun gab es Gelegenheit von dem Trinken und Reden, womit der Tapfere, der seine Beute nicht wollte fahren lassen, schon wieder und wieder begonnen, los zu kommen; und so kehrten wir mit der Ueberzeugung nach Hause, daß der Vetter Michel, wie zu Dürer's Zeit, auch noch jetzt das breiteste Feld im lieben Vaterland behauptet.

"Heute Morgen um fünf Uhr ist bei Aufgang der hinter Schneewolken versteckten Sonne an Dürer's Grab gesungen, und abermals von Campe gesprochen worden; wir haben es uns erzählen lassen. Das Fest war übrigens recht schön, vom Wetter über alle Erwartung begünstigt; es war warm und milde geworden und während dem Zuge und der Grundsteinlegung schien die Sonne. Jedermann sah dies als ein Glück und Segenszeichen an, und die Stimmung wurde so heiter und froh, als es sich zu solchem Feste gehörte. Daß ich auch drei Hammerschläge auf den Stein gethan, auf welchem sich das erste Denkmal erheben soll, welches in Deutschland künstlerischem Verdienst errichtet wird, freut Euch gewiß. Wer hätte das gedacht, als wir zu sammeln anfingen. Fast alle waren von einem tiefen Gefühl ergriffen, Graf Schönborn drückte mir die Hände, ich fiel Cornelius um den Hals! Eine ausführliche Beschreibung des Dürerfestes behalte ich mir vor, heute füge ich nur hinzu, daß es mich gefreut hat, unter den Künstlern vielen Bekannten, und namentlich auch aus Schwaben zu begegnen. Wagner, Neher, Gegenbaur, Dietrich und Baurath Fischer kamen mir gleich am Tage unserer Ankunft entgegen, und aus anderen Gegenden fanden sich auch mehrere ein." —

Eine für Cornelius selbst folgenreichere Feier war dann die am 25. August 1829 — dem Ludwigstage — stattgehabte Grundsteinlegung der neuen Kirche, die den Namen des Königs tragen und von unserm Meister einen reichen Freskenschmuck erhalten sollte. Diese Malereien werden uns zunächst beschäftigen. Im folgenden Jahre dann kam Thorwaldsen aus Rom nach Deutschland und besuchte auf seinem Zuge auch München, wo das Leuchtenberg'sche Denkmal in der Michaelskirche eingeweiht wurde. Die Künstler gaben dem großen Bildhauer am 19. Februar im sogenannten Paradiesgarten ein glänzendes Fest. Die Decke des Saales war mit vier mythologischen Darstellungen nach Cornelius Zeichnungen geschmückt worden, und beim Mahle selbst saßen die beiden hohen Meister beisammen. Zuerst erhob sich Thorwaldsen und brachte das schuldige Hoch auf den König Ludwig aus, dann aber stand Cornelius auf und begeistert sprach er die Worte: „Schiller sagt: Es soll der Künstler mit dem König gehen, sie beide stehen auf der Menschheit Höhen! — Darum zunächst unserm Künstlerfürsten und König, Thorwaldsen!.. rc." Wenige Tage später wurde die Glyptothek künstlich erleuchtet, und so sah man denn auch Cornelius Fresken bei Lampenlicht. Ich glaube nicht, daß dies dazu beitragen kann, ihre Schönheit oder auch nur ihre Wirkung zu steigern, und so mag denn die Thatsache einfach erwähnt werden. Im Jahre 1830, bald nach Vollendung der Glyptothek, reiste der Meister mit seiner Familie nach Rom ab, wo er etwa ein Jahr blieb, um sich zu erneutem Schaffen zu sammeln und vorzubereiten. —

Inzwischen hatte Cornelius neben den großen Arbeiten in der Glyptothek die Ausführung eines Auftrages übernommen, den ihm der König schon im Jahre 1826 gestellt hatte. Er sollte den langen Bogengang, welcher das obere Stockwerk des Gemäldemuseums — der Pinakothek — gegen Süden schließt, und der aus einer Folge von 25 Hängekuppeln besteht, durch Freskobilder schmücken, und er wählte zum Inhalt derselben die Geschichte der Malerei. Da er jedoch zu sehr beschäftigt war, beschränkte er sich darauf, nur die Umriß=Entwürfe zu zeichnen, und überließ die Anfertigung der Kartons und die Freskoausführung selbst auf Befehl des Königs an Clemens Zimmermann, der das Ganze 1840 beendete, wenn auch nicht in allen Theilen den künstlerischen Absichten des Meisters entsprechend. Denn jene Umrißzeichnungen sind wahre Edelsteine der Kunst, und sie bezeugen in staunenswerther Weise Cornelius unerschöpfliche Erfindungskraft, wie die unerreichte Sicherheit seiner Hand. Bedenkt man, daß der Meister diese Blätter fast ausschließlich an Abenden bei Lampenlicht gemacht hat, wenn er am Tage Kartons für die Glyptothek gezeichnet oder a fresco dort gemalt hatte, und berücksichtigt man, daß er den geschichtlichen Stoff mühsam aus Büchern, namentlich dem Vasari und dem Karl van Mander sammeln mußte, so wird man dem thatsächlich Geleisteten seine volle Bewunderung nicht versagen können. Mit dichterischem Geiste ist so eine anschauliche Geschichte der Malerei gebildet, fast ein Jahrzehnt früher als Kugler's gleichnamiges Buch, bei dem man doch in erster Linie den glücklichen Grundgedanken lobt, erschien. An eine Beschreibung der ganzen Folge oder ein Eingehen auf Einzelnes kann hier nicht gedacht werden. Leider sind die Blätter niemals vervielfältigt worden, und so ist es um so schwerer, etwas über dieselben zu sagen, zumal wohl auch den meisten der Leser die frische Vorstellung der ganzen Räumlichkeit und Bilderfolge fehlt. Der Reichthum in Composition und Gedanken ist übergroß zu nennen, und viele der Darstellungen gehören zweifelsohne zu den besten und gelungensten Erfindungen von Cornelius überhaupt. Daß der feine Sinn für Raumtheilung und Arabeskenwerk sich auch hier wieder glänzend bewährt hat, versteht sich von selbst. (S. das Verzeichniß.)

Es ist Cornelius daraus ein Vorwurf gemacht worden, daß er den Stoff seinen Quellen auf unkritische Weise entlehnt habe, daß er Dinge dargestellt, die längst ins Fabelbuch geschrieben seien. So z. B. der Tod Leonardo's in den Armen des Königs Franz und ähnliches. Es bedarf einer ernstlichen Widerlegung dieses Vorwurfes nicht, er schmeckt etwas nach gelehrter Philisterhaftigkeit. Nur möge man bedenken, daß fast immer diese Künstleranekdoten überaus bezeichnend und meist sehr malerisch sind; ihre Darstellung wird der bildende Künstler nicht entbehren können, und ich für meinen Theil würde es Cornelius nicht übel genommen haben, wenn er z. B. auch einen artigen Scherz von denen, die über Holbein erzählt werden, ausgewählt hätte. Der Maler muß doch der geschichtlichen Thatsache gegenüber dieselbe Freiheit haben, wie der Dichter!

Endlich fällt in diese Zeit noch eine einzelne kleine Arbeit, das Bildniß des Sulpiz Boisserée, welches Cornelius 1830 zeichnete, und das wir hier aus besonderen Gründen erwähnen. Denn wir sind in der glücklichen Lage, verschiedene Urtheile über dasselbe zu besitzen, und da diese unbedingt einen doppelten Werth zu beanspruchen haben, so mögen sie hier einen Platz finden. Ich sage einen doppelten Werth; denn einmal ist unter den Urtheilenden wiederum Göthe, und zum zweiten ist es wichtig, daß auch wir eine Meinung darüber uns zu bilden suchen, wie Cornelius im Fache des Bildnisses nach dem Leben sich gezeigt. Arbeiten dieser Art von ihm sind, außer den Frankfurter Gemälden, sehr selten und von vornherein können wir uns überzeugt halten, daß er nicht Bildnisse wie Leonardo, Rafael, Dürer, van Dyk gemalt hat: dies war ihm nicht beschieden. Wie er aber eine bestimmte Persönlichkeit auffaßte und künstlerisch wiedergab, dies konnten Zeitgenossen aus einer einfachen Zeichnung erkennen, und gerade dies ist zum besseren Verständniß seines ganzen künstlerischen Wesens nicht unerheblich. Das Bildniß des Sulpiz Boisserée nun wurde von diesem an den Bürgermeister Thomas in Frankfurt am Main geschenkt, welcher sofort in sichtlicher Freude schreibt: „... Rosette und Marianne können die Aehnlichkeit nicht genug anerkennen, und behaupten, daß es ein Glück sein würde, wenn man viele so ähnliche Portraits haben könnte. Auch freundlich erscheint das Bild, und es gewinnt mit jedem Tage neues Leben ... Daß Deine Frau mit der Zeichnung nicht ganz zufrieden ist, finden wir ganz natürlich, da sie das Original besitzt ... Also nochmals den herzlichsten und freudigsten Dank von uns allen, Dir sowohl als

8*

Freund Cornelius, dem Du wohl Gelegenheit hast, diesen Dank über die Alpen zu senden. Ich glaube nicht, daß Cornelius je ein so gutes Portrait gezeichnet hat." Der Dargestellte selbst, Sulpiz, schickte eine Lithographie des Bildes an Göthe und sagte bald darauf in dem Briefe vom 6. Dezember 1830: „Mein Bruder und meine Frau finden die Züge zu alt, indessen schien die Zeichnung, welche von Cornelius für den Bürgermeister Thomas in Frankfurt gemacht wurde, meinem Bruder doch so gut, daß er sie ohne mein Wissen lithographiren ließ." Darauf aber äußerte sich der Alte in Weimar: „Von Ihrem Portrait möcht ich sagen: es ist recht anmuthig ähnlich, dabei sind Sie durch Cornelius Auge und Hand durchgegangen. Auch könnte wohl sein, daß eine liebe, zärtliche Gattin den ganzen Habitus (wie wir Naturhistoriker uns ausdrücken) des theueren Freundes zu größerem Wohlbehagen eingeleitet hätte. Verzeihen Sie! aber meine Schneller'sche Zeichnung hat mehr von dem eigentlichsten Sulpiz Boisserée; dieser Letzte ist ein wackerer Mann, deren aber allenfalls noch ähnliche sich finden könnten." *) Das hatte nun aber der gute Sulpiz gar nicht verstanden; er meint gleich, daß er vermuthet, sein Bildniß würde Göthen nicht gefallen, entschuldigt sich und Cornelius mit Unwohlsein, und tadelt nebenher Manches. Ohne Zweifel scheint es denn doch aber klar zu sein, daß Göthe gemeint, Cornelius habe durch seine Auffassung den Sulpiz zu etwas geistig Bedeutenderem, als er wirklich ist, gemacht. Darin mag einerseits ein Tadel für Cornelius in Bezug auf seine Art, ein Bildniß aufzufassen, liegen, andrerseits giebt aber dies Verfahren uns einen Anhalt, um daran die tiefe Innerlichkeit des geistigen Schaffens bei Cornelius überhaupt zu beurtheilen. Dies mag unsere frühere Meinung, daß er von Innen nach Außen arbeite, ergänzend bestätigen, und zugleich mag es uns so die Grundlage für unsere weiteren Ausführungen verstärken.

*) S. B. I. 559 und II. 553, 558.

Vierter Abschnitt.

Die christlich-katholische Epoche, etwa von 1830 bis um 1842.

Was hatte Cornelius an größeren Werken bis auf diese Zeit geschaffen? Es war im Allgemeinen Profan-Malerei nach Dichterwerken und Schriftstellern: nach Göthe, dem Niebelungendichter, Moses, Dante und den Griechen. Denn selbst die Bilder Joseph's nehme ich hier nicht aus, weil es gleichgültig ist, wie der Künstler religiös zu diesem Stoffe sich verhält. Daß jedoch der Meister von Jugend an den tiefsten Drang zur Darstellung christlicher Gegenstände fühlte, bezeugen nicht wenige Arbeiten kleineren Umfanges, die er gelegentlich für sich ausführte, so wie auch seine Auffassung des Paradieses von Dante. Jetzt nun aber, nachdem er zwölf Jahre künstlerisch ganz im Alterthume gelebt hatte, sollte er völlig mit seinem Wirken in das Christliche übergehen und einen langgehegten Jugendwunsch sich verwirklichen sehen. Es galt, die neue Ludwigskirche in München mit Fresken zu schmücken. Dies Werk wurde in einem Jahrzehnt vollendet, und wenn wir jetzt aus der Glyptothek in die Ludwigskirche gehen, so empfinden wir, wie verschieden die beiden Welten sind, die uns in den beiden Bauwerken umgeben. Aber wir können schon auf den ersten oberflächlichen Eindruck hin eine Aeußerung der Bewunderung nicht zurückhalten, daß ein und derselbe Künstler zwei scheinbar sich so entgegenstehende Stoffe in ihrer tiefsten Eigenthümlichkeit mit so gewaltiger Meisterschaft erfaßte. Dieser scheinbare Gegensatz weicht natürlich vor der besseren Erkenntniß und löst sich in eine lautere Harmonie auf. Ein Punkt ist jedoch schwierig, sowohl für den Genuß als die historische Beurtheilung: es ist der wenigstens theilweis kirchliche Charakter der Ludwigsfresken.

In der Glyptothek sind wir und die Kunst auf ganz neutralem Gebiete, und nur überkirchliche Eiferer fanden, wie wir sahen, an dem Gegenstande dieser Fresken Anstoß. In der Ludwigskirche ist es anders. Wir sind in einer katholischen Kirche und da ist die Frage nicht unwichtig: Seid ihr Katholiken oder Protestanten? Freilich ich vermag der Antwort auf diese Frage doch keineswegs die maßgebende Bedeutung einzuräumen, daß von ihr allein auch mein Genuß und meine Beurtheilung abhinge. Unter anderen erklärt sich z. B. Herman Grimm — nach meiner Ansicht mit Unrecht — für incompetent, eben weil er Protestant sei.*) Gerade deshalb, meine ich, ist man um so competenter. Denn der Katholik betrachtet das an heiliger Stätte errichtete Bild zunächst nicht auf die künstlerische Seite desselben, sondern auf seinen Gegenstand hin. Und nur in Bezug auf die religiösen Empfindungen, die er bei Betrachtung solcher Darstellungen hat, glaube ich, sind wir allein incompetent. Dies aber bedauere ich nicht, denn dadurch vorzugsweise ist es mir möglich, das Werk als reines Kunstwerk zu empfinden, und seine religiöse Wirkung von der künstlerischen getrennt zu halten. Unter religiöser Wirkung aber verstehe ich in diesem Zusammenhange nicht die ethische, welche allen hohen Schöpfungen der Kunst eigen ist, sondern die confessionell-kirchliche. Sollten wir aber, die wir nicht Katholiken sind, in Wahrheit gänzlich incompetent sein, so wäre das ein schlimmes Zeichen, denn das Kirchlich-katholische müßte dann das rein Künstlerische so überragen, daß uns dieses sehr verdunkelt würde. Dies ist nun aber durchaus nicht der Fall, und wenn wir nur den Standpunkt einnehmen, den wir den Werken der vorreformatorischen Malerei gegenüber haben, so ist alles klar und begreiflich. Cornelius Fresken sind in gewissem Sinne kirchlich und somit confessionell, aber sie sind gänzlich und unbedingt ohne jegliche Tendenz, und deshalb ist für den Protestanten kein Grund vorhanden, sich ihrer nicht herzlich zu freuen. Gegen kirchliche Tendenzwerke, also gegen die ultramontane Kunst, kann sich kaum jemand schärfer wenden als ich es an a. O. gethan habe**), ich glaube also vor Mißverständnissen sicher zu sein. Ehe wir jedoch hier weiter auf die Fresken der Ludwigskirche eingehen, haben wir einen wichtigen allgemeinen Umstand zu erwägen.

---

*) s. Beischriften 8.
**) Vergl. meinen Grundriß d. bild. Künste S. 169, 277 ff.

Es ist nämlich die Frage: Ist christliche Kunst und insonderheit christliche Malerei ohne naiven Glauben möglich? Da ist seit vielen Jahrzehnten eifrig gestritten; es haben sich Parteien gebildet, und auf der einen äußersten Seite sagte man: „Allerdings, wir glauben ja auch nicht an Zeus und den Olymp; warum sollen wir nicht Jesus von Nazareth ebenso malen können." Die entgegengesetzten Aeußersten riefen ihr Wehe über solche schlimme Meinung und sprachen: „Am besten wäre es, wir gingen in ein Kloster." Wie aber können wir uns eine unparteiische Ansicht bilden? Es wird schwer sein, doch versuchen wir es in aller Kürze.

Zuerst spricht die Erfahrung für die entschiedenste Verneinung unserer Frage. Die großen und kleinen Künstler bis in die zweite Hälfte des sechszehnten Jahrhunderts standen unzweifelhaft sämmtlich auf positivem Boden; bei ihnen war das, was sie von christlichen Gegenständen darstellten, Sache naiven Glaubens. Diese Naivetät hörte nach der Reformation bald auf. Die Werke der Katholiken verriethen meist ziemlich stark die kirchlich-hierarchische Tendenz, die der Protestanten, von denen nur sehr wenige, wie etwa Rembrandt, heilige Gegenstände darstellten, waren in derber realistischer Art meist ohne eine wahrhaft edle Weihe gehalten. So vergingen nahezu drei Jahrhunderte, und endlich in unsern Zeiten bestätigen neuere Erscheinungen dieselbe Sache. Doch müssen wir die Confessionen auch jetzt getrennt halten, denn es ist hierbei ein Unterschied: Katholicismus und Protestantismus verhalten sich nicht gleichartig zur Kunst. Lassen wir zunächst wieder die Erfahrung sprechen, so sehen wir in der neueren deutschen Kunstentwickelung drei Mittelpunkte für die religiöse Malerei: Rom, Düsseldorf, München.

In Rom lebt seit 1810 bis heute der treffliche Overbeck, dessen stiller Sinn und schönes Wirken nicht hoch genug zu schätzen ist. Allein seine unschuldsvolle Naivetät war so einzig, daß ein zweiter Mann seine Wege nicht gehen kann, ja, daß sie sich bei ihm selbst nicht in voller Reinheit erhalten hat. Leider müssen wir dies nämlich angesichts einer Schrift erklären, die er vor Kurzem als Erläuterung seiner ausgezeichneten Sacramentenbilder herausgab, die aber nicht sowohl künstlerische Erläuterungen giebt, als vielmehr Mahnrufe an die Protestanten zum Uebertritt in die römische Kirche richtet. Es ist also auch hier die schöne Naivetät in Tendenz umgeschlagen. Was sich an Overbeck nun anschloß, mußte naturgemäß zum großen Theile tendenziös werden, wie so viele Arbeiten Steinle's und Führich's beweisen; selbst Philipp Veit gab dieser überwiegend kirchlich-dogmatischen Richtung hie und da zu viel nach. Dabei darf hier nicht verschwiegen werden, daß Overbeck vom Protestantismus, Veit vom Judenthum zur katholischen Kirche übergegangen waren.

Auch in Düsseldorf war das Haupt der Richtung der katholisch gewordene Schadow; diese religiöse Schule, deren glänzendster Vertreter Deger ist, hielt sich zwar in ihren besten Werken von Tendenz frei, doch beschränkten diese sich auf einen kleinen Kreis von Gegenständen zarter Stimmung und feinsinnigen Inhaltes. Wo große Dinge, gewaltige Handlungen dargestellt werden sollen, reichen die Kräfte nicht aus, und kirchlich-äußerliche Dinge sollen das mangelnde Wesen ersetzen.

In diesen Richtungen also sehen wir, neben den edelsten, von reiner Religiosität eingegebenen Werken, Arbeiten, gegen die wir als Protestanten ebenso protestiren müssen, wie gegen die Gewalt der römischen Hierarchie überhaupt. Denn die Kunst ist in diesen nur Mittel zur Verherrlichung gewisser Dinge, die wir gestützt auf ein mehr als dreihundertjähriges, durch blutige Kriege besiegeltes, Recht, das ewige Recht unseres Gewissens, verwerfen. Wie also kann man uns zumuthen, diese modernen, unserem Gewissen feindlichen Dinge anzuerkennen, oder sich darüber wundern, daß wir sie bekämpfen!

Nicht so standen die Sachen in München. Hier finden wir eine religiöse Kunst echt und wahrhaft im Sinne der alten Meister, im christlichen Geiste. Natürlich lehnte sich dieselbe an die Kirche an, allein in freier Weise, ohne jegliche Tendenz. Wer möchte dies läugnen, wenn er die Ludwigskirche betrachtet, die Werke von Heinrich Heß und einigen seiner Schüler in andern Kirchen sieht. In allen diesen Arbeiten ist Selbstständigkeit und Charakter, Leben und Kraft, Innigkeit und Ueberzeugung. Wir können hier frei und offen zustimmen, denn es wird uns nichts zugemuthet, das unser Gewissen verletze; nur um der Kunst willen sollen und wollen wir diese Werke lieben, dabei die selbstverständliche Billigkeit nicht außer Acht lassen, daß die Künstler mit den Vorstellungen und Ordnungen einer anderen Kirche als wir groß geworden sind. Denn diese Künstler sind geborene Katholiken, und so unterscheiden sie sich nicht unvortheilhaft von den Convertiten, die in jenen beiden Schulen maßgebenden Einfluß übten.

Doch nehmen wir die Thatsache, wie sie liegt, daß die Werke aller drei Richtungen wesentlich der katholischen Kirche entstammen, und fragen wir uns, was haben die Protestanten dagegen aufzuweisen? Wir müssen uns da gestehen: Nichts, was sich mit der Bedeutung von Overbeck, Cornelius, Veit, Heß oder Deger messen könnte. Der einzige hervorragende und den besten Geistern ebenbürtige Mann, Schnorr, was hat er an christlichen Darstellungen geliefert? So ausgezeichnet, meisterhaft und vollendet Schnorr in seinen historischen Bildern ist, so reich seine Phantasie und groß seine künstlerischen Gaben sind, so ist er dennoch im neuen Testamente hinter jenen zurückgeblieben. Seinem Christus fehlt oft das wahre Leben und die tiefe Seele, seinen Bildern der Offenbarung die unmittelbare Anschauung.*) Erfolgreicher waren die protestantischen Bildhauer, wie namentlich Thorwaldsen und Rietschel, welche Werke schufen, gegen die wiederum der Katholicismus nichts gleich Bedeutendes nachweisen kann. Wie scheint sich hier also Thorwaldsen's tiefwahres Wort thatsächlich zu erfüllen, „daß die Bildhauerei sich ebenso innig dem protestantischen Gottesdienst anschließe als die Malerei dem katholischen." Und dieser Ausspruch bewahrheitet sich auch aus innern Gründen, die jedem leicht zur Hand sein werden, der über das Wesen beider Künste und beider Confessionen ernst nachdenkt. Der sinnlichere Katholicismus bedarf der Pracht, Handgreiflichkeit und des Seelenlebens farbiger Gemälde; der abstractere Protestantismus wird sich leichter mit den farblosen Idealgestalten aussöhnen.

Genug für uns hier, daß die christliche Malerei so gut wie in den Händen der Katholiken liegt. Und dürfen wir dies Zufall nennen? Gewiß nicht. Denn es ist wohl auch nicht Zufall, daß Gluck, Mozart, Beethoven und Haydn katholisch, daß aber die Dichter und Philosophen

---

*) s. Schnorr's Bibel in Bildern. Leipzig. — Wegen mancher der hier in Rede stehenden prinzipiellen Punkte ist übrigens das Lesen der ausgezeichneten „Betrachtungen", welche Schnorr diesem seinem Werke als Einleitung beigegeben, dringend zu empfehlen.

protestantisch waren. Und ebenso, scheint mir, ist es natürlich, daß die Maler an der katholischen Kirche einen festeren Rückhalt finden, daß die christliche Malerei am liebsten durch katholische Künstler ausgeübt wird. Eine tausendjährige Kunsttradition, die Erbschaft eines reichen Bedürfnisses für den Kultus, die feste Gliederung der Kirche und die anerzogene Hingabe des Gewissens an die Macht der letzteren: dies Alles kann einen Maler fesseln, der in lebhafter Phantasie die Geschichten und Lehren des Heils neu gestalten will, und im innersten Gefühl an diesen Dingen arbeitet. Kein Zweifel darf ihn da stören, wenn sein Werk echt und wahrhaft sein soll. Wie aber nun, fragen wir uns selbst, ist dies möglich bei einem gebildeten Protestanten unserer Zeit? Das Wesen des Protestantismus ist das selbstständige, persönliche, freie Denken, das des Katholicismus die Autorität einer höheren Gewalt; der Protestantismus abstrahirt mehr und mehr von der Form, und dringt auf die reine Idee, der Katholicismus hat für jede Idee eine anschauliche, durch lange Tradition gesicherte Form. Es ist deshalb natürlich, daß ein wahrhaft wissenschaftlicher Mann dem protestantischen Princip nachgeht, wofür denn auch so mancher redliche katholische Gelehrte die Ehre geerntet hat, seine Schriften auf dem römischen Index zu sehen. Umgekehrt aber aus demselben Umstande erkläre ich mir die besprochene Erscheinung, daß die Maler religiöser Stoffe in fast ausschließlicher Bedeutung und Zahl Katholiken waren oder wurden. Daß diese stets eines naiven Glaubens sich zu erfreuen hatten, ist hiermit keineswegs gesagt, vielmehr ist ja die Tendenz gewisser Richtungen bereits hervorgehoben worden. Die Erzeugnisse der letzteren aber gerade sind ja zumeist darum verwerflich, daß sie eben auf Tendenz und nicht auf freiem Glauben beruhen. Sonach scheint es denn doch die bisherige Erfahrung außer allem Zweifel zu lassen, daß zur malerischen Darstellung christlicher Gegenstände für den Künstler der positive Standpunkt in seinen religiösen Ansichten unerläßliches Erforderniß ist. Zwar wendet man das Beispiel der alten Griechenreligion ein, und sagt, daß auch Vieles von den christlichen Dingen, was ehedem als Thatsache geglaubt wurde, jetzt uns nur Sage ist, daß man dies also rein poetisch auffassen müsse. So groß die Berechtigung dieser Meinung und der rein poetischen Auffassung an sich ist, so widerstreitet bis jetzt wenigstens die

Erfahrung, und die Theorie stimmt dieser bei. Es scheint, die christlichen Stoffe sind zu innerlich, zu sehr eigenste Gewissenssache eines Jeden, als daß man sie rein mythologisch behandeln, daß man sie ohne den Glauben an ihre thatsächliche Wahrheit, ohne die freie Zustimmung der ganzen Seele künstlerisch vollkommen gestalten könnte. Ob die Zukunft uns hier eines anderen belehren wird, ob rationalistische Maler dennoch in vollkommener Weise die Gegenstände des neuen Testamentes nur um ihrer ewig und allgemein menschlichen Bedeutung willen darstellen werden, kann Niemand im Voraus entscheiden. Einstweilen steht dieser Möglichkeit alles das, was wir eben besprochen haben, entgegen, und die Wahrnehmung, daß, wo die innerliche Zustimmung fehlt, das Werk mehr oder weniger äußerlich wird.*) — Ich habe nicht nöthig weder hier noch sonst irgendwo Auskunft über meine religiöse Denkart zu geben; doch muß ich hier hervorheben, daß ich mich bemühe, in dieser Untersuchung möglichst objectiv zu sein, und eine Stelle der Beurtheilung über den Confessionen und außerhalb des Glaubens in der Wissenschaft zu suchen. Und deshalb bin ich der Ansicht, meine schon ausgesprochene Verneinung unserer Frage, ob christliche Kunst, und im engeren Sinne christliche Malerei, ohne naiven Glauben möglich sei, um so mehr behaupten zu können, und zugleich an die Schwierigkeiten erinnert zu haben, die ein Künstler unserer Zeit zu umgehen hat, wenn er zwischen überkirchlichem Eifer und religionsfeindlicher Nüchternheit hindurch sein warmes Herz retten und edle Werke schaffen will.

So war es denn eine Gunst des Schicksals, daß Cornelius aus einer altkatholischen Familie hervorging, daß er eine durchaus volksthümliche und ungelehrte Jugendbildung empfing. Denn so war es in unserm Jahrhundert einzig möglich, daß ein mit den seltensten Gaben des Geistes und Verstandes ausgestatteter Mann sich in allen Wechselungen und Fährlichkeiten des Lebens den kindlich frommen Glauben und die feste Anhänglichkeit an das Positive der Offenbarung erhalten konnte, daß er nicht, den großen Dichtern und Denkern unseres Volkes sich anschließend, seine religiöse Befriedigung außerhalb der Kirche fand, oder gleich schwächeren Naturen in Tendenz verfiel. Daß Cornelius niemals ein Eiferer

---

*) s. Beischriften 9.

war, bezeugen schon Niebuhr's Berichte auf das Schlagendste, daß er die Einwirkung des Protestantismus auf die allgemeine Entwickelung der Menschheit, besonders seinen Einfluß auf deutsche Dichtung und Wissenschaft je etwa bestreiten möchte, könnte nur die Thorheit annehmen. Er räumt Jedem das Recht ein, anders zu denken als er, ja er liebt Treue und Charakter so, daß er die Conversionen scharf mißbilligte, und selbst nach E. Förster's Aussage damit drohte, „wenn noch Einer katholisch würde, zur protestantischen Kirche überzutreten." Ein anderes Mal hat er bei einer ähnlichen Gelegenheit erklärt, sobald der letzte Protestant katholisch würde, so würde er protestantisch, Beweis genug für seine Meinung von der Unentbehrlichkeit des protestantischen Prinzipes. Dabei war er von klein auf mit der Bibel vertraut, und die Luther'sche Uebersetzung zog ihn in ihrer herrlichen Sprache so an, daß er sich ihrer später fast ausschließlich bediente, und sich nicht darum kümmerte, ob irgend Jemand darin etwa eine Ketzerei fände. Dennoch würde man irren, wollte man meinen, daß Cornelius nicht ein fester und guter Katholik sei, freilich ein Katholik der seltensten Art, den man mit Zeloten und Ultramontanen nicht vermengen darf. Er gehört mit vollem Bewußtsein der katholischen Kirche an und ist glücklich, in ihrem festen Bau den Grund innersten Friedens zu finden; ja man ist geneigt zu behaupten, er sei so gut katholisch, daß er das tiefere Wesen und den großen weltgeschichtlichen Gedanken des Protestantismus trotz obiger Aeußerung dennoch keineswegs völlig und erschöpfend verstanden habe. Ich möchte ihn seinem religiösen Wesen nach mit den heitern unbefangenen Meistern Italiens, die in Dante'schen Anschauungen lebten, mit Leonardo, Rafael und Michelangelo vergleichen, und ich glaube, in diesem Sinne kann man am Leichtesten die Harmonie seiner ganzen Erscheinung und zugleich ihre eigenthümliche Seltenheit in unseren Tagen begreifen. Am nächsten stehen ihm confessionell diejenigen Männer, welche wir heute Altkatholiken zu nennen pflegen, und zu denen wir beispielsweise den verstorbenen Bischof Sailer, den Professor Döllinger u. a. rechnen. Was wäre aber unsere Duldung, wollten wir einem solchen Manne nicht sowohl als Künstler, sondern gerade als Menschen unsere Anerkennung auch nur in einem Punkte versagen? Ein ganzer Mann, der treu und wahr ist, fordert Achtung bei Freund und Feind.

So ist Cornelius seinem innersten Kerne nach in Hinsicht seiner religiösen Denkart immer gewesen. Anfangs verketzerten ihn die Ueberfrommen, später hielten ihn namentlich die Protestanten für allzu päpstlich, und erst allmählich beginnt eine richtigere Anschauung sich Bahn zu brechen. Hierauf werden wir bei den berliner Werken, welche die Befreiung der Kunst von jeder etwa beengenden kirchlichen Forderung auf eine ungeahnte Weise verwirklichten, noch zurückkommen. Für jetzt bleibt uns die Thatsache von Cornelius stets gleicher christlicher und katholischer Religiosität, und wir werden so wie von selbst verstehen, auf welche Weise er den ihm gewordenen Auftrag, ein katholisches Kirchengebäude auszumalen, erfaßte. Er nahm das Positive in seiner kirchlichen Ueberlieferung, und ging so ganz zurück auf die vorreformatorische Kunst. Dies erkennt Jedermann, der die Ludwigskirche besucht, und die Erwägung drängt sich so Einem leicht und doch unwiderstehlich auf, was denn Cornelius eigentlich in unserer Zeit durch diese Fresken der deutschen Kunst genützt, ja mehr, was er als Genius denn Bahnbrechendes durch sie vollführt? Gar nicht zu leugnen ist es denn, daß in Bezug auf diesen großen historischen Punkt die Ludwigskirche ganz entschieden hinter die anderen Werke unseres Meisters, sowohl die früheren als die späteren, zurücktritt. Wenn man den Namen Cornelius nennt, so denkt alle Welt sogleich an die Glyptothek und den Domhof, und wir irren nicht, hierin die Blüthen seines künstlerischen Lebens zu erkennen. Dort machte er in vollendeten Malereien den echten Geist des klassischen Alterthums lebendig, wie nie ein Maler vor oder nach ihm, hier kleidete er die höchsten Ideale christlicher Weltanschauung in klassische Form, wie nie ein Künstler vor oder nach ihm. Aber in der Ludwigskirche, dem dritten und mittleren der großen Werke malte er nur, was oft vor und nach ihm gemalt war, was von einer tausendjährigen Kunstüberlieferung geheiligt war, so daß er von der gegebenen Grundauffassung nicht abweichen konnte. Wir werden sehen, worin er auch hier eigenthümlich und groß ist, in wiefern diese Werke zu seiner eigenen Entwickelung nothwendig waren, allein neu und der Kunst neue Wege weisend, im höchsten kunstgeschichtlichen Sinne, war er in diesen Fresken nicht.

Die Ludwigskirche bildet ein Kreuz; die Gemälde sind im Chor und Querschiff, das Langhaus besitzt deren keine. Nun fallen beim Ein=

tritt sogleich drei Hauptbilder auf an den Stirnwänden des Querschiffes und des Chores: es sind Gegenstände, die jeder Kunstfreund unzählige Male gesehen, die Anbetung, die Kreuzigung und das Gericht. Der Zusammenhang des Ganzen jedoch ist höchst geistvoll, und zeugt wieder von der meisterhaften Benutzung des Raumes, wie von der innigen Anlehnung der Malerei an die Architektur. Denn alle diese Darstellungen verherrlichen die Dreifaltigkeit in ihrem Wirken von Anfang bis in alle Zukunft, vor der Zeit, in der Zeit und nach der Zeit, und gliedern sich nach den drei christlichen Glaubensartikeln in die besonderen Gruppen der Schöpfung, Erlösung und Heiligung. So sind die Deckenflächen dem Schöpfer mit seinen Engeln, und dem heiligen Geiste mit seinen Boten angewiesen, jenem im Chor, diesem im Querschiffe. An den Wänden aber ist das Erlösungswerk von der Verkündigung bis zum Tage des Gerichtes veranschaulicht. Die genaueren Einzelbeziehungen sind aus dem anhängenden Verzeichnisse zu ersehen.

Mit der Kreuzigung begannen die Arbeiten; der Karton war 1831 in Rom gezeichnet. Schwerlich wird man den Meister der Glyptothek in vielen dieser Figuren, namentlich in denen der Römer verkennen, nur möchte ich sagen, man erkennt ihn fast zu sehr darin. Es ist, als habe Cornelius sich so plötzlich aus dem Alterthume in das Christenthum nicht finden können, als habe er, noch in den Ideen der Glyptothek lebend, denselben Weg betreten, der ihn ehedem in Rom so tief in den edelsten Geist des christlichen Mittelalters geführt. Man glaubt wiederum das erneute Studium der Altitaliener, diesmal jedoch unter einer gewissen Beeinflussung durch Overbeck, wahrzunehmen. Einige Figuren scheinen auch an das erneute Studium Dürer's zu erinnern. Dies ist weder ein Mangel noch Vorwurf; es soll nur zeigen, daß ein echter Künstler, auch wenn er ein Cornelius ist, nie aufhört zu streben und sich weiter zu bilden, und gerade dies ist ein so einziger Zug im ganzen Wesen unseres Meisters, der von Stufe zu Stufe immer größer ward. In der Anbetung fühlt man sich dem eigensten Charakter des Künstlers schon wieder näher, wenn auch hier eine gewisse Zweitheiligkeit durch den Gegensatz des oberen symbolischen Theils, der Gott Vater, den heiligen Geist und Engelschöre darstellt, gegen den unteren historischen Theil des Gemäldes sich bemerkbar macht. Auf der vollkommenen

Höhe seiner eigenthümlichen Kunst sehen wir aber Cornelius in seinem jüngsten Gericht, und wir werden so sehr glücklich auf die große Bedeutung eines Bildungsganges hingewiesen, der offenbar schon jetzt aus der Folge dieser Darstellungen zu erkennen ist.

Die Meisterschaft der stylvollen Composition in der Kreuzigung wird dem genauer Hinschauenden klar sein, wenn er auch in Bezug auf diese der Anbetung entschieden den Vorrang einräumen muß. Nicht minder wird er die ausgezeichnete Anordnung der herrlichen Heiligen-Gestalten in den langen Reihen am Gewölbe der Kreuzung bewundern, und sich von der Ehrfurcht gebietenden Gestalt des Schöpfers ergriffen fühlen. Allein hier kommen wir doch an eine Klippe, wo unsere duldsame Kunstliebe mit unserm Gewissen streiten möchte, und wo uns nur der Rückblick auf die klassische Zeit der italienischen Malerei helfen kann. Rafael und Michelangelo malten auch Gott Vater und den Schöpfer, und Cornelius sollte es nur deshalb jetzt nicht mehr dürfen, weil wir überhaupt kein Bild von Gott nach unsrer Meinung haben können und wollen? Als Johannes im Geiste Gott auf dem Throne des Himmels sah, schreibt er: „und auf dem Throne saß —", doch er nennt den Namen nicht, und wie von Schrecken und Ehrfurcht überwältigt, fährt er fort: „Der da saß, war im Anblick gleich dem Steine Jaspis und Sardis", d. h. so feurig glänzend und nicht anzuschauen. Ezechiel aber spricht: „Inwendig war Gestalt wie Feuer um und um; verzehrend Feuer ist der Herr, wer kann ihn anschauen, der nicht stürbe?" Wir nun vom protestantischen Standpunkte wollen kein Bild des Unanschaubaren, weil wir keines haben können, weil wir die drohende Wahrheit im Worte des Apostels lebendig empfinden: „Und haben verwandelt die Herrlichkeit des unvergänglichen Gottes in ein Bild gleich dem vergänglichen Menschen!" Aber dennoch müssen wir denen, welche, auf die alte Kunst zurückgehend, eine solche Darstellung versuchen, das Recht dazu lassen, sofern sie nur mit dem redlichen Gemüthe der Alten daran gehen, und diese Darstellung nicht als das Bild des nicht abzubildenden Gottes über den Gestirnen und in unserem Herzen, sondern als das des Gott Vaters der mittelalterlichen Kirche oder wenigstens doch als reines Symbol ausgeben. Dies also vorausgesetzt, wird man die Gestalt des Schöpfers zu den vorzüglichsten, gedankenreichsten und ursprünglichsten Arbeiten des Cornelius zählen müssen, wie dies denn auch von allen Seiten stets einstimmig anerkannt worden ist.

Die Chöre der Engel, die Reihen der Heiligen und Kirchenförderer, sowie der ganze Geist dieses Gedichtes in Gemälden ruht auf Dante's göttlicher Komödie. Dante beherrscht geistig die Kunst in Italien bis zur Reformationszeit, und Cornelius, der schon in Rom das Paradies gezeichnet hatte, mußte jetzt nothwendig zu den unsterblichen Gesängen des alten Florentiners zurückkehren, wo er ein Werk im Sinne jener vorreformatorischen Kunst schaffen wollte. Diese geistige Beziehung zu Dante,*) die künstlerische zur alten Malerei und der fest katholische Standpunkt des Meisters scheinen mir genügend Schlüssel zu sein, um zu verstehen, warum diese Kirchenfresken so und nicht anders von Cornelius ausgeführt wurden. Hiermit hat die Frage, ob wir unsererseits aus freien Stücken solche Werke wünschen oder bestellen würden, nichts zu thun: sie fließen wahrhaft und ohne jegliche Absicht aus der Tiefe der Seele, und darum erkennen wir sie als berechtigt an. Unsere Sache ist es dann, sie in allen Theilen begreifen zu lernen, sie in ihrem hohen Zusammenhange zu fassen, uns zu erbauendem und erhebendem Genusse in sie zu versenken. Dies mag nicht leicht sein, und ich will mit denen nicht rechten, welche diese Gemälde kalt lassen oder gar abstoßen. Denn über der Kunst steht das Gewissen. Wie nun also wollten wir denen einen Vorwurf machen, deren Gewissen durch diese Kirchenfresken belästigt wird, da wir doch andererseits die unbedingte Freiheit für den Künstler beanspruchten, daß um seines Gewissens willen Niemand mit ihm rechte? Wir verlangen vollkommene Gewissensfreiheit für Jeden; damit räumen wir freilich schon ein, daß diese Bilder neben dem künstlerischen, auch ein gegenständliches Interesse haben, welches je nach Geburt, Erziehung und Denkart der Verschiedenen auch verschieden sich stellt. Vergessen wir aber nicht, daß die Fresken obwohl in einer katholischen Kirche von einem katholischen Künstler dennoch ohne jegliche Tendenz ausgeführt sind, daß also in Bezug auf ihren Gegenstand an uns schlechterdings gar keine Zumuthungen gestellt werden: und wir werden mit um so größerer Unparteilichkeit, mit um so ungetheilterer Empfindung dieselben als Kunstwerke würdigen können.

*) s. Beischriften 10.

Versuchen wir es deshalb als Beispiel auf dasjenige unter diesen Gemälden der Ludwigskirche etwas näher einzugehen, welches ohnehin unsere besondere Beachtung ganz vorwiegend fordert, da es dem Umfange der Zeit und des Raumes nach die größte Arbeit unseres Meisters überhaupt ist. Es ist das jüngste Gericht an der Hinterwand des gradlinig schließenden Chores. 1835 brachte Cornelius den Karton aus Rom, wohin er sich wieder begeben hatte, mit, und bis 1840 führte er das Fresko, bei dem natürlich die oberen dem Beschauer entfernteren Figuren in der Proportion angemessen größer und breiter gehalten wurden als die unteren, ohne fremde Hülfe aus; auf dem 63 Fuß hohen und 39 Fuß breiten Bilde ist jeder Pinselstrich von ihm. Es hat etwas auf sich, wenn eine einzelne Kraft eine Malfläche von 2500 Quadratfußen, die größte welche jemals mit Einem Bilde geschmückt wurde, allein bewältigen soll, und es muß ein gewisses Staunen erregen, daß Cornelius in wenig mehr als vier Jahren dies vollbrachte.*) Besser für die Ausführung wäre es freilich gewesen, wenn der König Ludwig nicht so übermäßig gedrängt hätte, und wenn der Maler noch Jahr und Tag an dem Werke hätte arbeiten können. Allein Ludwig hatte bei sich nun einmal Gründe, im Jahre 1840 die Kirche eingeweiht zu sehen, und somit mußten die Künstler gute Miene zum übelen Befehl machen. Ein weiterer ungünstiger Umstand, der uns dies Werk verkümmert, liegt in der Architektur. Der Chorraum springt vom Querschiff tief ein und ist leider gänzlich ohne Fenster, so daß das von hier kommende Licht nicht entfernt genügt und zureicht. Das jüngste Gericht befindet sich in einem steten Halbdunkel, und wenn man in den Abendstunden, wo an hellen Sommertagen oft die Sonne durch die gegenüberliegende Eingangsthür herein scheint, sich der Betrachtung hingiebt, so findet man bald, daß dies späte Nachmittagslicht sowohl wegen des Einfallswinkels, wie wegen seiner innern Beschaffenheit häufig gar nicht günstig ist, um in ihm Kunstwerke zu sehen. Neuerdings ist mir gesagt worden, die beste Zeit seien die frühen Morgenstunden heller Tage, allein ich kann darüber nicht aus eigener Erfahrung urtheilen, da ich zu dieser Zeit

---

*) Michelangelo's jüngstes Gericht wurde bei 1800 ☐Fuß Malfläche in sieben Jahren vollendet; es enthält auf einem also nur etwa 3/4 so großen Raume ungefähr dreimal so viel Köpfe als das des Cornelius; auf diesem zählt man nahezu 130.

niemals in der Ludwigskirche war. Bei solcher schlimmen Lage bleibt nur die Hoffnung übrig, daß die längst gewünschte Anlage von Fenstern an den Seitenwänden des Chores endlich ausgeführt werde.

Die künstlerische Darstellung des jüngsten Gerichtes überhaupt ist wahrscheinlich in Anlehnung an platonische oder neuplatonische Ideen in der griechischen Kirche aufgekommen, und seit der Zeit um das Jahr 1300 etwa in die römische übergegangen. Im apostolischen Glaubens= bekenntniß heißt es in Bezug auf Christus, daß er „sitzet zur Rechten Hand Gottes des allmächtigen Vaters, von dannen er kommen wird, zu richten die Lebendigen und die Todten." Und weiter steht beim Matthäus (25, 31 ff.), daß er die Gesegneten seines Vaters und die Verfluchten zu ewigem Leben und ewigem Feuer scheiden wird. Es ist also positiver Glaubenssatz des Christenthums bei allen Confessionen, daß der Erlöser zu Gericht sitzen wird und alle Geschlechter richten. Hiernach bleibt für den positiven Standpunkt jede Controverse über den Gegenstand selbst aus= geschlossen: das jüngste Gericht ist geoffenbarte Verheißung Gottes, und damit hört jede Einwendung auf. Allein so sehr dieser Grund hier be= rechtigt sein mag und von uns anerkannt werden muß, so wenig vermögen wir uns doch ohne Weiteres bei demselben zu beruhigen, und wollen ver= suchen, ein paar Worte zur näheren Würdigung des Gegenstandes und seiner Darstellung durch die Kunst anzuführen. Denn die dogmatische Wahrheit ist eine andere als die poetische, und auf die letztere kommt es bei einem Werke der Kunst allein an.

Es heißt das jüngste Gericht! Wie aber, soll der gerechte Richter nicht Jeglichem geben nach dem Buchstaben des Gesetzes? Recht soll er sprechen, nur Recht, wägend beide Theile mit blindem Auge auf der Waage der Gerechtigkeit, denn so liegt es im Begriff und Wesen des Gerichtes. Nun aber, welcher Mensch könnte am jüngsten Tage oder überhaupt je vor Gott hintreten und sich auf sein Recht berufen? Die Besten und Demüthigsten gerade werden sprechen: „Herr, gehe mit mir nicht ins Gericht, — sei mir armen Sünder gnädig", und die schwersten Ver= brecher werden erkennen, daß sie auf bösen Wegen gewandelt und werden umkehren zu Gott. Keiner ist aber da, dessen sich nicht die göttliche Gnade im vollsten Maße zu erbarmen hätte, und wie könnte diese allum=

faſſende Gnade die Hälfte oder richtiger faſt die ganze Maſſe der Menſch=
heit um der Sünde eines Augenblickes willen — denn was iſt unſer Leben! —
den Qualen der Ewigkeit hingeben? Wie! Ein Irrthum, ein Verbrechen,
das vielleicht „ein guter Wahn" war, ſollte unabwendbar für die Dauer
über alle Zeit hinaus das teufliſche Wort „Gerichtet" über ſich herauf=
beſchwören, und keine Stimme ſollte ſich finden, die von Milde und Gnade
beſeelt, ihr „Gerettet" über die Erde dahin ruft? Es iſt ſchon von Vielen
ausgeſprochen worden, daß die, bereits durch Origenes verworfene, Lehre
von der ewigen Verdammniß dem Geiſte des echten Chriſtenthums, dem
Gefühle wahrhafter Menſchlichkeit und der denkenden Vernunft gleichmäßig
widerſtreitet*); doch ebenſo nothwendig iſt dieſe Lehre anerkannt worden als
Erziehungsmittel der Kirche, und in dieſem hiſtoriſchen Sinne ſie zu nehmen,
ſteht Jedem frei. Selbſt Kant giebt die praktiſche Unentbehrlichkeit der=
ſelben zu oder vielmehr er behauptet ſie ſchlechthin.**) Durch Furcht und
Hoffnung erzieht man im Kleinen, wie im Großen, und welche Religion
für die Völker und Menſchheit ließe ſich denken ohne die Ausſicht auf Ver=
geltung des Guten und Böſen. Laſſen wir alſo der Kirche und denen, die
daran glauben müſſen oder wollen, dieſe Lehre, laſſen wir uns aber unſere
wiſſenſchaftliche, poetiſche und proteſtantiſche Freiheit nicht nehmen, dieſe
Idee auch in tröſtlicherer und reinerer Weiſe aufzufaſſen. Oder hätten
die großen Männer unſerer Nation umſonſt gelebt, hätte Schiller geſcherzt,
der wie ein begeiſterter Seher ſang:

>„Unſer Schuldbuch ſei vernichtet,
>ausgeſöhnt die ganze Welt.
>Brüder über'm Sternenzelt,
>richtet Gott, wie wir gerichtet!"

Solche Zuverſicht entſpringt einem hohen Grade von innerlicher Heiligung,
die im Bewußtſein der eignen menſchlichen Unbedeutendheit und Schwäche
gegenüber der allumfaſſenden Liebe und dem unergründlichen Weſen Gottes
wurzelt, und die ihre äußere Stütze in der fünften Bitte des Vater=
Unſer, wie auch in dem Worte des Paulus findet, welches heißt: „Gott
will, daß alle Menſchen erlöſet werden und daß ſie zur Erkenntniß der
Wahrheit eingehen."***)

---

*) ſ. Beiſchriften No. 11. **) Kant, d. Ende aller Dinge 1794.
***) 1. Tim. 2, 4.

Aber hat die Idee des jüngsten Gerichtes außer der dogmatischen und historischen Beziehung nicht auch eine rein menschliche Bedeutung? Ist es nicht ein Symbol des ununterbrochenen Gewissenszustandes in diesem Leben? Die Einen genießen seeligen Friedens in der heiteren Ruhe ihres Gewissens, die Anderen bringen ihre Tage hin von dem Schlangenbiß der Reue geplagt. Ueber beiden aber schwebt, wie der Dichter sagt, „lebendig der ewige Gedanke," wie der Apostel verkündigt, „das Wort (der Logos) das von Anfang war." Es ist die Stimme Gottes, die in uns das Gewissen wach ruft, und wir gewinnen so ganz abstract drei Begriffe: den Gottes und die des guten und bösen Gewissens. Das ist aber das Wichtigste, mit unserem Gewissen im Klaren zu sein, und wir müssen täglich, ja unaufhörlich streben, daß es sich rein erhalte, oder wiederum reinige. In unserem eigenen Gewissen liegt das Urtheil des Weltrichters. *) Es war also auch innerlich nahe gegeben, daß die Kunst diesem bedeutungsvollen Stoffe nicht fern bleiben konnte; sobald sie aber an ihn herantritt, verwandelt sich von selbst das Abstracte in das Concrete, der Gedanke in das Bild. Demnach muß sie das allgemein Menschliche in das Gleichniß übertragen, und wo wäre Jemand, der sagen möchte, daß irgend ein anderes Bild hier sprechender, erhabener und erschütternder wäre als das des jüngsten Gerichtes? Der ewige Gedanke, der Logos, das Wort ist Fleisch geworden. Christus, der Erlöser und Richter, erscheinet in der himmlischen Herrlichkeit Gottes des Vaters, unter ihm rufen die Boten des Lichtes mit Drommetenklang die Gewissen auf, die er inwendig kennet, wie dies das Buch des Lebens, welches der Engel hält, andeutet. Und sie erscheinen: die Guten geführt, geschützt und belehrt durch der Engel heilige Schaaren, die Personificationen ihres eignen Gewissens, — die Bösen hinabgezogen durch die Geister der Hölle, die in ihrem eigenen Herzen brennt. So gewinnt die Darstellung des jüngsten Gerichtes für Christen und Heiden, Juden und Türken die gleiche Bedeutung, unabhängig von aller Zeit, weil sie in jedem Augenblicke wahr ist.

Nehmen wir also die Sache so, wie sie unserm Denken und Fühlen zumeist entspricht; wir sind ganz ohne Beengung. Es ist der Standpunkt

---

*) Beischriften Nr. 12.

des positiven Glaubens an die buchstäbliche Erfüllung der geoffenbarten
Verheißung, — es ist der der kulturgeschichtlichen Betrachtung einer durch das
Bedürfniß von vielen Jahrtausenden geheiligten, praktisch unentbehrlichen
Vorstellung, — es ist endlich der des allgemein menschlichen und ewig gül=
tigen Gleichnisses: wo wir nun auch stehen, wir werden und müssen mit
Ehrfurcht vor der geweihten Hand eines aus Millionen bevorzugten Genius
an die künstlerische Darstellung dieses erhabenen Gedankens treten, des
Gedankens vom jüngsten Gerichte. So sei es denn auch mit dem großen
Werke des Cornelius hier. Gewisse Grundzüge und Gestalten werden nun
aber selbstverständlich in allen Darstellungen des jüngsten Gerichtes sich
wiederholen, und so wollen wir auf den aus älterer Tradition, aus An=
deutungen der biblischen Bücher (namentlich 1. Thessal. 4, 16 ff., Offenb. 20,
11 ff. u. s. w.) und durch lange Kunstübung gewonnenen Typus zurückblicken.

Zunächst aber sei eine Einschaltung gestattet, die vielleicht manchem der
Leser nicht am Orte zu sein scheint, die aber dennoch über einige wesent=
liche Punkte geschichtlichen Aufschluß darbietet und zu jener eben erwähnten
älteren Tradition zurückleitet. Schon Schleiermacher erklärte, daß das
Gericht überhaupt nicht christlichen Ursprungs sei, und dies kann Niemanden
in Erstaunen setzen, wenn er erwägt, wie nothwendig die Aussicht auf
einstige Strafe und Belohnung zur Erziehung des Menschengeschlechtes ist.
Die Griechen hatten hierüber sehr schöne Vorstellungen, nur nahmen sie
nicht ein einmaliges Gericht für alle Geschlechter an, sondern sie dachten
sich ihr Gericht als ein dauerndes, welches über jede abgeschiedene Seele
sofort sein Urtheil spricht. Wollte man dies Gericht der Seelen, dies
letzte Gericht nach griechischen Anschauungen künstlerisch darstellen, so würde
sich etwa folgende Anordnung ergeben. Der Schauplatz ist jene mit As=
phodill besetzte Wiese, wo die Wege nach den Inseln der Seeligen und
dem Hades sich kreuzen. In der Mitte thront Minos, des Zeus Sohn,
mit goldenem Herrscherstabe, ihm zu den Seiten sitzen Aiakos und Rhada=
manthys mit kleineren Richterstäbchen. Zu diesem treten die Seelen aus
Asien, zu jenem die aus Europa, so daß also Jeder aus der damals be=
kannten Welt seinen Richter fand. Minos achtet darauf, daß jedes Urtheil
recht und gerecht sei, denn er sieht jede Seele durch und durch. Die Ge=
richteten werden zu den Inseln der Seeligen und zum Hades gewiesen,

in letzterem Falle jedoch mit einem Abzeichen versehen, ob sie heilbar oder unverbesserlich sind. Auf der einen Hälfte des Bildes würde also dann weiter der Tartaros mit allen seinen Schrecken, auf der andern die Inseln der Seeligen mit ihrem Glück zu sehen sein; über den Richtern könnte sehr wohl Zeus, der Allwaltende, allein oder von den Olympiern umgeben, als der oberste und unsichtbare Herr des Gerichtes erscheinen, während der Tartaros schon von selbst die Gelegenheit bietet, den Aides als Herrscher im dunkelen Reiche einzuführen, und das Meer, in dem die Inseln der Seeligen liegen, die Darstellung des Poseidon als des Beherrschers der Fluthen an die Hand giebt. Auf diese Weise würde die eng zusammen= hängende Dreiheit des Zeus, Poseidon und Aides bequem in das Bild eingeführt, und eine Anschauung der tiefsten religiösen Grundgedanken nach hellenischer Vorstellung gegeben. So wenigstens ließe sich das, was der Sokrates in Platon's Gorgias über das Gericht sagt, künstlerisch anordnen. Und Cornelius hat ja auch so den Tartaros und die Gruppe der Richter, wie er sie in der Glyptothek (S. 97) gemalt, aufgefaßt.

Was aber das besonders Merkwürdige ist, Sokrates erklärt, daß er an der Wahrheit dieses Glaubens nicht zweifele. Dennoch sucht er den Inhalt desselben von der Form zu abstrahiren und als ethische Gesetze auszusprechen. Der Tod ist ihm deshalb nichts als die Trennung des Leibes und der Seele. Die Seele, so wie sie unmittelbar vor den Richter treten muß, zeigt noch alle Spuren des Lebens; der Richter sieht sie, ohne zu wissen, wessen sie ist, und sendet sie dahin, wo sie es verdient hat. Die Strafe aber bezweckt, den Verurtheilten zu bessern oder durch sein Beispiel andere abzuschrecken, so daß es möglich ist, durch Leiden die Schuld, wo sie nicht zu groß ist, abzubüßen. In den Hades kommen zumeist die Gewalt= haber, die Fürsten und Könige, deren Seele durch Meineide und Ungerech= tigkeit mit Narben bedeckt, und durch Zügellosigkeit, Ueppigkeit, Frevel= haftigkeit und des Thuns Unbändigkeit über die Maßen mißgestaltet und häßlich ist. Dieser Schlechten ist die große Mehrzahl. „Bisweilen aber erblickt der Richter eine andere Seele, die ein frommes, der Wahrheit ge= weihtes Leben führte, die eines schlichten Bürgers oder sonst Jemandes, doch zumeist eines Freundes der Weisheit, der im Leben, um sich selbst bekümmert, nicht mit Unnöthigem sich befaßte." Ueber eine solche freuet sich der Richter, und sendet sie nach den Inseln der Seeligen. Deshalb, sagt Sokrates beim Platon, "will ich der Wahrheit nachforschend durch die That versuchen, so gut wie ich es irgend vermag zu leben und, wenn es zum Sterben kommt, zu sterben." Auch alle anderen Menschen wolle er hierzu auffordern, denn Niemand könne widerlegen, daß man ein anderes, als dasjenige, Leben führen müsse, welches offenbar auch dort Nutzen bringt; deshalb habe man Unrecht thun mehr zu scheuen als Unrecht leiden, und vor Allem sich darum zu bemühen, daß man nicht gut scheine, sondern daß man es sei. Ja, Schimpf und Schmach solle man ruhig ertragen, und wenn man gerechte Strafe verdient habe, diese als Buße und Führerin zum Heil willig leiden.

So sehen wir, daß in der Volksreligion der Griechen wohl ein echter und dauernder Kern war, und daß die edelsten Geister dieses bevorzugten Volkes auch den tiefen Sinn der bunten Erscheinung klar und frei erfaßten. Und wir können nicht leugnen, daß die reinen Lehren eines Sokrates, wie wir sie hier vernehmen, selbst des Mundes Jesu nicht unwürdig sind. Allein die griechische Einkleidung des ewigen Gedankens verblaßt gegen die christliche Form in hohem Grade. An Stelle der drei Richter tritt der Eine, Gott selbst, der Inbegriff unbedingten Wissens und unbedingter Gerechtigkeit, aber nicht Gott in der Herrschergewalt des Schöpfers, sondern in der versöhnenden Gestalt des Menschen, in der er menschliches Leiden erfahren, so daß Mitleid und Liebe jene allwissende Gerechtigkeit zu erlösender Gnade mildern. Die Hölle ist freilich phantastischer und schauerlicher geworden, und sie schließt fast ganz den Gedanken der Läuterung aus, so daß also auch die Energie, sich vor ihr zu bewahren und gut zu leben, ungleich gesteigert wird. Dagegen ist aber auch der Himmel um so viel reiner, edler und geistiger, und wir vermögen der weltgeschichtlichen, tiefen Umbildung dieser ganzen Anschauungen uns nicht zu verschließen. Aber bestreiten können wir auch nicht, daß das Gericht nach dem Tode oder am jüngsten Tage eine hohe Ausbildung bereits im Griechenthum empfing. Wenn aber die hellenische Anschauung den Hades zumeist als einen Ort der Läuterung und Buße ansah, die ungewöhnliche Dauer der Strafen auf einige unheilbare schlimme Fälle einschränkte, und deshalb den allgemeinen moralischen Erfolg im Leben sehr schmälerte, so war in der christlichen

Lehre die Verstoßung zur Hölle eine unbedingte, und deshalb ein Bildungs= mittel von ungeheurer Tragweite. Die katholische Kirche hat bekanntlich diese Strenge durch Einführung des Fegefeuers gemildert; der Protestantis= mus jedoch verwirft das läuternde Fegefeuer, und indem er hierdurch eines versöhnenden Elementes sich beraubt, fordert er zur größten Anspannung der sittlichen Kräfte, gegenüber der größten Gefahr, mit einem früher nicht erreichten Nachdruck auf. Aber darin, daß er das versöhnende Mittel= glied verschmähte, lag zugleich die Andeutung, daß es einen anderen Aus= weg geben müsse, der die Schroffheit unabwendbarer ewiger Strafe und Seeligkeit in einer das menschliche Gefühl befriedigenden Weise wiederum löst und in höherer Einheit vermittelt. Doch kehren wir nun zu den künst= lerischen Darstellungen des jüngsten Gerichtes und ihrer geschichtlichen Ent= wickelung zurück, wobei uns nicht entgehen wird, daß diese Gemälde An= fangs eine mehr horizontale, also an die griechische Form erinnernde An= ordnung haben, aus der sie erst allmählig sich in die senkrechte umgestalteten.

Drei wesentlich unterschiedene, schon angedeutete Theile können wir auf jedem Bilde des jüngsten Gerichtes wahrnehmen: Den Richter mit seinen Ge= nossen und Dienern, die Seeligen und die Verfluchten. Jener nimmt meist die ganze obere Hälfte ein, diese theilen sich rechts und links in die untere, häufig durch einen Engel getrennt. An diesen Grundformen ist seit den ältesten Darstellungen nichts geändert, und auch die freieste Auffassung des Gegen= standes könnte an ihnen nichts ändern; sie liegen unabweislich, wie wir sahen sogar philosophisch begründet, in der Sache. Im Einzelnen sind dagegen große Verschiedenheiten wahrnehmbar. Christus ist in der älteren Kunst mit allen symbolischen Bildern seiner Eigenschaften wörtlich genommen und dargestellt; kranzartig meist umgeben ihn die Heiligen seines Bundes, unter ihm sind die Engel mit den Posaunen, noch tiefer der Engel des Gerichts. Später kamen namentlich Michelangelo und Rubens gänzlich hiervon ab, indem sie Alles natürlicher zu fassen suchten. Statt des sym= bolischen Aufputzes ließen sie ihren Christus sogar fast nackt und zeichneten ihn nur mit der erhobenen Hand; seine Kraft und Macht ist also in ihm; er erhebt die Hand und die Todten stehen zum Tage des Gerichtes auf, Jedem wird der Lohn seines Lebens. Aehnlich abweichend sind die Behandlungen der Seeligen und Verfluchten. Wir können nur ganz kurz andeuten und müssen eingehendere Vergleichungen den Lesern überlassen, nur möchten wir daran erinnern, wie die Kirche im Mittelalter dogmatisch die Lehre vom Weltgericht bis ins Einzelne hinein ausgebildet hat. Sie befolgte dabei das Prinzip, die gleichnißartigen Beziehungen wörtlich zu nehmen, und, wenn sie hierdurch die Idee in die Sinnlichkeit allzu sehr herabzog, so kam sie doch der unmittelbaren Anschauung ganz außerordentlich zu Hülfe. Und dies ist denn doch höchst wichtig für die Kunst. In dem „Dies irae" findet sich die Schilderung der Ereignisse beim jüngsten Gericht, und man vergleiche eine Stelle wie diese mit den bildlichen Darstellungen:

> „Tuba, mirum spargens sonum
> per sepulcra regionum
> coget omnes ante thronum.
> Mors stupebit et natura,
> cum resurget creatura
> Judicanti responsura.
> Liber scriptus proferetur,
> in quo totum continetur,
> unde mundus judicetur.
> Judex ergo cum sedebit,
> quidquid latet apparebit,
> nil inultum remanebit."

Wir haben hier auch den thronenden Richter, das Buch, die Posaunen, die Auferstehung und vor Allem die Betäubung der Schöpfung, sowie später auch noch den Schrecken und das Entsetzen vor dem furchtbaren Spruch an dem thränenvollen Tage des Zornes und der Rache.

Vorstellungen nun wie diese in ihrer dramatischen Erhabenheit traten durch die Gesänge der Göttlichen Komödie mit den großen Massen der Gebildeten in täglichen Verkehr, und so muß man gewiß mit Recht annehmen, daß Dante die nachdrücklichste Veranlassung zur malerischen Darstellung des jüngsten Gerichtes im Abendlande gab. Seine Schilderung der Hölle ergriff die Zeitgenossen so übermächtig, daß die Kunst sich dem Einflusse nicht entziehen konnte, vielmehr willig in die allgemeine Strömung eintreten und sich, wie in anderen Dingen so auch hier, an die griechisch-byzantinische Tradition anlehnen mußte. Giotto malte zu Anfang des 14. Jahrhunderts, als sein großer Dichterfreund noch lebte, in der Madonna dell' arena zu Padua das Weltgericht, indem er sich selbst im Einzelnen den Gedanken der göttlichen Komödie anschloß, und so auch der Teufel Obersten mit drei Gesichtern darstellte.*) Ebenso faßte Orcagna im Campo santo zu Pisa seine Hölle auf, wo er den riesenhaften Lucifer treu der Angabe Dante's nach zeichnete, und um ihn herum die neun Kreise der Hölle anordnete; allein er trennte die Hölle vom Weltgericht. Beide Bilder sind zwar unmittelbar neben einander, doch ist das Gericht ganz für sich zu nehmen und würde gänzlich ohne Beziehung zur Hölle sein, wenn am Rande nicht einige Teufelsarme aus dieser nach den Verdammten gierig sich ausreckten. Auf der Darstellung des jüngsten Gerichts selbst finden sich also die Teufel nicht. Im Allgemeinen aber sind diese Teufel der Italiener noch leidlich artige Geschöpfe, und wenn auch hie und da vielleicht ein tolles Unthier sich zeigt, so war Luca Signorelli doch bereits zu edlen Gestaltungen durchgedrungen. Er malte in Orvieto die Teufel ganz wie Menschen, nur an den Hüften behaart; einigen gab er Hörner und den im Hintergrunde angebrachten auch Fledermaus-Flügel nach Dante's Schilderung. Michelangelo schaffte auch dies ab und begnügte sich mit faunenartigen Ohren, mit einigen vereinzelten Hörnerpaaren, krallige Zehen und Schlangenattributen.

Wie anders war aber Sinn und Neigung der nordischen Künstler. Mit sichtlichem Behagen und mehr als billiger Vorliebe behandelten sie die Qualen der Verfluchten. Man sieht die Hölle glühen und tausend Martern sich vollenden, ja fast scheint es Einem, daß diese Maler nur den Zweck gehabt hätten, recht unholde und scheußliche Gebilde ihrer Phantasie zu zeichnen, denn ihre Erfindungskraft ist darin unerschöpflich; immer neue Scheusale und Qualen ersinnen sie schier mit einer Art von Wollust. **) Maßvoller in dieser Hinsicht ist schon das berühmte, angeblich Memling'sche, Weltgericht, in der Marienkirche zu Danzig, obwohl einer der Seitenflügel dieses Altarbildes ganz der Darstellung der Hölle gewidmet ist. Von Dürer rührt ein Holzschnitt (bei Bartsch 124) her, der des großen

---

*) Dante's Hölle XXXVI. 28 ff.

**) Das Berliner Museum ist besonders reich an solchen Gemälden; es besitzt hierher gehörige von einem Schüler der Eycks, von Christophson, von Bosch und Blondeel, vier Nummern. Man vergleiche hiermit das jüngste Gericht von Fiesole und Cosimo Roselli ebendaselbst.

Meisters wohl würdig ist. Man sieht den thronenden Christus durch Maria und den Täufer verehrt, dies in symmetrischer Pyramidal-Anordnung gehalten, und in der Ferne zwischen den beiden unteren Figuren hindurch in kleineren Gestalten die Auferstehung der Todten und bei diesen auch einige kleine Teufel. Auf der verwandten Darstellung desselben Gegenstandes in der kleinen Passion ist aber doch der Höllenrachen ganz in phantastischer Weise gezeichnet.

Bei den späteren Meistern, namentlich also dem Michelangelo und dem Rubens, geht die feierlich architektonische Grundlage in den Linien der Composition verloren; es löst sich Alles mehr in malerische Freiheit auf und verliert natürlich dadurch in mancher Hinsicht, während es ebenso durch das hier zuerst eingeführte Aufsteigen der Seeligen und den Sturz der Verdammten an Leben und fesselnder Handlung gewinnt. Immerhin ist bei Michelangelo der überwältigend große Gedanke und die titanische Gestaltung der Gruppen und Figuren erschütternd: das Gefühl, hier ein Werk des höchsten Künstlergenius zu besitzen, läßt sich schlechterdings nicht abweisen. Die Teufel, so dämonisch und furchtbar sie sind, erscheinen nicht allzu häßlich, die Heiligen selbst sind ursprünglich ganz oder fast ganz nackt, die Engel ebenso und gänzlich ohne Flügel oder Abzeichen, so daß dies Gericht denn als ein von jeder Rücksicht und Ueberlieferung unabhängiges, nur um der Kunst willen entstandenes, malerisches Werk sich darstellt. Deshalb nahm man vom kirchlichen Standpunkte auch stets Aergerniß an demselben, und bald nach seiner Vollendung verdeckte man viele Nacktheiten durch Gewänder von fremder Künstlerhand; noch jetzt giebt es viele Menschen, vornehmlich Katholiken, die dies Werk des großen und unerreichten Michelangelo als eine Verirrung ansehen. Wenn wir auch zugestehen, daß dasselbe an der Wand der Capella Sistina, wo der Altar steht, an dem das Oberhaupt der katholischen Kirche celebrirt, seine geeignete Stelle nicht habe, so müssen wir doch hervorheben, daß es schicklicher gewesen, man hätte den kirchlichen Gebrauch der Kapelle lieber aufgeben sollen, ehe man mit frecher Hand eines der größten Werke menschlicher Kunst entweihte. Und dies Werk ist doch in seinem innersten Gedanken auch so wahrhaft fromm: der Heiland und Richter der Welt hebt die Hand auf, und im Nu, im nicht zu denkenden Augenblick bewegen sich

Himmel, Erde und Hölle. Wenn das nicht ein Bild göttlicher Macht ist, so kenne ich keines, und diese große Idee verliert nichts an Kraft dadurch, daß man einwendet, ältere Meister hätten Christus auch schon mit ähnlicher Handbewegung und doch kirchlich dargestellt.

Daß Rubens mit seinen zu München und Dresden befindlichen jüngsten Gerichten nicht gegen Michelangelo vollkommen Stich hält, bedarf keiner langen Erörterung, dennoch sind mannigfache, einzige und hohe Schönheiten, die nur aus der größten Meisterschaft entspringen können, darin. Vor allem das gewaltige Leben und die Kühnheit der Bewegung verrathen den in seiner Weise unerreichten Rubens, aber zugleich erinnern die Teufelsfratzen an die alte nordische Neigung der Niederländer und auch der Deutschen. Uebrigens hat Rubens über dem Sohne auch den Vater und Geist, wenigstens auf dem Dresdener Bilde, angebracht, und so die Dreieinigkeit in die Darstellung eingeführt.

Cornelius nun, indem er sein jüngstes Gericht entwarf, kehrte, wie dies alle seine bisherigen Werke als selbstverständlich erwarten ließen, zu dem architektonisch stylvollen Grundgedanken zurück, allein er verband mit ihm jene Bewegung und Handlung, die bei Michelangelo in den Seeligen und Verfluchten so ergreifend wirkt, und die seitdem nicht wohl mehr zu vermeiden ist. So entstand in gewissem Sinne eine neue Composition, welche das Stylvoll-Architektonische der alten Darstellungen mit dem Malerisch-Kühnen der späteren verband, und so einen entschiedenen Fortschritt bezeichnete. Zudem führte Cornelius diesen Grundgedanken in einer Reinheit und edeln Bildung durch, zudem ist er im Einzelnen so neu schöpferisch, daß er sich ohnehin weder den alten Künstlern noch dem Michelangelo und Rubens anreihen läßt. Er ist also auch hier, trotz der immerhin bestehenden engen Anlehnung an frühere Meister und trotz des Umstandes, daß die Ludwigsfresken nicht die ursprünglichste und folgenreichste That seines Genius sind, dennoch ganz er selbst; und wenn nach ihm ein großer Künstler noch die Darstellung des jüngsten Gerichtes geben wollte, so könnte er, wenn er Cornelius oder Michelangelo nicht folgen will, nur auf die liebenswürdige Milde der ältesten Meister zurückgehen und die Teufel gänzlich beseitigen. Dadurch würde allerdings dem Bilde das dämonisch Fesselnde, das Dramatische genommen, allein es gewänne das, was es an Erschütterndem einbüßt, an trostreich Menschlichem, an liebevoll Versöhnendem. Daß Cornelius damals solch eine Auffassung nicht nahe liegen konnte, geht aus seinem ganzen Wesen, aus seinem weniger beschaulichen, aber überaus thatkräftigen Charakter hervor; wir erkennen also auch hierin, wie er sein Werk so und nicht anders machen mußte. Freilich werden wir noch sehen, daß er später in höherem Alter denselben Gegenstand auf eine ganz neue Weise ansah und ihn wahrhaft im Sinne unendlicher christlicher Liebe erfaßte. Betrachten wir jetzt das Fresko der Ludwigskirche etwas genauer.

Oben in Wolken thront Christus, doch über ihm tragen Engel die Zeichen seiner Erniedrigung herbei, daß alle Welt sehe, was er zum Heile der Menschheit gelitten, wie eng er uns verwandt sei und wie sehr wir ihm uns hingeben können. Seine Arme sind erhoben, die rechte Hand winkt zu den Seeligen einladend hinüber, die linke ist abwehrend gegen die Verfluchten gewendet. Auf jener Seite betet Maria, die reinste der Seelen, den Herrn an, auf dieser der Täufer, der ihn angekündigt und dessen Worten eben hier, wo die Verfluchten sich befinden, nicht geglaubt ist. Die Anordnung dieser drei Figuren ist eine Ueberlieferung der altdeutschen Kunst, während die Italiener es liebten, nur die Maria neben Christus darzustellen. Rechts und links weiter schauen, in Reihen sitzend, die Heiligen des alten und neuen Bundes, verehrend und preisend, den Erlöser an. Zu den Füßen Christi in der Mitte ist der Engel mit dem aufgeschlagenen Buche des Schicksals, in dem Leben und Tod geschrieben stehet, zu seinen Seiten rufen die Boten Gottes mit Posaunen zum Gericht. Diese Gruppe füllt den Raum in der Breite jener oberen von Maria, Christus und dem Täufer, seitwärts aber nun von den Wolken, auf denen die Heiligen ruhen, beginnend ziehen sich herab die Schaaren der Gesegneten und Verfluchten. Dort zur Rechten Christi, im Bilde also links, ist die Bewegung eine aufsteigende von der schweren Erde zum reinen Himmel, hier ist sie eine absteigende in die Klüfte der Finsterniß hinunter. Nahe über der Erde auf einer Wolke, die ihn herabgetragen, steht mit erhobenem Schwert Michael, der Engel der Auferstehung. *) So weist Alles auf Einen Mittelpunkt hin. Michael ruft

---
*) Daniel 12, 1, 2.

die Todten wach und weiset sie hinauf, wo die Drommeten erklingen, die sie vor den Richter stellen, unter welchem ihr Geschick ruht; ein Theil bringt zu seiner Herrlichkeit bereits hinauf, der andere, der dem Spruche ohnmächtige Gewalt noch entgegen setzen will, wird in den Abgrund gestürzt.

Es ist eine erschütternde Darstellung von höchstem dramatischen Leben auf dieser Seite der Verdammten. Oben sind die Engel mit Schild, Schwert und Lanze, die am Paradiese Wacht halten und die der Hölle Verfallenen zurückwerfen von der Seeligkeit des Himmels. Diese Verfluchten werden von unten her durch Teufel herabgezerrt und gezogen, und so entsteht ein dichtes Ringen und furchtbares Kämpfen. Bis in die Mitte unter die Engel mit den Posaunen dehnt sich dieser Sturz hin, und gerade hier fahren zwei Teufel, der eine ziehend, der andere auf ihn stoßend, mit einem hochmüthigen König in das Qualenreich hinab, der Eid und Recht nicht geachtet, seine Gewalt gemißbraucht zu Verbrechen, sein Volk mit Füßen getreten! Die Krone, auf deren Macht und Göttlichkeit er im Leben gepocht, drücken sie ihm fest in die Stirne, daß das Blut herabfließt über das geängstigte Antlitz. Nun aber tiefer und mehr rechts, am Bildrande, thront der Fürst der Hölle, und seine Füße zertreten die Verräther Gottes und des Vaterlandes: Jscharioth und Segestes. Ueber ihm ringt ein Verdammter, dessen Neid seinen Mitgenossen selbst in der Hölle nicht loslassen will, mit einem Teufel, und vor ihm auf den Knieen erwartet der Schlemmer verzweiflungsvoll auch in dieser Feuerpein noch Errettung. An den feisten Rücken dieses Schlemmers flüchtet der Geizige mit elendem Geldbeutel vor einem Teufel, dem er den Schatz zu verheimlichen sucht. An den Knieen des Schlemmers lugt der Kopf eines zornig Wüthenden hervor, über ihm wird der Busen einer Wollüstigen mit spitzem Haken zerrissen, und noch höher schleppt ein Teufel den ewig Trägen zu den entsetzlichen Martern herbei. So baut sich eine sehr großartige Gruppe aus den Teufeln und jenen vier Sünden auf, gegenüber dem Höllenfürsten, dessen Blicke verderbenbringend an ihnen vorbeistreifen nach dem leuchtenden Schilde, den der Engel Michael gegen die Hölle erhebt. Aber der Satan sitzt in sicherem Trotze da; seine Opfer sind ihm gewiß. Denn hier ist kein Erretten, wenn auch jene Heuchlerbrut, die eben von hinten vor, zwischen der Gruppe und Lucifer, herzu schleicht, noch hofft, selbst in der Hölle den Teufel betrügen zu können.

Dieser Heuchler sind drei, zwei in Mönchskutten, der dritte im Predigerrock, und gerade dieser Predigerrock hat viel von sich reden gemacht. Schon vor 30 Jahren nahmen viele hieran einen großen Anstoß, und im „Kunstblatte" erklärte ein Berichterstatter sogar, es möge der protestantische Rock sein; der darin stäke aber sei sicher ein Katholik, denn das sei eben die Heuchelei, daß er als Lehrer des gereinigten Glaubens, was er nicht sei, erscheinen wolle. Wir wollen diese Herzenserleichterung als solche nehmen, als weiter nichts. Einige Andere haben aber sogar gemeint, diese Figur stelle Luther vor oder solle doch auf ihn hinzielen, und selbst Herman Grimm tritt neuerdings noch dieser lediglich auf Phantasie beruhenden Ansicht, als wäre sie erwiesene Thatsache, ohne Weiteres*) bei. Schon A. Hagen nennt aber in seinen Vorlesungen über deutsche Kunst**) diese Annahme eine Sage, und verargt es dem katholischen Maler nicht, daß er neben zwei Mönchen einen Prediger, der mit Luther nichts als den Rock gemein hat, als Heuchler darstellte. Und M. Carriere hat es „für eine Beleidigung gegen Cornelius erklärt, das in sein Bild hineinzutragen." Dennoch dauert der Spuk fort. Ich verstehe diese ganze Ereiferung nicht, da wir doch wahrlich auch manche Erfahrung von heuchlerischen Geistlichen gemacht, denn weiter ist es zunächst Nichts; die Verbindung von Luther's großem Namen mit dieser verwerflichen Spottgeburt ist aber in der That eher lächerlich als der ernsten Beachtung werth. Es ist schlechterdings hiervon keine Rede, und es sind überhaupt, wie ich auf das Bestimmteste behaupten kann, nur drei Bildnißköpfe auf dem ganzen Gemälde: Dante, Fiesole und der Stifter. Die Rede jedoch, daß Luther auf dem jüngsten Gericht in der Hölle schmore, ist nun einmal landläufig, ebenso die Fabel, daß Göthe unter den Seeligen sich befinde. Ehe ich wußte, welche Figuren man hierbei im Sinne hat, habe ich vergeblich gesucht und endlich gemeint, der Schlemmer, der „sich ein Ränzlein angemäst't, als wie der Doctor Luther", könne es doch wohl unmöglich sein. Erst fremde Belehrung hat mich auf jenen protestantischen Heuchler, von dem man nur den

---

*) Neue Essays S. 328.
**) II. S 194.

halben Kopf, Schulter und Arm sieht, geführt. Luther ein Heuchler, der sich vor dem Teufel hinter einen Mönch versteckt! Kann es größeren Unsinn geben? Luther sagte: „Und wenn so viel Teufel in Worms wären, als Ziegeln auf den Dächern, doch wollt' ich hinein" — und danach riß er vor dem Teufel nicht aus, sondern warf im Zorn sein Tintenfaß nach ihm. Und einem solchen Manne gebührte nicht mindestens ein Ehrenplatz in der Hölle, und zwar, wie Cornelius einst wollte, mit der Bibel in der Hand, daß der Teufel vor ihm zurückweicht!

Man wird, soweit ich urtheilen kann, nicht irren, wenn man diesen Heuchler im protestantischen Predigerkleide nicht bloß für einen Heuchler, sondern im letzten Grunde für den Vertreter der Ketzer nimmt. Die Gattungen der dargestellten Sünden finden offenbar ihre Erklärung im Dante. Zwar es ist richtig, das hier die sieben Todsünden in die Hölle gekommen sind, während sie sich bei Dante des Fegefeuers erfreuen, allein die meisten dieser Todsünden finden sich auch in den neun Kreisen der Hölle wieder. Zudem sind Hochmuth, Neid, Zorn, Trägheit, Geiz, Schwelgerei und Wolluft heute noch nach katholischem Dogma Sünden zum Tode, es ist also durchaus nichts Auffälliges, daß sie, wie es schon Michelangelo that, hier in der Hölle erscheinen. Dante nun ordnet aber die Kreise seiner Hölle so: Die guten Heiden, die aus Liebe Gestorbenen, die Schlemmer, die Geizigen und Verschwender, die Zornigen, die Ketzer, die Gewaltthätigen, die Betrüger (nämlich Kuppler, Heuchler u. a.) und endlich die Verräther. Nur Hochmuth, Neid und Trägheit fehlen in diesen Kreisen, sie sind in unsrem Gemälde aus dem Fegefeuer mit herüber genommen, und wir können wohl sagen, daß Cornelius dem Dante ziemlich streng gefolgt ist. Wenn er nun alle diese Sünden, wie er es that, darstellte, hätte er allein die Ketzerei ausschließen sollen? Wer könnte wohl so kleinlich sein und sich verletzt fühlen, wenn in einem katholischen Kirchengebäude ein Ketzer in der Hölle abgebildet ist? Einen solchen zu malen, konnte Cornelius nicht umhin, ja er mußte es, wenn man die Strenge im Gedankengang seiner Werke sich nur einigermaßen vergegenwärtigt. Und ist es nun nicht edel gedacht, wenn dieser Ketzer augenfällig nicht um der Ketzerei, sondern um der Heuchelei willen in der Hölle ist. Der Meister zeichnete äußerlich den Ketzer, innerlich den Heuchler, und umging so mit Weisheit

Alles, was sein Gewissen oder seine protestantischen Brüder verletzen konnte. Ich glaube auch, daß, abgesehen vom Dante, die Geistlichkeit, der doch wie billig der kirchliche Zweck über dem künstlerischen steht, sich schwerlich hätte den Ketzer entziehen lassen können; sie meint nun einen zu haben und hat einen Heuchler, der sie selbst täuschend betrügt. Kann es ein würdigeres Zeugniß für die grundechte Humanität unsres Meisters geben? Er hat dem protestantischen Heuchler, der sogar am Herzen das Bibelbuch mit vor den Teufel geschleppt, und den beiden katholischen Heuchlern hier ihre verdienten Plätze gegeben, und damit gesagt, daß ungesunder Pietismus und lügnerischer Ultramontanismus sich nicht viel nehmen, und eben gemein= sam in die Hölle gehören. Man mußte ihn wenig kennen, wenn man ihm eine pfäffische Spielerei mit einem der größten Männer unsres Vol= kes zutrauen konnte, seines Volkes, dessen Verräther Segestes er dem Teufel unter die Füße geworfen hat. Und dabei sei es genug von dieser alten abgeschmackten Geschichte.

Einige der aufgezählten Sünden sind bereits in dem oberen Theile, dem Sturz und Kampfe, dargestellt, die noch fehlenden haben in einer Ab= theilung unter den eben besprochenen Gruppen Platz gefunden. Wir müssen auf die nähere Darlegung der Einzelnheiten verzichten. Aber hervorheben müssen wir, daß diese Seite der Verfluchten sich über die Hälfte des Bil= des hinaus breit macht, und daß so der Engel Michael etwas nach links aus der Mitte gerückt ist. Soll darin vielleicht ausgesprochen sein, wie das Böse und die Sünde gern über die Grenze schlagen und im Leben mächtiger erscheinen als die Tugend, bis der gewappnete Bote des Lichtes herzutritt und schon durch den Glanz seines göttlichen Schildes die über= wuchernden Höllengeister zurückdrängt? Ohne Grund hat ein so strenger Meister wie Cornelius nicht die architektonische Mittellinie des Bildes, wenn auch nur um weniges gebrochen, und die Annahme, er habe lediglich etwas mehr Raum für die ihm mehr zusagende Darstellung der Hölle ge= winnen wollen, ist äußerlich und sicher bei ihm, der überall Maaß zu hal= ten weiß, nicht zutreffend.

Was die Teufel angeht, so sind sie, wie Jemand einmal sagte, die ersten gesunden Teufel wieder seit Michelangelo und Rubens. Allein da= mit ist die Sache nicht abgethan. Cornelius ging auf die mittelalterliche

Auffassung zurück und nahm das nordische Phantom in seiner bevorrechtigten Fratzengestalt. Dazu gab er ihm oft statt oder bei den Hörnern auf dem Kopfe einen hohen Kamm, wie Dante schildert, und zeichnete ebenso nach diesem „zwei Flügel, federlos, wie die der Fledermaus." Daß Krallen, Schwänze, Schlangen und sonstige Höllenrequisiten nicht fehlen, versteht sich von selbst. Ich will nicht eine ästhetische Abschweifung über die Möglichkeit und bedingte Nothwendigkeit, das Häßliche in die Kunst einzuführen, hier machen, nur fragen wir uns, die wir das Kunstwerk, nicht das Kirchenbild im Auge haben, offen und ehrlich: Ist der Eindruck solcher Teufel wirklich tragisch = ergreifend oder nicht eher mißgestaltet = wunderlich? Ich für meinen Theil bekenne gern, daß diese Unholde mir nicht in die Seele dringen, und daß ihnen hierzu auch alle möglichen theoretischen und geschichtlichen Erwägungen nicht behülflich sein können. So will es mir nicht in den Sinn, wenn man sagt, die Natur sei eben in den Teufeln so verdorben, daß sie zur Fratze hinabsinke, denn ich erwidere einfach darauf: Wer heißt euch denn die Natur in allen ihren Zuständen als Vorbild für die Kunst nehmen? Malt denn doch auch Krankheit, Verwesung, Pest und Tod! Kurz und gut, selbst angenommen, die Kunst dürfe einmal eine von tragischem Maß losgelöste Furcht erregen, so würde ich keine Furcht vor solchem Scheusal haben, wenn nicht dieselbe wie vor einem wilden Raubthiere. Durchaus will ich jedoch zugestehen, daß ein Bild an dieser kirchlichen Stätte die Teufel abschreckend darstellen kann oder muß, denn das mag der Standpunkt weitaus der Meisten verlangen, welche die Kirche besuchen. Insofern wird also Cornelius, der stets Bestimmung und Ort der Kunstwerke genau im Auge hält, kein Vorwurf treffen können, allein davon reden wir hier nicht. Ein Künstler, der den Mephisto = Typus so glücklich feststellte, hätte, wenn er gewollt, auch hier andere Teufel machen können; er wollte nicht, und dies bedauern wir nach unserm Gefühl eben. Diese Teufel stehen zweifellos ihrem geistigen Gehalte nach auf der vollkommenen Höhe der Idee des ganzen Werkes, ihrer reinen Kunstform nach stehen sie nicht auf der Höhe der Kunst unseres Jahrhunderts. Daß dem wirklich und thatsächlich so ist, beweist Cornelius selbst schlagend, indem er später in den Berliner Kartons den klassischen Typus des Satan schuf, der für jedes gebildete Gefühl unvergleichlich ergreifender ist, als jene phantastischen Unwesen. Diese sind zum mindesten häßlich und widerwärtig, jener ist schön und unwiderstehlich, wie die Erinnyen der Glyptothek. Wir werden ihn in der Folge noch zu erwähnen haben.

Auf der Seite der Gesegneten herrscht seeliger Frieden, stilles Entzücken, himmlische Milde. Nur unten noch flüchtet ein Weib in den Schutz eines Engels, der schirmend sein Schwert über die Knieende ausstreckt. Aber ein Teufel hat sich ihr nachgestohlen und reißt an ihrem Gewande. Es ist als sähen wir ein Gretchen, die in ihrer Herzensangst ruft:

> „Unter der Schwelle
> siedet die Hölle...
> Ihr Engel, ihr heiligen Schaaren
> lagert euch umher, mich zu bewahren!"

und die nun ihren Retter gefunden. Daneben schmückt ein Engel zwei Liebende mit dem Kranze, der ihnen im Leben gezeigt aber vom neidischen Geschick versagt ward:

> „Es ist ein holder freundlicher Gedanke,
> daß über uns in unermeßnen Höhn
> der Liebe Kranz aus funkelnden Gestirnen,
> da wir erst wurden, schon geflochten ward."

Und dieser Kranz vereint sie jetzt im seligen Bunde der Ewigkeit. Zur Seite schauen entzückt zwei Frauen zur Herrlichkeit auf, und weiterhin erscheint von einem Engel geführt die Reihe der Lebenden, die nach der Schrift bei der Auferstehung sich umwandeln. Unter diesen ragt über den Gestalten zweier Freunde der Kopf des Königs Ludwig, als des Stifters, hervor, der nach altem Gebrauche der Künstler hier angebracht ist.

Nun aber erheben sich die aufschwebenden Gruppen. Den göttlichen Dante leitet der Engel sanft hinauf; Fiesole, der fra beato angelico, mit seinem Engel schließt sich an, weiter hinauf Chöre der Seligen. Einer reicht dem andern die Hand, und so verschlingt es sich zu den edelsten Linien, zu der lieblichsten Bewegung frohen Aufschwebens. Endlich erwarten Engel in den Wolken des Himmels die Glücklichen und reichen ihnen am fernen Ziele des mühevollen Lebens die Palme des ewigen Friedens. Welch' eine erhebende, zur Seele laut redende Kraft liegt in diesen schönen Gruppen und Gestalten! Und bei all der Seligkeit, dem Glück und Frieden keine langweilige Süßlichkeit, keine gefühlschwelgerischen

10*

Schwachheiten überall frisches Leben und urechte Gesundheit. Für Viele gewiß spricht diese himmlische Freudigkeit tief und unmittelbar zum Herzen, und sie möchten in dies gewaltige „Ehre sei Gott in der Höhe" auch ihrerseits kraftvoll einstimmen, oder ein tausendfältiges Hallelujah singen. Es geht eine hohe Empfindung durch die geheiligten Schaaren, aber um sie in Worte zu fassen, müßte man ein großer Dichter sein. Klopstock hat diese Tiefe:

> „Der Seraph stammelt, und die Unendlichkeit
> bebt durch den Umkreis ihrer Gefilde nach
> dein hohes Lob, o Sohn! wer bin ich,
> daß ich mich auch in die Jubel dränge?"

So ist dies große Werk gedacht und aufgebaut: einheitlich und schön im Ganzen, stylvoll und edel in den Grundlinien, lebendig und mannigfaltig in den Gruppen, reich, wahr und treffend in den einzelnen Gestalten. Aber welch' einen Gesammteindruck nun gewährt es dem Unbefangenen? Bedenken wir, daß das Fresko haushoch ist, und daß wir es vollständig nur von einem Standpunkte, der etwa 100 Fuß von demselben entfernt ist, wirklich als Ganzes übersehen könnten. Dies wird aber außerordentlich erschwert, ja so gut wie unmöglich gemacht durch die schon erwähnten Uebelstände hinsichtlich des Lichtes. Man ist gezwungen, näher herzuzugehen und da verlieren sich natürlich die oberen Theile aus dem Gesichtsfelde, während die unteren um so deutlicher hervortreten. Es kann deshalb nicht Wunder nehmen, daß den meisten Besuchern der Ludwigskirche vor Allem die gewaltige Gestalt Michael's in der Erinnerung bleibt, und daß die nächsten Gruppen und Figuren sich hier anreihen. Zum Theil mag überhaupt ein so hohes Bild dem menschlichen Auge nicht mit einem Mal faßbar sein, wie man denn auch Michelangelo's jüngstes Gericht erst im Einzelnen aufnehmen muß, ehe man es als Ganzes erkennt. Das Kolossale hat eben etwas Uebermenschliches, zu dem man sich hinauf gewöhnen muß, wie Göthe dies sehr schön und richtig in Bezug auf die Dioskuren des Monte cavallo ausspricht: „Die beiden Kolossen erblickte ich nun! Weder Auge noch Geist sind hinreichend sie zu fassen." So ist es auch mit Cornelius jüngstem Gericht. Wir müssen erst die Theile genau verstehen, ehe uns der Sinn des Ganzen aufgeht. Dann aber empfinden wir Ehrfurcht vor dem schaffenden Genius, dessen Werk uns begeistert. Wohl muß es eine Begeisterung sein, die uns hier zum vollen Genuß und zum besseren Verständniß leitet, denn was den Tiefen einer begeisterten Künstlerseele entsprossen, kann mit dem nüchternen Alltagsverstand nicht begriffen werden. Es will warm empfunden sein, und gleich jenen Liedern, „die vom Herzen kamen, zu Herzen gingen", von der Seele zur Seele reden. Und muß nicht gerade dieses Bild, das unter allen Umständen, wie man auch in seiner religiösen Denkart oder seinem Kirchenglauben stehe, ein Mahnruf an die Gewissen ist, tief in die Seele reden? Der Schlechte sieht sein Ebenbild, der Verräther den Lohn seiner That, der Heuchler seine Schande, der Tyrann seinen Fluch! Und der Gute fühlt die Zustimmung aller Guten zu seinem eigenen Gewissen, und empfindet Frieden mit sich und der ganzen Welt. Wenn es wahr ist, was des Dichters Mund verkündet: „Die Weltgeschichte ist das Weltgericht", so ist dies Weltgericht auch ein Spiegel der Weltgeschichte. Und wenn wir auch philosophisch nicht annehmen dürfen, daß die, welche hier als der Hölle verfallen dargestellt werden, wirklich in Ewigkeit ohne Rettung und Erbarmen verloren seien, so fühlen wir doch den Unterschied zwischen gut und böse nur allzu deutlich, und können schlechterdings ihn auf eine andere Weise, als durch das Bild des Himmels und der Hölle, in hohen Idealwerken nicht ausdrücken. Aber was befiehlt uns auch, mit dieser Hölle den Begriff ewiger Verdammniß zu verbinden? Nehmen wir doch den in der Herrlichkeit thronenden Christus als wirklichen Erlöser und Heiland, denn es stehet ja geschrieben: „Meinest du, daß ich Gefallen habe am Tode des Gottlosen: und nicht vielmehr, daß er sich bekehre von seinem Wesen und lebe"*), und ferner: „Der Herr will nicht, daß irgend einer verloren gehe, sondern daß alle zur Buße umkehren" **) — und eröffnen wir uns so einen tröstlichen und hoffnungsreichen Blick bis in die fernste Zukunft, indem wir auf das Walten der Gnade nach verkündetem Urtheil, wie in menschlichen Dingen, so erst recht in göttlichen, hoffen. Auf solche Weise ist in dem herrlichen Bilde eine ganze Offenbarung des Heiles niedergelegt, und Jedem anschaulich spricht sie aus lebendigen Gestalten, dem Einen auf diese, dem Andern auf jene Weise, aber Alle ruft das Werk zu erhebendem Genusse herbei.

---

*) Hesekiel 18, 23. **) 2. Petri 3, 9.

Es liegt nahe, den Vergleich von Cornelius jüngstem Gericht mit dem anderer Meister, namentlich dem des Michelangelo zu machen. Zum Theil haben wir an diesen schon erinnert und die eigenthümliche Weiterentwickelung der Auffassung bei Cornelius angedeutet. Natürlich können wir aber diesen sonst so sehr anziehenden Punkt hier ausführlicher nicht erörtern, wir möchten nur einem Mißverständnisse vorbeugen. Gewöhnlich meint man, wenn man Zweierlei vergleicht, der Vergleich müsse mit dem Spruche enden: dies oder jenes ist besser. Das mag oft richtig sein, grundfalsch ist es aber, wenn man von einer historischen Betrachtung ausgeht, denn hier soll der Vergleich nur dazu dienen, Jedes in seiner Weise recht klar zu sehen und damit überhaupt den Faden historischer Folge zu erkennen. Steht man nun aber vor zweien Meisterwerken außerordentlicher Menschen und unterfängt sich kurzweg abzuurtheilen, so hat solches Urtheil schlechthin keinen Werth. Es bezeugt nur den dilettantischen, nicht den historischen Standpunkt des Urtheilenden. Und so muß ich denn entschieden dies beliebte Verfahren hier brandmarken, und hervorheben, daß beide Werke in ihrer Art einzig, unvergleichlich und nothwendig sind, daß es unschicklich ist, zu behaupten, Michelangelo sei in seinem jüngsten Gericht größer als Cornelius, oder umgekehrt Cornelius größer als Michelangelo.*)
Zwei in ihrer Weise gleich vollkommene Schöpfungen der Menschen lassen sich nicht abwägen; und es ist thöricht ein Urtheil auszusprechen, was größer und vollendeter sei: eine dorische Säule oder eine jonische, Dante oder Shakespeare, Aristoteles oder Kant, Schiller oder Göthe. Wir müssen froh sein, daß wir zwei solche Werke haben, wie die jüngsten Gerichte von Michelangelo und Cornelius, dabei aber wollen wir das Recht jedes Einzelnen keineswegs verkümmern, daß er sich seinem Gefühl nach mehr von dem einen oder andern angezogen findet. Solch ein persönlicher Genuß ist aber sehr weit entfernt von der wahrhaft historischen Betrachtung.

Ich habe mich bemüht, etwas näher in den Geist und künstlerischen Gedanken dieses ausgedehntesten Gemäldes von der Hand des Cornelius einzugehen, zum Theil auch weil hier die Gefahr, den richtigen Standpunkt der Beurtheilung zu verfehlen, nahe liegt. Katholiken überschätzen

---

*) H. Grimm, neue Essays S. 329. — Hagen, deutsche Knnst II. 206.

das Werk gern, Protestanten reden oft absprechend von ihm, und manche unserer modernsten Maler verlachen es gar. Trotzdem haben sich seit dreißig Jahren immer unparteiische Leute gefunden, welche sich lieber bemühten, dies große Werk unsres bedeutendsten Malers verstehen zu lernen, als mit einem wohlfeilen Urtheil sich breit zu machen. Nichtsdestoweniger sind die härtesten Worte über das jüngste Gericht geäußert und gedruckt worden, und ich gebe als ein Beispiel derselben folgende Stelle aus Franz Kugler's Kunstreise im Jahre 1845: "Aber auch dies große Werk ist künstlerisch ohne Wirkung; es hätte entweder mehr in architektonischer Strenge oder mehr in eigentlich malerischer (visionärer) Wirkung behandelt sein müssen. Es ist eben ein großes Durcheinander in matt harmonischen Farben. Die technische Ausführung ist mäßig, die Gewandung wiederum unschön. Am meisten Geniales ist in den Teufeln auf der untern Hälfte des Bildes u. s. w." *) Jeder Unbefangene sieht sofort, daß diese Art, über die Frucht sechsjähriger Arbeit eines der besten Männer Deutschlands zu hudeln, eben nichts anders ist als schulknabenhafte Ueberhebung. Um so mehr freut es mich, in meinen Papieren eine flüchtige Notiz zu finden, die ich als Student in mein Reisetagebuch eintrug, da ich das erste Mal, mehrere Jahre später als Kugler, München besuchte. Dieselbe lautet: "... Die Fresken von Cornelius sind ausgezeichnet, namentlich das Altarbild, das jüngste Gericht, was bei vollem Lichte aus ziemlicher Nähe gesehen werden muß. Dies ist aus mehreren Gründen leider nicht zu vermeiden, und so kann das Bild denn nicht auf Personen, die im Langhaus sich befinden, richtig wirken. Das Bild zur Linken, die Anbetung der Könige, zeichnet sich durch einen kolossalen Kopf des Christkindes nachtheilig aus. Und doch ist Cornelius in Bezug auf künstlerischen Gedanken und Ausdruck überall wahrhaft groß!"

Sieht man die Ludwigskirche als Ganzes an, so ist schlechterdings nicht zu leugnen, daß die Architektur in vielen Stücken verfehlt ist, und daß eine wirklich einheitliche Verbindung derselben mit den Malereien hier ungleich weniger statt findet als in der Glyptothek. Dieser letzteren steht die Ludwigskirche nach: sowohl rein als Bauwerk, als auch in Hinsicht des eben angegebenen Punktes, wie ebenfalls der Malereien an sich. Jene

---

*) Kugler, kleine Schriften III. 544.

beiden Umstände gehen uns hier weniger an, aber auf diesen haben wir zu achten, und zu versuchen, ob wir den Grund desselben etwa ermitteln. Zum Theil liegt er in dem kirchlichen Charakter der Bilder, und es wird uns kein Vernünftiger verargen, daß uns, wenn wir von den urgesunden Olympiern und den Helden von Troja kommen, nicht so recht die vielen Heiligenscheine, die Bischofsmützen, die Teufelsgesellen und die symbolischen Dinge behagen wollen. Dieser kirchliche Charakter ist aber nicht nur äußerlich, sondern noch mehr innerlich, und es scheint, daß der Meister, um der Darstellung der schwierigsten Gegenstände, nämlich der christlichen, vollkommen Herr zu werden, zunächst den festen und sichersten Anschluß an die Kirche bedurft hätte. Aus dieser Ursache, scheint es, fließt die Wahrnehmung, daß Cornelius in der Ludwigskirche nicht ganz frei, nicht ganz nur Künstler ist; aber ich glaube, diese Anlehnung einzig und allein habe ein solches verständnißvolles Einleben in den Stoff ermöglicht, daß er später die frei und unabhängig gedachten berliner Werke im hohen Style schaffen konnte. Ohne Ludwigskirche, meine ich, gäbe es keine Königsgruft. Selbst in jenen Malereien sieht man fast von Bild zu Bild das tiefere Eindringen in den ewigen Gehalt, die vollere Herrschaft über die Gestaltung des Stoffes. Denn diese christlichen Gegenstände sind doch unabweislich das höchste Ziel der Kunst, und wir werden uns hierüber noch mit wenigen Worten verständigen müssen. Vorläufig genügt es ja hier, dasjenige angedeutet zu haben, über welches hinaus eine höhere Vollendung noch möglich und denkbar war, und wir werden so in der Geschichte unsres Meisters die Ludwigsfresken, — trotz ihres absoluten Werthes für alle Zeiten, — ganz wohl als eine neue Periode großartiger Weiterentwickelung ansehen können. Cornelius war im Faust und in den Niebelungen auf deutsches und italienisches Mittelalter zurückgegangen, er hatte dann im Styl an das Alterthum angeknüpft, war aber wieder sofort zu Dante zurückgekehrt und hatte hier selbst symbolische Elemente nicht verschmäht: — jetzt aber brach er ab und lebte Jahrelang im Geiste des alten Hellas. Nun jedoch kehrte er wieder zurück zu den mittelalterlichen Malern und zu Dante, um einen neuen tieferen Inhalt zu gestalten; zwölf Jahre gingen so hin, und wieder trat das klassische Alterthum als ein abschließendes, fruchtbringendes Lebenselement hinzu: — und jetzt erst war es dem Meister gestattet, den höchsten

Inhalt in die vollendetste Form zu gießen. Zweimal im Wesen derselbe Entwickelungsgang wiederholt sich so bei Cornelius, und wir werden in diesem Betrachte die Fresken der Ludwigskirche doppelt lieb gewinnen.

Auch sehen wir in ihnen bereits wieder eine Ausdehnung der besonderen künstlerischen Vorzüge des Cornelius, nämlich eine Steigerung der fest geschlossenen Einheit des Grundgedankens für die monumentale Bilderreihe, wozu freilich die auf eine so außerordentliche Weise in sich geschlossene katholische Dogmatik beigetragen haben mag, daß man den letzten, innern Zusammenhang der antiken Mythologie mit dem ihrigen kaum vergleichen darf. Wenn man den Kreis der Ludwigsfresken mit dem Grundgedanken im Bilderschmuck anderer besonders neuerer Kirchen vergleicht, so kann die Ueberzeugung nicht zurückgedrängt werden, daß Cornelius mit selbstständiger und großartiger Schöpfungskraft seine Aufgabe auch hier gelöst habe. Zu diesem echt dichterischen, tief durch das Ganze laufenden geistigen Faden, der wie begreiflich im Vorbeigehen nicht bemerkt werden kann, gesellt sich die altbewährte meisterhafte Benutzung des Raumes, die edle, auf einem angeborenen Gefühle für Eurhythmie und Proportionalität beruhende, Architektonik der Composition, der nur eben mit den nothwendigen Mitteln erreichte seelische Ausdruck, die Kühnheit und das Ebenmaß der Zeichnung: Vorzüge so ernster Art und so einziger Seltenheit, daß es schier albern erscheint, wenn man diese Arbeiten verwerfen oder geringschätzig bei Seite schieben will, weil die Färbung dem modernen Vorurtheil nicht entspricht. Wir haben ausführlich noch von diesem Punkte später zu reden, doch mag gerade in Bezug auf die Ludwigskirche nochmals an das dürftige Licht in derselben erinnert werden. Alles in Allem aber haben wir es hier mit Meisterwerken zu thun, die vielleicht mehr als manche andere Arbeiten des Cornelius von uns ein sich entäußerndes Hingeben an den Gegenstand und die Kunst erfordern, und die deshalb gerade um so schwerer zu verstehen und zu fassen sind. Mag man es auch dahin gestellt sein lassen, ob etwa ein anderer Künstler unserer Zeit nicht ebenfalls eine Kreuzigung oder eine Anbetung, manche echt Cornelius'sche Schönheit im Einzelnen natürlich abgerechnet, so schön oder gar besser wie diese gemalt hätte; außer aller Frage aber ist, daß Niemand ein solches jüngstes Gericht, Niemand jene hohen Gestalten an den Deckengewölben nur annähernd in dieser Vollendung hätte schaffen können. Schillernde

Farben haben Hunderte auf die Leinwand gebracht, wenn es Cornelius gewollt, hätte er dies sicher auch lernen können. Vielleicht wollte er nicht, und am Ende hat sein Wille doch einen tieferen Grund! Wir wollen sehen. —

Doch holen wir jetzt die übrigen hauptsächlichsten Nachrichten über Cornelius während jener Zeit nach. Daß er 1830 nach Rom gegangen war, um seinen Karton der Kreuzigung zu zeichnen, haben wir bereits erwähnt; er reiste dort im Sommer 1831 wieder ab und brachte seinen Freund Overbeck zum Besuche nach München mit. Man ging in diesem Orte damals stark mit dem Plane um, auch Overbeck für die neuen Kunstbestrebungen gewinnen zu können, allein so geneigt dieser auch war, so zerschlugen sich die Verhandlungen doch, und — wir müssen annehmen — zum Glück für den Künstler selbst, dessen ganz eigenthümliche Natur wohl nur zu Rom in ihrer wahren Lebensluft ist. Cornelius pilgerte 1834 wiederum über die Alpen, um das jüngste Gericht in der ewigen Stadt zu entwerfen, das er denn auch etwa in Jahresfrist vollendete. Den fertigen Karton stellte er in München aus, und die dortigen Künstler gaben ihm am 2. Juli auf der Menterschwaig wieder ein Willkommensfest. Mit Overbeck hatte er in Rom natürlich viel verkehrt und war besonders von Einfluß auf die Verhandlungen gewesen, die mit jenem von Köln aus wegen eines Kirchenbildes geführt wurden. Mehrere auf diese Sache bezügliche Briefe Overbeck's liegen in der Boisserée'schen Sammlung vor, und dort findet sich denn auch der Ausdruck seines schönen Einvernehmens mit Cornelius, so wie manche anziehende Stelle zur Würdigung der frommen Einfalt dieses merkwürdigen Mannes. Ueber das jüngste Gericht schreibt er am 6. Mai 1835: „Unser theurer Freund Cornelius rüstet sich nach glorreicher Vollendung seines Kartons, zu dem jetzt Künstler und Kunstfreunde aller Nationen wallfahrten, bereits zur Abreise." Nach München heimgekehrt, lag unser Meister seinen großen Arbeiten ob, vollendete die Zeichnungen zum Bogengange der Pinakothek und stand seiner Akademie in gewohnter Tüchtigkeit vor. Leider wurde er in der ersten Hälfte des Jahres 1836 von einer schweren Krankheit, die ihn dem Tode nahe brachte, befallen, allein er überstand den gefährlichen Angriff und ging mit frischen Kräften von Neuem an seine Thätigkeit.

Eine Unterbrechung dieser Regelmäßigkeit brachte im Jahre 1838 eine Reise nach Paris, wo er mit den ungewöhnlichsten Ehrenbezeigungen aufgenommen wurde. Die Künstler und Kunstfreunde drängten sich um ihn, die Akademie gab ihm (am 13. November) ein großes Festmahl, und der König Ludwig Philipp zeichnete ihn in der seltensten Weise aus. Diese Behandlung eines deutschen Künstlers durch die Franzosen weckte natürlich den vaterländischen Stolz, und besonders in München war man erfreut. Wir finden einige Zeilen von Melchior Boisserée aufgezeichnet (I. 763), die er am 25. November an seinen Bruder schrieb: „Ueber die Aufnahme, welche Cornelius in Paris erlebt hat, habt Ihr Euch gewiß auch recht gefreut. Daß die Mitglieder der Akademie ihm ein Fest gegeben, und der König ihn selbst nach Versailles geführt, ihm dort die Sammlungen gezeigt und ihn nachher zur Tafel gezogen hat, ist eine Auszeichnung, die nur wenigen zu Theil wird. Merkwürdig ist, wie die Kunst jetzt geehrt wird. Die Auszeichnung von Cornelius und der großartige Empfang von Thorwaldsen in Kopenhagen ist so außerordentlich, wie man lange nichts erfahren hat."

Am 1. December war Cornelius wieder in der Heimath, aber schon im Mai des folgenden Jahres hatte er einen neuen Ausflug zu machen, doch dieses Mal mit einem gewissen amtlichen Charakter bekleidet. Es galt, der Enthüllungsfeier von Thorwaldsen's Schillerdenkmal zu Stuttgart im Namen der Münchener Künstler und als Vertreter der deutschen Malerei beizuwohnen. Es war ein großes, von edlem Geiste getragenes Fest, und unter den Genossen desselben galt Cornelius als der größte. Thorwaldsen, der um Schiller's und der Sache willen sein herrliches Modell unentgeltlich gearbeitet hatte, war nicht zugegen; er weilte seit Kurzem in Kopenhagen.*) Um so mehr war sein brüderlicher Vorkämpfer im Reiche der Kunst, Cornelius, Gegenstand besonderer Ehrenbezeigungen. Wie man damals über ihn dachte, und wie man seine Anwesenheit auffaßte, spricht eine Stelle in dem Berichte über die Feier aus, den das Kunstblatt veröffentlichte. „Ausgezeichnete Fremden — heißt es dort — die dem Feste beiwohnten, zu nennen, ist hier nicht der Ort; nur eines Einzigen Namen dürfte hier Platz finden. Wenn man an die Einsicht Schiller's in die Bedeutung und Aufgaben der Kunst, an seine Sehnsucht

---

*) S. Beischriften 12.

nach ihren Offenbarungen denkt und an Alles, wodurch er mittel- und unmittelbar auf eine Wiederbelebung derselben eingewirkt, so muß man sich freuen, daß der Drang eines warmfühlenden Herzens, die wahrhaftigste Pietät grade den Mann mitten aus seiner großen und umfassenden Thätigkeit heraus und zur Feier des Festes vom Dichter der „Künstler" führte, in dem wir den Lenker und Vertreter der neuen deutschen Kunst verehren, Cornelius. So wurde seine Anwesenheit allgemein angesehen, und das Andenken an dieselbe wird nicht untergehen."

Der große Ruf der Werke, die Cornelius und seine Schule in München ausgeführt, hatte sich weiter und weiter verbreitet, und an vielen Orten stand der Name des Meisters in hohem Ruhme. Dennoch war ein starker und bedeutender Gegensatz gegen ihn vorhanden, der in Deutschland besonders zu Düsseldorf sein Bollwerk besaß. Von dort her hatte man seit fast 15 Jahren in alle größeren Städte eine erhebliche Zahl ansprechender und meist sehr gut gemalter Oelbilder, die geistig dem Verständniß des großen Publikums nahe standen, geliefert. Die Düsseldorfer Kunst war Herrin der Mode bei uns geworden, während Cornelius unbekümmert um die Welt auf seinem Gerüst in der Ludwigskirche saß und das Weltgericht malte. Es lag hierin ein nicht zu unterschätzendes Auzeichen, so bald es bemerkt worden wäre, aber Cornelius arbeitete, wie gesagt, für sich, fest und selbstbewußt in seinem künstlerischen Wesen. Dieser Zustand einer gewissen sichern Abgeschlossenheit mußte außer jener unbegränzten und rückhaltlosen Hingabe an die Kunst, naturgemäß noch erheblich durch die fortwährenden Anerkennungen und Auszeichnungen, die von allen Seiten zuströmten, gesteigert werden. In München war Cornelius der erste Mann nach dem König, in allen Orten, wo er hinkam, wurde er gefeiert, und selbst von fernher wurde ihm gehuldigt. Eine besondere Genugthuung wurde dem Meister so zu Theil durch eine Sendung, welche die belgische Regierung unter Führung eines gewissen v. Wolffers im September 1840 nach München richtete. In Belgien, dem eigentlichen Herde der naturalistischen Kunstrichtung, hatte man Verlangen nach einer stylvollen, idealen Kunst, und so suchte man die von Cornelius neubelebte Akademie und seine Freskoausführungen eingehend kennen zu lernen, damit man auch dort der monumentalen Malerei eine Stätte bereiten könnte. Eine Genugthuung mußte dies nothwendig für den Mann sein, der 25 Jahre früher die ersten bescheidenen Versuche zur Wiedereinführung der Freskomalerei in das Leben gemacht und angeregt hatte, und der nun die Leute der gerade entgegenstehenden Kunstrichtung zu sich und seinen Werken kommen sah. Welchen Erfolg die belgische Sendung hatte, haben wir hier nicht auszuführen; genug, daß sie Zeugniß ablegt, wie man damals auf allen Seiten dem Ruhme des Cornelius'schen Genius reiche Opfer spendete.

Die Ludwigskirche war eingeweiht worden und die Künstler hatten ihrem Meister zur Feier der Vollendung seiner Fresken am 16. November 1840 ein großes Fest im Saale der Gesellschaft zum Frohsinn gegeben. Alles was München an ausgezeichneten Männern der Kunst und Wissenschaft, des Staates und der Gesellschaft besaß, war versammelt, um Cornelius eine Huldigung darzubringen. Der Minister Graf Seinsheim verband diesen Zweck sehr glücklich mit dem üblichen ersten Trinkspruch auf den König Ludwig, indem er diesem Dank spendete, „wie für alles Große auf dem Gebiete der Kunst, so auch für die Gegenwart des gefeierten Meisters und seine Thätigkeit in München." Der Bürgermeister Steinsdorf brachte das Hoch auf Cornelius aus, ein Festgesang von Lachner, der mit den Worten begann:

> „Tempelhallen
> sinken, fallen,
> doch die Kunst bleibt ewig jung."

entzündete die Gemüther zu Freude und Jubel, so daß, als der Meister sich erhob, dessen Rede helle Begeisterung wach rief. Cornelius sprach:

„Meine Herren! Als ein hochgesinnter Fürst den edlen Entschluß faßte, die vaterländische Kunst aus dem Staube der Schule ins Leben zurückzuführen, war es mir auch vergönnt, an diesem ruhmwürdigen Bestreben Theil zu nehmen. Alles, was die Menschheit ehrt und erhebt: ihre Beziehungen zu Gott; ihre Thaten, die Zeugniß geben von der Liebe, der Hingebung zu Fürst und Vaterland; der Aufschwung hoher Dichtung; der tiefe Sinn, die Heiterkeit hellenischer Mythen; das bunte Spiel der Phantasie; das Wirken hoher Meister der Kunst und ihrer Beschützer — dies Alles sollte in Tempeln, Palästen, in Museen und Hallen erstehen, und es erstand. Wo ward je der Kunst ein herrlicheres und größeres Feld eröffnet? Daß ich von der Erhabenheit, von der großen Bedeutung solcher Aufgaben ganz und tief durchdrungen, daß ich seit zwei Decennien unablässig bemüht war, mit allen Kräften diesen hohen Anforderungen einigermaßen zu entsprechen, daß ich mit ganzer Treue meinem erhabenen Könige zu dienen gesucht habe, das bin ich mir bewußt. Dieser aufrichtige Wille, meine Herren, nicht meine geringen und unzulänglichen Leistungen waren es, was mir von Anfang an Ihr mir so unschätzbares Wohlwollen, Ihre Nachsicht erworben hat. So oft mich auch die gütigen Aeußerungen dieser Nachsicht gestärkt und erhoben haben, so fühlte ich mich doch nie so ergriffen, so tief gerührt, wie in diesem Augenblick, als dem wichtigsten Abschluß meiner künstlerischen Laufbahn. Möchte diese tiefe Erregung Ihnen mehr sagen, als Worte es vermögen. Möchte der Genius der Kunst seine Schwingen über das geliebte München immer herrlicher entfalten und seinen milden Glanz über das gesammte Vaterland verbreiten, auf dessen Gedeihen wir anstoßen. Das Losungswort sei: Einigkeit im Kleinen wie im Großen! Einigkeit macht stark, Einigkeit hoch!" Hundertstimmig klang dies Hoch auf Vaterland und deutsche Einigkeit dreimal wieder, und die allgemeine Freude steigerte sich noch, als einer der Festgenossen, welcher auf dem Manuscript dieser Rede von Cornelius auch einen Vers als Motto bemerkt hatte, den Meister bat, diesen vorlesen zu dürfen und dann las:

> „Die Kunst hab' ich geliebet,
> die Kunst hab' ich geübet
> mein Leben lang.
> Die Künste hab' ich verachtet,
> nach Wahrheit nur getrachtet,
> drum wird mir nicht bang."

Das war ein Wort tief aus der Seele, kraftvoll und kernhaft, gerade und fest wie der Mann selbst! Es rief die Geister zu stürmischer Bewegung auf, und verlieh dem ganzen Feste zu all' dem Edelsinn, der Liebe und Verehrung noch einen letzten Nachdruck, so daß es als das reichste und schönste dieser Münchener Künstlerfeste wohl gelten muß. Endlich wurde Cornelius noch durch einen Genius ein Lorbeerkranz überreicht, und mehrere Gedichte, so wie auch eine Zeichnung von Neureuther, wurden ihm dargebracht.

Alles schien denn so auf der Höhe des Möglichen angekommen, und wirklich vollzog sich im Hintergrunde bereits die Einleitung zur gänzlichen

Umgestaltung dieser Verhältnisse. Ehe wir uns mit dieser beschäftigen, haben wir jedoch kurz des Bildes zu gedenken, welches in demselben Jahre 1840 der Graf Raczynski aus Berlin bei Cornelius bestellte. Der Meister wählte zu seinem Gegenstande einen in der Kunst nicht eingebürgerten, vor ihm wohl nur von Dürer mit Glück behandelten Stoff: die sogenannte Niederfahrt oder Höllenfahrt Christi, jenen geheimnißvollen Glaubenssatz, den so viele Lippen herbeten, ohne sich dabei etwas zu denken. Sei es nun, daß Cornelius nach der langen Arbeit an dem jüngsten Gerichte, dessen positiv gläubige Auffassung nach der einen Seite hin die vernichtendeste Trostlosigkeit darbietet, selbst einer versöhnenden Idee bedurfte, oder sei es, daß er in Betrachtung des ganzen Bilderkreises zu diesem Stoffe als einer Ergänzung gelangte: genug er wählte einen der dunkelsten Gegenstände unter den christlichen Mysterien. Dies „descendit ad infernos — niedergefahren zur Hölle" findet sich erst seit dem 4. Jahrhundert im apostolischen Glaubensbekenntniß, und die Stelle, auf welche sich die ganze Lehre, übrigens auch nur mittelst einer gewaltsamen Auslegung, gründet, nemlich 1. Petr. 3, 19 ff., wird von der biblischen Philologie für unecht erklärt. Die katholische Kirche mag andere, wichtige Beweismittel, besonders wohl das Evangelium des Nikodemus für ihr Dogma haben, aus der Bibel allein läßt sich dasselbe nicht darthun. Uebrigens halte ich den theologischen Werth des Gegenstandes an dieser Stelle für ganz unerheblich, da es hier lediglich darauf ankommen kann, ob er einen allgemein menschlichen, poetisch wahren Kern besitzt, der ihn für die Kunst brauchbar macht. Wir werden zum besseren Verständniß wieder an den großen Dante zurückgewiesen. Der Dichter hat die Pforte, über der die furchtbaren Worte „lasciate ogni speranza voi ch'entrate" dem Eintretenden entgegenstarren, durchschritten, Charon hat ihn ins Schattenreich gebracht, und er sieht sich mit Virgil im ersten Kreise der Hölle. Da sind die Menschen, die nicht sündigten und nur verloren sind, weil sie vor Christo lebten, all die großen Männer der klassischen Welt. Dante fragt seinen Führer Virgil, dessen Schatten auch hier hauset, ob denn keine Erlösung aus dieser Vorhölle (limbo) sei, und wir erfahren, daß auch einst die Juden hier gewesen, daß sie aber, weil sie auf den Messias gehofft, zur Seligkeit gerettet worden seien. Virgil spricht:

„Ich war noch neu in diesem Leid,
da ist ein Mächtiger hereingedrungen,
gekrönt mit Siegesglanz und Herrlichkeit.
Der hat des ersten Ahnes Schatten hier entrungen,
auch Abel's, Noah's; und auch Moses hat,
der Gott gehorcht, mit ihm sich aufgeschwungen.
Abraham, David folgten seinem Pfad,
Jakob, sein Vater, seine Söhne schieden,
und Rahel auch, für die so viel er that.
Sie und viel Andre führt er ein zum Frieden
und wissen sollst du nun: Vor diesen war
Erlösung keinem Menschengeist beschieden."*)

Diese Stelle ist der Schlüssel zu Cornelius Bilde, und man hat wahrhaftig nicht nöthig, sich mit dogmatischen Weiterungen aufzuhalten, obwohl ich auch nicht verkenne, daß ein dogmenkundiger Katholik das Werk noch anders ansehen wird. Für uns aber gilt in erster Linie der wahrhaft humane Grundgedanke einer Erlösung und Versöhnung nach dem Tode, und wir werden das im Bilde Dargestellte so unter allen Umständen für ein sinnvolles, tröstliches Gleichniß betrachten dürfen.

Näher noch auf den Gegenstand dieses Bildes einzugehen, müssen wir uns versagen, doch werden wir auf dasselbe noch einmal zurückkommen, wenn wir seine Vollendung in Berlin anzuzeigen haben. Wir wollten jetzt nur den engen geistigen und künstlerischen Zusammenhang dieses Werkes mit den Ludwigsfresken hervorheben und zugleich andeuten, daß es in dem bezeichneten Sinne eine willkommene Ergänzung des Bilderkreises in jener Kirche ist. Die Composition gehört durchaus noch München an, wo sogar die Untermalung begonnen wurde; als angefangene Arbeit siedelte das Bild mit nach Berlin über.

Wir sind jetzt an den wichtigen Wendepunkt gelangt, wo Cornelius die Stätte seiner zwanzigjährigen Wirksamkeit verließ, wo er von der Höhe einer geradezu einzigen Stellung hinabstieg in das geschäftige Treiben einer Großstadt, deren Gewoge den Einzelnen leicht zurückdrängt und vom Gesichtskreise des Tages entfernt. Cornelius konnte nicht wissen, was die Zukunft bringen würde, aber er hegte große Hoffnungen. Friedrich Wilhelm IV., den er früher gesehen, hatte ihn längst angezogen; sein Freund Niebuhr, der Lehrer des Kronprinzen, hatte ihm oft die glänzenden Gaben seines ehe-

---

*) Hölle. IV. 52 ff.

maligen Zöglings geschildert, und die hochfliegenden Pläne des Königs ließen Außerordentliches für die Kunst erwarten. Diese großen Hoffnungen lockten den Meister an den Ort, wo Schinkel's Genius die herrlichsten Bauwerke geschaffen, wo Rauch in unermüdlicher Tüchtigkeit mit seiner trefflichen Schule arbeitete. Das Höchste schien so durch ein Zusammenwirken bedeutender Kräfte möglich zu werden, und der Pulsschlag eines klassischen Wirkens mußte wie in Baukunst und Bildnerei, nun auch in der Malerei durch den ganzen Körper des Staates sich ausdehnen, und hierdurch eine erweiterte nationale Grundlage empfangen. Die schmeichelhaftesten Anträge, eine äußerlich sehr erfreuliche Stellung und vollkommene persönliche Unabhängigkeit mußten den Zug, der aus der Sache floß, verstärken, und so knüpfte Cornelius nach fünfzehnjähriger Abwesenheit von Neuem das Band mit dem preußischen Staate. Einen gleichzeitig aus England an ihn ergangenen Ruf lehnte er ab.

Dies also waren die Hoffnungen. Aber ich glaube, sie allein hätten einen Mann wie Cornelius noch nicht bestimmt, ein bekanntes Feld reicher Thätigkeit zu verlassen, wenn nicht von der anderen Seite wesentliche Umstände mitgewirkt hätten. Trotz allen Ruhmes und Glanzes war seine Lage in München nicht mehr behaglich. Es hatte sich ein Parteiwesen gebildet, das offen und im Stillen wirkte, und das theils künstlerische, theils kirchliche Sonderzwecke verfolgte. König Ludwig selbst konnte sich diesem Treiben nicht ganz entziehen, und der Einfluß von Cornelius Gegnern auf seine Stimmung wuchs um so leichter, als seinem Ehrgeize, wie man sagt, der allzu große Ruhm seiner Künstler nicht gleichgültig war. Und in diesem Sinne soll er nicht die allgemeine Freude über Cornelius Aufnahme in Paris getheilt haben, ja man erzählt, seine Gereiztheit sei so erheblich gewesen, daß er sein Mißfallen über das jüngste Gericht rückhaltlos kundgegeben, und nicht geneigt gewesen sein soll, dem Meister ein neues Werk zu übertragen. Doch sei ihm wie ihm wolle, Cornelius konnte sich sagen, in München einen guten Grund gelegt zu haben, und er konnte seine Schule wohl unter der Leitung tüchtiger Kräfte ihrem ferneren Gedeihen überlassen. Schnorr, Heß und andere bewährte Männer blieben dort, und neben ihnen wirkte der seit Kurzem zu großem Rufe gelangte Kaulbach. Der Fortgang der Kunstbestrebungen in München schien also durchaus nicht an Cornelius ferneres Verbleiben daselbst gebunden, niemand aber konnte damals ahnen, daß dieser Fortgang ein verhältnißmäßig so unerquicklicher sein würde. Und hätte Jemand dies ahnen können, würde er nicht gewünscht haben, daß es Cornelius erspart sein durfte, mit eigenen Augen Zeuge dieses Auseinandertreibens und Verfallens zu sein? Die unmittelbar von ihm gegründete Schule ist, man kann und muß dies sagen, nahezu untergegangen, aber sie wäre auch gesunken, wenn er in München geblieben, und persönliche Widerwärtigkeiten hätten dann in Ueberzahl auf ihn eindringen müssen. Damit ist keineswegs gesagt, daß nicht auf dem von ihm dort gepflanzten Stamme manches vortreffliche Talent zur schönen Ausbildung gelangt wäre, sondern es handelt sich hier nur um den nächsten Kreis, die im engeren Sinne sogenannte Schule. Und diese artete schnell so aus, daß bald auch Schnorr den Kampf aufgab, und 1846 München verließ. Die Zeit des Cornelius in dieser Stadt war vorüber, er hatte seine Aufgabe in ihr erfüllt, und sie trug nicht die Elemente in sich, ihm den Anstoß zu einer neuen Weiterentwickelung zu geben. Dazu bedurfte es vor Allem einer starken Herausforderung seines künstlerischen Selbstbewußtseins, und diese war dort bei seiner außerordentlichen Stellung gar nicht denkbar. In Berlin war er gleichsam ein Privatmann, ohne Amt und allein, und was Berlin an ihm gewirkt, hätte München niemals gekonnt.

So wurde denn von Cornelius dem Rufe Friedrich Wilhelm's IV. entsprochen. Daß die Verhandlungen zwischen ihm und Preußen im Gange seien, flüsterte man sich schon an jenem Feste nach Vollendung der Ludwigsfresken zu, im Februar 1841 suchte der Meister um seine Entlassung aus der Directorstelle und dem bayerischen Staatsdienste nach, und am 12. April verließ er München, nachdem ihm einige Tage zuvor die Lehrer der Akademie ein Abschiedsmahl veranstaltet hatten. Die Stimmung jener Tage bei dem Scheidenden sowohl als den Zurückbleibenden zu schildern, ist nicht unsere Aufgabe, in weiten Kreisen aber hat man den Ernst des Augenblicks tief empfunden, und die Kunst in München verbarg weinend ihr Gesicht, als ihr guter Genius sich von dieser Stadt wandte.

Fünfter Abschnitt.

Die klassische Epoche, etwa von 1842 bis jetzt.

Mit Festen und Ehrenbezeigungen war Cornelius von München geschieden — mit Festen und Auszeichnungen wurde er in Berlin empfangen. Schon auf der Reise, die er mit Frau und Töchtern zurücklegte, ward ihm in Dresden eine glänzende Aufnahme zu Theil: ein Fackelzug und ein Festmahl, bei dem die Tapeten Rafael's den Saal schmückten, sollten der Verehrung der dortigen Künstlerschaft für den Meister Ausdruck geben. Nach zehntägiger Fahrt, in jener Jugendzeit der Eisenbahnen, kam er endlich am 22. April 1841 in seiner neuen Heimath an. Noch an demselben Tage suchte er Alexander von Humboldt auf, und am nächsten Morgen wurde er vom Könige empfangen. Am Krankenbette seines Freundes und Genossen Schinkel, der umdüsterten Geistes bewußtlos darniederlag, brachte er, wie Thorwaldsen, dem edlen Manne einen lichten Augenblick; Schinkel sah ihn, sagte: „Cornelius!" und fiel in seine traurige Nacht zurück. In der ersten Woche nach der Ankunft kamen Einzelne und Abordnungen in großer Zahl zum Meister, ihr Willkommen ihm darzubringen, Akademie und Museum veranstalteten ein großes Festmahl im Odeum, die Künstler feierten ihn durch Musik und Fackelglanz: es war ein Empfang, wie er des berühmten Malers wohl würdig war.

Cornelius trat in die geistigen Kreise der großen Stadt ein und verkehrte mit den ersten Männern der Kunst und Wissenschaft, wie sich das von selbst versteht. In näheren Umgang kam er mit den Brüdern Grimm, Rauch, Steffens, dem begeisterungsvollen Architekten Wilhelm Stier u. a.

Mit Schelling, der wie er von München nach Berlin übergesiedelt, löste sich jedoch das bisherige engere Verhältniß allmählig, wozu man den Grund wohl richtig in Schelling's bekannter Umwandlung zu suchen hat. So gut er in der geistigen Atmosphäre Berlins schnell heimisch wurde, um so weniger konnte er dies in Bezug auf die damaligen gesellschaftlichen Zustände. Das ungezwungene Leben, welches er stets am Rhein, in Italien und in München geliebt, fand er hier nicht wieder, und so mußte er sich so gut einrichten, als es eben ging. Unbekümmert um die Vorurtheile der Geheimraths-Welt suchte er sich so z. B. einen Garten auf, wo das damals eben eingeführte bayerische Bier ausgeschenkt wurde, aber dafür schlugen auch die gesellschaftlichen Philister die Hände über dem Kopfe zusammen und fanden es beispiellos, daß der große Cornelius in den „blauen Himmel" gegangen.

Im Juli wurde der Meister durch ein eigenhändiges Schreiben der Königin von Portugal erfreut, in welchem sie die Bitte ausspricht, er möchte mehrere seiner Schüler nach Lissabon senden, um dort Freskomalereien auszuführen. Und Anfangs September folgte er einer Einladung des Lord Monson nach England. Dieser merkwürdige Mann gehörte zu den leidenschaftlichsten Kunstliebhabern, die je gelebt haben, und besaß eine an englischen Spleen grenzende Begeisterung für Cornelius. So hatte er den Meister früher einmal in München besucht und ihn gebeten, Zeichnungen zu liefern, nach denen ein Saal seines Schlosses a fresco gemalt werden könne. Cornelius ging hierauf ein, und Monson, der bis zu Thränen gerührt war, sagte, er wolle nun nach Hause reisen, um seiner Mutter diese frohe Botschaft zu bringen. Cornelius bemerkte, daß er dies ja schriftlich anzeigen könne, doch jener antwortete: „Allerdings, aber dann würde ich nicht Zeuge der großen Freude meiner Mutter sein." Der Lord beurlaubte sich und war nach zehn Tagen wieder in München. Dieser Mann nun wurde die nächste Veranlassung zu einer Reise, welche für Cornelius eine ungewöhnliche Wichtigkeit erlangen sollte. Zunächst fehlten wieder die herkömmlichen glänzenden Festlichkeiten in Düsseldorf und Köln nicht, in Brüssel ward dem Meister ebenfalls ein ehrender Empfang zu Theil, aber in London hatte er den Schmerz, seines Verehrers Monson Tod zu erleben. Dieser Zwischenfall, sowie eine vor=

nehmlich in Köln veranlaßte Augenkrankheit trieben Cornelius schneller, als er beabsichtigt hatte, nach Hause, und hier bildete sich das Uebel zu einem hohen Grade von Gefährlichkeit aus. „Wie geht es denn dem armen Cornelius?" — schreibt Sulpiz Boisserée im Januar 1842 an Schelling — „In Köln waren wir noch so froh beisammen, früher Jugendzeiten und der Erfüllung mancher kühnen Jugendwünsche dankbar gedenkend. Es wäre schrecklich, wenn er nicht wieder zu dem vollen, freien Gebrauche seiner Augen gelangen sollte." Erst nach und nach trat Besserung und endlich vollkommene Heilung ein.

Der innere Gewinn, den Cornelius aber von England zurückbrachte, und der vielleicht einzig nur durch die lange Zeit einsamer Betrachtung, welche eine Augenkrankheit stets im Gefolge hat, zu einem wahrhaft werthvollen gesteigert werden konnte: diesen dankt er und mit ihm die deutsche Kunst dem Eindrucke zweier Denkmäler von höchster Vollendung. Es waren die Bildwerke des Parthenon und die Kartons von Hamptoncourt*), Phidias und Rafael, die zu seiner Seele mächtig sprachen. Zwar kannte er ja die Abgüsse, Stiche, Tapeten und sonstige Vervielfältigungen schon lange, allein die Originale, welche die eigene Hand ihres Schöpfers verrathen und von der Zeit geweiht sind, können doch nie durch eine Nachbildung ganz ersetzt werden. Und der Eindruck, den Cornelius dort lebendig empfangen, wirkte stille, ganz still nach und reifte in ihm eine künstlerische Ueberzeugung, die dann mit einem Male, wie eine Offenbarung, zu seinem Bewußtsein, zu seinem unveräußerlichen Eigenthume gelangte. Dies war die Einsicht, daß es nur Ein höchstes Vorbild in der Kunst gebe, die Werke des Phidias. Phidias aber ist nur in Bruchstücken auf uns gekommen, seine Compositionen können wir nicht mehr anschauen, wir müssen sie mit mühsamer Wissenschaft herzustellen versuchen, aber dafür ist Rafael ein hohes Muster des Styles in der Composition, und beide, Phidias und Rafael, ergänzen einander so zu dem vollkommensten Vorbilde, dessen Erreichung einem großen Maler Ziel werden kann. Die volle Wirkung dieses neuen Bewußtseins erkennen wir erst in den Kartons zum Domhof, und werden im weiteren Verlaufe, um diese überaus kraft-

---

*) Jetzt im britischen Museum.

volle Aeußerung desselben zu verstehen, noch eines Umstandes zu gedenken haben, der hierzu erheblich mitwirkte.

Cornelius, wie er damals war, hätte ebenso gut das Schicksal seiner Genossen Schinkel und Thorwaldsen theilen, und Anfangs der vierziger Jahre die Bedingung des Zeitlichen erfüllen können. Er war damals ein Sechsziger und Niemand hätte sich gewundert, wenn die klassische Epoche der deutschen Kunst auch in den Personen ihrer höchsten Vertreter gemeinsam geschlossen worden wäre. Cornelius hätte immer die erste Stelle in der neueren Malerei gehabt, und seine Werke wären vielleicht jetzt schon mehr verstanden, als sie es eben sind. Allein eine glücklichere Fügung ließ die seltenste Erscheinung gedeihen, und ließ den Meister Werke schaffen, von denen er selbst sagen konnte, daß mit ihnen erst seine Kunst beginne. Ihm war so auch ein freudigeres Loos beschieden als seinem großen Vorgänger Dürer, der ebenfalls erst spät die wahre Schönheit der Natur verstanden, und der erkannt, daß Einfalt die höchste Zierde der Kunst sei, der geseufzt, wenn er seine früheren bunten Bilder betrachtet, und geklagt, daß er nun nicht mehr im Stande sei, jenes hohe Vorbild, das ihm jetzt vorschwebe, zu erreichen. *) Nur in einem Werke noch konnte er ein Bekenntniß dieses edelsten Strebens ablegen, jenen unerreichten Apostel-Tafeln, die so oft mit dem Luther'schen Liede „Ein feste Burg ist unser Gott" verglichen wurden. *) Ueber Cornelius walteten bessere Sterne. Zwar trat er aus der allgemeinen Kunstbewegung der Zeit heraus, aber in seiner äußeren Vereinsamung wuchs er an innerer Größe. Deshalb ragt er nur noch in unsere Tage, in das jüngere Geschlecht, in die nachgekommene Kunst wie ein Held aus früherer Zeit herein.

Die erste Arbeit, welche nach Genesung seiner Augen sein neuer Gönner ihm übertrug, war der Entwurf des „Glaubensschildes?" Der König war persönlicher Zeuge bei der Taufe des Prinzen von Wallis gewesen, und wollte nun ein königliches Pathengeschenk nach dem Inselreiche senden; dies sollte in einem Schilde bestehen, der wie ein hoher künstlerischer Talisman das Gemeine und Niedrige bändige, wenn sein frommer Besitzer ihn gegen die unsaubern Feinde erheben und sie beschwören würde, wie Faust mit dem Crucifix den Mephisto-Pudel:

---

*) S. Beischriften Nr. 14.

„So sich dies Zeichen,
dem sie sich beugen,
die schwarzen Schaaren!"

Der Schild in Silber, Gold und Edelsteinen ward auch denn nach fünf Jahren vollendet, und ging als ein Denkmal deutscher Kunst und königlichen Freimuthes ab. Die Königin und der Prinz Albert dankten dem Meister in eigenhändigen Schreiben.*) Die Königin sprach unter anderm die Hoffnung aus, daß ihr Sohn später durch seinen Kunstsinn und durch seine Kunstliebe den Beweis liefern werde, daß er eines solchen Geschenkes seines königlichen Taufpathen nicht unwürdig sei. Ob diese Hoffnung sich erfüllte? Wer weiß es! Dies ist jedoch bekannt geworden, daß der Ehrenpreis von der Londoner Ausstellung, wo dieser Schild bewundert wurde, dem sachlichen Besitzer zuging, was am Ende auch richtig ist, da dem geistigen Eigenthümer der moralische Werth einer solchen Anerkennung genügt. Ein zweites Exemplar von noch vorzüglicherer Arbeit wurde von denselben trefflichen Künstlern, deren Namen im anhängenden Verzeichnisse sich finden, ausgeführt. Unbekannte Hindernisse traten jedoch der völligen Fertigstellung entgegen, und so liegt dieses seltene Kunstwerk in einzelnen Stücken unter Schloß und Riegel in einem Schranke des Antiquariums der königlichen Museen zu Berlin. Diese Arbeit ist von solcher Vorzüglichkeit, daß sie sich den besten Werken italienischer Ciselirkunst, denen eines Benvenuto Cellini und Lorenzo Ghiberti an die Seite stellt; aber diese übertrifft sie durch den höheren geistigen Gehalt und den edelsten künstlerischen Styl, so daß kaum irgendwo ein zweites Stück in diesem Kunstzweige vorhanden sein dürfte, welches so vom ersten Gedanken an bis zum letzten Hammerschlage Eines, das so ganz und gar geistig und technisch aus Einem Gusse ist.

Cornelius vollendete die an Gedanken und Compositionen überreiche Zeichnung in kaum sechs Wochen, und legte so ein Zeugniß für die unvergleichliche Fülle und Kraft seines Schaffens ab. Zugleich bekundete er hierin, wie sehr er trotz aller Strenge des Styls durchaus Maler ist, denn ein Bildhauer würde das Werk entschieden ganz anders aufgefaßt, die Compositionen mehr plastisch angelegt haben. Cornelius

---

*) Beischriften 15.

aber zog eine malerische Gruppencomposition besonders in dem Rundfriese der plastisch ruhigen Aufeinanderfolge vor, und entwickelte dabei eine dramatische Lebendigkeit und eine Meisterschaft in der Verbindung einer Gruppe mit der andern, die kaum jemals in dieser Weise erreicht wurde. Dabei dachte er sein Werk doch von vornherein für die plastische Ausführung, denn es kann aus der Zeichnung und den Stichen nicht vollkommen verstanden werden; ganz zur Klarheit gelangt es erst durch die plastische Ausführung. Das Kreuz tritt hervor, die Flächen zwischen den Armen, in wenig erhobener Arbeit, treten zurück; dagegen sind die Figuren des Rundfrieses fast ganz erhoben gehalten, und es gelangt Alles so erst zu seinem wahren Leben und in die richtige Stellung zu einander. Daß die Zeichnung zudem in Haltung oder Gewandung nichts verlangt, was der Bildhauer nicht nach den Gesetzen und Mitteln seiner Kunst technisch ausführen könnte, bedarf bei Cornelius und seinem Style keiner Erörterung. Wie erfindungsreich aber der Künstler in diesem räumlich kleinen Werke war, lehrt schon ein Blick auf die Kupferstiche: eine Fülle künstlerischer Gedanken, neuer Motive und Formen begegnen uns, und wir finden überall den edelsten Geist der Antike lebendig geworden. Wie Cornelius im Sinne klassischer Kunst ein Dampfschiff bildet, wie er ein Wochenzimmer so edel zu gestalten weiß, daß es sich Idealcompositionen anreiht, wie er eben das überliefert Historische von der höchsten Bedeutung mit dem Gegenwärtigen von zufälliger Veranlassung einheitlich zu verbinden versteht: dies Alles ist von jeher bewundert worden. Eine Composition aber unter allen scheint mir von besonderer kunstgeschichtlicher Wichtigkeit zu sein: es ist die des Abendmahles. Denn in keiner der andern ist Cornelius so einzig und neu, so schöpferisch in Bezug auf einen der größten Gegenstände für die Kunst.

Seit Leonardo's unsterblichem Werke in S. Maria delle grazie zu Mailand schien jeder Versuch einer neuen selbstständigen Gestaltung des Abendmahles vergeblich. Allein Leonardo hatte doch nur die eine Seite der Sache aufgefaßt, den Augenblick des Verrathes, und es muß unbestreitbar erscheinen, daß er hiermit ebenso wenig den wesentlichsten Augenblick jenes Vorganges gewählt, als künstlerisch denjenigen der schwierigsten und inhaltreichsten Darstellung. Diese andere Seite ist die Einsetzung. „Einer unter euch wird mich verrathen" ist die Seele jenes Augenblicks; die Worte „Nehmet hin und esset! Nehmet hin und trinket Alle daraus!" sind der Kern dieses zweiten. Zwar ist es wahr, daß die Einsetzung leicht einen dogmatisch=symbolischen Charakter in der Darstellung empfangen kann, aber nicht minder wahr ist es, daß in ihr der Ursprung für die ganze, bindende und die Menschengeschlechter zusammenhaltende, Kraft der christlichen Kirchen liegt. Während also jener Augenblick das rein Persön=liche in edelster Menschlichkeit und am tragischen Wendepunkte zeigt, kann dieser den hohen weltgeschichtlichen Sinn aussprechen. So ist es bei Cor=nelius. Möglich ist es, daß er etwa von Luca Signorelli eine Anregung empfing, der etwa fünfzehn Jahre nach Leonardo's Werk, 1512, zu Cor=tona ein Abendmahl ausführte, und der dies so anordnete, daß er den Abendmahlstisch entfernte und Jesum, durch die Reihen der Jünger gehend, diesen die Hostie reichen ließ. Cornelius faßte den Stoff doch ganz selbst=ständig auf; er behielt den historisch unentbehrlichen Tisch bei, aber er ließ Christum an seinem Platze hinter demselben sich erheben. Wie ein wahr=hafter Weltheiland in prophetischer Größe und Gewalt steht er da, die Arme erhoben und in den Händen Brod und Wein haltend. Die Jünger sind in lebendigen Gruppen, wie sie eben nur Cornelius so stylvoll schaffen kann, rechts und links von ihm gezeichnet und drücken bereits das Ver=ständniß des großen Ereignisses aus, von dem sein Stifter weiß, daß es viel tausendjährige Folgen haben wird, daß es in Liebe vereinen und zu blutigem Streite entzweien wird.

Diese kleine, nur wenige Zoll breite Umrißzeichnung des Cornelius stelle ich an künstlerischer Idee mindestens dem Werke Leonardo's gleich, ja ich glaube, daß wenn sie groß a fresco ausgeführt würde, sie wahrscheinlich des Italieners göttliches Werk überstrahlen würde. Schade, daß sich nicht wenigstens ein tüchtiger Künstler findet, der nach dem Entwurfe ein Oel=bild ausführen möchte! Wahrlich, er hätte noch Gelegenheit genug, seine Meisterschaft zu zeigen.

Wir können nicht weiter bei den Schönheiten dieses Schildes ver=weilen, und haben nur noch anzumerken, daß es auch hier an tadelnden Stimmen nicht gefehlt hat. Namentlich hat Franz Kugler mancherlei aus=zusetzen, allein in diesem Falle ist er sich selbst nicht treu. Seine kritischen

Bedenken finden sich in „Berliner Briefen" (Kunstblatt 1848), die er in seine kleinen Schriften aufgenommen hat, wogegen eine sachgemäßere Arbeit von ihm, „Mittheilungen aus Berlin" (Kunstblatt 1842), diese Aufnahme nicht gefunden hat, wahrscheinlich weil er in jenen tadelt, was er in diesen lobte. So z. B. findet er die Anreihung der Gerechtigkeit an Glaube, Hoffnung und Liebe 1842 „bedeutsam für den künftigen Regenten", 1848 spricht er von „willkürlich zugesellt"; 1842 ist seine Begeisterung lebendig und wohlthuend, 1848 erscheint er kalt und nüchtern.*) Diese Wandlung ist auffällig, doch lag sie zum Theil in der allgemeinen Strömung; und hier mußte erwähnt werden, daß auch dies herrliche Werk in verschiedenen Tonarten beknurrt worden ist. Man lese die beiden Kugler'schen Artikel, von denen hier anhängend ausreichende Probestellen gegeben sind, nach, und man wird einen Maßstab vom Umschlag der öffentlichen Meinung in Berlin gewinnen: erst angenehme Luft bei warmem Sonnenscheine, nachher kalter Wind mit einigen Hagelschauern. Auf den Grund und die Veranlassung dieses Umschlages werden wir noch zurückkommen. Demselben ist übrigens vielleicht auch der Zustand und die Behandlung des zweiten Exemplares von dem Glaubensschilde zuzuschreiben.

Inzwischen malte Cornelius an dem Raczynski'schen Bilde weiter, und unterbrach diese Arbeit nur durch gelegentliche Veranlassungen, deren wichtigste die Anfertigung der Tasso-Umrisse ist. Der Eindruck der nach diesen im Schlosse zu Berlin gestellten lebenden Bilder soll wahrhaft hinreißend gewesen sein; allein als nach Monaten die Radirungen erschienen, fand man dieselbe Wirkung in ihnen nicht wieder und urtheilte, bereits durch die „Vorhölle" erregt, einfach wegwerfend über diese Blätter. Kugler versteigt sich sogar, nachdem er seinen Tadel reichlichst ausgeschüttet, zu der kraftvollen Aeußerung: „Und kehrte uns ein Rafael wieder, und wollte uns Arbeiten der Art unter der Autorität seines Namens aufdringen, ich würde sie mit Entrüstung von mir weisen!" Ich, nach meiner Ansicht, will zwar nicht behaupten, daß diese Umrisse den vorzüglichsten Werken des Meisters unbedingt beizuzählen seien, allein nur Unverstand oder böser Wille kann bis zu jenen mehr ehrenden als verletzenden Auslassungen

---

*) S. Beischriften 16.

sich versteigen. Denn was die Composition betrifft, — und diese ist im Umrisse schlechthin das Wesentliche, — so finde ich namentlich in einigen der Blätter eine sehr hohe Vollendung. Die Ankunft der Kreuzfahrer vor Jerusalem ist z. B. ein Werk von so echtem und großem historischen Style, daß wohl schwerlich irgend ein neuerer Künstler, mit Ausnahme etwa von Schnorr, sie ähnlich hätte zu Stande bringen können. Aber ich gebe gern zu, das Verständniß dieser stylvollen Umrisse ist ungleich schwerer, als das eines buntfarbigen Genrestückes.

Die öffentliche Meinung über diese Blätter wäre aber sicher eine andere gewesen, wenn sie nicht nach, sondern vor der Ausstellung des „Christus in der Unterwelt" (S. 159) erschienen wären. Cornelius hatte dem Besteller die Vollendung unter dem 18. October 1843 anzeigen können; er schrieb ihm: „Indem ich im Begriff bin, nach Rom abzureisen, beeile ich mich, Ihnen die Vollendung unseres Bildes anzuzeigen. Ich habe es der Hunnenschlacht gegenüber einstweilen aufhängen lassen, obschon der Platz kein günstiges Licht hat; ich muß es Ihnen überlassen, ihm eine vortheilhaftere Stelle anzuweisen. Wie das Werk ausgefallen, kann und darf ich am wenigsten sagen; daß ich aber mit der größten Liebe bis zum letzten Pinselstriche daran gearbeitet habe, glaube ich, sieht man ihm an; auch glaube ich, daß es dem Besitzer immer lieber werden wird, und somit habe ich mein Wort redlich gelöst." So stand denn dies Bild von nun ab der öffentlichen Ansicht frei. In der höchsten Erwartung strömte sogleich Alles in die Raczynski'sche Gallerie, — aber man fand sich getäuscht. Zwar mag es nicht an Einzelnen gefehlt haben, die dem Verständniß des Werkes näher traten, allein ihre Stimme verhallte in dem allgemeinen Verdammungsgeschrei. Dies ist Thatsache. Kugler berichtet: „Aber ein Schrei des Unwillens zuckte durch die Stadt und machte sich selbst in einigen sehr beißenden Aeußerungen in den Zeitungen Luft. Sollten diese harten, schweren, zum Theil unvermittelten Farben für Malerei, diese körperlosen, im Einzelnen gradezu widernatürlichen Formen für Zeichnung und Plastik, diese seltsam zurückgewundenen Augen für Ausdruck gelten?" u. s. w. Auch M. Unger meinte im Kunstblatte (1844, Nr. 5), dem Werke mangele die Färbung und die Entwickelung eines großen Sinnes in Form und Gedanken; ebenso tadelte er Fehler in der Zeichnung und Modellirung, sowie manche andere Dinge, daß am Ende kaum etwas Gutes übrig blieb. In den berliner Zeitungen wurde Wochenlang ein Krieg geführt, allein die Vertheidiger des Meisters konnten nicht durchdringen. Man sprach wegwerfend von diesem Gemälde und entschuldigte höchstens den Künstler durch die Rücksicht auf sein Alter. Kaum waren es zwei Jahre, daß man Cornelius mit Jubel und Glanz empfangen, und jetzt sollte kein gutes Haar mehr an ihm bleiben! Lag dieser Umschwung allein in der Laune Berlins oder hatte er sachliche Gründe?

Unter allen Bildern des Meisters ist vielleicht keines, dessen Verständniß so langsam reift, wie eben hier, keines, dessen Gegenstand so aus der mittelalterlichen Mystik fließt, keines, dessen Technik von dem in unserer Zeit Gewohnten so abweicht. In Berlin kannte man von Cornelius Nichts oder so gut als Nichts, man war dem Stoffe gegenüber fast rathlos, man konnte sich nicht in diese Oelfarben finden, die dem beliebten glatten düsseldorfer Vortrag so schroff gegenüber standen: man war also in großstädtischer Sicherheit schnell mit dem Urtheil fertig, und sprach nur noch in wegwerfender Weise von dieser Arbeit, von der man überhaupt kaum gesprochen hätte, wenn nicht der Name Cornelius alle Erwartung auf das Höchste gespannt. Ein Mißgriff in praktischer Hinsicht mag es gewesen sein, daß der Meister mit diesem Bilde, welches die Reihe der katholischen Darstellungen in der Ludwigskirche ergänzt, gerade am Hauptorte des kritischen Protestantismus auftrat, daß er ein Oelbild wählte und so einen Vergleich des Technischen veranlaßte, der beim Fresko oder Karton von selbst fortfiel. Daß Cornelius auf alles dieses keinerlei Rücksichten nahm, daß er nur an seine Kunst, nicht auch an die Gunst anderer dachte, ist ein schönes Zeichen für den Ernst seines Charakters und die Größe seines Willens. Allein dies Bild war die nächste Ursache, weshalb er von nun an für mehrere Jahre in Berlin nicht beachtet, dann leicht durch den bekannten Kaulbach=Fanatismus verdunkelt werden konnte, bis endlich seit der, durch Herman Grimm angeregten und durch Humboldt's Einfluß bewirkten, Ausstellung seiner Kartons im Jahre 1859 der bessere Theil des Publikums eine selbstständige Meinung von der Größe des Künstlers sich bilden und von da ab ihn aufrichtig verehren konnte. Wären damals, 1841, die münchener Kartons öffentlich und für immer aufgehängt worden, so wäre jenes Bild ganz anders beurtheilt worden, da man durch Uebung an den anderen Werken das Verständniß hätte vorbereiten können, so wäre Cornelius in engere Beziehungen zu Berlin gekommen, so hätte die Kunst an diesem Orte ganz andere Bahnen gehen müssen. Man würde daselbst nicht so gesunken sein, daß die literarischen Wortführer der Virtuosen und Modemaler beim großen Haufen gläubigen Beifall finden, wenn sie im Zustande geistiger Selbstberauschung von der Wahrheit des warmen, blühenden Fleisches bei einer gypsenen Schönheit für Alle, der entzückenden Naturwahrheit eines Affen, der schlagenden Wirklichkeit einer Zigeunerbande, oder der täuschenden Himmelsgluth eines Sonnenunterganges träumen und schwätzen. Diejenigen Männer aber, welchen das Pfund dieser Kartons anvertraut war, und die es vergruben, tragen eine furchtbare Verantwortung gegen die deutsche Kunst. Mögen sie, sofern sie noch am Leben sein sollten, vor ihrem Gewissen bestehen, wenn sie einst zur Einsicht des Uebels gelangen, welches sie durch diese schwere Unterlassungssünde angerichtet haben. Im schwarzen Buch der Kunstgeschichte ist ihren Namen, die über kurz oder lang doch ans Licht kommen und nach Verdienst gewogen werden müssen, unabweislich ein Ehrenplatz gesichert.

Doch verweilen wir noch einen Augenblick bei dem Raczynski'schen Gemälde. Wer im Stande ist, zum Verständnisse dieses Werkes durchzudringen, der wird Cornelius alte und bewährte Meisterschaft der Composition und des Gedankengehaltes voll wiederfinden, er wird in dem Bilde heimisch werden und zu der Ansicht gelangen, daß es von solcher Bedeutung und solchem Werthe ist, wie man es von einer zwei Jahre füllenden Arbeit unseres größten Malers nur immer erwarten darf. Die Composition ist ein Werk hoher künstlerischer Weisheit, die Gruppenbildung bei aller Fülle überaus edel und klar, und viele der herrlichen Köpfe gehören zu dem Besten, was die Kunst überhaupt hervorgebracht. Freilich das ist kein Stück, welches zwischen Mittag und zwölf Uhr gewürdigt und aufgenommen werden kann, es erfordert oftmaliges ruhiges Beschauen, stilles Eingehen und hingebendes Versenken, dann aber erschließt es seine Schönheit und gewinnt mit jedem neuen Male der Betrachtung mehr; es wächst gleichsam in seinem Eindruck auf uns, es wird immer größer und größer, weil wir mit jedem Male mehr darin finden. Und diese Forderungen, die jedes klassische und ernste Kunstwerk von Phidias bis Dürer ohnehin erhebt, stellt diese „Vorhölle" an uns Protestanten, die wir dem Kreise mittelalterlicher Mystik fern stehen, um so mehr. Das erste absprechende Urtheil ist über den Werth großer Kunstwerke gar nicht entscheidend, oder waren etwa die musikkundigen Wiener im Recht, als sie Beethoven's Leonore auspfiffen?

Was das Technische betrifft, so haben wir oben bereits angedeutet, daß Cornelius eben aus angeborenem Berufe und durch fast dreißigjährige Thätigkeit vorwiegend Freskomaler und Kartonzeichner ist, freilich aber ein Zeichner der seltensten Art. Will man sich von dem was Zeichnung im strengsten Sinne heißt, eine klare Anschauung, einen unmittelbaren Begriff bilden, so vergleiche man die „Vorhölle" mit der neben ihr aufgehängten „Hunnenschlacht" von Kaulbach. Jene ist Oelbild, diese Sepiakarton, jene hat Figuren weit unter, diese fast über Lebensgröße, und dennoch welche Umkehrung! Bei Kaulbach erscheint Alles glatt, die Figuren fast nur Umriß mit mäßiger Schattengebung, so daß man mit Recht technisch sagt: „es ist nichts darin"; bei Cornelius dagegen sehen wir die volle, von echtem Verständniß beseelte Wiedergabe des menschlichen Organismus. Allerdings entstehen in seinem Bilde so Linien, die streng und hart sich darstellen, wenn man den weichen Modevortrag für das allein Wünschenswerthe hält. Auch ist es im Allgemeinen richtig, daß Rafael, Leonardo und Tizian nicht grade so in Oel gemalt haben, obwohl mit jenen Beiden eine nahe technische Verwandschaft nachzuweisen ist, allein noch richtiger ist es, daß ein Künstlergenius wie Cornelius in sich selbst die Berechtigung zu seinen Werken, seinem Style trägt; dann aber auch ist er keineswegs ohne gleichartige Vorgänger, er erinnert vielmehr durch diese technische Behandlung der Oelfarben durchaus an zahlreiche Werke Dürer's, dem ebenfalls die geistig bedeutende Zeichnung über einen verführenden Reiz der Farbe ging. Natürlich erschwert auch dieser Umstand wieder das allgemeine Verständniß, und man sieht dann leicht nur „unvermittelte Farben". Gewiß, Personen, die sich nicht über Genre und Landschaft erheben können, die nicht die Kraft haben, zum Wesentlichen durchzudringen, und nun die scharfe und bestimmte Art des Vortrages für Uebertreibung oder gar Manier, wie dies auch geschehen, ausgeben, diese werden überhaupt Cornelius nicht würdigen können. Sie werden sich vor seinen Werken langweilen, und sich denjenigen vergleichen, die ein modernes Ballet entzückend, den Wallenstein, Faust oder Emilia Galotti langweilig finden. Der einzige Vorwurf aber, den man Cornelius allenfalls mit einigem Schein von Rechte würde machen können, ist der, daß er dies Werk in Oel gemalt und nicht als farbigen Karton etwa in großem Maßstabe ausgeführt habe. Ich halte dies jedoch für ganz unwesentlich, muß es vielmehr als eine glückliche Fügung preisen, daß wir doch ein umfangreiches, vollendetes Oelbild des Meisters besitzen, und muß mich sogar über die Technik höchlichst freuen, wenn ich den vortrefflichen Zustand des Bildes betrachte, und dabei an die endlosen Risse und Nothstände anderer moderner Oelgemälde denke. Die sogenannten Farbenmänner werden also zugeben müssen, daß Cornelius mindestens solide und dauerhaft in Oel zu malen versteht. Zudem sind die Farben des Bildes von großer Kraft und lebendiger Frische, sie kommen in vollkommener Harmonie zusammen, und man wird in ihnen endlich sogar einen unwiderstehlichen Reiz finden, der freilich so streng ist, daß er nie übersättigt, aber mit jedem neuen Beschauen sich steigert. Auch ist die Anlage und der Auftrag der Farben von Cornelius ganz in der Weise älterer Oelmaler gehalten, so daß die untermalten Schichten mit der Zeit mehr und mehr durchwirken, und der Eindruck des Werkes so immer besser wird. Dies hat sich jetzt schon überraschend bewährt. Denn nachdem das Bild 22 Jahre in der Gallerie gehangen, ist es im October 1865 gewaschen und mit Firniß, dem ersten welchen es überhaupt bekam, versehen worden. Dadurch sind die Farben höchst saftvoll, glänzend und tief geworden, manche anscheinenden Härten der Zeichnung sind sehr gemildert, und viele Feinheiten in Schattengebung und Farbenstimmung zu Tage getreten. Die Schönheit des Gemäldes ist so in einem ganz ungeahnten Maße gesteigert worden, und das landläufige Stichwort, Cornelius verstehe nicht in Oel zu malen, findet hier seine unwiderrufliche Beseitigung. Auf den Charakter der Färbung jedoch, als einen stylvollen, wie auf einige Eigenthümlichkeiten in Ausdruck und Zeichnung werden wir in unserer Schlußbetrachtung noch zurückzukommen haben.

Der Bruch aber, welcher damals zwischen Cornelius und Berlin entstand, läßt sich nicht mehr durch unsere jetzige richtigere Einsicht in die Sache ungeschehen machen. Die Aeußerungen Kugler's geben eine treue

Vorstellung von der damaligen Stimmung, und sie gewinnen an Bedeutung, wenn man erwägt, daß ihr Verfasser Senats=Mitglied der Akademie und Decernent für die Kunstangelegenheiten im Ministerium war. Wir erfahren durch ihn auch, daß in gewissen Kreisen diese Gereiztheit persönliche Gründe hatte. „Auch hat es sich Cornelius nicht angelegen sein lassen" sagt Kugler*) „seinerseits zu uns in ein näheres Verhältniß zu treten. . . . Er ist uns, wie es scheint, mit einer gewissen Absichtlichkeit fremd geblieben, und wir haben demnach um so weniger Anlaß, einen anderen Maßstab an seine neueren Werke zu legen, als in diesen selbst enthalten ist." Also verletzte Eitelkeit spielte auch mit! Der Mann von Charakter hätte sich erniedrigen sollen, schmeichelnd den Hof zu machen bei Leuten, deren Dünkel sie so verblendete, daß das „Wir" Kugler's verlangte, ein Cornelius solle es sich angelegen sein lassen, zu ihm in ein Verhältniß zu treten. Man weiß nicht, ob man über diesen Bauernstolz lachen oder zürnen soll. Und dann: „wir haben um so weniger Anlaß, einen anderen Maßstab an seine neueren Werke zu legen, als in diesen selbst enthalten ist!" Kann ich meinen Augen trauen? Pflegen diese Herren denn an die Werke ihrer Freunde einen anderen Maßstab zu legen, als in diesen selbst enthalten ist? Bekennen sie ihre mitleidswerthen Gesinnungen so ganz ohne eine Spur von Scham, ohne irgend welche leise Regung von Anstandsgefühl? Mit frecher Stirn und kecker Hand schreiben sie ihre verächtlichen Maximen auf das geduldige Papier, und lassen sie im Taumel blinder Selbstverliebtheit sogar drucken, doppelt und dreifach drucken! Und solche Menschen wagen es, sich zu Kunstrichtern (s. S. 151; 170; 171; u. Beischr. 17.) über die Schöpfungen der ersten Genien Deutschlands aufzuwerfen! O, Klotz, Klotz! freue dich im Grabe! Dein Geschlecht stirbt nicht aus! Der Klotzianismus geht nicht unter. Aber nicht mit Göttern und Heiligen versuche der Mensch zu kämpfen, denn die Götter und Heiligen, wenn sie zürnen, sind furchtbar. Und dein Zorn, heiliger Lessing, ist vernichtend für diese Klötze und ihre klotzige Nachbrut: „Aber sobald der Kunstrichter verräth, daß er von seinem Autor mehr weiß, als ihm die Schriften (oder Werke) desselben sagen können; sobald er sich aus

---
*) Berliner Briefe II. im Kunstblatt von 1848 und in den kleinen Schriften III. 643 u. 644.

dieser näheren Kenntniß des geringsten, nachtheiligen Zuges wider ihn bedient: sogleich wird sein Tadel persönliche Beleidigung. Er hört auf Kunstrichter zu sein und wird — das verächtlichste, was ein vernünftiges Geschöpf werden kann — Klätscher, Anschwärzer, Pasquillant." *) Armer Kugler! Doch der heilige Lessing ist auch der gute und edle Lessing. Vielleicht erbarmt er sich deiner. Ruf ihn einmal an und sprich recht demüthig: „Heiliger Lessing! bitte für meinen ehrlichen Namen!" —

An Stelle der allseitigen Verehrung in München, deren Maß förmlich in einen Cornelius=Kultus ausarten wollte, war somit in Berlin ein Grad von Abneigung getreten, der vergleichsweise als Nichtbeachtung angesehen werden muß. So waltete zum ersten Male in seinem Leben das feindliche Geschick, daß der Meister am Orte seiner Wirksamkeit eine erhebende und aufmunternde Anerkennung nicht fand, dagegen die heftigsten Angriffe und eine sich stark überhebende Gegnerschaft. Einen Mann von geringerem Willen hätte dies Zurückstoßen von einer auch äußerlich ruhmvollen Höhe vielleicht geknickt, aber Cornelius, der den Weihrauch Münchens hatte ertragen können, fand in der scharfen Luft des Nordens nur neue Stärkung. Ein Charakter wird sich zwar immer gleich bleiben und das Glück wird ihn nicht erniedrigen, aber das Wort

„Nichts ist für den Menschen so schwer zu tragen
als eine Reihe von glücklichen Tagen!"

mag uns doch erinnern, daß auch vielleicht der Stärkste aus einer Reihe von glücklichen Jahren endlich den Tropfen Gift in sich aufnimmt, mit dem die Götter die Fülle ihrer Gaben sühnen. Eine Gefahr wäre es zweifellos gewesen, wenn der münchener Kultus in Berlin fortgesetzt worden wäre; denn auch Odysseus traute seiner Kraft nicht, um ohne fesselnde Bande den verführerischen Gesang der Sirenen anzuhören, und Alexander unterlag in wenigen Jahren dem Taumel eines wahnsinnigen Glückes. Die Dienste, welche Berlin wider Willen dem Cornelius erwiesen, sind unschätzbar, und ich wage zu behaupten, daß nur Berlin ihm diese erweisen konnte. Freilich Dienste der Liebe waren es nicht, aber Dienste, die zu einer schweren inneren Arbeit, zur höchsten

---

*) Lessing, antiqu. Briefe. Werke; Ausg. in 10 Bdn. 1841. Bd. V. 584.

Steigerung der Kraft führten. Nothwendig waren sie, und wenn wir auch Diejenigen, welche so feindlich anftraten, eben ihrer unlauteren Beweggründe wegen verurtheilen oder verachten müssen, so müssen wir doch dem Geschick danken, daß diese Herausforderung eintrat, denn ohne sie hätte die deutsche Malerei ihre schönften Werke schwerlich. Es giebt Dinge die geschehen müssen, aber über die Menschen, durch welche sie geschehen, muß man auch heute noch sprechen: Vergieb ihnen, denn sie wissen nicht, was sie thun! Nur im Widerstande des Lebens, im Kampfe um das Edelste erreicht der Mensch das Große und Hohe, nur nach zwölf mühevollen Thaten brachte die Göttin mit den Rosenwangen dem Sohne der Alkmene die Schaale der Unsterblichkeit dar. So auch hier; der heftige und fast plötzliche Angriff einer geschlossenen und einflußreichen Gegnerschaft, der überdies in dem schon erwähnten theilweise sehr lebhaften Widerspruch des Protestantismus gegen einige der Ludwigsfresken einen willkommenen Rückhalt fand, rief das ganze künstlerische Wesen unsers Meisters in seinem Urgrunde wach, trieb ihn zu den obersten und reinsten Quellen der Kunst, läuterte und stärkte ihn so, daß eine neue Jugend über ihn kam.

Neben dem neuen geistigen Aufschwung lieh das frische Lebenselement dieser Jugend der unsterbliche Phidias. Es war in Cornelius zum Bewußtsein gekommen, daß die Werke dieses Meisters die höchste Stufe der Kunst überhaupt einnehmen, und wie schwer diese Einsicht ist, mag Jeder, welchem sie noch nicht geworden, daran ermessen, daß sie ein Mann wie Cornelius erst an der Schwelle des Greisenalters empfing. Welches aber ist denn jene unerreichte Schönheit, die nur dem Schauenden sich aufschließt, und welche die Bildnereien des Parthenon über alles Andere erhebt? Es ist vor Allem die vollendete Einheit der größten Naturwahrheit mit der höchsten Idealität, es ist der Styl in seiner unbedingten Vollkommenheit. Darin liegt der Werth des antiken Vorbildes für alle Zeiten, denn keine spätere Zeit hat das Wesen des Kunstwerks — Harmonie von Inhalt und Form — in dieser absoluten Vollendung gelöst. Von dieser hohen Schönheit sagt Winkelmann, „sie ist von höherer Geburt wie die himmlische Venus, von der Harmonie gebildet, beständig und unveränderlich, wie die ewigen Gesetze von dieser; eine Gesellin der Götter, ist sie sich selbst genugsam, bietet sich nicht an, sondern will gesucht werden; mit den Weisen allein unterhält sie sich, und dem Pöbel erscheint sie störrisch und unfreundlich; sie verschließt in sich die Bewegungen der Seele und nähert sich der seeligen Stille der göttlichen Natur."

Man gehe zu den Abgüssen dieser Phidias'schen Werke hin und sehe die einfach natürliche Lage jeder einzelnen Gestalt, betrachte die Bildung dieser Körper, denen nicht eine Muskel, ein Organ fehlt, daß sie dem Leben abgeformt sein könnten, — und suche in den tiefen Sinn, die reine Form, den hohen Styl und idealen Geist zugleich einzudringen. Jede solche Schöpfung der Kunst ist ein in sich geschlossenes Wesen, und dabei ein Inbegriff der ganzen Natur nach ihrem Gesetz und Organismus, die höchste Erhebung des Einzelnen in das Urbild seiner Gattung, ohne dabei eine einzige Form von der treuesten und reinsten Wahrheit des Lebens zu entfernen, oder sich irgend eines Mittels äußerlicher Verdeutlichung und Symbolisirung zu bedienen. Die Durchdringung der natürlichen Form, die von Außen kommt, ganz und voll bis in die kleinsten Glieder durch den lebendig von Innen heraus frei schaffenden Künstlergeist: dies ist das große Geheimniß solcher Bildungen. Und wie unerreicht sprechen künstlerische Zusammenstellungen solcher Bildungen einen einzigen großen Gedanken schlagend und vollkommen anschaulich aus! Die Idee ist ganz und völlig in die sichtbare Erscheinung übergegangen. Deshalb sind diese hohen Werke unendlich weit entfernt von symbolisirenden Abstractionen, die dem Geist zu lieb die Form verkümmern oder vermustalten, und unendlich weit entfernt von dem einfachen Abklatsch der Natur. Mit jenen mag in jugendlichen Zeiten die Kunst beginnen, und sie mögen uns Bürge sein, daß die Kunst geistigen Ursprungs von Anbeginn an ist, aber heute haben wir eine Verirrung dahin nur ausnahmsweise zu befürchten. Sehr groß aber ist die Gefahr dieses, des zweiten Aeußersten.

Eine Klasse sogenannter Künstler hat nemlich, wie allgemein bekannt, die täuschende Naturwirklichkeit zur Abgöttin erhoben, und sie bilden sich ein, das Höchste der Kunst sei Copirung der Natur. „Welche Wahrheit! welche Treue! — welche Treue! welche Wahrheit!" sind die Reden, womit sie sich gegenseitig zu „großen" Künstlern heraufschwätzen. Kann es wohl einen erbärmlicheren Selbstbetrug geben? An Stelle des Edelsten erscheint das

Gemeine mit dem Anspruch für jenes zu gelten. „In der neuen Zeit giebt es ganze Völker", sagt Schinkel,*) „die aber in Betreff der Kunst nur gemeine Täuschung, Natürlichkeit, wie sie der Zufall giebt, Sauberkeit der Technik verlangen. Hier dient die Kunst zum gemeinen Zeitvertreibe, wird eine Aefferei und zuletzt ein Ingredienz zur Immoralität in einer Form, die kaum wieder zu verbannen ist." Diese Aefferei ist aber nun Mode, es ist nicht zu leugnen, und sie bemüht sich, alles Edle und Große in der Kunst, was sie eben nicht versteht, als mangelhaft zu verschreien. Die Antike wird ihr veraltet und langweilig, und doch ist die Antike das Höchste, was ein vernünftiger, nicht ein äffischer, Naturalismus je geleistet hat. Durch den einfachen Hinweis auf sie, können wir all die modernen Naturcopisten sammt ihren Aposteln und Anhängern siegreich in den Staub treten, wo ihre Sphäre ist, denn ihre Lieblingsgegenstände, die sie abschreiben, sind Staub, nichts als Staub, da sie ihnen nicht eigenes Leben einzuhauchen wissen. Beim Phidias ist die unbedingteste Naturwahrheit, das vollkommenste Verständniß der Form, die reinste Wiedergabe des lebendigen Organismus: was wollen also jene? Der tiefe, selbstständige Geist, der in diesen Bildungen wohnt, bleibt für sie stumm, er ist ihnen zu hoch, denn „er unterhält sich allein mit den Weisen." Doch lassen wir diese Modekünstler; wir würden ihrer nicht erwähnt haben, wenn nicht durch ihr Geschrei die öffentliche Meinung vielfach gefälscht worden wäre, und der Glaube verbreitet, daß sie allein die Natur wahr erfaßten, daß mit Naturwahrheit Idealität nicht verträglich sei. Sagte doch schon der alte Dannecker von den Parthenonwerken: „Sie sind wie über die Natur geformt, und doch habe ich noch nie das Glück gehabt, solche Natur zu sehen."

Auch von anderer Seite ist der Werth der Antike unterschätzt, ja ihre belebende Kraft gänzlich verkannt worden. Führen wir ein Beispiel an, das auf Cornelius unmittelbar Bezug hat. Graf A. Raczynski hat bekanntlich ein großes Werk über deutsche Künstler (in französischer Sprache!) herausgegeben, und darin auch einen Aufsatz über Cornelius geliefert. In diesem heißt es u. a.: „Die Zeiten des größten Ruhmes sind dies nicht

---

*) Nachlaß III. 358.

deshalb, weil sie andere, minder rühmliche Epochen nachgeahmt haben, sondern weil sie zur Natur zurückgekehrt sind, und Cornelius wäre gewiß groß geworden, ohne die Antike studirt zu haben; ich finde ihn sogar größer da, wo ich nicht die geringste Spur dieses Studiums entdecke, wie z. B. in seinem Faust. Um Maler zu sein, muß man zu zeichnen verstehen, und es ist besser, gute Sachen zu zeichnen als schlechte: in dieser Hinsicht ist die Nachahmung der Antike den Schülern nützlich, aber sich vom Geiste des Alterthums durchdringen lassen zu wollen, um dann zu schaffen gleich diesem, ist, wie ich glaube, eine Verirrung."*) Es ist gut, daß dies Buch in französischer Sprache geschrieben ist, und daß der Verfasser sich demnach außerhalb der deutschen Literatur stellt, denn man kann ihm somit keinen Vorwurf aus der vollkommensten Unkenntniß des geistigen Zustandes unseres Volkes seit hundert Jahren machen. Nur dies ist wunderbar, daß ein Schriftsteller, welcher dem innersten Wesen eines Volkes so durchaus fremd gegenübersteht, sich unterfängt, von der Kunst desselben Volkes in dicken, großen Bänden zu handeln, und dies dann für eine „histoire de l'art moderne en Allemagne" auszugeben. Von einer besondern Widerlegung dieser Auslassungen kann keine Rede sein, der Geist, in welchem wir uns hier stets unterhalten, beseitigt sie stillschweigend. Eine Entschuldigung derselben wird man jedoch billigerweise in den Erfahrungen finden müssen, die der Verfasser in Bezug auf die Nachahmung der Antike bei den Werken der letzten Akademiker und dann der Franzosen, besonders des David, augenscheinlich gemacht hat. Freilich die Aufnahme der Antike durch Cornelius war weder pedantisch wie in der Zopfzeit, noch theatralisch wie in der David'schen Schule, und dies wird doch wohl nicht übersehen werden dürfen, so daß jene Entschuldigung, die man so gern aus Achtung vor der ausgezeichneten, durch Raczynski geübten Kunstpflege gelten ließe, immerhin nur eine bedingte sein kann. Wie sehr aber das Alterthum, die alte Kunst, lebendig und geistig in unsere Zeit herübergewirkt hat, bestätigt außer den beredten Zeugen in Dichtung und Kunst Schinkel ausdrücklich mit Worten. Er sagt: „Die wenigen Ueberreste

---

*) II. 142. (Der Schlußsatz lautet im Original: „mais vouloir se pénétrer de l'esprit de l'antiquité pour ensuite faire comme elle, c'est, je le crois, une erreur."

der schönen Kunst stellen uns den geistigen Zustand des Alterthums weit deutlicher dar, als alle Schriftsteller". *) Und wie hoch dieser Geist ihm galt, ist nicht zweifelhaft, "denn ein echtes Studium, besonders aber eine fleißige Uebung der Phantasie auf dem Grunde klassischer Kunst bringt allein Harmonie in die gesammte Bildung eines Menschen, der einer späteren Zeit angehört." **) Mit solcher Einsicht und solcher Bildung verträgt es sich nicht, daß rundweg das künstlerische Schaffen im Geiste des Alterthums eine Verirrung gescholten wird.

Diese Aufnahme des höchsten Geistes klassischer Kunst durch Cornelius war es denn nun auch, die von da ab seine Schöpfungen dem Edelsten und Größten an die Seite stellte; und auch hinsichtlich ihres Inhaltes sollten sie die höchsten Ideen zur Darstellung bringen, so daß wir in ihnen nicht nur den Gipfel der neueren, sondern überhaupt der deutschen Malerei zu bewundern haben. Diese Schöpfungen sind die Entwürfe und Kartons zu den Wandgemälden der Königsgruft in Berlin.

Friedrich Wilhelm IV. hatte bekanntlich den Plan gefaßt, in der Hauptstadt des Staates einen Dom zu errichten, und demselben einen Friedhof anzuschließen, welcher nach Art des Campo santo zu Pisa gebaut und dazu bestimmt sein sollte, dem Königshause als Gruftstätte zu dienen. Cornelius empfing den Auftrag, die Fresken für den Schmuck der Umfassungswände dieses Hofes, und später auch den, das Gemälde für die Absis des Domes zu entwerfen. Eine Vorschrift irgend welcher Art war ihm in Bezug auf jene nicht gemacht, was ihm in Bezug auf dieses zur Bedingung gestellt, werden wir noch zu erwähnen haben. Bei der Königsgruft hatte er unbedingt freie Hand, und er entschloß sich sogleich zur Durcharbeitung seiner Aufgabe an den Hauptsitz der Kunst, nach Rom, zu wandern. Im October 1843 reiste er dahin ab, im Mai des nächsten Jahres kehrte er heim, und vollendete in Berlin bis zu Anfang 1845 den ganzen Entwurf. Derselbe ging in den Besitz des Kunsthändlers Wigand in Leipzig über, welcher die Stiche nach diesen Zeichnungen verlegte; nach Wigand's Tode verkauften die Erben die vier Blätter an das Kunstmuseum zu Weimar, wo sie neben den Werken von Carstens als der

---

*) Schinkel, Nachlaß III., 361.   **) ebend. III., 355.

größte Schatz der Sammlung wie ein Heiligthum bewahrt werden. Die Zeichnungen sind in Bleistift ausgeführt, jedoch von einer Vollendung, daß, als ich unlängst dieselben betrachtete, der mitanwesende, vortreffliche Landschaftsmeister Friedrich Preller mit Recht ausrufen durfte: „Seit Rafael und Michelangelo ist so nicht gezeichnet worden!" Freilich weichen die einzelnen Darstellungen in Bezug auf die Meisterschaft der Zeichnung hie und da von einander ab, und man erkennt deutlich, wo die Seele des Künstlers in vollster Begeisterung geschaffen, oder wo die geistige Erregung eine geringere war.

Der oberflächlichste Beschauer wird diesen Blättern gegenüber sofort inne, daß er es mit einem Kunstwerke der umfassendsten Art und des seltensten Reichthums zu thun hat; dies ist wohl das Erste, daß die Fülle der Gedanken, die sich hier aussprechen, überrascht. Aber um weiter vorzudringen, bedarf es nun wiederum einer ernsten Hingabe. Versuchen wir es, ob wir uns eine Vorstellung bilden können von den Gedanken, aus welchen dies Werk emporgewachsen ist.

Die Aufgabe für Cornelius war die, die Wände des Vorhofes der Königsgruft mit Malereien zu schmücken; das Was und Wie stand bei ihm. Wenn nun auch hinsichtlich des Letzteren für ihn keine Wahl sich darbieten konnte, da sein künstlerischer Genius ihn mit Nothwendigkeit treiben mußte, so war doch für jenes ein weiter Spielraum gelassen, und es bedurfte einer ernsten Arbeit, den geeigneten Stoff aufzubauen. Ich zweifle nicht, daß, wenn heute dieselbe Aufgabe vorläge, Commissionen aller Art sich beeilen würden, Programme zu erfinden, die einander an Ungereimtheit übertreffen; man würde ohne Zweifel in die gewöhnlichste Prosa der Geschichte zurückgreifen, und man würde sicher den Tod Friedrich des Großen, den Leichenzug Friedrich Wilhelm III. oder das Paradebett Friedrich Wilhelm IV., vielleicht sogar den großen König, wie er bei Kunersdorf mit Selbstmordgedanken umging, vorschlagen. Damals dachte Niemand an diese Allerwelts-Kunstmacherei, und man sieht auch hieraus, daß wir auf diesem Gebiete seit jener Zeit nicht vorwärts gegangen sind.

Nicht blos für Cornelius, sondern für Jeden, der eine lebendige Einsicht in das Wesen der Kunst und ihre Geschichte besitzt, konnte die Wahl des Stoffes im Großen und Ganzen kaum zweifelhaft sein. Denn wenn man heute in dem Worte Königsgruft die beiden ersten Sylben stark betonen würde, so legte man damals mit Recht allen Nachdruck auf die letzte. Vor dem Tode ist die sogenannte Majestät der Erde Staub; „der fette König und der magere Bettler sind nur verschiedene Gerichte; zwei Schüsseln, aber für eine Tafel!"*) Und so ist es nicht schicklich, am Orte des Todes mit den Ansprüchen eben dieser Majestät zu erscheinen; jedes bessere menschliche Gefühl lehnt sich dagegen auf. Wir verlangen an solchen Stätten Tröstung, beseligende Ruhe, Gewißheit und Frieden, und wünschen dringend, daß das eitle Treiben der Welt uns hier nicht auch noch im Abbild quäle. Welche Gedanken sind es aber vor allen, die uns an den Gräbern der Abgeschiedenen erfassen? Es sind zwei: Unsterblichkeit und Vorsehung; oder wenn wir den letzteren, Vorsehung, uns zum genaueren Bewußtsein bringen und erkennen, daß wir darin den Sieg des Guten und die Gemeinschaft mit Gott zusammenfassen, so gelangen wir zu jenen drei höchsten Ideen der Philosophie: Gott, Freiheit und Unsterblichkeit. Diese Ideen arbeiten in uns, sobald unser Geist nur irgendwie von der Vorstellung des Todes angeregt wird, und wir fordern unabweislich ein Eingehen auf dieselben, wenn wir dahin geführt werden, wo die Opfer des Erdbezwingers in die Elemente sich auflösen. Ja, diese Ideen keimen auch selbst in denjenigen, welchen der Geist nur ein Erzeugniß der Bewegung des Stoffes ist, denn sie sagen doch wenigstens: „Deine Seele, hättest du nemlich wirklich eine, wird verwehen und sterben, wie du selbst!" So die Unsterblichkeit leugnend, können sie doch nicht umhin, beim Gedanken an den Tod wenigstens die Verneinung dieses Begriffes zu denken.

Die Forderung, daß also jene Ideen zu uns sprechen, wenn die Vorstellung des Todes angeregt wird, liegt im Geiste unserer, der neuen Zeit. Im Mittelalter dachte und fühlte man anders. Man malte die Tänze, zu denen das Gerippe mit der Sense Alle, vom Bettler bis zum König, führte, man stellte den Sieg des Todes in großen Wandmalereien dar, und zeichnete daneben die Hölle und das Weltgericht mit allen ihren Qualen und Grauen. Die Zeit muß damals das Schreckliche und Erschütternde ver-

---

*) Shakspeare, Hamlet IV. 3.

langt haben, wir dürfen sie deswegen nicht gering schätzen, aber unser Gemüth wendet sich von solchen Bildern ab, und wünscht einer tröstlichen Erhebung sich hinzugeben; wir sehnen uns nach des Lebens Quellen und Bächen, nicht nach seiner Vernichtung hin, und so klammern wir uns mit jedem Pulsschlage mehr und mehr an Vorstellungen fest, die in jenen drei Ideen ihre philosophische Wurzel haben. Aber diese Ideen sind abstract, körperlos und nach theoretischen Gründen nicht zu erweisen: ja sie leben für uns nur so lange, als wir selbst sie lebendig in unserer Seele empfinden und denken.

    „Aber flüchtet aus der Sinne Schranken
    in die Freiheit der Gedanken,
    und die Furchterscheinung ist entflohn,
    und der ew'ge Abgrund wird sich füllen;
    nehmt die Gottheit auf in euren Willen,
    und sie steigt von ihrem Weltenthron". *)

Aber wenn so jene Ideen abstract und zugleich uns, den Einzelnen, eigenthümlich sind, so werden wir uns auch nur auf abstracte Sätze allgemeinsten Inhaltes beschränken müssen, wenn wir eine Einstimmigkeit von Vielen oder Allen erreichen wollen. Dies ist das protestantische Princip in seiner religiös-philosophischen Consequenz; wir ergänzen hierdurch zugleich noch nachdrücklichst unsere frühere Meinung (S. 119 ff.), daß die christliche Malerei im Protestantismus keinen ursprünglichen Lebensgrund findet. Denn die abstracte Idee ist der unmittelbarste Gegensatz des sinnlichen Kunstwerkes.

Wie ist also hier zu helfen? Wir verlangen einen Hinweis auf jene Ideen, und die herbeigerufene Kunst muß erklären, daß ihre Mittel da hinauf nicht reichen. Dennoch aber hat die Kunst, als die edelste Gabe und Kraft des Menschen, auch ein ewiges Recht an diese höchsten Ideen, und sie kann sich dieselben schlechthin nicht entziehen lassen. Aber sie muß das Abstracte in eine Gestalt kleiden, sie muß die Idee in die Form des Gleichnisses überführen, und sie so durch eine bestimmte Erscheinung auch den Sinnen faßbar machen. Wo aber findet sich die Form dieses Gleichnisses?

Wir haben bisher stets auf das Allgemein-Menschliche und Ewig-

---

*) Schiller, Ideal und Leben. 1795.

Wahre, auf die letzten Ideen in den Stoffen hingewiesen, und dieselben in der klassischen Mythologie hervorgehoben, wie auch im jüngsten Gerichte zu bezeichnen gesucht. Aber diese Stoffe reichen nicht an jene Ideen. Das Alterthum kennt namentlich die Idee der Unsterblichkeit nur ungenügend, und die mittelalterliche Dogmatik verletzt durch die trostlose Aussicht in die ewige Verdammniß. Dennoch sind diese Ideen in einem Stoffe lebendig, der seit fast zwei Jahrtausenden die Geschicke eines ganzen Welttheiles bewegt, der aber nicht immer in diesem Sinne mit rein künstlerischer Begeisterung aufgefaßt ist. Es ist das neue Testament. Und darin eben besteht die Unentbehrlichkeit der christlichen Stoffe für die Kunst, darin liegt es, daß sie schlechthin die Höhe künstlerischen Schaffens bezeichnen, darin wurzelt die Bürgschaft ihrer ewigen Fortentwickelung, daß sie die höchsten Ideen der Menschheit versinnlichen. Alle andern Religionen, was sie auch über diese haben ersinnen mögen, treten zurück, ja sie erscheinen so beengend und ungenügend, daß neben ihnen das Christenthum durchaus als eine erlösende Offenbarung sich darstellt. Oder ist es keine Erlösung, wenn das Gebot der Liebe durch das Weltall tönt, wenn das Böse durch die Liebe Gottes selbst überwunden den Sieg des Guten ankündigt, und uns selige Unsterblichkeit verheißt? Und sind da nicht eben jene drei höchsten Ideen wieder: Gott, Freiheit und Unsterblichkeit! Auch ohne die Kunst werden wir für unser religiöses Bedürfniß von den Abstractionen an das Christenthum verwiesen. Denn diese Abstractionen leben für uns, wie wir sagten, nur in uns, und welcher Mensch könnte sie immer mit jungem Leben erfüllen, mit Wasser des Lebens tränken? Selbst ein Faust, das verkörperte Abbild und Ideal deutschen Strebens, lag wie oft im Durste! Die Menschenliebe, die Liebe Gottes regt sich in ihm, sein Busen wird helle, und er sehnt sich nach des Lebens Bächen, nach des Lebens Quelle hin. Aber Befriedigung will nicht aus dem Busen quillen, der Born versiegt, er liegt im Durste. „Doch", ruft er aus:

> „Doch dieser Mangel läßt sich ersetzen,
> wir lernen das Ueberirdische schätzen,
> wir sehnen uns nach Offenbarung,
> die nirgends würdiger und schöner brennt,
> als in dem neuen Testament."

Und welcher vernünftige Mensch, mag er sonst über die kirchlichen Dogmen denken wie er will, wagte auch wohl zu bestreiten, daß die Bibel das einzige Buch ist, aus dem mit stets gleichem Erfolge religiöse und sittliche Grundsätze geschöpft und gepflegt werden können! Das Christenthum, — nicht dies oder jenes Kirchenthum, — sondern das geistige, Alles durchdringende Prinzip des Lebens ist die Religion der Liebe, ist die That der Liebe; und deshalb ist das Christenthum, um einen Kant'schen Ausdruck zu gebrauchen, auch liebenswürdig, indem es liebenswürdig macht, und es besitzt, so aufgefaßt, in der That die Kraft jenes Wunderringes, „vor Gott und Menschen angenehm zu machen." Um dieser Eigenschaft willen werden wir mit Nothwendigkeit für das Leben aus den philosophischen Abstractionen zu den biblischen Büchern getrieben; — und nun gar erst die Kunst wäre ihres schönsten Inhaltes beraubt, wenn ihr diese unerschöpfliche Schatzkammer verschlossen werden sollte.

So ergriff denn Cornelius den christlichen Stoff mit philosophischer Erkenntniß und mit dichterischer Tiefe, und gestaltete ihn zu einem gewaltigen Epos in Bildern aus, das in den thatsächlichen Darstellungen neutestamentlicher Geschichte die ganze Größe und Hoheit der christlichen Ethik zur Anschauung bringt, so daß die Kunstgeschichte bisher ein ähnliches Werk nicht kennt. Die einzelnen Gesänge dieses Epos theilen sich auf die vier Wände des Friedhofes und klingen, jeder für sich ein reich gegliedertes Kunstwerk, zu einer vielstimmigen Harmonie zusammen. Der Meister brach hierdurch entschieden mit der traditionell-kirchlichen Kunst, er stellte sich auf den allgemein menschlichen Standpunkt, und erfaßte in diesem Sinne den ihm aus den heiligen Büchern zufließenden Stoff. Man könnte sagen, diese Art des Schaffens sei ihrem Wesen nach eine protestantische, und hätte hierzu ein Recht, da sie, die katholisch-dogmatische Kunsttradition bei Seite schiebend, sich nur an die Bibel hält und deren Gegenstände poetisch zur Anschauung bringt, — allein wir dürfen uns nicht täuschen. Denn eine protestantische Kunst giebt es ebenso wenig, als es eine protestantische Confession geben würde, wenn es keine katholische Kirche mehr giebt. Der Protestantismus lebt als Besonderheit nur durch den Gegensatz gegen den Katholicismus oder richtiger gegen die Kirche; aber welche Merkmale müßte eine christliche Kunst haben, um protestantisch genannt werden zu müssen? Man sieht leicht ein, daß dies ein Unding ist. Jede Kunst, die sich noch im Dienste der Kirche nach dogmatisch-mystischen Vorschriften richtet, ist nicht ganz frei, die Kunst aber, welche, Dienst und Vorschriften der Kirche bei Seite lassend, nur aus der innersten Nothwendigkeit höchster Poesie schafft, diese ist erst in Wahrheit freie Kunst. Und die freie Kunst steht hoch über den Confessionen, sie vereinigt durch ihren ewigen, allgemeinen und reinen Gehalt alle empfindenden Menschen zum Kultus des Schönen, und befriedigt in eben solcher Vollkommenheit den Papst als den neu-klassischen Heiden nach Göthe'schem Muster, — vorausgesetzt daß beide sich dazu erheben können, Menschen zu sein.

Werke von solcher unbedingten Freiheit, wie diese sind, hat die christliche Kunst nie zuvor erzeugt, nur Einzelnes deutet auf sie bereits in früherer Zeit hin: Rafael's Sixtina und seine Tapeten, Leonardo's Abendmahl, Michelangelo's jüngstes Gericht, Dürer's Apostel. Aber niemals sind solche einzelne Werke so streng und großartig im Sinne freier Kunst durchgeführt worden, niemals sind sie zu einem großen Gesammtorganismus zusammengefügt worden, der aus demselben Geiste freier Menschlichkeit emporgewachsen ist. Darum hat Cornelius schon nach dieser Richtung hin durch seine Königsgruft die Kunst im edelsten und höchsten Verstande gefördert, und diese Förderung wird um so tiefgreifender, als sich zu dieser edlen Verkörperung der höchsten Ideen ein künstlerischer Styl in Composition und Zeichnung gesellt, der die vollendetsten Vorbilder, Rafael und Phidias, lebendig macht. In diesen Werken haben wir eine Blüthe der klassischen Kunst zu feiern, die als krönendes Glied eine tausendjährige Entwickelung ruhmvoll schließt, und zugleich die Thore einer neuen durch Jahrhunderte wirkenden Nachfolge öffnet. Und darum eben bezeugen sie sich als die That eines Genius, im strengen und richtigen Sinne des Wortes. Ja, ich nehme keinen Anstand, sie mit vollem Bewußtsein als das Größte zu preisen, was die Kunst seit dreihundert Jahren überhaupt erzeugt hat, und will damit weder den Ruhm der großen Niederländer noch der Meister unserer Zeit schmälern. Denn es liegt in der Sache. Es mag sein, daß Schinkel und Thorwaldsen in manchen Stücken vielleicht bedeutend höher zu schätzen sind als Cornelius, aber darin haben sie ihn nicht erreicht, daß sie die höchsten Ideen der Menschheit zu klassisch vollendeter Form, wie er, anschaulich machten. Und diese unsterbliche That ist die Frucht eines Greisenalters!

Der dem Meister dargebotene Raum sollte in den vier 180 Fuß langen Wänden des Peristyls bestehen, welcher den Vorhof zu den eigentlichen Gruftstätten bildet. Cornelius gliederte die Wände architektonisch, indem er über einer gleichmäßig fortlaufenden Plinthe eine Anordnung von Pilastern mit abschließendem Horizontalgebälk ausführte; horizontale Ornamentstreifen theilen wieder jeden so entstandenen Raum in einen Sockelstreifen, eine Hauptfläche und ein Bogenfeld, und die ganze Theilung umspielt und schließt eine reiche Fülle von Arabesken, Gewinden und architektonischen Zierrathen. Das Sockelbild ist grau in grau zu denken, das Hauptgemälde buntfarbig, das im Bogenfelde auf Goldgrund, so daß die reliefartige Predella dem Hauptbilde eine sichere Unterlage darbietet, und dies wieder, ohne gedrückt zu sein, die leichte Lünette tragen kann. Diese Darstellungen ernstesten Inhaltes nun umrahmt wieder in heiterer Ungezwungenheit das Ornament, welches doch auch zugleich dem Ganzen die Theilung verleiht. Um aber jede Spur von Einförmigkeit zu vermeiden, und den Charakter der Monumentalität noch zu steigern, schnitt der Künstler auf jeder Wand diese Folge zweimal durch, und schob eine große Nische ein, die eine im statuarischen Style gehaltene Gruppe enthält. So ward die einfache Fläche durch die künstlerische Raumtheilung zu einem lebendigen Organismus, zu einer monumentalen Würde ausgebildet, und die strenge Geschlossenheit, welche hierdurch erreicht war, wurde durch die Darstellungen selbst gehalten und verstärkt. Dazu müssen wir aber wieder bei dem Grundgedanken anknüpfen.

Die Bestimmung des Gebäudes führte zu jenen höchsten Ideen der Menschheit hin, und Cornelius stand ihnen somit zum zweiten Male gegenüber. Denn, wenn er in der Ludwigskirche Schöpfung, Erlösung und Heiligung darstellte, so ist dies doch nur die positiv-dogmatische Form der philosophischen Ideen: Gott, Freiheit und Unsterblichkeit. Daß wir diese aber bei Betrachtung der Ludwigskirche nicht hineingezogen, findet darin seine nothwendige Berechtigung, daß die Gemälde im kirchlich-katholischen Sinne gedacht und ausgeführt sind. Hier aber, wo alles Kirchliche fehlt, müssen wir um so mehr von den allgemeinsten Ideen ausgehen, damit wir uns ganz verständigen, wie sehr diese Werke für Alle Bedeutung haben, für den Philosophen wie für den Orthodoxen, für den Protestanten wie für den Katholiken. Hiermit ist keinesweges die Behauptung ausgesprochen, daß Cornelius von den abstracten Ideen auch wirklich bei seinem Schaffen ausgegangen sei, vielmehr bin ich der Meinung, — und ich glaube, sie kann nicht wohl angezweifelt werden, — daß er von dem thatsächlich gegebenen Stoff aus, und durch dessen Verarbeitung erst zu den letzten Ideen in diesem Falle gelangt ist. Denn solcher Art ist das künstlerische Schaffen im Gegensatz zu jenem Verfahren wissenschaftlicher Arbeit. Ferner muß es für uns wie für den Künstler gleichgültig sein, daß die Gruft demjenigen Königshause angehört, welches der mächtige Schutzherr des Protestantismus sein soll. Denn so wenig sich Cornelius hierdurch irgendwie im Gegensatz zu seinem Gewissen und künstlerischen Bewußtsein hätte bestimmen lassen, so wenig kann es uns hier kümmern, wo wir einen der wenigen Punkte erobert finden, auf dem der confessionelle Hader sich in der freien, allgemein=menschlichen Kunst versöhnt. Unzweifelhaft von maßgebendem Einflusse war aber die Bestimmung des Bauwerks als einer Friedhofshalle, ohne all' und jede kirchliche Bedeutung, so daß die Stellung gerade dieser Aufgabe an Cornelius als ein besonderes Glück, als eine hohe Gunst des Schicksals sich erweist, und wir so immer deutlicher erkennen, wie auch die äußeren Dinge in unseres Meisters Leben so und nicht anders sein konnten.

Die höchsten Ideen nun schwimmen keinesswegs auf der Oberfläche des christlichen Stoffes herum, sie stecken tief in seinem innersten Kerne, und deshalb werden diese christlichen Darstellungen zunächst durch ihre rein thatsächliche Bedeutung, und dann erst dem tiefer Gehenden als Gleichniß für abstracte Ideen anschaulich werden. Darin aber zeigen und bekunden sie wieder ihren allumfassenden Gehalt, daß sie den gemeinen Mann ebenso beschäftigen und erheben als den Philosophen.

Von diesen drei Ideen tritt hier naturgemäß die Unsterblichkeit in den Vordergrund als der tröstende Gegensatz des Todes. Aber der Tod bleibt dennoch bestehen mit dem ganzen Gefolge irdischer Leiden, und wir werden uns kaum eine Unsterblichkeit wünschen, ohne das Bewußtsein in uns zu tragen, daß die Noth, das Elend und alles Uebel der Erde nach dem Abschluß unseres Lebens aufhören. So erscheinen diese denn wie die natürliche Ursache des Todes und mit ihrer Ueberwindung wäre auch der Tod bezwungen. Ein großer Gedanke also ist es, der hierin steckt, und will man ihn kurz zusammenfassen, so lautet er: Die Ursache des Todes — und seine Ueberwindung. Darin liegt der Sieg des Guten, die Erlösung, die Freiheit und die Unsterblichkeit, und es liegt darin, da wir aus menschlicher Kraft und endlichem Willen dahin nicht gelangen, auch die Idee Gottes. Dieser Gedanke ist das Grundthema des Cornelius, das mit biblischen Worten in der Stelle aus dem Römerbriefe des Paulus so lautet: „Denn der Tod ist der Sünden Sold, aber die Gabe Gottes ist das ewige Leben in Christo Jesu unserem Herrn."

Dies Grundthema nun gliedernd, ordnete Cornelius an der ersten Wand zu beiden Seiten des Eingangs in die Gruftstätte, wie den nächsten und ersten Trost beim Eintritt in die Hallen des Todes, Darstellungen an, die Ursache und Ueberwindung des Bösen zeigen. Natürlich beginnt die Reihe mit dem Sündenfall, setzt sich in der Geburt und Grablegung Christi fort, und giebt in der Erlösung von leiblicher Noth — Heilung des Gichtbrüchigen — und in der von geistiger — Ehebrecherin — die allumfassende Bedeutung der Sendung Christi zu erkennen; die Aufnahme der Sünder, der segnende Jehovah und der erneute Bund der Menschheit mit Gott bringen die Gewißheit, daß das Böse durch heiligende Selbstaufopferung besiegt, daß die Sünde durch Christum überwunden ist. Das Böse ist und herrscht in der Welt, und hier wird uns Freiheit von seiner Herrschaft und Seeligkeit angekündigt. Eine finstere Macht ist von uns genommen, und wir sehen es in die Ewigkeit hinein göttlich tagen. Darum ist unser nächster Gedanke, daß diese Seeligkeit unendlich, daß unsere befreite Seele unsterblich in Gott lebe.

Der Unsterblichkeit ist die gegenüberliegende Wand bestimmt, welche an ihrem südlichen Ende durch ein breites Säulenthor geöffnet ist, so daß die zu bemalende Fläche um etwa zwanzig Fuß verkürzt wird. Es ist so Raum für drei Bilder und zwei Nischen da, und das mittlere der Bilder befindet sich dem Eingange zur Gruft gegenüber, so daß es den Leidtragenden, die dort eine königliche Leiche bestattet, sogleich mit seiner erhebenden Kraft nahe steht. Und dies Bild zeigt den auferstandenen Christus. Denn wir können uns, da wir die Idee der Unsterblichkeit mit logischen Begriffen nicht zu erschöpfen vermögen, von dieser nur unter dem Bilde der Auferstehung eine schickliche und edle Anschauung verschaffen. Alles andere ist verletzend und trostlos, wie die orientalische Seelenwanderung, das griechische Schattendasein oder das pantheistische Aufgehen der einzelnen Seele in das All der Urseele. Immer liegt in der christlichen Lehre die milde Erlösung vom Unzulänglichen und Gemeinen, und so ist es auch hier mit der Auferstehung. Mag die Naturwissenschaft ebenso unumstößlich beweisen, daß die buchstäblich verstandene Auferstehung des Fleisches ein Unding ist, wie sie ehedem dem Bibelworte entgegen bewies, daß die Erde nicht still steht, so thut dies wahrlich nicht im Entferntesten etwas. Die religiöse Idee der Auferstehung wird dadurch keineswegs angetastet, vielmehr kann sie so an Reinheit nur gewinnen. Denn Auferstehung ist nichts als Unsterblichkeit, und der Glaube an diese ist nicht anders als durch die Auferstehung allgemein zu machen. Deshalb singt auch Schiller mit voller dichterischer Ueberzeugung:

>"Noch köstlicheren Samen bergen
>wir trauernd in der Erde Schooß
>und hoffen, daß er aus den Särgen
>erblühen soll zu schönerm Loos."

Diese Nothwendigkeit des Auferstehungsglaubens beweist schlagend das griechische Alterthum. Kaum ist es möglich, reinere und edlere Ideen von der Unsterblichkeit der Seele zu haben, als wie Sokrates sie in Platon's Phädon entwickelt, dennoch aber blieben dieselben dem Volke fremd und unverständlich; das Volk glaubte nicht an die Unsterblichkeit, weil ihm die einzig passende Versinnlichung dieser abstracten Idee fehlte. Denn wie konnte es einen Sokrates fassen und begreifen! Der Weise spricht: "Die Seele also, das Unsichtbare, nach einem ihr ähnlich beschaffenen, heiligen, reinen Aufenthalte Hinziehende, nach einem dieses Namens würdigen Reiche des Unsichtbaren, zu einem guten und verständigen Gott, wohin unverzüglich, so es Gott gefällt, auch meine Seele wandern muß, diese so beschaffene und von der Natur so eingerichtete Seele, die sollte, des Leibes ledig, uns zerweht werden und untergehen, wie die Mehrzahl der Menschen behauptet! Weit entfernt davon, verhält es sich weit eher so." Bei solcher

Festigkeit des Glaubens mußte Sokrates, da ihm eine Wiedervereinigung der Seele und des Leibes in der Auferstehung nicht zu Sinne kam, nothwendig den Leib als das Gefängniß der Seele ansehen, und von dieser annehmen, daß sie vor der Geburt des Leibes eben so gut gelebt, als sie nach dem Tode leben werde. Hierin geht der Grieche sogar über die Lehre der christlichen Kirchen hinaus, und giebt jedem Menschen die Berechtigung mit Christus zu sprechen: „Ich bin vom Vater ausgegangen und gekommen in die Welt; wiederum verlasse ich die Welt, und gehe zum Vater." O, über die frommen Christen, die da so gern in frommer christlicher Demuth glaubensstolz auf die blinden Heiden herabsehen! Was könnten sie von jenem heiligen Heiden nicht alles lernen! — Doch lege man sich die Unsterblichkeitsidee philosophisch zurecht, wie man wolle, in eine Volksreligion kann dieselbe, nach der bisherigen Erfahrung der Weltgeschichte, nur als Glauben an die Auferstehung des Fleisches übergehen. Wie demnach logisch aus der Ueberwindung des bösen Principes, also der Aufrichtung der Freiheit, nothwendig die Unsterblichkeit folgt, so bedingt die Erlösung der Menschheit von der Sünde durch Christum unabweislich die Auferstehung.

Auf der ersten Wand der Friedhofshalle also ist von Cornelius die Befreiung, auf der zweiten die Unsterblichkeit, beides durch und in Gott, zur lebendigen Gewißheit für uns dargestellt in der Form und Gestalt, wie uns das neue Testament über sie belehrt. Dort Christi Sendung und seine von allem Uebel befreiende Kraft, hier seine eigene Wiederkunft zur Unsterblichkeit und die Ueberwindung des Todes durch ihn. Der Meister ordnete deshalb im Bogenfelde des Mittelbildes dieser zweiten Wand die Auferstehung Christi an, erinnerte durch das Wunder des Jonas im Sockelstreifen an die alttestamentlichen Prophezeiungen auf dies Ereigniß hin, und stellte im Hauptbilde den Auferstandenen dar, wie er heimlich unter die Jünger tritt und spricht: „Friede sei mit euch!" und wie Thomas, der nicht glauben wollte, sich bekehrend ausruft: „Mein Herr und mein Gott!" Gewiß ist es weise und richtig, ein Bild, in dem mit überwältigender Gewißheit sich der Glaube an die Unsterblichkeit ausspricht, hier der Pforte des Grabes gegenüber anzubringen, und zugleich an dieser Stelle auf den Kernpunkt des positiven christlichen Glaubens, nach Geschichte und Dogma, hin=

zuweisen. Wie denn Paulus schreibt: „Ist Christus nicht auferstanden, so ist euer Glaube eitel, so seid ihr noch in euren Sünden." Aber nicht Christus allein ist der Unsterbliche, auch allen Menschen winkt die Ewigkeit, und so hat der Künstler hier zu beiden Seiten mit dem vollen Nachdruck der Ueberzeugungs= und Glaubenstreue die Befreiung zweier Menschen aus den Banden des Todes gegeben. Die Erweckung des Jünglings von Nain und des Lazarus sollen auch unsern Glauben an die eigene Auferstehung und Unsterblichkeit stärken. Aber damit dieser Glaube uns nicht verblende oder glaubensstolz mache, ruft Cornelius in den Sockeln und Bögen mit lauter Stimme das Wort des Apostels dem Beschauer in die Seele: „Wenn ich mit Menschen= und mit Engelzungen redete, und hätte der Liebe nicht, so wäre ich ein tönendes Erz oder eine klingende Schelle; und wenn ich weissagen könnte und wüßte alle Geheimnisse und alle Erkenntniß, und hätte allen Glauben, also daß ich Berge versetzte, und hätte der Liebe nicht, so wäre ich nichts" u. s. w. *) Hier also lobet David den Jehovah mit Psalter und Harfe, mit Jauchzen und Tanz und achtet es um der Liebe zu Gott willen nicht, daß Michal, die stolze Tochter Saul's, wie sie den König vor dem Herrn springen und tanzen sieht, ihn in ihrem Herzen verachtet.**) Dort ist die Liebe Gottes stark im Schwachen, und David schlägt den Goliath, die gewaltige Kraft der Erde. So sind die drei Sockelbilder hier dem alten Testamente entlehnt. In den Bögen ist die Menschenliebe ausgesprochen, und zwar da, wo unten der König sich erniedrigt, in der Geschichte des barmherzigen Samariters, des elenden Verachteten, der durch seine Liebe die glaubensstolzen Priester beschämt. Auf der andern Seite, wo unten der Niedrige mächtig erscheint, erniedrigt sich der Mächtige um der Liebe willen, und wäscht in Demuth seinen Jüngern die Füße. Es erscheint denn hier überall die Liebe als die bewegende und heiligende Kraft, als die Führerin zur Unsterblichkeit und Seeligkeit. „Denn die Liebe ist des Gesetzes Erfüllung und sie ist größer als Glaube und Hoffnung."

In zweien der Zwickel über den Bögen der beiden Seitenfelder hat Cornelius hier ein paar Darstellungen aus der klassischen Mythologie als

---

*) 1. Corinth. 13, 1. 2. ff. **) 2. Sam. 6, 12. ff.

antike Ahnung der Unsterblichkeit gezeichnet. Die beiden andern Zwickel enthalten eine philosophisch-dichterische Parallele zwischen den Kämpfen des Judenthums und Hellenenthums mit den Mächten der Finsterniß: dort kämpft Michael mit dem Drachen, hier stürzt Zeus die Titanen in den Abgrund. Auch auf der ersten Wand hat Cornelius an diesen Stellen antike Anspielungen geliebt, und unter Anderem selbst die ephesische Artemis, Psyche und Eros, die Sphinx und die Chimäre nicht verschmäht.

Die beiden ersten, sich gegenüber stehenden Wände bilden so ein eng-geschlossenes selbstständiges Ganze, ja sie erschöpfen, wenn man will, in gewisser Beziehung den Gegenstand. Allein dies ist nur scheinbar. Denn einmal reichen diese Bilder nicht über die evangelische Geschichte hinaus, und zum andern lassen sie das Letzte in den philosophischen Ideen noch vermissen, so daß sie weder dem positiven Christenthume noch den allgemein menschlichen Bedürfnissen in allen Punkten genügen. Wenn aber jene Abgeschlossenheit und diese Unzulänglichkeit wirklichen Sinn haben sollen, so muß etwas fehlen, was dennoch bereits vorhanden ist, d. h. wir müssen die weitere Ausführung angedeuteter Gedanken noch als nothwendig empfinden. Und gewiß ist dies so. Es ist zuerst der Wunsch, ein Bild zu sehen, das uns die Theilnahme aller Menschen an den höchsten Ideen bestätigt, und dann die Forderung nach der unwandelbaren Dauer dieser Ideen in ihrer Erfüllung. Eines Theils richtet sich unser Gefühl also auf das Leben in seiner Wirklichkeit, anderen Theiles auf die ferne Zukunft, und wir finden sonach für jenes den geeigneten Stoff in der Entsendung von Christi Aposteln an alle Völker, und für dieses in dem großen Gedichte von den letzten Schicksalen des Menschengeschlechtes: Apostelgeschichte und Offenbarung Johannis. Auf diese Weise umfaßte der Meister den gesammten Stoff des neuen Testamentes, so weit er thatsächlich Neues und Darstellbares enthält, denn die Briefe schließen sich ihrer eigenen Natur nach von einer cyklischen Behandlung dieser Dinge aus. Die dritte Wand, welche übrigens an den Dom lehnt und so auch eine Beziehung zur sichtbaren Kirche herstellt, enthält demnach die Darstellungen der Apostelgeschichte, die vierte aber die der Offenbarung. Man hat es dem Meister vorgeworfen, daß man bei dieser Anordnung springen müsse, daß man nicht im bequemen Herumgehen die Bilder in einfacher Folge sehen könne, allein man übersieht dabei die immer von Cornelius beachteten Bedingungen der Architektur und die steten Bezüge zu dieser. Sucht man hiernach, so wird man finden, daß die Anordnung gar nicht anders sein konnte und durfte, und daß man beim Genuß nichts weniger nöthig hat, als zu springen.

Auf der Apostelwand nun sehen wir in der Mitte über der Eingangsthüre zur Domkirche das Pfingstbild, als den Ausgangspunkt des Wirkens der Apostel. Dies letztere erstreckt sich auf die Juden und Griechen, das erwählte Volk Gottes und die Heiden; für jene wirkte besonders Petrus, für diese Paulus. Und so haben wir zunächst vom Mittelbilde links die Geschichte Petri und rechts die Auflehnung des halsstarrigen Judenthums gegen die neue Lehre. Die Steinigung des ersten Blutzeugen von Christo, des Stephanus, durch die Juden bildet für dies letztere die Hauptdarstellung, darunter ist die Vernichtung des sündigen Judenthums in Sodom und Gomorrha, sowie die Rettung der Guten, und darüber die Verehrung des unschuldigen Lammes durch die Märtyrer angebracht. Auf dem äußersten linken Flügel finden wir die Geschichte Pauli, und ebenso ganz rechts Bekehrung und Aufruhr des Heidenthums. Als Hauptbild ist hier rechts die Unterweisung des äthiopischen Kämmerers durch Philippus gewählt, und im Bogenfelde die Geschichte des römischen Hauptmanns Cornelius, der zu Petrus sendet, abgebildet, wohl mit Bezug auf den Namen des Meisters und den herrlichen, hierher gehörigen, Ausspruch Petri: „Nun erfahre ich mit der Wahrheit, daß Gott die Person nicht ansiehet, sondern in allerlei Volk, wer ihn fürchtet und recht thut, der ist ihm angenehm." Das Sockelbild endlich stellt den Aufruhr der Goldschmiede zu Ephesus, die stundenlang „Groß ist die Artemis der Epheser" riefen, dar, und ist sicher nicht ohne Bedeutung für die Durchdringung des christlichen Geistes in die unendliche Natur, als deren Symbol die tausendbrüstige Göttin von Ephesus heute noch in der ganzen gebildeten Welt gilt. — Auf diese Weise ist es denn dem Meister gelungen, der Aufgabe der Apostel „Gehet hin in alle Welt und lehret alle Völker" einen mächtigen Ausdruck im Bilde zu verleihen, und hiermit der rein logischen und humanen Anforderung, daß Gott allen Menschen nothwendig Befreiung und Unsterblichkeit gewähren müsse, ebenso vollkommen zu genügen. So erweitert sich also

der Gesichtskreis immer mehr, und die von Cornelius getroffene Anord=
nung schließt sich immer mehr zu einem einheitlichen organischen Ganzen
zusammen. Zuerst die Erlösung und Befreiung durch die Sendung Jesu,
dann die Berufung aller Menschen zum Heile, zum dritten das Wesen
dieses Heiles als ein Wirken der Liebe in der Unsterblichkeit, also eine
Auferstehung zum seligen und ewigen Leben, endlich aber noch einmal ein
alles dieses umfassender Zuruf!

Und dieser Zuruf dringt mit überwältigender Macht in die Seele,
und steigert jede edle und wahre Empfindung in dem Maße, wie er des
Künstlers Schöpfungskraft hier zur höchsten Entfaltung begeistert hat.
Die Darstellungen zur Offenbarung schließen diesen Gedanken= und Bilder=
kreis auf die einzig mögliche und würdige Weise ab, und zeigen zugleich
den Künstler in seiner klassischen Vollendung. Denn ein gütiges Geschick
hat verstattet, daß Cornelius sämmtliche Kartons zu dieser vierten Wand mit
eigner Hand zeichnen konnte, so daß wir in diesen nunmehr die kostbarsten Schätze
der deutschen Malerei zu besitzen uns rühmen dürfen. Wir, an dieser Stelle,
werden deshalb nicht nur den Gedanken des Entwurfes, sondern auch das
ganze künstlerische Werk bei dieser Offenbarungswand zu betrachten haben,
und wir müssen deshalb etwas länger bei derselben verweilen.

Zuvor aber müssen wir noch an die geistvolle und kunstreiche Ver=
bindung aller vier Wände zu einem Ganzen durch die Gruppen der
Seeligkeiten in den erwähnten acht Nischen erinnern. Diese geben der
Monumentalität der Anlage eine feste Gliederung und einen großartigen
Schluß, und ziehen sich zugleich geistig durch den Ideenkreis als ein stets
sich erneuender Hinweis, daß wir unablässig an uns arbeiten sollen zur
Läuterung der Seele in der Liebe. Denn die Frucht der Erlösung und
Auferstehung ist die ewige Seeligkeit, aber wie wäre Seeligkeit möglich
ohne die Selbstüberwindung? Darum mahnen diese Gruppen zur Einkehr
in uns selbst, und zeigen uns im Leben bereits den Lohn durch Zu=
friedenheit der Seele. „Seelig sind, die reines Herzens sind"; und so
nach den verheißenden Worten weiter ordnen sich diese acht Seeligpreisungen
der Bergpredigt ringsum in enger Beziehung zu der jedesmaligen Nachbar=
schaft ein, und immer mit der kräftigsten Hindeutung auf das Ganze.
Die doppelte Beziehung, welche einerseits in der Aufforderung zur Re=

flexion und zum Beziehen des Einzelnen auf das Allgemeine, und welche
andererseits in der rhythmischen Gliederung des gesammten Aufbaues liegt,
berechtigt sehr wohl, das Wesen dieser acht Gruppen im Ganzen mit dem
des Chores in der griechischen Tragödie zu vergleichen. Dies ist durch
den Verfasser des den Kupfern beigegebenen Textes *), der sonst aus nahe-
liegenden Gründen über die einfach theologischen Erläuterungen weiter nicht
hinausgeht, geschehen, und ich finde, daß man schwerlich einen glücklicheren
Vergleich wird beibringen können. Man hat diese Gruppen allegorische
genannt, allein ich bin geneigt, derartige Bezeichnungen ziemlich streng zu
nehmen, und muß denn behaupten, daß sie nichts weniger als dies sind.**)
Ihr künstlerischer Charakter ist so echt und klassisch, daß von einer durch
verstandesmäßige Verknüpfung hervorgebrachten Allegorie hier keine Rede sein
kann. Allerdings, es war eine schwere Aufgabe, nicht in diese allegorische
Vernüchterung der Kunst zu verfallen bei einem Stoffe, der anscheinend zwei so verschiedene Momente enthält, nemlich die Hoffnung
der Seeligkeit und die Lage, den Zustand, die Stimmung derer, welchen
jene in Aussicht gestellt wird. Es ist Gegenwart und Zukunft, die hier
vereint werden sollen, und zwar nicht in einer etwa zweigliedrigen Malerei,
sondern in einer streng geschlossenen statuarischen Gruppe. Cornelius löste
die Schwierigkeit des Gegenstandes, indem er klar und deutlich in den
Figuren seiner Gruppen die jedesmalige Lage oder den jedesmaligen Charakter aussprach, und zugleich durch die Stimmung der Seeligkeit und den
himmlischen Frieden, welche über ihnen ausgebreitet sind, die Wahrheit der
Verheißung versinnlichte. Und in dieser Verbindung und Verschmelzung
gerade liegt eine hohe Kunst. Das Durchklingen der Seeligkeit durch alles
irdische Leiden und Trübsal, die sichtbare Gewißheit ewigen Lohnes für
fromme Thaten der Liebe, — sie verleihen diesen Gruppen den Charakter
der Heiligung und der inneren Ruhe. Es bedarf nicht ausgeführt zu
werden, daß Cornelius sich natürlich freier Attribute bedient, wie die
griechische Kunst auch in dieser Hinsicht Vorbild ist, ja es kann nicht
überraschen, wenn er selbst die Gestalten von geflügelten Genien einführt.

---

*) S. Beischriften Nr. 17.
**) Ueber die Definition der Allegorie, s. m. Grundriß der bild. Künste S. 175.

Noch ein paar Bemerkungen über diese Gruppen behalten wir uns für geeignetere Stellen vor.

In dem ganzen großartigen Entwurfe offenbart sich Cornelius als ein ebenso tiefsinniger Dichter, wie als ein über alle Mittel der Darstellung frei verfügender künstlerischer Genius. Wir bekommen vor seinen Gaben und Mitteln hier die größte Achtung, da sein Werk ein einheitlich geschlossenes ist, und die Höhe der Kunst behauptet. Sehr wahr und treffend gilt deshalb hier Schinkel's herrliche Aeußerung: „Das Zusammenfassen und Runden eines Gedankens für ein Werk der schönen Kunst erfordert solchen Grad der Bildung und geistigen Höhe, daß an dem Grade, wie dies gelungen ist, die tiefste Bildung des Künstlers oder eines Zeitalters erkannt werden kann." *) Und in der That regt der Rückgang von diesen Entwürfen, die eine unerschöpfliche Quelle des reinsten künstlerischen Genusses und damit der sittlichen Veredelung bilden, zu der künstlerischen Persönlichkeit, welche jene geschaffen, die größte Bewunderung an. Dies sind Anton Springer's Worte, **) der dann fortfährt: „man kann von seiner poetischen Begabung, von der Tiefe und dem Reichthum seines Geistes nicht gut genug denken;" und gewiß wird Jeder, der einmal nur irgend dem Verständniß des Meisters wahrhaft lebendig näher gekommen ist, diesem Urtheil freudig beistimmen. Und wer diese Werke eines solchen Mannes nicht in ihren Tiefen fassen kann, dem stehen sie durch die bekannten und oft gesehenen Gegenstände nahe. All die Darstellungen aus dem neuen Testamente — mit Ausnahme derer der Offenbarung — sind dem gemeinen Mann aller christlichen Bekenntnisse geläufig, und keiner ist, dessen Gewissen irgend wie oder wo sich verletzt fühlen könnte. Welche Höhe des geistigen Standpunktes bezeichnet also auch dies, daß die Werke alle Confessionen vereinigen, weil sie eben über ihnen stehen, daß sie den positiven Glauben in seiner Kraft stärken, da sie das Thatsächliche rein historisch wiedergeben, daß sie endlich der philosophischen Weltbetrachtung reiche Nahrung bieten, indem sie die höchsten Ideen in tiefsinnigster Verknüpfung anschaulich machen! Doch nun wollen wir die Gedanken des Ganzen nochmals in der Betrachtung der vierten Wand zusammenfassen.

---

*) Schinkel, Nachlaß III. 361. **) Gesch. d. bild. K. im 19. Jahrh. S. 49.

Die Offenbarung Johannis ist dasjenige unter den Büchern des neuen Testamentes, welches unverhältnißmäßig wenig gekannt und gelesen ist; selbst Personen, deren täglicher Umgang die Bibel ist, scheuen sich vor diesem Buche, und sagen einfach, sie verstehen es nicht. Dies mag wahr sein, aber sie könnten es leicht verstehen. Denn das Unverständliche, was es enthält, sind jene Bilder, die der Apostel aus den Propheten entlehnt hat, und die dort ihre Erklärung finden, so wie die Beziehungen der geschilderten Gesichte auf die letzten Ereignisse im jüdischen Volke. Die vier Reiter sind wirkliche Plagen des Judenthums, wie sie sich nach einander ereigneten: Herodis Besiegung durch die Araber — der Sieger mit Pfeil und Bogen; der Aufruhr im Land — der blutige Krieg; die Theurung — der Hunger; endlich Pest, Seuche und Untergang — der Tod. Der Sturz des sündigen Babels ist die Zerstörung des abtrünnigen, entarteten und aufrührerischen Jerusalem; und so sind noch viele und höchst merkwürdige Bezüge vorhanden und zweifellos klar. Allein diese haben für uns und die Kunst keinen Werth, da sie statt auf das Allgemeine und Ewige zu gehen, auf das Zufällige und Vergessene zurückgreifen. Wir können die Bilder der Offenbarung nur als Gleichnisse auffassen, und den unabänderlichen Sinn derselben aus der orientalisch-jüdischen Einkleidung herauszufühlen uns bemühen. Vielleicht das beste Hülfsmittel hierzu besitzen wir in der meisterhaften Schrift Herders*) über die Offenbarung, und es kann das Lesen derselben nicht dringend genug empfohlen werden, wenn auch die neuere theologische Forschung nicht immer Herder's Ansichten beistimmt, und Herder auch die äußerst wichtigen astronomischen Deutungen einzelner Bilder gänzlich übergeht. Aber der Geist, in dem er geschrieben, ist echt, und er führt wahrhaft in das Verständniß des Johannes ein.

Schwierig aber ist es für den Künstler, Gedanken und Ideen, die der Dichter bereits durch Bilder ausdrückt, seinerseits nun auch bildlich darzustellen, und er läuft Gefahr, die Bilder des Dichters buchstäblich in Bilder des Malers zu übertragen. Dieses Verfahren schlug Dürer ein bei den meisten seiner Darstellungen aus der Apokalypse, und auch in

---

*) Werke, Ausg. von 1852. Bd. 8.

neuerer Zeit nahm Schnorr dasselbe auf. Die sieben Leuchter, die sieben Sterne, der Engel mit dem Antlitz wie die Sonne und den Füßen wie Feuerpfeiler, und unzähliges Andere werden ohne Weiteres gezeichnet, — aber fragen wir uns offen: was sagen solche Darstellungen uns? Statt daß sie das Bild des Dichters erklären, machen sie es durch die plötzliche Uebertragung aus dem Wort in die sichtbare Form unklar, und verwirren in uns Sinn und Gewissen. So geht es also nicht. Was der Künstler nicht darstellen kann, muß er meiden, und bei dem, was er im Bereiche solcher dichterischen Bilder darstellen kann, muß er von den allgemeinen Ideen ausgehen, welche dem Bild und Gleichniß zu Grunde liegen, nicht von der Einkleidung dieser Ideen. Diesen Weg wählte Cornelius, und so kommt es, daß seine Darstellungen sehr wesentlich das Verständniß des Dichters erleichtern müssen, da sie zu der Einsicht führen, daß bei diesem Idee und Form nicht nach griechisch=klassischer Art eine unmittelbar sich deckende Einheit, sondern nach orientalisch=jüdischer Weise einen allegorisch=mystischen Zusammenhang haben. Uns liegen deshalb die Cornelius'schen Kartons ungleich näher als die Offenbarung selbst, und es tritt der eigenthümliche Fall ein, daß sie, obwohl dem Stoffe nach aus dieser hervorgegangen, dennoch geistig so frei und unabhängig sind, um rückwärts zu lehren, daß das Wesentliche beim Johannes im tief verborgenen Sinne seiner Bilder besteht.

Die Theilung der vierten Wand ist ebenso wie die der dritten; es ist ein Mittelbild, wiederum oberhalb einer kleineren Thür, angeordnet und je zwei Seitenbilder mit ihren Bögen und Sockeln, sowie die beiden großen Gruppen. Im Mittelfelde der drei ersten Wände, an dessen Stelle bei der ersten die Grabespforte selbst tritt, spricht sich jedes Mal der Grundgedanke der ganzen Wand in zusammengefaßter Kürze aus, und so werden wir auch hier zuerst auf die mittlere der fünf Darstellungen gewiesen. Unzweifelhaft lag für diese anfänglich die Idee des Weltgerichtes, oder der Verehrung des Lammes, oder des thronenden Gottes nahe, und Cornelius neigte zu der des Weltgerichtes hin. Nach der theologischen Auffassung war dies sehr folgerichtig, denn, wenn die sogenannten letzten Dinge anschaulich gemacht werden sollten, konnte der Tag des Gerichtes nicht fehlen; allein die mittelalterliche und kirchlich überlieferte Behandlung desselben,

wie Cornelius in der Ludwigskirche gethan, hätte hier offenbar einen
Mißklang in die tröstliche und erhebende Stimmung des Ganzen gebracht.
Der Meister wählte deshalb das Gleichniß der zehn Jungfrauen, und zwar
mit der bestimmten Beziehung zum Gericht. In dem Entwurfe erscheint
Christus demnach in einer dreifachen Glorie, gewaltig mit richtenden
Armen, zu seiner Linken gehen die Engel mit Buch, Schwert und Waage
aus, so daß kein Zweifel über den Sinn dieses Bildes bestehen kann.
Dennoch hat dasselbe im Karton eine ganz andere Bedeutung erhalten.
Der Meister hat jene weltgerichtliche Beziehung fallen lassen, und statt des
Richters der Welt den Heiland der Liebe dargestellt, welcher spricht:
„Richtet nicht, so werdet ihr auch nicht gerichtet." Cornelius ist im Karton
zu der reineren Auffassung durchgedrungen, und hat das Gleichniß einfach
genommen, als das, was es ist. Wir können uns hier nicht in exegetische
Erörterungen einlassen, die ohnehin uns der Sache nicht näher brächten,
der Sinn aber des Gleichnisses liegt in den Schlußworten: „Darum
wachet; denn ihr wisset weder Tag noch Stunde, in welcher des Menschen
Sohn kommen wird." Wer diese drohende Mahnung auf das jüngste Gericht
bezieht, hat dazu volle theologische Berechtigung, wer sie aber besonders an
diesem Orte des Grabes auf den Tod bezieht, wird gewiß das Näher=
liegende treffen. Denn der Tod ist doch nun einmal das einzig wirklich
Sichere, was wir von unserer Zukunft wissen; über alles Andere haben
wir keine klaren Begriffe, und die Vorstellungen schwanken je nach der
Art des Glaubens. Der Tod aber ist das allen Menschen gemeinsame
Wissen. Wann er kommt, weiß Niemand, und wir sollen bereit sein jede
Stunde. Wie edel ist es nun, wenn ein Künstler uns sogleich die tröst=
liche Zuversicht zeigt, die in unsrer Aufnahme durch des Menschen Sohn,
der Menschen größten Freund, liegt! Da ist kein Gericht; mild mit ge=
senktem Haupte die Arme liebevoll darreichend schwebt der Bräutigam her=
nieder aus seiner Herrlichkeit, wo die Engel ihn preisen und ihm lobsingen,
und will die Jungfrauen, die auszogen ihm entgegen, mit sich führen in
seine Seeligkeit. Aber als er kommt, sind nur fünf wachend, die anderen
fünf schlafen oder gehen hin, Oel zu kaufen für ihre verlöschenden Lampen.
Dies ist der dargestellte Augenblick und er ruft jedem Beschauer klar
und deutlich zu: „Wachet, denn ihr wisset weder Tag noch Stunde."

Und dies scheint auch in Wahrheit der eigentliche Sinn des Gleichnisses zu sein, immerdar Tag und Nacht des heiligen Feuers der Liebe werkthätig zu pflegen, und nicht erst, wenn im Tode das Gewissen ängstlich mahnt, nach einer Gelegenheit umzuschauen, um der verlöschenden Flamme neue Nahrung zu geben. Cornelius hat es auch so verstanden, denn er hat an den Sockeln der vier Seitenbilder die edelsten Werke der Liebe dargestellt, und so immer und immer wieder auf die eigene, thatkräftige Läuterung der Seele in und durch die Liebe hingewiesen. Das Gebot „liebe deinen Nächsten als dich selbst" ist hier, während das Mittelbild das erste Gebot „liebe Gott über Alles" predigt, in aller Breite und Tiefe wiederholt, und die einzelnen Handlungen der Liebe fordern uns Alle auf, unsre Lampe brennend zu erhalten, denn wir wissen weder Tag noch Stunde. Darauf hin weisen auch die Seitenbilder, und so gipfelt sich denn die ganze Wand in der mittleren Darstellung zu dem schweren und wichtigen Gedanken: alle Zeit bereit zu sein, um in die Ewigkeit einzugehen, während über diese Grabespforte der entseelte Leib einzieht in das Haus der Verwesung.

Und mit welcher Hoffnung fährt die Seele von hinnen? die vier Seitenbilder sagen es uns. Es ist die Hoffnung auf ein unsterbliches Leben in göttlicher Freiheit, oder nach den Worten der Schrift, die Hoffnung der Auferstehung zur ewigen Seeligkeit in Christo. Dieser Gedanke in seiner Ausführung leitet auf das menschliche Elend und das Böse zurück, und der Meister begann sonach die Reihe der Darstellungen rechts mit der höchsten Steigerung aller Noth der Erde bis zu Tod und Vernichtung — die vier Reiter; diesen schließt sich die Ueberwindung des Bösen an — der Sturz Babel's. Links vom Mittelbilde sehen wir den Sieg des Guten — das neue Jerusalem, und endlich am Schluß die Unsterblichkeit aller Menschen — die Auferstehung, so daß einander symmetrisch die größten Gegensätze entsprechend angeordnet sind: Auf den äußersten Flügeln Vernichtung und Auferstehung, auf den inneren Ueberwindung des Bösen und Sieg des Guten. Ueber jedem dieser Hauptbilder befinden sich im Bogen die himmlischen Gestalten, welche so die stete und unmittelbare Beziehung zu Gott aufrecht erhalten, und in den Sockeln zeigen sich die erwähnten Werke der Liebe. Betrachten wir nun dies Alles der Reihe nach.

Im ersten Felde gießen aus dem Bogen herab auf die Erde die

sieben Engel ihre Schaalen mit dem Zorne Gottes, und die Menschen werden heimgesucht von den furchtbarsten Qualen. Giftige Geschwüre entstehen, das Meer stirbt aus, das Wasser wird zu Blut, danach erscheinen Feuer, Finsterniß, Trockenheit und Erdbeben, lauter schreckliche Plagen, die als Gerichte Gottes ohne der Menschen Zuthun entstehen. Aber auch unter einander quälen sie sich, bis endlich der Himmel die furchtbare Rechnung zieht. Erst erscheint so in den vier Reitern der Sieger mit der Krone auf weißem Pferde, der von fern daher jagt, und mit seinem Bogen überwindet; aber nicht die Ueberwindung durch Feinde allein ist das Schlimme, schlimmer ist der Aufruhr im eigenen Lande, und es sprengt daher auf rothem Rosse, der mit dem Schwerte den Frieden nimmt, daß sie sich unter einander erwürgeten. Noch mehr! Knechtschaft und Aufruhr zerwühlen Alles und Jedes; es entsteht Theuerung und Hungersnoth und herein bricht, der auf dem schwarzen Pferde sitzet mit der Waage. Aber nach all diesem Elend stürmt auf fahlem Rosse der Tod dahin, und die Hölle folgt ihm nach.

Das sind Bilder der erhabensten Art, und beides, sowohl die sieben Engel, wie die vier Reiter hat Cornelius zu gewaltigen Werken gestaltet. Namentlich die Reiter sind aller Orten, wo der Karton hingelangte, als das höchste Werk des Jahrhunderts gepriesen worden. Cornelius faßte dieselben in einer von der bezeichneten Bedeutung nach alter Tradition abweichenden Weise auf, so daß an Stelle des Siegers die Pest tritt. In der Mitte der ganzen Composition sprengt auf edlem Rosse, durch Helm und Schwert kenntlich, der Krieg einher als die Hauptgestalt des Bildes; ihm folgt nach hinten der Hunger, und diesem die Pest, aber ganz vorn einher braust der Tod, den das Leichentuch furchtbar wild umflattert. Wer aber möchte die Gruppen der Unglücklichen beschreiben, über die der furchtbare Zug dahin rast? Es ist das Elend der Menschen in den höchsten Graden der Verzweiflung. Wohl kann kaum eine gewaltigere Leidenschaft, eine furchtbarere Bewegung gedacht werden, als wie wir sie hier sehen, und dennoch ist das Maaß der Schönheit nicht überschritten, das Grausenhafte und Entsetzliche ist durch die Kunst zum Tragischen gebändigt, und alles erscheint in edelster Form. Hier ist es denn auch zuerst, daß wir die Spuren des Phidias'schen Einflusses wahrnehmen, doch der spricht nicht allein aus der Form, sondern mehr noch fast aus dem hohen Geist, dem dies Werk entsprungen. Dabei ist die strengste Durchführung bis ins Kleinste zu erkennen, es zeigen sich nach und nach künstlerische Absichten, welche die größeste Weisheit verrathen. Wem möchte so wohl die Beziehung der Pferde in Haltung und Geberde zu ihren Reitern entgehen! Beim Krieg sprengt das Roß kühn und edel vor, beim Hunger bäumt es sich scheu empor, bei der Pest will es mit ausgerecktem Kopfe dem jähen Laufe noch voraus, und beim Tode stürmt es wild, den Kopf blindlings zwischen die Beine gesteckt, fort. So brausen die Dämonen des Unglücks unaufhaltsam über die Erde dahin. Wer sie als Sendboten der ersten vier Siegel des geheimnißvollen Buches der Offenbarung, also als Anfang der letzten Dinge auffassen will, thut recht, aber auch der ist im Rechte, der sie nicht erst am Ende der Dinge erwartet, sondern der ihr Walten jeden Tag wahrnimmt. Denn das Unglück und Elend, die Noth und das Leiden sind immer da, sie dürfen nicht erst erwartet werden, und jene Reiter reiten Jahr aus Jahr ein, vom Aufgang bis zum Niedergang über die Länder hinweg. Wie viele ihr Zug zermalmt? wer mag sie zählen! Wohl dem, der aus des Lebens Plagen die Seele rein herausgerettet: Trost und Hülfe bringen ihm die Hände der Liebe entgegen.

Als Sockelbild hat der Meister denn drei Handlungen der Liebe dargestellt, die Erquickung im Leiden gewähren. Hier ermahnen fromme Männer arme Gefangene zum Ausharren, dort sprechen andere den, an der Bahre des Kindes trauernden, Eltern tröstlich zu, und endlich weist ein Kundiger die in des Lebens Wirrwarr Verirrten auf den rechten Weg. Die Liebe nimmt sich der armen Mitmenschen an, die in dem weitem Meere Schiffbruch litten.

Das zweite Feld ist der Ueberwindung des Bösen gewidmet. Alle Noth der Erde ist die Folge des Bösen, das verlorne Paradies die Strafe für den Sündenfall. Aber Befreiung und Erlösung ist uns gewiß. Deshalb erblicken wir denn im Bogen den Mittler mit der Sichel der Ernte, wie er das schreckliche Gericht der Vernichtung in unsäglichem Schmerze anordnet; denn seine Liebe trauert über diese Nothwendigkeit. Auf sein Geheiß kommen die Engel herzu, und einer von ihnen „hob einen Stein wie einen Mühlstein groß, und warf ihn ins Meer, und sprach: Also

wird mit Sturm geworfen werden Babylon, die große Stadt." So wird
denn alle Sünde und alles böse Werk vertilgt werden.

Es kann wohl nicht zweifelhaft sein, daß die große Stadt Babel nicht
jene Königsstadt am Euphrat wirklich ist, sondern daß unter diesem Bilde
Johannes zunächst das entartete, wilde, bluttriefende Jerusalem bezeichnet
hat. Der Name Babel ist uns heute noch ein Sinnbild für eine Stadt
lasterhafter Ueppigkeit, und wir sprechen Jedem verständlich von dem mo=
dernen Babel an der Seine, ebenso wie man zur Zeit der Reformation
Rom das wahre Babel nannte. Deshalb wird uns hier das Babel der
Offenbarung nicht Babylon, Jerusalem oder sonst irgend eine bestimmte
Stadt sein, sondern überhaupt die Personification des Lasters und der
Sünde. Allgemein üblich ist es, solche Personificationen von wirklichen
oder gedachten Städten und Ländern als weibliche Gestalten zu bilden,
und so hat sich denn auch der Evangelist das Babel als ein buhlerisches Weib
vorgestellt, und Cornelius ist dieser echt künstlerischen Vorstellung treu ge=
folgt. Das Weib war, in Scharlach gekleidet, mit Gold und Perlen be=
säet, der Abgott des Volkes gewesen, und war so auf dem Thiere aus dem
Abgrund, eben dem entarteten Volke, sitzend, durch die ganze Stadt, also
über die Erde gezogen: sie, als das Laster, hatte geherrscht über Alle.
Das Thier, wie die wilde Masse vielköpfig, hat sieben Köpfe mit zehn
Hörnern, und war voll Namen der Lästerung, deutliche Zeichen, wer unter
diesem Bilde zu verstehen. Aber der Engel hat den Stein in das Meer
geworfen, und Babel ist nicht mehr. Diese furchtbare plötzliche Vertilgung
durch die Macht des Heiligen und Göttlichen hat Cornelius noch besonders
stark betont, indem er den Engel, der herniederfuhr mit großer Macht und
von dessen Klarheit die Erde erleuchtet ward, in übermenschlicher Hoheit
darstellte. Auf einer Felsspitze steht der gewaltige Bote Gottes. Furcht=
bar erhebt er die Linke gegen die sündige Stadt, in der das üppige Weib
gethront, und die wir jetzt bereits im Hintergrunde brennen sehen, in der ge=
senkten Rechten hält er das Schwert, das Schwert, das er nicht braucht,
denn seine Stimme: „sie ist gefallen, Babel, die große," ist mächtiger als
alle Schwerter. Die Könige, die mit dem Weibe Unzucht und Muthwillen
getrieben, und die Kaufleute, die von ihrer Schande gelebt, sie stehen da
wehklagend und händeringend, aber im Vordergrunde erblicken wir die

große Fürstin des Lasters selbst. Das Thier aus dem Abgrunde ist gestürzt, sie ist kopfüber zu Boden geschlagen, und der goldene Becher ihrer Greuel und Unsauberkeit ist ihr aus der Hand gefallen. Noch ruhen emporgestreckt ihre Beine auf dem Rücken des Ungeheuers, und schon wendet dies seine grinsenden Köpfe zurück, um ihr Fleisch zu fressen. Das Laster ist unersättlich, und frißt seine eigenen Götzen auf. Da liegt sie nun, die sich eine stolze Königin gedünkt, dahingestreckt und verderbt, denn ihre Sünden reichen bis in den Himmel und Gott denkt an ihre Frevel. Neben ihr sind in Gruppen die Guten und Edlen dargestellt, die, von der allgemeinen Unzucht überwuchert und erdrückt, mit ins Verderben gerissen wurden, nun aber bei der furchtbaren Entscheidung umkommen oder vor Entsetzen aufschaudern. Ganz hinten endlich ziehen aus der brennenden Stadt diejenigen, zu denen die Stimme sagt: „Gehet aus von ihr, mein Volk, daß ihr nicht theilhaftig werdet ihrer Sünden." Von der Stadt aber nehmen die bösen Geister Besitz.

So vollenden sich denn hier die Plagen aus dem ersten Felde zu Tod und Vernichtung. Furchtbar lechzen die, in ihrer klassischen Häßlichkeit Grauen erregenden, Köpfe des Thieres nach dem Blute ihrer Herrin, der Alles bisher geopfert, und ihre Knechte, die Könige und Kaufleute, rufen: „Wehe, Wehe, die große Stadt!" Aber der Engel in strenger und hehrer Majestät vollzieht unerbittlich den Untergang. Mit der göttlichen Gewalt des hoch Tragischen bringt dies Gericht in unsere Seele, und läßt keinen Zweifel, daß alles Böse bis auf die letzte Spur vernichtet wird. Wir fühlen uns im Innersten ergriffen und bewegt, und unsere gewisse Zuversicht in die ewige Vorsehung wird neu gestärkt; reinigend und läuternd, wie alle echte Kunst, wirken so vornehmlich diese beiden Vertilgungsbilder, die bei aller Höhe dämonischer Leidenschaft und bei aller Furchtbarkeit eines unabwendbaren Geschicks doch nie das edle Maaß verletzen, und die künstlerische Sühne in sich tragen, so daß sie uns nicht in ihrer Gräßlichkeit abstoßen, sondern in ihrer tragischen Größe unwiderstehlich anziehen. Wir empfinden bei ihrer Betrachtung die heilsame Macht eines unerbittlichen Fatums, wie sie beim Aeschylos und Sophokles uns entgegentritt. Mit innerster Nothwendigkeit geht Alles Schritt für Schritt vorwärts, bis das hohle Gebäude zusammenbricht, und in seinem Sturze Alle begräbt, die unter seinem Dache sich sicher geglaubt. Aber in diesem Sturze bleibt noch Errettung und Hoffnung. Die Guten fliehen aus der brennenden Stadt der Sünde, und wenn sie auch nichts gerettet als das nackte Leben und das reine Gewissen, so sind sie doch reich. Denn auch sie empfängt die Liebe. Freundlich — so sehen wir in der Sockeldarstellung — reichen gute Menschen den nackt aus der Vernichtung Entronnenen neue Kleider, und gastlich nimmt ein glückliches Haus die Fliehenden auf.

Auch hier werden wir zunächst an dem buchstäblichen Sinne festhalten und diesen Sturz Babels als einen Act in der Folge der verheißenen letzten Dinge ansehen. Allein unsre Art war hier immer nach den allen Menschen gemeinsamen Gedanken zu spähen, die da waren, die da sind und die da sein werden, eben weil sie göttlich sind. Und so liegt es gewiß hier nahe, daran zu erinnern, daß die Schule des Lebens das Unglück ist und der Zweck unseres Daseins die Läuterung von der Sinnlichkeit. Die Ueberwindung des Thierischen im Menschen, aus dem das Böse, Laster und Sünde entspringen, ist das Ziel unseres unabläßigen Arbeitens. Gewinnt es die Oberhand über das Göttliche in uns, so werden wir zu Knechten der Königin Babel, und trinken aus dem Becher ihrer Greuel. Aber dies ist eben eine furchtbare Verirrung, denn unser Gewissen wird uns endlich und unaufhaltsam anklagen, und wir werden zurechtgewiesen auf den Weg der Tugend. Wer aber leitet und führt uns? Das Mittelbild der Wand sagt es uns abermals: der erlösende Heiland der Welt, der Freund der Sünder und Verirrten. Denn welcher Mensch möchte im Drange des Gewissens von der Straße des Lasters umkehren, und ohne einen treuen Führer zu den Quellen des Heiles gelangen! Bald würde er finden, daß er wieder im Durste liegt, hier aber wird ihm Wasser des Lebens gereicht, das auf ewig erquickt. Und doch wundersam sind die Fügungen der Vorsehung: die Besten und Edelsten sehen wir im Sturme des Lebens leiden, während in Babylon, der großen Stadt, die Könige und Kaufleute den Kelch der Freude leeren, und reich sind von ihrer Wollust. Doch dies soll den Menschen nicht täuschen. Der Tag kommt, wo Babel, die Mutter aller Greuel auf Erden, hinsinkt vor der Kraft des Lichtes, und wo selbst die Guten aus allem Unheil gebessert hervorgehen werden; denn welcher Mensch bedürfte nicht der Besserung!

Darum hat Cornelius zwischen jene zwei Bilder der Noth und Vernichtung eine Gruppe eingeschoben, die uns erinnert, daß uns alles Elend der Erde nicht irren soll, daß wir treu und beständig in aller Fährlichkeit ausharren sollen, denn „seelig sind, die um der Gerechtigkeit willen verfolgt werden".

Alles schließt so sich eng und tiefsinnig zu einem Ganzen zusammen, aber wir haben jetzt erst die eine Seite, gleichsam die Kehrseite des großen und ewigen Gedankens von seeliger Unsterblichkeit in Gott betrachtet. Noch einmal alle Noth und Gefahr des Lebens ist uns in den Darstellungen rechts vom Mittelbilde aufgerollt, aber immer mit der echt tragischen Gewißheit, daß das Gute am Ende siegen wird. Wie unveränßerlich dieser Glaube im Menschen lebt, lehrt das Edle und Hohe aller Zeiten. Und wenn in des göttlichen Aeschylos Agamemnon der Chor, alles gränzenlose Elend des Atreushauses schmerzensvoll berichtend, trostreich ruft: „Klaget o klaget! das Gute jedoch sei siegreich", so sagt er doch eben nichts anderes. Wenn er aber den Gott, dessen wahren Namen er nicht zu kennen selbst gesteht, Zeus nennt, dann sich erhebt und kündet:

> „Denn der Weisheit Führer ist
> Zeus, des Urgesetzes Herr,
> daß im Unglück Lehre wohnt.
> Wachsam sticht Gewissensbissesangst
> selbst im Schlaf unser Herz" —

so haben wir hier einen vorchristlichen Ausdruck der Grundideen dieser beiden Darstellungen, der Reiter und Babels. Aber nach der furchtbaren Erschütterung, nach der Vertilgung aller Lust dieser Welt muß der Stern, der zuversichtlich in all des Sturmes Wüthen uns aufrecht erhielt, nun auch in lichter Klarheit glänzen. Nach dem Gewitter duftet die Erde neu, nach der Sündfluth strahlt herrlich am Himmel der Bogen des Friedens.

So hat denn der Meister die beiden Felder der anderen Seite nun unmittelbar der Seeligkeit und Unsterblichkeit gewidmet. Wie ein hohes Siegeslied nach dem blutigen Tage der Schlacht erhebend über die abendlichen Felder dahinrauscht, so rufen mit mächtiger Stimme diese Bilder der Herrlichkeit und Auferstehung den Jubel der Welt uns entgegen, daß das Reich der Sünde und des Bösen vorbei ist. Auch dies kann man wieder auf das Ende aller Dinge buchstäblich beziehen, man kann es aber auch gleichnißweise auf sich selbst mit großer Berechtigung anwenden. Wenn nemlich in uns das Fleischliche, die Triebe der Sinne und ihre Lust überwunden sind, werden wir göttlichen Frieden in der Seele empfinden, wenn das Babel in uns gestürzt ist, wird auch in uns das neue Jerusalem herrschen. Aber da doch keiner von uns das Fleischliche überwindet, ehe es denn ganz vernichtet ist, so dürfen wir dabei auch an unsern Tod denken und wohl beherzigen, daß erst der Todesengel unser Babel gänzlich vertilgt, und daß uns der Tod erst einführt zu den Thoren der heiligen Stadt.

Diese heilige Stadt ist in dem Offenbarungsgedichte das neue Jerusalem genannt und genau beschrieben. Dürer hat in seinen Bildern zur Apokalypse auch dies wörtlich verstanden und eine Stadt gezeichnet, die der Engel dem Johannes zeigt. Nicht so Cornelius. Er personificirte dieselbe als eine weibliche Gestalt, indem er des Apostels Vergleich ergriff, der da sagt, daß sie zubereitet, wie eine schöne Braut zu ihrem Manne, so vom Himmel herabfahre, und ließ sie hernieder schweben in himmlischer Herrlichkeit zu den Geschlechtern der Erde. Damit ist die Idee zugleich vertieft, verallgemeinert und erweitert, denn nun ist es nicht mehr die Stadt selbst, sondern der Genius des Guten, dessen Reich keine Störung mehr erleidet. Wir erblicken deshalb im Bilde auf einer Bergspitze am Gestade des weiten Meeres die Gruppen edler Menschen, die aus dem tief hinabgestürzten Babel sich hier obenher gerettet haben, wo, wie der Dichter sagt, Freiheit ist. Sie ruhen sanft oder leben der Hoffnung, und nur ein Knabe erst glaubt die Glanzerscheinung wahrzunehmen, der von fernher schon auf den hohen Schiffen die Könige mit ausgebreiteten Armen ihre Herrlichkeit entgegen bringen. Und sie selbst, die Göttin der heiligen Stadt, angethan mit einer Mauerkrone, mit Rosen und Gewändern wie eine Braut, senkt sich hernieder mit der Fahne des ewigen Friedens; die zwölf Engel, welche der Apostel auf die Stämme Israels bezieht, tragen ihre reine Herrin zu der beglückten Menschheit. Sie erscheinen als Boten des Friedens und schweben herab, als wären die Chariten und Musen leibhaftig geworden: eine solche holdseelige Grazie umspielt diese jungfräulichen Gestalten. Und auch die Menschen! welche Menschen sind dies. Wie herrlich, ganz und voll, als wenn die Gebilde des Praxiteles wieder auferstanden wären, wie keusch, edel und schön, als wenn das Gute sich leibhaftig verkörpert hätte. Eine Fülle des Glückes, der Seeligkeit und des Friedens ist ausgebreitet über diesem Werke, und Alles scheint sich zu vereinigen, um das Wort der Offenbarung anschaulich zu machen: „Siehe da eine Hütte Gottes bei den Menschen, und er wird bei ihnen wohnen, und sie werden sein Volk sein." Solch' ein Reichthum des Friedens ruht auf diesen Gestalten.

Daß wir auch ganz beruhigt und seelig sein können, erblicken wir über dieser Ankunft des neuen Reiches im Bogen neben dem Engel, der dem Johannes die Jerusalem zeigt, den alten Widersacher, wie er vom Engel Gottes gefesselt wird. Seine Werke waren in dem Sturze Babels vernichtet, er selbst wird mit einer großen Kette gebunden und in den Abgrund gestürzt, wo Schloß und Siegel über ihn gelegt werden. Während also das Reich des Guten anbricht, wird das böse Princip gefesselt und verworfen. Wie aber hat Cornelius diesen Teufel aufgefaßt? Sind es noch die Unholden der Ludwigskirche? oder ist es der alte Mephisto etwa? Es ist eine der originellsten Schöpfungen des Meisters, eine neue und klassische Gestalt, eine Verkörperung des Bösen in künstlerischer Verklärung. Das Ungethüm liegt am Boden; es hat Hüften und Brüste wie ein Weib, in seiner Rechten hält es den Apfel vom Baume der Erkenntniß, sein schönes Haupt, das in ohnmächtigem Schmerze sich verzieht, umringelt eine Krone von Schlangen, und schwarze Flügel ragen von seinen Schultern hervor. Aber wie der Dichter vom Weibe sagt, daß es über dem Gürtel eine Göttin, darunter der Teufel sei, so gehen die Schenkel in Löwenklauen über und ein Schwanz schlängelt sich hervor, der mit seinem Schlangenkopfe ihm in die Ferse sticht. Das ist der Typus des Satans, wie klassische Kunstbildung ihn giebt, und Cornelius hat in dieser Gestalt ein Problem gelöst, an dem ein Jahrtausend vergeblich sich mühte. (S. 146.) Und fragen wir uns, wie hat er es gelöst? Einzig durch den Rückgang auf die antike Kunst und die freie Auffassung des biblischen Stoffes im Geiste des Alterthums. Hier hat jede mittelalterliche Phantasterei, jede unverständliche Allegorie, jede lächerliche Fratze ihr Ende unwiderruflich erreicht: diese Satansgestalt ist das verkörperte Böse, die leibhaftige Verführung in sinnlicher Ueppigkeit und schlangenglatter Schlauheit, mit den thierischen Beinen, auf denen sie ruht, und dem Schlangenschwanze, der sich auf sie selbst zurückringelt. Solche Gestalt kannte das Alterthum nicht; die Erinyen waren die Rachegöttinnen, aber keine Teufel, denn sie heißen ja auch Eumeniden, das ist die Huldvollen. Von den Fratzengebilden des Mittelalters haben wir schon gesprochen; Michelangelo gab seinen Teufeln Menschengestalt mit Faunenohren, nur Rafael deutete auf seinem Sündenfall die neue Auffassung an, aber er führte sie nicht zu vollem und selbstständigem Leben durch. Dies war erst Cornelius vorbehalten, und er that es mit der ganzen Kraft und der freien Sicherheit eines hohen Künstlergeistes. Wer jetzt noch Teufel malen will und sicher sein, daß man über seine Werke nicht lacht, daß sie vielmehr mit dämonisch fesselnder Gewalt uns anziehen, der muß für alle Folgezeit an den von Cornelius geschaffenen Typus sich anlehnen, denn er ist die innige Vermählung der Idee des Bösen oder des Teufels mit den Formen der klassischen Kunst. Ein denkender Künstler wird trotz dieser Anlehnung noch einen unermeßlichen Spielraum zur eigenen Bethätigung vor sich sehen.

Bei dem engen Zusammenhange des Hauptbildes mit dem im Bogen kann auch eine Beziehung zu dem Sockelstreifen nicht fehlen. Das Reich der Herrlichkeit ist da, der Böse gefesselt, und Frieden herrscht auf Erden und in jedem Menschen. Da sehen wir denn ein frohes Gastmahl sich ausbreiten, aber nicht zur Sinnenlust und Schwelgerei, sondern als ein Festmahl der Liebe, wo die Hungrigen gespeist, die Durstigen getränkt werden, so daß auch dies einstimmt in den allgemeinen Ruf seeligen Glückes.

Nun endlich das letzte Feld, das der Unsterblichkeit. Im Bogen thront Gott auf den vier Lebendigen, und die Engel mit den Posaunen donnern zu beiden Seiten herab auf die Erde ihren Auferstehungsruf. Es ist wahr, daß Cornelius, während er fast überall in den Darstellungen das rein Historische und durch sich selbst Verständliche festgehalten hat, hier zum Symbolischen sich gewendet, wie er dies sonst nur ausnahmsweise z. B. in der Verehrung des Lammes durch die Märthrer, gethan hat. Wir können ihn deswegen nicht tadeln, wenn auch der Theorie nach das Symbol nicht dem wahren Wesen des Kunstwerks entspricht, denn das Symbol ist nur ein Zeichen für die Sache, und kann die Sache selbst nie aussprechen oder auch nur errathen lassen. Man darf hiermit nicht den Character des Gleichnisses verwechseln, den hohe Kunstwerke besitzen, und den man fälschlich oft einen symbolischen nennt. Das Symbol des Lammes ist nun aber allbekannt und jedem geläufig, und auch jenes andere ist in der Kunst geheiligt, vornehmlich durch Rafael's berühmte „Vision des Ezechiel". Diese vier Lebendigen sind auch die evangelischen Symbole geworden, und so haben sie hier in der Offenbarung die beziehungsreichste Bedeutung. Gott thront auf vier Geschöpfen gleich dem Löwen, dem Stier, dem Menschen und dem Adler, jedes mit sechs Fittigen und in- und auswärts voll Augen. „Wo soll ich anfangen, wo endigen, das herrliche Gesicht zu deuten? — sagt Herder — Auf lauter Lebendigem ruht der Thron des Allbelebers; nichts Todtes darf zu ihm sich nahen, alles lebt unter ihm und eilet zum Leben . . . nur das edelste Lebendige trägt ihn, Löwe, Stier, Mensch, Adler. Jeder ein König seines Reiches, jeder ein Bild der Schöpfung, die unter ihm dienet; alles bückt sich mit gleicher Nichtigkeit, den Thron seines Schöpfers zu tragen" u. s. w. *) Cornelius hat natürlich ebenso wie Rafael die bildlichen Ausschmückungen des Dichters, soweit sie durch die Kunst nicht darstellbar sind, vernachlässigen müssen und so nothwendig das ganze Gesicht abgeschwächt. Allein dies ist nicht zu ändern, es liegt im Wesen des Symboles, wenn es aus der Sprache in die Gestalt übertragen wird. Und trotzdem hätte wohl kaum das Ewiglebendige in einer andern, nur annähernd so verständlichen Form dargestellt werden können! Freilich würden manche dann lieber auf die ganze Darstellung verzichten. Hier jedoch ist sie ein unentbehrliches Schlußglied in der ganzen großen Gedankenfolge.

Ueber der Erde schwebt das Ewiglebendige in leuchtender Wolkenklarheit dahin, und das Todte der Erde wird lebendig, der Auferstehungsmorgen bricht an. Wieder versetzt uns der Meister in dem Hauptbilde auf Felsenhöhen, und versammelt hier die Schaaren der Menschen, die in herrlichen Leibern emporsteigen zu unsterblichem Leben. Wer aber soll die Empfindungen schildern, die sie beseelen, und die der Künstler jedem empfindenden Herzen so verständlich in ihnen ausgesprochen hat! Es sind die Jubel des Himmels, das Glück des höchsten Friedens, die Seeligkeit der

---

*) Werke, Ausg. v. 1852. VIII. 35.

allumfassenden Liebe, die er uns hier in ernsten vielstimmigen Tönen vorführt. Ein Lob- und Danklied aus aller Munde steigt empor zu dem Ewiglebendigen, und Freude der Unsterblichkeit ruht auf jedem Antlitze. Aber dort an jener rechten Seite des Bildes, sind es nicht die Gestalten Verzweifelnder? sind es nicht Menschen, denen des Gewissens beißende Angst auch in das neue Leben folgt? Wohl sagt schon der alte Philosoph in tiefsinniger Erkenntniß: „Denn daß die Seele mit vielen Ungerechtigkeiten überladen in den Tod gehe, dies ist von allen Uebeln das höchste" (Platon's Gorgias) — und unsers Schiller's schönes Wort

„Das Leben ist der Güter höchstes nicht,
der Uebel größtes aber ist die Schuld."

ist mit Recht sprüchwörtlich geworden. Hier sehen wir nun diese Schuld in die Ewigkeit hinüber getragen, freilich, und dies ist das Tröstliche, nicht ohne Hoffnung. Denn noch ruht oben auf der höchsten Felsspitze sanft schlummernd der Engel mit Buch und Schwert, aber seine milden, edlen Züge entfernen jede Furcht. Ein anderer Bote des Herrn, den man den Engel der Auferstehung nennen müßte, wenn man jenen den Engel des Gerichtes nennt, ist mitten unter die Auferstandenen getreten, und scheint sie ihres Glückes zu versichern. Kann er nicht plötzlich sich auch hinüberwenden zu jenen Verzweifelnden und durch eine Berührung mit seinem heiligen Finger sie heilen? Der Meister überläßt die Antwort dem Gefühl jedes einzelnen Beschauers. Wer diese Unglücklichen für ewig verdammt halten will, halte sie dafür: ihm mag die Vorstellung ewiger Verdammniß noch ein Bedürfniß sein. Wer aber die Hoffnung auf die unendliche Liebe Gottes wach erhält, der erwarte jeden Augenblick die Berührung des Engels, und er tröste sich mit der schönen Rede des Sokrates in Platon's Phädon: „Nun aber, da die Seele offenbar als unsterblich erscheint, dürfte ihr kein anderes Entrinnen vor dem Bösen, noch eine Rettung bleiben, als möglichst gut und vernünftig zu werden." Wenn dann also jener schlummernde Engel das Schwert zum letzten Male drohender denn je erhebt, so ist es auch Licht in dem dunkelsten Gewissen geworden, und wenn er dann das so lange gefürchtete Buch öffnet und vor aller Welt aufthut, so leuchten darin mit göttlichem Glanze die Worte des Heilandes und Erlösers der Welt: „Die Liebe ist des Gesetzes Erfüllung!" Und ein Hallelujah der Liebe brauſt durch die unendliche Schöpfung, und antwortet dem Ewiglebendigen mit nie verhallendem Danke. Wenn man deshalb von einem jüngsten Gericht sprechen will, so muß man diese Auferstehung so nennen, denn das Gericht ist im Gewissen jedes Einzelnen bereits vollzogen. Es ist ein Gericht, ohne uns die Aussicht auf Gnade nach dem Urtheilsspruche zu nehmen, wie es die bisherigen Darstellungen dieses Gegenstandes thun, es ist die milde, wahrhaft menschliche und darum höchst christliche Auffassung der Ewigkeit. Daß Cornelius mit vollem Bewußtsein die gewisse Aussicht auf die Höllenpein vermieden hat, findet darin seine volle Bekräftigung, daß er die Teufel, welche in dem Entwurfe von ferne lauern und die zu Verdammenden entführen wollen, gänzlich beseitigt hat, so daß die Idee der Unsterblichkeit und Ewigkeit hier in ihrer echten Läuterung und in poetischer Vergeistigung erscheint. Welch einen Reichthum von Gruppen und Gestalten hat er aber hier geschaffen! Kein sich der Erde entwindendes Gerippe, wie es Luca Signorelli und Michelangelo noch zeichneten, widert uns hier an; einen neuen fertigen, wie der Apostel sagt, verklärten Leib hat die Seele gefunden, und in ihm steigt sie auf zum Lichte. Eine Figur ist in Bezug auf Lage, Stellung und Zeichnung immer großartiger und kühner als die andere, alle Stimmungen von wilder Verzweiflung bis zur lichten Himmelsfreude sind in ihnen ausgedrückt, und endlich zu welch einer einheitlichen und weisen Composition baut sich das Ganze auf!

Von dieser Auferstehungsfreude und dieser Gewißheit unserer Unsterblichkeit führt der Meister uns noch einmal zurück diesseits des Grabes, gleichsam um uns am Schluß zu erinnern, daß wir noch nicht überwunden haben, daß wir noch in der Zeit des Kampfes und Strebens leben, und daß wir an der Hoffnung, die er uns hier schon als erfüllt künstlerisch veranschaulicht hat, festhalten sollen. Im Sockelstreifen stellt er deshalb das letzte Lager des Kranken, um dessen welkes Leben noch werkthätig menschliche Liebe sich bemüht, dar; dann wird der Todte hinausgetragen, und treue Hände senken die entseelte Hülle in die Erdengruft. Ruhe der Staub dort in Frieden, indeß die Seele in verklärter Gestalt das Irdische flieht. Wohl verkündet der Apostel: "Seelig sind die Todten, die in dem Herrn sterben von nun an. Ja der Geist spricht, daß sie ruhen von ihrer Arbeit, denn ihre Werke folgen ihnen nach." Kann es ein tröstlicheres Grabgeläute geben? Und giebt es einen größeren Trost als über dem Bilde der Todtenbestattung die Herrlichkeit der Auferstehung zu schauen? Mächtig stärkt sich der Glaube, und göttliche Zuversicht durchdringt einen Jeden, daß er unbewußt und jubelnd in den Siegesruf einstimmt: „Tod wo ist dein Stachel, Hölle wo ist dein Sieg?"

In der Nische zwischen den beiden letzten Feldern, Jerusalem und Auferstehung, erhebt sich die herrliche Gruppe derer, die ihr ganzes Leben lang schon nach dieser himmlischen Seeligkeit verlangen, und die bei aller Fülle des Irdischen nie das Ewige vergessen. „Seelig sind die da hungert und dürstet nach der Gerechtigkeit." Es ist eine blühende Mutter mit ihren Kindern, die von dem überschwellenden Füllhorn mit irdischen Gaben sich abwenden zu Gott, Nahrung für ihre dürstende Seele zu erflehen. —

Dies also wären denn die Darstellungen der vierten Wand, der tiefsinnigsten und bedeutungsvollsten unter allen. Darum hat auch Cornelius sie ausgewählt, um zuerst ihren Entwurf in den Kartons zu vollenden. Zwanzig Jahre fast hat er an diesen gearbeitet, und damit seine vollkommensten Werke überhaupt erzeugt, doch ist es auch natürlich, daß man den Einfluß dieser zwanzig Jahre in ihrer Reihenfolge wahrnimmt. Mit dem vorrückenden hohen Alter des Meisters mußte nothwendig die Kraft der Hand etwas abnehmen, und so erkennt ein scharf vergleichendes Auge wohl, daß die späteren Kartons in Bezug auf jene unerreichte feste Sicherheit und tiefe Kraft der Linie den älteren nicht mehr ganz gleich kommen. Was aber das zunehmende Alter der Hand an sicherer Festigkeit genommen hat, das ersetzt der Künstler durch die sich ebenso mehrende Erfahrung, und er gewinnt endlich eine solche technische Vollendung und solche Kenntniß in Anwendung der verschiedensten Mittel, die ihm als Eigenthümlichkeit der Behandlung zu Gebote stehen, daß selbst das rein technische Wissen allein jene Abnahme ausgleicht. Der durch allmählige Uebergänge vermittelte Unterschied in der Technik der früheren und der späteren Domkartons ist also absichtslos als eine unwillkürliche Folge der Naturnothwendigkeit in dieselben gekommen, und hat mit jener weisen Bemessung der Darstellungsmittel nach dem Gegenstande, die bei Cornelius überall wahrzunehmen ist, nichts gemein. Im Allgemeinen sind aber sämmtliche berliner Kartons viel ausgeführter als die münchener und von einer solchen ausgezeichneten Technik, daß ihnen schlechthin Nichts von vorhandenen ähnlichen Kunstwerken, — wenn nicht Rafael's Kartons zu den Tapeten, — an die Seite gesetzt werden kann. In diesen umfangreichen Werken nun ist Cornelius durchweg neu, ursprünglich und selbstschöpferisch, und nur einige der Bilder, wie die Vision des Ezechiel, erinnern an ältere Vorläufer. Zu den letzteren gehören auch die vier Reiter, und man liebt es, hie und da denselben die Originalität abzusprechen, weil Dürer sie ebenfalls schon gezeichnet. Wie thöricht ist dies jedoch angesichts der unendlichen Reihen von Darstellungen eines und desselben Gegenstandes durch verschiedene Meister, ja es ist geradezu dilettantenhaft, denn der Kundige weiß, daß es in der Kunst auf etwas ganz anderes ankommt. Man vergleiche doch einfach die beiden Blätter von Dürer und Cornelius. Wo soll da die Entlehnung stecken, und wenn wirklich, wäre es nicht richtiger, einen Zug, der nicht besser gedacht werden kann, zu entlehnen, als ihn, nothwendig schlechter, neu zu erfinden? Man lege neben einander Dürer, Cornelius und Schnorr, und man wird erkennen, welch ein Zusammenhang und Unterschied zwischen den vier Reitern dieser Meister besteht. Uns geht hier nur Cornelius an, und seine Reiter sind so original-klassisch wie irgend welche der anderen Darstellungen dieser Wand. Alles ist mit Anspannung der vollsten Kraft, mit Einsetzung des ganzen Menschen ans Licht getreten und mit nie rastender Liebe zu Ende geführt worden.

Ein eigener, hoher Geist wohnt in diesen Kartons, der allerdings gesucht sein will, der aber, aufgefunden, den reinsten Genuß gewährt und durch die Kraft des Schönen veredelt. Wenn irgend von einer ethischen Macht der bildenden Künste gesprochen werden kann, so ist es diesen Werken gegenüber, welche die Ideen, die dem Menschen am höchsten gelten, in klassisch schöner Form jeder empfindenden Seele zur lebendigen Aufnahme darbieten. Und man kann sagen, Cornelius hat diese Ideen erschöpft, wenigstens erschöpft nach der Höhe heutiger Bildung, — und was dies in Bezug auf zunächst abstrakte Ideen durch sichtbare Form heiße, darf nicht besonders betont werden. Nur vereinzelt ist er hier zum Symbol zurückgegangen, überall sonst ist der klassisch-historische Ausdruck möglich gewesen, so daß schon Schelling, als er 1845 die Umrißzeichnungen sah, schreiben konnte: „Er scheint jetzt der symbolischen Mittel, über das gemein=historische auch bei heiligen Gegenständen hinwegzukommen, nicht mehr zu bedürfen, seit er mehr an die Ideen selbst gekommen ist." *) Schelling erkannte damals den wesentlichsten Punkt in den Entwürfen bereits, und doch wie schwer und langsam ist seitdem ihr Verständniß gereift! Und das Verständniß der Kartons ist noch schwieriger, denn der hohe Styl nach Composition und Zeichnung tritt bei ihnen natürlich viel bedeutender heraus als in den kleinen Umrissen. Deshalb ist es wohl gekommen, daß Personen, welche die Entwürfe anerkannten, die Kartons tadelten, eben weil sie dieselben nicht fassen konnten. Den Grund hierfür haben wir lediglich in der strengen, gehaltenen Schönheit jeder einzelnen Form zu erkennen, die sich nicht anbietet, sondern die mit hingebender Liebe gesucht sein will. Daher erklärt es sich, daß anfangs Kunstwerke dieses hohen Styles in ihrem unnahbaren Ernste abstoßen, daß aber mit jedem erneuten Male der Betrachtung ihr Verständniß reift, und die Bewunderung ihrer Größe wächst. Und gerade die Kartons des Cornelius nehmen uns vollkommen und ganz in Anspruch mit unsern besten Kräften, so daß wir im Anschaun seiner Werke den Meister vergessen. Denn sie sind so reich, daß man sie nur durch selbstlose Entäußerung fassen kann, daß sie immer neue und neue Züge der Schönheit erschließen, und daß man sie doch kaum je ganz erschöpft, gleich wie man die Natur und alles Große der Menschheit nie ganz erschöpfen kann.

Wenn Cornelius in den Hauptbildern seinem angebornen Zuge ins Große und Uebermenschliche frei folgen konnte, und Werke hinstellte, die einen neuen erweiterten Höhenpunkt der Geschichtsmalerei bezeichnen, so lernen wir ihn in den Gruppen als vollendeten Plastiker, in den Sockelstreifen, in einem höheren idealen Sinne verstanden, gleichsam als Genremaler kennen. Diese Gruppen sind plastisch gedacht und könnten ohne Weiteres modellirt werden, ja man hat den Wunsch laut werden lassen, sie möchten in Marmor statt in Farben ausgeführt werden, wenn je an die Vollendung des Friedhofes gegangen wird. Bedauern müssen wir, daß der Meister von diesen einzigen Entwürfen nur zwei, die der Offenbarungs=

---

*) Boisserée I. 835.

wand, im Karton vollendete, hoffen wir aber, daß einst diese acht Gruppen durch tüchtige Künstlerhand in Farben oder Marmor übertragen würden. Sie eignen sich im höchsten Maße zu künstlerischem Schmuck für protestantische Kirchen in großen gebildeten Städten, und würden für diese Bestimmung fast allen anderen Darstellungen vorzuziehen sein. Möchten sie doch so irgendwo zu monumentalem Dasein gelangen!

Die Sockelbilder aber, deren Benennung als Genrestücke vielleicht manchen Leser überrascht, müssen als eine Genreart klassischen Styles dennoch angesehen werden. Keine bestimmten Personen treten uns in ihnen entgegen, nur Menschen ohne Namen und geschichtlichen Zusammenhang. Darin aber liegt das Wesen des Genre. Freilich ist dies hier in seiner idealen Vollendung gefaßt, und von gemeinen Zufälligkeiten gänzlich befreit. Wir erblicken diese Menschenkinder, wie sie an ihren Mitmenschen ihre Liebe bethätigen, wie sie mit den Traurigen traurig, mit den Fröhlichen fröhlich sind, und sehen nichts als reines, edles Menschenthum in künstlerischer Verklärung. Ja dies mag immer Genre sein, aber es ist die oberste Art dieser Kunstgattung und so von historischem Sinne getragen, daß neben diesen Genredarstellungen manches berühmte sogenannte Geschichtsbild trotz der historischen Namen doch nur als gewöhnliches Genrestück erscheint. Der echte hellenische Geist ruht in ihnen, und das Gastmahl beispielsweise versetzt uns vollkommen in die Homerischen Zeiten; wir erinnern uns jener Verse:

> „Brod dann reichten die Mägd' in geflochtenen Körben es häufend,
> Jünglinge füllten sodann die Krüge zum Rand mit Getränke,
> und sie erhoben die Hände zum lecker bereiteten Mahle. *)

Aber auch die Beziehung zu den Hungrigen und Durstigen fehlt in der Odyssee nicht. Spricht doch selber der göttliche Dulder Odysseus, als er beim Alkinoos seine Leiden erzählt:

> „Aber laßt mich genießen des Mahles, wie sehr ich betrübt bin.
> Nichts unbändiger doch als die Wuth des leidigen Magens,
> der an seinen Bedarf mit Gewalt jedweden erinnert,
> auch den Bekümmerten selbst, dem Gram die Seele belastet.
> So ist mir auch belastet mit Gram die Seele, doch immer
> Speise verlangt er und Trank gebieterisch; und mir entrückt er
> all mein Leid aus dem Sinn, bis seine Begier ich gesättigt." **)

---

*) Odyssee I. 147 ff. **) VII. 215 ff.

So ist es auch hier, wie wir schon sagten, ein Gastmahl der Liebe, jedem verständlich, weil eben rein menschlich, wenn auch nicht jedem sich ganz erschließend, weil eben von hoher Idealität, historischem Styl und strenger Formenreinheit. Von demselben Geiste getragen sind die übrigen Darstellungen, die Bestattung, die Aufnahme der Verschlagenen, die Zurechtweisung der Verirrten und die anderen Scenen alle. Dabei geht nun der Eine große Gedanke der werkthätigen Liebe durch die ganze Reihe, und verbindet die verschiedenen Scenen wieder zu einer höheren Einheit, welche abermals zum Grundgedanken der ganzen Wand, wie er im Mittelbilde sich zusammenfaßt, in tieferem Bezuge steht. Dies nemlich mit seiner Mahnung: „Wachet, denn ihr wisset weder Tag noch Stunde", erinnert doch vor Allem an die immerwährende, nie ruhende Bethätigung der Liebe; wenn man es auch nun als Symbol des jüngsten Gerichtes, oder als einfaches Gleichniß mit jenem mahnenden Aufrufe fasse, immer finden die Liebeswerke zu dem Mittelbilde ihren engen Zusammenhang. Das Ganze lehnt sich an die Stelle beim Matthäus, wo es heißt: „Denn ich bin hungrig gewesen und ihr habt mich gespeiset. Ich bin durstig gewesen und ihr habt mich getränket. Ich bin ein Gast gewesen und ihr habt mich beherbergt. Ich bin nackend gewesen, und ihr habt mich bekleidet. Ich bin krank gewesen und ihr habt mich besuchet. Ich bin gefangen gewesen und ihr seid zu mir gekommen." Wem nun das Mittelbild als Gericht gilt, der betont in der Verheißung die Worte Christi: „Kommt her, ihr Gesegneten meines Vaters, ererbet das Reich," und wem das Gleichniß als einfaches Gleichniß gilt, der betont jene Worte: „Was ihr gethan habt Einem unter diesen meiner geringsten Brüder, das habt ihr mir gethan." Jener thut das Werk der Liebe um des Gewinnes der ewigen Seeligkeit, dieser thut es um der Liebe willen. Zu jenen freilich mag die größere Zahl der Menschen gehören. Denn die Liebe ist groß und umfassend, ihre reinste Uebung schwer und selten; will sie doch, daß wir unsere Feinde lieben und denen wohl thun, die uns hassen! Lehren sind es, deren Befolgung den ganzen Menschen ohne Rückhalt mit Ernst und Begeisterung fordern, wenn Jesus befiehlt: „Wer dich bittet, dem gieb; wer dir das Deine nimmt, da fordere es nicht wieder. Und so ihr liebet die euch lieben, was Danks habt ihr davon? Denn die Sünder lieben auch ihre Liebhaber. Doch aber liebet eure Feinde; thut wohl und leihet, daß ihr nichts dafür hoffet." *) Wer aber möchte wagen, die Augen zu erheben, wenn er mit diesem Ideal des Menschen sein eignes Thun und Leben vergleicht! Um so mehr wird er hoffen und glauben auf eine Verklärung durch den Tod, so daß augenfällig im engsten Zusammenhange die Sockelbilder auf das Mittelbild hinweisen.

Ueberblicken wir nun diese ganze vierte Wand und ihre abschließende Beziehung zu den übrigen noch einmal zusammenfassend. Die höchsten Ideen sind auf ihr mit gesteigerter Gewalt in visionären Bildern dargestellt, die in der nothwendigsten Aufeinanderfolge stehen, und doch nur den Einen großen Gedanken aussprechen, den eines unsterblichen Lebens in göttlicher Liebe. Kann der Mensch dahin gelangen, so muß er durch alles Unglück des Lebens hindurch, und endlich in seinem Tode die Ueberwindung des Bösen vollziehen; geläutert geht er einem neuen Tage dann froh entgegen, und die Seeligkeit des innern Friedens senkt sich auf ihn, wie eine holdseelige Braut herab. So vom Göttlichen durchdrungen und geheiligt sieht er mit verklärtem Auge nun die Ewigkeit der Ewigkeiten vor sich liegen, und erhebt jenen uralten, schon am Tempel der Isis verkündeten, Lobgesang der Offenbarung: "Heilig, heilig, heilig ist Gott der Herr, der Allwalter, der da war, der da ist und der da kommt."

Ein zweiter Gedanke verschlingt sich mit der Reihe jener Ideen zu einem lebendigen Wechselverkehr: es ist der des Mittelbildes und der Sockelstreifen. Er wendet sich zu uns im Leben und ruft uns auf zur Liebe, zur wachsamen Pflege unserer göttlichen Flamme bis in den Tod, so daß nicht die beschauliche, sondern die werkthätige Hingabe an jene Ideen das wahrhaft Heilsame ist. Denn die Liebe wird, wie der Apostel spricht, bleiben, wenn auch Alles vergehet. Aus der Liebe zu Gott fließt die Menschenliebe, fließt aller Glaube, alle Hoffnung, alle Zuversicht, alle Freude. Und darum ist sie in diesem großen Gedanken- und Bilderkreise mit Recht überall als die Grundlage des Heiles hingestellt worden. So geht die Beziehung vom Endlichen zum Unendlichen und von diesem

---

*) Lucas 6, 27—35.

zurück zu jenem, und übt eine heiligende Kraft. Ja, wenn wir diese hohen gewaltigen Ideen, die Himmel und Erde bewegen, in leibhaftigen Darstellungen vor uns erblicken und bedenken, wie aus sich heraus schöpfend der Meister hat schaffen müssen, wie hier eine Anschauung gegeben ist, wo sonst alle Anschauung fehlt, so werden wir erinnert an die Schlußworte des Faust, die der Chorus mysticus singt:

> „Alles Vergängliche
> ist nur ein Gleichniß;
> das Unzulängliche
> hier wird's Ereigniß;
> das Unbeschreibliche
> hier ist es gethan;
> das Ewig-Weibliche
> zieht uns hinan."

Das Ewig-Weibliche! denn das Wesen des wahrhaft Weiblichen ist die Liebe, und nur unter diesem Bilde kann der Dichter die Liebe in seinen Jubelgesang einführen. Und wahrlich auch in diesen herrlichen Kunstwerken ruht die Liebe, und sie hat das Unbeschreibliche wirklich gemacht.

Was nun so die vierte Wand in höchster Steigerung der Ideen als eine Vision, die am Ende aller Dinge eintreten soll, darstellt, das geben die übrigen Wände in weiterer Ausführung und in enger Beziehung zur Thatsache der Geschichte und des Lebens noch einmal. Natürlich ist hier auch die Thatsache in ihr größeres Recht getreten, und gegen sie weicht der kühne Flug des Dichters zurück, der in der Offenbarungswand, verschwistert mit der Klassicität des Künstlers, eine so herrliche Bahn beschrieben. Der dichterisch-philosophische Zusammenhang leidet keineswegs darunter, aber es liegt in der Sache selbst, daß Niemand einem Stoffe gegenüber, der nach allen Richtungen von unzähligen Meistern schon durchgearbeitet ist, so ureigen und schöpferisch sein kann, als wenn er einen Gegenstand behandelt, wo er eigentlich kaum einen Vorläufer hat. Deshalb steht aus innern logischen Gründen schon Cornelius mit der Gesammtheit seiner Kartons zur vierten Wand über allem, was er je gemacht, und was er je noch wird machen können*); Einzelnes vielleicht mag dieselbe Höhe

---

*) Geistig hier unmittelbar anschließend ist des Meisters „Erwartung des Weltgerichts", worüber weiter unten das Nähere.

erreichen, vielleicht sie noch überragen, aber schwerlich wird irgendwie die schöpferische Idee zu jenen Werken für lange Zeit ihres Gleichen finden. Durch diese Idee schließt sich der Domhofs-Entwurf erst zu einem einheitlichen Organismus zusammen, durch sie erst erhebt er sich auf die Höhe der Zeit, ja wahrscheinlich über die Zeit hinaus, und durch sie vornehmlich ist die Grundlage für alle spätere monumentale und echte Kunst bedingt, welche derjenige in diesem umfangreichen Werke des Cornelius erkennt, welcher sich gewöhnt, alle Erscheinungen historisch zu betrachten. Hier ist der Schlußpunkt einer großen Entwickelung und das Eingangsthor für eine große Zukunft. —

Baut man sich im Geiste die Friedhofshalle auf, so erkennt man die ganze Bedeutung der Cornelius'schen Entwürfe und Kartons. Die Theilung und umrahmende Verbindung der einzelnen Darstellungen durch die gemalte Architektur bringen diese erst an ihren rechten Ort und in ihren wahren Zusammenhang, und gleichzeitig mildern sie den strengen Ernst derselben und geben dem Geiste des Beschauers Anlaß zu einer willkommenen Erholungspause. Tausend freispielende Motive in Ornament und Arabesken beschäftigen ihn und ziehen die Phantasie in heiterer Weise an, so daß sie neuen Muth gewinnt, sich der nächsten großen Darstellung zuzuwenden. Dann auch würde die verschiedene Ausführung der Bilder in Grau, in Farben und auf Goldgrund einen wohlthuenden Wechsel erzeugen und die Compositionen den Sinnen selbst näher bringen, als dies die, für die meisten Menschen zu abstracte, Kohlenzeichnung kann. Diese kunstgeschmückte Halle würde sonntäglich ihre Pforten öffnen für alle Kirchenbesucher und die Stimmung in wahrhaft würdiger Weise erheben und sammeln. Von Pfeiler zu Pfeiler wandelnd hätte der Mann aus dem Volke hier alle wesentlichen Momente sich gegenüber, die seine Seele beschäftigen, und er könnte aus diesem großen Buche in der allen verständlichen Sprache der Kunst seine Angehörigen über die heiligsten und wichtigsten Interessen selbst unterweisen. Eine Quelle religiöser und sittlicher Bildung würde dieser Friedhof sein, wie kaum irgend ein Raum auf der ganzen Erde es ebenso ist, und hierdurch wäre, was wir ja Alle stets wollen und erstreben, die Kunst wirklich in das Leben eingeführt. Es würde und müßte für alle Besseren nach und nach ein Bedürfniß entstehen, sich in dieser Halle an den Meisterwerken zu erbauen, und dieser öftere, ja regelmäßige Besuch würde sie endlich zu tieferem und tieferem Verständniß, somit aber zu dauernder Veredlung führen. Ein Ziel wäre dann errungen worden, das nahe an die Erfüllung idealster Wünsche reicht. Die Freude an der Kunst erweckt Liebe zum Schönen, und die Liebe zum Schönen erzieht zur höchsten Liebe, leitet zur Wahrheit, zu Gott. So ist im obersten Sinne die Kunst sittlich und religiös, und hier würde sie, wie Schiller wollte, durch die edelste That „der Religion zu Hülfe kommen." Und das ist nothwendig, denn auf Religiosität beruht die sittliche Ordnung der Menschheit. Aber Religion, Liebe und Kunst, sie entspringen ja auch Einer Quelle und athmen denselben Hauch göttlichen Lebens. „Die höchste Liebe, wie die höchste Kunst ist Andacht; dem zerstreueten Gemüthe erscheint die Wahrheit und die Schönheit nie." So Herder. Was aber ist im Grunde Religion, wenn nicht das andächtige Streben zur Wahrheit, Schönheit und Liebe! So schließt sich der Kreis wieder zusammen zu jenen letzten, höchsten Ideen, von denen wir ausgingen, und die wir nur unterscheiden, weil wir sie nicht zusammenzufassen vermögen, wie sie in Gott zusammen und eins sind. Doch auch noch einen anderen Weg weiß die Kunst zu finden, um durch die Kraft des Schönen zur Liebe und zu Gott zu erheben. Das Beispiel ihrer Werke, die Gegenwart des Schönen wirken ins Handeln und Thun hinüber, und gestalten den Menschen aus einem Geschöpf der Natur zu einer Selbstschöpfung der Kunst um. „Der Mensch bilde sich in allem schön — lesen wir bei Schinkel, *) — damit jede von ihm ausgehende Handlung durch und durch in Motiven und Ausführung schön sei. Dann fällt für ihn der Begriff von Pflicht im gröberen Sinne, welcher von schwerer Pflicht, von drückender Pflicht u. s. w. spricht, ganz fort, und er handelt überall in seeligem Genusse, der die nothwendige Folge des Hervorbringens des Schönen ist. Mit andern Worten: jede Handlung sei ihm eine Kunstaufgabe. So hat er die Seeligkeit auf Erden und lebt in der Gottheit, und aus diesem Standpunkt wird ihm die Pflicht im obigen Sinne als halbe Sünde erscheinen, oder vielmehr: ein Mensch, der nur nach Pflichtgefühl handelt,

---

*) Nachlaß III. 347 ff.

steht noch auf dem unvollkommenen Standpunkte, in welchem die Sünde noch bekämpft werden muß, folglich noch Gewalt über den Menschen ausübt, und noch nicht durch die Liebe zum Schönen ganz verdrängt wurde. Es kann nicht die Bestimmung des Lebens sein, sich zu quälen, vielmehr soll Seeligkeit die Bestimmung alles Lebens sein, und so wird man eigentlich Gott wohlgefälliger, wenn man mit Liebe handelt; aber nur das Schöne ist der höchsten Liebe fähig, und darum handle man schön, um sich selbst lieben und dadurch seelig werden zu können." Wenn aber so Schinkel nach der einen Seite hin durch die Kunst die ganze Energie sittlichen Thuns wachgerufen sieht, und so endlich den Willen zu göttlicher Reinheit geläutert wünscht, verkennt er dennoch nicht, daß dies nur mit kindlicher Unbefangenheit geschehen kann. „Die schöne Kunst — sagt er ebenda — macht uns zu Kindern; wir spielen mit ihr, und je unschuldiger und unbefangener wir dies thun, je mehr werden wir wieder Kinder. Wenn wir aber nicht Kinder werden können, kommen wir nicht ins Himmelreich." So stimmt auch er ein in die vereinte Begeisterung unserer edelsten Männer, und will durch Schönheit zur Liebe, durch Liebe zu Gott führen. Das Siegel der Weihe aber drückt Kant auf dies, durch den Mund unsrer Seher, Dichter und Künstler geoffenbarten, Dogmas idealer Dreieinigkeit, denn Unsterblichkeit ist nicht ohne Schönheit, Freiheit nicht ohne Liebe und Wahrheit nur in Gott zu denken. Ist es nun aber von hier denn ein so großer Sprung zur biblischen Dreieinigkeit des allwissenden Vaters, des alliebenden Sohnes und des alles durchheiligenden Geistes! Die Friedhofshalle von Cornelius giebt uns die Antwort.*)

Daß diese Bilder dem Volke fern bleiben könnten, darf deshalb Niemand befürchten, denn sie stellen ja nur Gegenstände dar, die in jeder Dorfschule ihrem thatsächlichen Inhalte nach gelehrt werden, so daß selbst eine geschriebene Erklärung ganz überflüssig erscheinen, und das tiefere Eindringen in den geistigen Zusammenhang dem wiederholten Beschauen und gemeinsamen Aussprechen überlassen bleiben muß; freilich würde die Offenbarungswand hier mehr zurücktreten, aber wenn Jemand in die andern drei Wände sich eingelebt, wird er auch dort dem Verständniß näher ge-

---

*) Vergl. Lessing's Erziehung des Menschengeschlechts, besonders § 72 ff.

kommen sein, und wir haben so ein Recht, die Friedhofshalle als ein Werk anzusehen, das für die weitesten Kreise des Volkes gedacht ist. Nirgendwo besteht eine zweite derartige Anlage, die so allgemein zu allen Menschen jeglicher Sprache und Confession redet. Das Campo santo in Pisa mag zu dem Volke seiner Zeit ebenso gesprochen haben, wie der Friedhof zu uns, allein diese Höhe der Menschlichkeit ist nicht darin, und es ist für uns ein zwar sehr herrliches Werk des Mittelalters, jedoch ohne lebendige Wechselbeziehung zum höchsten Streben der Gegenwart, die 500 Jahre nach ihm ist. Rom hat auch seine Capella sistina, seine Stanzen und Loggien, aber selbst diese hohen Werke erheben sich nicht in allen Stücken zu dem selbstlosen, rein menschlichen Zwecke, zu welchem hin doch Cornelius seine Entwürfe hier gedacht hat; denn es ist nicht zu vergessen, daß dies alles dort sich im Palaste der Päpste befindet und auch kirchliche Bestimmungen hat. Hier ist davon keine Rede. Die Fresken schmücken die Vorhalle eines Todtenhauses, eines Ortes, dem kein Mensch entfliehen kann, und wohin auch die Könige der Erde gefordert werden. Alle irdische Macht und Größe sinkt hier in Staub, und nur die unsterbliche Seele bleibt als eine Seele unter andern Seelen. Die unbedingte Gleichheit aller Menschen vor dem Tode fordert auch in der Friedhofshalle die Betonung allgemeiner Menschlichkeit, frei von Kirchenwesen und Confessionseifer. Weil nun grade die Fresken diese Aufgabe in weitestem Umfange erfüllen, darum stehen sie auch in lebendigem Verkehr mit einem kräftig vorwärts strebenden, gebildeten Volke. Aber dazu müssen sie eben als Fresken monumental am richtigen Orte gemalt sein, dazu genügen nicht die Kartons, abgesondert vom täglichen oder sonntäglichen Verkehr in mangelhaften Räumen aufgehängt. Welch ein gewaltiger Verlust also die Unterbrechung des Baues und sein Darniederliegen ohne Hoffnung auf Wiederaufnahme für die Volksbildung und die Kunst ist, muß jeder Denkende hiernach selbst ermessen. Der Friedhof sollte eine Stätte der edelsten Erhebung, des bildsamsten Genusses sein, und ist in seinen ruinenhaften Anfängen ein Gegenstand des Mißfallens und Anstoßes geworden. Um so mehr sind wir berechtigt und verpflichtet, die Aufstellung dieser Kartons mit jenen münchenern zusammen in einem angemessenen Museum zu erwarten und zu fordern.

Noch ein flüchtiger Rückblick in die Geschichte sei gestattet. Dem rohen Naturmenschen ist der entseelte Körper verehrter oder geliebter Personen ein kostbares Gut, und selbst den geistigsten Denker muß die feierliche Ruhe und die ernste Stille der Leichen bedeutsam anregen. Man spricht mit hohem Rechte von der Heiligkeit der Todten, und so waren denn auch die Grabstätten, seit dem grauesten Alterthum geheiligt und durch die Kunst ausgezeichnet. In den barbarischen Zeiten thürmte eine kühne aber strenge Phantasie Massen auf Massen zu jenen Wunderbauten der Pyramiden, die noch jetzt in ihrer räthselhaften Gestalt unsern Scharfsinn so mannigfach herausfordern. Auch der ferne Orient häufte gewaltige Grabmäler auf, in Vorderasien wurden die Felsen der Gebirge zu Todtenkammern umgewandelt. In Hellas und Rom hatte man Todtenfelder, von denen die Nekropole Pompejis ein anschauliches Bild giebt, aber der einfach künstlerisch gebildete Grabstein genügte bald den prunksüchtigen Geschlechtern nicht mehr. Die Nachfolger Alexander's und die römischen Kaiser errichteten wiederum kolossale Prachtgebäude als Wohnungen für ihre Leichen, und so entstanden Werke von einem solchen Umfange, daß z. B. das des Hadrian, dessen Reste noch heute in der Engelsburg zu Rom erhalten sind, selbst trümmerhaft unser Staunen erregt. Wenn auch übertrieben nach Ausdehnung und Pracht, so bestätigen dennoch diese großen Beispiele wie die kleinen, daß man seit den ältesten Zeiten des Menschengeschlechtes sich bemühte, durch die Kunst die Gräber der Todten zu verherrlichen. Auch das Christenthum folgte durchaus diesem Bestreben. Die Gruftstätten der Gemeindeglieder in den Katakomben oder den Friedhöfen wurden auf sehr mannigfache Weise verziert, selbst bis zu kunstvoll gearbeiteten Marmor-Sarkophagen. Aber die hervorragenden Gräber waren nun die besonders frommer Männer, deren Andenken man ehrte und heilig hielt, so daß noch spätere Jahrhunderte an solchen Stellen Kapellen und Kirchen errichteten. Auf diese Weise war auch im Mittelalter das Grab eine Veranlassung zu reicher und vielseitiger Kunstübung. Wir dürfen nur an jene zahlreichen Einzeldenkmäler der Heiligen, der Geistlichen und vieler Fürsten in allen christlichen Ländern erinnern, um die ungeheure Tragweite dieses Einflusses anschaulich zu machen. Auch während der Zeit der italienischen Kunstblüthe und später verlor derselbe an Kraft nicht, wie dies allein schon Michelangelo's Plan für das Grabmal Julius II. genügend darthut. Aber alle diese Denkmäler und Kunstwerke waren Einzelgräber, und nur wenige Geschlechter ließen es sich angelegen sein, den gemeinsamen Ort, wo ihre Leichen ruhten und ruhen sollten, als Gesammtraum künstlerisch auszubilden. Als weitaus bedeutendestes Werk erscheint in diesem Sinne Michelangelo's mediceische Capelle in San Lorenzo zu Florenz. Dennoch aber war auch diese eine Fürstengruft ohne lebendige Beziehung zum Volke. Als einziges großartiges Beispiel einer solchen tritt uns das Campo santo von Pisa entgegen, das die blühende und stolze Freistadt bauen ließ, um die verdientesten ihrer Bürger auch noch im Tode zu ehren. Welch ein großes Zeugniß ist dies Werk von dem sicheren Kunstsinn der alten, grade auf der Höhe ihrer Macht ruhenden Republik! Und wie muß die Kunst lebendig mit einem Volke verwachsen sein, das sich selbst ein solches Denkmal der Ehre und Dankbarkeit errichtet! Schon allein um dieser edlen „monumentalen Absicht" willen, meint Jakob Burckhardt, sei dem damaligen Pisa eine der höchsten Ehrenstellen in der ganzen Geschichte moderner Kultur gesichert. Denn es war eine That, in jener Zeit als man nur Kirchen und Bauten zu bestimmten Lebenszwecken anlegte, einen mehr oder weniger profanen Gedanken von wahrhaft klassischer Idealität auf solche Weise zu verwirklichen, daß keine ähnliche Anlage der Pisanischen an Großartigkeit gleich kommt. Die verschiedensten Künstler haben zwar an derselben gearbeitet, und zwischen ihrer Entstehung und uns liegt ein halbes Jahrtausend, aber dennoch steht sie einzig da.

Freilich, wäre der berliner Friedhof verwirklicht worden, dann dürften wir so nicht sprechen. Er hätte den Vorzug, nicht in der Entwickelung einer werdenden Kunst, sondern als Blüthe einer klassischen Kunst entstanden zu sein, nicht von vielen Meistern in verschiedenem Sinne und Style, sondern aus Einem Geiste in wahrhaft monumentaler Schönheit. Will man einwerfen, daß er doch aber nur den Vorhof einer Fürstengruft abgeben solle, und somit an Würde des Grundgedankens seiner Entstehung dem Campo santo von Pisa nachstünde, so darf man doch nicht übersehen, daß der Friedhof zugleich auch Vorhof des Domes ist, und daß er einen Raum darstellt, den das Volk mindestens eben so oft betreten muß, als jenen pisaner Kreuzgang. Allerdings der Gedanke der Gruftstätte wiegt so schwer, daß er das Grundthema für den Freskenschmuck veranlassen mußte; dennoch aber betont der letztere nur das Allgemeinmenschliche, und erniedrigt sich nicht zu einer höfischen Kunst, die an dieser Stelle gradezu widerwärtig erscheinen würde. Ist es aber nicht für ein Volk unsrer Tage, das die großen Ziele dieser Zeit begreift, ein weiterer Anlaß, sich in solchen Räumen zu sammeln, wenn es die Thür erblickt, durch die einst auch seine Könige ziehen müssen? Der wahre und rechte König soll nicht über seinem Volke stehen, sondern mit seinem Volke leben, dann wird auch das Volk in liebender Theilnahme sein gedenken und vor der Thür seines Grabes Blumen der Dankbarkeit streuen. Ruhte der Staub Friedrich's hinter jener Pforte, dieser Friedhof würde ein Wallfahrtsort für alle Freunde des Vaterlandes sein; und ernst die Geschicke wägend, würden diese hier im Anschauen der gewaltigen Fresken ihre Seele erheben, und das Zeitliche, wie sich selbst, im Spiegel des Ewigen sehen. Ist es denn allein ein dichterischer Traum, daß es mildere Jahrhunderte gebe, in denen „Völkerglück vereint mit Fürstengröße wandelt"? oder glauben wir an die wirkliche Erfüllung dieses Traumes? Ich denke, es ist ein Ende abzusehen, und ein friedliches Vertrauen, das auf gegenseitiger Achtung beruht, scheint mir erreichbar. Wie schön aber stellt sich dann der Gedanke dar, daß der Friedhof vor der Gruft der Könige durch die Kunst in lebendigsten Verkehr mit dem Volke, in den innigsten Bezug zu seinen höchsten Interessen gebracht ist!

Indem also der berliner Domhof an die Grabstätte anknüpft, und so kunstgeschichtlich dem Motive nach an die Kunstübung seit den ältesten Zeiten sich anschließt, dehnt er den künstlerischen Schmuck weit über die Grenzen eines fürstlichen Prachtkolosses aus, und bringt ihn, sich die edle „monumentale Absicht" der Pisaner aneignend, in das unmittelbarste Verhältniß zum Volke; und zwar auf eine solche Weise, daß das Volk in ihm den herrlichsten Schatz zu seiner inneren Entwickelung besessen haben würde. Diese große und bedeutungsreiche Sache, welche auf zahllose Geschlechter hätte veredelnd wirken müssen, ist aber, wie alle Welt weiß, abgebrochen und zur ungewissen Zukunft vertagt. Man müßte bitter werden, wenn man dieses gleichgültige Zusehen mit dem rechten Na=

men bezeichnen wollte. Nehmen wir lieber mit historischer Kaltblütigkeit die Thatsachen an, und hoffen wir auf die Ankunft eines besseren Tages, einer freundlicheren Zeit, die an den höchsten Aufgaben und den besten Werken der Kunst nicht in barbarischem Stumpfsinn vorübergeht, um niedrigen Götzen zu dienen. —

Wir hatten erwähnt, daß Cornelius im Herbste 1843 nach Rom gereist war, wo ihn die deutschen Künstler in festlicher Weise empfingen. Am 11. Mai des folgenden Jahres verließ er die Sieben-Hügelstadt, um in Berlin seine Entwürfe zu vollenden. Doch noch nicht ein Jahr hielt er sich hier auf, als das erneuete Bedürfniß in ihm lebendig wurde, wiederum nach Rom zu gehen, um nun die Kartonausführung seiner eben beendeten Entwürfe zu beginnen. Inzwischen wurde ihm eine Auszeichnung zu Theil, die ihm unzweifelhaft eine große Freude bereitet hat. König Friedrich Wilhelm IV. hatte nemlich der Akademie in Münster hinsichtlich ihrer philosophischen Facultät das Recht gewährt, gleich anderen Facultäten Promotionen vorzunehmen, und die Akademie glaubte, auf eine besonders feierliche Art den ersten Gebrauch, welchen sie hiervon machte, bekunden zu müssen. In der öffentlichen Festsitzung am Geburtstage des Königs, dem 15. Oktober 1844, wurde deshalb Cornelius als der erste Doctor philosophiae honoris causa proklamirt und im Diplom bezeichnet „als einer der ersten Künstler unsres Zeitalters, dessen unsterbliche Werke so lange dauern werden, als man Kunst und Wissenschaft, Tugend und christliche Frömmigkeit gebührend zu ehren wissen wird, — als ein Mann, reich an Gaben des Geistes und Gemüthes, geschmückt mit den höchsten menschlichen Ehren, und geliebt nicht nur von Königen und Fürsten, sondern auch von allen Musen und Grazien". Wenn so die Münster'sche Facultät sich in erster Linie selbst ehrte, so lag doch auch für den Meister darin eine Anerkennung, die ihm unmöglich gleichgültig sein konnte. In welchem Sinne und mit welch freier Dankbarkeit er dieselbe auffaßte, ersehen wir aus dem schönen Schreiben, welches er an die Facultät richtete, und welches, da es einen klaren Blick in sein tieferes Wesen gestattet, wir hier folgen lassen. Es ist aus Berlin vom 11. November 1844 datirt und lautet:

„Auf jenen Höhen des Lebens angelangt, wo die meisten Täuschungen schwinden, wird darum der innerlich Lebende und geistig Schaffende nicht ärmer; während er jedoch die Bedeutung der Worte des großen Dichters „ihr Beifall selbst macht meinem Herzen bang" aufs Tiefste empfindet, erhebt und begeistert ihn gerade dann in seinem unablässigen Streben mehr als je zuvor die Anerkennung würdiger und gediegener Männer. In dieser Aeußerung möge die hochgeehrte philosophische Facultät den Maßstab meiner Würdigung der großen Ehre erkennen, die sie mir dadurch erzeigt hat, daß sie mich zum Ehrenmitgenossen eines Kreises von Männern machte, welche die Flamme ächter Weisheit in sich und Andern zu nähren berufen sind. Daß ich, wenn auch mit unzulänglichen Kräften und auf vielfachen Umwegen, von jeher gerungen habe, ein Organ der höchsten Weisheit in meiner Kunst zu sein, bin ich mir bewußt, und es ist mir der schönste Lohn, daß dieses mein Streben von der hochgeehrten philosophischen Facultät anerkannt wird. Nach herkömmlichem Brauche wäre es nun wohl meine Pflicht, in einer Abhandlung Ihnen, verehrte Herren, das Resultat meiner philosophischen Studien mitzutheilen; es ist aber nicht die Feder das Werkzeug, womit ich bis jetzt dasselbe zu Tage gefördert habe, sondern der Pinsel; gewiß haben Sie das, was ich damit namentlich in München geschrieben habe, gelesen und leicht verstanden. Ich bin aber mit meiner Dissertation noch lange nicht zu Ende; ein großes heiliges Feld, Campo santo, ist mir durch die Gnade der Vorsehung und die Huld meines erlauchten Königs und Herrn angewiesen worden, um dort mich auszuschreiben und darzustellen, was Gott mir in die Seele legt. Möge er meinen Geist erleuchten und mein Herz durchdringen mit seiner Liebe, mein Auge erschließen für die Herrlichkeit seiner Werke, für heilige Anmuth und Wahrheit, und jeden Strich meiner Hand leiten! Dann wird meine Dissertation so ausfallen, daß Sie sich des neuen Doctors nicht zu schämen brauchen. Den Entwurf zu derselben werde ich nach nicht langer Zeit veröffentlichen und ihn der hochgeehrten Facultät, als Zeugniß meiner Mitgliedschaft und als Zeichen der innigsten Hochachtung vorlegen, mit welcher ich die Ehre habe zu sein der hochgeehrten philosophischen Facultät ganz ergebenster

Dr. P. v. Cornelius".

Die neue römische Reise trat Cornelius im März 1845 an und entging so zu gleicher Zeit einer ihn störenden Unruhe in seinem Hause. Er hatte bisher eine Miethswohnung in der Lennestraße Nr. 2 inne gehabt, und sollte nun das neue Haus beziehen, das auf Staatskosten für ihn gebaut war, und das er, so lange er lebt, als sein Eigenthum ansehen soll. Dies Grundstück am Königsplatze in einer so freien und bequemen Lage, als Berlin sie zu bieten im Stande ist, vereinigt mannigfache Vorzüge in sich und trägt nicht wenig dazu bei, seinen Bewohnern den Aufenthalt in der großen Stadt angenehm zu machen. Professor Strack lieferte die Zeichnungen und ordnete in den unteren höheren Räumen die Werkstätten an, wo die Kartons gezeichnet werden konnten und wo diese gegenwärtig sich befinden, während das obere Stockwerk die einfach schön ausgestatteten Wohnzimmer nebst ihrem Zubehöre enthält. Dies Haus bildet den einen, jedoch ganz selbstständigen Flügel einer durch Arkaden verbundenen Gesammtanlage, in welcher jenem auf dem anderen Flügel ein gleiches Gebäude mit Künstlerwerkstätten entspricht; in der Mitte befindet sich das Raczynski'sche Haus mit der auch hier schon erwähnten Gallerie.

Auf der Reise nun verweilte Cornelius mehrere Tage, vom 23. bis 26. März, in München, wo die alte Liebe und Verehrung von Neuem erwachte, um dem Meister ihre Huldigungen darzubringen, deren bedeutendere in einem großartigen Fackelzuge bestand. Man zog unter seine Fenster und sandte ihm einen Humpen frischen Bieres als Willkommen hinauf, während Musik und Jubel erscholl. Cornelius, durch die Anstrengung der Reise erschöpft und durch den Tagesverkehr erregt, konnte nur wenige Worte erwidern, indem er „für die ihm als ihrem alten Mitgesellen in der Kunst" treu bewahrte Liebe dankte, aus welcher er die Zuversicht einer ewig dauernden Vereinigung im Geiste schöpfte. Dann ging der Zug zum Königsplatz, wo Angesichts der Glyptothek die Fackeln gelöscht wurden. König und Kronprinz empfingen ihn mit wetteifernder Aufmerksamkeit und Alles, was in München Liebe zur Kunst hegte, bewunderte die Umrißzeichnungen zum Domhof, die Cornelius in seiner Wohnung während dieser kurzen Zeit ausgestellt hatte. Der neue Geist, der in ihnen lebt und aus dem sie hervorgegangen, erregte gerechtes Staunen, das mächtig wuchs, wenn die Beschauer sie mit den Fresken der Ludwigskirche verglichen. Man sah, daß die Kunst hier die Religion in einer neuen Weise erfaßte, und begann zu fühlen, was aus diesem Ausgangspunkte dereinst Alles folgen könne. „Ja, wenn mit diesen Zeichnungen — so berichtet Ernst Förster von jenen Tagen — nicht eine neue Epoche unserer Kunst beginnt, so liegt die Schuld nicht an ihnen, sondern an der Ungunst der Zeit, welche vielleicht nicht nachhaltende Kräfte genug zur Weiterbildung des Errungenen hervorbringt oder erzieht: eine Ansicht, in welcher mich Cornelius selbst durch die Aeußerung bestärkte, daß man mit Unrecht die christliche Kunst als abgeschlossen betrachte, während sie in der That erst beginne."

Nach diesen Tagen frohen Wiedersehens und ehrenvoller Aufnahme an dem Orte seines langen und großartigen Wirkens, zog Cornelius weiter über die Alpen hinweg in die italischen Lande. Zu Rom richtete er sich im Studio des Camuccini ein, und begann sogleich die Reiter in kolossalem Maßstabe zu zeichnen. Nach deren Vollendung und einem etwa einjährigen Aufenthalte in Rom wandte er sich wieder zur Heimath, und zog in sein neues, behaglich eingerichtetes Haus ein. Auf der römischen Ausstellung im Herbste 1846 wurden die vier dämonischen Reiter zuerst öffentlich bewundert, dann kamen sie nach Berlin und wurden in des Meisters Werkstatt, einem freilich für die kolossale Kraft und geistige Größe dieses Werkes viel zu kleinen Raum, aufgehängt. Auf anderen Ausstellungen, wohin man um ihre Sendung den Künstler anging, verdunkelten sie alles neben ihnen Stehende; in Gent, wo man vor mehreren Jahren nur neuere Kartons vereinigt hatte, zog die belgische Akademie mit der Künstlerschaft feierlich zu den Reitern hin, und schmückte sie mit dem Lorbeerkranze unsterblichen Ruhmes. Aber in Wien ward ihnen und einigen anderen Kartons des Cornelius, um die man wiederholt und inständigst gebeten, die seltene Ehre zu Theil, daß sie, der „Allerhöchsten Hofpreise" nicht für würdig befunden, von den Arbeiten eines der dortigen ultramontanen Hofmaler Namens Karl Blaas geschlagen wurden. Dieser Mann erhielt für sein Gemälde „die venetianischen Bräute" den „Hofpreis für Historienmalerei", — Cornelius nicht einmal einen Dank für Erfüllung der an ihn gerichteten Bitte. Freilich Cornelius'sche Arbeiten sind kein Spielwerk für fromme Hoffräulein und geschmeidige Kammerdiener!

Zu jener Zeit damals machte in der gesammten Kunstwelt die Entdeckung eines Fresko viel von sich reden, welches sich in dem ehemaligen

Nonnenkloster S. Onofrio zu Florenz befindet. Im October 1845 hatten nämlich die Maler Carlo della Porta und Zotti unter einer Decke von Schmutz und Rauch ein Wandgemälde, die Darstellung des Abendmahls, entdeckt, und durch eine verführerische Inschrift zumeist sich bestimmen lassen, dies Werk für eine Arbeit Rafael's auszugeben. Ihren Bemühungen gelang es, daß die toscanische Regierung Lokal und Bild für eine hohe Summe erstand, so daß nun die Freunde der Kunst ungehindert zu dem kostbaren Schatze gelangen konnten. Jene Inschrift aber hielt nicht Stand, sie wich bei dem leisesten Waschen vollkommen, und so wurden denn viele Zweifel an der Urheberschaft Rafael's laut. Bald sollten sich auch Urkunden gefunden haben, nach denen Neri di Bicci das Bild um das Jahr 1461 gemalt habe, — andere Meinungen tauchten auf, die das Werk der Schule des Perugino und namentlich dem Pinturicchio zuschrieben. Cornelius, welcher auf der Durchreise das Fresko gesehen und keinen Augenblick an Rafael's Urheberschaft gezweifelt hatte, war durch diesen Streit sehr überrascht. Er schrieb an die Entdecker des Bildes von Berlin aus einen Brief, worin er sein Erstaunen über die Zweifel ausdrückt, und wünscht, „daß dies Werk, welches das seltene Glück gehabt hat, von den profanen und verstümmelungssüchtigen Händen der Gemälderestaurateurs nicht berührt worden zu sein, unter den Schutz der Regierung gestellt werde. Ich erkenne", fährt er fort, „in diesem Fresko-Gemälde eine Tiefe des Ausdrucks und eine Vollendung der Charaktere, wie sie weder der Lehrer Rafael's, noch irgend ein anderer Maler zu seiner Zeit in ihre Werke zu legen wußten. Diese Eigenschaften springen sofort in die Augen, namentlich in der Figur des h. Peter, der die Augen auf den Verräther Judas gerichtet hält, ferner in der Gruppe Christi und des h. Johannes, wo der Maler auf eine wahrhaft bewundrungswerthe Weise die innige Liebe des göttlichen Lehrers zu seinem Schüler auszudrücken wußte, und in einem andern Apostel nahe bei diesem, welcher, gespannt auf das um ihn Vorgehende, mit dem Zerschneiden des Fleisches inne hält. Ueberall offenbart sich das lebhafte Genie und die göttliche Reinheit, wodurch sich Rafael unter allen Künstlern auszeichnet, und wenn man auch in den Falten der Gewänder nicht die ihm eigene Großartigkeit findet, so möge man bedenken, daß wir es hier in der That nur mit halben Figuren zu thun haben, deren untere Theile von dem Speisetische verdeckt werden. In der Gesammtheit der Composition erkennt man denselben architektonischen Styl, welchen der Maler von Urbino mit so vielem Glück in den Gemälden des Vaticans angewandt hat. Und was die kleinen schönen Gestalten betrifft, die man oben im Himmel bemerkt, so reichen sie hin, die Hand Rafael's erkennen zu lassen, so lebendig und anmuthig sind sie und mit so vieler Kunst gemalt. Ich bin überzeugt, daß, wenn vermittelst des trefflichen Grabstichels des Hrn. Jesi dieses Gemälde dem gesammten europäischen Publikum bekannt sein wird, die Zweifel, zu denen es Anlaß geben konnte, verschwinden werden, und daß man einstimmig erkennen wird, daß es von der Hand Rafael's ist."

Dieser Jesi'sche Stich ist nicht erschienen. Der Künstler starb und die Verhältnisse des Bildes änderten sich. Denn es fanden sich im Privatbesitze zu Florenz Studien und Entwürfe zu jenem Abendmahle, die man stets für Arbeiten des Perugino gehalten hatte, und der Vergleich mit anderen Darstellungen desselben Gegenstandes wies unzweifelhaft auf einen älteren Meister der umbrischen Schule zurück. Näheres hierüber ist bei Passavant, Rafael von Urbino, III. 160 ff. zu finden. Burckhardt in seinem Cicerone (Ausg. v. 1860. S. 839) hält ebenfalls Rafael's Urheberschaft historisch für unmöglich. Dennoch aber erkennen alle die Tüchtigkeit und Eigenthümlichkeit des Bildes an, so daß, was das rein künstlerische Urtheil betrifft, noch heute die Worte des Cornelius zu Recht bestehen. Anders ist es mit dem kunstgeschichtlichen Urtheile; und ich habe diese Angelegenheit grade darum mitgetheilt, weil es sich hier auf schlagende Weise zeigt, daß künstlerisches und kunstgeschichtliches Urtheil zweierlei sind, daß es vom kunsthistorischen Standpunkte aus im Principe zu verwerfen ist, wenn auf ein rein persönliches künstlerisches Urtheil, das in Bezug auf den Urtheilenden immerhin sehr werthvoll sein mag, geschichtliche Schlüsse gebaut werden. Zugleich aber sehen wir aus diesem Beispiele auch, wie gewagt und falsch es im Einzelnen ist, Bilder ohne urkundliche Grundlage nur nach eigenem Kunsturtheil zu taufen; und doch ist dies Verfahren noch jetzt das selbst von Kunsthistorikern beliebte. Wenn aber ein Künstler von so großem und sicherem Gefühl wie Cornelius in der historischen Anwendung seines künstlerischen Urtheiles irren konnte, um wie viel mehr müssen sich Ge=

lehrte vor solchen Fällen in Acht nehmen. Wenn diese erst dahin gelangt sein werden, daß sie wirkliche Historiker sind, und wenn die Künstler erst erkannt haben, daß die kritische Kunstgeschichte zu weit und schwierig ist, um eine Nebenbeschäftigung für sie zu sein: dann wird an Stelle der bisherigen Spannung ein Bund des Friedens zwischen den Künstlern und den Kunsthistorikern sich befestigen.

Seit der Rückkehr aus Italien lebte der Meister ruhig in freundlicher Häuslichkeit und angenehmer Geselligkeit, unter steter Arbeit und rüstigem Streben. Ein Karton entstand nach dem andern, und bezeichnete mit seiner Vollendung immer einen neuen Abschnitt in dem reichen Künstlerleben. Aeußerlich war natürlich die seit 1843 veränderte Stimmung in Berlin nicht ohne Einfluß. Zwar konnte dieselbe Männer, welche Cornelius einzige Bedeutung erkannt, nicht irre machen, aber dieser Männer waren es doch verhältnißmäßig nur wenige. Künstler und Kunstgelehrte, Beamte und Hofleute, alle glaubten mehr oder weniger Recht zu haben, ihre Anerkennung des großen Malers an allerlei Bedingungen zu knüpfen oder sie auch ganz zu versagen. Hie und da zeigten sich sogar bedenkliche Spuren von Neid oder vorsätzlicher Verachtung; anders wenigstens ist es nicht zu erklären, wenn ein Bildnißmaler von fast europäischem Rufe äußern konnte, „daß, falls er eine Cornelius'sche Arbeit auf der Straße fände, er sie liegen ließe", und wenn andere Künstler, besonders von den in Paris geschulten, zu ähnlichen sinnlosen Reden sich verirrten. Es ist dies ein Capitel, welches erst später einmal ganz klar werden wird, und das dann einen neuen, überraschenden Blick in höchst unerquickliche Zustände öffnen muß. Für jetzt genügen literarische Urkunden wie die Kugler'schen Kritiken und Thatsachen, wie die der beispiellosen Behandlung der münchener Kartons und des silbernen Schildes. Kein vernünftiger und argloser Mensch wagt anzunehmen, daß ein solches Verfahren überhaupt und je möglich sei, und wir selbst stehen vor den Thüren, hinter denen die Kisten mit den Kartons angeblich lagern, und vor dem Schrank, wo die Schildstücke schlummern, wie vor einer räthselhaften Sphinx. Wer mag solche Dinge glauben! und noch mehr, wer möchte glauben, daß sie ihren letzten, bestimmenden Grund vielleicht doch nur in einigen Personen finden, denen die Größe des Cornelius unerträglich war! Sie wähnten, er sei einer von den Ihrigen, ein Hofmann oder ein hofmännischer Mensch, und in dieser gänzlichen Verkennung seines echt männlichen und mannhaften Charakters fürchteten sie seinen Einfluß, und arbeiteten ihm in einer berechneten Voraussicht, die freilich Selbsttäuschung war, mit allen Mitteln entgegen. Um alles dies kümmerte sich Cornelius nicht; sein Bewußtsein hob ihn über jede feindliche Bemühung hinweg, und er konnte sich wahrlich diesen gegenüber mit den schönen Worten, die Göthe durch den Mund seines Tasso spricht, leicht trösten:

> „Du richtest sie vergebens nach dem Kranze,
> dem unverwelklichen, auf meinem Haupt.
> Sei erst so groß, mir ihn nicht zu beneiden!
> Dann darfst du mir vielleicht ihn streitig machen.
> Ich acht ihn heilig als das höchste Gut:
> Doch zeige mir den Mann, der das erreicht,
> wornach ich strebe . . .
> . . . Dann sollst du mich knieend sehn
> vor jener Gottheit, die mich so begabte:
> Nicht eher ständ' ich auf, bis sie die Zierde
> von meinem Haupt auf seins hinüberdrückte."

Wenn so Cornelius in Berlin manche Enttäuschung und Widerwärtigkeit erfahren, so daß selbst der Gedanke in ihm auftauchte, wieder nach München zurückzukehren, so mußte er endlich auch die schmerzlichsten Dinge in der Kunst selbst wahrnehmen und erkennen, daß seine in München begründete Schule auf Abwege gerieth. Das Haupt derselben, Kaulbach, ein Mann, dessen ursprüngliche Begabung nicht hoch genug geschätzt werden kann, sollte den Geist des Meisters dort erhalten und pflegen. Cornelius hatte auf ihn gehofft und gebaut, und noch lange sein Vertrauen zu ihm aufrecht erhalten, als selbst schon bedenkliche Zeichen aufstiegen. So empfing er seinen ehemaligen Schüler, als dieser 1847 nach Berlin kam, um die Fresken im neuen Museum zu beginnen, auf das Herzlichste, gab ihm ein Fest, und freute sich der Huldigungen, welche jenem die hervorragendsten Männer darbrachten. Allein wir werden sehen, wie schon nach einigen Jahren Cornelius Theilnahme nicht mehr den Wegen Kaulbach's folgen konnte, und wie der Meister selbst öffentlich gegen eine solche Kunst Verwahrung einlegte.

Auch unter den Berliner Künstlern fand sich keiner, der jene ein=

samen Bahnen aufsuchte, wo Cornelius gewandelt. Einige Männer von redlichem Talent und ernstem Streben schlossen sich ihm zwar an und leisteten mancherlei Erfreuliches, allein sie blieben ganz vereinzelt, so daß von einem dauernden und nachhaltigen Einfluß des Cornelius'schen Wirkens auf die Kunst in Berlin nicht die Rede sein kann. Er selbst gelangte, da der Friedhofsbau unterbrochen wurde, mit den laufenden Kunstunternehmungen in keine eigentliche Berührung, und nur Eine große Arbeit machte für kurze Zeit eine schnell vorübergehende Ausnahme. Diese bestand in der Leitung der Freskomalereien, die nach Schinkel's Entwürfen unter der Halle des Museums ausgeführt wurden. Schinkel hatte bekanntlich Aquarellen hinterlassen, in denen er seine Gedanken über die Ausschmückung jener Halle niedergelegt, und die nun in das Fresko übertragen werden sollten. Dabei stellten sich manche Schwierigkeiten heraus, denn dem verewigten Meister fehlte trotz seines reichen Genius und seines hohen Geistes mancherlei, was figürliche Freskodarstellungen von dieser Ausdehnung erfordern; namentlich ging er hinsichtlich der Farbe in seinen Entwürfen über das dem Fresko Mögliche hinaus, und dann mangelte ihm auch in Bezug auf menschliche Formengebung diejenige Sicherheit des Styles, welche erst langjährige Uebung in der besonderen Kunst verleihen kann. Wie herrlich ist es nun zu sehen, daß ein ebenbürtiger Künstler, sich selbst entäußernd, den voraufgegangenen Genossen ergänzt, in seinen Geist und seine Ideen eindringt, dem Ganzen das heilige Siegel des hohen Styles aufdrückt und mit den technischen Bedingungen in Einklang bringt! So sind denn jene Fresken, die ersten öffentlichen überhaupt, welche in Berlin entstanden, ein schönes Denkmal der geistigen Gemeinschaft in dem Dioskurenpaar unserer neuen Kunst, und zugleich unstreitig das Bedeutendste der monumentalen Malerei, was Deutschland nach den Münchener Fresken unsers Meisters besitzt. Man mag über Einzelnes in ihrer Ausführung wie in ihrem Gedanken rechten, allein ich glaube, daß würdigere Werke an dieser Stelle und an diesem Bauwerk sicher nicht unsere Zeit und vielleicht auch keine andere hätte erzeugen können. Wie hoch Idee und Ausführung stehen, wird ganz deutlich, wenn man mit diesen 1848 enthüllten Fresken in der Halle jene tiefer hinein im Treppenhause liegenden vergleicht, die auch nach Schinkel's Entwürfen später, jedoch ohne Cornelius Leitung, ge-

malt wurden, — oder wenn man einen Blick auf jene Reihe kleiner Dar=
stellungen wirft, die nachträglich im Mißverständnisse Schinkel'scher Gedanken
durch unzureichende Kräfte angefertigt wurden. Könnte Schinkel diese
letzteren sehen, er würde sich im Grabe herumdrehen, ebenso wie Cornelius
gestaunt, als er sie erblickt, und jeder Kunstfreund sich wundert, daß man
diese Machwerke noch nicht wieder herabgeschlagen. Ehrt man so das An=
denken großer Männer und die Werke ihrer Kunst?

Es kamen die Stürme des Jahres 1848. Cornelius hörte die Ka=
nonen des 18. März donnern, die das Eingeläute einer neuen Zeit waren,
die aber für ihn und seine Thätigkeit zunächst eine traurige Folge haben
sollten. Denn der begonnene Friedhofsbau wurde unterbrochen, und ist
seitdem nicht wieder aufgenommen worden. Ein großes Hinderniß hierzu
bestand in der allgemeinen Abneigung gegen die bald auftretende kirchliche
Reaction und in der Meinung, daß man „uns katholisch machen wolle".
Die Richtung der damaligen und überhaupt jeder pietistischen Strömung ist
freilich naturgemäß nach Rom, aber an entscheidender Stelle trug man
sich doch mit anderen Phantomen, als dem, ein protestantisches Volk
katholisch zu machen. Die öffentliche Meinung war jedoch so. Man wider=
strebte deshalb der Aufrichtung eines Riesendomes mit aller Gewalt, da man
mit Recht geltend machte, daß eine übermäßig große Kirche mit allerlei bis=
her nicht gekanntem Schmuck und Aufputz den protestantischen Zwecken und
dem protestantischen Gewissen nicht entspräche. Dieser Dom war zuerst
als eine gewaltige Basilika, dann als ein Kuppelbau von 400 Fuß Höhe
beabsichtigt, und man kann sich einen Begriff von den außerordentlichen Ver=
hältnissen des Innern machen, wenn man erwägt, daß bei beiden Plänen
eine halbkreisförmige Absis von 90 Fuß Höhe angenommen war. Ein
solcher Riesendom ist für eine protestantische Gemeinde unbrauchbar, er
ruft die ängstliche Vermuthung einer Entfaltung von äußerlichem Gepränge
nothwendig wach, und fordert somit einen sehr lebhaften Widerspruch
heraus. Dieser hat denn auch nicht gefehlt, und sich leider auch auf die
Friedhofsanlage ausgedehnt, da man Dom und Gruft für untrennbar
hielt. So liegt denn heute das Ganze als eine Ruine da, und keiner
der bisherigen Versuche, den Bau wieder aufzunehmen, ist auch nur dahin
gelangt, daß ein einziger Stein hinzugefügt worden wäre. Für denjenigen,

welcher die Geschichte der politischen, kirchlichen und geistigen Bewegungen seit 1840 kennt, der einen Blick in den Charakter Friedrich Wilhelm's IV. gethan, und dem die Kunstzustände seit dem Tode dieses Königs nicht ganz fremd sind, — wird auch die Geschichte des neuen Dombaues zu Berlin leicht verständlich sein. Wir müssen auf ein näheres Eingehen in dieselbe verzichten, obwohl es nicht ohne Interesse sein müßte, die Schicksale desjenigen Werkes zu erzählen, mit welchem die reifste und höchste Thätigkeit unsers Meisters in so innigem Bezuge steht. Denn auch für den Dom sollte Cornelius noch einen großen Auftrag erhalten.

Nach dem tiefgreifenden Umschlage, der zu Anfang der fünfziger Jahre die Bewegung von 1848 abgelöst hatte, tauchte auch in den Hofkreisen sehr bald wieder der Lieblingsgedanke des Königs auf, und man wirkte für den Neubau des Domes. Wenn man nun auch nicht, wie jeder praktische Bauherr gethan hätte, mit dem Bau selbst begann, so erfreute man sich doch an der Idee, und beschäftigte sich mit der künstlerischen Ausschmückung dieses embryonischen Domes. Ja man gab Aufträge zu Gemälden, mit denen die Kirche geziert werden sollte, und so fiel Cornelius die Aufgabe zu, einen Entwurf für ein großes Fresko in der bereits erwähnten Absis zu bearbeiten. Er unterzog sich derselben willig, allein er glaubte in Berlin ein solches Werk nicht vollenden zu können; hier, wir können es nicht leugnen, konnte nach allem Vorgefallenen nicht der Ort sein, der seine künstlerische Begeisterung zu befruchten im Stande war. In Rom sprach Alles anders zu ihm, und die Werke Rafael's und Michelangelo's regten ihn tief an. Sein Entschluß, zurückzugehen zu jenen Quellen der Kunst, mußte mit der Annahme dieses Auftrages zugleich feststehen, denn nur in Rom glaubte er ihn ausführen zu können.

. . „Ich möchte dort,
wo noch der Geist der großen Männer schwebt,
und wirksam schwebt, dort möcht ich in die Schule
aufs neue mich begeben." . .

So dachte mit Göthe's Tasso auch unser Meister und er folgte frei dem Zuge seines künstlerischen Bewußtseins. Nach einer kurzen Erholungsreise, die er im Herbst 1852 nach Süddeutschland unternommen, trat er im folgenden Frühjahr in Begleitung seiner Familie die weite

Pilgerfahrt an. In München war wieder das alte Zusammensein, und Cornelius fand Gelegenheit, in Beantwortung eines auf ihn ausgebrachten Trinkspruches ein Hoch dem König Ludwig zu weihen, und zugleich seiner Stimmung über einzelne der neueren Kunstunternehmungen dort Ausdruck zu geben. Er schloß: „Jetzt noch bringe ich ein Pereat allen Schacher=juden in der Kunst!" und man wird heute die Bedeutung dieser Worte wohl leichter und richtiger verstehen, als damals, wo man am liebsten diese Schacherjuden im Monde suchen wollte, während man doch leicht hätte die Goldstücke klingen hören können, um welche sie die göttliche Kunst ver=riethen. In Florenz wurde Cornelius durch ein Unwohlsein einige Zeit auf=gehalten, erreichte aber dann in guter Gesundheit Rom, wo ihn die Deutschen mit Liebe und Begeisterung empfingen, und ihn zur Feier seines Namens=tages am 29. Juni festlich in ihre Mitte luden. Der Meister überließ sich alsobald seinen Studien und schon im Frühjahr 1854 meldeten Be=richte aus Rom die Vollendung der neuen Composition; ihre Ausführung in Deckfarben nahm ihn dann ausschließlich in Anspruch, bis er im Früh=jahr 1856 sein neues Werk als beendigt aus den Händen geben konnte.

Es ist bekannt, daß dies die Erwartung des Weltgerichtes ist. Dieser farbige Karton ist etwa seiner Höhe nach der zweihundertste Theil von dem beabsichtigten Fresko und natürlich in seiner Breitenausdehnung gradlinig, während das Fresko dem Halbkreise der Absis sich anschließt. Das muß man bei Betrachtung des Werkes im Auge behalten, da die Krümmung der Linien eine größere Lebendigkeit, reichere Perspective und eine schlankere Proportion erzeugen würde. Freilich hätte man im Großen wieder denselben Uebelstand, der schon bei dem jüngsten Gerichte der Lud=wigskirche erwähnt wurde, daß man nemlich haushohe Gemälde nicht mehr unmittelbar übersehen und mit einem Male anschauen kann. Und dies Fresko würde einen Flächenraum etwa 2½ Mal so groß als das Mün=chener Bild bedeckt haben! Hier nun im Kleinen läßt sich das Werk als Ganzes vortrefflich übersehen, und da auch die Ausführung im Einzelnen vollkommen durchgebildet ist, so können wir auf diese Weise die großartige Schöpfung als eine in sich geschlossene und für sich selbst lebende betrachten und genießen. Nur die Aquarellfarben erinnern zunächst, daß es eigent=lich eine farbige Vorlage für ein Fresko ist, dann weist uns der Gegen=

stand und die Composition selbst auf einen gewissen Zusammenhang mit einer bestimmten Architektur und einen bestimmten Zweck hin, und ferner müssen wir die bezeichnete Rücksicht auf die Krümmung der Horizontallinien beachten. Endlich jedoch tritt noch als wesentlichstes Moment für die Beurtheilung des Werkes der Umstand hinzu, daß dem Meister die ausdrückliche Bedingung gestellt wurde, den König sammt seiner Familie auf diesem Bilde anzubringen, und so Friedrich Wilhelm's IV. bekannten Ausspruch: „Ich und mein Haus, wir wollen dem Herrn dienen!" künstlerisch zu verewigen. Betrachten wir aber jetzt zuerst den von Cornelius gewählten Stoff.

Eine Erwartung des jüngsten Gerichtes! Man sollte im Voraus meinen, daß dieser Gedanke wenig Sinn haben könne, da doch der Richter sich ankündigt, er werde so unverhofft kommen, wie der Dieb in der Nacht; wenn er aber in so überraschender Plötzlichkeit erscheint, wie kann er da erwartet werden? Dies ist nach den kirchlichen Dogmen gewiß folgerichtig und unzweifelhaft, wir müssen also eine Bedeutung aufsuchen, die über das Dogma hinausgeht, oder die das Dogma zu einer allgemein menschlichen und ewigen Wahrheit vergeistigt. Haben wir nicht einen Vergleich? Auch der Tod kommt ja unerwartet und plötzlich wie der Dieb in der Nacht, und sollen wir ihn dennoch nicht jede Stunde erwarten? Ja, unser ganzes Leben soll nur eine stetige Erwartung des Todes sein, da es doch, wie Dante singt, Nichts ist als ein Laufen zum Tode hin, un correre alla morte.*) Unser Ziel ist das Abstreifen des schweren Erdenkörpers und die Befreiung unsers unsterblichen Theiles von ihm durch den Tod; denn der Tod ist, wie Sokrates in Platon's Phädon spricht, Nichts als der Umzug dorthin, Nichts, wie die alten Juden sagten, als der Geburtstag zu einem neuen wahren Leben. Deshalb sollten die Menschen sich billigerweise darauf freuen, zum Mindesten aber soll dies Ziel uns immer wie ein Angelpunkt und Pol fest vor Augen stehen, und wir sollen immer annehmen, die gegenwärtige Stunde sei auch unsere letzte:

„Omnem crede diem tibi diluxisse supremum." **)

Verlieren wir den Gedanken, daß unser Tod jeden Tag eintreten könne,

---

*) Purgat. XXXIII. 54. **) Hor. Epist. I. 4.

aus dem Gesichte, so geben wir uns eben einem unwürdigen Leichtsinn hin, denn der Genuß dieses Lebens und die Beruhigung der Seele mit der behaglichen Auskömmlichkeit hier ist trügerischer Schein. An uns richtet sich dann das Wort des Gleichnisses: „Du Narr, diese Nacht wird man deine Seele von dir fordern; und weß wird es sein, daß du bereitet bist?" Immer bereitet sollen wir sein, die dunkle Pforte zu durchschreiten, und so muß der Gedanke an den Tod, wenn wir so sagen dürfen, nie aus unsrer Seele kommen, damit, wann er eintritt, wir in fröhlichem Gottvertrauen den nächtlichen Pfad wandeln. Sokrates mag uns ein Beispiel sein, dessen letzte Worte waren: „Dem Asklepios sind wir einen Hahn schuldig; bezahlt die Schuld und laßt es nicht unbeachtet," oder aus der Bildersprache der griechischen Mythologie in christliche Ausdrucksweise übertragen, etwa: „Bringet Gott Dank, daß er mich endlich von dem Leibe dieses Todes erlöset." So mögen wir denn die Mahnung dieses herrlichen Weisen und heiligen Mannes, „daß all unser Treiben und Denken auf nichts Anderes gerichtet sein solle, als auf Sterben und Todtsein," als sein edelstes Testament hier auffassen. Aber der Tod an sich ist gleichgültig, was nach ihm aus uns wird, dies ist das Entscheidende und Wesentliche, und deshalb faßt Sokrates auch Sterben und Todtsein in eins zusammen. Denn das ist auch hier die Frage: „Sein oder Nichtsein?" Todtsein könnte auch sein ein Nichtsein! Wohl meint der lebensmüde Hamlet: „Sterben — schlafen — nichts weiter? —— es ist ein Ziel aufs Innigste zu wünschen!" Und doch auch er war nicht der Mann, die „dunklen Pforten aufzureißen, an denen Jeder gern vorüberschleicht;" ein einziger Gedanke verweht seine Entschlüsse, wie ein kalter Wind die Spreu:

„Nur daß die Furcht vor etwas nach dem Tode,
das unentdeckte Land, von deß Bezirk
kein Wandrer wiederkehrt, — den Willen irrt."

Es ist so Etwas im Menschen, das man Gewissen nennt, und das über Kurz oder Lang doch bei Jedem einmal zum Sprechen kommt. Die Gesammtidee aber der menschlichen Gewissenszustände kleidet sich künstlerisch, wie wir schon sahen (S. 132), in die Vorstellung vom jüngsten Gericht. Die Stimme unsres Gewissens allein, die über den Tod hinweg in die Ewigkeit zu uns redet, schallt deshalb der Posaune des jüngsten Tages voraus, greift dem Spruche des Weltrichters vor, und giebt uns eine Ahnung unsrer Zukunft. Wenn wir also streng unterscheiden, so leben wir eigentlich nicht in der steten Erwartung des Todes, sondern vielmehr des Zustandes nach dem Tode, und für diesen besitzen wir allein in unserm Gewissen einen sicheren Maßstab. (Vergl. auch Beischriften Nr. 12.)

Will aber die Kunst diesen ernsten und großen Gegenstand behandeln, und will sie diejenige Idee anschaulich machen, welche die nie ruhende Begleiterin des Menschen ist, so muß sie aus dem subjectiven Gefühl des Einzelnen, wie aus der objectiven Abstraction der Philosophie übergehen zu der concreten Gestaltung dieser Gedanken, wie die Schrift sie giebt. Bisher hatte die Kunst in diesem Falle das jüngste Gericht dargestellt; allein wir müssen zugeben, daß in einem solchen Bilde doch ein anderer Sinn liegt, als wie wir ihn uns hier denken. Das Gericht als eine künstlerisch gestaltete Thatsache ist etwas anderes, und wir haben hier schon versucht, uns über die Bedeutung solcher Gemälde zu verständigen. Indem wir aber immerdar bereit uns halten, durch den Tod in die Ewigkeit einzugehen, leben wir doch nicht dem Gericht als der vollendeten Thatsache gegenüber, sondern wir leben in seiner Erwartung. Was heißt dies also anders, als wir leben in der Erwartung des Todes? Der Tod ist nur, da er lediglich das Ereigniß der Vermittelung ist, aus der Ideenkette gestrichen, und der Geist greift über ihn hinaus in die fernste Zukunft. Obgleich nun freilich die Erwartung des Gerichtes, um in dieser Gleichnißsprache zu bleiben, eigentlich nur in unserer Seele als nie rastendes Lebensprinzip unsichtbar wirkt, so hat dennoch auch die Kunst ein Recht auf diese hohe Idee. Was die Darstellungen des Weltgerichtes bereits handgreiflich vor Augen bringen, die Scheidung der Seeligen und Verdammten, muß in der Erwartung des großen Ereignisses folgerichtig fehlen, aber es muß im Herzen des Beschauers durch den Ruf seines Gewissens widerklingen. Deshalb wird die Erwartung naturgemäß milder und geistiger erscheinen, als das Gericht selbst, ja sie wird in weit erhöhterem Maße, als dieses, Gleichniß sein müssen; von ihr gelten in unbedingt zutreffendem Sinne Schiller's Worte: „Was sich nie und nirgend hat begeben, das allein veraltet nie." Die Erwartung des Ge=

richtes ist eine ununterbrochene, ewig dauernde und doch nie zur Thatsache
werdende; denn würde sie, die Erwartung, selbst buchstäblich verwirklichte
Thatsache, so müßte sie ihren reineren und edleren Sinn gänzlich verlieren,
und geriethe in Widerspruch mit den Verheißungen der Schrift, der ja doch
die Kunst die Form zur Einkleidung jener Erwartung wiederum entlehnen
muß. Wir werden also zur geistigsten Auffassung nothwendig hingeführt,
und sehen das christliche Dogma plötzlich erweitert und der Kunst eine
neue Bahn eröffnet. Aber dies ist Alles nur möglich in der lebendigen
Verarbeitung des Geistes, welcher in den heiligen Büchern ruht, und in
der entschiedenen Lossagung von dem tödtenden Buchstaben. Geht der
menschliche Trieb zu schaffen und zu bilden auf diesem Wege mit philo=
sophischer Sicherheit weiter, so muß die christliche Kunst gegenständlich
mehr und mehr, allgemein und allgemeiner eine wahrhaft und im edelsten
Verstande menschliche werden.

Indem Cornelius nun diese Idee ergriff, blieb er innerhalb des gei=
stigen Kreises, den er durch seine Entwürfe für die Königsgruft beschrieben.
Was hier mit aller Ausführlichkeit in der großen Bilderfolge erzählt
wird, ist dort in einen einzigen Zustand übertragen, — hier eine Reihe
von Darstellungen, über die das Auge fortschreitend sich bewegt, dort der
in sich geschlossene, ewig erneute Augenblick, — hier das Geschehen der
Ereignisse in der Zeit, in Vergangenheit, Gegenwart und Zukunft, dort
die Vollendung des nie Geschehenden außer aller Zeit, des immerwährenden
Zustandes in der Ewigkeit. Die Hallen des Friedhofes, der vor der Königs=
gruft an den Dom gelehnt angeordnet ist, sollen auch den Eintritt in die
Kirche selbst vermitteln, und bereiten so auch durch die Darstellungen an
ihren Wänden auf eine Erscheinung vor, die der Kirchenbesucher nun in
der großen Nische wie ein Altarbild vor sich sieht. Es ist, wenn man
will, dieselbe Idee in anderer Modification; das eine Mal erscheint sie in
rein historischer Form, das andere Mal in geheimnißvoll visionärer. In
dem Friedhofe ist sie thatsächlich entwickelt nach den Erzählungen und Ver=
heißungen des neuen Testamentes, in der Altarnische ist sie in freiem Geiste
vollendet unter Zugrundlegung der christlichen Glaubenslehre nach den künst=
lerischen Traditionen der Kirche. In beiden Fällen aber ist die dichterische
Auffassung und die philosophische Tiefe bei dem Künstler eine gleich große

und edle. Zu den verschiedenen Auffassungen aber mußten ihn die verschiedenen Räumlichkeiten mit ihren verschiedenen Zwecken bestimmen: dort der geöffnete Peristyl mit seinen Umgängen und ohne jede gottesdienstliche Benutzung, — hier der geschlossene Dombau mit den festen Sitzplätzen und seinem kirchlichen Zweck. Jenes forderte Cornelius zum Aufgeben, dies zum Aneignen der kirchlichen Tradition auf; indem er das letztere aber that, mußte er unbewußt zur Weise der katholischen Kunst zurückkehren, denn christliche Kunst im kirchlichen Sinne ist nur auf katholischer Grundlage zu denken.*) Deshalb war es natürlich, daß, wie wir schon andeuteten, die Friedhofsentwürfe den Schein eines protestantischen Charakters und dagegen, wie noch weiter zu bemerken sein wird, die Altarcomposition den Schein eines katholischen Charakters annahmen. Dem Wesen der Sache gegenüber ist beides Schein; aber es beweist augenfällig, mit welcher von jedem Zweifel unberührten Sicherheit des Glaubens Cornelius den christlichen Stoff beherrscht, und wie er je nach dem Bestimmungsorte und dem Zweck seiner Werke unerschöpflich ist in den reichsten und vielseitigsten Gestaltungen eines Gedankens. Am unmittelbarsten erinnert die Erwartung des Weltgerichtes an das Mittelbild der Offenbarungswand, wo das Gleichniß der Jungfrauen dargestellt ist. Dies war, hineingesetzt zwischen größtes Leiden und höchste Hoffnung, eine Mahnung zu wachen und die Flamme der Liebe zu pflegen. Auch hier ertönt von Neuem derselbe Ruf: "Wachet! Sehet zu, wachet und betet, denn ihr wisset nicht, wann es Zeit ist," und erneuert sich stets eindringlicher: "So wachet nun, denn ihr wisset nicht, wann der Herr kommt, ob er kommt am Abend, oder zu Mitternacht, oder um den Hahnenschrei, oder des Morgens; auf daß er nicht schnell komme, und finde euch schlafend. Was ich aber euch sage, sage ich allen: Wachet!" **)

Wie hat nun Cornelius die Idee der Erwartung des Weltgerichtes, die meines Wissens vor ihm niemals ein Maler behandelt hat, künstlerisch durchgeführt? Die bereits erwähnte Bedingung nöthigte ihn, den König und dessen Haus auf dem Gemälde darzustellen, und so erblicken wir auf der Erde zu

---

*) Vergl. hier S. 118 u. m. "Grundriß d. bild. K." S. 278.
**) Markus 13, 33. 35—37.

unterst im Bilde, rechts und links von einem einfachen Altar gruppirt, die Herrscherfamilie und ihre Begleiter, wie sie sich im Geiste erheben und den über ihnen dargestellten Vorgang gleichsam wie eine Vision schauen. Zwar ist dies, nemlich die Schauenden und die Vision, nicht so unbedingt streng geschieden, wie es in Rafael's Disputa und noch mehr in Dürer's Dreifaltigkeit geschehen ist, da hier von Oben herab seitwärts durch Engel eine Verbindung mit den Altargruppen hergestellt ist, allein diese liegt zu sehr in der Composition und den Bedingungen des visionären Gegenstandes selbst, als daß man meinen könnte, der Unterschied zwischen Himmel und Erde sei hier verwischt. Vielmehr giebt diese Verbindung nur die unmittelbarste Anschauung von der Einwirkung des Himmels auf die Menschen, der ihnen stets seine Boten zu Freude und Leid, zu Heil und Errettung sendet.

In der Vision selbst bildet Christus den Mittelpunkt. Er thront in ernster und gewaltiger Hoheit auf den vier Symbolen des Ewig-Lebendigen, umgeben von einer himmlischen Glorie, seine beiden Hände erhebt er in gleicher Liebe nach beiden Seiten hin segnend. Maria zu seiner Rechten verehrt ihn demüthig flehend, Johannes der Verkünder zu seiner Linken weist prophetisch auf ihn, als die Quelle alles Heiles, hin. Die ganze übrige Anordnung ist streng symmetrisch und architektonisch auf Wolkenschichten gemacht, so daß die Composition in übersichtlichster Klarheit sich darbietet. Ganz oben in der Mitte sind die Engel mit den Marterwerkzeugen, tiefer rechts und links bringen die Aeltesten der Offenbarung (IV. 4. 10. 11.) dem Heilande ihre Kronen dar und stimmen in den Lobgesang der vier Lebendigen ein. Nun tritt in der Mitte die Glorie mit Christus, Maria und Johannes hinzu. Zu beiden Seiten von dieser sitzen in zwei Reihen, höher die Märtyrer und Bekenner, tiefer die Apostel und Erzväter. Unter der Glorie ruhen in der Mitte die Engel, zuerst der sibyllenartig Geheimnißvolle mit dem Buche des Lebens, dann zu seinen Seiten die wächterartig Aufpassenden mit den Posaunen. In größerer Breite zieht sich unter diesen Engeln die Gruppe der Kirchenväter und Anachoreten hin, so daß rechts und links von dieser nur ein schmalerer Raum bleibt, von dem aus die Engel sich zur Erde bewegen und von ihr aufsteigen. Rechts schreitet Michael mit dem Schwerte herunter, ihm vorauf wandelt der Engel des Gerichts mit der Waage, und schon auf der Erde wenden sich vier Engel, die sich in eine

Gruppe von Dreien und einen Einzelnen sondern, zu den Menschen. Jene drei bringen ihnen die Dornenkrone, das Zeichen irdischer Leiden, aber sie gewähren auch nach überstandenem Leiden innern Frieden, als dessen Symbol hier der Oelzweig erscheint; endlich aber reichen sie dem vollendeten Erdenpilger die Palme der Seeligkeit. Diesen drei Engeln mit Dornenkrone, Oelzweig und Palme voraus nähert sich der Einzelne mehr der Altargruppe, und giebt sich als ein Vermittler zu erkennen durch das Füllhorn mit Aehren und Trauben, das er trägt, und das hier an das Abendmahl, das Sakrament der Erlösung, erinnert. Auf der andern Seite entsprechen diesen Engeln, die somit das Wirken der Vorsehung zu den Menschen im Leben und bis zum Gericht vertreten, andere, die vor der Schlange der Verführung Schutz gewähren, die auf die guten Werke und das reine Streben achten, und selbst schon die Geängstigten hinaufretten in die seelige Nähe Gottes.

Diese flüchtigen Andeutungen der Art und Weise, wie Cornelius sein Werk aufgebaut hat, müssen genügen; es ließe sich, wollte man das vom Meister Gegebene nach allen Richtungen hin durchsprechen, allein über dies Bild ein ganzes Buch schreiben. Die Frage ist hier für uns jetzt die, ob die Darstellung so schlagend und unzweifelhaft ist, daß der Stoff in erschöpfender Weise zur Anschauung gelangt? Ich meine, dies ist der Fall. Denn wer die Bibel einigermaßen kennt und der Kunst nicht ganz fremd ist, muß hier sofort sehen, welchen Gegenstand er vor sich hat. Oben der Heiland der Welt in feierlicher Größe, umgeben von den Zeichen seines Erlösungswerkes, von seinen Verkündern und Nachfolgern, verehrt durch die Schaaren der gottesfürchtigen Männer des alten und neuen Bundes und der frühesten christlichen Zeiten. Dies zwar könnte noch irgend eine andere Bedeutung haben, allein die Engel mit Buch und Posaunen nehmen jede Unklarheit, und vollends die Engel der Auferstehung und des Gerichtes, wie sie herabschreiten, beseitigen jede Spur von Zweifel. Wir sehen unmittelbar: hier ist Christus in der Fülle seiner Macht über die Seelen und Gewissen, hier ist er in der Herrlichkeit des Himmels, und eine Bewegung seiner Hand fordert Lebendige und Todte vor seinen Richterstuhl. Jeder Beschauer des Werkes stelle sich im Geiste vor diesen Richterstuhl, und es bedarf der Handbewegung des Richters nicht; spricht sein Gewissen das Wort der Liebe lebendig zu ihm, sind auch die Engel schon bereit, die seine Seele, wie hier die Geängstigten, erheben zu reineren Sphären. Und ist sein Gewissen nicht bereitet, so ist ihm hier Hoffnung und Läuterung nicht abgeschnitten; keine Teufel zerren seine unsterbliche Seele in die ewige Feuerpein. Ist diese Bedeutung, diese Stimmung im Herzen des Beschauers die vom Meister gewollte und beabsichtigte, so müssen wir sie im Ausdruck der Menschen, die er als Vertreter der Menschheit hier gezeichnet hat, wiederfinden. Kann aber Jemand würdiger sein, hier die Menschheit zu vertreten als ein mächtiger Herrscher mit seinem Hause, welcher die irdische Größe als eine nichtige erkennend, nur ein Mensch sein will! Vor Gott sind ja alle Menschen gleich, und so muß denn auch hier der König trotz seines Purpurmantels als ein armer Sünder die Gnade des Himmels, das ewige Erbarmen der Liebe anrufen. Dies ist es, und dies ist die einzig mögliche Stimmung, die wir in der Erwartung des Todes oder des Gerichtes empfinden können: Demüthiges Erkennen unserer Armseeligkeit und zuversichtliches Hoffen auf die allumfassende Liebe. Nur dieser Einen Stimmung, in der sich alle Menschen begegnen sollen, hat Cornelius Raum gegeben, und mit vollem Recht. Einige Beurtheiler des Werkes haben zwar getadelt, daß er nicht die ganze Stufenfolge der Stimmungen von der Seeligkeit bis zur Verzweiflung in einer die Herrscherfamilie umgebenden Volksmenge entwickelt; sie verkennen gänzlich den Geist des Gegenstandes. Mögen diese verschiedensten Empfindungen die Beschauer haben, der wahrhaft fromme und edle Mensch, was würde selbst ein solcher im günstigsten Falle sagen können, als: „Ich bin selbst leiblich tugendhaft; — dennoch könnt ich mich solcher Dinge anklagen, daß es besser wäre, meine Mutter hätte mich nicht geboren."*) Da er aber doch nun einmal geboren ist, wird er seine Gedanken immer wieder in dem alten Spruche zusammenfassen: „Und der Zöllner stand von ferne, wollte auch seine Augen nicht aufheben gen Himmel, sondern schlug an seine Brust und sprach: Gott sei mir Sünder gnädig!" So auch sehen wir in den schauenden und verehrenden Menschen diese Stimmung vorwiegend betont; eine Entfaltung dramatischer Lebendigkeit

---

*) Shakespeare, Hamlet III., 1.

wäre an dieser Stelle sehr unschicklich gewesen. Was aber den Vorwurf betrifft, daß nicht eine Volksmenge anwesend sei, so scheint mir, daß die gegebene äußere Bedingung, nicht wohl glücklicher mit dem wesentlichen Erforderniß des Gegenstandes in so vollen Einklang gesetzt werden konnte. Der König mit seinem Hause und seinen Begleitern vertritt in sehr geeigneter Weise, als eine sichtbare Spitze der Menschheit, diese, die doch auf solchem Bilde nie in corpore versammelt sein kann, sondern eben immer vertreten sein muß. Zudem erscheint der Herrscher hier auch als Stifter, welchem nach alter Kunsttradition mit seiner Familie ein Platz auf dem Gemälde gebührt. Wenn ich dies sage, bin ich überzeugt, die Wahrheit einfach und bündig auszusprechen, so daß jeder Leser beistimmen muß, und ich fürchte somit die Anklage einer neupreußischen Gesinnungstüchtigkeit nicht, weil sie eben nur der Unverstand erheben könnte. Auch steht ja dem Gedanken keinesweges irgend Etwas entgegen, daß diese Vertreter der Menschheit auf jenem großen Todtenfelde des jüngsten Tages sich versammeln, aus dem die Auferstehenden hervorgehen sollen, daß der Künstler also die Scene auf den Schauplatz hin verlegt habe, von dem Klopstock ausruft:

"O Feld vom Anfang bis, wo sie untergeht,
der Sonnen letzte, heiliger Todter voll!"

Durch eine solche Annahme wird aber erst recht der oben erwähnte Vorwurf hinfällig.

Es ist also in der Darstellung selbst Nichts für die Ewigkeit entschieden: die Menschen erscheinen alle als gleich erbarmungswerthe Sünder, jeder trägt sein Geschick in eigener Brust. Niemand urtheilt: der ist seelig, jener verdammt; Alle sprechen das große Bekenntniß aus, daß sie Alle Nichts sind, daß sie Alle Alles von der göttlichen Liebe hoffen. Damit ist der Gedanke des Weltgerichtes erhoben zu dem der Welterlösung, und die Darstellung des Heilandes als des ewigen Richters ist durchaus zu einem Gleichniß für den ewigen Zustand der Menschheit geworden. Jede Stunde steigen die Engel mit Schwert und Wage hernieder und sprechen jedem Einzelnen in seinem Gewissen sein Urtheil, jeden Augenblick rettet die ewige Liebe gequälte Menschen aus der Noth und

Feindlichkeit des Lebens, die sie ihnen als Zuchtmittel zu ihrer Läuterung auferlegte. Wir sehen also hier, den alten Darstellungen des Gerichtes gegenüber, dieselbe Idee mit dem Geiste edler Menschlichkeit und gebildeter Zeiten versöhnt, sehen sie aus der verheißenen bestimmten Thatsache hinübergeleitet in den ewig dauernden Zustand. Damit ist ein ungeheurer Fortschritt errungen, denn wir überzeugten uns ja oben schon, daß die Bilder des jüngsten Gerichts — abgesehen von der historischen Betrachtung derselben — mit den Besseren unsres Jahrhunderts in wahrhaft und lebendig geistigem Wechselverkehr nicht mehr stehen; hier aber müssen wir bekennen, ist Cornelius in der tiefsinnigen Weiterbildung des Stoffes seiner Zeit vorausgeeilt. Wie milde, versöhnend und von reiner Andacht erfüllt sind die Gestalten, die er hier geschaffen. Da ist kein Mißklang, keine Hölle, kein Teufel, keine Abschneidung der Hoffnung auf die göttliche Gnade und keine Aussicht in ein ewiges Elend, bei dessen Anschauen wir wünschen müßten, nie geboren zu sein. Ja, wie könnte selbst ein, von echter und reiner Liebe ganz erfüllter, Mensch die Seligkeit ertragen, wenn er auch nur einen seiner Brüder leidend, für alle Ewigkeiten leidend wüßte! Er würde lieber mit diesem Einen die Hölle theilen, als mit den andern Allen den Himmel. Ohne jeglichen solchen Mißklang vereinigen sich hier nun Himmel und Erde, ihrem Heilande in ernster Anschauung sich hinzugeben, und im Gefühle eigener Unwürdigkeit ihr Heil ganz von seiner freien göttlichen Liebe zu erwarten. Ist es nicht eine That, solch eine Bahn der Kunst eröffnet zu haben? ist es nicht die That eines Genius, in so großartiger Weise, in so veredelter Bedeutung den Kreis künstlerischer Stoffe erweitert, und zugleich diesen neuen Stoff nun auch in einem unsterblichen Meisterwerke dargestellt zu haben? Ja, Cornelius hat hier ein Werk gegeben, das geistig vielleicht höher steht, als Alles was er sonst geschaffen, da es die Gegensätze, wie sie noch in der Offenbarungswand des Domhofes, wenn auch überaus gemildert, dennoch sich zeigten, auflöst in das Bekenntniß geläuterter Frömmigkeit: Gott sei mir Sünder gnädig! Welch ein geistiger Fortgang ist es aber von dem jüngsten Gerichte der Ludwigskirche zu diesem Werke!

Es kann sein, daß der Meister, indem er dieses sein hohes Werk dachte und schuf, lediglich auf dem positiven Boden seiner Kirche stand, und daß Gedanken, wie die zuletzt hier von uns angedeuteten, nicht in seiner Seele klar und bewußt sich bewegten. Trotzdem aber halten wir dieselben aufrecht, weil sie mit lauter Stimme entschieden und zweifellos aus dem Werke zu uns sprechen. Denn jedes echte und große Kunstwerk ist eine Offenbarung, und grade der geweihte Genius schafft aus dem Urquell des Geistes. Nun weiß ich aber mit unanfechtbarer Sicherheit, wie, gleich bei andern großen Meistern, so auch besonders bei Cornelius selbst der Fall eingetreten und wiedergekehrt ist, daß er geschaffen und geschaffen, und als das Werk Gestalt vor seinen Augen angenommen, erst geschaut, was denn eigentlich sein Genius gewollt und erzeugt. Hier nun, bei der Erwartung des Gerichtes würde diese Betrachtung nur zu dem Schlusse führen, daß eben unabweisbar allen Menschen gemeinsame, ewige Ideen in den christlichen Stoffen liegen, und daß, wenn man auch nur die Stoffe rein positiv behandelt, dennoch zuletzt die Ideen durchdringen. Dies aber kann Niemanden überraschen, der sich unsre Erörterung zurückruft, wie christliche Malerei ohne positiven Glauben erfahrungsmäßig bis jetzt vollkommen nicht möglich war. Das Verhältniß ist so einfach und schlagend, denn die Allgemeingültigkeit und Ewigkeit der höchsten Kunstwerke, ob sie zwar grade durchweg aus dem Positiven hervorgegangen sind, beruht dennoch lediglich in ihren ewigen unerschöpflichen Ideen. Phidias glaubte an die Götter, die er bildete, Rafael betete sicher zur allerheiligsten Mutter Gottes, und trotzdem sind die Werke des Parthenons und die sixtinische Madonna uns, die wir weder die Athene noch die Maria anrufen, immerdar Schöpfungen, welche uns das Edelste und Reinste, das Göttliche und Ewige verkünden. Wer aber wagte uns glauben zu machen, daß Rafael alles das, was wir beim Anschauen seiner unsterblichen Himmelskönigin empfinden und denken, selbst in der Seele bewußt empfunden und gedacht habe! „Ja — sagt Alfred Rethel[*]), begeisterungsvoll hingerissen von dem Eindruck der Sixtina — ja, er muß eine Art von Vision gehabt haben, denn das Ganze ist glühend warm aus der Seele ohne Abkühlung durch Vorstudien und bei gänzlichem Vergessen der Außenwelt hingemalt, vielleicht ihm selbst unbegreiflich." Cornelius wird sich deshalb wie alle

---

[*]) W. Müller v. K., Rethel. Leipzig 1861. S. 107.

großen Künstler auch hier gefallen lassen müssen, daß man dem Geiste, wie er sich in seinen Werken offenbart, mit den geistigen Mitteln unsrer Zeit nachgeht, und daß das Wort, welches die Gedanken eines andern Menschen über solch ein Werk ausspricht, von ihm selbst vielleicht hie und da bisher noch nicht so ausgesprochen, ja selbst gedacht war. Schon in dem Aufbau erster und höchster Meisterwerke walten tief geheime, oft dem Künstler selbst unbekannte Gesetze*), um wie viel mehr muß nicht die Idee eine tief innere Offenbarung sein! Da wir nun aber hier von einer unbewußten göttlichen Offenbarung im Künstler sprechen, und wir den Gegensatz zwischen Idee im Geiste und positiver Gestalt im Leben unterscheiden, so mag eine andre Betrachtung hier sogleich angeknüpft werden.

Es ist nämlich ein Punkt in dem Bilde, der uns Protestanten insofern nothwendig Bedenken erregt, als die Composition als Fresko die Altarnische einer protestantischen Kirche, der Hauptkirche in der Hauptstadt des Protestantismus, schmücken sollte. Denken wir das Gemälde 90 Fuß hoch in den vielfarbigen reichen Gestaltungen, und stellen wir es uns, als wäre es in dem großen Dome nun vollendet, vor unser inneres Auge, so können wir uns nicht verhehlen, daß es mancherlei enthalte, wofür einer protestantischen Gemeinde unleugbar stets das Verständniß fehlen wird. Zwar entgegnet man: „Was ist es denn; die Gestalten der Bibel gelten doch auch den Protestanten, und auf die Kirchenväter beruft ihr euch ja auch; was wollt ihr also?" und wir können hierauf nichts erwidern, denn das Gesagte hat seine Richtigkeit, allein die Sache liegt anders. Cornelius hat nur Personen der Bibel und der ältesten Kirche gewählt, so daß Niemand auf dem Bilde ist, der in neuerem Sinne katholisch genannt werden müßte, Niemand, der an sich dem Protestanten einen Gewissensanstoß gäbe, wie dies mancher Heilige der späteren Kirche thun würde. Ich will auch auf die geistliche Tracht des frommen Papstes Gregor, des heiligen Hieronymus u. a. keinen Werth legen, obwohl diese Tracht der heute in der römischen Kirche üblichen wahrscheinlich näher steht, als der historisch richtigen, und Manchem so doch vielleicht einen Anstoß oder Aergerniß geben könnte. Allein die hauptsächlichste Schwierigkeit liegt

---

*) S. d. Verf. Grundriß a. a. O. Abschnitt VII.

darin, daß dem Protestanten der Sinn gänzlich abgeht für diese geistliche Rangordnung, diese abgestufte, himmlisch = kirchliche Gesellschaft. Der Katholik leitet die Kirche mit ihrer Hierarchie durch Tradition unmittelbar von Christo her; das Händeauflegen und Weihen, durch welches die Apostel weiheten, hat sich von Stufe zu Stufen fortgesetzt bis heute, wo durch die Priesterweihe der Mensch noch einer besonderen Gabe theilhaftig wird. Wir bestreiten dies bekanntlich und betrachten das Ganze rein historisch. Deshalb würden wir es lieber sehen, wenn nur Gestalten der Bibel Christum umgeben würden, denn für diese haben wir ein mehr unmittelbares Verständniß, welches uns für die Kirchenväter, Anachoreten und heiligen Bischöfe fehlt. Es kann uns nicht helfen, daß man uns vorhält, diese gehören uns ebenso an, wie den Katholiken, denn wir haben keinen lebendigen Sinn für sie; sie sind uns lediglich Personen der Kirchengeschichte ohne innere Beziehung zu unsren religiösen Gefühlen. Dennoch läßt sich nicht läugnen, daß Vertreter der sichtbaren Kirche an der Stelle, wo Cornelius sie im Bilde angeordnet hat, sehr an ihrem Platze sind, und wenn wir nun solche zugeben wollen, so können wir nur jene Männer der ältesten Kirche wählen; Reformatoren würden in solchem idealen Zusammenhange eben so wenig an ihrem Orte sein, wie Jesuiten. Indem Cornelius also jene Gestalten anwendete, handelte er weniger im katholischen als im altchrist= lichen Sinne; da sie aber uns nun so fremd erscheinen, lernen wir deutlich erkennen, daß die Reformation mehr als man von gewisser Seite gern zugestehen will, den Entwickelungsfaden der mittelalterlichen Kirche scharf und unanknüpfbar abgeschnitten hat, und daß der katholische Maler gegen den protestantischen ungleich günstiger gestellt ist. Dies letztere haben wir schon erörtert, und bringen hier nur ein neues Beweisstück hinzu, freilich auch mit dem erneuten Bemerken, daß weder die Confession je den Künstler macht, noch daß solche Aufgaben nicht auch ohne confessionellen Beisatz zu lösen seien. Ja, wenn wir es streng nehmen, hat Cornelius diese Aufgabe ja schon ohne einen solchen gelöst, da das uns als katholisch Erscheinende nicht sowohl katholisch als altchristlich ist. Wie sehr aber dieser katholische Anstrich nur Schein ist, wie sehr er von der Richtung der neukatholischen Kunst und dem Ultramontanismus entfernt ist, lehrt ein Blick in den Geist des Werkes, in jene edle Verklärung einer positiven Glaubenslehre zu allgemeinster und edelster Menschlichkeit, wie wir dies schon besprochen haben. Der Katholicismus, gegen welchen wir protestiren, und der übrigens nicht bloß in Rom, sondern auch in Wittenberg sich findet, haftet äußerlich an Buchstaben und Form, statt lebendig und frei im Geiste zu wirken; wenn er aber im Geiste, uns allen voranschreitend, weiterbildet, so werden wir ihm freudig folgen, denn er ist dann unser Freund. Und daß es Männer in jener großen Kirche giebt, die so handeln, sehen wir in dem Werke des Cornelius. Preisen wir uns deshalb glücklich, daß aus allerlei Glauben Menschen erstehen, denen der Geist und die Liebe mehr gelten als der Buchstabe und das Dogma. Wir können also vom unparteiischen Standpunkte aus gegen dies Werk unsres Meisters in Bezug auf unser religiöses oder christliches Gewissen schlechterdings nichts einwenden, aber die Zeiten gestatten uns diesen unparteiischen Standpunkt nicht; wir sind Partei und entschiedene Partei in kirchlichen Dingen. Deshalb würde ich z. B., wenn man mich um meine Meinung fragte, ob der Entwurf als Fresko in einer protestantischen Kirche ausgeführt werden solle, mit Nein stimmen; und dennoch würde ich sehr erfreut sein, einen guten Stich desselben zum täglichen Genuß in meinem Zimmer aufhängen zu können. Dies leuchtet von selbst ein, und ist das nämliche wie bei der Disputa, der Sixtina und so vielen andern Werken, deren Stiche wir in unseren Wohnungen aufhängen, und die in unsere Kirchen zu bringen, doch Niemandem einfällt. Die Gründe, welche mit dieser eigenthümlichen Doppelseitigkeit zusammenhängen, sind zahlreich und verzweigt; die wesentlichsten derselben liegen aber, wie gesagt, nicht in uns und im Kerne der Sache, sondern in unserem Gegensatz gegen die römische Hierarchie und ihre Forderung absoluter Autorität. Schlimm genug, daß wir deshalb noch Partei sein müssen, und daß das an sich Gute und Schöne manches Mal darunter leidet. Denn noch streiten und entzweien sich ja immer die Menschen mit Leidenschaft, auf welcher Seite, in welcher Kirche, bei welcher Religion das Rechte und die Wahrheit seien; doch „es kommt die Zeit, daß ihr weder auf diesem Berge noch zu Jerusalem — weder in Wittenberg noch zu Rom — werdet den Vater anbeten." Nur „der Geist und die Wahrheit" im Einzelnen, nicht das äußerliche Bekenntniß bestimmen das Verhältniß des Menschen zu Gott, der ja „ein Geist ist", und dessen „Reich nicht kommt mit äußerlichen Geberden; man wird auch nicht sagen: Siehe hier oder da ist es. Denn sehet, das Reich Gottes ist inwendig in euch."*) Wie weit sind wir aber mit unseren confessionellen Erbärmlichkeiten und kirchlichen Kleinlichkeiten immer noch von dieser Größe und dieser Veredlung des Menschenthums entfernt!

Wir haben jetzt noch einen Blick auf die rein künstlerische Seite des Werkes zu thun. Die Composition stellt sich in jener feierlichen Architektonik dar, die man von jeher als das höchste in der Monumentalmalerei anerkannt hat. Ein organischer Aufbau mit bestimmtem Mittelpunkt und großartiger Gliederung soll sich das Ganze erheben. Da ist es denn schwierig, daß die Symmetrie nicht steif und die Gliederung nicht willkürlich erscheine, vielmehr daß Alles des heiteren Ernstes künstlerischer Freiheit nicht entbehre. Solche Werke, wenn sie wirklich vollendet sind, setzen den mächtigsten Genius voraus, der mit Lust die Kühnheit und Gewalt seiner Phantasie an die strengen Linien eines solchen symmetrischen Aufbaues fesselt, und in der Anordnung dieses Aufbaues das, nur wenigen Künstlern als Naturgabe beschiedene, unübertrefflich sichere Gefühl für Proportionalität und Eurhythmie verräth. Die Kunstgeschichte nennt nur wenige von derartigen Malereien, aber diese wenigen rechnet sie dem Köstlichsten bei. Denn wer hält Rafael's Disputa nicht in ihrer Art für unvergleichlich, und wer nicht Dürer's Dreifaltigkeit für unnachahmlich! Ein verwandtes Werk ist Cornelius Erwartung des Weltgerichts. Ich stelle es jenen beiden Schöpfungen unbedenklich an die Seite, und fürchte die Einwürfe hiergegen nicht, da zu einem Urtheil doch vor Allem ein treues Eindringen in die Sache gehört. Wie aber die Disputa und die Dreifaltigkeit nur einen bevorzugten Kreis von Freunden um sich sammeln, so wird auch die Erwartung des Weltgerichtes ihre Verehrer nicht nach Millionen zählen dürfen. Wenn aber dennoch nun sich Sprecher finden, die ein Durchschnittsurtheil von verständnißlosen Millionen abgeben: was sollen wir da sagen? Ist es nicht besser, dann wie Cordelia zu lieben und zu schweigen, als Versuche zu wagen, die denen gleichen, wenn man einen Blindgeborenen die Farbe empfinden lehren will! Die Composition

---

*) Joh. IV. 21. 24. Luc. XVII. 20. 21.

hat ihren Mittelpunkt in Christus, der in größerer Gestalt und feierlicher Hoheit als der feste unbewegliche Kern sich darstellt, und der zudem noch durch den Goldgrund und die Glorie auch äußerlich gewaltig hervortritt. Er allein thront in diesem lichten Kreise, die anderen Figuren schweben im blauen Aether auf luftigen Wolken, und so schon ist die klarste Scheidung erzielt. Maria und Johannes, nach dem Vorbilde der alten Weltgerichte geordnet, wenden sich von außen nur in die Glorie hinein, und verbinden diese zugleich mit den beiden Reihen der Märtyrer und Apostel, die von ihren Häuptern und Füßen aus nach rechts und links sich zum Bildrande hin erstrecken. Auch darüber neigen sich die Aeltesten gegen den Heiland in tiefer Demuth, und gar erst die Engel mit seinen Leidenswerkzeugen stehen im engen Bezuge zu ihm. Die Engelgruppe unter der Glorie horcht auf den Wink des Richters, und die Kirchenväter ziehen sich unmittelbar darunter als nothwendiges breites Schlußglied hin, während die auf- und absteigenden Engel den Organismus der Composition bis auf die Erde fortsetzen, wo Alles sich in Anschauung und Betrachtung zu Christo erhebt. Von ihm geht Alles aus, zu ihm geht Alles hin, so daß ein Gefüge entsteht, in dem jeder Einzelne mit dem Apostel sprechen könnte: „Lasset uns aber rechtschaffen sein in der Liebe und wachsen in allen Stücken an dem, der das Haupt ist, Christus; aus welchem der ganze Leib zusammengefüget, und ein Glied am anderen hänget durch alle Gelenke."*) So ist es wirklich in diesem Bilde, es ist ein solcher organisch gegliederter Bau mit seinem Mittelpunkt und seinen Flügeln, der bei allem Reichthum übersichtlich, bei aller Fülle klar ist; und die einzelnen Theile wiederum klingen zum Ganzen zusammen in reiner Harmonie, wenn auch nicht in dieser geschlossenen Einfachheit wie bei Rafael und Dürer, so doch in edelster Mannigfaltigkeit und in einheitlichster Nothwendigkeit. Wer etwa meint, in solcher Composition allein läge nicht schon die schwerste Kunst, der versuche doch, sich oder andere, im Entwerfen verwandter Gegenstände, — und er wird beschämt den Bleistift aus den Händen fallen sehen.

Daß Cornelius neben der Composition seine alte Meisterschaft in

---

*) Ephefer 4, 15. 16.

der Anordnung und Gliederung der einzelnen Gruppen in sich wiederum
glänzend bewährt hat, bedarf kaum der Erwähnung. Aber wir erkennen
in den einzelnen Gestalten selbst eine nicht unbeträchtliche Steigerung des
künstlerischen Vermögens gegen manche frühere Werke, namentlich die der
Ludwigskirche, welche viele lehrreiche Vergleichungen zulassen. Die Figuren
sind bis auf zwei oder drei ganz bekleidet; diese sind nur zum geringen
Theil mit Gewändern bedeckt, und unter ihnen erinnert namentlich einer der
Engel mit der Posaune durch den Bau seines Körpers an Michelangelo.
Es bot sich also eine überaus große Menge von Gewandungen in
allen Lagen und Stellungen des Körpers dem Künstler dar, und Corne=
lius hat sie mit antiker Einfachheit in edelster klassischer Reinheit bei aller
Abwechselung der Motive durchgebildet, so daß allein in diesen Gewandungen
ein herrlicher Schatz künstlerischen Wissens niedergelegt ist. Und nun gar
die Köpfe! Welch ein Reichthum von Charakteren, Stimmungen und
Gedanken ist darin offenbart, und wie sollen wir die Fülle dieser Gestal=
tungen erschöpfend nennen! Prophetische Begeisterung und stille Ver=
ehrung, seeliges Staunen und entzücktes Schauen, demüthiges Hoffen und
leidenschaftlich tiefe Hingabe: Alles, alles spricht sich in diesen Gebilden
aus. Hier will Einer sein Antlitz im Gefühle seiner Nichtigkeit verbergen,
dort hebt er es glücklich vertrauend empor, — hier ist er im tiefsten
Nachdenken in sich versunken, dort will er vom Begleiter Auskunft über
das große Geheimniß, — hier lächeln der Engel liebliche Züge, dort sind
sie horchend gespannt. All' dies ist groß und reich, edel und schön, und
wir fühlen, so in das Werk eindringend, mehr und mehr seinen einzigen
Werth, seine höchste Kunst.

Auch in der Farbe zeigt sich Cornelius hier von seiner besten Seite.
Es ist alles frisch, kraftvoll, tief und mannigfaltig, und kommt zu einer
reinen Wirkung, die allerdings sehr bestimmt, entschieden und männlich
ernst ist, tadellos zusammen. Nicht einen Pinselstrich möchte ich hier in
der Färbung anders haben, und man sieht diesem Bilde gegenüber leicht
ein, daß es dem Meister an Farbensinn wahrlich nicht fehlt, und daß er,
wenn er andre Werke, namentlich Oelgemälde, in einer von der modernen
Weise abweichenden Farbengebung behandelte, er dies sicher mit Absicht
und Grund that, daß er es so wollte. —

So war auch dies große Werk denn zu Anfang des Jahres 1856 vollendet. Alles was in Rom der ernsteren Kunst zugethan war, stand aufrichtig bewundernd vor dem farbigen Karton, allein es gab auch dort andere Kreise, die in der bekannten Art sich auflehnten. Ein Berichterstatter des Kunstblattes schreibt zu jener Zeit: „Nicht bloß die Italiener, sondern alle hier so reich vertretenen Nationen freuen sich, dem großen Künstler ihren Tribut der Hochachtung darbringen zu können. Nur das junge Deutschland der Genre- Bedutenen- und Albummaler kläfft...." Es war also in Rom just wie daheim; in Berlin war die bekannte Gegnerschaft die alte geblieben, in München ging seit Cornelius und Schnorr's Abgange das Bestehende in Zerfahrenheit über, und in Düsseldorf predigte Wilhelm Schadow seine kirchlichen und künstlerischen Conversionstheorieen. Ein allgemeiner Aufstand gegen die Klassicität in der Malerei drohte mehr und mehr, und diese ernste Gefahr konnte den Führern und Anhängern derselben nicht gleichgültig sein. Schnorr hatte bereits seit mehreren Jahren wiederholt öffentlich das Wort genommen, Cornelius war auf seiner letzten Reise nach Rom zu München schon mit dem bekannten Percat auf die Schacherjuden vorgetreten, allein die Verhältnisse forderten immer stärker heraus. So benutzte der Meister denn die Gelegenheit eines Festes, welches am 20. Mai 1855 die Künstler zu Rom dem König Ludwig in der Villa Albani veranstaltet hatten, um seinen Gefühlen eine kraftvolle Aeußerung zu geben. Er hielt dort eine vorher ausgearbeitete Rede, die wir hier dem Wortlaut nach mittheilen. Es ist bezeichnend und schön, daß der König Ludwig als Erwiderung auf diese Rede und als Dank für die ihm in derselben dargebrachte Huldigung sich erhob und sprach: „Ich trinke auf das Andenken Winckelmann's." Wohl mochte er in diesem Augenblicke und in jenem Hause es tief empfinden, wie sehr das Verständniß edelster Kunst in ihm selbst und in allen Besseren seiner Zeit vornehmlich durch die herrliche Lehre Winckelmann's geläutert worden war. Er leitete so mit richtigem Gefühl den Dank, der ihm gebührend dargebracht wurde, von sich auf den Größeren zurück. Cornelius Worte aber sind diese:

„Es ist ein halbes Jahrhundert, daß der erhabene Gast, den wir heute das Glück haben in unsrer Mitte zu sehen, um ihm unsere Huldigungen darbringen zu dürfen, — es ist ein halbes Jahrhundert, daß er als kö-

niglicher Jüngling die ewige Stadt betrat, angethan mit den herrlichsten
Gaben der Natur, mit einem schöpferischen Geiste, ein geborner Herrscher!
Die mächtigen Eindrücke, die Italien, die Rom auf ihn machten, — weit
entfernt sich in schwelgerischen geistigen Ueberschwänglichkeiten und Genüssen
zu verlieren, — erzeugten unerschütterliche Entschlüsse, und diesen folgte rasch
die That. Der hohe Gast erkannte, welche unermeßliche Bedeutung die
Kunst auf die Culturentwickelung der Völker habe. Sie soll nicht bloß
ein Confect für die Tafeln der Großen und Reichen, sie soll eine
kraftvolle Speise für Alle sein, eine zweite Natur gleichsam, soll sie wie
die Sonne ihren Glanz über Große und Kleine, über Arme und Reiche
verbreiten. Die Poesie hat durch Göthe und Schiller ihren höchsten
Glanzpunkt erreicht, für Wissenschaft war in allen Theilen des Vater=
landes reichlich gesorgt und die Resultate unermeßlich. Also keine Ilias
post Homerum. Sein schöpferischer Geist wandte sich entschieden der
Kunst zu, und ein neuer Morgen brach für sie am vaterländischen Himmel
an. Grade in den Tagen der größten Noth und der tiefsten Erniedrigung
wurde der königliche Entschluß gefaßt, die Walhalla zu erbauen. Dort
sollten die Steine sprechen, wenn Alles schwieg, sie sollten dem Volke zu=
rufen, daß es sich ermanne. Während dazu die großartigsten Vorberei=
tungen getroffen wurden, wuchs die Glyptothek schon aus dem Boden;
ihr reicher wunderbarer Inhalt wurde in Italien erstanden. Dies
Alles that noch der Kronprinz. Weise Sparsamkeit und königliche Frei=
gebigkeit gingen Hand in Hand, um diese Wunder bewirken zu können.
Als aber König Ludwig den Thron seiner Väter bestieg, da, meine Herren,
ging's erst los! hei, wie wurde da gemeißelt, gebaut, gezeichnet und ge=
malt! Mit welcher Lust, mit welcher Heiterkeit ging da Jeder ans Werk!
Aber es war eine ernste Heiterkeit, es war nicht so wie Herr Wilhelm
Kaulbach es darzustellen beliebte*), auch war München damals kein Treib=
haus der Kunst, wie Wilhelm Schadow in seinem modernen — ja wohl
modernen! — Vasari**) sich ausdrückte; es war eine gesunde lebenskräftige

---

*) Nämlich in den großen, humoristisch=satirischen Wandmalereien an den Außen=
seiten der neuen Pinakothek zu München.

**) S. hier Seite 87.

Wärme, erzeugt durch die hellauflodernde Flamme der Begeisterung, wovon jene Werke mit allen ihren Mängeln das Zeichen an ihrer Stirn tragen. Jene Männer, die dort in brüderlicher Eintracht wirkten, sie wußten, worum es sich handelte, sie wußten, daß sie vor dem Richterstuhl der Nachwelt, und vor dem der deutschen Nation standen. Es galt hier, daß der deutsche Genius sich auch in der Kunst eine Bahn brach, wie er es in der Poesie, Musik und in der Wissenschaft so glorreich gethan, es galt hier endlich, den hohen Absichten unseres erhabenen königlichen Herrn und Beschützers würdig zu entsprechen. In wie fern dies nun gelungen, mag Welt und Nachwelt entscheiden; wie weit auch jene Werke hinter dem Maßstabe liegen, den diese sich selber angelegt und hier im ewigen Rom geholt hatten, sie können getrost die Hand auf die Brust legen und sich sagen: wir haben einen guten Kampf gekämpft, wir hinterlassen dem Vaterlande eine bessere Kunst, als wir vorgefunden, und daß König Ludwig mit seinen, ihm mit freudigem Gehorsam treu zur Seite gestandenen, Künstlern unserer Zeit gezeigt hat, daß sie nicht bloß eine zerstörende, sondern auch eine lebendig schaffende sein kann. Wenn die Phantasmagorien moderner Ostentation und Geistesleere längst von der Erde verschwunden und vergessen sein werden, dann werden die Schöpfungen König Ludwig's noch lange die Gemüther und Seelen der Menschen erquicken, erfreuen und erheben, ihn von Geschlecht zu Geschlecht als ihren Wohlthäter segnen; denn der Mensch lebt ja nicht allein vom Brod. Aber auch wir, die wir das Glück haben, in feierlich schöner Stunde mit ihm vereint sein zu dürfen, auch wir segnen ihn Tausendmal! Amen. Es sind nur wenige Monden verstrichen, da trat der Todesengel vor das Krankenlager des so viel und innig geliebten Königs, der theure Herr sah ihm als Christ und als Mann fest und gottergeben ins Auge — da entwich er! — und wir hoffen und wünschen sehnlichst, und mit uns Millionen, auf lange undenkliche Zeit! Möge dieser heiße Wunsch wie ein Gebet durch die Wolken dringen, und vor dem König der Könige eine gnädige Erhörung finden! Noch lange möge der edle Fürst unter den Menschen wandeln, schaffen und wirken, der Kunst zum Trost, ein Stolz dem Vaterlande, ein leuchtender Stern für Alle. Hoch und lange lebe S. M. der König Ludwig von Bayern!" —

Wenn so Cornelius als Künstler den Bestrebungen der Zeit gegenüber immer mehr vereinsamte, so sollte er auch als Mensch ein ähnliches Schicksal erleiden. Zwar schien es zuerst, als wolle das Glück ihn heiter anlächeln: seine Tochter war in Italien an den Grafen Marcelli verheirathet und hatte im Frühjahr 1856 die Familie durch die Geburt eines Sohnes erfreut; er selbst zog in den stattlichen Palazzo Poli hinter der Fontana di Trevi ein, und so schien er einer festen und freudigen Zukunft entgegenzugehen. Allein es war ihm anders beschieden. In wenigen Jahren war er in seinem Hause vereinsamt, er hatte Tochter und Frau in die feuchte Erde betten müssen, und eine trostlose Wittwerschaft lag vor ihm. Doch so schwer und schmerzvoll diese Zeit auch für ihn war, so sollte sie ein baldiges Ende nehmen, und ein seltenes Glück sollte den Abend seines Lebens verschönen. Er entschloß sich, zum dritten Male vor den Altar zu treten und einen neuen Bund zu knüpfen. Eine junge Dame aus Urbino, der Stadt Rafael's, die in lebhafter Begeisterung für den großen Künstler kein höheres Ziel kannte, als sich dem verehrten Manne gänzlich zu weihen, reichte ihm ihre Hand. Am 15. April 1861 wurde die Hochzeit still und einfach in Rom begangen, und vier Wochen später traten die Neuvermählten die weite Reise nach Deutschland an. Man hat dem Meister diesen Schritt sehr verdacht, und gewiß, nach dem gewöhnlichen Maßstab beurtheilt, mit Recht, denn das Verhältniß der Jahre beider Ehegatten entfernt sich von dem, wie es Natur und Gebrauch vorschreibt, sehr erheblich; allein der gewöhnliche Maßstab ist auch hier der falsche. Wir sehen eine der seltensten Erscheinungen verwirklicht, ein inniges Verhältniß, das ganz auf geistiger Achtung und Verehrung beruht, und das, wie das Leben nun einmal ist, überhaupt nur von Wenigen verstanden und gewürdigt werden könnte. Eine schöne Weihe aber hat diese Ehe empfangen, als im Winter 1864 auf 1865 eine schwere Krankheit den Meister dem Tode nahe brachte, welchen neben der Kunst des Arztes nur die aufopfernde Pflege seiner Gattin von ihm abzuwenden vermochte.

So weilt denn Cornelius seit 1861 wieder in Berlin, rüstig schaffend und mit rastlosem Eifer wirkend. Wie Göthe kann er von sich sagen: „Aber da mich Gott und seine Natur so viele Jahre mir selbst gelassen

haben, so weiß ich nichts besseres zu thun, als meine dankbare Anerken=
nung durch jugendliche Thätigkeit auszudrücken. Ich will des mir gegön=
ten Glückes, so lange es mir auch gewährt sein mag, mich würdig erzeigen,
und ich verwende Tag und Nacht auf Denken und Thun, wie und damit es
möglich sei." Eine reiche Erfahrung ward ihm zu Theil, große Folgen von
Ereignissen und Menschen sind an ihm vorübergezogen, aber die lange Zeit
und die bedächtige Weisheit des Alters hat die Begeisterung des Strebens und
den jugendlichen Feuereifer nicht berührt. Etwa einundzwanzig Jahre seines
langen Lebens hat er überhaupt in Rom zugebracht, und er wäre viel=
leicht gänzlich dort geblieben, so sehr sagte das Klima seiner Gesundheit
und die Umgebung seinem geistigen Bedürfniß zu. Er hat das schöne
meerumflossene Land lieben gelernt, hat von ihm weite und große Anre=
gungen in seiner Kunst empfangen, und hat die Gefährtinnen seines Lebens
dreimal dort gefunden. Dennoch hing sein Herz fest an seinem deutschen
Vaterlande, und man kann auf ihn wohl treffend das schöne Wort Wil=
helm v. Humboldt's, was dieser in einem seiner Sonnette niedergelegt, an=
wenden:

>„Denn Liebe zu Hesperiens Zauberblüthe
>verdrängte nicht in dir aus dem Gemüthe
>zum Vaterland die ewig sichre Treue."

Niemand jedoch kann beurtheilen, wie sich Cornelius bestimmt hätte, wenn
die harten Schläge und die neue Heirath nicht gekommen, wenn man nicht
von Berlin ihn dringend zur Rückkehr eingeladen hätte! Der damalige
Minister v. Bethmann hatte für die Kunstangelegenheiten besseren Willen
als sein Vorgänger, und war auch bemüht, den Dombau wieder in Gang zu
bringen. Man zeigte sich an entscheidender Stelle hierzu geneigt, und es
wurden Einleitungen getroffen, um mit den Freskomalereien an der nördlichen
Wand des Friedhofes beginnen zu können. Cornelius erhielt nach Rom
die bestimmte Zusicherung, daß angefangen werden solle, daß Geld vor=
handen sei. Aber siehe da! es war in jener Zeit, wo die sogenannten
Verfassungskämpfe sich schärften, und wo im preußischen Staate für Nichts
weiter Mittel übrig waren, als für das Heer. Die Dombaugelder
wurden nicht angewiesen; die Ruine blieb, wie sie war, und an die Aus=
führung der Fresken dachte bald Niemand mehr. Als Cornelius so in

Berlin anlangte, fand er die Verhältnisse bereits stark verändert, dennoch aber war es ihm lieb, zur Heimkehr veranlaßt zu sein. Seine schöne Wohnung läßt ihn manche Unannehmlichkeit der großen Stadt nicht empfinden, und seine freiwillige Zurückgezogenheit wird dort von keiner unbescheidenen Neugierde gestört. Auf der Rückreise von Rom hielt er sich kurze Zeit in München auf, wo die Künstler ihm wieder ein Fest gaben, welches der Maler Pixis später in einem Oelbilde dargestellt hat. Im folgenden Jahre 1862 machte er einen Ausflug nach dem Rhein, wo ihn die Kunstgenossen in Düsseldorf gleichfalls feierten. Der Director der dortigen Akademie, Bendemann, zeichnete des Meisters Kopf und ersuchte Cornelius um eine Unterschrift zu diesem Bildnisse, der dann außer Namen, Ort und Tag (7. August 1862) diese Worte dahin setzte: „Die Natur ist die Frau, der Genius der Mann; wenn beide sich in Liebe vereinigen, erzeugen sie unsterbliche Kinder, schön und herrlich wie sie selber." Im Sommer 1863 reiste Cornelius nach Trier und im Jahre 1864 nach München. Leider war das Wetter in letzterer Stadt so ungünstig, daß er sich eine heftige Erkältung zuzog und hierdurch den nächsten Grund zu seiner im Dezember ausbrechenden schweren Krankheit legte. —

Ueber Cornelius als Mensch hier besonders und ausdrücklich zu sprechen, kann ich mich nicht entschließen, aus Gründen, die jedes richtige Gefühl sofort selbst empfinden und billigen muß. Ich glaube aber auch so keine eigentliche Lücke in dieser Schrift zu lassen, und berufe mich dabei auf eine sehr wahre Aeußerung Göthe's: „Vergebens bemühen wir uns, den Charakter eines Menschen zu schildern; man stelle dagegen seine Handlungen, seine Thaten zusammen, und ein Bild des Charakters wird uns entgegentreten." In diesem Sinne, glaube ich, wird jeder Leser aus dem Mitgetheilten sich von selbst die Meinung gebildet haben, daß wir in Cornelius nicht nur den Künstler zu verehren, sondern auch den Menschen zu lieben, reichen Anlaß haben. —

Wir müssen an dieser Stelle einige äußere Dinge nachtragen. Von Bildnissen des Meisters nenne ich zuerst von seiner eigenen Hand diejenigen im Faust und in der Pinakothek. Andere Künstler haben ihn mehrfach in Oel gemalt, so namentlich Karl Begas (im s. g. Marmorpalast bei Potsdam), Hennig (in der Raczynski'schen Gallerie zu

Berlin), Oskar Begas (in der Akademie zu Antwerpen), Julius Schrader (im Museum zu Köln)*). Von Overbeck ist eine Handzeichnung wahrscheinlich aus dem Jahre 1813 (im Besitze des Freiherrn v. Bernus auf Stift Neuburg bei Heidelberg), von S. Amsler eine andere aus den Jahren 1817 oder 1818 (im Besitze des Kunsthändlers Amsler zu Berlin) und ferner eine dritte von W. Ahlborn „Rom im Juni 1831" (im Besitze des Verlagsbuchhändlers Carl Rümpler zu Hannover) vorhanden. Bendemann's Zeichnung wurde bereits erwähnt; derselbe Künstler führte auch neuerdings das Bildniß des Cornelius in ganzer Figur als Wandgemälde im Saale der Realschule zu Düsseldorf aus. Von Kaulbach's Hand besitzt der Graf Raczynski eine Bleistiftzeichnung in ganzer Figur, die er mit anderen desselben Künstlers für das freilich sehr schlecht gestochene Titelblatt vom zweiten Bande seines Werkes benutzt hat; Kaulbach brachte auch den Cornelius auf seinen berüchtigten Bildern an der neuen Pinakothek in München mehrere Male an. Außerdem ist Cornelius von Karl Rahl, Wilhelm Hensel und vielen anderen Künstlern gezeichnet worden. Karl Jacoby hat nach einem Lichtbilde einen Kupferstich gefertigt, der 1850 in den „berühmten deutschen Zeitgenossen" erschienen ist. — Von Voigt in München, A. Fischer, Afinger, Blaeser in Berlin u. A. rühren plastische Rundbilder in verschiedenen Größen her. Rauch hat den Cornelius auf den Reliefs am Max-Joseph-Denkmal zu München dargestellt, wie er eben die Entführung der Helena malt; und endlich hat Haehnel in Dresden eine vortreffliche Büste gearbeitet, deren Kopf für das Standbild benutzt worden ist, welches man von Cornelius auf dem dortigen Museum errichtet hat.

Ferner ist anzuführen, daß Cornelius Mitglied fast aller Akademieen ist, namentlich u. A. von Berlin, München, Wien, Kassel, Amsterdam, Florenz, Urbino, Paris, Philadelphia ɔc., daß er eine erhebliche Anzahl von Orden besitzt, aus denen wir den schwedischen Nordstern, die französische Ehrenlegion, den päpstlichen Piusorden und den bayrischen Civilverdienstorden, mit welchem letzteren die Ritterschaft und die persönliche Führung des Adelstitels verbunden ist, hervorheben. Den höchsten Rang jedoch unter

---

*) Eine Photographie dieses Gemäldes geben wir mit gütiger Erlaubniß des Herrn Professor J. Schrader zu Berlin hier als Titelbild.

diesen Auszeichnungen nimmt seine Stellung als Kanzler der Friedensklasse des preußischen Verdienstordens ein, denn diesen Orden besitzen in Deutschland bekanntlich nur dreißig Männer, bei denen wiederum jede entstehende Lücke durch Wahl ergänzt wird. Daß Cornelius Ehrendenkmünzen, Lorbeerkränze und das münsterische Doctordiplom erhielt, wurde bereits erwähnt. Das freie deutsche Hochstift zu Frankfurt nahm auch ihn in den Kreis der Meister auf, und die deutsche Kunstgenossenschaft rief ihn auf der Versammlung in Salzburg 1863 zu ihrem ständigen Ehrenpräsidenten aus. Schon drei Jahre früher hatte dieselbe Kunstgenossenschaft ein Schreiben an Cornelius gerichtet, worin sie ihm ihre Gefühle der Liebe und Verehrung aussprach. Da dieser Brief aus Düsseldorf abgesandt und von dem jetzigen Director der dortigen Akademie unterzeichnet ist, so möge der schöne Geist, der aus ihm spricht, uns hier als ein Pfand der Eintracht und des gemeinsamen Strebens zum Höchsten unter den deutschen Künstlern eine hoffnungsreiche Zukunft um so mehr verbürgen, als ja auch allgemein das Verhältniß zwischen der klassischen Kunstrichtung und der Düsseldorfer Schule immer richtiger verstanden wird. Das Schreiben lautet:

„Hochgeehrter, vielgeliebter Meister!

Es giebt in Deutschland einen Namen, bei dessen Klange jedes deutsche Künstlerherz höher schlägt. — Wie oft ist schon der Name Peter von Cornelius das Ziel inniger Huldigungen von Seiten der Künstlerschaft gewesen, die dadurch weniger den schon so Ehrenreichen ehren, als dem Triebe ihrer Begeisterung folgen wollte. — Die Begeisterung, mit der wir alle an Ihnen hinaufschauen, ist in ihren Tiefen erfüllt von einem religiösen Gefühle, dem Dank für die uns in Ihnen geschenkte Gottesgabe. Wir wissen es wohl, daß jede Huldigung den Edlen eher demüthigt, als erhebt, und daß er sie hinträgt an einen höheren Thron; wir wissen insbesondere, was irdische Ehren dem Manne bedeuten, dessen Blick nun schon seit Jahren betrachtend und künstlerisch schaffend auf die letzten Dinge gerichtet ist. — Fürchten Sie also nicht, daß diejenigen, die Ihrer in inniger und dankbarer Liebe in den Tagen der Künstler-Versammlung gedachten, nur eitler Ehre fröhnen wollten, und nehmen Sie in diesem Sinne als ein neues Zeichen und Band der Liebe die Huldigung auf, welche die deutsche Künstlerschaft Ihnen darbrachte. Das Central-Comite wurde beauftragt,

Ihnen Mittheilung davon zu machen. Die deutsche Kunstgenossenschaft war in diesem Jahre in den Tagen — wir dürfen es mit Nachdruck aussprechen, in den schönen Tagen des 5., 6. und 7. August in Düsseldorf versammelt. Wie konnte sie umhin, als deutsche Künstlerversammlung, Ihrer zu gedenken, zumal an dem Orte, an dem Sie einst das Licht der Welt erblickten, und von wo aus Sie das leuchtende und erwärmende Feuer ächter Kunst durch Deutschland trugen? Aber es kam noch ein besonderes Denkzeichen dieses Mal hinzu. — Der Kranz, der wie Sie es ja schon wissen, unter Ihren Karton der apokalyptischen Reuter in Gent — als Huldigung Belgiens an die deutsche Kunst, — aufgehängt gewesen, wurde uns durch zwei belgische Genossen, Guffens und Swerts, unsere theuren Ehrenmitglieder, überbracht, damit die deutsche Kunstgenossenschaft denselben als ihre Ehre aufbewahre. Das war eine erhebende Erinnerung an Peter von Cornelius. — Wenn wir Ihnen das dreimalige Hoch brachten, so geschah es nicht, wie so oft in todter und formeller Weise, sondern in dem tiefen Gefühl, daß wir in Ihnen die deutsche Kunst lieben und ehren. — Möchte sie auch fernerhin solchen Kränzen, wie Cornelius sie errungen, nachstreben! — Möchte Ihnen, theurer Meister, Gott der Herr den Lebensabend mit dem schönsten Glanze verklären. Seien Sie tausendmal gegrüßt!

Im Auftrage der deutschen Kunstgenossenschaft mit der innigsten Liebe und Verehrung.

Düsseldorf, den 24. August 1860.

Das Central-Comite.

E. Bendemann, Vorsitzender. A. Michelis, Secretär.

Sechster Abschnitt.

Schlußbetrachtung.

Das Leben der wahren Künstler sind ihre Werke. Ihr eigenstes und tiefstes Wesen geben sie hinein, ihre ganze Entwickelung spiegelt sich darin wieder, und nicht die Zahl oder Größe der äußeren Schicksale macht ihren Werth und ihre Bedeutung aus. So liegt auch bei Cornelius sein ganzes Leben in seinen Werken; und wenn wir die Reihe derselben überblicken, so sehen wir staunend, wie dieser Künstler nie abgeschlossen, sondern immer weiter und weiter gestrebt hat, wie er stets gelernt und darum unaufhaltsam größer geworden ist. Aber hat er denn nun auch wirklich die Aufgabe so ganz gelöst, die wir in der Einleitung als die der deutschen Kunst seit hundert Jahren bezeichneten? und wie war ihm dies möglich? wie verhält er sich zu den Mitstrebenden, wie zu den großen Meistern der Vergangenheit? Versuchen wir es, über ihn eine zusammenfassende Meinung uns zu bilden.

Vor Allem müssen wir daran festhalten, daß Cornelius ein Sohn des Volkes ist, daß er seiner ganzen Bildung und Denkart nach aus dem Volke hervorgegangen ist. Die Erziehung in der Volksschule, die frühzeitige Forderung zur Erfüllung ernster Pflichten gegen Mutter und Geschwister, die traurigen Zustände des Vaterlandes und die Vorstellung der ruhmreichen, einstmaligen Größe Deutschlands mußten einen so reich begabten Jüngling auch zum kräftigen Charakter machen und in ihm die Flamme nationaler Begeisterung mächtig anfachen. Das war kein unbestimmtes

Gefühlsschwärmen, keine krankhafte Phantasterei; es war entschlossene Kraft und bewußte That. Die harte Schule des Lebens holte an dem Jüngling nach, was die Schule des Lehrers am Knaben versäumt, und vollendete die harmonische Ausbildung seines Wesens nach Begabung, Charakter, Wissen und Empfindung. Die erste Folge dieser Entwickelung war die Einsicht, daß es mit der Kunst nach der bisherigen Methode nicht länger anginge, daß das Zopfthum aus den Akademieen und dem Leben verjagt werden müsse. Das war ehedem auch die Erfahrung und Erkenntniß von Carstens gewesen, und Overbeck war in Wien gleichfalls zu diesem Kampfe herausgefordert worden. Carstens aber war aus der Widerwärtigkeit des Lebens zur antiken Klarheit, Overbeck zur mittelalterlichen Glaubensseeligkeit geflüchtet, beiden jedoch, obwohl in ihren mehr oder weniger einseitigen Richtungen so höchst entgegengesetzt, mangelte, wenigstens zum Theil, der stetige und feste Blick auf das Ganze und Allgemeine. Cornelius, von derselben Einsicht wie sie durchdrungen, von derselben Macht wie sie getrieben, verschloß sich aber nicht in das Alterthum noch in das Christenthum: er griff hinein ins volle Leben, und faßte es bei der Seite, wo der geistige Schwerpunkt der Massen lag. Es war die nationale Seite. Kühn zog er den Faust, der alle Gemüther bewegte, in seinen Kreis, und mit sicherer Hand knüpfte er die Fäden zu der alten Kunst unsers Volkes ruhmreich an. Eine glückliche und große That ist es zu nennen, daß Cornelius in jener Zeit der Bedrückung wenigstens in der Kunst das deutsche Banner, auf dem die Namen Göthe und Dürer standen, entfaltete, und daß er so überhaupt als der echte deutsche Mann auftrat, der später auch die unentbehrlichen Vorzüge jener Richtungen von Carstens und Overbeck in sich aufnehmen und auf nationalem Grunde ausbauen konnte.

So war es natürlich, daß Cornelius mit Liebe auf die Heldenzeiten deutscher Geschichte zurückblickte, und daß er so zunächst freilich entschiedener Anhänger des Mittelalters wurde. Mit Unrecht aber hat man ihn deshalb einen Romantiker genannt. Die deutsche Romantik trieb die Neigung zum Mittelalter auf die einseitigste Spitze, sie wurde schwärmerisch und zum Theil fanatisch. Von allem dem war bei Cornelius keine Rede. Seine Liebe zur altdeutschen Kunst quoll allerdings vorwiegend aus dem Strome des allgemeinen Geistes, der die Jugend damals durchzog, empor, aber sie setzte nie das Maaß aus den Augen und war nie blind gegen anderes Schöne. Cornelius war hierin wie Schinkel. Auch dieser huldigte zuerst ganz entschieden der Gothik, er entwarf und malte in diesem Style mit vieler Meisterschaft, ja wenn man einige ältere Aufzeichnungen oder Briefe von ihm liest, will man sich überreden, auch Schinkel wäre ein Romantiker gewesen. Was wir aber Romantiker nennen, war Schinkel niemals, war Cornelius niemals (s. S. 49). Bei beiden führte ihre edle, tief sittliche und ernste Natur dazu, daß sie mit Begeisterung die alte nationale Kunst ergriffen, mitten in einem Treiben, welches gegen das deutsche Wesen den Vernichtungskrieg führte.

Auch als die Sonne über unser Vaterland neu aufgegangen, als der Sieg der deutschen Nationalität entschieden war, und Cornelius in Italien alles Herrliche und Hohe einer vollendeten Kunst gesehen, als er schon die Antike und Rafael lebendiger erfaßt hatte, hielt er dennoch geistig am Mittelalter fest und verehrte die Gothik mit Vorliebe. Eine Uebergangsperiode entstand so bei ihm, als deren sprechendstes Denkmal wir die Dantecomposition erkennen müssen. Dennoch war seit den Bartholdy'schen Fresken das Ziel dieses Ueberganges klar angedeutet, aber seine Erreichung wurde in überaus glücklicher Fügung durch den Auftrag des Königs Ludwig beschleunigt.

Hatte bisher die nationale Grundrichtung des Cornelius am Mittelalter festhalten müssen und sich durch das Studium der Altitaliener kaum bis zu Rafael hinführen lassen, so wurde sie nun zu einem ganz neuen Leben hinübergeleitet. Das Alterthum wurde vom Meister erfaßt, Carstens stand in ihm auf und wuchs zu einer titanenhaften Größe an; und wir machen so die bedeutungsreiche Wahrnehmung, wie Glied für Glied in der großen Entwickelungskette organisch sich schließt, wie die Fäden anscheinend bunt durch einander gehen, und doch zuletzt einen kostbaren schönen Teppich bilden. Nach dieser antiken Periode jedoch trat die merkwürdige Erscheinung ein, daß nun auch Overbeck's Richtung in Cornelius neue und reiche Früchte bringen sollte. Es ist höchst beachtenswerth, wie die beiden entgegengesetzten Grundströmungen innerhalb der neuen deutschen Kunst, Carstens und Overbeck, nach einander in demselben Künstler lebendig werden konnten, wie dieser Künstler beide zu ihrer vollsten Entfaltung leitete, wie aber dennoch ein Höheres, in welchem die Gegensätze sich zu voller Harmonie versöhnten, ihm noch bevorstand.

Wir haben schon ausgeführt, daß die Stoffe des Alterthums ewig und unveräußerlich sind, daß in ihnen aber die Ideen der neueren Zeit, die höchsten Ideen der Menschheit, nicht ihren Ausdruck finden können. Wir werden für diese unabweislich an die christlichen Stoffe gewiesen, aber die überkommene specifisch christliche, d. h. mittelalterliche Kunstform genügt nun andererseits wiederum nicht der gesteigerten Einsicht in die höchste Schönheit der Kunst. Darum war es für die Malerei die letzte und größte Aufgabe, die höchsten Ideen in der reinsten Form zur Erscheinung zu bringen. Diese Aufgabe hat Cornelius in seinen Domkartons ge= löst, er hat in ihnen die wahren und unveräußerlichen Grundelemente beider Richtungen von Carstens und Overbeck vereinigt zu einer neuen Schöpfung, die keine Gegensätze mehr kennt. Nachdem er also Beides, das Griechische und das Christliche bereits in ihren Besonderheiten der überkommenen Tradition nach erschöpft hatte, ist er zum letzten Schritt gelangt, und hat, die Tradition bei Seite schiebend, Alterthum und Mittelalter, klassische Form und tiefsten Inhalt, Philosophie und Glauben künstlerisch innigst versöhnt. Die drei Weltalter der Geschichte umfaßte er so und schritt vom Alterthum durch das Mittelalter geistig zu unserer Zeit vor. In das Vorchristliche drang er mit derselben Tiefe ein, wie in das Christen= thum nach seiner kirchlichen Tradition und nach seiner höchsten Humanität; er gestaltete poetisch in malerischen Werken die edle hellenische Naturreligion, das strenge vorreformatorische, wie freie nachreformatorische Christen= thum. Wir wissen, daß die letzte entscheidende Wendung bei Cornelius durch den Widerspruch des Protestantismus, durch die Auflehnung einer andern Kunstrichtung und besonders durch die gewaltsame Herausforderung seiner künstlerischen Persönlichkeit angeregt, daß sie durch geistige Ver= tiefung und durch künstlerische Uebung an Phidias und Rafael gezeitigt ist. Wir feiern in den so entstandenen Schöpfungen die Durchdringung des confessionslosen christlichen Geistes, des Geistes der Liebe in die klassische hellenische Form, die Form der Schönheit, — die künstlerische Vermählung des Faust und der Helena. Welch ein Bildungsgang aber ist es, der endlich den Meister zu dieser That reif machte? Der noth=

wendigste und organischeste, den man sich denken kann. Nichts ist im Leben des Cornelius zufällig zu nennen, von dem Wesentlichsten, das wir wissen, erkennen wir bereits Ursache und Folge, Zusammenhang und Ziel. Eine herrliche Reihe von Entwickelungsmomenten ist es, wenn wir zurückblicken auf den kühnen Jüngling, der mit den bestehenden Autoritäten offen brach, der an den Brüsten des Vaterlandes Lebenskraft empfing und nationale Bahnen einschlug, der dann, von den Werken Italiens geläutert, und innerlich vom christlichen Mittelalter getragen, sich als Meister bewährt, und der nun als der erprobte Mann die Schätze von Hellas hob, der weiter wieder auf die Tiefen des christlichen Mittelalters zurückging, und der endlich mit freiem Geiste und klarem Auge das Höchste und Schönste erkannte. Keines dieser Momente kann aus der Kette hinweggedacht werden, keines trat zu früh oder zu spät ein, keines ist überflüssig und keines in unrichtigem Maße vorhanden. Cornelius mußte so auftreten, mußte solche Bildung erhalten, mußte solche Einflüsse erdulden, wenn er der werden sollte, der er geworden ist.

Daß aber ein Mann werden und kommen mußte, wie er, fühlte man allgemein, sahen auch wir deutlich. Jedoch weder Carstens noch Overbeck hatten diese Gaben empfangen wie Cornelius. In Carstens Wiege hatte Athene das Geschenk des Wissens und Erkennens gelegt, und die Chariten ließen sich von der Göttin mit dem Adlerauge bereden, einen Augenblick den Neugeborenen hold anzulächeln, — an Overbeck's Wiege stand der heilige Franciscus mit ein paar Engelein, betete seinen Rosenkranz und sprach: „Heilige Maria, Mutter Gottes, bitte, daß dieser zarte Knabe einst sich zum rechten Glauben bekehre, und daß er zur Ehre Gottes und zum Ruhme unserer heiligen Kirche ein frommer, großer Künstler werde!" Zu Cornelius Kindbettlein aber trat in kriegerischem Schmucke, mit grünendem Eichenkranze gekrönt, die herrliche Germania; bei aller Strenge, allem Ernste lächelte sie doch sanft, und fügte zu einträchtigem Bunde die Hand der Jungfrau Maria in die Hand der jungfräulichen Athene; und der Eichwald hallte wider von dem Freudengesange der Musen und Grazien, von dem Hallelujah der Engel, die über ihm dahin zogen. Das war die Vorbedeutung der Constellationen, unter welchen diese drei Männer zur Welt kamen. In Carstens wurde das Antik=Klassische zum ersten Male wieder lebendig, in Overbeck trieb das Mittelalterlich-Christliche neue Blüthen, aber Cornelius vereinigte beide Strebungen, indem er jede ganz durchdrang und erfüllte, zu neuer Einheit auf deutsch-nationalem Boden.

Doch gehen wir jetzt auf den **allgemeinen künstlerischen Charakter** unseres Meisters, so gut wir vermögen, etwas näher ein. Ich muß hier nothwendig noch einmal wiederholen, daß dabei unsre Absicht keine kritische in sofern sein kann, als wir zu entscheiden uns unterfangen wollten, was gut, was schlecht sei, — wohl aber soll unser Versuch in dem Sinne kritisch sein, als wir ohne kritische Untersuchung überhaupt eine Erscheinung historisch nicht verstehen können. Dies letztere ist ja in diesem Falle unser ausgesprochener Hauptzweck. Daß wir aber die geschichtliche Sendung des Cornelius ohne eine besondere Darlegung und Würdigung seines künstlerischen Charakters nicht fassen können, ist gewiß sicher; wir müssen uns deshalb hier auf eine derartige Betrachtung durchaus einlassen.

Zuerst ist es denn die nächste Frage, **wie verhält sich Cornelius zu den von ihm bearbeiteten Stoffen?** Für seine Hauptwerke, sahen wir, hatte er der Reihe nach den Stoff aus dem Faust, dem Niebelungenliede, der jüdischen Geschichte, dem Dante, den alten Klassikern, der katholischen Glaubenslehre und wiederum dem Dante, endlich aus der Bibel geschöpft. Zuerst bemerkten wir eine Illustration einzelner Scenen, dann ein Zusammenfassen mehrerer Scenen zu einem Ganzen, wie der Niebelungentitel es giebt. Noch immer mit verhältnißmäßig großer Treue hält er sich am Wort des Gedichtes, ohne jedoch an geeigneten Stellen eine Weiterbildung in eignen Motiven zu unterlassen. Ungleich selbstständiger, ja wahrhaft genial dem dichterischen Stoffe gegenüber erscheint aber Cornelius nun in der Dantezeichnung, die das ganze Paradies umfaßt und veranschaulicht. Wie er dann die Gegenstände der klassischen Mythologie durchdrang, sie in neuem Sinne, doch echtem und verwandtem Geiste weiterbildete, wie er die einzelnen Scenen und Bilder zu Folgen und Ideen verband, haben wir bereits an der gehörigen Stelle ausgesprochen. Gegenüber der christlichen Glaubenslehre, wie die katholische Kirche sie bietet, sehen wir den Meister freilich wieder weniger frei, da eben der Stoff unter der dort gegebenen äußeren Bedingung des Bestimmungsortes unantastbar ist; allein seine geistige Bildungskraft hat sich doch auch hier bewährt, indem er den großen Grundgedanken des Ganzen in seltener Strenge und Klarheit künstlerisch darstellte und besonders auf dem jüngsten Gerichte im Einzelnen selbstschöpferisch auftrat. Gegen diese Arbeiten aber, in Bezug auf die Bewältigung des Stoffes, erscheint Cornelius nun wie ein Riese in den Domhofsentwürfen, indem er sich hier von einer Ursprünglichkeit, Kraft, Tiefe und Selbstständigkeit zeigt, die wir seit Michelangelo vergeblich bei irgend einem andern Meister suchen.

Auch in diesem Fortschreiten erkennen wir ein stetes Wachsen und Wachsen, von der einfachen Anlehnung an den Dichter bis hin zu der Höhe, von der neues Licht zurückleuchtet in das Gedicht selbst. Ueberall aber sehen wir, wie Cornelius den jedesmaligen Stoff sachlich und geistig erschöpft, wie er ihn den Bedingungen seiner Kunst zu bequemen weiß, und wie er ihn frei und immer freier weiter bildet und verarbeitet. Das ist bei der Vielseitigkeit der Stoffe, die er behandelt hat, nicht eine kleine Sache, und es gehört eben eine universelle Natur dazu, Gegensätze, wie er es that, zu umfassen und zu versöhnen. Carstens und Overbeck sind ihm gegenüber in ihrem Hellenismus und Katholizismus unleugbar einseitig, unter allen andern deutschen Malern ist nur Schnorr ihm wirklich gefolgt, der auch Dichtung, Weltgeschichte, Alterthum und Bibel mit großem Glück behandelte. Gegen die geistige Arbeit, welche Cornelius seinen Stoffen angedeihen ließ, erscheinen aber die Düsseldorfer, Belgier und Franzosen mit wenigen Ausnahmen einiger löblichen, doch einseitigen Richtungen dürftig, so daß man in die Wahrheit der Verheißung der Seeligkeit an die geistig Armen billigerweise einigen Zweifel setzen möchte. Die Gegenstände, ihrem historischen Inhalt und Geiste nach, schrumpfen dort meist zur Romanze ein, — bei Cornelius gestalten sie sich zum Drama aus. So wie Shakespeare den Stoff, welchen die Geschichte ihm darbot, dichterisch frei behandelte, so erfaßte Cornelius den Stoff, welchen die Dichter und die Bibel ihm boten, in freier künstlerischer Weise, ja er band sich selbst den christlichen Gegenständen gegenüber keinesweges eng an die Thatsache, an den Buchstaben, sondern verarbeitete sie innerlich frei, wie jeden andern Stoff, und er zeigte sich dabei in seiner innersten Gesinnung und Denkart mit den zunehmenden Jahren immer milder und milder. (s. S. 202, 215, 250.)

Bei ihm ist es eben auch der mächtig schaffende Genius, der den Stoff beim ersten Berühren eigenartig und ganz aus sich neu gebiert. Dies finden wir schlagend bezeugt, selbst durch die Art, wie der Meister portraitirte. Denn wir haben ja oben (S. 116) ein Urtheil Göthes über das Bildniß des Sulpiz Boisserée mitgetheilt, nach welchem dieser eben durch Cornelius Auge und Hand durchgegangen ist. So betrachtet Cornelius seinen Stoff, den geschriebenen oder lebendigen; er faßt ihn auf und giebt ihn, wie er in seinem Geiste sich gespiegelt, wieder. Man mag dies tadeln und sagen, es sei ein Mangel, daß ein Künstler, ein Maler sich nicht einmal in ein lebendes Wesen hineinleben, und das Wesen, wie es wirklich ist, wiedergeben könne, daß er alles sogleich sich aneignen und verarbeiten müsse. Ich will zugeben, daß dies richtig ist in Bezug auf einen Bildnißmaler, und gehe sogar noch weiter, indem ich einräume, daß die Weise des Cornelius grundsätzlich für die Bildnißmalerei nicht tauge. Allein was ist damit weiter gesagt, als daß Cornelius eben kein geborner Bildnißmaler ist? Das, glaube ich, hat er auch nie sein wollen und können, und wenn er Bildnisse gemacht hat, so geschah es damals in Frankfurt des Gelderwerbes wegen, später um der Freundschaft willen. Der Zug seines Genius war nach einem ganz anderen Gebiete der Kunst gerichtet. Die in der weiblichen Seite des Menschen liegende rückhaltlose Hingabe an einen andern Gegenstand war ihm nicht gewährt, auch der Natur gegenüber stand er in strenger Männlichkeit da und drückte ihr in seinen Schöpfungen das Herrscherzeichen seines Künstlergeistes und seines Willens auf. Hierin liegt zum Theil der Grund, weshalb er auch in seinen Werken sich nicht anbietet, sondern daß er vielmehr nun mit ebenfalls bewußtem ernsten Willen gleichsam gewonnen und erobert sein will.

Wenn wir die Vielseitigkeit der behandelten Stoffe und die freie Weiterbildung derselben durch den Künstler hervorheben mußten, so zeigt sich in den vollendetesten Werken der Kunst überhaupt doch auch noch ein anderes Moment, und gerade dies ist bei Cornelius zum vollsten Durchbruch gekommen. Es ist dies, daß der Künstler zu Ideen durchdringt, daß er nicht mehr einzelne Wesen und Scenen als solche darstellt, sondern daß er vielmehr, — bewußt oder unbewußt, dies lasse ich dahingestellt, — die ewigen Ideen empfindet, die hinter den Erscheinungen liegen, daß das von ihm geschaffene Kunstwerk sinnliches Pfand der unsichtbaren Ideen werde. Denn nur diese in ihrer Allgemeinheit sind ewig, das Stoffliche und Besondere gehet vorüber, aber nur jenes ist wahrhaft der edelsten Kraft des Menschen, seiner schaffenden Thätigkeit, würdig. Die griechischen Götter als Individuen sind für immer todt, als Ideen leben sie ewig. Die Madonna als Person ist für uns Protestanten schon nicht mehr die Königin des Himmels, als Idee wird sie immerdar die Fürstin der ewigen Liebe und deshalb auch die Herrscherin des Weltalls bleiben. Und was ist denn das Ewige all dieser Ideen, die nun auch in der Kunst zu uns sprechen? Es ist die Liebe, in der sich alles vereinigt. Und gerade sie, diese ewige Liebe, hat Cornelius in Jubelgesängen verherrlicht. Als belebende und durchdringende Kraft der Natur, als verbindendes und entzweiendes, somit wahrhaft bildendes, Element des menschlichen Lebens hat er sie in der Glyptothek veranschaulicht, als die That der Selbstaufopferung, als die Versöhnung des Geistes mit Natur und Leben, als die allumfassende und unendliche Güte hat er sie im Domhof gepriesen. Er hat so in seinen Werken die Liebe als den Urgrund und das Ziel des Alls, des sinnlichen wie des sittlichen, erkannt, und künstlerisch immer auf sie hingewiesen, eingedenk des Spruches: „Gott ist die Liebe, und wer in der Liebe bleibet, der bleibet in Gott und Gott in ihm." Das Ewige und Göttliche hat er unter dem Bilde von Ereignissen und Zuständen gegeben. Die höchste Kunst wird so zum Gleichniß, zu einer an sich Sinn habenden klaren Erscheinung, hinter der jedoch die Idee in irgend einer Modification ruht. Dies bestätigen alle großen und hohen Kunstwerke, die außer aller Zeit stehen und ewig sind, weil sie zu allen Zeiten dieselbe innere, oberste Wahrheit besitzen. Die Kunst wird so allein, was sie nach Schiller's Ausspruch ist, eine Fabel. Wie die Fabel an sich klar und erschöpfend ist, dennoch aber eine Nutzanwendung hat, so soll das Kunstwerk, insofern es Gleichniß ist, als thatsächliche Erscheinung zwar in sich selbst Bedeutung und Grenze finden, dennoch aber erst sein wahres Leben von der allgemeinen Idee empfangen, die in ihm ruht.

Wir haben grade auf diesen Punkt immer ein besonderes Augenmerk gerichtet, und der Leser dieses Buches wird aus den vorangegangenen Ausführungen bereits entnommen haben, wie sehr Cornelius grade in dieser

Hinsicht von Stufe zu Stufe größer ward, bis er in den Domhof=Entwürfen eine Höhe erreichte, die kein Maler irgend eines Volkes oder einer Zeit mit ihm theilt. Kaum Michelangelo vielleicht ist ihm hierin gleich.

Dieses organische Wachsen bei Cornelius ist höchst merkwürdig, und steigert die Achtung vor der Kraft seines Genius und dem Ernst seines Charakters sehr bedeutend. Nur wenige Künstler haben ein so hohes Alter erreicht, wie der Meister des seinigen in jugendlicher Frische sich erfreut, und die ungeschwächte Kraft des Schaffens dabei sich bewahrt. Es sind dies bevorzugte Menschen, und unter allen Künstlern ist keiner hiermit so reich ausgezeichnet als Cornelius. Zwar gab es unter den großen Meistern Italiens auch einige, wie Michelangelo und Tizian, die im Alter noch arbeiteten, einige andere, wie Giovanni Bellini, die grade in ihren letzten Jahren das Bedeutendste lieferten, — zwar war Phidias auch etwa 60 Jahre alt, als er den Zeus machte, und Dürer zählte über 50 Jahre, als ihm ein neues Licht in der Kunst aufging, — allein darin ist Cornelius doch einzig, daß er, wie er oft und zu vielen Leuten sagte, erst nach seinem 60. Jahre „mit der Kunst angefangen habe". Dies ist in sofern unbedingt richtig, als er erst nach dieser Zeit diejenigen Werke schuf, welche nicht nur höher als alle seine früheren, sondern auch erst als die eigentliche und wahrhafte Erfüllung des ihm in der Geschichte gestellten Berufes erscheinen. In diesem rastlosen Streben ähnelt er ganz jenen berühmten Männern, nur ist bei ihm der letzte Erfolg so unvergleichlich schön ausgeprägt. Vor einem solchen Streben, solchem nie ruhenden Wesen müssen wir die uneingeschränkteste Achtung haben, denn es ist etwas Großes, die geistige Kühnheit der Jugend mit der Weisheit des Greises in einem alternden Leibe zu verbinden. Solche Erscheinungen haben jeder Zeit Staunen erregt, und als in Italien vor mehr als 300 Jahren noch so jugendliche Künstlergreise arbeiteten, machte man eine Zeichnung, wo ein Greis im Rollstuhl der Kinder sitzt und durch die Umschrift „ancora imparo" als noch immer lernend sich ausweist.

Allerdings hat bei Cornelius im hohen Alter die physische Kraft abnehmen müssen. Seine Hand ist heute nicht mehr so kühn und fest wie ehedem (s. S. 216), sein Körper verlangt mehr Ruhe als sonst. Natürlich ist es so auch, daß seine Productivität, äußerlich genommen, nachlassen mußte, dennoch aber ist sie so bedeutend, daß man in Anbetracht der 83 Jahre des Meisters und seines thatenreichen Lebens die Verwunderung nicht zurückhalten kann. Denn auch an der Productivität erkennt man meist den ungewöhnlichen Menschen. Es ist eine besondere Gabe reicher Genien, daß sie in unerschöpflicher Fülle Werke auf Werke in immer gleicher Vortrefflichkeit erzeugen, daß sie in einer unübersehbaren Menge von Arbeiten zu uns sprechen, und wir meinen möchten, es sei unmöglich, daß Ein Mensch alles dieses allein vollendet habe. Wie spielend bringen sie das Herrlichste tadellos hervor, und anscheinend mühelos reihen sie ein Denkmal ihres Genius an das andere, bis des Beschauers Augen nicht mehr die Reihe vom Ende zum Anfang hinauf reichen. Solche, nach dieser Richtung ausgezeichnete Meister sind Rafael, Dürer, Rubens, van Dyk, Schinkel, Thorwaldsen. Wir wollen nicht behaupten, daß Cornelius diesen ganz unterschiedlos sich gleich stelle, allein seine Productivität ist eine sehr ungewöhnliche, und sie würde vielleicht noch ungleich größer sich sofort auch zeigen, wenn nicht die umfassenden cyklischen Werke stets den Raum vieler Jahre gleich füllten. Ein Blick in das anhängende Verzeichniß thut aber dar, daß Cornelius immerhin eine höchst seltene künstlerische Arbeitskraft besitzt, und daß, wenn die seinige etwa von der anderer Meister übertroffen wird, ihm das unverwüstliche Streben und die jugendliche Production bis in das hohe Alter eigen ist. Von einem Nachlassen des Geistigen, einer Verminderung der Schöpfungskraft und einem Hinneigen zur Manier, wie dies Alles eng verbunden sonst die natürliche Erscheinung im Alter ist, kann bei ihm schlechthin keine Spur entdeckt werden. Gerade eben durch diese unverwüstliche Frische des Geistes, diese ewige Jugend der Seele ist Cornelius einer der merkwürdigsten Männer in der ganzen Kunstgeschichte. Bei ihm ist kein Stillstand, kein Fallen; immer hinauf und höher hinauf zu immer lichteren Gipfeln, zu immer reineren Höhen ging sein Lauf.

Dies organische Wachsen ist ein Hauptzug im Charakter von Cornelius künstlerischem Genius, und es verbindet sich wie von selbst mit jener Neigung zur Großheit, auf die wir schon hindeuteten. Es sind nicht allein die erschöpfende, bis in das innerste Wesen gehende Auffassung und das kühne Vordringen zu allgemeinen Ideen, welche diese Großheit bezeichnen: diese ist auch vornehmlich in dem hohen Styl, der klassischen Composition und der Anlage jeder einzelnen Gestalt ausgesprochen, und sie faßt sich somit in dem einen schon von uns gebrauchten Worte zusammen, daß Cornelius der geborene Freskomaler, der Monumentalmaler in hervorragendem Sinne ist. Wir haben diese seine Eigenschaft schon im Styl der Faustblätter erkannt, sie in der Composition des Niebelungentitels und der Dante-Decke großartig wiedergefunden, und später die innige Verwebung seiner Malereien mit der Architektur stets hervorgehoben. Immer größeren Raum hat er gefordert, die Tafelbilder verschmähte er fast ganz; von der Wand im Saale des Bartholdy'schen Hauses ging er über in die beiden großen Säle der Glyptothek und füllte dann Chor und Querschiff einer ganzen großen Kirche mit einem künstlerischen Gedanken — bis endlich durch eine harte Fügung des Schicksals die Rede, welche ein Freund dem jugendlichen Meister zugerufen, buchstäblich sich erfüllen sollte. Sie lautete: „Wenn du so fort arbeitest, findest du endlich nirgends Platz mehr für deine Compositionen, so sehr geht deine Tendenz ins Ungeheure." Und ist es nicht wahr, fehlt ihm nicht, in Folge eines merkwürdigen Zusammentreffens verschiedener Umstände und Ereignisse, wirklich nun der Platz für die monumentale Ausführung der Domhofs-Entwürfe und des großen Dombildes? Die Ruinen des Friedhofes und der alte baufällige Dom mit dem zur Hälfte abgerissenen Wärterhause an der Stelle, wo der neue Prachtbau sich erheben sollte, antworten mit einem nicht mißzuverstehenden Ja.

Aber nicht die ins Ungewöhnliche gehende räumliche Ausdehnung ist es allein, es ist auch nicht allein der kolossale Maßstab der Gemälde und der Figuren, es ist der Sinn zu dieser Ausdehnung und Kolossalität, der selbst in kleinen Arbeiten sich kundgiebt. Dieser überall durchdringende, alle Seiten eines Kunstwerkes nach Idee, Ausdehnung, Styl, Composition, Zeichnung und Farbe zusammenfassende Zug der Großheit zeichnet Cornelius vor allen neueren Künstlern aus, und bietet die naheliegende Veranlassung, ihn, wie so oft geschehen, mit Michelangelo zu vergleichen. Was diese Großheit aber ihrem innersten Wesen nach in der Kunst sei, kann nur empfunden werden, denn der aus ihr entspringende Charakter des Kunstwerkes fließt unmittelbar aus der großen Empfindung des Künstlers selbst. Es ist der hohe, durchdringende, kühne Geist und die strengste Männlichkeit, welche den Gebilden jenes Siegel aufdrücken. Ein barbarisches Wort nennt diese Großheit Grandiosität, und will damit vor Allem die unveräußerliche Würde und den stillen, feierlichen Ernst bezeichnen.

Cornelius selbst ist dieser Zug seines Genius wohl bewußt. Wir finden in den Mittheilungen des Grafen Raczynski eine Aeußerung, die unser Meister zu diesem gemacht, und die so sehr die Bürgschaft innerer Wahrheit in sich trägt, daß die Möglichkeit eines Mißverständnisses oder einer ungenügenden Auffassung von selbst ausgeschlossen bleibt*). Er sagte: "Seit meiner frühesten Jugend hatte meine Seele einen Zug zur Allheit; ich glaube, daß ich eine Natur besitze, die verschiedene Seiten in sich vereinigt, deshalb muß man sich hüten, mich in Kategorien zu bringen." Dieser angeborene Trieb zur umfassenden Allgemeinheit hat seinen Werken den Charakter der Großheit geliehen, aber er ist, wie wir hier lernen, nur Eine Seite seines Wesens.

Er sagt, daß seine Natur verschiedene Seiten in sich vereinigt, und daß man ihn nicht nach gewohnter Rangordnung einschachteln solle. Dieser Hinweis dünkt uns genug, um den jener Großheit entgegengesetzten Zug aufzusuchen, und in der Vereinigung dieser Gegensätze eben seine seltene Naturanlage zu erkennen. Es ist nun aber auffallend, daß Cornelius bei aller Schärfe, Tiefe und Kraft des Geistes doch eine Neigung zum Verborgenen, Geheimen, Mystischen in sich trägt, daß er kühnes Erkennen und schlichtes Glauben verbindet. Es ist dies eine gar merkwürdige Erscheinung, und sie wird, wie wir schon äußerten, ihren Hauptgrund in der volksthümlichen Jugendbildung unsers Meisters finden. Denn wo ist ein zweiter Mann in unserer Zeit, dessen philosophischer Geist die kindliche Naivität des Glaubens sich bewahrte wie Cornelius? Entweder gehen solche Männer die Bahnen unsrer großen Dichter und Philosophen und treten dem Protestantismus mit seinen weit aussehenden Entwickelungen bei, oder sie führen den Geist mit Gewalt gefangen unter den Glauben und halten zum Katholicismus in seinem äußersten Beharrungsprinzip. Von einem Mittelweg wollen wir schweigen, da er ein heuchlerischer und ver-

---

*) S. Beischriften Nr. 18.

werflicher ist. Aber Cornelius wählte weder jenen, noch diesen, er blieb Philosoph und Supranaturalist zugleich. Wir haben von dieser seiner Eigenschaft in ihrer Einzigkeit schon gesprochen, und betont, daß auf ihr zum großen Theile seine künstlerische Eigenthümlichkeit beruht. Dieser Zug zum Verborgenen ist aber nicht eine Neigung zur ascetischen Mystik gewisser Mönchsorden, sondern zu jener edlen Mystik, wie sie bei Dante so herrlich sich zeigt. Nirgend macht sich dies, durch seine Natur bedingte, Streben in den Werken des Cornelius auf eine unangenehme oder gar verletzende Weise kund, wie wir dies mehr als genugsam aus den zahllosen Tendenzarbeiten ultramontaner Maler kennen. Wohl sehen wir aber, wie es ihn befähigte, geistige Beziehungen tief in seine Werke zu legen, die dem flüchtigen Beschauer stets verborgen bleiben, die also wie eine Art Mysterium sich darstellen, das nur der Eingeweihte sieht. Natürlich hängt dies mit den tiefen Grundideen bei Cornelius überhaupt zusammen, allein es ist doch etwas anderes und zeigt sich mehr in Dingen, die nicht unmittelbar zur Hauptsache selbst gehören. In diesem Sinne wird man z. B. die Anspielungen aus der klassischen Mythologie in den Domhofsentwürfen aufzufassen, oder Einiges bei der Fesselung des Satans, der Erwartung des Weltgerichts, und so manches Andere zu erkennen haben. Diese Mystik giebt sich demnach vorwiegend in einzelnen poetischen Zügen kund, die ohne die Hülfsmittel äußerlicher Symbolik anzuwenden, gewisse innige Beziehungen herstellen, und die so auch im Einzelnen Geistiges hinter die Erscheinung legen, entsprechend der Idee für die Erscheinung des Ganzen. Doch wir wollen uns hier nicht in geheimnißvolle Dinge selbst verlieren, sondern vielmehr betonen, daß diese Neigung zu verborgenen geistigen Bezügen allerdings jener zur Großheit entgegengesetzt ist, jedoch mehr scheinbar als wirklich. Denn in einer einheitlichen Natur harmonisch versöhnt, hören die Gegensätze auf, Gegensätze zu sein, sie werden vielmehr gegenseitige nothwendige Ergänzungen; und dies ist gerade bei Cornelius der Fall.

Die Menschen im Durchschnitt sind nicht so geartet; bei ihnen wiegt entweder der strenge Geist oder das tiefere Gefühl vor, sie sind mehr nach einer Seite hin vorwiegend gerichtet und angelegt, und für die Vorzüge der anderen Seite meist unempfänglich. In erweiterter Auffassung dieser Erscheinung kann man sagen, sie sind sich nur des Einen Triebs bewußt, und ahnen nicht die Doppelnatur der beiden Seelen in einem faustischen Wesen. Von Grund aus und ursprünglich fliehen die Triebe dieser beiden Seelen einander: "die eine will sich von der andern trennen; die eine hält in derber Liebeslust sich an der Welt mit klammernden Organen, die andre hebt gewaltsam sich vom Duft zu den Gefilden hoher Ahnen." Jene gleicht der epimetheischen Natur der Menschheit, diese der prometheischen, und wie schwer vereint sich die Lust am Sinnlichen, an den Gütern der Erde mit dem kühnen, erfindenden, vorausschauenden Geiste! Ja, diese Zweiheit des menschlichen Wesens wird von vielen für so unversöhnlich gehalten, daß sie es lieben, die Menschen, besonders die bevorzugten, in prometheische und epimetheische Naturen zu scheiden. Mir scheint dies jedoch der wirklichen Sachlage und Erfahrung keineswegs würdig zu entsprechen, vielmehr glaube ich, daß jeder echte und vollkommene Mensch jene beiden Seiten der menschlichen Natur in sich vereinigen sollte. Freilich in vielen wohnen diese beiden Seelen und wollen sich gewaltsam von einander trennen, in andern überwiegt die Kraft der einen die der andern und nur in wenigen erblicken wir eine harmonische Versöhnung beider. Zu diesen letzteren gehört im hervorragenden Sinne Cornelius. Vielleicht, daß in seiner faustischen Natur zuweilen die eine Seele über die andere siegte, aber in seiner höchsten Kunst entfalteten sich beide innig verschwistert. Diese vollendete Harmonie hat er nur erreicht durch das rastlose Streben, durch die unausgesetzte Arbeit, durch die That, die ja auch endlich in der kühnen Brust des Faust die wogenden Kämpfe versöhnte. So aber erblicken wir nach und nach, wie der herrlich angelegte Organismus des großen Meisters sich rundet, sich ausbildet, und wie er zu einer vollen Harmonie zusammenklingt. Das geistige Schaffen und die Lust an der Erscheinung läutern und verbinden sich in der nie ruhenden Thätigkeit, in dem Weiterstreben zu immer Vollkommenerem, und erheben so seinen reichen Genius zu einer Eigenthümlichkeit, die in diesem Sinne kaum bei einer zweiten Persönlichkeit sich findet. Göthe ist ihm vielleicht am nächsten verwandt, aber Göthe ist geistig freier, Cornelius strenger, Göthe kritischer Protestant, Cornelius positiver Katholik. Diese Verschiedenheiten aber ausgenommen, lassen sich die wesentlichsten Punkte in dem Genius beider

Männer treffend vergleichen, namentlich erblicken wir in beiden eine glückliche Versöhnung der prometheischen und epimetheischen Natur. Jene Verschiedenheiten jedoch werden bedingt durch die abweichenden Anforderungen der Dichtkunst und der Malerei, und es zeigt sich denn am Ende wieder, daß in Allem Nothwendigkeit und Gesetz herrscht. —

Wenn wir uns nun so bemühten, der Erkenntniß von Cornelius eigenthümlich **poetischer** Natur etwas näher zu kommen, so müssen wir uns jetzt zu der rein **künstlerischen** Seite seines Wesens wenden. Dort hatten wir die Eigenthümlichkeit seines Genius, die vorstechenden Charakterzüge desselben, seine Auffassung, Verarbeitung und Weiterbildung der Stoffe im Auge, — hier kommt es uns auf die Darstellung in allen ihren Theilen, wie er sie übt, an. Beides ist freilich in der Erscheinung des Kunstwerkes nicht zu trennen, denn darin besteht ja das Wesen desselben, daß das Geistige und die sinnliche Erscheinung, Idee und Form eins und einheitlich sind, daß sie mit einander entstehen und eines ohne das andere nicht sein können. Dennoch aber müssen wir zur Förderung unsrer Erkenntniß das Ganze zerlegen, um so dessen Wesen in allen Theilen, nach Entstehung und Bau besser zu verstehen. Das aber werden wir stets festhalten müssen, daß Alles nur aus einer Quelle, der Seele des Künstlers eben, entspringt, und daß auch jedes Einzelne letzten Grund und oberste Bedingung in dieser nach ihren Vorzügen und Schwächen findet. Alles hängt so auf das Innigste im Werke unter einander und mit dem Wesen des Künstlers selbst zusammen, ja wir sehen, daß der Mensch und Künstler in den Werken gar nicht mehr zu unterscheiden sind, und daß Alles doch nur aus einer einzigen Quelle stammt, der einheitlichen, geschlossenen Persönlichkeit, wie sie ein endliches Ergebniß der geistigen Begabung und der körperlichen Anlage, der Erziehung und der Schicksale, der Leiden und der Thaten sich darstellt.

Es bedarf nun gewiß keiner Wiederholung, daß Cornelius von Anfang an in seinen Werken den Styl lebendig gemacht hat. Dies beruht, wie wir sahen, auf seinem innersten Berufe zur Monumentalmalerei und seinem angeborenen Zug zur Großheit. Styl ist in allen seinen Werken. Auch hier fehlen der Sprache die Mittel, ohne gleichzeitige Anschauung mit Worten auszudrücken, was denn eigentlich in Cornelius Werken den

Styl ausmache. Wir würden wieder genöthigt sein, von der Großheit und anderen Dingen zu reden, und uns somit im Kreise bewegen, ohne dem Mittelpunkt näher zu kommen. Was Styl in einem Kunstwerk ist, will gesehen und empfunden sein, durch die Rede allein läßt es sich Niemandem deutlich machen; aber diese kann die Anschauung wesentlich unterstützen, und so wollen wir versuchen, in den einzelnen Theilen der Darstellung den künstlerischen Charakter des Cornelius zu bezeichnen und hierdurch vielleicht dem Verständniß seines Styles näher zu kommen. Die einzelnen Theile der Darstellung in der Malerei sind aber Composition, Zeichnung und Farbe, und so wollen wir diese der Reihe nach betrachten. Hierbei werden freilich einzelne Wiederholungen wesentlicher Punkte kaum zu vermeiden sein, und andrerseits wird manches übergangen werden müssen, was zwar hier seinen Ort haben könnte, was aber schon früher in anderem Zusammenhange gesagt ist: deshalb möge der Leser den Inhalt des Gelesenen sich gegenwärtig halten, und das hier Folgende als eine kurze Zusammenfassung ansehen.

Cornelius nun von Hause aus, in seinem bewußten Ernste und seinem ganzen künstlerischen Berufe, hat eine Neigung für Strenge und Architektonik in der Composition. Während zwar im Fausttitel eine mehr phantastische Richtung sich noch zeigt, ist doch der Niebelungentitel bereits in jenem Sinne componirt, und noch deutlicher tritt dies in der Dante-Decke hervor. Die schönsten der Glyptothekbilder sind in dieser symmetrischen Composition mit unnachahmlicher Meisterschaft aufgebaut, wie wir dies an dem feinsten derselben, der Unterwelt, anzudeuten suchten. In der Ludwigskirche erscheint diese Architektonik womöglich noch verstärkt, und in Besitze fast ausschließlicher Herrschaft. Später jedoch in den Domhofsentwürfen gab Cornelius auch einer anderen Art der Composition Raum und knüpfte mit dieser namentlich an seine Wiedererkennung Joseph's und einen Theil der Glyptothekbilder an. Allein er gestaltete diese freiere Composition zu einer kaum von Rafael erreichten Vollendung aus, und bewahrte ihr eine solche Strenge, daß sie doch die Verwandtschaft mit der architektonisch-symmetrischen Weise nicht verläugnet. Im allgemeinen kann man sagen, daß die Darstellung von Zuständen, besonders von solchen, die in dem von uns entwickelten Sinne als Gleichniß für hohe Ideen betrachtet werden können, an die strenge Architektonik gebunden ist, und daß die Darstellung von Ereignissen und Handlungen die freiere Composition liebt. Denn dort ist die Ruhe, hier die Bewegung eine wesentliche Grundbedingung des Stoffes; Fälle kommen allerdings auch vor, wo beides in einander überspielt. So z. B. sind die Mittelbilder der südlichen und nördlichen Wand des Domhofes angelegt. Diese beiden nämlich und das Mittelbild der zweiten Wand — bei der ersten Wand ist hier das Thor zur Gruft — hat Cornelius eben als Mittelbilder, von denen nach zwei Seiten hin Aeußerungen ausgehen, in mehr symmetrischer Weise behandelt, und zwar das letztere, den Thomas, besonders im Karton mit größerer Strenge, die ersteren aber, das Gleichniß der Jungfrauen und das Pfingstfest, so daß sich eine freiere Entwickelung namentlich in dem unteren Theile der Bilder mit einer symmetrischen Anlage des Ganzen verbindet.

Aber selbst die schönsten der freier behandelten Compositionen verrathen jenen Sinn für Strenge, für Gesetzmäßigkeit, Eurhythmie und Proportionalität, wie wir ihn in ungewöhnlichstem Maße grade bei Cornelius sich äußern sehen. Es scheint diese wichtige Erfahrung wieder nur ein neuer glänzender Beleg dafür zu sein, daß den großen Künstlern auch dieses unmittelbare Gefühl für Ordnung im Raume angeboren ist, und daß Aufbau und Composition hoher Kunstwerke mehr oder weniger, — dem Künstler wohl unbewußt, — stets ein geometrisches Grundschema in sich bergen, das allein schon nach Form und Maßenverhältnissen eine reine Linien= und Zahlenharmonie aufweist. Wie die, in der unendlichen Natur und dem Weltall längst durch Anschauen empfundene, Harmonie im letzten Grunde doch als auf rein mathematischen Verhältnissen beruhend erkannt ist, so gestaltet sich auch Alles aus den Urtiefen des Menschengeistes Geschaffene auf einer unsichtbaren, in mathematischen Gesetzen beruhenden, Grundlage aus. Die schönsten der freieren Compositionen des Cornelius nun ordnen sich im Gegensatze zu jenen strengen, wo Alles von einer Mittellinie ausgeht, zu einer Mittellinie oder einem Mittelraume hin. Die Ankunft der Jerusalem so z. B. ist zweitheilig rechts und links gegen eine unsichtbare Mittellinie hin, jedoch in unsymmetrischer Ausführung beider Hälften, angelegt, — die Reiter und Babel sind um einen mittleren freien Raum componirt, so daß die Grundlinie der Anordnung an eine Ellipse erinnert.

Dieses geometrische Fundament in klassischen, stylvollen Compositionen ist nicht hinwegzuleugnen, und es erklärt sich eben aus dem angebornen, dem Genius ureigenen Sinn für Eurhythmie und Proportionalität. Ich wiederhole dies ausdrücklich, um jedem Mißverständniß, ich meinte etwa, daß der Künstler auf Grund theoretischen Wissens seine Composition construirte, zu entgehen. Bis jetzt ist von Seiten der Wissenschaft noch wenig zur Erfassung der in der malerischen Composition ruhenden Gesetze geschehen*), wird sie sich aber diesem Gegenstande zuwenden, so wird sie sich ganz vorwiegend an die Werke zweier Künstler halten müssen: des Rafael und Cornelius. Ergänzend treten zu diesen in erster Reihe dann Leonardo und Dürer, sowie in anderem Sinne Michelangelo und Rubens hinzu.

Die wahrhaft hohe und stylvolle Composition ist nun aber so geartet, daß sie, von innerster Nothwendigkeit ausgehend, doch wie zufällig erscheint. Schöne Worte, die Welker über die Composition des Westgiebels am Parthenon, den Sieg der Athene von Phidias, sagt, haben eine Geltung für alle verwandten Werke, und man kann sie ebenso gut auf die Sixtina und die Disputa, Leonardo's Abendmahl und Dürer's Dreifaltigkeit, wie auf die Unterwelt und die Reiter, die Dantedecke und die Erwartung anwenden. „Es ist dies eine der Erfindungen, denen Jeder leicht selbst gewachsen zu sein glauben kann, weil sie vollkommen natürlich sind, weil die Lösung der Aufgabe als die einzig mögliche gute erscheint, und welche zu machen es doch nicht weniger bedarf als den höchsten Genius." **) Es geht nun hier nicht an, dies Thema weiter zu verhandeln; wir würden zu sehr ins Allgemeine gehen müssen und den nächstliegenden Bezug auf Cornelius vernachlässigen. Wir müssen uns mit dem Gesagten begnügen, und durch Anschauen der Werke uns in der Erkenntniß befestigen, daß Cornelius in der Composition dem Rafael durchaus ebenbürtig ist, daß er in der langen Reihe seiner Arbeiten eine unerschöpfliche Erfindungsgabe und eine unermeßliche Gestaltungsfähigkeit in dieser Hinsicht niedergelegt hat, daß er überall auch in der Composition das Wesen der Sache mit nie irrender Sicherheit trifft, und daß seine Art zu componiren aus dem strengen Charakter seines Genius unmittelbar hervorgeht. Wir werden so immer

---

*) S. hier S. 252 ff. und m. Grundriß u. s. w. S. 72 ff.
**) Welker, alte Denkmäler. Bd. 1. S. 131.

wieder zu dem eigensten Wesen des Meisters, zu seiner Person gewiesen, und empfinden recht deutlich die Unmöglichkeit, eine einheitliche, untrennbare Künstlernatur nach verschiedenen Richtungen hin zu zergliedern.

> Was als Ganzes gegeben,
> nimm als Ganzes auch hin.
> Theil es und nimm ihm das Leben,
> theil es und nimm ihm den Sinn!

Dennoch aber, es geht nicht anders, wir müssen theilen; denn wie der Anatom nur durch Zerlegung des Körpers sich über Wesen und Bau desselben unterrichtet, so können auch wir unsere Erkenntniß nur stückweise erwerben, allein den Geist des Ganzen müssen wir im Auge behalten, und in ihm jeden Theil zu verstehen uns bemühen, so daß endlich aus dem Verständniß der Theile auch ein helleres Licht zurückfällt in das Verständniß des Ganzen, und wir mit Faust ausrufen: „Wie Alles sich zum Ganzen webt, Eins in dem Andren wirkt und lebt!"

Auch in der Gruppenbildung vereinigt Cornelius die vollste malerische Freiheit mit der Strenge der Gesetze zu glücklicher Uebereinstimmung, und er weiß beide, je nach der Art der mehr architektonischen oder freien Composition, auch in Harmonie mit dieser zu setzen. In dem dichtesten Knäuel der Gestalten herrscht Klarheit, und Alles baut sich in innerer, edler Gliederung zu gefälligem Umrisse auf. Dabei ist er gänzlich entfernt von sogenannter akademischer Anordnung, vielmehr ist er diesem Regelwesen noch ebenso feindlich wie je; ja er führt Dinge in seine Entwürfe und Kartons ein, die ihm die entschiedenste Verurtheilung Seitens der zünftigen Akademieen zuziehen müssen. Ich erinnere nur an die mit Recht streng verpönten Parallellinien in den Gruppenbildungen. Allein weshalb sind sie verpönt? Weil die Lehrer oder Schüler der Akademieen nicht im Stande sind, sie durch den Geist des Ganzen und durch künstlerische Milderung verschwinden zu machen. Bei Cornelius haben deshalb solche Fälle nichts auf sich. Weit entfernt, auch nur den Schein einer Steifheit zu besitzen, ziehen sie vielmehr durch den Reiz der Kühnheit an, die gern hart neben der Gefahr herwandelt. Auch fällt Derartiges in seinen Werken unbefangenen Augen schlechthin nicht auf. Denn wie viele mögen es sein, welche die apokalyptischen Reiter zu kennen glauben, und nun auch wissen, daß in der Gruppe rechts unten ein halbes Dutzend solcher Parallellinien vorkommen!

Doch wir dürfen hierbei nicht länger verweilen, wir müssen vielmehr uns nun auch bemühen, den Charakter der Zeichnung in Cornelius Werken nach bestem Vermögen zu würdigen. Vor allem stechen als der ihm eigenthümlichste Vorzug die kühnen, festen und sicheren Linien hervor, die der Meister mit Bleistift, Feder oder Kohle macht. In der neueren Zeit giebt es nur sehr Wenige, die ihm hierin gleichkommen, und unter diesen Wenigen ist in Bezug auf Feder und Bleistift Overbeck der erste; im Kohlenkarton wird ihm Schnorr näher stehen. Auf diese Sicherheit der Zeichnung war von Anfang sein Streben gerichtet, weil er mit großer Kraft empfand und erkannte, daß durch die stärkste Betonung dieses wesentlichsten Elementes in der malerischen Kunst auch das Geistige derselben gehoben und damit der Sieg gegen das geistlose Zopfthum gesichert werden mußte. Merkwürdig ist es deshalb, zu sehen, wie Cornelius sein erstes bedeutendes Werk, den Faust, ausführte. Er entwarf zuerst die Zeichnungen in kleinem Maßstabe, übertrug sie dann in der beabsichtigten Größe auf ein besonders starkes Papier und suchte sie in entschiedenen und möglichst starken Contouren festzustellen. Dann nahm er dünnes Papier und zeichnete die Contouren, indem er jede Linie nochmals streng prüfte und nöthigenfalls berichtigte, sauber durch. Diese Durchzeichnung wurde darauf mit der Feder ausgeführt und in allen Theilen vollendet. Daß zudem bei der Anlage des Entwurfes und der Contouren Cornelius mit der größten Gewissenhaftigkeit zu Werke gegangen ist, beweisen die zahlreichen uns erhaltenen Studienblätter zum Faust. Auf solche Weise aber gelangte er zu einem so hohen Grade von Kunstfertigkeit im Zeichnen, daß Niebuhr's scharfer Blick einige Jahre später, ihn, trotz der glänzenden Erscheinung Overbecks, als „den wundervollsten Zeichner" (S. 60) erkannte. In dieser Meisterschaft vervollkommnete er sich immer mehr, und die Linien seiner Zeichnung nahmen immer mehr von dem ureigenen Charakter des Künstlers und vom Style seiner Kunst an. Mit der ruhigen Sicherheit des Genius spricht Cornelius seine Gedanken in solchen Linien aus, und läßt deutlich erkennen, wie er darauf ausgeht, nur das zum Verständniß Nöthige zu geben, lieber zu wenig als zu viel thun, in einem Worte, mit Wenigem das Wesentliche auszudrücken. Darin steht er ganz auf dem Boden der echten Kunst, der griechischen und der rafaelischen mit ihren Vorläufern, wie ja schon Winckelmann lehrte, daß der alten Künstler Absicht war, mit Wenigem Vieles zu sagen. Deshalb hat das Technische der Kunst, das rein Malerische nur als Mittel für ihn Werth; er achtet es nur soweit, als es ihm dient, sich vollkommen auszusprechen. Eine Hingabe an die Ausführung an sich, die also auch eine Liebe zum Zufälligsten voraussetzt, kann man bei ihm nicht erwarten, und es wäre unmöglich zu denken, daß Cornelius eine Technik haben könnte, wie die Eyck's in ihren kleinen Oelbildern, oder wie Dürer in seinen Thier-, Gefieder- und Wappenzeichnungen.

Zu jener dem Meister eigenen Sicherheit, Oekonomie und Kühnheit in der Zeichnung gesellt sich der gemeinsame Trieb zur Idealität und Naturwahrheit im Sinne der Antike. Cornelius zeichnet mit einem solchen Verständniß des menschlichen Organismus, mit so vollkommener Kenntniß künstlerischer Anatomie und Physiologie, daß er auch hier den ersten Meistern sich anreiht. Jedes Glied lebt in seinen Kartons, jede Muskel ist vom Zustand des ganzen Körpers bestimmt, jeder Körper ist ein vollkommenes Gewächs, ein organischer, in allen Theilen sich aussprechender Bau. Dieser höchste Grad edler Naturwahrheit zeigt sich vornehmlich erst in den Domhof-Kartons und entspringt aus dem Studium des Phidias, wie wir dies gehörigen Ortes (S. 178 ff.) berichteten. Die Neigung zu demselben, die innere Verwandtschaft ist allerdings immer vorhanden gewesen, und so sieht mancher vielleicht den Unterschied gar nicht zwischen der Zeichnung in der Zerstörung Trojas und der in den Reitern. Aber dennoch ist dieser Unterschied sehr bedeutend, vielleicht so bedeutend, wie der zwischen dem Apoll von Belvedere und den Parthenon-Gestalten.

Dieser ideale Naturalismus im Nackten verschwistert sich mit einer plastischen Wahrheit in den Gewandungen, die bei allem Reichthum der Motive und aller malerischen Freiheit doch eben so streng und stylvoll ist, daß der Meister sich von der Wahrheit jeder Falte Rechenschaft gegeben, daß jede Falte, jedes Gewand dem Motive nach in die Plastik übertragen werden kann. Unmittelbar geht dies Letztere natürlich nicht an, da die Malerei ja unendlich mehr Freiheiten hat als die Plastik, aber selbst das malerische Gewand soll so sein, daß es dem plastischen Prinzip der Gewan=

dung nicht widerstreitet, sondern nur als eine freie Weiterentwickelung desselben erscheint. Das heißt eben mit anderen Worten, es soll wahr sein, gerade zu dieser Gestalt, zu dieser Bewegung immer mit Nothwendigkeit stimmen und Styl besitzen. Und eben hierin hat Cornelius Großes geleistet. Man sehe nur einige Blätter von ihm durch und prüfe vergleichend die Gewandungen. Welch ein klassischer Charakter ist in diesen, welche Wahrheit in jeder einzelnen Falte, welch ein Reichthum der Erfindung in allen! (f. S. 258) Wie wild bewegt sind die Gewänder auf den Reitern, wie anmuthig und sanft auf der Jerusalem! So bringt Cornelius Alles in jedem Werke in vollen Einklang zum Gegenstande und Gedanken, zur Auffassung und Composition, und er stellt so stets Schöpfungen hin, die aus Einem Geist erwachsen auch Eines sind.

Mit einer bewunderungswürdigen Gewandtheit weiß der Meister namentlich die Kohle zu führen, und er ist im Stande, mit diesem einfachen, aber in seinem bestimmten Charakter ihm zusagenden Darstellungsmittel malerische Wirkungen zu erreichen, die man sonst nur von der Farbe erwartet. Doppelte Gewänder versteht er zu zeichnen, Ton und Stimmung überall hineinzulegen und mit wenigen Linien zuweilen, wie z. B. in der Anlage des Horizontes als Hintergrund, echt malerische Wirkungen zu erreichen. Von den Zeichnungen mit der Feder oder Bleistift will ich nicht reden, aber so weit ich Kartons gesehen habe, ist mir nie ähnliches begegnet, wie hier bei Cornelius, und es scheint mir außer aller Frage, daß er darin unbedingt einzig ist. Ein langes Leben hat er darauf verwendet, sich in dieser Kunst zu vervollkommnen, und endlich hat er für die Domhof-Kartons seine Kräfte aufs Höchste gespannt, diese in der Zeichnung ausgeführter und vollendeter behandelt als alle früheren Freskokartons, weil er sich aus Erfahrung und im Hinblick auf sein Alter sagen konnte, daß die farbige Uebertragung auf die Mauer anderen Händen überlassen bleiben müßte. Durch so verschiedene Umstände geübt und bestimmt, hat er in diesen berliner Kartons nicht bloß Hülfsmittel und Vorzeichnungen für die Freskoausführung, sondern selbstständige Kunstwerke von nie alterndem Werthe geschaffen, die auch in rein technischem Betrachte, von Geist, Composition und allem Aehnlichen abgesehen, herrliche Denkmäler seiner großen Meisterschaft sind. Wer etwa meint, dies sei leicht, der versuche doch nur eine einzige Figur zu zeichnen, wie Cornelius sie gezeichnet, und er wird inne werden, daß man schneller den Pinsel als die Kohle führen lernt, daß die Cornelius'sche Zeichnung so natürlich ist, als wenn sie gar nicht anders sein könnte, und daß sie doch „um sie zu machen, nichts weniger erfordert als den höchsten Genius". Ich benutzte absichtlich hier diese vorhin gebrauchten Worte Welker's wieder, um auch hierdurch von Neuem an die volle Einheit des Ganzen zu erinnern.

In Bewegung und Ausdruck ist das Streben des Cornelius stets auf die unbedingteste innere Wahrheit gerichtet, aber sein Wille, die vorschwebende geistige Absicht nun auch so klar und deutlich als nur möglich auszusprechen, verleitet ihn zuweilen, selbst über die Natur hinauszugehen. Dagegen ist nun zwar an sich nichts einzuwenden, denn auch bei der Antike und bei Rafael finden wir, daß bisweilen die normale Form zu Gunsten einer geistigen Absicht, eines charakteristischen Ausdruckes leidet. Diese Gewalt, welche so gewissermaßen, vom nüchternen Standpunkte aus betrachtet, der Natur angethan ist, dient nur dazu, das Wesen und die Tiefe des Werkes selbst erst recht zu heben, und wird vom unbefangenen Auge als ein Verstoß schlechterdings nicht bemerkt. Oder wen stört es etwa, daß die Sixtinische Madonna zu große Augen hat? Bei Cornelius treffen wir derartiges nun häufig an, er geht bis zu den höchsten Steigerungen, ohne natürlich das echte Maß der Tragik oder Leidenschaft jemals auch nur um eines Haares Breite zu überschreiten, aber freilich nicht ohne in einzelnen Fällen der Natur auf Kosten der Schönheit Zwang aufzuerlegen, oder die Natur da zu erfassen, wo sie bereits aufhört schön zu sein. So z. B. liebt er es, die Hingabe der Seele in aufschauenden Köpfen durch die stärkste Wendung der Augäpfel nach oben auszudrücken, und er giebt so eine Form, die noch durchaus wahr ist, die aber nicht mehr schön genannt werden kann. Sein Trieb, hier den übermächtigen Zug des Geistes auszusprechen, hat ihn veranlaßt, eine Stellung der Augen zu zeichnen, die zwar höchst charakteristisch, die jedoch in Wirklichkeit schon so angreifend und ermüdend ist, daß Niemand dieselbe länger als vorübergehend ertragen kann, und die in der Natur bereits so gleichsam abnorm erscheint; eine angreifende abnorme Stellung des Körpers oder eines seiner Glieder kann aber nie die freie, edle Schönheit noch ganz besitzen. Die

Stellung des Neoptelemos mit den gespreizten Beinen auf der Zerstörung Trojas, die gestreckte Haltung der weiblichen Hauptfigur mit dem zu langen Oberkörper auf den Reitern, die kreuzweis gelegten Unterschenkel sitzender Gestalten und Aehnliches ist allgemein bekannt, — ja noch in neuester Zeit hat Cornelius auf dem Karton des Thomas einen der Jünger halb knieend gezeichnet, bei dem der Kopf und Unterkörper dieselbe Richtung haben, dazwischen aber die Schultern, in der heftigsten Bewegung fast rechtwinklig gegen jene Richtung gedreht, erscheinen. Auf die dem Meister so oft vorgeworfenen übertriebenen Längenverhältnisse wird um so weniger Gewicht zu legen sein, als in der Antike und bei Michelangelo auch berühmte Gestalten mit auffallend kleinen Köpfen sich finden; dennoch mag Cornelius in vereinzelten Fällen zu weit gegangen sein.

Diese einzelnen Härten in Bewegung und Ausdruck sind nicht zu bestreiten, sie sind da. Allein darauf kommt es an, einzusehen, warum sie da sind und wie sie entstanden. Denn die Meinung des gewöhnlichen flüchtigen Beschauers, diese Härten für Mangel an Kenntniß oder für Zeichenfehler zu halten, ist eben die oberflächlichste, die man sich denken kann. Ein Mann, dessen wundervolle Zeichnung Göthe und Niebuhr schon vor 60 Jahren und länger entzückte, der seitdem unaufhaltsam sich vervollkommnet hat und in seinen Werken die höchste Meisterschaft zu erkennen giebt, dem sollte plötzlich Auge und Sinn versagen, das Richtige zu finden, um so schülerhafte Zeichenfehler zu begehen! Mir erscheint dies geradezu wie eine alberne Lästerung. Ich stimme im Ganzen mit Anton Springer überein, wenn er sagt: „Es ist eine Beleidigung des großen Künstlers, zu behaupten, unmögliche Stellungen, übertriebene Längenverhältnisse gehörten zu seinem Style. Wer es versteht, den Gestalten der Evangelisten und Kirchenväter das Gepräge einer so großartigen, ausdrucksvollen Schönheit zu verleihen, wer die Gruppen der acht Seeligkeiten, die Gruppe der Verzweifelnden im Untergange von Babel, die vier apokalyptischen Reiter und Anderes geschaffen hat, der ist auch ein Meister in der Formengebung, bei dem kann von einer Unzulänglichkeit der Mittel nimmermehr die Rede sein. Wird zuweilen von Cornelius den Rechten der Natur zu nahe getreten, und dies läßt sich freilich nicht ableugnen, so liegt der Grund nur in der von ihm verlangten Unterordnung der Form unter den Gedanken, des Malerischen unter das allgemein Poetische."*) Der letztere, von Springer angegebene, Grund trifft, glaube ich, jedoch das Wesentliche der Sache nicht, und zwar um so weniger, als einige sicher ganz unzutreffende Bemerkungen daran geknüpft werden, auf die wir hier nicht einzugehen haben. Ich meine, es ist Cornelius nie eingefallen, die „Unterordnung der Form unter den Gedanken, des Malerischen unter das allgemein Poetische" zu verlangen, denn in der nothwendigen Consequenz dieses Verlangens läge die Vernichtung der Kunst. Wohl aber ist der schaffende Geist in ihm zuweilen so mächtig und auf solche Gedanken gerichtet, daß der Meister vom Willen getrieben, nun auch sein Inneres ganz und recht auszudrücken, über die Grenze des Schönen einen Fuß breit hinausgeht. Der Wille, keinen Zweifel zu lassen, und die innere Wahrheit so kräftig auszusprechen, daß selbst die Gefahr zu verletzen dem Bewußtsein entschwindet, — dieser Wille scheint der wahre Grund zu jenen Härten, und auch er ist ein Stück in dem einheitlichen Charakter des Menschen und Künstlers. Hätte Cornelius diesen gewaltigen Willen nicht, wäre er nicht Cornelius, wie der Tell, wäre er besonnen, nicht der Tell hieße. Er will seinen Willen; und ein solcher Wille hat Härten im Gefolge, ein Mann mit solchem Willen kann nicht glatt und einschmeichelnd sein. Diese Härten gehören mit zum Wesen des Mannes und Künstlers, sie sind nicht entfernt Mängel oder Fehler, sie sind nothwendige Stücke eines Ganzen. In diesem Sinne aber verstanden und empfunden, verlieren sie gar bald ihre Herbigkeit, und lassen dann den hohen und weisen Gedanken des Meisters frei empfinden.

Daß aber ein schöpferischer Genius von solcher Ureigenart wie Cornelius auch die Berechtigung für einen eigenen Styl und für selbstständige Formengebung hat, bedarf einer Auseinandersetzung nicht. Oder hat Michelangelo eines Entschuldigungszettels der Mutter Natur für die akademischen Schulmeister nöthig, wenn er seine ruhenden Weibsgestalten mit den riesenhaften Oberschenkeln bildet und zeichnet? An die Werke solcher bevorzugter Männer muß man mit Pietät treten, und nicht am Einzelnen haftend voreilig aburtheilen, ehe man das Ganze auch nur annähernd erfaßt hat. Nur der Unverstand oder der böse Wille könnte mir

---

*) Springer, Gesch. d. bild. Künste. S. 63.

unterstellen, daß ich diese Härten anziehend oder schön fände; ich bin vielmehr der Meinung, daß, wenn sie nicht vorhanden wären, die Cornelius'schen Werke bereits ungleich mehr, als sie es eben sind, Allgemeingut des Volkes geworden sein müßten. Aber sie sind da; und es ist an uns, der Art und der Nothwendigkeit ihrer Entstehung nachzuspüren, um sie aus dem Wesen des Künstlers begreifen zu lernen. Sie fließen aus seinem ungewöhnlichen, starken Willen und seiner sehr ausgeprägten, männlichen Persönlichkeit; diese wiederum wurde bedingt durch die ihm zu Theil gewordene, kunstgeschichtliche Aufgabe, so daß Eines mit dem Anderen eng zusammenhängt. Mir sind diese Härten auch von je wie Reste des knorrigen deutschen Wesens vorgekommen, das zuweilen hervorbricht und sein Recht verlangt. Dann aber auch schien mir bei einzelnen derselben wenigstens, daß sie aus dem Bewußtsein, akademische Glätte und theatralische Bewegungen zu vermeiden, hervorgegangen sind. Immerhin aber verbürgen sie die entschiedenste und unbedingteste Wahrheit des künstlerischen Charakters. Uebrigens mag man das, was dem Cornelius in Hinsicht der Kunstfertigkeit abgeht, noch so hoch anschlagen, einem vernünftigen Urtheil gegenüber fällt dies Angesichts der reichen positiven Vorzüge seiner Kunst nicht ins Gewicht. Mit Recht sagte deshalb der Graf Ormos in seiner zu Pest in der Ungarischen Akademie gehaltenen Antrittsrede*) von unserm Meister: „Jedoch kann man nur wiederholen, daß, hätte Cornelius nicht diese vielleicht an sich sehr geringfügigen, Schattenseiten, so wäre er eben der größte Maler aller Zeiten und Völker!"

Zu dem Style in der Zeichnung des Cornelius gehören natürlich auch in besonderem Maße die Köpfe. Wir haben in Bezug auf sie einem Mißverständniß vorzubeugen. Ich erinnere mich noch sehr wohl, daß ein Professor, welchen ich als Student einst hörte, uns zunächst erzählte, Cornelius habe die Uebung der Zeichnung vernachlässigt, welcher Mangel sich häufig kund gebe, er sei kein guter Colorist und endlich leide er sehr an den sogenannten Durchschnittsköpfen. Wie jene Ansicht über die mangelhafte Zeichnung und Färbung — von welcher letzteren wir noch reden werden, — landläufig wurde, ebenso wurde es diese über die Durch-

---

*) S. Beischriften Nr. 18.

schnittsköpfe, aber eine ist so irrig und grundfalsch wie die andere. Jeder schaffende Künstler, der seinen Styl besitzt, ist in seinen Köpfen mehr oder weniger typisch, weil keinem Menschen die unendliche Mannigfaltigkeit der Natur gegeben sein kann, das echte künstlerische Schaffen von innen heraus geht, und dieses die einzelnen Individuen möglichst zu Vertretern von Gattungen erheben will. Es ist dies eine feststehende, wohlbegründete Erscheinung. Rafael, Michelangelo, Rubens, Tizian, Leonardo und andere große Meister haben ihre Typen, d. h. sie bilden die Köpfe ihrer Gestalten nach einer Anzahl von Gattungs-Grundformen, aber sie verleihen jeder einzelnen Figur immer neues und selbstständiges Leben. Darin aber liegt der Unterschied. Denn fehlt dieses neue Leben, so behalten wir nur die leere typische Form, die nun allerdings nichts liefert als Durchschnittsköpfe, d. h. hohle Köpfe, wie die Masse im Durchschnitt sie hat. Wir bemerken so, daß z. B. das holdseelige typische Lächeln bei Leonardo, wie es am vollkommensten der Mona Lisa eigen ist, in der Lombardischen Schule so sehr Durchschnittsform wurde, daß selbst die Tochter der Herodias noch in derselben Weise lächelt, wenn sie auch auf ihren Händen das blutige Haupt des Johannes trägt. Was beim Meister tausendfach wechselnder Grundtypus war, wird bei den Schülern und Nachahmern sehr leicht leere Form, Durchschnittskopf. Hat doch selbst der ideale und grundechte Typus der Antike seine Verwendung zu hohlen Durchschnittsgestalten ertragen müssen! Daß aber dem hohen Style ein Grundtypus nicht fehlen kann, ist außer allem Zweifel; innere Gründe erfordern und die Erfahrung rechtfertigt ihn. Also auch ist es bei Cornelius. Er hat typische Köpfe, aber in allen seinen Werken findet sich nicht ein einziger Durchschnittskopf; überall ist selbstständiges Leben und geistiges Wesen in der Form. Und dann auch, welch einen Reichthum von Formen und Köpfen besitzt er! Zwar sieht man fast jedem Einzelnen schon an, daß ihn nur Cornelius gemacht haben kann, aber dennoch welch ein Unterschied, welch eine Fülle und Mannigfaltigkeit ist in den langen Reihen von Gesichtern, die er geschaffen! Für einige Typen hat er zwar besondere Vorliebe, aber er ist stets so frisch an Gestaltungskraft, daß er immer neue Wesen schafft, sich selbst jedoch nicht in Wiederholungen copirt. Natürlich ist es auch, daß in den verschiedenen Perioden des Künstlers mehr oder weniger verschiedene Grundtypen sich zeigen, die jedoch ihren einheitlichen Ursprung immer noch deutlich erkennen lassen. Der Umfang der Kopftypen ist bei Cornelius so groß als bei irgend einem anderen Meister, ja wenn man die innere Selbstständigkeit, die Individualität eines jeden betrachtet, vielleicht größer, als bei irgend einem andern. Denn auch hierin offenbart er die Unerschöpflichkeit seiner Erfindungsgabe, und ganz besonders sind es noch die letzten in Berlin entstandenen Kartons, die eine außerordentliche Individualisirung zeigen.

Mit dem charaktervollen, strengen Wesen des Cornelius und seinem ausgesprochenen Willen verträgt sich der Reiz rein sinnlicher Anmuth nicht. Die Grazie seiner weiblichen Gestalten, der Helena, Thetis, der Jerusalem und ihrer Mädchen ist von jener Strenge, wie sie Winckelmann an der Antike rühmt. Nirgendwo ist eine Gestalt, die durch ihre äußere Erscheinung allein reizen und gefallen will, und diejenigen, deren ganzes Wesen in anmuthiger Liebenswürdigkeit uns anziehen soll, wollen gleichsam gesucht und umworben sein. Auf das Tiefe, Echte und Edle geht Cornelius stets aus; Maß in der Leidenschaft und Maß in der Sinnlichkeit lebt in allen seinen Figuren, und nie ist hier die Grenze des Schönen und folglich auch des Schicklichen überschritten. Dabei ist er jeder Sentimentalität und Geziertheit fremd; mit antiker Naivität wendet er das Nackte da an, wo es am Orte ist, und verschmäht in richtigem Gefühle und in klassischer Unbefangenheit deckende Hülfsmittel. Die Schönheit seiner Gestalten ist mehr der Klarheit und Größe der Antike, als der feinen Grazie der Italiener verwandt. Wenn man aber meinen wollte, die Grazie überhaupt ginge den Werken des Cornelius da ab, wo sie sein sollte, so genügt ein Blick auf die Ankunft der neuen Jerusalem, um den Irrthum hier aufzudecken. Aber dies ist auch wahr, die Anmuth trägt bei ihm das Gepräge der Kraft und zieht da, wo Rafael noch heitere Grazie spenden würde, bereits die ernste Schönheit vor. Rafael malt den heiligen Michael, der wie ein Pfeil herunterschießt auf den Drachen, noch mit anmuthig lächelnden Zügen, Cornelius malt ihn in hehrem, hoheitlichem Ernste. Darin liegt aber ein Hauptunterschied zwischen Griechenland und Italien, daß die alte Kunst die strenge Schönheit im hohen Style bildet, und daß die italienische an die Stelle derselben die liebenswürdigste Grazie setzt. Cornelius aber ist jener von Natur aus mehr verwandt, und bewußt auch hat er nach Wiederbelebung dieser hohen klassischen Schönheit gestrebt. —

Die Vermuthung liegt nun nach allem Gesagten gewiß auch für denjenigen, welcher nie ein fertiges Gemälde unseres Meisters gesehen, nahe, daß Cornelius in der Färbung ein rein sinnliches Element nicht erblicken kann, daß er auch die Färbung in strenger Uebereinstimmung mit dem Geiste und Charakter des Ganzen gehalten wissen will. Zwar wer wollte leugnen, daß das Rembrandtische Hellduukel, der Correggio'sche Schmelz und die Tizianische Gluth nicht ihr unveräußerliches Recht hätten! Aber wer möchte so thöricht sein, die Disputa nach Rembrandtischer Weise, die Sixtina wie einen Veronese oder die apokalyptischen Reiter wie einen Correggio colorirt zu wünschen? Jedes einzelnen Meisters Färbung gehört zu seinem Style; einige wie Rembrandt und Correggio offenbaren in derselben gerade ihre besonderste Eigenthümlichkeit, andere wie vor allen Rafael verschmelzen den sinnlichen Reiz der Farbe in reiner Harmonie mit dem Geiste des Werkes, und noch andere wie Michelangelo und Cornelius, legen gerade auf das Geistige den Nachdruck. Jeden muß man in seiner Weise gelten lassen und nicht von Jedem Alles fordern, „denn Eines schickt sich nicht für Alle, sehe Jeder wie er's treibe!" Bei der Betrachtung Rembrandt'scher Werke legen wir auf etwas ganz Anderes Werth, als wenn wir Cornelius'sche Arbeiten sehen, dennoch aber giebt es immer Leute, welche die Kunstwerke nicht in sich aufnehmen, sondern die sich selbst in den Werken wiederfinden wollen. Nicht die Sache, sondern die eigene Meinung soll der Maßstab sein, und so müssen wir uns gefallen lassen, wenn z. B. der, schon S. 176 genugsam gewürdigte, Kugler in dem wunderbar behandelten Rembrandt'schen Christus vor Pilatus im Museum Esterhazy zu Pest nur einen „höchst mißgeschaffenen holländischen Act", ein „widerwärtigstes Bild"*) sieht, und wenn er die ganze malerische Behandlung der Glyptothekfresken „scharf, hart und conventionell"**) nennt. Bei beiden Werken ließ er das Wesentliche, dasjenige, wodurch sie leben und groß sind, aus dem Auge, und blieb am Nebensächlichen kleben. Wenn aber eine solche Betrachtungsweise schon im gewöhnlichen Leben zweifelhaft ist, so schickt sie sich ganz und gar nicht für den Historiker; ihre

---

*) Kugler, Malerei II. 429. **) Kugler, kl. Schriften III. 543.

kindische Oberflächlichkeit fällt auf ihn selbst vernichtend zurück. Wir werden auch deshalb hier nicht untersuchen, was der Färbung bei Cornelius, gegen Tizian und Rembrandt gehalten, abgeht, sondern wir werden uns bemühen, zu erklären, warum sie nicht Rembrandtisch und Tizianisch sein konnte.

Es ist eine fast bis zur Sicherheit des Axioms gelangte Ansicht, daß die Färbung in den Werken des Cornelius nichts tauge. „Seine Schwäche im Malen ist bekannt", sagt Friedrich Eggers im Kunstblatt von 1858, und er findet hierin die natürliche Erklärung für die „stärksten Verletzungen harmonischen Farbengefühls." Ja, ein Mann wie Springer, der doch in vielen Stücken Cornelius sonst richtig versteht, läßt sich zu einer Aeußerung wie diese, verleiten: „Cornelius kann nicht in Oel malen und übertrug auch die Ausführung seiner Fresko-Arbeiten aus guten Gründen regelmäßig anderen Händen." *) H. Grimm sagt, doch nicht ohne Doppelsinn: „Cornelius Sache war die Oelmalerei nicht." **) Viele Andere haben Aehnliches geschrieben oder abgeschrieben, Tausende sprechen es nach, ohne vielleicht ein fertiges Gemälde von Cornelius je gesehen zu haben, ja Mancher käut es in öffentlichem Vortrage gedankenlos wieder. Was zunächst die Behauptung betrifft, er habe regelmäßig aus guten Gründen seine Fresko-Arbeiten durch andere ausführen lassen, so ist sie thatsächlich vollkommen unwahr. Cornelius hat, außer den Bartholdy'schen Fresken, auch in der Glyptothek sehr vieles selbst gemacht (s. Verzeichniß), in der Ludwigskirche das jüngste Gericht ganz allein ausgeführt, und überhaupt fremde Hülfe nur herangezogen, weil der König Ludwig mit der Beendigung der Arbeiten, wie bekannt, stets drängte. Aus äußeren, nicht von ihm beherrschten Gründen war er genöthigt, Gehülfen anzustellen, keineswegs aber deshalb, weil diese etwa besser malen konnten als er. (S. 54 u. 104.) Uebrigens zeigt es sich, daß seine eigenhändigen Arbeiten stets aus den von fremder Hand gemalten höchst vortheilhaft hervorstechen. Von den „guten Gründen" kann also weder thatsächlich noch grundsätzlich die Rede sein. Doch wir besprechen die Färbung der Fresken noch weiter. Wir wollten jetzt nur gleich auf den scheinbar richtigen Vorwurf in Betreff der Oelmalerei eingehen. Grimm, der eine so schöne und edle Begeisterung

---

*) Springer, a. a. O. S. 49. **) Grimm, neue Essays S. 308.

für Cornelius bethätigt hat, wird jedenfalls mit seinem Urtheil meinen, dieser sei eben nicht geborener Oelmaler, sondern Freskomaler, und wir stimmen dem bei; allein der Ausdruck ist ungenau und läßt auch eine andere Auffassung zu, besonders im Hinblick auf die vielverbreitete Ansicht: „Cornelius kann nicht in Oel malen." Die einzigen Werke, auf welche dieses Urtheil sich beziehen kann, sind die Raczynski'schen Bilder. Denn die „Jungfrauen" in Düsseldorf sind unvollendet, der „Hagen" in Berlin ist nur lasirt, die „h. Familie", „die Pallas, die Weberei lehrend" und gar erst die „14 Nothhelfer" gehören einer frühen Zeit an, und die „Grablegung" in Kopenhagen ist nur Einzelnen aus eigener Anschauung bekannt; zwei Oelbilder der Römischen Zeit im Privatbesitze und die Oelportraits theilen das Schicksal der letzteren. Von den beiden Raczynski'schen Bildern tritt die Gruppe mehr zurück, da die Untermalung derselben durch Schubert gemacht wurde, und es bleibt in erster Linie somit die „Vorhölle" stehen. Ueber die technische Vollkommenheit dieses Werkes haben wir uns schon oben (S. 174) zu verständigen gesucht, und es ist hier nur noch Einiges nachzutragen. Angesichts dieses Gemäldes zu behaupten, daß Cornelius nicht zu malen verstehe, nicht in Oel malen könne, ist nicht nur unbegreiflich, sondern geradezu lächerlich. Ja, ich nehme keinen Anstand, die Frage aufzuwerfen, welcher Künstler der neueren Zeit denn in technischer Hinsicht besser zu malen verstehe? Etwa diejenigen, deren Bilder nach einigen Jahren schon mit Rissen bedeckt, verblaßt oder gedunkelt sind? Cornelius hat die Technik der alten Maler sich zum Vorbilde genommen, und sie mit einer Sorgfalt und Kenntniß ausgeübt, die sein Werk noch schön und tadellos erhalten werden, wenn von so vielen modernen Oelgemälden nichts mehr als eine traurige Ruine übrig ist. Aber die Art, wie er das Technische künstlerisch benutzte, ist die ihm grundeigene und nicht die Technik, sondern diese Eigenart stößt flüchtige Beschauer ab, und veranlaßt sie zu dem Irrthum, daß er nicht zu malen verstehe. Der strenge Geist, die feste, klare Zeichnung und die ernste Farbenharmonie durchdringen das Ganze, und geben dem Werke den Charakter voller und echter Männlichkeit. Damit vertragen sich nicht schmeichelnde Farben, die den Sinnen sich verführerisch darbieten, wohl aber ernste und gehaltene. Ein Beispiel sei hier erlaubt. Dem Bilde des Cornelius fast gerade ge=

genüber hängt eines der anmuthigsten und schön gefärbtesten Gemälde der
Düsseldorfer Schule, die Söhne Eduard's von Theodor Hildebrandt. Niemand, welcher dasselbe sieht, wird die Anmuth, den Schmelz und
den eigenthümlichen Reiz der Färbung dieses mit so großer Liebe durchgeführten Werkes bestreiten, er wird es gern betrachten und sich aufrichtig darüber freuen. Wendet er sich aber nun um und geht einige
Schritte vorwärts, so steht er der Vorhölle gegenüber. „Wie schwer,
wie hart und unvermittelt sind diese Farben!" so höre ich Manchen ausrufen. Allein hat das unbefangene Auge sich nur ein wenig gewöhnt, so
verschwindet dieser erste Eindruck, Alles beginnt zu leben und läßt fühlen,
daß hier ein Kern vorhanden sei, der nicht nur erfreuend anzieht, sondern
der vielmehr, in seiner Zurückhaltung gesucht und gefunden, eben beseeli-
gend und erhebend wirkt. Hat sich das Auge aber an dieser strengen männlichen Schönheit gesättigt und blickt es jetzt wieder zurück auf jenes Düsseldorfer Bild, so wird ihm dies matt, hohl und weibisch erscheinen. Aber
ein solches Urtheil wäre eben so ungerecht als das umgekehrte über Cornelius Gemälde: Jedes ist hinsichtlich der Färbung, was es sein soll, in
seiner Art vollkommen; das von Hildebrandt vergleicht sich der leicht und
gefällig schmeichelnden, weiblichen Anmuth, das unseres Meisters dem strengen und edlen Ernste eines männlichen Charakters.

Hierdurch also wird uns klar, daß in einem Kunstwerke, wo die Erfindung, Composition und Zeichnung im hohen historischen Style gehalten
sind, auch die Farbe Styl haben muß. Aber noch mehr, wir sehen es als
richtig ein, daß, wo der Schwerpunkt einer Kunstschöpfung im geistigen
Gehalt liegt, sich die Färbung von selbst unterordne, daß sie zwar die
Harmonie im Sinne und Style des Ganzen vollende, aber nie bis zur
Illusion oder gar bis zur selbstständigen Sinnenerregung sich verirre.
Deshalb liegt es auch in der Sache selbst, daß Künstler, deren Genius
nach dieser Richtung sie treibt, von der Oelmalerei hinweg zum Fresko
sich wenden. Michelangelo gradezu erklärt die Oelmalerei für eine Ar-
beit der Weiber, und Cornelius fürchtete sich nicht, Geist und Styl seiner
Kunst auch im Oelbilde offen auszusprechen. Aber selbst die Färbung der
Fresken des Cornelius wird ebenso angegriffen, wie von den modernen
Verehrern schmeichelnder Oelfarben die der Werke Michelangelo's in der

Sixtinischen Kapelle. Man sagt, die Fresken von Cornelius seien in der Farbe matt, einförmig, scharf, hart und ähnliches mehr, wie jeder bei Springer, Kugler, W. Schadow und in so manchen anderen Schriften und Zeitschriften nachlesen kann. Wir könnten, wollten wir den Meister vertheidigen, leicht fragen: „Ja, wer hat denn seit Rafael bessere Fresken gemalt als Cornelius?" allein dieser Künstler bedarf unsrer Vertheidigung nicht. Nur um unsres eignen Verständnisses seiner herrlichen Werke und seiner ganzen Sendung willen, suchen wir uns die Einfluß übenden Bedingungen zu vergegenwärtigen. Ich führe hier, um auch eine künstlerische Autorität sprechen zu lassen, einige Worte des Hippolyte Flandrin an, und zwar um so lieber, weil Cornelius Achtung vor diesem Künstler (s. weiter unten) bekannt ist, und weil diese Worte den künstlerischen Grundsätzen unsers Meisters augenfällig entsprechen. Der Franzose sagt: „Denn die Zeichnung ist die Kunst, die Kunst ganz und gar, und beim Unterricht muß Alles auf diesen Mittelpunkt abzielen, der zugleich Zweck und Mittel ist. Die Zeichnung hat eine so große Bedeutung, daß ich sie dem Auge vergleiche, einem so kleinen Organe, das aber doch in einem Betracht so Vieles umfaßt. Die Zeichnung vereint und setzt im Auge des Künstlers in unmittelbare Verbindung die Fähigkeiten zu sehen, zu fühlen und zu denken. — Die Farbe stellt nach meiner Meinung eine mehr stoffliche Seite dar. Sie überträgt die physischen Bedingungen des Lebens der Körper (in das Kunstwerk): Deshalb wird sie äußerst häufig von der Menge, die mit den Sinnen urtheilt, hochgeschätzt, während die Zeichnung doch vor Allem Herz und Bildung in Anspruch nimmt." Um aber nicht etwa den Verdacht der Einseitigkeit auf Flandrin zu leiten, hebe ich hervor, daß er keineswegs den Werth der Farbe in Verbindung mit der Zeichnung leugnet, daß er aber beide durchaus in Uebereinstimmung wissen will: „Die Färbung ist die nothwendige Folge der eigentlichen Zeichnung in der hohen Kunst!"*) Dieser Grundsatz zeigt sich in den Werken des Cornelius, vornehmlich in seinen Fresken vollkommen bewährt.

Die Fresken breiten sich auf Mauerflächen an Wand und Decke aus, sie sind im Sinne architektonischer Aesthetik als Teppiche zu denken, die

---

*) Delaborde, Lettres et pensées d'Hippolyte Flandrin etc. Paris 1865. 487. 82.

vor den Flächen ausgespannt, dem Raume ein heiteres oder erhebendes Ansehen geben sollen. Daraus folgt aber schon, daß sie nie bis zur täuschenden Wirklichkeit naturwahr, daß sie nie in schweren, drückenden und satten Farben gehalten sein können. Licht und leicht müssen sie sich ausbreiten, scharf und bestimmt in der Zeichnung und kräftig auch in der Schattengebung sein, aber in der Farbe maßvoll. Dadurch allein können die schweren Mauermassen den Schein der Leichtigkeit gewinnen, und dadurch allein wird dem Fresko das ihm eigenthümliche Leuchten bewahrt. Die neue trockene Wandmalerei geht dieser Vorzüge verlustig und führt leider schwerere, mehr auf Illusion abzielende, Farben ein. Wie unvergleichlich aber jene heitere Leichtigkeit und jenes klare Leuchten der Fresken wirkt, zeigte sich im Sommer 1865 sehr deutlich, als die Schinkel'schen Bilder in der Halle des berliner Museums gewaschen und von langjährigem Schmutz gereinigt wurden. Eine göttliche Heiterkeit und ein wohlthuendes Licht ist trotz aller Mannigfaltigkeit in diesen Farben.

Wenn so die Freskomalerei durch die eignen sachlichen Erfordernisse nothwendig zur Idealität leitet, so mußte sie einem Meister innerster Beruf sein, der schon frühe durch die Richtung seines Geistes auf das Große und durch die stylvolle Composition sich als Monumentalmaler aussprach. Der Drang des Cornelius, umfassende und tiefe Gedanken auszusprechen, sein Trieb, diese in einzelne Darstellungen zu gliedern und in Reihen zu verketten, weist klar und deutlich auf den architektonischen Raum als den Ort, wo er seine Kunst entfalten mußte. Und wiederum sein Ernst, seine Strenge, sein Sinn für Maß und Männlichkeit brachten ihn in Uebereinstimmung mit dem, was dieser Ort durch die Bedingungen des Materials, des Lichtes und der räumlichen Lage verlangte. Immer also kommen wir wieder zu geschlossenen eng verwandten Beziehungen zurück und sehen am Ende ein, Cornelius ist ein Mann, dem man weder nehmen noch hinzuthun kann, der aber von der Vorsehung zu hohen Dingen bestimmt wurde, so daß es sich höchlichst lohnt, in seine Werke, also auch ihn selbst, liebevoll und redlich einzudringen.

Cornelius Fresken können somit nicht das blühende Leben des Rubens, nicht die tiefe Gluth der Venetianer, nicht das zauberische Helldunkel Correggio's oder Rembrandt's besitzen. Die Natur des Fresko und die Natur unsres Meisters widerstreben dem entschieden. Denn jene fordert, wie wir sahen, eine gewisse Abstraction, und diese ist in erster Reihe auf Charakter und Ausdruck gerichtet. Cornelius kann die bestimmten klaren Linien in seiner Zeichnung nicht entbehren, und der eigentliche Colorist arbeitet von Anfang an in Flächen mit mehr oder weniger vertriebenen Umrißlinien. Um nun auch diese Deutlichkeit im Fresko sich zu erhalten, malte der Meister in lichten Farben, da diese eine bestimmte und feine Modelirung noch erkennen lassen. Ja, er ging weiter und unterschied nach der örtlichen Lage, indem er hier die Schatten kräftigst anlegte, dort aber auch die Schatten licht hielt, und sie durch Auftrag einer zweiten tieferen Farbe ersetzte. Dadurch wurden die Bilder leicht und licht, klar und bestimmt, sie traten in Harmonie mit der Architektur, und ziehen den Beschauer durch leichtere Reize nicht ab von dem, was in ihnen das Wesentliche und Tiefe ist. Daß Cornelius seine Fresken nicht alle eigenhändig malen konnte, haben wir schon früher ernstlich bedauert. Denn wenn er still und nicht gedrängt die Glyptothek so vollendet hätte, wie er sie in den Erosbildern am Gewölbescheitel des Göttersaales begonnen, so wäre allerdings auch der schon erste Eindruck des Ganzen ungleich harmonischer. Allein der zartere Vortrag Schlotthauer's und die mehr realistische Malweise Zimmermann's forderten ihn unbewußt vorübergehend zu einer größeren Abstraction heraus, durch welche Umstände und Einflüsse denn der allgemein empfundene Mißklang in die Gesammtwirkung sich einschlich.*) Wir müssen aber auch darin eine Absicht des Schicksals erkennen, daß Cornelius nicht mit der vollen Ausführung seiner Werke allein beschäftigt, sondern daß ihm Gelegenheit und Zeit zu neuen Erfindungen gegeben wurde, wo er seine größte Kraft äußern konnte. Daß er selbst aber auch ein Meister der Ausführung ist, bezeugen die eigenhändigen Freskomalereien, vornehmlich einige der Glyptothek und die Bartholdy'schen Bilder. Das jüngste Gericht müssen wir wegen der erwähnten Uebelstände in Bezug auf das Licht (S. 129) hier aus dem Spiele lassen; ich will mich wenigstens nicht erkühnen, bei der jetzigen schlechten Beleuchtung eine Meinung über Färbung und Malerei in diesem nach Composition und Zeichnung so unvergleichlichen

---

*) S. Ernst Förster, a. a. O. IV. S. 40.

Werke abzugeben. Uebrigens würde bei einem Urtheile zu berücksichtigen sein, daß während der Arbeit große Gerüste in der Altarnische aufgeschlagen waren, und daß also hierdurch das Licht noch mehr beeinträchtigt wurde.

Wenn es demnach im Wesen unseres Meisters liegt, daß er kein eigentlicher Colorist sein kann, so besitzt er dennoch einen lebhaften und edlen Farbensinn. Aber auch diesen hat man ihm eben absprechen wollen. Man beruft sich dabei auf Einzelheiten, auf angeblich unpassende Nebeneinanderstellungen der Farben, auf die matte oder harte Färbung im Einzelnen. Man übersieht aber jedesmal dabei den ernsten und männlichen Charakter des ganzen Werkes. Endlich ist überhaupt der Eindruck der Farben an sich ein schlechthin subjectiver, da diese nur zum Gefühl sprechen und somit nur angenehm, sanft, schreiend, blendend oder sonstwie, nie aber — an sich betrachtet — schön sein können. Giebt es doch sogar Leute, die nicht Roth und Grün unterscheiden können, und kenne ich doch selbst einen kunstsinnigen Mann, dem die Augen thränen, wenn er Karminroth neben Kobaltblau sieht! Gewänder in diesen letzteren Farben sind nun z. B. in der Vorhölle nahe bei einander gemalt; sie erscheinen mir in dieser reinen, bestimmten und saftigen Haltung vollkommen an ihrem Orte, und doch kann sich Mancher eben in diesen strengen Charakter nicht finden. Aehnlich ergeht es dem farbigen Karton der Erwartung des Weltgerichtes. Nach meinem Gefühl, und wie ich Cornelius zu verstehen glaube, ist dies Werk ein Meisterstück ernst harmonischer, lichter Färbung, wie es für ein Monumentalwerk, als welches es doch gedacht ist, sich einzig und allein schickt. Dieser letztere Zusammenhang erklärt überhaupt wohl genügend, daß Cornelius mit Vorliebe und mit großer Meisterschaft in Deckfarben arbeitet, denn diese lassen eine Behandlung und eine Gesammtwirkung zu, welche dem Fresko bedeutend mehr entspricht als eine Oelmalerei. Uebrigens ist es auch eine ungleich schwerere und kunstgewandtere Arbeit, jene bestimmten und reinen Farben zu einer Gesammtharmonie zu vereinigen, als wenn man nur warme, gebrochene und mehr oder weniger nach Einer Grundrichtung gestimmte Mitteltöne anwendet.

Da kommen aber die einseitigen Anhänger Wilhelm Schadow's, es kommen die modernen, in Paris geschulten Portrait=, Thier= und Landschaftsvirtuosen, es kommen die Allerwelts=Rezensenten und es kommen endlich auch die jungen genialen Talente, denen der Professor erst gestern Palette und Pinsel in der Hand zurecht gelegt hat, und sie schreien alle: „Cornelius ist kein Maler, er hat keinen Farbensinn, er versteht nicht zu malen!" Dürfen wir hier solche Reden einer Beachtung würdigen? Ich meine nicht, denn sie beruhen auf Unverstand oder gar noch Schlimmerem. Wenn Menschen, die das Hohe in ihm nicht empfinden, gleich dem Mephisto=Pudel den Cornelius beknurren, wenn die mit französischem Patent arbeitenden Oelvirtuosen ihn verhöhnen, wenn der Mann, der Mittags politische Kammerberichte und Abends Opernkritiken schreibt, über ihn öffentliche Meinung macht, und der unreife Kunstjünger ihn veraltet schilt — was können wir dazu thun! Hat ein solches Geschrei auch nur ein Atom dauernden Werthes? Es verhallt wie das Getöse des Marktes, und man könnte sich leicht mit einer heiteren Wendung über solche verrauschende Auflehnung hinwegsetzen, wenn man dem Cornelius die Verse Göthe's:

„Mit keiner Arbeit hab ich geprahlt,
und was ich gemalt hab', hab' ich gemalt!"

in den Mund legte, allein dies mag sich für ihn ziemen, wir stehen zur Sache anders und müssen wo anders her Trost und Stärkung holen. Blicken wir deshalb auf zu den hohen Männern unseres Volkes, zu Cornelius selbst, der seine herrlichsten Werke im buchstäblichen Sinne des Dichterwortes „schweigend in die unendliche Zeit geworfen." Und was sehen wir in diesem Aufblicke? Schiller hält uns die Leuchte vor. Er fragt: „Wie verwahrt sich aber der Künstler vor den Verderbnissen seiner Zeit, die ihn von allen Seiten umfangen?" Und er antwortet: „Wenn er ihr Urtheil verachtet. Er blicke aufwärts nach seiner Würde und dem Gesetz, nicht niederwärts nach dem Glück und dem Bedürfniß."*) —

Einen so ureigen sich offenbarenden Genius muß man nun auch in seiner Weise zu verstehen suchen, und ihn mit eigenem Maßstabe messen. Aber sein volles Verständniß ist nicht leicht. Cornelius ist vom Geiste seiner Zeit geboren worden, er hat die erste befruchtende Nahrung aus dem Wesen des deutschen Volkes empfangen, aber er ist gewachsen und immer gewachsen, und ist seiner Zeit vorausgeeilt und hat über sein Volk

---

*) Schiller, Aesth. Erziehung 9. Brief.

hinaus sich an die Menschheit gewendet. Wie eine Heroenerscheinung aus einem fernen, fremden Lande, wo er den Flügelschlag hörte vom Geiste des Homer und des Phidias, des Dante und des Dürer, des Rafael, Michelangelo und Shakespeare, ist er eingekehrt in unsere späte Zeit, und wandelt zwischen den Epigonen, die in ihm den Genossen Schinkel's und Thorwaldsen's, den Sohn Schiller's und Göthe's nicht genugsam erkennen. Doch es wird eine Zeit kommen, wo die künstlerische Lichterscheinung des Cornelius so von mächtigem Glanze stark ist, daß selbst dem Blödesten die Schuppen von den Augen fallen müssen. Inzwischen aber bemühe sich jeder mit Redlichkeit und nach Kräften, diesen Mann in seinen Werken zu begreifen; Niemand aber hoffe, bei ihm leichte Reize zu finden. Daher mögen Diejenigen, deren Geist sich nicht aus dem Bannkreise der Mode erheben kann, ihm von vornherein lieber fern bleiben. Die Mode ist die nach einer gewissen Methode, mit den wechselnden Launen eines ungebildeten Geschmackes, stets wechselnde Verunstaltung der Natur und darum die schlimmste Feindin der Schönheit. Wer in ihr und in ihren Verirrungen Befriedigung findet, wie könnte der die Werke eines Künstlers verstehen, welcher schon bei seinem ersten Auftreten die Mode in den Staub niederschlug und seitdem von Stufe zu Stufe in das Reich der edelsten und unwandelbarsten Ideale emporstieg!

Deshalb kommt es wohl häufig, — weil ja die Mehrzahl der Menschen gedankenlos den Götzen der Mode nachläuft und sich im Dienste dieser falschen Götter sogar noch glücklich schätzt, — daß man bei dem ersten Berühren mit Werken des Cornelius sich abgestoßen fühlt. Der geringere sinnliche Reiz der Farbe, die Härten einzelner Bewegungen oder Formen springen in die Augen, und gar Mancher sagt dann, er hat da nichts gefunden als schlechte Farben und Zeichenfehler. Allein ein solcher hat wirklich keine Ahnung von dem, wofür er blind ist. Ja, hat er sie selbst, so gehört der Wille dazu, diesem Zuge zu folgen und den Tiefen näher zu gelangen. Man muß es sich der Mühe lohnen lassen wollen, den Cornelius kennen zu lernen, und im Verständniß seiner Werke von dem einen zum andern fortzuschreiten. Wie oft habe ich die Aeußerung gehört: „Ja, die Wiedererkennung Joseph's und seiner Brüder, das ist ein Meisterbild, das ist ein Werk, wie die Malerei nur wenig ähnliche aufweist, aber die späteren Arbeiten, besonders die Domentwürfe können mir nicht behagen!" Es ist leicht begreiflich, denn

> „Wenn wir zum Guten dieser Welt gelangen,
> dann heißt das Beßre Trug und Wahn."

Erfreulich an sich aber mag es immerhin sein, daß man in dem Joseph wenigstens die seltene Meisterschaft des Künstlers erblickt, aber ein solches Urtheil als Ganzes genommen bezeugt doch nur, daß der Urtheilende eben erst anfängt, den Cornelius zu verstehen. Denn wer den letzten reifsten Werken unseres Meisters näher gekommen ist, muß auch gefunden haben, daß der Joseph, so schön und bedeutend er auch ist, diese doch nach Gedanken und Form keineswegs erreicht. Aber er ist deshalb grade leichter zu verstehen, und so sehr geeignet, eine tiefere Bekanntschaft mit dem Meister einzuleiten. Nur muß man sich dieselbe auch angelegen sein lassen, wie der Schüler im Faust die Bekanntschaft mit der Weisheit. Dann wird es einem auch, wie an der Weisheit Brüsten, in liebender Hingabe an diese hohe Kunst mit jedem Tage mehr gelüsten. Auch die Wissenschaft und jedes wahrhaft Ernste stößt anfangs ab, deshalb ist der Wille nothwendig, es zu erobern. Und grade Cornelius, dessen eiserner Wille selbst nicht ohne Härten in seiner Kunst sich äußert, kann nur durch einen bewußten Willen wahrhaft und ganz gewonnen werden.

Ich an mir selbst habe diese Eigenthümlichkeit wiederholt erfahren. So manches Werk des Cornelius hat beim ersten Beschauen mich fremd angesehen, und ich habe Dinge und Ungeheuerlichkeiten zuweilen da bemerkt, die ich später trotz allen Suchens nicht wiederfand. Es machte eben, daß später das Werk in seinem Geist und Wesen zu mir sprach, und daß ich deutlich sahe, wie auch seine Erscheinung nur so und nicht anders sein konnte. Aehnlich wie das strenge und feste Wesen eines ganzen Mannes den leichten Freund abstößt, der nur unterhalten sein will, mit dem aber, der auf echten Charakter und Hochsinn ausgeht, seinen ganzen unerschöpflichen Reichthum theilt, so erscheint Cornelius dem verfeinerten und oft so unstäten Sinne unserer Zeit hart und rauh, bis das Auge, von dieser ungeschminkten, ernsten Schönheit erweitert, in ihm den Genius erblickt. An Erscheinungen, wie seine Werke, sind wir ganz und gar nicht gewöhnt. Der größte Theil des heutigen Geschlechtes ist aufgewachsen in einer Zeit, wo man nichts anderes sah und hörte als düsseldorfer Bilder und deren Lob. Wir sind an diese gefälligen, dem Durchschnittsverständniß der Massen leicht zugänglichen Gemälde gewöhnt, und es bedarf eines Entschlusses, um von der Gewöhnung los zu kommen und sich der Führung eines starken Genius anzuvertrauen. Das stellt die Anforderung einer ganz anderen Kraft an den Aufnehmenden, und verlangt von ihm selbst arbeitende Hingabe. „Ja, sagt man, darin liegt es ja eben, daß die Kunst des Cornelius uns nicht mehr freundlich erheitert und spielend unterhält; wir sollen nach schwerer Tagesarbeit, da wo wir uns erholen wollten, auch noch eine schwere Geistesarbeit übernehmen." Nein, das sollt ihr nicht; bleibt nur ruhig bei eurem Leisten, eurem Schuldbuche, eurem Brevier und eurem Parademarsch, für euch hat eine gütige Vorsehung den Cornelius nicht geschaffen!

Das schlagendste Beispiel solcher vollkommenen Stumpfheit bietet der schon (S. 233) erwähnte Erfolg der vier Reiter in Wien dar. Ein Mitarbeiter des deutschen Kunstblattes schrieb diesem im Jahre 1858 von dort: „Cornelius apokalyptische Reiter hatten beinahe einen ganzen großen Saal für sich, und dennoch zogen einige unbedeutende Aquarellen, die sich seltsamer Weise neben ihnen eingeschlichen hatten, vielleicht ein zahlreicheres Publikum heran, und hielten es länger fest, als diese gewaltigen Gestalten aus einer schon gleichsam mythisch gewordenen Kunstperiode!" Wir erzählten schon, daß der k. k. Hofpreis für Geschichtsmalerei damals dem k. k. Hofmaler Blaas ertheilt wurde. Wie kann man aber auch von einem Geschlechte, das man planmäßig abgerichtet hatte, sich mit den „Drahtmaschinen seiner Kunst" zu behelfen, irgend erwarten, daß es, bevor es muß, sich etwa freiwillig hingäbe

„... in die starken Hände der Natur,
des Riesengeistes, der nur sich gehorcht!"

Auch dem Berichterstatter ging der Sinn für die Großheit des Cornelius gänzlich ab. Das Blaas'sche Preisbild nennt er „eine der unstreitig beachtenswerthesten Erscheinungen der Ausstellung", und die Reiter kommen ihm fast mythisch vor. Ja ich glaube, in Wien hatte man Grund diese Reiter zu fürchten, und als mythisch zu verhöhnen; nur kein ernster Gedanke, keine sittliche Aufregung! man sah über sie hinweg und wiegte sich in behaglicher Verblendung. Dies war im August 1858; bis zum August 1859 waren diese Reiter mit furchtbarer Gewalt und entsetzlichem Sturm über Oesterreich dahin gebraust. Würde man jetzt noch sich unterstehen, diese Kunst „gleichsam schon mythisch" zu nennen? Ein solches Breitmachen der Unwissenheit, des Scheines, des Dünkels, mit einem Worte des Vorurtheils der Mode in allen ihren Widerwärtigkeiten erregt jeder Zeit natürlichen Ekel; ja man möchte wohl gern nach den Donnern des Zeus greifen und diese aufgeblasene Hohlheit in ihr Nichts zurückschleudern:

"Dem Verdienste seine Kronen
Untergang der Lügenbrut!"

Doch besser ist's, Mitleid zu hegen und zu vergeben, denn auch solche Leute wissen kaum, was sie thun.

Aehnliche, wenn auch nicht so schlagende Beispiele, haben wir früher schon an mehreren Stellen in Aeußerungen verschiedener Personen gegeben. Wir haben auch da schon eingeräumt und eben jetzt erst wiederholt, daß unser Auge sich erst zu solchen Erscheinungen erweitern müsse. Wir sind geneigt, ehe wir zum Sinn des Ganzen gelangt, an Einzelheiten zu haften und die Auffälligkeit dieser letzteren sogleich unangenehm zu empfinden, wenn wir nur das Werk ansehen. Wie fast alle Beschauer, so z. B. störten auch mich auf der Erwartung des Weltgerichts, als dies Werk nach seiner Vollendung 1856 in Berlin ausgestellt wurde, in ganz ungewöhnlichem Maße die Generalsuniformen, die als Kleidung des Königs und der Prinzen gewählt sind, und die, nebenbei bemerkt, einem „in militärischen Neigungen groß gewordenen Preußenherzen" als reglementswidrig mißfallen mußten. Glücklicherweise war ich damals schon nahe daran, mich über diesen letzteren Verstoß fast zu freuen, allein ich konnte nicht darüber hinweg gelangen, daß so nüchterne, prunkende und steife Uniformen mit den vollendetesten Idealgewandungen zusammengestellt werden durften. Dies verletzte mich so, daß ich Anfangs dem Werke gegenüber die nöthige Unbefangenheit und Ruhe vermißte, und noch sehr lange einen gewissen Mißklang zu empfinden glaubte. Seitdem ich mir nun einbilde, dem künstlerischen Gedanken des Werkes in der Weise, wie ich ihn andeutete (S. 241 ff.), auf die Spur gekommen zu sein, ist jener Anstoß vollkommen weggefallen.

Es scheint mir so nebensächlich, ob die paar knieenden Figuren Uniformen anhaben oder nicht, es gehört dies so wenig zum Kern und Wesen des Ganzen, daß man später bei allgemeinem fortschreitendem Verständniß auch von vorn herein nichts Anstößiges oder Auffälliges darin finden wird. Ja, diese Uniformen waren gewissermaßen Erforderniß, insofern Cornelius auch die Kirchenväter in ihrer historischen oder traditionellen Tracht darstellte, und so die geschichtlichen Personen des Bildes überhaupt im Kleide ihrer Zeit vorführte.

Das Verständniß der Werke des Cornelius ist also keineswegs leicht, ja, es wird um so schwerer, je mehr ihnen die unmittelbar zu den Sinnen wirkende Erscheinung abgeht. Ein Fresko, das im Allgemeinen schon nicht so unmittelbar sprechend ist als ein Oelbild, ist wiederum den Sinnen näher als ein Karton, und der Karton ist es wieder mehr als die Umrißzeichnung. Wie ungeheuer der Unterschied des Eindruckes durch die bloße Gewalt auf die Sinne ist, zeigt sich deutlich an dem vorübergehenden, unglaublichen Erfolg der belgischen Bilder, die in Naturwirklichkeit und Farbenglanz das Auge gefangen nahmen. Aber wie ändert sich die Sache, wenn solch ein Bild auf den, im einfachen Umriß ausgesprochenen, Grundgedanken zurückgeführt wird! Die Illusion ist dahin, und die Nuß ist taub. Ich habe hier Werke, wie den einst hochberühmten „Kriegsrath des Alexander Farnese vor Antwerpen" von Biefve, und Aehnliches im Sinne. Dies Gemälde, auf den Umriß zurückgeführt, müßte wie eine Ironie auf künstlerische Erfindungskraft erscheinen. Je weniger der Künstler für die Sinne giebt, je mehr er von der Naturwirklichkeit abstrahirt, um so größere Anforderung stellt er an die Selbstthätigkeit des Beschauers. Die Phantasie des Letzteren wird vom Umriß angeregt, sich den Gegenstand groß mit Licht und Schatten zu denken, vom Karton, sich ihn in lebendiger Farbe vorzustellen, sie wird zu eigener Arbeit gereizt, und bewogen, dem nachzugehen, was des Künstlers Phantasie, als er das Werk schuf, empfand und wollte. Mit jedem Male des Betrachtens kommt der Beschauer den Gedanken und Absichten des Künstlers näher, er dringt in sein Verständniß ein und gewinnt ihn um so lieber, je mehr Mühe er es sich hat kosten lassen, ihm nahe zu kommen. Solches Verständniß schreitet von Stufe zu Stufe fort, aber es hat das Eigene, daß wir nur den langen

Weg, den wir heraufgestiegen, unter uns sehen, nicht aber auch die Strecken über uns, die wir noch erklimmen müssen. So reden wir uns leicht von Stufe zu Stufe ein, daß wir schon auf der Höhe sind, aber kaum wollen wir uns eben da etwas ausruhen, so erblicken wir vor uns eine neue große Stufe. Wir glauben zu verstehen, wir genießen und urtheilen; später dringen wir tiefer ein und sehen, daß wir blind waren. Wer aber bürgt uns wohl, daß die Schuppen schon alle von unseren Augen gefallen sind? Ist doch selbst erst dem sechzigjährigen Cornelius der Blick helle geworden für die göttliche Herrlichkeit der Phidias'schen Kunst! —

Bei solchen Anforderungen an den Beschauer hält man sich für berechtigt zu sagen, Cornelius arbeite nur für die durch künstlerischen Sinn und echte Empfindung Bevorzugten, für die Aristokratie der Bildung. Der schon mehrmals genannte Anton Springer drückt diese Ansicht so aus: „Freilich auf Popularität darf Cornelius keinen Anspruch machen, seine Werke sind nur für die Aristokratie der Bildung berechnet, und können nur von dieser verstanden und genossen werden." Von dem schlecht gewählten Ausdruck „berechnet" abgesehen, klingt diese Meinung leidlich annehmbar. Die Werke des Cornelius sind einem ungewöhnlich hohen Geiste entsprungen, sie gehen auf die Tiefe der Wesen, und fordern von dem, der sie genießen will, die entschiedenste Lossagung von allem Schein. Mit hingebender Liebe und redlicher Empfindung, mit lebendiger Phantasie und freiem Geiste will ihr Verständniß erobert werden. Die Ideen, die hinter der Sache liegen, die geistigen Bezüge, die Bilderreihen, die ernsten Stoffe setzen alle eine erhebliche Bildung voraus; die strengen Grundlinien der Erscheinung, die bestimmte Form, die gehaltene Farbe, erwarten ein kunstgeübtes Auge, und endlich die Härten seines Styles erfordern gar eine seltene Einsicht oder wohl eine Begeisterung für den Künstler selbst. Es scheint ausgemacht und nicht zu bezweifeln, daß Cornelius auf das Volk verzichten müsse. Und doch ist dies ein Irrthum.

Das Verständniß der Kunstwerke geht von der Erscheinung und vom Einzelnen aus. Nicht die Gedanken des Werkes sollen selbstständig durch Rede oder Lesung zum Bewußtsein kommen, und erst wenn sie fest sitzen, soll mit ihrer Hülfe die Erscheinung begriffen werden. Wäre dies richtig, dann brauchten wir keine Kunst. Unbefangen soll jeder vor das Werk treten und dies als Ganzes zu sich sprechen lassen. Das Thatsächliche erkennt er meist leicht, denn es ist ein allbekannter Gegenstand, und bald sieht er Seelenstimmungen in den Figuren und Handlung in der Scene. So schreitet er in seinem Verständniß von Bild zu Bild fort, und endlich ahnt er, daß alle diese Bilder Aeußerungen eines Gedankens sind; so aber kann das Volk im weitesten Sinne an der Kunst Theil nehmen, und ich habe es schon (S. 225) als eine besonders beachtenswerthe Seite bei Cornelius hervorgehoben, daß namentlich seine Domhoffresken gerade am gemeinen Mann, am Volk in seiner Masse ihre theilnehmendsten Bewunderer haben müßten. Der Leser wird jene Stelle noch im Gedächtniß haben, und er urtheile jetzt selbst, was davon zu halten ist, wenn Springer in Bezug auf eben diese Fresken und die übrigen Gemäldecyklen sagt: „Ohne vorhergegangene sachliche Studien, ohne die Wissenschaft von dem Gedankenorganismus, welcher Cornelius Compositionen zu Grunde liegt, ist ihr Verständniß unmöglich." Seltsame Verirrung! verhängnißvolle Verwechslung der synthetischen Methode wissenschaftlichen Erkennens und des naiven, auf Anschauung beruhenden Verständnisses der Kunst. Als thatsächliches Beweismittel will ich übrigens nicht unterlassen anzuführen, daß ich Jahre lang die Stiche und Kartons des Domhofes gekannt und genossen hatte, ehe ich mich, und zwar nur mit Ueberwindung eines widerstrebenden Gefühles, entschließen konnte, den begleitenden Text oder ihre Beschreibung an anderen Orten nachzulesen.

Aber selbst wäre dem so, könnte dermalen nur der feiner gebildete Sinn sich an Cornelius wagen, so würde damit endgültig gar nichts bewiesen sein. Ich unterstehe mich zu behaupten, daß in der Sixtinischen Madonna eine Idee lebt, so hoch als Cornelius sie nur immer darstellen könnte, daß ein Künstlergeist der edelsten Art sie im glücklichsten Augenblicke seines Lebens schuf, daß sie Tiefen enthält, die Millionen nicht ahnen, daß sie die wunderbarste Oekonomie künstlerischer Mittel in Composition, Zeichnung und Farbe aufweist, das sie ein Werk ist, welches nur der „Aristokratie der Bildung" und dieser auch kaum bis auf einige Auserwählte verständlich ist. Nur ein feiner Sinn, ein edles Gemüth kann das Meisterstück des feinsten und edelsten aller Künstler würdigen. Und doch, ist die Sixtina nicht Gemeingut der ganzen Menschheit? Kennt nicht fast jeder Ar-

beiter und Bauer aus einem Kalenderbilde, einer Photographie dies Wun=
derwerk menschlicher Kunst? „Ja", sagt ihr, „was denkt sich aber auch
so ein Bauer dabei! er versteht ja doch nichts davon." Wenn nun aber
zufälliger Weise dieser Bauer bei seinem elenden Holzschnitte lebendiger
empfände, tiefer der Gottheit Stimme in seinem Herzen fühlte, als ihr,
wenn ihr auf dem rothen Sammetdivan in Dresden euch rekelt, und gegen=
über dem Werke des göttlichen Rafael euch die Zähne stochert oder mit
euren faden Bemerkungen jeden echten Kunstfreund empört! Nein,
nur dann ist die Kunst auf ihrer Höhe, wenn ihre Werke sich an das
Volk wenden, an das Volk vom Bettler bis zum Fürsten. Daß man
unten oft rohen und oben oft blasirten Pöbel, dort also nach Schiller'scher
Definition Wilde, hier Barbaren antrifft, ist gleichgültig, da selbst die so=
genannte Aristokratie der Bildung gegenüber der Kunst verblaßt. Mit
aller Kenntniß, aller Gelehrsamkeit, allem Studiren, allem Quälen und
Mühen kommt man dem Verständniß der Kunst auch nicht um einen Fuß
breit näher, wenn es nicht schon vorher im Herzen spricht. Die Empfin=
dung in ihrer Wahrheit und Reinheit ist das einzige, was nicht entbehrt
werden kann, und die Grundlage für alles weitere Vorschreiten. Welche Klasse
der Gesellschaft hat aber ein Vorrecht hierauf? Nur beim Volke in sei=
ner Gesammtheit oder sonst nirgend kann sie zu Hause sein.

Es ist deshalb ganz irrig, wenn man, von dem Namen des Corne=
lius geblendet, und von einzelnen seiner leichteren oder häufiger gesehenen
Arbeiten angeregt, sich zu dem Urtheile berufen glaubt, Cornelius könne
niemals auf mehr als eine kühle Bewunderung rechnen. Man meint, da=
mit sei dem Genius des Meisters, dessen Größe nicht geleugnet werden
kann, genug geschehen, und zugleich hat man doch seine Freiheit bethätigt,
indem man etwas verschämt erklärt: Dieser Mann paßt nicht für uns. So
urtheilen jetzt Viele, allein sie dürfen ja nicht mit dem großen Haufen,
oder etwa mit jener Klasse von Leuten verwechselt werden, deren Auf=
lehnung gegen Cornelius schon besprochen wurde, und die überhaupt ihre
Feindseeligkeit gegen die klassische Kunst und ihre Träger nie verläugnen. Die
hier Gemeinten haben wohl Sinn für das Edle im Leben und in
der Kunst, jedoch nicht für das Große, Tiefe und Gewaltige, nicht für den
hohen Styl. Selbst wenn sie diesen Sinn haben, so stehen sie ganz im An=

fang des Verständnisses für Cornelius Werke, und sie vergleichen sich im
Grunde den modernen Knaben, welche nach der ersten Aufführung des
Hamlet, Coriolan oder Makbeth gleich über Shakespeare urtheilen, daß er
ihnen da' und dort nicht gefalle. Lernt einen Dichter und Künstler doch
erst kennen, ehe ihr über ihn sprecht, müßt ihr aber mit Gewalt kindliche
Aeußerungen über ihn von euch geben, so kann man euch nur bedauern,
denn ihr macht euch selbst lächerlich.

Nur vom wirklich Thatsächlichen der Erscheinung ausgehend, bringt
man in die Tiefen der edelsten Kunstwerke, nur wenn man sich ihnen frei
und selbstthätig hingiebt, lernt man sie ganz verstehen. A priori, ohne
die Erscheinung, ihren Inhalt sich zum Bewußtsein zu bringen, ist voll=
kommene Thorheit, denn die Kunstwerke können nicht abstract begriffen
werden, sie wollen in der Anschauung empfunden sein. Je tiefer man
eindringt, um so lebendiger wird die Empfindung, um so mehr nimmt der
Verstand in harmonischer Weise an der ganzen Seelenerregung Theil, und
wir lernen so endlich buchstäblich verstehen. In der künstlerischen Thätig=
keit selbst liegt die Bedingung dieser einzig möglichen Art, Kunstwerke auf=
zunehmen. Auch der Künstler geht vom Thatsächlichen seines Stoffes aus.
Cornelius ist stets so verfahren, und er hat selbst in seinem größten
Werke das Geschichtliche des neuen Testamentes positiv und unbedingt an=
genommen. Aber bei der tiefen Erfassung und Gestaltung dieses That=
sächlichen stiegen die verknüpfenden und ewigen Ideen auf, und so allein
versöhnt sich im Künstlergeiste philosophische Klarheit mit positivem Glau=
ben; die dichterische Begeisterung erhebt den nächsten Sinn der Erschei=
nung in die unsichtbare Idee und macht die sichtbare Erscheinung dann
zum sinnlichen Unterpfande eines höheren Daseins.

So erscheint Cornelius in seinen Werken. Er ist in der That der
Mann, welcher die Aufgabe der Zeit für die Malerei gelöst hat.
Was Carstens durch den Rückgang auf das klassische Alterthum erstrebte,
was Overbeck in der ausschließlichen Anlehnung an das mittelalterliche
Christenthum zu finden glaubte, Cornelius erreichte es durch Umfassung
und Versöhnung beider Richtungen. Aber merkwürdig bleibt es, wie Car=

stens, der Schleswiger, nach Berlin ging, in die Hauptstadt des kritischen Protestantismus, wie Overbeck, der Lübecker, Wien, die Hauptstadt des sinnlichen Katholicismus aufsuchte, und wie die beiden Landsleute an diesen deutschen Orten, die ihrer Richtung so vielfach doch entsprachen, traurige Erfahrungen machten. Erst in Rom durch das Anschauen der antiken und der vorrafaelischen Kunst erlangten beide innere Ruhe und sicheres Streben, aber sie blieben einseitig. Overbeck's Richtung ist in die s. g. neukatholische Kunst ausgeartet, und er selbst ist immer mystischer und confessioneller geworden, was man um so mehr bedauern muß, da in seiner ersten römischen Zeit (Fresken bei Bartholdy, besonders die sieben mageren Jahre) die Antike selbst auf ihn augenfälligen Einfluß geübt hat. Dagegen ist aus Carstens Anregung und Vorbild die ganze deutsche Bildnerschule emporgewachsen. Von ihm empfing Thorwaldsen den zündenden Funken, Rauch erlangte edlere Richtung und tiefere Kunstbildung von Thorwaldsen, und Rauch's unmittelbare und mittelbare Schüler glänzen in Berlin, in Dresden, in Düsseldorf und anderen Orten als treffliche Meister ihrer Kunst. Sollte in dieser auffallenden Erscheinung nicht ein Fingerzeig liegen, daß ohne den Geist des klassischen Alterthums nichts Großes und in sich Dauerndes bei uns erreicht werden kann? Ich meine es: Wer blöde Augen hat, oder wer sich gar in einem vornehmen, höchst verwerflichen Glaubensdünkel abwendet von jenen Quellen der reinsten Schönheit, der kennt die Kunst nur zur kleineren Hälfte. Welche unerreichten Gestalten hat Hellas erzeugt, und mit welcher Frömmigkeit sind sie in der herrlichsten Form ausgeführt worden! Der künstlerische Trieb in diesem Volke war größer als sonst irgendwo; es war ein Volk von Künstlern. Wie anders erklärt sich sonst die Entfaltung der höchsten Kunst auch da, wo Niemand sie sieht? Wer mag die Rückseiten der Giebelfiguren am Parthenon ohne Rührung betrachten, wenn er bedenkt, daß diese vollendete Schönheit nie ein Auge erblickte. Der Künstler arbeitete nur nach dem Gefühl seiner eigenen Würde und dem Widerklang des ewigen Gesetzes in ihm. Denn wie anders ist jene Sage zu verstehen, die erzählt, daß ein griechischer Künstler, als er gefragt wurde, warum er auch da noch so viel Kunst verschwende, wo doch die Arbeit von Niemand gesehen würde, geantwortet habe: aber die Götter sehen sie! Auch in der Architektur ist es eben so. Wo der Blick nicht mehr hinreicht, sind die Ornamente mit einer Meisterschaft, Feinheit und Schärfe in den Marmor gearbeitet, die man heute kaum in Elfenbein erreichen würde. Die Götter aber sahen diese Arbeit, d. h. der Künstler mußte sie zu seiner eignen Selbstbefriedigung so machen. Wie ungeheuer barbarisch erscheint gegen diese olympische Vollendung unsere heutige Ornament-Fabrikation, wie künstlerisch unentwickelt und roh zeigt sich die, uns als die allein seelig machende Kunst so oft und fanatisch angepriesene, Gothik, trotzdem sie constructiv so hoch steht und eine ähnliche Frömmigkeit, wie das Alterthum, an den Tag legt! Eine wahrhafte und höchste Kunstvollendung ist nicht zu denken ohne lebendige Erfassung der Antike.

Gerade nun weil Cornelius dies hat, weil er den hohen Styl der griechischen Kunst, neubelebt durch neuen Geist, aus sich wiedergebar, weil er die **höchsten Ideen in der klassischen Form** zur Erscheinung brachte, — darum gerade ist er der Genius und der Meister der neueren deutschen Malerei. Seine That ist für die Malerei dasselbe, was **Schinkel** und **Thorwaldsen** für Baukunst und Bildhauerei thaten. Das letzte Streben und das künstlerische Leben dieser drei Männer geht auf dasselbe Ziel und beruht auf denselben Grundlagen: Sie haben unsrer Zeit, unserm Volk eine Kunst geschaffen, die in ihrer Klassicität und in ihrer ewigen Bedeutung weit über Zeit und Vaterland hinaus sich erstreckt; und doch sind sie Söhne unserer Zeit, getragen vom Geiste unsres Volkes. Nicht umsonst hat man also seit so Langem die innere Verwandtschaft des deutschen und griechischen Wesens gerühmt: wir sehen an diesen Früchten wirklich, daß beide Geschwister sind, daß sie Gatten sind. In der menschlichen Urzeit und in der Idee können sich die Geschwister wohl vermählen, und durch innigste Vereinigung ihr eignes Wesen zum Wesen des anderen erweitern. In dieser glücklichen Harmonie ist nicht mehr zu erkennen, was der eine, was der andere gab und ist: es ist nun Ein Wesen geworden. Das Streben nach Ganzheit, nach Vollendung des eigenen Wesens im andern ist Liebe, und so ist es denn sinnbildlich die Hochzeit des Faust und der Helena (S. 39.), aus der die besten Meister in Kunst und Dichtung entsprangen. Diese Verbindung des Getrennten und doch ursprünglich Einen ist aber doch wohl nichts Andres, als was mit geistvollem Gleichniß Aristophanes in seiner Rede beim Gastmahl des Platon schildert. —

Blickt man nun freilich auf die deutsche Malerei seit fünfzig Jahren zurück, so fällt äußerlich zuerst mit überwiegendem Nachdruck die düsseldorfer Schule ins Gewicht. Cornelius war bis 1825 dort Director gewesen, allein durch die Thätigkeit Schadow's, seines Nachfolgers, wurde dahin von Berlin eine Kunstrichtung verpflanzt, welche bald zu ungewöhnlichem Ruhme und weitverzweigtem Einflusse gelangte. Dieser äußere Erfolg verführte namentlich den Gründer der Schule zu Ueberhebungen; Schadow unterfing sich, seine Methode und Richtung als die einzig wahre hinzustellen. Auf solche Weise wurde er ein feindseeliger Gegner des Cornelius, den er seiner wahren Größe nach niemals verstanden hat. Es scheint, daß dies bei ihm die Folge eines Erbfehlers war, denn auch sein Vater Gottfried Schadow verhielt sich ganz ebenso dem Carstens und dem Thorwaldsen gegenüber; bei Beiden zeigt sich dieselbe Anfeindung der Klassizität in der neueren Kunst, und sie beruht auf dem lästigen, nie eingestandenen, sondern immer geläugneten Gefühle der eigenen geringeren Begabung. Geradezu lächerlich in ihrer traurigen Einseitigkeit sind einige der Urtheile Gottfried's über jene Männer,*) und was Wilhelm in seinem modernen Vasari über Cornelius und Thorwaldsen zum Besten giebt, ist nicht um ein Haar besser, vielmehr um ein gutes Stück ungenießbarer. Deshalb waren denn auch zu jener Zeit erbärmlicher Tadel, kleinliche Herabsetzungen und allerlei unwürdiges Gezänk die natürliche und unausbleibliche Folge solcher Umstände; allein sie hätten sich leicht vermeiden lassen, wenn Wilhelm Schadow nicht so überaus einseitig auf seinem Standpunkt gefußt und die historische Betrachtung so gänzlich außer Acht gelassen hätte. Diesen Vorwurf macht man ihm aber mit um so größerem Rechte, als seine, von ihm selbst ja so hoch geschätzte, ausgezeichnete allgemeine Bildung ihn davor hätte bewahren müssen. (S. 87, 107 ff.). Sein Grundsatz war, die Natur zu studiren und die von ihr genommenen Formen zu veredeln, also von Außen nach Innen zu arbeiten, weniger auf den schöpferischen Gedanken als auf die Ausführung Werth zu legen.

---

*) J. Friedländer, Gottfried Schadow u. s. w. Düsseldorf 1864. S. 78. — G. Schadow, Kunstwerke ꝛc. Berlin 1849. S. 10, 53.

Indem er also, hievon ausgehend, den Cornelius nicht begreifen konnte, dessen Härten sah und auf den eigenen Erfolg blickte, verlor er den Halt und wollte sich über jenen hinwegsetzen. Wie einseitig und kurzsichtig dies auch war, so fällt es doch wesentlich eben der Person Schadow's und derer, die ihm nachbeteten, zur Last, die innere sachliche Berechtigung seiner Schule leidet darunter nicht. Denn wir würden in denselben Fehler, wie er, verfallen, wollten wir in ausschließlicher Verehrung für die Kunst des Cornelius nichts andres gelten lassen, nicht auch bei anderen künstlerischen Erscheinungen nach dem Grunde ihrer Nothwendigkeit wie bei ihm spähen. Wenn wir dies aber thun, so zeigt sich sehr deutlich, daß die düsseldorfer Schule die vollkommenste Berechtigung für ihre Existenz von Anfang an hatte, daß aber leider die Ueberhebung ihres Gründers ihre Geltung selbst dahin ausgedehnt wissen wollte, wohin sie aus inneren Gründen nie gelangen konnte. Natürlich forderte diese Ueberhebung wiederum Cornelius und seine Anhänger heraus, so daß es sich leicht erklärt, wenn umgekehrt auch von dieser Seite der düsseldorfer Malerei nicht immer die unparteiische, strenge Gerechtigkeit zu Theil geworden ist.

Der Schwerpunkt der düsseldorfer Kunst liegt im Genre und in der Landschaft; in beiden Fächern wurde Ausgezeichnetes und Bleibendes geleistet, und in beiden Fächern arbeiten noch heute tüchtige und hervorragende Künstler. Dies hatte man jedoch eigentlich nicht gewollt; es sollte vielmehr die profane und heilige Geschichtsmalerei zur Blüthe gebracht werden. Aber im Durchschnitt konnten sich die Werke dieser letzteren Richtung nicht über eine genrehafte Auffassung erheben, denn die Befolgung der von Schadow ausgegebenen künstlerischen Glaubensartikel wird nie zum selbstständigen Schaffen von Innen heraus im großen historischen Style befähigen, vielmehr, wo der Drang hierzu da ist, wird der Künstler, wie es Alfred Rethel auch that, sich von jenen abwenden. Einige mehr oder weniger erhebliche Ausnahmen ändern an der Thatsache als solcher nichts. Cornelius ging auf die hohe stylvolle und gedankenreiche Kunst aus, Schadow's Gesichtskreis reichte nicht über die Grenze anziehender Gefälligkeit hinaus. Den Vergleich beider Richtungen als einer männlichen und weiblichen haben wir schon (S. 300) gemacht, allein wir müssen hinzufügen, daß die, jener eigene, strenge Männlichkeit hier häufig als männische, abstoßende Härte, und daß auch die, dieser eigene, allerdings oft etwas kokette Weiblichkeit dort nicht selten als weibische, gehaltlose Ziererei erschien, — daß also ein Trieb zur Vereinigung nicht vorhanden war. Will man den Gegensatz auf's Aeußerste schärfen, so verhalten sie sich zu einander wie ein klassischer Mann in Stahl und Eisen zu einer geistreichen Gesellschaftsschönheit in Sammet und Seide. Das Lebensgebiet für Cornelius Thätigkeit sind die großen monumentalen Flächen in Gebäuden der edelsten Bestimmung, die düsseldorfer Schule hat sich mit der Herrschaft im Salon und auf dem Markte begnügen müssen, und sie hat sich in ihren Fresko-Versuchen als unzureichend für die hohe Kunst aufgedeckt.

Ich will hiermit der düsseldorfer Schule nicht entfernt zu nahe treten. Sie mußte entstehen und wirken; ohne sie hätte das Kunstleben unserer Zeit eine Lücke. Denn die neuere Kunst kann nur vom Standpunkte der Universalität begriffen werden. Diejenigen, welche der Kunst nur den abgegrenzten nationalen Charakter wie im Alterthum oder die periodische Abgeschlossenheit wie im Mittelalter gönnen, werden in der bunten Fülle der verschiedenen künstlerischen Erscheinungen unsers Jahrhunderts nur ein Chaos erblicken. Aber diese können nicht Recht haben. Ueber der Nation steht die Menschheit, über dem Kirchenglauben die Religion, und deshalb wird nie mehr eine Kunst entstehen, die nur innerhalb Eines Volkes oder nur für die Anhänger Einer Kirche verständlich wäre. Das gewaltsame Zurückschrauben der Kunst auf die mittelalterlichen Formen muß ebenso äußerlich und hohl sein, als die von den Gothikern gerade nur in ihrer Aeußerlichkeit verstandene Nachahmung der Antike. Sind wir denn etwa mittelalterliche Leute oder Griechen? Gehen wir doch weder in den engen Latzhosen, noch im faltenreichen Gewande einher. Wir wollen weder mittelalterliche noch griechische Kunst nachahmend erneuern; an allem Hohen, Edlen und Großen, was die Vergangenheit uns überliefert hat, wollen wir uns bilden, an den Werken von Hellas wollen wir uns zur reinsten Schönheit erheben, an den Denkmälern des Mittelalters unsere Seele des Göttlichen versichern: wir wollen unsere eigne, lebendig schaffende, keine nachahmende Kunst. Wir haben schon mehrfach auseinandergesetzt, wie in Cornelius größten Werken unsere, in diesem Sinne unsere Kunst ihre herr=

lichsten Schöpfungen feiert. Aber neben dem Höchsten hat auch das weniger
Hohe Raum. Wollten wir nur Thürme bauen, wo blieben unsere Woh=
nungen? Und gerade die leichteren Gattungen der Malerei haben das
Recht ihres Daseins in unserer Zeit mit großem Erfolge behauptet. Es
liegt nothwendig im Grundcharakter dieses Jahrhunderts, daß die Kunst
in Bezug auf Gegenstand und Stoff, wie auf Darstellung und Form um=
fassend, also universal sein mußte, und daß sie zugleich dem Einzelnen die
volle Freiheit zur eigenthümlichsten Aeußerung seiner Individualität ließ.*)
Es war also natürlich, daß, sobald der Strom künstlerischer Thätigkeit
überhaupt nur einmal in Bewegung gekommen war, auch die verschieden=
sten Talente, ihren Neigungen folgend, sich in die verschiedensten Richtun=
gen der Kunst begeben mußten. Wir sehen so neben den Werken göttlichen
Inhalts und höchsten Styles andere entstehen, die an der Weltgeschichte,
an Gedichten, andere die ausschließlich am Alterthum, andere die aus=
schließlich an der katholischen Kirche festhielten, noch andere, die dem
Genre in allen seinen Arten, der Landschaft, dem Thierbilde, dem
Stillleben sich zuwandten. Will man in kurzsichtiger Einseitigkeit
diese Erscheinung als Beleg für die viel verlästerte Zerfahrenheit
unserer Zeit ansehen, so mag man es. Ich erblicke darin einen Vorzug,
der eine Errungenschaft unsrer nachreformatorischen Bildung ist, und dessen
theilhaftig zu werden, es nichts Geringeres bedurft hat, als einige Jahr=
tausende der Weltgeschichte. Sollen wir aber die Güter dieses Jahrhunderts
fortwerfen, weil einige Eiferer, die um ein halbes oder ein ganzes Jahrtau=
send zurückgeblieben sind, sich einreden, die Welt bliebe stehen? Nein,
„der Lebende hat Recht"; und somit möchten wir wünschen, daß endlich
dieser universale Charakter der neueren Kunst als eine Nothwendigkeit all=
seitig und wahrhaft verstanden würde.

In diesem Sinne aufgefaßt, hat die düsseldorfer Malerschule die
unbestreitbarste Berechtigung ihres Daseins. Nur das war übel, daß
Schadow das Höhere und Ursprüngliche unter seine Dogmen, den freien
Genius unter die Schulweisheit beugen wollte. Dies war ein grober
Fehler. Wer aber dürfte sich gegen die bedeutenden Erfolge der Schule

---

*) Vergl. meinen Grundriß der bild. Künste S. 36 ff. und 221 ff.

verschließen? Nach Stoff und Form veredelten treffliche Künstler das Genre und näherten es den idealen Forderungen, andere wendeten sich dem Leben und dem Humor in heiterer Unbefangenheit zu, und noch andere erreichten in der Landschaft hohe Meisterschaft; endlich reihte sich diesen Bestrebungen eine zarte und sinnvolle religiöse Malerei an. Die düsseldorfer Schule umfaßte so gleichsam die ganze künstlerische Thätigkeit, so weit sie ihr zugänglich war. Das Tiefe und Hohe blieb ihr verschlossen; die große historische Malerei und die Plastik konnten bei ihr keine Stätte finden. Die düsseldorfer Bilder sind ohne Ausnahme nur Talenten entsprungen; ein Genius war nicht in dieser Schule, die im vollsten Sinne des Wortes eine akademische genannt werden muß. Hätte an Schadow's Stelle ein Genius wie Rembrandt gestanden, so würde der absolute künstlerische Werth der Schule, wenn anders dann noch eine Schule hätte entstehen können, sicher ein ungleich größerer sein. So aber fehlt die überwältigende Ursprünglichkeit, das Machen überwiegt das Schaffen. Und dieser Zustand schien eine zeitlang bedenklich, indem man mit Recht die Gefahr des Aeußerlichen, den Manierismus fürchtete. So, wenigstens glaube ich, sind Immermann's Worte zu verstehen, wenn er sagt: „Es sieht aus dieser Zeit wiederum ein Zopf heraus, nur ein vornehmer, poetisch zusammengeflochtener. Es fehlt die letzte Weihe, die naive Ursprünglichkeit, welche die Haare entweder frei wallen läßt oder kurz abschneidet." Nach Schadow's Tode scheinen die Verhältnisse von ihrer Einseitigkeit erheblich verloren zu haben, wenigstens ist unter dem neuen Director Bendemann, der ja auch jenes schöne, S. 266 mitgetheilte, Schreiben an Cornelius in erster Stelle unterzeichnet hat, der bisherigen Malerei in der Einrichtung einer plastischen Werkstätte unter Wittig's Leitung ein starkes und heilsames Gegengewicht gegeben. Der Erfolg wird erst nach Jahren zu erkennen sein.

Wir sehen so immer deutlicher die merkwürdige Entwickelung in der deutschen Malerei. Zuerst das gewaltige Streben auf das Eine und Erste, was Noth that, in Carstens, dann später die Richtung auf Gemüthstiefe in Overbeck, und die Blüthe des Klassizismus in Cornelius. Aber noch war dieser Meister nicht zu seiner Höhe gelangt, als in seiner Vaterstadt bereits die leichteren Gattungen der Malerei zu anmuthiger

Blüthe sich erhoben. Darf man aber trotz der Feindseeligkeit Schadow's gegen unsern Meister behaupten wollen, daß die düsseldorfer Schule nicht auch unbewußt unter dem Einflusse von Cornelius Erscheinung gestanden? Cornelius hat auf die neuere Kunst lebendig und tief eingewirkt, bis hinein in die Landschaft; ohne ihn ist die deutsche Malerei nicht zu denken, und ohne das Haupt wanken die Glieder. Giebt doch selbst Wilhelm Schadow zu, daß Cornelius „indirecte Einwirkung sowohl auf seine Zeitgenossen als auf das ihm nachfolgende Künstlergeschlecht von unberechenbarer Wirkung und höchst wohlthätigem Einflusse sich gezeigt" habe. Dürften wir uns erlauben, einen Abschweif zu machen, so würde es von besonderem Interesse sein, mancherlei Einflüsse des Cornelius auch in der außerdeutschen Kunst, besonders der französischen, nachzuweisen. Immerhin aber sei es gestattet, wenigstens an Flandrin zu erinnern, der „die Versöhnung wahrhaft christlichen Geistes mit der antiken Kunst ist", und der von Cornelius stets mit besonderer Liebe geschätzt wurde.*)

Jetzt aber sind wir dahin gekommen, uns die Frage nach der eigenen Schule des Cornelius zu stellen. Ein Künstler wie er, der so weit verzweigt während fast 60 Jahren mittelbar und unmittelbar angeregt und gelehrt hat, er sollte billigerweise eine Schule begründet haben, in der seine That fort und fort neu ersteht, und künftigen Geschlechtern in frischer Jugend sich bewahrt. So nahe diese Voraussetzung liegt, so wenig trifft sie jedoch zu, so wenig konnte sie aus inneren Gründen zutreffen. Eine Schule im alten und eigentlichen Sinne kann nur gedacht werden bei einem gleichen und ausschließlichen Gesichtskreis eines Volkes und einer Zeit. In ihrer nationalen Abgrenzung gedieh die griechische Kunst, in ihrer Glaubensstärke wurde die mittelalterliche groß. Da waren Schulen möglich. Der Meister empfand wie der Schüler, der Schüler hatte dieselben Ideale wie der Meister, und nur der Grad der Begabung bildete den Unterschied zwischen ihnen. Seit der Blüthe der italienischen Malerei gehen, durch die Ereignisse der Weltgeschichte bedingt, die Geister der Menschen auseinander in die verschiedensten Richtungen. Das persönliche Ich hat sich ungeahnt entwickelt und stellt gebieterisch seine Forderung

---

*) S. Beischriften Nr. 20.

auf eigene und eigenthümliche Existenz. Je reicher und vielseitiger es begabt ist, um so einsamer wird es dastehen, je mehr es einer Durchschnittsbegabung sich nähert, um so leichter wird es Genossen finden. Deshalb blieb der Genius vereinzelt auf seiner Höhe, und deshalb konnte sich eine Gesellschaft näher verwandter Talente unter dem Namen düsseldorfer Schule zusammenthun. Wir stehen im schärfsten Strome der Zeit, die vor mehr als 300 Jahren die Bewegung eröffnete, und wenn damals schon ein Dürer, ein Rafael und ein Michelangelo in genauerem Betrachte keine Schule hinterlassen konnten, so hat Cornelius um so weniger jetzt eine Schule gründen können. Will man den Giulio Romano und die ehemaligen Gehülfen Rafael's eine Schule nennen, so wird man vielleicht auch Gefallen daran finden, den Wilhelm Kaulbach und die ehemaligen Gehülfen des Cornelius dessen Schule zu nennen. Aber keines von beiden hat eine höhere, innere Berechtigung. Das, was Rafael und Cornelius groß macht, liegt in ihrem Genius, ihrer innersten und eigensten Persönlichkeit, und dies läßt sich an keine Schule übermitteln, nicht Andern einhauchen oder wie ein äußeres Gut weiter vererben. Sie haben einzelne Talente in die Kunst eingeführt, andre haben sie als Gehülfen sich an die Seite gezogen, aber man kann hier kaum, wenn es durchaus sein müßte, von Schülern, geschweige von einer Schule reden.

Wir sehen dies in Bezug auf Cornelius durch die Erfahrung bestätigt. Mit seinem Faust warf er den bestehenden Akademieen, den anerkannten Autoritäten den Fehdehandschuh hin; befreundete Talente schlossen sich näher mit ihm zusammen und damals konnte es den Anschein gewinnen, als ob die „neu=alterthümliche Richtung" in der Malerei wirklich eine Schule werden wollte. Einige Jahre dauerte jener einzige Verein in Rom, um endlich nur um so vollkommener aus einander zu fahren. Cornelius kam nach Düsseldorf. Seltene Talente traten unter seine Fahne, und sie folgten ihm auch, als er nach München übersiedelte. In dieser Stadt gestalteten sich nun die Dinge in der That so, daß man glauben und hoffen durfte, es würde eine Schule des Cornelius erstehen und dauern. Die großen umfangreichen Arbeiten erforderten eine erhebliche Zahl von Mitarbeitern und jüngeren Kräften; künstlerische Bethätigung und akademische Ausbildung konnten so beide unter unmittelbarster Leitung des Meisters selbst

Hand in Hand gehen. Mancher Schüler des Cornelius leistete Vortreffliches und zeigte, daß er in seinem Streben und Wollen, in seinem Geist und in seiner Kunst mit dem Meister auf einem Boden stand. Dieser selbst glaubte damals, daß solche tüchtige Männer treu und fest auf seiner Bahn fortschreiten würden, allein dies war Täuschung. So lange Cornelius leitender und bestimmender Geist sie beherrschte, hielten die verschiedenen Elemente sich in scheinbarer Harmonie, aber schon sobald dieser nur etwas zurückgezogener an seinem jüngsten Gericht arbeitete, tauchten bedenkliche Wahrzeichen auf, und als er endlich München verließ, fuhr auch hier Alles aus einander. Eine kurze Zeit lang suchte noch Schnorr die Sache zu halten, aber auch er zog sich bald von dem nutzlosen Kampf zurück und ging nach Dresden.

Dennoch hatte Cornelius zu jener Zeit die Zuversicht nicht aufgeben können, und er hoffte namentlich auf Einen Mann, daß dieser als sein anderes Ich in der Kunst weiter wirken solle. Es war Wilhelm Kaulbach. Kaulbach trat weit heraus vor allen übrigen Schülern und Gehülfen des Meisters, er war mit den reichsten Naturgaben geziert, und er gehört unstreitig zu den allergrößesten Talenten, deren die Kunstgeschichte sich rühmen kann. Ein solcher Schüler hätte wohl ein würdiger Nachfolger eines solchen Meisters werden, in seinen Bahnen, weiter fortschreitend, ruhmreich wandeln können; was dieser mit Fleiß, Entbehrung und Gewalt hatte erobern und gewinnen müssen, ward jenem schon mühelos als ein leichtes Gut zu Theil: er hätte sein treuer Mitstreiter und jüngerer Genosse werden können, aber — er sollte es nicht werden. Denn während die verschwenderische Natur mit der einen Hand über ihn die Gaben in strotzender Fülle ausgestreut, hatte sie mit der andern ihm einen Stachel in das Herz gebohrt. Die beiden Seelen in seiner Brust konnten sich nicht zu reiner Harmonie dauernd vereinigen, und endlich feierte hohnlächelnd der unersättliche Gott der Erde seinen Sieg. Er verführte den Künstler so weit, daß dieser die ganze neuere deutsche Kunst in satyrischen Bildern, groß und deutlich an die Außenwände der neuen Pinakothek gemalt, verspotten, daß er in ihnen seinen fürstlichen Auftraggeber karrikiren, und noch dazu das gesammte deutsche Volk beleidigen konnte. Alles Talent, mit dem diese Werke gemacht sind, aller Reiz des satyrischen Witzes, der hier sprudelt, kann den unwürdigen Gedanken, welchem es entsprossen, nicht verdecken. Ungefähr um die Zeit der Entstehung dieser Fresken sagte sich Cornelius, der noch nicht lange zuvor seinen ehemaligen Schüler mit festlichem Glanze in Berlin empfangen hatte (S. 237), von ihm mit blutendem Herzen los. Zwischen Cornelius und Kaulbach hat sich seitdem eine Kluft befestigt, über die kein verbindender Steg hinwegführt, und es hat also gerade derjenige seiner Schüler, auf welchen die höchsten Hoffnungen gesetzt wurden, durch Entartung von der Bahn des Meisters sich am weitesten entfernt. Die Personen der beiden Künstler sind hier ohne Bedeutung; denn es könnte der Welt im Ganzen gleichgültig sein, wenn etwa diese aus Anlaß persönlicher Zwischenfälle, was natürlich hier ganz und gar nicht der Fall ist, sich schroff gegen einander gestellt hätten. Die große Sache aber entscheidet, und läßt keine Vermittelung zu, da wo der Eine das verhöhnt, was dem Andern heilig ist. Ich aber meine, jedem gebildeten und edeldenkenden Menschen sollten die Ideale, sollten die Kunst und das Vaterland unverletzliche Heiligthümer sein. Ein einfaches Bild vervollständige die klare Anschauung dieses, in den letzten Lebensgrundsätzen wurzelnden Widerstreites. In seiner Kraft, Gewalt und Ursprünglichkeit kann ich mir den Cornelius vorstellen als einen starken Löwen, der auf dem vaterländischen Boden fest aufsteht, dem aber auch die Flügel zum freien Fluge durch den Weltenraum und das scharfe Gesicht des weitaus schauenden Adlers gegeben sind, — der so ein geheiligter Greif des Apollon kühn und offenen Auges in das helle Sonnenlicht des Gottes strebt. Wie erscheint neben diesem gottbegeisterten Fluge Kaulbach? Ich sehe ihn, wie er die Musen, nachdem er eine Weile friedlich mit ihnen im heiligen Haine geruht, gewaltsam ergreift, sie heimlich lachend einspannt und mit scharfer, verspottender Geißel aufstachelt, im Trabe die klingenden Geldsäckel einzufahren nach Malepartus, der Veste Reinikes!

Eine solche Entwickelung hat der größte unter Cornelius Schülern genommen. Fern sei es von uns, ihm hieraus einen persönlichen Vorwurf machen zu wollen, wir würden gänzlich aus der Rolle fallen, wollten wir hier unsere stets beabsichtigte historische Unparteilichkeit aufgeben. Kaulbach mußte so sein und werden, und wenn auch unsre Seele ihm nicht mit Sympathie entgegenkommt, so können wir ihn doch in seiner Nothwendigkeit eher begreifen. Allein dies letztere hier auszuführen, ist nicht schicklich, da es uns unabweislich in Gebiete der unmittelbaren Gegenwart führen würde, die für die geschichtliche Betrachtung noch nicht reif sind. Denn so lange Etwas wird und entsteht, muß man den Kampf gegen das Falsche fest und offen führen; ist aber ein gewisser Abschluß da, ruhen die Waffen, so kann man auch das Falsche in seiner historischen Nothwendigkeit verstehen und gelten lassen. Um also hier nicht Kämpfe, die ich, wo sie am Orte sind, nie scheue, anzuregen, und streng innerhalb unsrer Grenzen zu bleiben, wolle der Leser es mir erlassen, daß wir uns hier über die Nothwendigkeit der künstlerischen Erscheinung Kaulbach's unterhalten.

Immerhin aber ist durch Kaulbach's Abfall der münchener Schule des Meisters ein schneller Untergang bereitet worden, und in Berlin hat Cornelius nicht einmal den Versuch machen können, eine Schule zu gründen. Dürfen wir dies nun wohl allein den lernenden Künstlern, den Schülern und Gehülfen zur Last legen? Nur mit großem Unrechte könnten wir so urtheilen. Wir haben schon die Unmöglichkeit, eine Kunstschule nach altem Wortgebrauche in unsrer Zeit zu errichten, besprochen, und hervorgehoben, daß mittlere Talente sich leichter zu Vereinen zusammenthun können, als daß sie mit Gewalt ganz eigen gearteten Genien nachstreben. Dieser unmittelbare Zug ist mit großer Weisheit von der fürsorgenden Natur in den Menschen gelegt, denn was hülfe es, eines Mannes Spur zu verfolgen, dessen Ziel zu erreichen die eigene Kraft doch nicht genügt, einem Genius nach sich in den Aether erheben zu wollen, wenn die Flügel nur ein anmuthiges Flattern im Gesichtskreise der Menschen gestatten! Wir dürfen es uns nicht verhehlen, die großen Genien können keine Schule im alten Sinne mehr gründen, und Cornelius konnte es vielleicht weniger als die andern. Aber indem sie hierauf verzichten müssen, gewinnen sie den größten Ersatz durch die Wirkung auf die allgemeine Kunstentwickelung. Die engen Grenzen der Schule können nicht aufgerichtet werden, aber das weite Gebiet des gesammten Kunstlebens öffnet sich dem heilbringenden Einflusse bahnbrechender Geister, und ihre Werke wirken unaufhaltsam durch Menschengeschlechter fort.

Wenn es aber diesen Genien unmöglich ist, einen festen Kreis von Schülern um sich zu bilden, weil sie eben ihr Bestes nicht mittheilen und vererben können, sollte es nicht vielleicht bedeutenden Talenten, die jenen in verwandtschaftlicher Uebereinstimmung frei sich anschließen, gelingen, wenigstens die rein künstlerischen Errungenschaften so deutlich herauszuschälen, daß, wenn nicht eine Schule, so doch eine akademische Richtung bewußt in ihrem Besitze erhalten bleibt? Hierauf antwortet uns die Erfahrung mit einem entschiedenen Ja. Als Thorwaldsen's Schüler nennt man Bissen, Tenerani und einige andere; allein was bedeuten sie gegen ihn selbst, und was sagen sie im Hinblick auf die große Zahl von Künstlern, welche unter ihm gearbeitet haben? Von dem Genius dieses Meisters angehaucht, pflanzte aber Rauch das kostbare Gut fort und gründete, von Schinkel lebhaft unterstützt, eine blühende, weite Schule. Ganz ähnlich, wenn auch nicht ebenso liegen die Sachen in der Malerei. Wir machen auch einige sogenannte Schüler des Cornelius namhaft, aber sie haben seinen Geist nicht, und erfaßten ihn nicht. Einem andern Manne, der sich zu ihm, trotz aller Ungleichheiten und trotz entschiedener geistiger Ueberlegenheit, ungefähr so verhält, wie Rauch zu Thorwaldsen, war es vorbehalten, die Tradition unmittelbar fortzuführen. Es ist **Schnorr**. Neben diesem müßte man allerdings noch **Heinrich Heß** nennen. Allein er hat die umfassende Vielseitigkeit nicht, und hielt sich fast ganz innerhalb der christlichen Stoffe, so daß es ihm zwar gelang, eine vortreffliche Richtung für Kirchenmalerei zu pflegen und in seinen Schülern anzuregen, aber nicht den tieferen Geist und den historischen Styl überhaupt und allgemein in der Kunst fortzuerben. Schnorr dagegen hat während eines zwanzigjährigen Wirkens in Dresden gewußt, eine Anzahl junger Talente für stylvolle Historienmalerei zu begeistern und in dieser Richtung auszubilden. Einzelne hocherfreuliche Ergebnisse liegen vor, um jedoch den Gesammterfolg überblicken zu können, ist diese Erscheinung uns noch zu neu. Ein jüngerer, leider schon verstorbener Künstler, Karl Rahl[*]), hat sich ebenfalls an Cornelius gelehnt, ausgezeichnete eigne Werke geschaffen und auch manche Schüler auf die rechte Bahn geleitet. Ob sein anregender Einfluß in Wien, jetzt wo er todt ist, aber noch von nachhaltiger Wirkung sein kann, vermag Niemand vorauszusehen. Auch Schwind, dieser

---

[*]) S. Beischriften Nr. 21.

hochbegabte Mann, hat in seinen neuesten Werken, den Entwürfen und
Kartons für die Fresken des Opernhauses zu Wien, die seine früheren
Arbeiten so vielfach übertreffen, deutlich und klar bekundet, wie entschieden
und einflußreich die Glyptothek und die Loggien der Pinakothek auf ihn
eingewirkt haben. Und endlich ist neuerdings ein bevorzugtes Talent dieser Gat=
tung in Ferdinand Wagner aufgestanden, der die herrlichen Fresken am
Fuggerhause zu Augsburg malte, und der sich ganz vorwiegend an den Werken
des Cornelius bildete. Deshalb ist dies unbedenklich und sicher: wenn in Deutsch=
land, begünstigt durch eine geeignete Gesammtbewegung im Volke, die Monu=
mentalmalerei, der historische Styl in dieser Kunst sich noch zu einer fröhlichen
Blüthe oder einer erquickenden Nachblüthe erheben soll, die Kräfte zu
diesem Aufschwunge in denjenigen Künstlern zu suchen sein werden, welche
sich im mittelbaren oder unmittelbaren Anschluß an Cornelius bilden. Daß
für die Entwickelung solcher Männer die dresdener Schule die vor=
zugsweise geeignete ist, und daß diese somit das nächste Anrecht an die
Zukunft hat, kann Niemandem, der die Verhältnisse in Deutschland genau
kennt, zweifelhaft sein.

Dieser Stand der Dinge, der auf den ersten Anblick das stetige
Fortwirken des Genius in der Kunst seines Volkes sehr einzuschränken oder
gar aufzuheben scheint, erregt Bedenken und ruft die Frage hervor, wie
denn ein solcher Genius zu Gegenwart und Zukunft sich verhalte, wie
Cornelius Einfluß auf die heutige und künftige Kunst zu denken
sei? Wie mancher mit dem besten Willen möchte doch von diesem Ein=
flusse kaum noch Etwas erwarten! Er sieht das bunte Treiben des
Lebens, das noch buntere in der Kunst; er sieht, wie Lüge und Schein
herrschen, wie Idealität und Hochsinn sich zurückziehen. Sollte er da nicht
sagen: was will ein so tiefsinniger Künstler mit den höchsten Idealen in
dieser Zeit der Jämmerlichkeit und des Genusses? Es ist wahr, unsere
Zeit ist der Kunst feindlich. „Der Lauf der Begebenheiten hat dem
Genius der Zeit eine Richtung gegeben, die ihn je mehr und mehr von
der Kunst des Ideals zu entfernen droht. Diese muß die Wirklichkeit
verlassen und sich mit anständiger Kühnheit über das Bedürfniß erheben;
denn die Kunst ist eine Tochter der Freiheit, und von der Nothwendigkeit
der Geister, nicht von der Nothdurft der Materie will sie ihre Vorschrift

empfangen. Jetzt aber herrscht das Bedürfniß und beugt die gesunkene Menschheit unter sein tyrannisches Joch. Der Nutzen ist das große Idol der Zeit, dem alle Kräfte fröhnen und alle Talente huldigen sollen. Auf dieser groben Waage hat das geistige Verdienst der Kunst kein Gewicht, und aller Aufmunterung beraubt, verschwindet sie von dem lärmenden Markt des Jahrhunderts. Selbst der philosophische Untersuchungsgeist entreißt der Einbildungskraft eine Provinz nach der andern, und die Grenzen der Kunst verengen sich, je mehr die Wissenschaft ihre Schranken erweitert." Ja, das sind Schiller's Worte*); er schrieb sie 1795. Und passen sie nicht buchstäblich auf unsre Zeit? Wir sollten es meinen; und doch muß diese schlagende Uebereinstimmung uns stutzig machen, wenn wir darauf hin= blicken, was in diesen siebenzig Jahren die Kunst geleistet hat.

Schiller hatte 1795 mit seinem Urtheil Recht, und wir haben heute mit demselben Urtheile, das wir uns aneignen, ganz das nämliche Recht. Und doch liegt eine Blüthe der Kunst zwischen diesen beiden Zeitpunkten. Wie kam dieses? Und wenn es einmal möglich war, — ob es sich wohl zum zweiten Male wiederholen könnte?

Als das deutsche Volk aus dem Genesungsschlafe, in den es nach den tausend Wunden und dem unendlichen Blutverluste des dreißigjährigen Krieges gefallen war, langsam erwachte, erhellte den jungen Morgen seines neuen Lebens die Heldengestalt Friedrich's. Seit der Hohenstaufenzeit war er der erste Mann, der durch eine politische That eine nationale Bewegung in den Gemüthern entzündete. Der Genius Lessing's, Göthe's und Schiller's blickte bewundernd zu ihm auf, und die Dichtkunst, so von ihm angeregt, schlug große nationale Bahnen ein. Die entgegengesetztesten Aeußerungen menschlicher Production schlossen sich in gleicher Vollendung der Dichtung an: es blühte die zur Empfindung sprechende Musik und die zum Verstande redende Philosophie. Schiller getraute sich nicht zu glauben, daß die zwischen beiden so recht in der Mitte stehenden bildenden Künste auch noch einen Platz im deutschen Leben zu erwarten hätten. Seine Ahnungen von der deutschen Zukunft waren dunkel, aber bis auf diesen einen, im Dunkel übersehenen, Punkt wahr. Die Künste nun, auf deren

---

*) Ueber die ästhetische Erziehung; zweiter Brief.

Uebung die Gemüther schon durch Dichtung und Lehre vorbereitet waren, hatten zwar, durch jene erste Anregung und durch andere gleichzeitige Fügungen geweckt, ihr neues Dasein in Carstens bereits angekündigt, aber noch fehlte das Feuer, welches die Massen in Fluß bringen mußte. Es kam eine Zeit, wo Besitz und Individuum ihren Werth verloren, wo das Jagen nach Nutzen und Gütern zwecklos war, weil jeder neue Augenblick Alles, selbst das Leben schnell und ungestraft rauben konnte. In dieser tiefsten Erniedrigung Deutschlands lebten im Volke die Ideale auf, die Herzen schlugen höher und kräftiger für Alles Edle und Große, für Vaterland und Freiheit, für Recht und Wahrheit. Und da der Druck unerträglich geworden, brach das Volk die Fesseln. Aber als es noch in den Fesseln geschmachtet, war es schon von der Begeisterung ergriffen und diese hatte ihm sichern Sieg verbürgt. Mitten aus der größten Schmach hob sich gläubig manches Auge gen Himmel, und manches Herz sprach zuversichtlich dem schwertkundigen Sänger nach:

„Deutsche Kunst und deutsche Lieder,
Frauenhuld und Liebesglück,
alles Große kommt uns wieder,
alles Schöne kehrt zurück."

In eben diesen Jahren schuf Cornelius seinen Faust, lenkten andre deutsche Männer in Rom von einer andren Seite wieder in das Mittelalter ein. Aber in Rom, wie in Frankfurt hatten die französischen Gewalthaber einen scharfen Blick: sie erkannten an beiden Orten die nationale Regung der deutschen Kunst. Wir können Angesichts der Geschichte nicht leugnen, die schreckliche Erniedrigung und die flammende Erhebung haben das Samenkorn befruchtet, und den emporstrebenden Baum endlich zu glanzvoller Blüthe geführt. Gewiß sind noch viele und weitverzweigte Einflüsse dabei thätig gewesen, aber man frage sich ehrlich, ob sie alle zusammen sich auch nur mit dem tausendsten Theile des Einflusses jener unvergleichlichen Bewegung messen können? man frage sich, ob eine wirkliche und lebendige Kunst möglich geworden, wenn die Jahre von Marengo bis Belle-alliance nicht gewesen?

Sind wir nun seit 1815 wieder so herabgekommen, daß wir die der Kunst feindlichen Zustände von 1795 sich heute erneuern sehen, ohne doch zugleich die Hoffnung eines neuen Aufschwunges zu haben? Wir sind tief gesunken, die Ideen von 1813 sind verflogen und geächtet, eine Gewaltherrschaft reichte der andern die Hand. Mit wahrhaft prophetischer Klarheit schaute Schiller den Gang der Geschichte voraus; „Man wird in anderen Welttheilen in dem Neger die Menschheit ehren und in Europa sie im Denker schänden. Die alten Grundsätze werden bleiben, aber sie werden das Kleid des Jahrhunderts tragen, und zu einer Unterdrückung, welche sonst die Kirche autorisirte, wird die Philosophie ihren Namen leihen. Von der Friheit geschreckt, die in ihren ersten Versuchen sich immer als Feindin ankündigt, wird man dort einer bequemen Knechtschaft sich in die Arme werfen, und hier, von einer pedantischen Kuratel zur Verzweiflung gebracht, in die wilde Ungebundenheit des Naturstandes entspringen. Die Usurpation wird sich auf die Schwachheit der menschlichen Natur, die Insurrection auf die Würde derselben berufen, bis endlich die große Beherrscherin aller menschlichen Dinge, die blinde Stärke, dazwischen tritt und den vorgeblichen Streit der Principien wie einen gemeinen Faustkampf entscheidet." Wer Ohren hat zu hören, der höre! Bedarf es der Thatsachen und Namen? Wir wissen Alle, was wir wollen, und Wir werden endlich Unseren Willen auch wirklich wollen. Aber wie zu Anfang dieses Jahrhunderts nicht die fremde Tyrannei siegte, wie sie von der begeisterten Kraft des Volkes niedergeworfen wurde, so wird in jenem einstigen Faustkampfe auch der letzte Sieg nicht zweifelhaft sein können. Einem Volke, welches seine Freiheit und Größe will, können diese heiligen Güter auf die Dauer nicht streitig gemacht werden; keine Macht der Erde ist hierzu stark genug. Ja es hieße den Glauben an uns, und folglich an die Menschheit aufgeben, wollten wir auch nur einen Augenblick zweifeln, daß über Deutschland der Tag der Freiheit und Einigung aufgehen werde. Dies ist ein festes Bewußtsein in unserem Volke, das uns Niemand rauben kann, weil es seinen Ursprung von einer großen, weltgeschichtlichen Geburtsstunde genommen hat. Fichte sagte damals seinen Deutschen: „Unter allen neueren Völkern seid ihr es, in denen der Keim der menschlichen Vervollkommnung am entschiedensten liegt, und denen der Fortschritt in der Entwickelung derselben aufgetragen ist. Gehet ihr in dieser eurer Wesenheit zu Grunde, so gehet mit euch zugleich alle Hoffnung des gesammten Menschengeschlechts auf Rettung aus der Tiefe seiner Uebel zu Grunde." *) Wir aber sind nicht zu Grunde gegangen, und wir werden uns aus dem Schlamme, welcher uns immer noch anhängt, auch endlich ganz und glücklich erheben. Es wäre nicht schwer, der Lage der Ereignisse gegenüber den Propheten zu spielen, allein wir haben hier fast schon zu viel gesagt. Denn für uns kommt es ja jetzt nur darauf an, daß wir feststellen, eine neue und erfolgreiche nationale Begeisterung des deutschen Volkes könne nun und nimmer ausbleiben.

Daß die Künste dann auch wiederum den Idealen mehr und inniger sich zuwenden werden, als sie es heute thun, ist nur eine nothwendige Folge allgemeiner Erfahrung; wenn die Actien fallen, steigen die Ideale, und die Actien fallen unbedenklich in solchen Zeiten der Bewegung. Dann wird man die Augen auf Cornelius richten und erkennen, wohin dieser Mann von Jugend auf gestrebt. Mit Liebe wird man sich zu den Werken des deutschen Künstlers drängen, der die Ideale der Menschheit in der reinsten Form zur Erscheinung brachte, man wird in jeder seiner Arbeiten einen Schatz der Kunst und des künstlerischen Wissens erblicken, sich daran bilden und erheben. Daran aber müssen wir festhalten, daß ein neuer nationaler Boden in Deutschland geschaffen werden muß, niemals dürfen wir zugeben, daß die aufgedrungenen Zustände als berechtigte und gesetzliche anerkannt werden, wir müssen uns zubereiten, gewärtig zu sein und nicht zu fallen, wenn der lufttreinigende Sturmwind plötzlich hereinbricht. Dies ist uns die nächste Aufgabe. Und die andre ist die, Geist und Herz des Volkes auf das Höchste hinzuweisen, das Große und Edle in ihm zu pflegen. Dazu gehören aber ganz vorwiegend die Werke des Cornelius, zu deren vollem Verständniß die Gegenwart in mancher Hinsicht vielleicht noch nicht genugsam vorbereitet ist. Hier also gilt es auch eine wichtige und einflußreiche Erkenntniß zu fördern, und zugleich anzudeuten, wie ein jüngeres Künstlergeschlecht sich diesen Vorbildern gegenüber etwa zu verhalten habe. Wenn jenes der Zweck dieser ganzen Schrift ist, so müssen wir hier noch ein Paar Worte von diesem auch sagen. Jedoch nur in aller Kürze, da der Gegenstand sonst

---

*) Fichte, Reden an die deutsche Nation XIV.

uns zur Besprechung allgemeiner Principien führen müßte, und dies unsere Aufgabe an dieser Stelle nicht sein kann.

Jetzt bereits sind manche unserer Akademieen zum Theil wieder auf den schlimmsten Wegen, sie überfüttern ihre Zöglinge mit der Antike, verleiden ihnen den Geschmack und machen die naturgemäße Verdauung unmöglich. Die jungen Künstler müssen äußerlich nachzeichnen und zeichnen bis sie gelangweilt werden, so daß dann jede gesunde Naturerscheinung ihnen wie eine Erlösung vorkommt, und sie nothwendig den Weg des Naturalismus einschlagen. Wenn aber die Antike so gemißbraucht werden kann, warum sollten es nicht die Werke jedes andern Künstlers auch? Ja, Cornelius z. B. kann noch ungleich leichter als die Antike gemißbraucht werden, da er eigenartiger, charakteristischer und, was den Gegenstand betrifft, geistig tiefer ist. Wer also nicht in die Tiefen eindringt, hält die äußeren Eigenthümlichkeiten für das Wesentlichste, und ahmt dem Meister äußerlich nach, statt sich innerlich an ihm zu bilden. Derartige Arbeiten, die von einem ganz mißverstandenen Anschluß an Cornelius zeugten, hat man schon wiederholt Gelegenheit gehabt zu bedauern. Auf den ersten Blick konnte man erkennen, daß der Maler vieles von Cornelius aufmerksam gesehen, aber eben nur gesehen, nicht auch dem Wesen nach in sich aufgenommen hatte.

Soll das Studium des Cornelius einem Künstler nutzbringend sein, so muß dieser sich hierzu entsprechend vorbereiten, und den Weg aufsuchen, welchen Cornelius hat zurücklegen müssen, um das zu werden, was er geworden. Nationale Begeisterung, und Bildung der Seele, des Verstandes und des Herzens; lebendiges Erfassen der Antike und des Mittelalters, eingehendes Studium der unerschöpflichen Natur und der großen Italiener, und dazu bewußtes Vordringen in die neuere deutsche Kunst: dies, scheint mir, ist eine mögliche Art und Weise, wie jetzt oder künftig ein Maler dahin gelangen kann, daß er zu seinem Wohl und der Kunst Herrlichkeit die Werke des Cornelius sich zum Vorbild nimmt.

So wird der Maler verfahren müssen, doch auch der Bildhauer hat sich ganz ähnlich zu verhalten, denn ebenfalls für diesen ist Cornelius ein reicher Schatz, nur wird er noch umfassender in die Antike einzudringen haben. Wie sehr aber Cornelius für die Bildhauerei Bedeutung habe, geht aus seinem strengen Styl, aus dem Reichthum der Motive in Bewegung und Gewandung, und aus der plastischen Wahrheit seiner Gestalten hervor. Das deutsche Wesen hat einen besonderen Zug zur Plastik (Vergl. S. 9.) und dieser spricht sich auch in den Werken der hervorragenden Maler aus, so daß aus diesen, um der inneren Verwandtschaft willen, der Plastiker mancherlei Belehrung schöpfen kann. Dies hat man namentlich in Dresden schon seit langer Zeit sehr richtig gewürdigt. Hähnel ist nicht nur als Kunstfreund und Besitzer eines kostbaren Cornelius'schen Originales, sondern gerade als Bildhauer einer der wärmsten Verehrer des Meisters. Rietschel hat seine Schüler förmlich planmäßig an den Zeichnungen des Cornelius, besonders den Domhof-Stichen, unterrichtet, und noch kurz vor seinem Tode äußerte dieser feinsinnige Künstler, „daß Cornelius auch für die Bildhauerei Ziel und Weg zeigend ist — in Gedanken und Auffassung!" *) Zudem ist der Einfluß der Malerei auf die Bildhauerei in der neueren deutschen Kunst durch das mehrmals erwähnte Verhältniß von Thorwaldsen zu Carstens thatsächlich erwiesen. Dies hat aber mit dem Eingriff malerischer Auffassung in die Plastik, wie wir dies neuerdings erlebt haben, nichts gemein, vielmehr könnte diese Erscheinung eher beweisen, daß Carstens vielleicht auch ein sehr guter Bildhauer geworden wäre.

Mag dann einst, wenn glücklichere Tage über Deutschland heraufgekommen sind, ein begeistertes Geschlecht von Künstlern sich an die Helden unserer nationalen Kunst anschließen, an Cornelius, Thorwaldsen und Schinkel, und mag es dann eine neue reiche Blüthe heraufführen über ein freies, fest geeintes Volk, das in seiner eigenen, strengen und großen Denkart den Maßstab hinstellt für die Würde und Höhe der Kunst. Wir aber unsers Theiles wollen arbeiten, daß man jene vorbildlichen Männer besser und besser verstehe, und so jene schönere Zukunft geistig vorbereite. Dazu gehört aber vor Allem, daß die Werke des Cornelius, seine in Berlin verschlossenen und versteckten Kartons öffentlich vor die Augen des Volkes gestellt werden, dazu gehört dann, daß die Domfresken ausgeführt, und endlich, daß alles dies, durch Vervielfältigungen in unzählige Kreise ein-

---

*) Oppermann, Ernst Rietschel. S. 390.

geführt, Gemeingut Aller werde. Dann werden wir zu dauernden Zuständen in der Malerei gelangen, und es wird sich dann zeigen, daß der jetzige Zeitraum des Rückfalles nur ein nothwendiges Uebergangsglied ist.

Wie aber jene künftige Kunst, namentlich also die Malerei, sich entwickeln und gestalten kann, wer mag dies voraussagen! Es kann sein, daß sie sich zu der hinter uns liegenden Blüthe verhält, wie die Kunst des späteren Italiens zu der Glanzzeit der großen Meister, daß sie, von redlichen Talenten mit Ernst gepflegt, eine Nachblüthe treiben wird. Dann, läßt sich annehmen, wird sie in eine akademische und in eine naturalistische Richtung sich streng scheiden. Aber es kann auch sein, daß ein neuer Genius ersteht, und neue Bahnen öffnet. Niemand mag dies voraussehen, denn das Bedürfniß dessen, was der Genius schafft und wirkt, kann und muß zwar allgemein empfunden, weniger erkannt als gefühlt werden, aber wie er seine Aufgabe löst, kann kein Mensch ahnen. Denn darin liegt ja auch eine vorzügliche Eigenthümlichkeit des Genius, daß er mit ursprünglicher Schöpfungskraft Erscheinungen hinstellt, an die Niemand glaubt und die Niemand begreift, bis er sie sieht. Wer hätte die himmeldurchwandelnde Fürstin der Liebe, wer den Verkünder unverbrüchlicher Gesetze sich leibhaftig erschöpfend vorgestellt, ehe Rafael und Michelangelo die Sixtina und den Moses schufen! Wenn aber ein freundliches Geschick über der einstigen Kunst unsers Volkes walten und ihm einen neuen Genius schenken möchte, so wird dieser noch Aufgaben finden, die seiner würdig sind, denn die Kunst erschöpft sich nie, und keiner der bisherigen größten Genien hat auch nur seine Kunst erschöpft. Wie eine neue Schönheit sein kann, vermag Niemand aus der Erfahrung oder der Vernunft zu wissen. Von ihr gilt, was Schiller als das Ideal des Weibes preist:

„Wo sie sich zeige, sie herrscht, herrschet bloß, weil sie sich zeigt."

Die Wirklichkeit der höchsten Schönheit allein giebt ihr auch zugleich ihre Möglichkeit; ohne zu sein, ist sie auch nicht zu denken.

Dennoch ist der Reiz groß, aus der Erfahrung den Versuch einer Möglichkeit zu wagen; zwar nicht um einen künftigen Genius zu schildern, wohl aber um zu zeigen, daß noch Raum zu seiner Bethätigung vorhanden ist. Und indem wir diesen Versuch wagen, sehen wir uns in Mitten einer Betrachtung, die zu unserm Thema hier in dem engsten

Bezuge steht. Denn wir wissen, daß die Fülle aller Kräfte, zu denen der Mensch als Gattung befähigt ist, noch nie in einem Individuum gleichmäßig entwickelt und in bedeutungsreicher Aeußerung erschienen ist. Die Geschichte lehrt, daß in dem Einen bald diese, im Andern bald jene Kraft besonders stark war, und daß nur durch diese mehr oder weniger einseitige Steigerung der Kräfte im Einzelnen die Menschheit wesentlich gefördert wird. „Der Antagonismus der Kräfte — sagt Schiller — ist das große Instrument der Kultur." Diesen Antagonismus künstlerischer Kräfte bestätigt denn die Kunstgeschichte auch schlagend. Wenn wir auf diesen Gesichtspunkt hin die größten Meister der Malerei, Dürer und Leonardo, Rafael und Michelangelo, Tizian und Rubens betrachten und sie mit Cornelius vergleichen, so werden wir nicht nur der weltgeschichtlichen Bedeutung dieses Künstlers, sondern auch der Erkenntniß von der Möglichkeit eines künftigen Genius näher kommen. Dabei aber mögen wir uns recht lebendig erinnern, daß Cornelius trotz der unvergleichlichen, geschlossenen und einzigen Harmonie seines vielumfassenden Wesens in sich, dennoch der Allgemeinheit in ihrem großen geschichtlichen Verlaufe gegenüber eine eben nach Einer Richtung hin ganz vorwiegend angelegte und ausgebildete Erscheinung ist. In dieser Richtung aber erwies er sich neu, ureigen und schöpferisch, und dadurch förderte er wieder das Allgemeine um eine so große Stufe weiter, daß unsere Zeit deren Höhe wohl noch nicht genugsam überblickt.

Wir beschränken uns nun absichtlich hier auf die Malerei, da ein Hereinziehen der Antike als der höchst gesteigerten Aeußerung des plastischen Bildungstriebes, uns hier nicht wesentlich förderlich sein kann. Wir müssen uns kurz fassen und unsern nächsten Zweck fest im Auge behalten, denn jeder sieht, daß ein erschöpfender Vergleich der größten Maler eben nichts anderes wäre, als eine Philosophie der Geschichte der Malerei. Das aber kann nun nicht wohl in diesen Rahmen passen, wir sehen uns genöthigt, hier mit wenigen Strichen, im steten Hinblick auf den erwähnten Antagonismus der Kräfte, einige Grundlinien zu ziehen und das Weitere dem eigenen ferneren Nachdenken zu überlassen. Namentlich müssen wir leider auch auf die wichtige Ausführung verzichten, daß alle jene älteren Maler aus ihrer Vorzeit natürlich hervorgewachsen sind, und wie die krönenden

Glieder meist Jahrhunderte langer Entwickelungen erscheinen, daß aber Cornelius und mit ihm die ganze neuere Kunst, besonders die deutsche, entschieden revolutionären Ursprunges ist, indem beide gemeinsam vom Kampfe gegen das Bestehende ausgingen.

Mit Dürer aus demselben Volk hervorgewachsen, theilt Cornelius auch mit ihm seinen nationalen Charakter und die Tiefe des deutschen Geistes, die Treue und das nie ruhende Streben, die ernste Strenge und die vollste innerliche Wahrheit. Wie Cornelius schon mit seinem ersten Werke, dem Faust, an die große Vergangenheit der deutschen Kunst, an ihren besten Meister, an Dürer, anknüpfte, so reichte er ihm auch in den Offenbarungsbildern geistig wieder die Hand. Man könnte ihn einen Durerus redivivus nennen, so grundverwandtschaftliche Beziehungen sind in ihm wieder lebendig geworden. Dennoch schritt Cornelius ungleich mächtiger und kühner nach der Richtung des Geistes und der Form fort, er erfaßte die Antike und die großen Italiener lebendig, drang in die edelsten Richtungen aller Zeiten ein, und gab die Stoffe selbstschöpferisch in neuer Gestalt wieder. Aber trotz seiner Vielseitigkeit im Geiste und im Schaffen erreichte er die künstlerische Vielseitigkeit Dürer's nicht, der ebenso ein Meister im Zeichnen wie im Malen, im Modelliren wie im Schnitzen, im Stechen und Radiren wie im Holzschnitte, der ebenso bedeutend als Künstler war, wie als Baumeister, Theoretiker und Schriftsteller.

Einer ebensolchen und fast noch größeren Vielseitigkeit begegnen wir bei Leonardo, von dem gerühmt wird, daß er gleich vertraut mit der Malerei und Bildnerei, wie mit der Baukunst, der Dichtung, der Musik, der Anatomie, der Schriftstellerei, den mechanischen Künsten und den körperlichen Fertigkeiten war. Mit der Vielseitigkeit der Vermögen dieser beiden Männer kann sich Cornelius unbedingt nicht messen. Aber wie er mit Dürer so enge Verwandtschaft besitzt und ihn nach anderen Richtungen hin weit überholt, so hat er auch wieder mit Leonardo Einiges gemein, Einiges vor ihm voraus. Die Gemeinsamkeit beruht gewiß zunächst in der Höhe künstlerischer Begabung, die auf edlen Styl und wahren Ausdruck gerichtet ist; der Vorzug des Cornelius aber liegt in der größeren Kühnheit, in dem tiefern allseitig umfassenden Geiste, in der ausgebildeteren plastischen Wahrheit, wogegen er dem Leonardo wieder in Hinsicht des malerischen Reizes weicht. Leonardo ist vielleicht der universalere Mensch und der größere Maler, Cornelius der gewaltigere Dichter und der größere Künstler, aber wo beide im verwandten Gegenstande sich begegnen, tritt auch die geistige Verwandtschaft hervor. So war es gewiß ein erhebliches Zeugniß für diese, daß der Christuskopf auf dem letzten Karton des Cornelius (Thomas) trotz aller Verschiedenheit durch die mit Ernst und Hoheit gepaarte edle Milde eine starke Erinnerung an den Christus in Leonardo's Abendmahl hervorrief, bis der Meister eine Nachbildung von diesem zufällig sah, die Aehnlichkeit erblickte, und den unbewußt hineingelegten Anklang leider fast ganz beseitigte.

Aber Rafael! Ist es erlaubt, neben diesem Liebling der Schöpfung einen andren Namen zu nennen? Man sollte es verneinen, und doch ist die Welt gewöhnt, Rafael und Michelangelo mit einander zu nennen. Aber man stellt sie als Gegensätze zusammen. Nie ist in einem bildenden Künstler eine solche Harmonie der Kräfte, eine solche von Natur aus fertige Anlage gewesen, nie eine größere Arbeitsfülle, eine edlere Richtung und eine anmuthigere Liebenswürdigkeit als in Rafael. Schon Vasari fühlte diese Einzigkeit der Erscheinung des großen Urbinaten und drückte sich treffend aus, indem er sagte: „Wie freigebig und gütig zuweilen der Himmel ist, indem er die unendlichen Reichthümer seiner Schätze und alle jene Gnaden und seltensten Gaben, welche er sonst in langem Zeitraum auf viele Menschen zu vertheilen pflegt, über einen einzigen ausgießt, sieht man deutlich in dem nicht minder hervorragenden als liebenswürdigen Rafael Sanzio von Urbino." Ein Ebenmaß aller Aeußerungen zeigt sich in seinen Werken: der Gedanke entspricht der Composition, die Zeichnung der Farbe und alles einander. Nichts wiegt vor, oder macht sich zum Nachtheil des Andern geltend, oder tritt zum Schaden des Ganzen zurück; Alles ruht im edelsten Gleichgewichte und spricht in einer Harmonie zu uns, wie wir sie sonst in keines zweiten Malers Werken wiederfinden. Doch auch Rafael war nicht vollkommen. Die Kräfte, die gemäßigt in ihm zu reinem Wohllaut zusammenklangen, sollten in andern entgegengestellt und vereinzelt ihre höchste einseitige Ausbildung erfahren. Wie Michelangelo vor Rafael die titanenhafte Kühnheit der Phantasie und der Hand voraus hat, so war es auch dem Cornelius beschieden, ihn in einzelnen Stücken zu übertreffen. Im Vergleiche mit Rafael ist dieser ein sehr spätreifes Talent; beide sind im Jahre 83, drei Jahrhunderte von einander getrennt, geboren, und als Cornelius 1820 die Glyptothek, sein erstes großes monumentales Werk, begann, war Rafael in demselben Alter 1520, nachdem das reichste Künstlerleben hinter ihm lag, schon gestorben. Bei Rafael wirkte die Natur frei so Unvergleichliches, bei Cornelius ward sie durch den mächtigen Willen getrieben. Und so erklärt es sich, warum bei diesem eine Kühnheit und Tiefe des Geistes, eine dichterische Gewalt und Großheit, eine antike Strenge und Idealität der Form angetroffen wird, die wir bei jenem so nicht finden; warum wir bei Cornelius die reinste Harmonie der Kräfte, das vollste künstlerische Gefühl für sinnlichen Reiz und jene lächelnde Grazie vermissen, für die wir keinen andern Namen haben als die Rafaelische. Daß Rafael auch ebenso modellirte und baute, wie er alle Gattungen der Malerei mit gleicher Meisterschaft umfaßte, wird wohl kaum noch ins Gewicht fallen können.

Um so näher aber gewiß, wird man meinen, steht Cornelius dem **Michelangelo**. Ja mehr als einmal ist er geradezu mit diesem verglichen worden, und um dann auch einen Rafael ihm gegenüber zu stellen, hat man sich nicht gescheut, diesen Platz an Overbeck zu vergeben. Das aber kann niemals gestattet werden. Abgesehen davon, daß Cornelius weit über Overbeck steht, ist es doch sehr unschicklich, einen Mann mit dem göttlichen Rafael zusammen zu bringen, der in den Herrlichkeiten der alten Welt nur blinde Heidenwerke sieht, der öffentlich mahnt, „das Heidenthum mit Verachtung liegen zu lassen." Hüten wir uns vor diesen Gleichstellungen, um so mehr als die Parallele zwischen Michelangelo und Cornelius keine ist, denn die Lebenslinien beider laufen nicht in gleicher Weise neben einander her, sondern sie kommen aus verschiedenen Richtungen, treffen sich in einem Punkte und gehen in Ewigkeit aus einander. Wie aber der Schneidepunkt beider Linien für jede der hervorstechendste in ihrem ganzen Laufe geworden ist, so sticht auch als gemeinsamer Punkt beider Künstler ihre titanenhafte Kühnheit, die das Größte bändigt, ihr umfassender mächtiger Geist, ihre dichterische Schöpfungskraft hervor. Daraus fließt der Beruf zur Monumentalmalerei, der Zug zur Großheit in beiden. Aber während Michelangelo diese kühne Ungebunden-

heit bis in die einzelne Gestalt hinein geltend macht, bindet Cornelius die
Linien der Composition und die Bewegung der Gestalten an die strengen
Gesetze des Styles. Er beschränkte die natürliche Willkür zu Gunsten des
Gesetzes und gelangte so zu bewußter Freiheit, indem er zugleich auch, nach
einer andern Richtung hin, in seiner Kunst über die Sphäre des Michel=
angelo hinaus zu den letzten ewigen Ideen durchbrang. In dieser Hin=
sicht ging er somit weiter als Michelangelo. Dieser jedoch überragt
ihn wieder durch die gleiche Meisterschaft in allen drei Künsten. Der
Widerstand des harten Steines verschwand unter seinem Meißel,
er löste den trägen Stoff in lebendige Bewegung auf, und er breitete
einen zweiten Himmel, hoch in der Luft schwebend, über den Häuptern
der Menschen aus. Beiden gemeinsam, im Gegensatze zu allen anderen
hier genannten Künstlern, zu Dürer, Leonardo und Rafael ebenso wie
zu Tizian und Rubens war aber der unbestreitbare Mangel von Beruf
zur Bildnißmalerei.

Mit Tizian und Rubens, möchte es fast scheinen, habe Cornelius
keine Berührungspunkte. Denn so sehr auch beide Künstler unter sich
verschieden und einzig sind, so tritt ihre Verschiedenheit dem Cornelius
gegenüber zurück und läßt sie als verwandt, aber diesem fremd erscheinen.
Zwischen den Niederlanden und Venedig sind in öffentlichen Dingen und
in der Kunst viele Berührungen und Aehnlichkeiten gewesen, und auch
Tizian und Rubens gleichen sich in der blühenden Lebensfrische, in dem
heiteren Glanz und sicheren Selbstbewußtsein. Aber wenn der große Nie=
derländer an Erfindungskraft und Gestaltungsgabe den Meister Venedigs
überragt, so ist dieser wieder unerreicht durch sein zauberisches Colorit und
den Idealismus in der Färbung. Beide jedoch erscheinen im Hinblick auf
Cornelius wie eine entgegengesetzte Kraft und erregen den Wunsch, daß einst
ein Genius erscheine, der diese entgegengesetzten künstlerischen Kräfte in ihrer
ganzen Fülle zu einer Rafaelischen Harmonie in sich vereinigen möge:
Cornelius Kühnheit und Tiefe, seine Strenge und seinen Styl, Tizian's
Farbe und Rubens Lebensfülle. Mancher wird ausrufen, dies sei nie=
mals möglich, und doch wer kann je vorauswissen, was einem Genius
möglich sein wird! Zudem mit Tizian theilt Cornelius den Zug der
Idealität, der sich bei jenem in der Färbung, bei diesem im Styl beson=

ders ausspricht, mit Rubens hat er den Reichthum erfindenden Geistes, die angeborne Schöpferkraft gemein. Es sind immer Berührungspunkte da, und die Möglichkeit der Vereinigung von geistigen Gegensätzen zu einer höheren Harmonie ist nie ausgeschlossen. Hoffen wir also auf die Zukunft der göttlichen Kunst und auf die Zukunft unsers schönen deutschen Vaterlandes! —

Ich kann es mir nicht versagen, an dieser Stelle hier eine Abschweifung zu machen, die doch wieder keine ist. In Heinrich Heine's Italien*) findet sich eine merkwürdige Aeußerung, die mich jedes Mal, so oft ich sie gelesen habe, ganz besonders lebhaft anregte, und die gerade hierher paßt, da sie einen Vergleich zwischen Rubens und Cornelius zieht. Wenn man das Negative der Heine'schen Dichternatur, wovon einige Spuren hier durchschimmern, abzieht, so erscheint ein tiefer herrlicher Kern in diesen Worten, der uns von Neuem erinnert, daß Heine zumeist ein Opfer der unglücklichen Zustände Deutschlands nach 1816 geworden, daß er nur so zu verstehen ist, und daß er ein großer Dichter, vielleicht ersten Ranges, geworden wäre, wenn die nationale Begeisterung von 1813 Befriedigung erlangt hätte. Der echte dichterische Blick und die Hoffnungslosigkeit für die Zukunft, das Ergriffensein von Cornelius Erscheinung und doch die Unmöglichkeit ihn historisch zu verstehen: Alles dies spricht aus den Zeilen Heine's zu uns. Aber man muß bedenken, daß er dieselben 1828 schrieb, wo er außer den Faust- und Niebelungenstichen nur den Göttersaal der Glyptothek und etwa einige Kartons zum Heldensaal gesehen haben konnte. Und wie Wenige fanden sich damals oder fänden sich jetzt, die aus diesen Arbeiten die Größe des Cornelius schon so klar und unzweifelhaft erkennen könnten, als es Heine that? In tieferer Weise freilich hatte Niebuhr schon neun Jahre früher geschrieben, aber wenn der strenge, altklassische Historiker und der gedrückte, unzufriedene Poet sich in derselben Meinung begegnen, so wird das gewiß ein gutes Zeichen für die Wahrheit dieser Meinung sein. Heine nun sagt: „Ich kann dem kleinsten Bilde des großen Malers (Rubens) nicht vorübergehen, ohne den Zoll meiner Bewunderung zu entrichten. Um so mehr, da es jetzt Mode wird, ihn ob seines Mangels an Idealität nur

---

*) I. Cap. 33.

mit Achselzucken zu betrachten. Die historische Schule von München zeigt
sich besonders groß in solcher Betrachtung. Man sehe nur mit welcher
vornehmen Geringschätzung der langhaarige Cornelianer *) durch den Ru=
bensſaal wandelt! Vielleicht aber ist der Irrthum der Jünger erklärlich,
wenn man den großen Gegensatz betrachtet, den Peter Cornelius zu Peter
Paul Rubens bildet. Es läßt sich fast kein größerer Gegensatz ersinnen,
nichts destoweniger ist mir bisweilen zu Sinne, als hätten beide dennoch
Aehnlichkeiten, die ich mehr ahnen als anschauen könne. Vielleicht sind
landsmannschaftliche Eigenheiten in ihnen verborgen, die den dritten Lands=
mann, nemlich mich, wie leise heimische Laute ansprechen. Diese geheime
Verwandtschaft besteht aber nimmermehr in der niederländischen Heiterkeit
und Farbenlust, die uns aus allen Bildern des Rubens entgegenlacht, so
daß man meinen sollte, er habe sie im freudigen Rheinweinrausch gemalt,
während tanzende Kirmesmusik um ihn her jubelte. Wahrlich, die Bilder
des Cornelius scheinen eher am Charfreitage gemalt zu sein, während die
schwermüthigen Leidenslieder der Procession durch die Straßen zogen und
im Atelier und Herzen des Malers wiederhallten. In der Productivität,
in der Schöpfungskühnheit, in der genialen Ursprünglichkeit, sind sich beide
ähnlicher, beide sind geborne Maler, und gehören zu dem Cyklus großer
Meister, die größtentheils zur Zeit des Rafael blühten, einer Zeit, die
auf Rubens noch ihren unmittelbaren Einfluß üben konnte, die aber von
der unsrigen so abgeschieden ist, daß wir ob der Erscheinung des Peter
Cornelius fast erschrecken, daß er uns manchmal vorkommt, wie der Geist
eines jener großen Maler aus rafaelischer Zeit, der aus dem Grabe her=
vorsteige, um noch einige Bilder zu malen, ein todter Schöpfer, selbstbe=
schworen durch das mitbegrabene, inwohnende Lebenswort. Betrachten wir
seine Bilder, so sehen sie uns an, wie mit Augen des 15. Jahrhunderts,
gespenstisch sind die Gewänder, als rauschten sie an uns vorbei um Mitter=
nacht, zauberkräftig sind die Leiber, traumrichtig gezeichnet, gewaltsam wahr,
nur das Blut fehlt ihnen, das pulsirende Leben, die Farbe. Ja, Corne=
lius ist ein Schöpfer, doch betrachten wir seine Geschöpfe, so will es uns
bedünken, als könnten sie alle nicht lange leben, als seien sie eine Stunde

---

*) Durch Wilhelm Kaulbach war das Tragen der langen Haare und der sog.
Künstlerkleidung auch in München unter einigen Schülern des Cornelius Mode geworden.

vor ihrem Tode gemalt, als trügen sie alle die wehmüthige Ahnung des Sterbens. Trotz ihrer Heiterkeit erregen die Gestalten des Rubens ein ähnliches Gefühl in unserer Seele, diese scheinen ebenfalls den Todeskeim in sich zu tragen, und es ist uns, als müßten sie eben durch ihre Lebensüber= fülle, durch ihre rothe Vollblütigkeit plötzlich vom Schlage gerührt werden. Dies ist sie vielleicht, die geheime Verwandtschaft, die wir in der Ver= gleichung beider Meister so wundersam ahnen. Die höchste Lust in einigen Bildern des Rubens und der tiefste Trübsinn in denen des Cornelius er= regen in uns vielleicht dasselbe Gefühl. Woher aber dieser Trübsinn bei einem Niederländer? Es ist vielleicht eben das schaurige Bewußtsein, daß er einer längst verklungenen Zeit angehört und sein Leben eine mystische Nachsendung ist — denn ach! er ist nicht bloß der einzige große Maler, der jetzt lebt, sondern auch vielleicht letzte, der auf dieser Erde malen wird; vor ihm bis zur Zeit der Caracci ist ein langes Dunkel, und hinter ihm schlagen wieder die Schatten zusammen, seine Hand ist eine lichte, einsame Geisterhand in der Nacht der Kunst und die Bilder, die sie malt, tragen die unheimliche Trauer einer solchen ernsten, schroffen Abgeschiedenheit. Ich habe diese letzte Malerhand nie ohne geheime Schauer betrachten können, wenn ich den Mann selbst sah, den kleinen scharfen Mann mit den heißen Augen; und doch wieder erregte diese Hand in mir das Gefühl der traulichsten Pietät, da ich mich erinnerte, daß sie mir einst liebreich auf den kleinen Fingern lag und mir einige Gesichtskonturen zeichnen half, als ich, ein kleines Bübchen, auf der Akademie zu Düsseldorf zeichnen lernte."

Mag noch so viel Irriges oder Unzulängliches in diesen Worten ent= halten sein, hell leuchtet doch das klare Gefühl hervor, welches Heine von Cornelius mächtiger Erscheinung hatte, es spricht der echt dichterische Zug sich aus, daß die großen Genien Eine Wurzel und Ein letztes Lebens= element haben. Was Heine von dem verwandten Zug der Wehmuth in den Werken beider Maler sagt, ist wahr und treffend. Aber freilich ist es nicht blos wahr für Cornelius und Rubens, sondern für alle hohe und besonders alle ideale Kunst. Tief hinter dem reichen Himmel griechischer Gestalten, hinter den marmornen Götterbildern und dem ganzen künstlerisch durch= drungenen hellenischen Leben ruht sichtbar der Keim des Todes und mischt in die Freude der Unsterblichkeit den Klagegesang des Grabes. Ja selbst die Natur in ihrer vollsten Blüthe stimmt wehmüthig und traurig, denn es welket Alles dahin, bis das weiße Leichentuch die Schöpfung deckt; und auch der Mensch soll ja stets, wie wir hier so nachdrücklich und wiederholt besprechen mußten, den Gedanken an den Tod sich gegenwärtig halten. Nur eine falsche Uebertreibung dieses Gefühls führt zur Sentimentalität und zum Weltschmerz, und damit zu kranken, angefaulten Geistesrichtungen. Aber selbst die frischeste, kühnste Kraft trägt diese Schwermuth des Todes in sich, und je gesunder, um so bewußter. War je ein Dichter gesund, so war es Sophokles, und was sagt der edle attische Sänger? Das uralte Wort klingt bei ihm wieder:

> „Nie geboren zu sein, ist der
> Wünsche größter; aber, wenn du lebst,
> ist das Andere, schnell dahin
> wieder zu gehen, woher du kamest!" *)

Dieser Gedanke, daß das Leben nicht Selbstziel sei, daß die Erscheinung flüchtig vorüberrausche, geht durch die ganze griechische Welt, durch die ganze alte Kunst, und predigt mit sehr vernehmlicher Stimme das letzte Bekenntniß des untergegangenen Hellas: Auch wir waren nicht glücklich!

Das Christenthum nun gar erst hat den Blick vollends von der Erde zum Himmel gehoben, und das Sterben als Gewinn aufgefaßt; deshalb zieht auch eine ewige Sehnsucht so übermächtig durch die ganze mittelalterliche Kunst. Und auch der Protestantismus hat an dieser, tief in der Natur und im Menschen ruhenden Empfindung nichts ändern können. Shakespeare und Göthe wiederholen jene geheimnißvolle Klage, jenen traurigen Seufzer: „O, wär' ich nie geboren!"

Wen kann es nun wundern, wenn die Lebensfülle bei Rubens und die antike Strenge bei Cornelius in einem empfindenden Gemüthe denselben Zug tiefer Wehmuth wachrufen? Dazu braucht man nicht am Niederrhein geboren zu sein, und sich landsmännische Verwandtschaft vorzugaukeln. Er wurzelt im Innersten des menschlichen Wesens, im Heiligsten der Natur. Wir müssen aber berücksichtigen, daß Heine von den Ereig-

---

*) Sophokles, Oedipus in Kolonos 1225 ff.

nisjen jener Zeit verschüchtert war, daß er statt größer kleiner, statt edler eitler, statt tiefer witziger geworden war, und daß er so wohl erschrecken mochte, wenn ein Titan mitten in ein Geschlecht hineintrat, in dem er nur Pygmäen sah, daß er an der Zukunft verzweifelte und mit geheimem Schauer auf die letzte Malerhand blickte. O, wären seine Augen hell und gesund gewesen, er hätte statt mit Schauer, mit Freude und Hoffnung auf diese Malerhand gesehen, er hätte an die Zukunft unsers Volkes geglaubt, er hätte die ewige Nothwendigkeit der Verjüngung und des Fortschrittes auch in der Kunst erkannt!

Wir, unsers Theiles, halten an der Hoffnung fest; sie wird uns und die nachfolgenden Geschlechter sicherlich nicht täuschen. Schon das allbekannte Dichterwort: „denn wer den Besten seiner Zeit genug gethan, der hat gelebt für alle Zeiten", muß uns verbürgen, daß Cornelius bis in die fernste Zukunft leben wird, denn wahrlich nicht der Masse, nur den Besten seiner Zeit hat er genug gethan. Für ihn und seine große, geschichtliche Sendung werden die kommenden Tage klar und unbestechlich zeugen. Was aber heißt es: leben für alle Zeiten? Es heißt wirken, bilden und begeistern zu neuen Thaten, es heißt ein künftiges Geschlecht anregen und leiten zum Edlen und Schönen, zum Guten und Wahren. Und dies wird Cornelius thun. Hervorgegangen aus dieser unsrer Zeit, ist er doch keines ihrer Schooßkinder, keiner ihrer begünstigten Modesöhne. Die Zeit, wo man ihn wahrhaft versteht, die Zeit, in die er, der unsrigen vorauseilend, hineingreift, — sie wird und muß kommen. Dann wird es keine Parteien und keinen Streit der Meinungen über ihn mehr geben. Die ehrlichen Widersacher werden ihren Irrthum erkennen und diesen durch doppelte Liebe zur klassischen Kunst gut zu machen suchen. Der Neid wird sich schweigend zurückziehen, denn auch den Neid, dem kein ungewöhnlicher Mensch entflieht, hat ja Cornelius reichlich erdulden müssen. Das ist aber eine vieltausendjährige Erfahrung, wie ja schon Pindar singt:

> „Der Neid arger Thoren
> liebt Geschwätz, liebt in Schmach
> zu hüllen edler Männer Thun." *)

---

*) II. Olymp. Ges. 179 ff.

Dies Alles wird vergehen, wie Finsterniß vor dem Lichte; in diesem vollen Lichte wird man dann auch die Schattenseiten seines künstlerischen Wesens angemessen schätzen, und sie in ihrer nothwendigen Uebereinstimmung mit diesem begreifen. Die späteren Geschlechter werden in dem Einen sicheren Bewußtsein stolz sein, daß Cornelius, einer der größten Meister aller Zeiten und Völker, der unsrige ist, daß wir eine Blüthe der deutschen Malerei wieder errungen haben, und hinfort die Heldennamen Dürer und Cornelius als ein herrliches Doppelgestirn gemeinsam verehren, daß wir endlich berechtigt sind mit unsren großen Meistern Schinkel, Thorwaldsen und Cornelius frei und selbstbewußt einzutreten in den heiligen Kreis, wo Rafael neben dem unsterblichen Phidias thront, wo in herrlichen Reihen die Edelsten und Ersten sitzen, welche der Menschheit die ewigen Gebilde hoher Kunst schufen. Niemals kann aus dieser Gemeinschaft der Name Cornelius gelöscht werden, denn er ist an Thaten gebunden, die nie vergehen. Wachsen und wachsen wird Verständniß und Wirkung des Meisters unter allen Völkern, wir aber können getrost in diese Zukunft schauen, denn „es kann die Spur von solchen Erdentagen nicht in Aeonen untergehen!"

Beischriften.

Uebersicht der Beischriften.

1) S. 21. Behandlung der Kartons.
2) S. 22. Aloys Cornelius.
3) S. 25. Neuß.
4) S. 30. Anmerkung z. W. K. F.'s Aufsatz.
5 a. u. b.) S. 38. } Göthe.
5 c.) S. 106.
6) S. 106. Gérard's Brief.
7) S. 109. Brentano's Festlied.
8) S. 118. H. Grimm's Meinung.
9) S. 123. Schiller.
10) S. 128. Dante.
11) S. 131. Leibnitz.
12) S. 132. Das Gewissen.
13) (irrthümlich gedruckt 12) S. 155. Thorwaldsen.
14 a. u. b.) S. 166. Dürer.
15 a. u. b.) S. 167. Briefe von Victoria und Albert.
16) S. 170. Kugler's Urtheile.
17) S. 198. Th. Brüggemann.
18) S. 280. Graf A. Raczynski.
19) (irrthümlich gedruckt 18) S. 294. Des Grafen Ormos Schrift.
20) S. 322. H. Flandrin.
21) S. 327. K. Rahl.

1) S. 21. In der Februarsitzung von 1865 des wissenschaftlichen Kunstvereins zu Berlin hatte ich, einer mehrfach an mich ergangenen Aufforderung folgend, Einiges über die Beziehungen des Staates zur Kunstpflege gesprochen und schließlich einen Blick auf unsre Zustände geworfen, wobei die geschilderte Behandlung der Cornelius'schen Kartons nicht ohne Tadel bleiben konnte. Ich schlug vor, ob der Verein nicht etwa Schritte thun könne, die zur ehesten Aufstellung derselben führen möchten. Geh. Rath Director Dr. G. F. Waagen erklärte jedoch, „daß es leider zur Aufstellung dieser Kartons an Räumlichkeiten fehlte, daß das eventuell vorgeschlagene Schloß von Monbijou wegen der zu geringen Höhe der Räume sich indessen nicht dazu eignen dürfte, und daß, wenn man die sämmtlichen Kartons von Cornelius in dem zu erbauenden National=Museum aufstellen wolle, bei der großen Räumlichkeit, welche hierzu erforderlich sei, um auch noch auf längere Zeit für die Aufstellung anderer Kunstwerke Platz zu behalten, dasselbe nach einem sehr großen Maßstabe angelegt werden müsse."

Welchen niederschlagenden Eindruck diese Bemerkung eines Mannes, der in so hoher kunstamtlicher Stellung sich befindet, auch in weiteren Kreisen machte, kann man sich leicht vorstellen; Herman Grimm, dessen Bemühungen für die Aufstellung der Cornelius'schen Kartons den Dank aller Freunde klassischer Kunst sich erworben haben, hat jene in seiner Schrift „Ueber Kunst und Kunstwerke" (1865. S. 70.) angemessen gewürdigt. Zum Glück liegen jedoch die Verhältnisse thatsächlich anders, und namentlich muß dem Abgeordneten=Hause Dank und Anerkennung zu Theil werden, daß es für die Sache der Kunst und der Ehre eintrat. Ich entnehme dem Commissions= Berichte für das Cultusministerium vom 19. Mai 1865 unter „II. Einmalige und außerordentliche Ausgaben. C. für den öffentlichen Unterricht, Kunst und Wissenschaft" Folgendes:

„XXX. Zur Errichtung eines Gebäudes für die National=Gallerie in Berlin als erste Rate der Baukosten 50,000 ℳ.

„Die Errichtung eines solchen Gebäudes ist in den Verhandlungen des Hauses für die vergangenen Jahre dringend empfohlen; der Commission sind der Bauplan mit Zeichnungen vorgelegt und haben nur in einer gleich näher zu erwähnenden Hinsicht Beanstandung gefunden; der Kostenanschlag schließt ab mit dem Gesammtbetrage von 998,270 ℳ. Nach der Erklärung des Herrn Regierungs-Commissarius beabsichtigt die Königliche Staats-Regierung, den nach Abzug der jetzt erbetenen Bewilligung verbleibenden Betrag in den nächsten 6 Jahren mit sechs Raten von ca. 150,000 ℳ zur Bewilligung zu stellen.

„In der Commission wurde nach Einsicht der vorgelegten Zeichnungen und Risse die Frage erhoben, ob, wie im Publikum verlaute, die Herübernahme der bekannten Kartons von Cornelius in die Räume der Gallerie wirklichen Bedenken unterliege oder ein dagegen erhobener Widerspruch Beistimmung gefunden habe. Es wurde ausgesprochen, daß es im höchsten Grade bedauerlich gefunden werden müsse, wenn dieses unzweifelhaft bedeutendste Stück der Gallerie dort Aufnahme nicht finden könne, oder nach dem erhobenen Widerspruche nicht finden werde. In diesem Falle sei das ganze Unternehmen in der jetzt projectirten Weise einem erheblichen Anstande ausgesetzt.

„Der Vertreter der Königlichen Staats-Regierung erklärte: die National-Gallerie ist dazu bestimmt, Meisterwerke der Jetztzeit und der nächsten Folgezeit aufzunehmen und der Nachwelt zu überliefern. Zu solchen Meisterwerken gehören in erster Reihe die Cornelius'schen Kartons; Arbeiten, welche einen europäischen Ruf haben und deren Bedeutung in der Folge in noch steigendem Maße anerkannt werden wird. Die National-Gallerie bietet Gelegenheit, für dieselben ein würdiges Unterkommen zu schaffen, und ist es der bestimmte Wille der Staats-Regierung, die Aufstellung dieser Kartons zu bewirken, sobald die Räume des für die Gallerie zu erbauenden Gebäudes vollendet sein werden.

„Die Commission fand hierdurch das erhobene Bedenken erledigt."

Inzwischen sind die bereits getroffenen ersten Einleitungen für die Ausführung dieses Baues abgebrochen, und ihre Wiederaufnahme ist vorläufig auf ein Jahr, d. h. bei der Unsicherheit der jetzigen öffentlichen Zustände auf ganz unbestimmte Zeit vertagt worden. Um so mehr ist es dringende Forderung, anderweitig ungesäumt Rath zu schaffen. Ich bin nicht berufen, an dieser Stelle Vorschläge zu machen, zumal man, ja naturgemäß, gegen jeden einzelnen derselben sehr leicht würde allerlei Bedenken vorbringen können. So leid es mir thut, muß ich dennoch aus genauer Kenntniß der Sachlage aussprechen: **Man will nicht!** Hätte man den redlichen und ernsthaften

Willen, so wären in dem großen Berlin doch gewiß ein paar Wände zu finden, wo diese Kartons aufgehängt werden könnten, wo sie unter allen Umständen besser und nützlicher aufgehoben wären, als in ihrem jetzigen schmählichen Gefängniß. Aber noch ein Mal: **Man will nicht!** (S. 173). —

Endlich muß ich hier auf Grund einer mir von amtlicher Seite mittlerweile gewordenen Belehrung noch anführen, daß die Kisten mit den Kartons auf den Böden des Museums unter Obhut, Verantwortlichkeit und Verfügung des General-Directors der k. Museen, wirklichen geheimen Rathes Dr. v. Olfers lagern.

2) S. 22. Von den Werken des Aloys Cornelius ist die Stigmatisation des h. Franciscus in der Franziskanerkirche zu Aachen das bedeutendste. Wandmalereien, der Geschichte des Don Quixote entlehnt, sind untergegangen. Eine sehr gute Copie der s. g. düsseldorfer Heiligen-Familie Rafael's (jetzt in der Pinakothek zu München) von der Hand des Aloys besitzt der Enkel desselben, der Sohn unseres Meisters, Hauptmann G. Cornelius zu Wetzlar.

3) S. 25. Der erwähnte Brief lautet: „Ew. Wohlgeboren beehre ich mich auf die gefällige Zuschrift vom 15. v. Mts. nach geschehener Communication mit dem hiesigen Kirchenvorstande ergebenst mitzutheilen, daß die in der hiesigen Münsterkirche zu St. Quirin bestandenen Wandgemälde von Cornelius mit der Zeit so gelitten hatten, daß nach dem Urtheile eines zu Rathe gezogenen Sachkundigen, des Professors Andr. Müller zu Düsseldorf, eine Herstellung nicht ohne Beeinträchtigung ihrer Originalität vorgenommen werden konnte, weshalb man zum größten Bedauern hiervon abgehen mußte. Alsdann sind die Cornelius'schen Arbeiten, jedoch erst nach eingeholtem Einverständniß ihres Urhebers, entfernt und die ursprüngliche Architektur wieder hergestellt worden. Leider stellte sich die Schadhaftigkeit der Malereien in dem Grade heraus, daß selbst eine getreue Copie derselben nicht möglich war, daher man dem Wunsche, sie wenigstens im Abbilde der Nachwelt zu erhalten, nicht hat Rechnung tragen können.

Neuß, den 15. December 1865.

             Der Bürgermeister."
             (Unterschrift unleserlich.)

Nachträglich ist in dieser Sache zu bemerken: Professor Andreas Müller von Düsseldorf hatte nicht selbst den Auftrag übernommen, sondern er hatte vielmehr vermittelt, daß die Ausführung der neuen Malereien einem jüngeren, tüchtigen Künstler übertragen werden sollte. Zweierlei Dinge waren es also, um die es sich handelte, nämlich 1) die Anfertigung von Copieen oder Durchzeichnungen der Cornelius'schen Bilder, und 2) die Ersetzung derselben durch neue tüchtige Arbeiten. Jenes unterließ man, weil man, meiner sehr guten Quelle gemäß, damals sagte, es seien noch die Entwürfe von Cornelius vorhanden, — dieses unterblieb, weil man erklärte, nicht genügende Mittel zu haben. Die Kirche ist dann von Decorationsmalern aus Köln neu bemalt worden. Nach Allem scheint denn doch ein kleines Stückchen moderner Kunstbarbarei hier wieder gespielt zu haben, und es wäre wohl interessant zu wissen, wie sich zu diesen Maßnahmen der „königliche Conservator der Kunstdenkmäler im preußischen Staate" verhalten hat? Um Klarheit in die Sachlage zu bringen, scheint das einzige Mittel zu sein, daß die betreffenden Actenstücke veröffentlicht werden, namentlich jenes Gutachten und der Brief des Cornelius, worin er den Neußern sagte, er hätte gegen die Entfernung dieser seiner Jugendarbeiten nichts einzuwenden, doch wünsche er, daß man zuvor Durchzeichnungen machen lasse und diese ihm zusende.

4) S. 30. In der Anmerkung 80 zu dem Aufsatze über die „neudeutsche religiös-patriotische Kunst" von W. K. F. in dem 2. Hefte von Göthe's „Kunst und Alterthum u. s. w." (Stuttgart 1817) heißt es von Cornelius: „Er sendete zu den Weimarischen Kunstausstellungen schätzenswerthe, gutes Talent und redliches Streben verrathende Beiträge." Man wird nicht irren, wenn man in diesem Urtheil des Verfassers W. K. F. auch Göthe's eigene Meinung zu erkennen glaubt. (Vergl. d. folgende Anmerkung.) Zu der unter dem Texte S. 30 genannten Zeichnung „Theseus" sind noch hinzuzufügen die im Verzeichnisse aufgeführten „Polyphem" und „das Menschengeschlecht". Cornelius concurrirte drei Mal bei den weimarischen Preisaufgaben und alle drei Mal unglücklich.

5.a.) S. 38. In dem Werke „Sulpiz Boisserée" (2 Bde. Stuttgart 1862) finden sich Nachrichten, die über den „Faust", das erste größere Werk unsres Meisters, anziehende Einzelheiten geben. Ich theile also hier Folgendes mit:

Am 29. April 1811, als Sulpiz Boisserée im Begriffe stand, von Frankfurt abzureisen, sandte ihm Cornelius aus Aschaffenburg unter obigem Datum einen Brief an Göthe mit diesen Begleitzeilen:

„Lieber Freund! Ich bin in Sorge, daß mein Brief an Herrn v. Göthe etwas spät eintreffen wird, woran ich aber nicht Schuld bin. Die Ursache kann ich aus Mangel an Zeit nicht umständlich erklären, genug, und wenn's meinen Kopf gegolten, so hätte es doch nicht eher geschehen können. Ich erwarte und hoffe, daß durch Eure Vermittelung doch nichts dabei versäumt werde. Was ich noch beizufügen für nöthig finde, ist, daß Ihr S. E. Herrn v. Göthe die Bemerkung macht, daß ich gesonnen sei, das Werk in zwei Lieferungen, jede zu zwölf Blättern, herauszugeben, wovon ich die erste noch in meinem Vaterlande, die andere aber während meines Aufenthaltes in Italien zu vollenden gedenke.

In Erwartung der Dinge, die da kommen sollen, verbleibe
Euer 2c. 2c.

Am 3. Mai machte Sulpiz seinen ersten Besuch bei Göthe, der ihn mit gepudertem Kopfe, die Ordensbänder am Rock, so steif vornehm als möglich empfing und erst allmählich aufthaute. Boisserée schreibt: . . „Ich kündigte ihm Cornelius Zeichnungen an, das gefiel ihm, ich schickte sie ihm nach Tische; ich wollte ihm nur mit ein paar Worten sagen, daß sie im altdeutschen Style seien, aber er wurde abgerufen; . . ." Gleich den folgenden Tag war er wieder bei Göthe; er berichtet über diesen Besuch in einem Briefe vom 6. Mai, der wie jener vom 3. an seinen Bruder Melchior in Heidelberg gerichtet ist: „Mit dem alten Herrn geht mir's vortrefflich, bekam ich auch den ersten Tag nur einen Finger, den andern hatte ich schon den ganzen Arm. Vorgestern, als ich eintrat, hatte er die Zeichnungen von Cornelius vor sich. Da sehen Sie einmal, Meyer, sagte er zu diesem, der auch hereinkam, die alten Zeiten stehen leibhaftig wieder auf! Der alte krittliche Fuchs murmelte (ganz wie Tiek ihn nachmacht, ohne die geringste Uebertreibung), er mußte der Arbeit Beifall geben, konnte aber den Tadel über das auch angenommene Fehlerhafte in der altdeutschen Zeichnung nicht verbeißen. Göthe gab das zu, ließ es aber als ganz unbedeutend liegen, und lobte mehr, als ich erwartet hatte. Sogar der Blocksberg gefiel ihm; die Bewegung des Arms, wo Faust ihn der Gretchen bietet, und die Scene in Auerbach's Keller nannte er besonders gute Einfälle. Vor der Technik hatte Meyer alle Achtung, freute sich, daß der junge Mann sich so herauf gearbeitet habe. Ich gab zu verstehen, daß Cornelius sich über seinen Beifall doppelt freuen würde, weil er bei dem schlechten Licht, worein sich manche Nachahmer des Altdeutschen gesetzt, gefürchtet, diese Art allein würde ihm schon nachtheilig sein. Gäbe aber nun Göthe etwas dergleichen Lob, so wäre das um so mehr werth, weil man dabei von der höchsten Unbefangenheit überzeugt sei, und daher könne er auch mit um so besserem Nachdruck und Erfolg die wirklichen Fehler rügen."

An diesem oder dem folgenden Tage hat Göthe dann den im Text mitgetheilten Brief an Cornelius geschrieben. Sulpiz berichtet an den Freund Bertram aus Weimar vom Freitag den 10. Mai: „Am Mittwoch fand ich ihn Morgens im Garten, wir sprachen über Cornelius, er hatte ihm geschrieben und ihn recht gelobt, ihm aber zu verstehen gegeben, daß er bei altdeutschem Geist, Tracht u. s. w. mehr Freiheit in der Behandlung selber wünsche, und hatte ihn an Dürer's Gebetbuch verwiesen."

Andren Tages, Sonnabends, wurden sämmtliche Kunstsachen, die Boisserée mit sich führte, bei Hofe ausgestellt; es war eine fürstliche Gesellschaft von 25 bis 30 Personen zugegen, und Göthe in seiner Hofuniform half ihm bei der Aufstellung und Erklärung. Sulpiz schreibt von Leipzig aus am 15. Mai seinem Bruder Melchior: „ . . . Die Zeichnungen von Cornelius kamen zuletzt an die Reihe, und nun strömten endlich auch die armen Hofdamen herzu aus dem Vorzimmer, um während des Einpackens noch etwas zu sehen." — „Cornelius Zeichnungen, die den Beschluß gemacht, hatten allgemein gefallen, ich benutzte dies, um den Alten wegen einem öffentlichen Urtheil anzugehen, welches mir doch mit der Hauptzweck war, worauf Cornelius es angelegt. Ich ließ den alten Herrn das Gewicht seines Einflusses fühlen, und wie er dadurch den jungen Mann, der nach Italien gehen wolle, unterstützen könne. „Ja, warum nicht?" war die Antwort. „Zeigen Sie nun erst einmal die Blätter in Leipzig, vielleicht findet sich da ein Verleger, und ich will meinerseits auch gern etwas dafür thun."

Am 17. Juni berichtet dann Sulpiz von Dresden aus an Göthe über die Leipziger Bemühungen wegen eines Verlegers; Cotta war dem Boisseréeschen Unternehmen wegen des Kölner Domes nicht günstig . . . „Auch für die Zeichnungen von Cornelius zeigte er keine Aufmerksamkeit, und er hatte nichts einzuwenden, als ich sagte, daß Reimer in Berlin mein kleines geschichtliches Werk des christlich-griechischen und romanischen Bauwesens im Mittelalter unternehmen wolle. Derselbe Reimer äußerte mir ebenfalls sehr große Lust zu den Darstellungen aus dem Faust, nur verlangt er nothwendig einen Text dazu, damit das Werk den Anstrich eines Buches gewänne, ohne dies könne er als Buchhändler es nicht gehörig verkaufen. Er ging in seinem lustigen Sinn so weit, zu wünschen, daß Sie selbst einige Blätter zu den Bildern schreiben möchten, und es macht mir Spaß, Ihnen diesen kuriosen Einfall mitzutheilen. — An Cornelius habe ich zugleich mit Ihrem Brief wegen dieser Aussichten geschrieben; ich glaube, daß er dergleichen auch schon in Frankfurt hat, und es steht wohl nur bei Ihnen, die Sache durch ein öffentliches Wort zur Ausführung zu bringen."

In Göthe's Antwort von Karlsbad den 26. Juni heißt es, hierauf eingehend: . . . „Wie dem guten Cornelius zu helfen sei, sehe ich nicht so deutlich. Wie hoch schlägt er seine Zeichnungen an? und wenn er keinen Verleger findet, um welchen Preis würde er sie an Liebhaber verlassen."

Boisserée berührte inzwischen auf seiner Reise nach dem Niederrhein Frankfurt, wo er die Faust-Angelegenheit bereits zu einem äußeren Abschlusse gediehen vorfand. Er schrieb von Köln aus am 29. Juli an Göthe: „In

Frankfurt habe ich den Cornelius fröhlich und guter Dinge gefunden. Ihr Beifall und die Aussicht, die ich ihm mit Reimer in Berlin eröffnet, haben hingereicht, den Buchhändler Wenner in Frankfurt zur Unternehmung des Werkes zu bewegen. Cornelius sieht sich dadurch im Stande, seine Reise nach Italien auszuführen. Er vollendet vorher noch drei Zeichnungen, eine: „Gretchen in der Kirche" ist schon fertig, die andere: „Gretchen vor der mater dolorosa" wird es bald, dann folgt die dritte: „Gretchen bei Faust in der Laube." Im September geht er mit einem braven jungen Kupferstecher, der die Blätter unter seinen Augen stechen soll, nach Rom. — Nun das Werk erscheint, werden Sie doch gelegentlich der Welt Ihr Urtheil darüber mittheilen mögen? Es ist natürlich mit darauf gerechnet worden, da ich bei Ueberschickung Ihres Briefes an Cornelius geschrieben hatte, daß Sie sich dazu geneigt geäußert hätten. Ueber den neuen Beweis Ihrer Güte durch die Anfrage wegen Verkaufs der Blätter, war er sehr gerührt, und bat mich, Ihnen dafür aufs wärmste zu danken."

5.b.) S. 38. So war die Sache entschieden, und es wäre hier nur noch anzuführen, daß Cornelius von seinem ersten Plane, 24 Blätter zu geben, abstand und sich bekanntlich auf 12 beschränkte. Allein bei dem Gewicht der Namen Göthe und Cornelius wird es doch von besonderem Interesse sein, Göthe's Meinung, wie sie sich entwickelte und veränderte, so weit als möglich zu verfolgen. Am 14. Februar 1814 schreibt er an Boisserée: „Von Cornelius und Overbeck haben mir Schlossers stupende Dinge geschickt. Der Fall tritt in der Kunstgeschichte zum ersten Mal ein, daß bedeutende Talente Lust haben, sich rückwärts zu bilden, in den Schooß der Mutter zurückzukehren und so eine neue Kunstepoche zu gründen. Dies war den ehrlichen Deutschen vorbehalten, und freilich durch den Geist bewirkt, der nicht Einzelne, sondern die ganze gleichzeitige Masse ergriff." Und Boisserée erwidert hierauf unterm 29. April: „Ihre große Theilnahme für die Bemühungen von Cornelius und Overbeck muß Jeden erfreuen, der das verdienstliche Bestreben dieser braven Leute zu achten weiß. Sie haben offenbar den edelsten und zugleich beschwerlichsten Weg eingeschlagen, auf dem sie eine mächtige Aufmunterung wie die Ihrige gar sehr bedürfen."

Im August 1815 war Göthe mit Sulpiz in Wiesbaden u. a. O. zusammen; er erzählte ihm, daß er Ruscheweyh'sche Stiche vom Faust erhalten, und daß über Cornelius ausführlich gesprochen werden solle. Diese Unterhaltung hat sicher stattgefunden, da Göthe bis Mitte October bei den Boisserée's blieb. Leider hat Sulpiz den Inhalt derselben nicht vermerkt, jedoch hat Göthe unzweifelhaft bereits mancherlei Bedenken laut werden lassen, da er jenen auf die bei Wenner ausgestellten Zeichnungen von Cornelius,

Overbeck u. A. wies und hinzusetzte: „Da fehle an Allen Etwas." Auch meinte er: „Im jetzigen Zustande der Kunst sei bei vielem Verdienst und Vorzügen große Verkehrtheit; die Bilder vom Maler Friedrich (einem Haupt-Romantiker in der Malerei) können ebenso gut auf den Kopf gesehen werden." Auf das Gespräch über Cornelius kommt Boisserée in seinen Briefen zurück; so schreibt er schon am 27. October: „Ich hatte vergessen, Sie zu fragen, was Sie wegen jener Blätter zum Faust zu thun gesinnt sind? Sie sprachen in Wiesbaden, als wollten Sie ein Gedicht dazu schreiben, wäre das Ihr Ernst, so würden sie den Künstler und Buchhändler sehr glücklich machen, man müßte ihnen dann aber einen Wink davon geben, damit sie sich mit der ihnen zugedachten Dedication danach richten können. Wenner ersuchte mich in Frankfurt, Sie um Ihre Meinung wegen der Dedication und der dazu entworfenen Vorzeichnung zu fragen. Antworten Sie mir deshalb gütigst ein paar Worte." Göthe antwortete hierauf nicht; Sulpiz mahnt deshalb am 11. November: „Auf meine Frage wegen dem Faust von Cornelius haben Sie mir nichts erwidert, ich bitte, sagen Sie mir in Ihrem nächsten Brief, was Sie deshalb zu thun oder zu lassen gesonnen sind." Auch hierauf schweigt Göthe. Er empfing dann im Jahre 1816 die Drucke des Faust selbst und schrieb die (S. 36.) mitgetheilte Notiz in seine Annalen.

Nun aber ändert sich die Stimmung in äußerlich sehr wahrnehmbarer Weise. Es waren unzweifelhaft neue Nachrichten über die deutschen Maler in Rom nach Weimar gekommen, und Göthe wollte einer gewissen Richtung den Spiegel vorhalten. Das zweite Heft seiner Zeitschrift „über Kunst und Alterthum" brachte denn auch einen W. K. F. unterzeichneten Artikel über die neu-deutsche religiöse Kunstrichtung, der allgemeinstes Aufsehen erregte. Göthe kündigt ihn bereits in einem Briefe vom 27. September 1816 an: „Ein Aufsatz geht voran: Die Geschichte der neuen frömmelnden Unkunst von den achtziger Jahren her. Es wird uns manche saure Gesichter zuziehen, das hat aber nichts zu sagen!" Boisserée stimmt diesem Vorhaben sofort bei, und Göthe äußert sich am 16. December über diesen Aufsatz wiederum: „Ich wünsche, daß er gerecht, ja billig gefunden werden möge. Die Liebhaber, welche die ältern Kunstwerke retten und sammeln, werden höchlich gepriesen, den Künstlern, die jene alte Art wieder hervorsuchen, wird ein Spiegel vorgehalten, den wir recht hübsch plan zu schleifen und gut zu poliren gesucht haben." Ende desselben Monats spricht Boisserée seine Spannung, den Aufsatz zu lesen, aus und hebt als die Vortheile der Beschäftigung mit altdeutscher Kunst die Vervollkommnung in Charakteristik und Colorit hervor; die einfache Nachahmung verwirft er hier wie sonst überall.

Am 17. Mai 1817 schickt Göthe nun das Heft selbst ein, und schon am 23. Juni drückt Boisserée sein lebhaftes Bedauern über jenen Artikel aus, worauf Göthe am 1. Juli meldet: „Wegen W. K. F. sind schon manche Reclamationen und Approbationen eingegangen; Alles wird sorgfältig zu den Acten geheftet, und wird daraus ein entschiedener Blick in die deutsche Kunstwelt, ihr Wollen und Vollbringen hervorgehen, welches ohne diesen kühnen Schritt nicht gewesen wäre." Boisserée blieb jedoch bei seiner Ansicht stehen und erwiderte u. A. am 10. Juli: „Alle Polemik und zumal solche, die der W. K. F. geübt, erbittert nur und vermehrt die Parteilichkeit." Nach diesen Aeußerungen ist lange Zeit zwischen Göthe und Boisserée von Cornelius keine Rede. Wie sehr aber jener Artikel alle Kunstfreunde berührt und zumal in Rom sehr gereizt hatte, entnehmen wir einem Briefe von Niebuhr aus Frascati den 26. September 1817. Es heißt hier: „Was Göthe im zweiten Heft vom Rhein und Main gegen die jetzige Kunstschule und namentlich gegen den wahrhaft großen Maler Cornelius gesagt haben soll, ist betrübend. Gegen manche Individuen der Schule läßt sich viel sagen, aber Cornelius trifft das nicht, und Göthe, der ihm noch vor wenigen Jahren mit Liebe und höchster Achtung schrieb, seitdem aber nichts von ihm gesehen hat, da doch Cornelius sehr vorgeeilt ist, handelt hier ins Blaue hinein aburtheilend." Dies Niebuhr'sche Urtheil beruhte auf falschen Mittheilungen. Es ist wahr, gegen die Frömmelei und die neu-alterthümliche Kunst wird heftig zu Felde gezogen, und da Cornelius einer der Häuptlinge genannt wird, so könnte man Alles auch auf ihn beziehen. Dies trifft jedoch nicht zu, wenn man den Gedankengang verfolgt: wie die Bewegung vor und in dem Freiheitskriege einen Theil der Künstler zu vaterländischen Stoffen getrieben, und wie gerade Cornelius „ein niederrheinischer Maler von ungemeinen Anlagen" in Faust und Niebelungen sehr Bedeutendes geleistet habe; sodann wird die Treue der künstlerischen Ueberzeugung und die saubere Technik bei ihm rühmlichst hervorgehoben. Im Ganzen aber zeigt sich, daß der Verfasser jenes Aufsatzes, wie auch Göthe, Cornelius nicht entfernt als das erkannten, was er zu werden berufen war. Sie sahen seine Begabung, seinen redlichen Fleiß, aber sie warfen ihn doch zu einer Richtung, von der, wie Niebuhr's Briefe offenkundig bezeugen, Cornelius gerade zu jener Zeit auf das Entschiedenste sich getrennt hatte. Jener Aufsatz geht gegen die auftauchende Romantik, die durch Wackenroder, Tieck und Friedrich Schlegel in das Kunstgebiet eingeführt war. Wir haben aber schon nachgewiesen, daß Cornelius dieser Art von Romantik ganz fremd war, und wir können jetzt noch hinzufügen, daß er Wackenroder's „Herzensergießungen eines kunstliebenden Klosterbruders", sowie auch dessen „Phantasieen über die Kunst" sogar niemals gelesen hat. Göthe'n jedoch kam das Verhältniß verdächtig vor; er glaubte das Recht der Antike gefährdet und die Kunst in falsche Bahnen verführt, weil zahlreiche Eiferer die damaligen Anfänge sogleich auch als das letzte und höchste Ziel verkündigten und anerkannt sehen wollten. Daß Göthe's Befürchtung im Allgemeinen, von Cornelius Person abgesehen, nicht unbegründet war, steht außer aller Frage, und wir können ihm sein damaliges Zurückziehen auch Cornelius gegenüber nicht allzu übel anrechnen. Er richtete sich nur gegen das Uebermaß und gesteht dies rund und klar in einer bei Riemer (S. 336) mitgetheilten Aeußerung. „Ich will — schreibt er da — diese ganze Rücktendenz nach dem Mittelalter und überhaupt nach Veraltetem recht gern gelten lassen, weil wir sie vor 30 bis 40 Jahren auch gehabt haben, und weil ich überzeugt bin, daß etwas Gutes daraus entstehen wird, aber man muß mir nur nicht damit glorios zu Leibe rücken u. s. w."

Durch diese Ausführungen und urkundlichen Stellen hoffe ich dem Leser ein Verhältniß gänzlich ins Klare gesetzt zu haben, über das bereits seit einem halben Jahrhundert die ungereimtesten Reden umliefen. So schrieb schon 1820 der alte Fiorillo in seiner „Geschichte der zeichnenden Künste in Deutschland" IV. 89. „Der von Göthe ihm bezeigte Beifall wegen einiger der Faustzeichnungen habe Cornelius zu der Reise nach Italien in den Stand gesetzt." Fiorillo fährt fort: „Er verdankt Herrn von Göthe und der Freundschaft der Herren Boisserée größtentheils seine Anerkennung und Bekanntwerdung. Mit ihm lebten seine Freunde Mosler und Barth, und beide haben zur Ausbreitung seines Rufes beigetragen, so viel sie vermochten." Diese offenbar in unedler Absicht versuchte Unterstellung ist nebst anderen schiefen Urtheilen des Fiorillo bereits 1823 durch Spaeth in dessen Buch „die Kunst in Italien" III. 215 ff. abgefertigt worden, indem dieser Mann einfach auf die vorliegenden Werke des Cornelius hinwies „als die unbestechlichsten und parteilosesten Gewährleistungen seines Ruhmes." Ich habe diesen Vorfall hier nur anführen wollen, um zu zeigen, wie falsch eben Göthe's Verhältniß zu Cornelius dargestellt werden konnte, und um so deutlicher das wahre Wesen desselben hervorzuheben. Im Allgemeinen kann man sagen, daß der Dichterfürst dem **aufstrebenden** Künstler nicht besonders günstig gestimmt war.

5. c.) S. 106. Um so mehr wird uns freilich seine spätere rückhaltlose Anerkennung erfreuen, als er Cornelius „vor derselben Schmiede fand, wo er gestanden", wie er sich einmal mündlich äußerte. Nachdem er viele Jahre fast ganz interesselos erscheint, sehen wir, daß er um Neujahr 1828 dem Cornelius nach München eine Denkmünze sandte, für welche dieser durch Sulpiz Boisserée danken ließ. Cornelius überschickte dann an Göthe eine kleine Umrißradirung der Zerstörung von Troja, worauf er folgenden bei Raczynski (II. 183) mitgetheilten Brief vom 26. September 1828 empfing:

„Euer Hochwohlgeboren haben durch die geneigte Sendung ein wahres Bedürfniß, das ich längst empfinde, zu erfüllen gewußt; denn gerade dieses mitgetheilte Blatt, als der Schlußstein im würdigen Cyklus, läßt uns mehr als ahnen, auf welche Weise Sie die einzelnen Felder des großen Umkreises werden behandelt haben. Hier ist ja der Complex, die tragische Erfüllung eines ungeheuren Bestrebens.

„Jedermann wird bekennen, daß Sie sich in jene großen Welt- und Menschenereignisse hineingedacht, daß Sie deren wichtigen symbolischen Gehalt im Einzelnen wohl gefühlt, sich in Erfüllung des Darzustellenden glücklich, in Zusammenbildung des Ganzen meisterhaft erwiesen.

„Und so bleibt denn auch wohl keine Frage, daß ein solches Bild, in stattlicher Größe, durch Licht und Schatten, Haltung und Farbe dem Beschauer entgegengeführt, ja aufgedrungen, große Wirkung ausüben müsse. Hiernach darf ich also wohl nicht betheuern, wie sehr es mich schmerzt, Ihre bedeutenden Leistungen in Fülle und Folge zugleich mit allem, was auf Ihrer Majestät Wink Imposantes im Ganzen entsteht, nicht gegenwärtig genießen und bewundern zu können."

Göthe erbittet dann einen farbig angelegten Umrißdruck „um das Verdienst des Originales auch den Sinnen näher zu bringen", lobt Neureuther, bittet um Cornelius Besuch in Weimar, empfiehlt sich dem König Ludwig und versichert seine schuldige Verpflichtung gegen Cornelius. Er schließt: „Mich mit vorzüglicher Hochachtung unterzeichnend Ew. Hochwohlgeboren gehorsamster Diener ic."

Es waren zwei Jahre verstrichen. Cornelius hatte an Göthe den Stich seiner Unterwelt gesandt, aber der alte Dichterfürst schwieg. Von Sulpiz Boisserée um Antwort gemahnt, schrieb er am 3. Juli 1830 diesem: „Mögen Sie Herrn Cornelius etwas Freundliches von mir ausrichten! Ich bin nicht sowohl wegen seiner, als wegen München überhaupt in Verlegenheit. Es kann Ihnen nicht unbekannt sein, wie unfreundlich man dort in sämmtlichen Tages- und Wochenblättern gegen mich und die Meinigen verfährt; was wir denken, ist nicht richtig, was wir empfinden, falsch, u. s. w."
... „Aber mir wird man gewiß beistimmen, wenn ich fest entschlossen bin, kein Urtheil über irgend ein Kunst- und Dichtwerk, was dort entsprungen ist, dahin zu äußern und zu erwidern. Ehrfurcht und Dankbarkeit gegen Ihro Majestät den König fordert von mir, daß ich bei den Unarten der Seinen schweige, welches ich um so leichter kann, als ich ja nur zu ignoriren brauche. Verzeihen Sie mir diese Aeußerung, Ihnen aber bin ich sie schuldig." Dann

nennt er diesen Zustand ein „bleibendes Mißverhältniß", tadelt, daß der Stecher eines solchen Blattes (Unterwelt) den Marc-Anton anstatt der Neueren zum Muster genommen, was auch eine „traurige Folge des deutschen Rückschrittes ins Mittelalter sei." Sulpiz Boisserée sucht in seiner Erwiderung auszugleichen und zu vermitteln, und hebt namentlich Cornelius Bedeutsamkeit hervor, dessen Wirksamkeit man doch nicht ignoriren könne.

Durch diese Umstände war also auch die zweite Annäherung des Cornelius zu Göthe im Jahre 1828 ebenso vorübergehend geworden, wie es die erste im Jahre 1811 gewesen. In den Göthe'schen Sammlungen zu Weimar werden noch gegenwärtig folgende Blätter, die mit Ausnahme der Niebelungen wohl sämmtlich unmittelbar von Cornelius herrühren, aufbewahrt (Schuchardt, Göthe's Kunstsammlungen. I. S. 110. 219 und 261):

1) Die von Schülern des Meisters mit schwarzer Kreide auf Pflanzenpapier gemachten Durchzeichnungen von 9 Köpfen aus den Kartons zum trojanischen Saale.
2) Der Schäffer'sche Stich der Unterwelt in 2 Exemplaren.
3) Die Niebelungen-Stiche. 7 Blätter.
4) Die Aurora, lithographirt von Schreiner.
5) Der lithographirte Umriß der Zerstörung Troja's in 5 Exemplaren, wovon eins colorirt, wie es Cornelius auf Göthe's Wunsch hatte anfertigen lassen.
6) Das Heftchen mit den Dante-Umrissen.

Es muß auffallen, daß das 1816 an Göthe gesandte Dedications-Exemplar des Faust nicht mehr vorhanden zu sein scheint, wenigstens habe ich es in dem Schuchardt'schen Kataloge nicht gefunden.

6) S. 106. Der Brief P. Gérard's vom 28. September 1828 ist im französischen Originaltext bei Raczynski (II. 142) mitgetheilt; er lautet in deutscher Uebersetzung: „Geehrter Herr! Wenn ich meine Bewunderung über diejenigen Ihrer Werke äußerte, von denen ich einige Kenntniß erhalten konnte, war ich entfernt mir zu schmeicheln, daß sich eine so glückliche Gelegenheit darbieten würde, Ihnen unmittelbar meine hohe Achtung auszudrücken, die ich seit Langem für Ihre Person und Ihr seltenes Talent hege. Sicherlich, geehrter Herr: Sie werden einen ehrenvollen Platz in der Kunstgeschichte einnehmen. Sie haben verstanden, dem Genius der Malerei seine erste Jugend und seine erste Kraft zurückzugeben, und Deutschland wird Ihnen die Ehre verdanken, all den Ruhm, welchen das 15. und 16. Jahrhundert ihm verheißen hatten, erfüllt zu haben. Diese Verjüngung wird dauerhaft sein, weil sie auf das Studium des Wahren sich gründet, von dem die Alten ein so tiefes Verständniß besaßen, weil sie zudem im Einklange steht mit den Sitten, dem Geiste und der Literatur Ihres Zeitalters: und hierin liegt das, was diese Reform von vorübergehenden Moden unterscheidet, die in anderen Ländern oft die Künste umgestaltet haben, ohne ihnen einen dauerhaften Charakter zu verleihen. — Genehmigen Sie u. s. w."

7) S. 109. Festlied von Clemens Brentano:

Peter Cornelius
statt
Prinz Eugenius.

(Zum Lohne des Ersteren, im Tone der Letzteren.)

Peter Cornelius, der edle Ritter,
Wollt' dem König wiedrum kriegen
Stadt und Festung am Parnaß;
Er ließ schlagen die Perrücken,
Riß die Zöpfe aus den Rücken,
Steckt den Krahnen in das Faß.

Als die Perrücken nun war'n geschlagen,
Daß man konnte Herz und Magen
Laben im Begeist'rungs-Fluß —
Schlug bei München er das Lager,
Die Philister zu verjagen,
Ihn'n zum Spott und zum Verdruß!

Und alle Tag — da kam so eben
Ein Spion bei Sturm und Regen,
Schwur's dem Meister und zeigt's ihm an:
Die Philister futraschieren,
So viel als man kann verspüren,
Goliath und Urian.

Als Cornelius dies vernommen,
Ließ er Niebelungen kommen,
Macht auch nicht im Sack den Faust,
Thät auch Alle instrugiren,
Wie den Pinsel sie zu führen,
Daß es den Philistern graust.

Bei der Parol' thät er befehlen,
Zehn Gebote sind zu zählen,
Und das viert' sei die Parol:
„Kunst soll Vater und Mutter ehren,
Jugend Alters Ehre mehren,
Daß ihr's geh' auf Erden wohl!"

Alles saß gleich zur Staffeleie;
Mit Kohl, Pinsel, Kreid' und Blei
Rückt man fleißig an die Schanz';
Fresfotier und auch Oelmaler
Faßten Löhnung manchen Thaler,
'S war fürwahr ein schöner Tanz!

Ihr neun Musen auf der Schanze,
Spielet auf zu diesem Tanze,
Füllet uns mit Munition
Und Patronen den Tornister
Gen die ledernen Philister,
Daß sie laufen All' davon!

Peter Cornelius auf der Rechten
Thät vereint den Lorbeer flechten
Mit General und Corporal;
König Ludwig schritt auf und nieder:
Malet brav, ihr deutschen Brüder,
Greift die Kunst recht herzhaft an!

König Ludwig! Du kannst erheben
Alte Kunst zu neuem Leben,
Bleigetroffen liegt der Schein.
Hoch Cornelius, der dich liebet!
Hoch der König, der ihn übet!
Ludwig hoch! der Peter ward Dein! —

8) S. 118. Wörtlich lautet die Stelle: „Das jüngste Gericht ist eine für eine katholische Kirche bestellte Arbeit. In diesen Worten liegt nothwendigerweise, daß ein Protestant dies Werk nicht in der Weise wie ein Katholik zu schätzen im Stande ist. Der Protestant mag noch so tolerant nur das Gemälde und seine Gestalten im Auge haben, das was ein Katholik hier sieht, kann er nicht erblicken. Deshalb erkläre ich mich hier für nicht competent." (H. Grimm. Neue Essays. Berlin 1865. S. 327.)

9) S. 123. Es mag an dieser Stelle angemerkt werden, daß die Dichtung sich bereits in rein poetischer Weise der christlichen Stoffe bemächtigt hat. Namentlich Schiller hat sogar die besondere katholische Form dieser Stoffe mit so vielem Glück behandelt, daß der bekannte Biedermann und gesinnungstüchtige Convertit Daumer in einer eigenen Schrift den Kantisch denkenden Dichter zum heimlichen Anhänger des Papstthums hat machen wollen. Nicht um solche haltlose Einbildungen und klägliche Machenschaften einer Widerlegung zu würdigen, sondern um hier Schiller's Autorität für die freie poetische Behandlung religiöser Stoffe nicht zu übersehen, führe ich die

Schlußworte der Einleitung zur „Braut von Messina" an: „Und dann halte ich es für ein Recht der Poesie, die verschiedenen Religionen als ein collectives Ganze für die Einbildungskraft zu behandeln, in welchem alles, was einen eigenen Charakter trägt, eine eigene Empfindungsweise ausdrückt, seine Stelle findet. Unter der Hülle aller Religionen liegt die Religion selbst, die Idee eines Göttlichen, und es muß dem Dichter erlaubt sein, dieses auszusprechen, in welcher Form er es jedesmal am bequemsten und am treffendsten findet." Auch Göthe, der die sieben Sacramente der katholischen Kirche wahrlich tiefer erfaßte als mancher eifrige Katholik selbst (vergl. Overbeck's S. 119 erwähnte Schrift zu seinen Kartons der Sacramente und „Wahrheit und Dichtung". Buch VII. Ausg. d. W. in 40 Bdn. XXI. 89 ff.), und mancher andre Dichter könnten genannt werden, um die Thatsache zu erweisen. Für die Kunst, namentlich aber für die Malerei fehlt es bisher noch durchaus an ähnlichen Beispielen, während die entgegengesetzte Thatsache durch die Erfahrung durchaus bestätigt wird. Der Grund zu dieser merkwürdigen Erscheinung kann nur in dem verschiedenen Wesen der Malerei und Dichtung liegen.

10) S. 128. Der Einfluß, welchen Dante auf die Entwickelung der neueren deutschen Malerei ausgeübt hat, ist sehr bedeutend, und ich habe schon weiter vorn, S. 69, erwähnt, daß ich meine Gedanken über denselben in einem besondern Aufsatze „Dante und die neuere deutsche Malerei" ausgesprochen habe. Derselbe wird, gemeinsam mit anderen kleineren Arbeiten künstlerischen Inhalts, in meinem, demnächst bei dem Verleger dieses Buches erscheinenden „Deutschen Kunststudien" enthalten sein. Darauf hin muß ich also den Leser, der hieran Interesse nimmt, verweisen.

11) S. 131. Wenn von Seiten der Vernunft oder Philosophie die Ewigkeit der Höllenstrafen angefochten und bestritten wird, berufen sich die Dogmatiker und Orthodoxen gern auf Leibnitz, der angeblich diese Lehren vertheidigt haben soll. Dies ist aber Leibnitzen gar nicht in den Sinn gekommen, denn in der von Lessing mitgetheilten „Vorrede", die man dann anführt, steht nicht ein Wort davon, daß, wie die Kirche meint, für zeitliche, in diesem Leben verübte Sünden ewige Strafen verhängt werden müssen. Leibnitz sagt: „Quare si aeterna sunt peccata, justum est, ut aeternae etiam sint poenae. Nempe homines mali se ipsos damnant, ut recte dictum est a sapientibus, perpetua scilicet impoenitentia et a Deo aversione. Nihil igitur hic Deo, quasi ultra mensuram peccati severo, imputari potest." Zu Deutsch: „Deshalb, wenn die Sünden ewig sind, ist es gerecht, daß auch die Strafen ewig seien. Denn die schlechten Menschen verdammen sich selbst, wie richtig von den Einsichtigen gesagt worden ist, natürlich durch die immerwährende Unbuße und Abwendung von

Gott. Es ist deshalb unmöglich, hier Gott, als wäre er gleichsam über das Maß der Sünde hinaus streng, Etwas zur Last zu legen." Diesen philosophischen Gewährsmann für ihr Dogma, denke ich, kann die Kirche doch wohl nicht brauchen. Die Ewigkeit der Strafen hängt bei ihm von der hypothetischen Bedingung der Ewigkeit der Sünde ab; mit der Buße und Umkehr zu Gott hören Sünde und Strafe zugleich auf. Und hierin liegt doch wohl eher ein Beweis gegen als für die Ewigkeit der Höllenstrafen, nach der dogmatischen Auffassung der Kirche. (s. Lessing's Werke kl. Ausgabe von 1841. Bd. 9. „Leibnitz von den ewigen Strafen.")

12) S. 132. In dieser Meinung stimmen Offenbarung, Dichtung und Philosophie überein. Ich führe ein paar Stellen an: „Denn unser Ruhm ist der, nämlich das Zeugniß unsres Gewissens, daß wir in Einfältigkeit und göttlicher Lauterkeit, nicht in fleischlicher Weisheit, sondern in der Gnade Gottes auf der Welt gewandelt haben, allermeist aber bei euch." (2. Cor. I. 12.) „Unser Trost ist der, daß wir ein gutes Gewissen haben" (Ebr. 13, 18.) — „Ihr Lieben, so uns unser Herz nicht verdammet, so haben wir eine Freudigkeit zu Gott." (1. Joh. 3, 21.) Kann Jemand deutlicher sprechen?

Und nun Schiller:

„Und was die innere Stimme spricht,
Das täuschet die hoffende Seele nicht."

Endlich Kant: „Denn wir sehen doch nichts vor uns, was uns von unserm Schicksal in einer künftigen Welt jetzt schon belehren könnte, als das Urtheil unsres eigenen Gewissens."

13) (irrthümlich gedruckt 12). S. 155. Thorwaldsen erhielt nur seine Auslagen für Thon, Gerüst u. s. w. erstattet, seine Arbeit machte er der Stadt Stuttgart zum Geschenk. Aus Dank verlieh diese ihm das Ehrenbürgerrecht, und Thorwaldsen wiederum machte eine große Schenkung, indem er Abgüsse des Christus, der Apostel, des Taufengels, des Alexanderzuges und vieler anderer Werke der Kunstschule überwies. Was aber war der Grund zu dieser hochherzigen Handlung? Begeisterung für Schiller, Liebe zu Stuttgart und seinen Bewohnern. Und diese Handlung ist nicht vereinzelt. Aber trotzdem hat man sich darin gefallen, diesen uneigennützigen, großsinnigen Mann geizig zu schelten! — In Bezug auf das Schillerdenkmal kann ich übrigens die wohl verbürgte Mittheilung machen, daß das erzene Standbild unter den Händen unverständiger Arbeiter bei der Eiselirung unglaublich gelitten hat. „Thorwaldsen — so sagte mir mein künstlerischer Gewährsmann, der das barbarische Feilen seiner Zeit mit angesehen

— würde außer sich gerathen sein, hätte er diese Mishandlungen seines Werkes gesehen." Trotzdem ist das stuttgarter Denkmal unseres großen Dichters das unvergleichlich beste; Schiller hat mit seinen Standbildern ungeahntes Unglück: das weimarische von Rietschel ausgenommen, ist eines immer schlimmer als das andere, der Preis der Häßlichkeit aber gebührt dem mainzer Denkmale.

14) S. 166. a. Nach den Berichten Melanchthon's in dessen Briefen heißt die betreffende Stelle: „Memini virum excellentem ingenio et virtute Albertum Durerum pictorem dicere, se juvenem floridas et maxime varias picturas amasse seque admiratorem suorum operum valde lactatum esse, contemplantem hanc varietatem in sua aliqua pictura. Postea se senem coepisse intueri naturam et illius nativam faciem intueri conatum esse, eamque simplicitatem tunc intellexisse summum artis decus esse. Quam cum non prorsus adsequi posset, dicebat se jam non esse admiratorem operum suorum ut olim, sed saepe gemere intuentem suas tabulas et cogitantem de infirmitate sua." (Epist. Ph. Melanchthonis. London 1642. Nach der Angabe bei „Kugler, Malerei" II. 229). — Deutsch: „Ich erinnere mich, daß der Maler Albrecht Dürer, ein durch Geist und Tugend ausgezeichneter Mann, sagte, er habe in seiner Jugend die lebhaften und recht bunten Malereien geliebt, und als Bewunderer seiner Arbeiten sich sehr gefreut, wenn er diese Mannigfaltigkeit in irgend einem seiner Gemälde betrachtet habe. Nachher, da er alt geworden, habe er angefangen die Natur zu beachten, und versucht, auf die ursprüngliche Gestaltung derselben Rücksicht zu nehmen: da habe er eingesehen, daß dieselbe Einfalt auch die höchste Zierde der Kunst sei. Da er diese nun gewiß nicht erreichen könne, so meinte er, sei er nicht mehr wie früher ein Bewunderer seiner Arbeiten, vielmehr seufze er oft, wenn er seine Bilder sähe und über seine Schwäche nachdächte."

b. In Dürer's Inschrift zu diesen Bildern heißt es, die vier Apostel sollen warnen, in diesen gefährlichen Zeiten (1526) Acht zu geben, daß nicht menschliche Verführung für göttlich Wort angenommen werde, da Gott zu seinem Wort nicht gethan, noch davon genommen haben will. Man hat auf diese Weise thatsächlich Grund und Berechtigung zu dem oft gemachten Vergleiche.

15) S. 167. Die beiden Briefe, welche A. Kestner in seinen „Römischen Studien" (Berlin 1850) mittheilt, lauten:

a) Buckingham Pallast. Am 6. Mai 1847.

Herr Ritter Cornelius!

Ich schreibe im Namen unseres lieben Sohnes, des Prinzen von Wallis, der selbst noch nicht schreiben kann, um Ihnen, und zugleich den bei der Verfertigung des Schildes mit Ihnen verbunden gewesenen Künstlern, unsere Freude und unser Staunen über dieses große Werk auszudrücken. Um Ihren eigenen künstlerischen Genius bewundern zu lernen, Herr Ritter, hat es freilich nicht erst dieser vortrefflichen Composition bedurft, obwohl ich sagen kann, daß ich von Ihrer Hand noch nichts Anderes gesehen habe, was mich mit dem Geist Ihrer Kunst so unmittelbar vertraut gemacht hätte. Den Herren Mertens, Fischer, Stüler, Calandrelli aber (mit dem Herrn Hofsauer habe ich selbst gesprochen) wünsche ich meine Anerkennung um so gewisser kund zu thun, als dieses ihr Werk das erste ist, das mir von ihrer hohen Geschicklichkeit einen Begriff giebt. —

Ich hoffe, unser Sohn, der Prinz von Wallis, wird dereinst der Welt durch seinen Kunstsinn und seine Kunstliebe — so wie vor Allem durch sein christliches Betragen — zeigen, daß er des Geschenkes seines königlichen Pathen nicht unwürdig geblieben ist.

Ihre wohlgewogene Victoria R.

b)   Herr Ritter!

Indem ich Ihnen einen Brief der Königin übersende, benutze ich diese Gelegenheit, um Ihnen auch meinerseits zugleich mit besonderem Bezug auf die mir von Ihnen bereits früher zugesandten Zeichnungen meinen Dank und meine Bewunderung wegen dieser meisterhaften Compositionen auszudrücken.

Hätte ich jemals an dem unmittelbaren innigen Zusammenhange gezweifelt, in welchem Ihre Kunstschöpfungen mit denen der klassischen Italienischen Meister des 15. und 16. Jahrhunderts stehen, so würde mir derselbe an diesem ihren letzten Werke, das in der That wie ein magischer Schild den schönsten Glanz jenes blühenden Zeitalters widerspiegelt, mit einem Male klar geworden sein. Es ist keinesweges eine Nachahmung, es ist eine Ihnen auf ganz originellem Wege allmälig gelungene Sichaneignung jenes Styles, um damit nicht minder Ereignisse der Gegenwart zu behandeln, als die bekannten Ereignisse der christlichen Vergangenheit aufs Neue darzustellen. Die Gleichheit dieses Styles ist es auch, die den Unterschied der Zeiten verschmilzt, so daß auf dem Schilde z. B. zwischen der ersten Einsetzung der christlichen Taufe und der Ankunft Ihres Königs und Herrn zur Tauffeier unseres Sohnes keine Lücke und kein Sprung erscheint. Ja, ich habe mir gesagt, daß, wenn einmal im Sturm der Zeiten der ganze übrige Denkmälerschatz der mittelalterlich klassischen Kunst untergehen und Nichts sich davon erhalten sollte als dieser Schild, derselbe doch allein hinreichen würde, um der Nachwelt einen vollkommenen Begriff von jenem Styl und dem Wesen jener Künste beizubringen.

Indem ich Ihnen ungestörte Gesundheit und Muße für eine noch lange schöpfungsreiche Thätigkeit wünsche, verbleibe ich

Buckingham-Pallast Mai 6. 1847.   Ihr ganz ergebener
                      Albert.

16) S. 170. Damit der Leser ein eigenes Urtheil über diesen Gegensatz und Umschwung der Meinungen, sowie auch über den blühenden Klotzianismus Kugler's sich bilde, lassen wir hier einige Stellen aus dessen beiden Aufsätzen folgen. In Nr. 52 des Kunstblattes von 1842 schreibt er von dem Glaubensschilde u. A:

„... Wenn wir uns freuen durften, einen Meister, dessen Name durch eine so bedeutende Anzahl vollendeter Werke verherrlicht wird, den unsern zu nennen, so wird diese Freude wesentlich erhöht, indem wir hier das sprechendste Zeugniß vor uns sehen, wie die Tiefe und die Durchbildung der Ideen, die Großartigkeit und die Anmuth der Darstellung noch in voller jugendlicher Frische erscheinen, wie die geistvolle Durchdringung der Aufgabe mit der harmonischen Gestaltung des Raumes in diesem seinem jüngsten Werke sich aufs Wohlthuendste vermählen ... Im Mittelpunkte des Kreuzes (somit des ganzen Werkes) befindet sich ein Medaillon mit dem Brustbilde des Erlösers. Am untern Ende jedes Kreuzarmes ist ein Medaillon mit dem Bilde eines der vier Evangelisten in ganzer Figur angeordnet; über diesen Medaillons von sinnreichen Arabesken getragen die Bilder der drei Haupttugenden, der Liebe, des Glaubens und der Hoffnung, denen als vierte, bedeutsam für den künftigen Regenten, die Gerechtigkeit beigefügt ist ... Nun folgt das Letztere: die Königin ruht auf dem Lager, der Säugling auf ihrem Schooße, Dienerinnen um sie her; in ihrem Gesicht sind die Züge der Königin Victoria angedeutet, alles Uebrige ist hier, wie auch in den folgenden Scenen natürlich durchaus in antiker Weise und in klassischer Symbolisirung behandelt. Ein eiliger Bote tritt in das Gemach der Königin und leitet den Blick auf die folgenden Gruppen. Hier sieht man zunächst, auf einer Marmorbank am Meeresufer rastend, den Prinzen Albert und den Lord Wellington, welche zum Empfange des Preußenkönigs nach der Hafenstadt gesandt waren. Dem Ufer entgegen bewegt sich das Dampfschiff, auf welchem der königliche Pilger nebst seinem Gefolge befindlich ist. Ungemein glücklich und geistvoll ist in dieser Darstellung das Erzeugniß der modernen Industrie, das Dampfschiff, und die Art und Weise, wie es die Naturgewalten dem Willen des Menschen unterordnet, in symbolisch-künstlerischer Weise wiedergegeben; mit einer Kette ist der Dämon des Feuers an das Schiff gefesselt und schlägt gewaltig, die Bewegung der Radschaufeln nachahmend, in die Wellen; den Dampfschornstein krönt das

Haupt eines der Dämonen des Windes. Das Steuer führt der Schutzengel des Preußenlandes. Endlich sieht man noch das Ufer des Festlandes angedeutet mit ein paar Localgenien, welche der Fahrt des Herrschers ihre Segenswünsche nachsenden.

„Möge dem Leser diese flüchtige Skizzirung eines höchst bedeutenden Werkes genügen. Es war nur meine Absicht, von der Anordnung des Ganzen, von den Hauptpunkten seines Inhalts, von einigen charakteristischen Momenten der Auffassung eine Andeutung zu geben. In Bezug auf die künstlerische Durchbildung möge für jetzt die Angabe genügen, daß das Werk unbedenklich zu dem Allergediegensten gehört, was Cornelius überhaupt geleistet hat. Auch wird hoffentlich Niemand einen Anstoß daran nehmen, daß ein solcher Aufwand künstlerischer Erfindung für ein decoratives Werk verwandt ist: wo der wahre künstlerische Geist seine Weihe ausgegossen hat, da ist von einem äußerlichen Schmuckstücke nicht mehr die Rede. Auch könnte der ganze Entwurf — trotz dem, daß er sich den decorativen Gesetzen auf so edle Weise fügt — sehr wohl geradezu als das Vorbild der großartigsten Freskomalerei, etwa für eine Kuppel betrachtet werden."

Derselbe Verfasser urtheilt in den Berliner Briefen, welche im Kunstblatte von 1848 und im dritten Bande der Kugler'schen kleinen Schriften sich finden, ganz entgegengesetzt; hier die Proben: „... Der Schild hat eine kreisrunde Gestalt. In der Mitte ist ein Medaillon mit dem Brustbilde des Erlösers. Von dem Medaillon gehen vier breite Bänder, ein Kreuz bildend, aus, die mit kleinen arabeskenartigen Compositionen ausgefüllt sind, Darstellungen von vier christlichen Cardinaltugenden (Glaube, Liebe, Hoffnung, denen als vierte etwas willkürlich) — denn sie gehört einem anderen Ideenkreise an — die Gerechtigkeit, zugesellt ist) und von den vier Evangelisten enthaltend. In den vier Dreieckfeldern zwischen diesen Bändern sind die beiden Sacramente der protestantischen Kirche und zwei alttestamentliche Scenen aus dem Kreise derer, welche die mittelalterliche Symbolik als Vorbilder zu jenen auffaßt, enthalten. Dies sind schon ziemlich figurenreiche Compositionen, der Mehrzahl nach indeß nicht eben bedeutend und im Ganzen nicht ohne eine gewisse Flauheit der Linienführung behandelt... Das Schiff des Preußenkönigs, in antiken Formen phantastisch geschmückt und verziert, giebt zugleich den treibenden Kräften des Dampfschiffes eine wundersam märchenhafte Existenz. Ein Feuerdämon ist an seinen Bord gefesselt und theilt mit gewaltigem Arm die Wogen; ein Kandelaber ist mit dem grotesken Kopfe eines Winddämons, der mit Macht den Dampf ausstößt, gekrönt. Der König sitzt inmitten des Schiffes in weitem, muschelgeschmückten Pilgermantel, mit Pilgerstab und Pilgerhut, welcher letztere oberwärts als Krönchen ausgezackt ist. Drei andre Personen auf dem Schiffe tragen, wie der König, Porträtzüge; der Text nennt sie uns als Alexander von Humboldt, General von Natzmer und Graf Stollberg.

„Was haben Sie, mein Freund? was legen Sie mir die Hand auf das Papier? Bezweifeln Sie, daß ich, der ich überall in der Kunstwelt zu kritteln und zu mäkeln finde, von den Schönheiten dieses Werkes mit Ueberzeugung gesprochen habe? Freilich! es ist noch ein Punkt, über den Sie Auskunft verlangen. Sie meinen, jene biblischen Darstellungen hätten doch die größten Momente der Geschichte des menschlichen Geschlechtes, deren die Vorwelt sehnsuchtsvoll geharrt hatte und auf denen der Bau der Nachwelt errichtet ist, zum Gegenstande. Sie fragen, welch ein neues historisches Ereigniß es sei, daß hier jenen Scenen in gleichberechtigter künstlerischer Ausdehnung gegenübergeführt wird, welche Bedeutung für die Völker der Erde jener wundersame Wasserzug des pilgernden Königs habe, der hier grade wie ein Gegenbild des Zuges des Welterlösers, mit dem die Darstellungen beginnen, erscheint? — Ich bin nicht berufen, Ihnen hierauf Antwort zu geben; fragen Sie den Künstler!"

Die unparteiische Ehrenhaftigkeit des berühmten Kunsthistorikers Franz Kugler wird gewiß dadurch nur in um so vollerem Lichte erscheinen können, wenn wir hier anmerken, daß er 1842, wo er als Mitherausgeber auf dem Titel des Kunstblattes genannt wird, seinen Aufsatz mit den von ihm stets gebrauchten Buchstaben F. K. unterzeichnet, daß er dagegen 1848, wo sein Name ebenso auf dem Titel steht, seinen Aufsatz mit den sonst niemals von ihm benutzten Buchstaben T. L. S. gezeichnet, und also unzweifelhaft mit voller Absicht der Oeffentlichkeit gegenüber seine Autorschaft hier verheimlicht hat. Erst 1854 hat er sich in den „kleinen Schriften" zu letzterer bekannt und dafür den Artikel von 1842 unterdrückt. Ein etwaiger Entschuldigungseinwurf, daß Kugler inzwischen, von 1842 bis 1848, zur besseren Einsicht gelangt sei, könnte nur von Seiten der beschränktesten Gutmüthigkeit oder der bittersten Ironie vorgebracht werden, und deshalb wollen wir hier auf denselben gar nicht erst eingehen. Zur Aufklärung genügt das S. 176 Gesagte.

17) S. 198. Der Verfasser dieses Textes ist Cornelius Schwager, Theodor Brüggemann. Derselbe war 1796 zu Soest geboren, hatte Philologie und katholische Theologie studirt, und lehrte am Gymnasium zu Düsseldorf. Hier vermählte er sich 1819 mit Cornelius Schwester Lisette, und lebte seit 1821, wo Cornelius wieder nach Düsseldorf kam, auch mit diesem zuerst dort, später zu Berlin in nahem Verkehr. Am 6. März 1866 starb Brüggemann zu Berlin, wo er als wirklicher geheimer Oberregierungsrath im Cultusministerium die katholischen Schulangelegenheiten geleitet

hat. Vor dem Druck des Textes hat diesen, wie im Verzeichnisse bemerkt ist, noch der Neffe unsres Meisters Carl Cornelius, jetzt Professor der Geschichte zu München, durchgesehen und Cornelius selbst hat ihn gutgeheißen.

18) S. 280. Hiermit ist selbstverständlich nicht entfernt auch nur der leiseste Zweifel in die persönliche Verläßlichkeit des Herrn Grafen Raczynski ausgesprochen. Allein Erfahrungen verschiedener Art fordern, daß man seine kunsthistorischen Urtheile und Angaben nur mit Vorsicht aufnehme. Von der Auffälligkeit seiner Ansichten ist S. 181 bereits ein Beispiel gegeben; daß er aber auch die Thatsachen zuweilen etwas leicht behandelt, bezeuge Folgendes: Bd. II. seiner „Histoire etc." S. 186 sagt er, Cornelius sei jetzt — 1839, wo der Band erschien, — ungefähr 50 Jahre alt; S. 189 schreibt er: „Im Alter von 26 Jahren machte er seine Faustzeichnungen. Er fing damit 1810 an." Wir haben also drei Seiten von einander entfernt eine ganz unbestimmte und eine sehr bestimmte Altersangabe, „ungefähr 50" und ganz deutlich 55 Jahre; ferner reimt es sich nicht, daß Cornelius im Alter von 26 Jahren den Faust machte und doch 1810 nur anfing. Eine solche dilettantische Behandlungsweise erweckt kein Vertrauen! — Die hier angeführte Aeußerung des Cornelius lautet bei Raczynski nun wörtlich (Bd. II., S. 190): „Depuis ma plus tendre jeunesse mon âme tendait vers l'universalité. Je crois que j'ai une nature complexe, aussi faut-il se garder de me placer dans des catégories."

19) (irrthümlich gedruckt 18). S. 294. „P. v. Cornelius und seine Stellung zur modernen deutschen Kunst von S. v. Ormos. Uebersetzt und eingeleitet von Kertbeny u. s. w. Berlin 1866." — Diese kleine Schrift ist sehr wohlgemeint und erfreulich, doch giebt sie dem deutschen Leser nichts Neues; sie hat einige der vorhandenen literarischen Hülfsmittel (wie Förster, Grimm, Springer, Schadow ꝛc.) benutzt, und sucht ihren Zweck lediglich in Ungarn, dem es bisher an eigener bildender Kunst gefehlt habe, und dem hier Cornelius zur Nacheiferung vorgehalten wird.

20) S. 322. Die angeführten Worte sind der Schrift „Notice sur la vie et les ouvrages de M. Hippolyte Flandrin par M. Beulé," welche von ihrem Verfasser in der öffentlichen Sitzung der Pariser Kunstakademie zur Erinnerungsfeier an den Künstler, den 19. November 1864, gelesen wurde, entlehnt. S. 15 heißt es dort: „Namentlich Deutschland, das für religiöse Kunst und monumentale Malerei so eingenommen, hallte vom Lobe Flandrin's wider. Wir wissen durch ein zuverlässiges Zeugniß, welchen Eindruck Cornelius, der berühmte Altmeister der deutschen Maler, empfing. Er hatte auch Prachtbauten und Kirchen geschmückt, und er beurtheilte seinen jungen Mitstreiter mit einer edlen Aufrichtigkeit. Er fragte einst den von

Paris zurückkehrenden deutschen Architekten Köhler und ließ sich von ihm die Kirche des heiligen Vincenz von Paula beschreiben. Köhler hat den schließlichen Inhalt dieser Unterredung aufgezeichnet, der so lautet: Da die Anlage des Bauwerkes und besonders die des gemalten Frieses Cornelius lebhafte Theilnahme erregten, bot ich ihm an, ihm Lithographieen dieser Malereien zu zeigen, die ich mir verschaffen könne. Er war von diesen außerordentlich erfreut, und begann die klassische Schönheit der Gewandungen zu loben, die Reinheit der Zeichnung in den Gestalten, die Mannigfaltigkeit im Ausdruck dieser langen Reihe bewunderungswürdiger heiliger Männer und Frauen. Er wiederholte zu mehreren Malen, daß er zwar immer viel von Flandrin erwartet hätte, daß aber seine Erwartung außerordentlich übertroffen sei. Dies, fügte er noch hinzu, ist die wahre und wahrhaftige Renaissance; sie vereint mit der strengen Schönheit in der Form den religiösen Geist des Christenthums, und Frankreich kann sich glücklich schätzen, einen solchen Künstler zu besitzen."

Dieser großen Werthschätzung des Flandrin durch Cornelius ist es auch zuzuschreiben, daß der letztere als Kanzler der Friedensklasse des Verdienstordens (pour le mérite) seinen ganzen Einfluß aufwendete, um die Zuerkennung dieses Ordens an jenen durchzusetzen. Cornelius übersandte ihm im Juni 1863 das Ehrenzeichen mit einem angemessenen Schreiben, und Flandrin gesteht in einem vertrauten Briefe (Delaborde, lettres et pensées d'Hipp. Flandrin. S. 440), daß diese Ehre ihn „wohl etwas schamhaft mache, da alles dies ihm wahrlich zu leicht im Vergleich mit so vielen andern Künstlern zufalle, deren Verdienst so große Mühe habe, sich Anerkennnng zu verschaffen." Dieser edelsinnige Künstler dankte natürlich alsbald dem Cornelius, und ich bin in der glücklichen Lage, dies Schreiben hier mittheilen zu können; es lautet in deutscher Uebersetzung:

„An den Herrn Cornelius in Berlin. Verehrter Herr und Meister! Ihrer wohlwollenden Anregung schreibe ich das überaus große Ehrenzeichen zu, das ich heute empfange; und diese Ueberzeugung gewährt mir die Erinnerung an die Güte, mit welcher Sie mich seit meiner Jugend begleitet haben, indem Sie mein Streben stützten und erhoben durch Ihre ermuthigenden Beurtheilungen. Empfangen Sie denn, verehrter Herr, den Ausdruck meiner Dankbarkeit, die sich vereint mit der aufrichtigsten Bewunderung und mit den Gefühlen größester Hochschätzung und Ergebenheit

Hte. Flandrin.

Paris, 23. Juni 1863.

21) S. 327. Soviel seit dem Tode Rahl's auch über diesen vortrefflichen Künstler geschrieben und gesprochen ist, so erinnere ich mich doch nicht,

irgend etwas Genügendes über den geschichtlichen Zusammenhang Rahls mit der deutschen Malerei unserer Zeit gelesen oder gehört zu haben. Und doch ist es so klar, daß auch Rahl der bedeutende Künstler erst dann geworden, als er das große Beispiel des Cornelius lebendig verstanden hatte. Dies denke ich an einem anderen Orte auszuführen, und verweise im Voraus auf die bereits hier (Beischr. Nr. 10) erwähnten „Kunststudien", deren Erscheinen hoffentlich bald von dem Verleger wird angekündigt werden können. Einstweilen gebe ich aus einem Briefe Rahl's an Cornelius folgende durchschlagende Stelle: ... „Ich danke Ihnen von Grund meines Herzens und versichere Sie, daß ich Sie für einen meiner größten Wohlthäter halte, den ich im Leben kennen gelernt habe, denn nachdem ich Ihrem großartigen Wirken in der Kunst und ihrem anspornenden Beispiel so viel meiner Ausbildung schuldig bin, so haben Sie mir meine künstlerische Ehre durch Ihr ehrenvolles Zeugniß gerettet u. s. w." Rahl unterzeichnet sich als „dankschuldigster Schüler." Der Brief ist 1857 geschrieben.

Verzeichniß der Werke.

Vorbemerkung.

Alle die vorhandenen Werke und Arbeiten des Cornelius im Texte selbst aufzuführen, würde eine Bedingung gewesen sein, welche den ganzen von mir eingenommenen Standpunkt aufs Aeußerste beeinträchtigt hätte, und deshalb entschloß ich mich, da dieser aus den triftigsten Gründen inne gehalten werden mußte, ein besonderes Verzeichniß von jenen anzufertigen und dem Buche anzuhängen. Die Schwierigkeit einer solchen Unternehmung springt jedoch in die Augen. Denn einmal ist das allmählige Sammeln und Zusammentragen vieler Einzelheiten überhaupt eine Arbeit, für deren Vollständigkeit Niemand eine Bürgschaft übernehmen kann, und zum andern liegen gerade hier die Sachen so sehr ungünstig. Cornelius hat nämlich bei seinem außerordentlichen Triebe zum Hervorbringen nur einen geringen Sinn für das Erhalten und Zusammenhalten des einmal Hervorgebrachten; Entwürfe, Studien, Skizzen lagen in seiner Werkstatt fast immer herum, und auf ältere Arbeiten hatte er, wenn er neue schuf, gar keine Acht. Dadurch ist jedenfalls bei ihm mehr als bei andern Künstlern verdorben, verschollen oder vielleicht auch in unrechte Hände gerathen. Doch ist dies Letztere nur eine mehr oder weniger begründete Vermuthung in Bezug auf einzelne Fälle; andere sind ausdrücklich bekannt und bezeugt, wo Freunde des Meisters das Herumliegen der kostbaren Blätter nicht länger mit ansehen konnten, sich ihrer gleichsam erbarmten und sie unter seinen Augen mit seiner Zustimmung und vorbehaltlich seines unbedingten Eigenthumsrechtes in Verwahrung genommen haben. Cornelius selbst hat dann nie wieder an solche Dinge gedacht, und manche Zeichnung mag auf diese Weise verschollen sein. Das merkwürdigste Beispiel solcher Sorglosigkeit liefert der dritte Dante=Karton. Cornelius hatte diesen seinem Freunde Joseph Koch, dem er zugleich das Oelbild der zehn Jungfrauen schenkte, bei seiner Abreise von Rom im Jahre 1819 nebst dem Oelbilde der Flucht nach Aegypten zur Aufbewahrung übergeben. Die beiden Oelbilder haben ihre Stelle in angemessenen Sammlungen gefunden, der Karton ist spurlos verschwunden, und es wäre doch gewiß ein Leichtes und Naheliegendes gewesen, wenn Cornelius, der außerdem noch sieben Mal in Rom, zwei Mal sogar zu Koch's Lebzeiten, war, gelegentlich mit einem Worte nach seinem Karton sich erkundigt hätte. Uns praktischen Kindern des Zeitalters der Eisenbahnen erscheint Derartiges fast unbegreiflich, und es erklärt sich lediglich aus der seltenen Idealität des Künstlers und seinem nie ruhenden Triebe zum Schaffen. Doch genug hierin. Es ist hinreichend, um festzustellen, mit welchen doppelten Schwierigkeiten eine Arbeit, wie die hier folgende, bei einem Meister wie Cornelius verknüpft war.

Dennoch habe ich aus eigener Anschauung und mit Hülfe kunstfreundlicher Männer ein Verzeichniß zusammenbringen können, das bei aller etwaigen Lückenhaftigkeit in manchen Punkten überrascht. Namentlich zeigt sich in erfreulicher Weise, welche Menge von Arbeiten aus der Zeit bis 1819 erhalten sind. Ohne genaue und wiederholte Prüfung ist kein einziges Stück etwa nur nach den gewöhnlichen Nachrichten in Büchern oder Zeitschriften hier aufgenommen worden. Vieles habe ich selbst gesehen, für das Andere liegen Mittheilungen zuverlässiger Personen zu Grunde, so daß ich glaube, dieser Arbeit eine solche Authenticität zusprechen zu dürfen, wie sie zur Zeit überhaupt möglich war. Den Herren, die mich unterstützt haben, ist es mir eine angenehme Pflicht, hier meinen herzlichsten Dank auszudrücken, ganz besonders dem Herrn Inspector Malß in Frankfurt, dem Herrn Maler X. Barth zu München, dem Herrn Kunsthändler Börner zu Leipzig und dem Herrn Maler H. Mosler zu Düsseldorf. Etwa ein halbes Dutzend Blätter, die unter Cornelius Namen gingen, wurden als unecht erwiesen und somit von diesem Verzeichnisse ausgeschlossen.

Ich habe keine Mühe und Umstände gescheut, um eine größtmögliche Vollständigkeit zu erreichen; wo ich ahnen konnte, daß sich vielleicht ein

Blättchen von des Meisters Hand vorfinden möchte, habe ich mich mit einer Anfrage hingewendet, und wo ich gegründete Vermuthungen hatte, habe ich alle mir zu Gebote stehenden Mittel erschöpft. Die geehrte Redaction der „Allgemeinen Zeitung" in Augsburg kam mir mit gewohnter Bereitwilligkeit entgegen, und forderte in ihrem weit verbreiteten Blatte die Besitzer oder Verehrer Cornelius'scher Werke auf, mir von denselben unmittelbar oder durch ihre Vermittelung eine Anzeige machen zu wollen; diese Bitte ging aus der Allgemeinen in viele andere Zeitungen über, und hatte auch mehrere, zum Theil sehr willkommene und werthvolle, Mittheilungen zur Folge. Wenn dennoch das Verzeichniß, wie es hier vorliegt, nicht unbedingt vollständig sein kann, so sieht Jeder ein, daß dies nicht an meinem Willen und Fleiße, sondern in der Sache selbst und den allgemeinen Verhältnissen liegt. Namentlich habe ich zu bedauern, daß trotz der erwähnten freundlichen Bemühung des Herrn X. Barth einige von mir gewünschte Angaben aus München nicht zu beschaffen waren; so hat z. B. Herr Professor J. Schlotthauer nur ganz ungenügende mündliche Mittheilungen über die in seinem Besitz befindlichen Zeichnungen gemacht, und auch meiner dreimal schriftlich wiederholten inständigsten Bitte um Auskunft ein beharrliches Schweigen entgegengesetzt. Der Leser wird sich hiernach um so mehr überzeugen, daß ungeachtet eines außerordentlichen und sehr gütigen Entgegenkommens von den verschiedensten Seiten doch auch ein paar vereinzelte Ausnahmen vorliegen, und daß hierdurch meine Arbeit auf eine lästige Weise erschwert wurde.

Da die Dinge nun aber so liegen, so bitte ich alle Verehrer und Freunde der Cornelius'schen Kunst, von etwaigen Berichtigungen, Besitzveränderungen, Ergänzungen, Nachträgen und überhaupt allen Demjenigen, was zur Vollständigkeit und Treue dieses Verzeichnisses beitragen kann, mir möglichst genaue und baldige Kunde zu geben. Für jede derartige Mittheilung werde ich sehr dankbar sein, und bitte, solche nach Belieben entweder an mich oder eine der weiter unten genannten Adressen richten zu wollen.

Das Verzeichniß selbst, wie es hier vorliegt, zerfällt in zwei Abtheilungen, von denen die erste die eigentlichen Werke, die andere die Skizzen und Studien umfaßt; endlich schließt sich eine Uebersicht nach den Orten der Aufbewahrung geordnet an. Die beigegebenen Maße sind leider nach dem Gebrauche der verschiedenen Länder verschieden; es wechseln rheinische, schweizerische, dänische und andere Fuße mit dem Meter ab, je nach dem beziehungsweise ortsüblichen Maße. In Bezug auf die mitgetheilten Vervielfältigungen von Gemälden und Zeichnungen, muß ich bemerken, daß die zahlreichen kleinen Beilagen des Kunstblattes von mir nicht übersehen, aber auch hier nicht aufgeführt worden sind.

Von unschätzbarem Werthe zur Beurtheilung von Cornelius ernster Arbeit und mühsamem Streben sind die erhaltenen Skizzen, Studien und ersten Entwürfe. Nicht minder lernt ein aufmerksamer Beschauer aus diesen Blättern verstehen, von welchem ersten, vielleicht unscheinbaren Gedanken berühmte Werke ihren Ursprung nahmen, wie er andrerseits staunen wird über den treuen Fleiß, mit welchem der Meister die Natur studirt hat. Der Hauptstock dieser Zeichnungen befindet sich im Besitze der Gemahlin des Künstlers, worüber das Nähere weiter unten zu ersehen ist; doch auch in andern Händen sind solche Blätter, und namentlich ist es bekannt, daß Herr Professor Schlotthauer die schönsten von den Cornelius'schen Acten und Gewandstudien hat. Gegenüber diesen Denkmälern eines unabläßigen, bis ins hohe Alter geübten Naturstudiums, müssen die Vorwürfe, welche schon S. 292 ff. widerlegt sind, unbedingt verstummen, und es ist deshalb um so mehr Pflicht, in der von uns besprochenen Weise den Meister auch da verstehen zu lernen, wo er uns anfangs nicht entgegenkommt.

Ich muß hier noch einer Unternehmung gedenken, die sich auf die Werke des Cornelius bezieht. Es ist bekannt, daß die Vervielfältigungen derselben im Allgemeinen den Wünschen und Bedürfnissen nicht entsprechen, wie dies schon Seite 19 gesagt wurde. Hierin liegt aber ein offenbarer Mangel, und es ist klar, wenn die Cornelius'sche Kunst in ihrem wohlthätigen und lebendigen Wechselverkehr mit den deutschen Künstlern und dem Volke bleiben und wachsen solle, dies nur durch angemessene Vervielfältigungen dieser Werke geschehen kann. Hierüber ist ein Streit unmöglich.

Die Unternehmungslust kunstsinniger Verleger scheiterte aber bisher an der Größe und dem Umfang der Sache. Deshalb schien mir der nächstliegende Ausweg zu sein, um den großen Zweck zu erreichen, daß dasjenige, was eben der Einzelne nicht leisten kann, von möglichst Vielen in die Hand genommen werde, mit andern Worten, daß der Grundsatz der Genossenschaftlichkeit hier eine Anwendung finde. Auf zweierlei Art könnte dies geschehen, nämlich einmal, indem die zu bildende

"Cornelius=Gesellschaft"

aus wirklichen Actionären besteht und das Unternehmen dann für ihre Rechnung ausführt, oder zum andern, indem die Gesellschaft aus Abonnenten mit festen Jahresbeiträgen zusammengesetzt ist, so daß dann für das eigentliche Geschäft allerdings noch ein oder mehrere vermögende Kunstverleger gewonnen werden müßten. — Welcher Weg einzuschlagen sein möchte, wird s. Z. von den Umständen und den Mehrheitsbeschlüssen bei der Gründung der Gesellschaft abhängen.

Alles war nun bereits im besten Gange, und ich durfte mich der Hoffnung hingeben, an dieser Stelle anzeigen zu können, daß die Cornelius= Gesellschaft ins Leben getreten sei, — allein die erschütterten öffentlichen Zustände in Deutschland riefen jedem weiteren Vorgehen plötzlich das entschiedenste Halt entgegen. So muß ich mich denn hier gegenwärtig darauf beschränken, den Gedanken einfach auszusprechen, seine Prüfung dem Publikum zu überlassen, und alle Freunde der klassischen Kunst, die meine Ueberzeugung von der Wichtigkeit einer baldigen Herausgabe der Cornelius'schen Werke theilen, zu ersuchen, diese ihre Gesinnung zu entdecken. Um dies zu erleichtern, stelle ich an Diejenigen, welche geneigt sind, in dieser oder jener Form der zu gründenden Cornelius=Gesellschaft behufs einer, zunächst wohl photographischen, Herausgabe der Cornelius'schen Werke zur geeigneten Zeit beizutreten, das Ersuchen, mir hiervon in kurzen Worten eine Anzeige machen zu wollen. Solche Briefe können an mich unmittelbar abgesendet werden, doch ist auch mein Verleger, Herr Carl Rümpler in Hannover, sowie die Kunsthandlung der Herren Amsler und Ruthardt in Berlin bereit, dieselben in Empfang zu nehmen. Sobald die öffentlichen Verhältnisse es gestatten, soll diese Angelegenheit in die Hand genommen und hoffentlich dann recht bald ins Werk gesetzt werden. Für jetzt kann nichts weiter geschehen, als daß die Gleichgesinnten sich kennen lernen. Allen Freunden einer klassischen Kunst und des deutschen Vaterlandes sei diese würdige, wichtige und wahrhaft nationale Sache dringend ans Herz gelegt.

Berlin, den 17. Juni 1866.

Dr. H. Riegel.

Haupt-Verzeichniß.

I. Wandmalereien, Oelbilder,
Kartons und Zeichnungen verschiedener Ausführung.

A. Düsseldorfer Jugendzeit bis 1809.

1803. **Polyphem in seiner Höhle.** Oelbild grau in grau gemalt. Erste Concurrenz-Arbeit für die weimarischen Preisaufgaben.

  Der Verbleib des Bildes ist unbekannt; angeblich soll es sich noch im Besitze eines Kanonikus der düsseldorfer Gegend befinden. Bestimmtes war nicht zu ermitteln.

1804. **Das Menschengeschlecht vom Elemente des Wassers bedrängt.** Mäßig großer Karton in schwarzer Tusche mit Weiß gehöht. Zweite Concurrenz-Arbeit für die weimarischen Preisaufgaben.

  Dieser Karton wurde von Cornelius während seines Aufenthaltes in Frankfurt der Frau Hadermann geschenkt, in deren Nachlaß (siehe weiter unten) sich derselbe noch befinden soll.

„ **Die h. 14 Nothhelfer.** Zwei Oelgemälde; jedes 121 Centim. hoch, 161 Centim. breit.

  Auf dem einen der Reihe nach von links nach rechts: Christophorus, Vitus, Eustachius, Margaretha, Gregorius, Dionysius und Aegidius; architektonische Staffage, oben zwei Engel.

  Auf dem zweiten ebenso mit Staffage und zwei Engeln: Achatius, Barbara, Chyriakus, Catharina, Pantaleon, Erasmus und Blasius.

  Beide Tafeln, ehedem vom Kanonikus Mittweg in die jetzt nicht mehr benutzte Siechenhaus-Kapelle bei Essen gestiftet, sind durch Erbschaft an die Brockhoff'sche Familie übergegangen, und von dieser im Oratorium der barmherzigen Schwestern zu Essen aufgestellt. Die eigenhändige Quittung des Cornelius, wonach er von Mittweg für beide Bilder 62 Thaler 24 Stüber empfing, besitzt der Weltpriester Brockhoff zu Essen. Die Bilder sind nach Anordnung des Bestellers, aus Besorgniß vor der Feuchtigkeit des Ortes, auf der Rückseite mit Oelfarbe angestrichen worden und haben, indem das Oel sich von rückwärts in die Farben zog, hierdurch gelitten.

1805 oder 1806. **Theseus und Peirithoos in der Unterwelt.** Zeichnung in Sepia, 43″ breit, 31½″ hoch. Dritte und letzte Concurrenz-Arbeit für die weimarischen Preisaufgaben. (S. 30 und Beischriften 4). Im Besitze des Kaufmanns Feltmann zu Düsseldorf.

„ Derselbe Gegenstand in mehr durchgearbeiteter Composition. Federzeichnung mit Anlage der Schatten in Tusch; 18″ breit, 14″ hoch. Im k. Kupferstichkabinet zu München.

1804—1808. **Jakob segnet Joseph's Söhne.** Federzeichnung mit Anlage der Schatten in Tusch. 18″ breit, 14″ hoch; im k. Kupferstichkabinet zu München.

„ **Brutus läßt seine Söhne hinrichten.** Ausgeführte Tuschzeichnung. 13¼″ breit, 12¾″ hoch; im Besitze des Malers H. Mosler zu Düsseldorf.

„ **Kopf eines griechischen Helden,** vermuthlich des Odysseus. Umrißzeichnung in Bleistift. Im Besitze des Malers H. Mosler zu Düsseldorf.

„ **Anchises und Aeneas.** Anchises weigert sich, mit dem Aeneas zu fliehen, der darüber erzürnt in den Kampf zurück will, aber von seinem Weibe Kreüsa daran verhindert wird. (Virgil, Aen. II. 634 ff.) Zeichnung in Sepia, 33″ breit, 23½″ hoch; im Besitze des Kaufmanns Feltmann zu Düsseldorf.

Irrthümlich meinte man bisher, diese Zeichnung stelle den Abschied des Hektor dar; die hier gegebene Bedeutung ist jedoch die authentische.

„ **Bildniß in Oel von dem Herrn Feltmann.** 11½″ breit, 9⅓″ hoch; im Besitze von dessen Sohne, Kaufmann Feltmann in Düsseldorf.

1807 u. 1808. **St. Quirin in Neuß:** Wand- und Deckengemälde, in Leimfarben grau in grau auf gelbem Grunde ausgeführt, in der Stiftskirche St. Quirin zu Neuß, darstellend die Apostel, alttestamentliche Gestalten, Engelschöre u. s. w. (S. 25 und Beischriften 3). Nicht mehr vorhanden.

Wie die Vertheilung der verschiedenen Figuren in die verschiedenen Räumlichkeiten und architektonischen Flächen angeordnet war, hat sich nicht in allen Stücken genau ermitteln lassen. Der ganze Plan der malerischen Ausschmückung ist natürlich unter dem steten Einflusse des Auftraggebers, Kanonikus Wallraf, festgestellt worden. Sicher ist, daß in den Zwickeln der

Kreuzung die Figuren des Moses, Jeremias, Jesaias und David sich befanden.

1808 u. 1809. **Aufschwebende Kindergestalt**, die, als Psyche aufgefaßt, das
dunkle Land des Lebens unter sich zurückläßt. Oelbild, 4′ 2″ h.,
3′ 2⅝″ br. Im Besitze von Ferdinand Scheidt zu Werden
a. d. Ruhr.

Cornelius hat dies Bild im Auftrage der Scheidt'schen Familie zu Kett-
wig gemalt, als Erinnerung an ein, derselben durch den Tod plötzlich ent-
rissenes, Kind, der Schwester des jetzigen Besitzers.

„ **Pallas lehrt die Weberei.** Mäßig großes Oelbild im Besitze
des Professors Dr. Ernst aus'm Weerth zu Kessenich bei Bonn.

Dies Gemälde, im Auftrage eines rheinischen Fabrikanten entstanden, und
das vorhergehende sind die letzten Arbeiten der ersten düsseldorfer Zeit von
Cornelius.

B. Frankfurt a. M. (1809—1811) und Rom (1811—1819).

1809—1811. **Heilige Familie.** Oelbild, gemalt für den Fürst-Primas
Karl von Dalberg, jetzt in der städtischen Gemäldesammlung (che-
maliges Bethmann'sches Museumsgebäude am Friedberger Thore)
zu Frankfurt a. M. Nr. 225 des Katalogs. (Der Kopf der
heiligen Anna erinnert an die Züge von des Künstlers Mutter.
S. 27.)

Eine genaue Beschreibung dieses Gemäldes giebt Ernst Förster (Gesch.
d. d. K. IV. 201.), der es jedoch für verschollen hält. Dies letztere hat
seinen Grund darin, daß dasselbe in den Besitz der s. g. Museums-Gesell-
schaft gelangt, und von dieser durch Schenkung ihrer ganzen Gemälde-Samm-
lung an die Stadt Frankfurt gekommen war. Ein Theil dieser Sammlung
ist nun zwar in dem oben genannten Gebäude aufgestellt, der andere, meist
altdeutsche Bilder, lagert aber noch ungeordnet und vollkommen unzugänglich
auf der Stadtbibliothek. Leider befindet sich unter den letzteren auch die
ausgezeichnete Paul Juvenel'sche Copie von Dürer's berühmter Himmelfahrt
Mariä, die beim münchener Schloßbrande 1674 zu Grunde ging. Warum
überweist die Stadt nicht die ganze Sammlung dem Städel'schen Institute?

„ **Michael stürzt den Drachen;** und

„ **Der Schutzengel führt ein Kind zur Kirche.** Zwei Federumriß-
zeichnungen 14½″ breit, 10½″ hoch; im Besitze von Eduard
Cichorius zu Leipzig.

Die Veranlassung zu diesen Compositionen gab Dalberg, der damalige
Fürst-Primas, jedoch stand er von dem Auftrage zu ihrer Ausführung in
Oel ab, weil sie nicht gefällig und dem herrschenden Geschmack entsprechend
waren. Unverkennbar sind die Zeichnungen in der Weise des Faust gehalten,
und für einen Dalberg natürlich viel zu sehr voll Charakter und Echtheit.

1809—1811. **Karl von Dalberg.** Drei Bleistiftzeichnungen vermuthlich für Transparentbilder zu Ehren des Großherzog-Primas Dalberg; im Besitze des Inspectors beim Städel'schen Institute G. Malß in Frankfurt a. M.
1) Ein Genius schreibt den Namen Karl unter die Sterne.
2) Ein Genius schreibt den Namen Karl in das Herz der Stadt Frankfurt.
3) Ein Genius krönt die Büste Karl's v. Dalberg.

Diese Entwürfe scheinen bei Gelegenheit der Illumination entstanden zu sein, mit welcher die ehemalige freie Reichsstadt Frankfurt ihrem, 1810 zum Großherzog vorgerückten, bonapartischen Präfecten huldigen mußte. Cornelius genoß eine Zeit lang die Gunst Dalberg's, bis diesem und den französischen Machthabern in Frankfurt die nationale Regung in des Künstlers Arbeiten verdächtig wurde. (s. die beiden vorhergehenden Nummern.)

„ **Mythologische Malereien** in einem Saale des Schmitt'schen, jetzt Mumm'schen Hauses auf der Zeil in Frankfurt a. M. (S. 27.) Nicht mehr vorhanden.

Diese Malereien, welche kurz vor der Abreise nach Italien beendigt wurden, waren in Oel ausgeführt; jedoch waren die im Material ohnehin schlechten Farben noch mit gekochtem Oel angerieben worden, wodurch jene außerordentlich schnell und tief nachgedunkelt sein sollen. Die Bilder sind seit längerer Zeit bereits aus dem Saale entfernt, doch ist es nicht unmöglich, daß sie sich verpackt noch irgendwo erhalten haben. Die noch vorhandenen Entwürfe zu diesen Malereien sind unter „II. Entwürfe 2c." aufgeführt.

„ **Ceres beschenkt den Triptolemos mit der Weizenfrucht.** Umrißzeichnung im Besitze des Inspectors G. Malß zu Frankfurt.

„ **Ein Ritter steht mit gezogenem Schwerte gegen zwei mit Keule und Knüttel bewaffnete Männer.** Ganz leichte Federumrißzeichnung in 12⁰, aus J. D. Passavant's Nachlaß im Städel'schen Institut zu Frankfurt.

Ueber die Bedeutung dieses Blättchens hat sich nichts ermitteln lassen; Cornelius selbst erinnert sich dieser sehr flüchtig hingeschriebenen Zeichnung, ohne sie zu sehen, nicht mehr, doch zweifelt er an deren Echtheit nicht, weil sie aus dem Nachlasse des ihm befreundeten Passavant stammt.

„ **Kunsthändler Willmann** und

„ **die Frau desselben**, zwei lebensgroße Bildnisse in Oel; im Besitze von Willmann's Enkel Fritz Bruère in Frankfurt a. M.

„ **Die Frau des Malers J. D. Scheel**, geb. Silbermann, lebensgroßes Bildniß in Oel, 30" hoch, 24" breit; im Besitze von Ernst Kelchner zu Frankfurt a. M.

1809—1811. Von den übrigen Bildnissen in Oel (S. 271) hat sich, obgleich solche noch vorhanden sein müssen, zur Zeit nichts Zuverlässiges weiter ermitteln lassen, als daß die Familie des Inspectors Malß eines besitzt, welches unter allen von Cornelius gemalten Bildnissen für das beste gehalten wird.

„ Frau Malß, ihren kleinen Sohn (den jetzigen Inspector des Städel'schen Instituts) auf dem Schoße haltend; sitzende Figur, Kniestück; Federumriß, Folio. Im Besitze der Frau Th. v. Cornelius in Berlin.

„ Der Hadermann'sche Nachlaß. Die verstorbene Frau Hadermann zu Frankfurt a. M. besaß verschiedene Arbeiten von Cornelius, namentlich viele Studien und Entwürfe zum Faust, den Karton „das Menschengeschlecht ic." von 1804 und Anderes. Leider blieben aber alle Nachforschungen über den Verbleib dieses Nachlasses bisher ganz ergebnißlos; angeblich soll derselbe nach Wiesbaden gekommen sein, doch hat sich auch an diesem Orte eben Nichts ermitteln lassen.

1811. Reise in den Taunus. (S. 38.) Beschreibung derselben auf 28 Octav- und 28 Quartseiten nebst 6 Zeichnungen, nemlich
 1) Eine Geisterbeschwörung.
 2) Ein Flußbad.
 3) Eine Prügelei.
 4) Ueberschreitung eines Baches.
 5) u. 6) Zwei Bildnisse.
Diese sechs Zeichnungen nebst der Handschrift im Besitze des Inspectors G. Malß zu Frankfurt; zwei weitere Zeichnungen, deren Gegenstand nicht angegeben werden kann, im Besitze von Verwandten der Malß'schen Familie.

1810—1815. Faust. 12 Federzeichnungen in gr. Fol., im Besitze des Städel'schen Instituts zu Frankfurt a. M. In Stichen von Ruscheweyh und Thäter herausgegeben 1816. (S. 28 ff.)
 1) Titelblatt in Arabesken. $18\frac{1}{2}''$ h., $22\frac{1}{4}''$ br.
 2) Vorspiel auf dem Theater mit der Zueignung an Göthe vom September 1815. $16\frac{1}{4}''$ h., $20\frac{1}{8}''$ br.
 3) Faust und Wagner unter den Spaziergängern vor dem Thore. $12\frac{13}{16}''$ h., $12''$ br.
 4) Auerbach's Keller. $13\frac{1}{2}''$ h., $17\frac{5}{16}''$ br.
 5) Faust bietet Gretchen den Arm, gez. 1811. $14\frac{1}{2}''$ h., $15''$ br.

6) Fauſt mit Gretchen im Garten, gez. 1811. 14¹/₁″ h., 15¹¹/₁₆″ br.
7) Gretchen knieend vor der Mater dolorosa, gez. 1811. 17¹⁵/₁₆″ h., 15³/₁₆″ br.
8) Valentin's Tod, gez. 1815. 18⁵/₈″ h., 14¹/₈″ br.
9) Gretchen in der Kirche. (Mit des Meiſters Selbſtbildniß; Motiv der Architektur aus St. Quirin in Neuß.) gez. 1811. 17³/₈″ h., 21³/₄″ br.
10) Walpurgisnacht: Fauſt von Mephiſtopheles geführt, gez. 1811. 15⁵/₈″ h., 13³/₁₆″ br.
11) Fauſt und Mephiſtopheles zu Pferde beim Rabenſtein vorübersprengend, gez. 1811. 15¹/₈″ h., 20″ br.
12) Fauſt bei Gretchen im Kerker, gez. 1815. 13¹/₄″ h., 17⁷/₈″ br.

Eine Ausgabe in neuen Abdrücken erſchien 1845 zu Berlin; eine kleinere in lithographirten Umriſſen zu München. Blatt 11 auch in Holzſchnitt bei Raczynski.

Blatt 2: „Die Zueignung", in Federumriß gezeichnet; im Beſitze von Moritz Gontard zu Frankfurt a. M.

Blatt 6: Angefangen mit der Gruppe des Mephiſto und der Martha, in Federumriß, aber eines Fleckens wegen bei Seite gelegt; im Beſitze des Malers H. Mosler in Düſſeldorf.

Blatt 4: „Auerbachs Keller". Federumriß, 10½″ h., 14″ br. — Gretchen („Ich gäb' was drum ꝛc."), vor der Thür Fauſt und Mephiſtopheles („Herein, ganz leiſe ꝛc."). Auf der Rückſeite der vorigen Zeichnung.

Gretchen und Lieschen am Brunnen. Federumriß, 10½″ h., 14″ br. — Dies Blatt und das Blatt mit den beiden vorigen Zeichnungen im Beſitze der Frau Th. v. Cornelius in Berlin.

1811 u. 1812. Taſchenbuch. 13 Zeichnungen zu Kupferſtichen im „Taſchenbuch der Sagen und Legenden", herausgegeben von Amalie von Helwig u. ſ. w. 2 Jahrgänge. kl. 8. Berlin 1812 u. 1817. (S. 38.)

Im erſten Jahrgang:
1) Zur Legende „die Rückkehr der Pförtnerin": Maria empfängt die entflohene Pförtnerin an der Kloſterpforte; geſt. von Gottfried Riſt.
2) Zur Sage „Adolfs-Eck": Kaiſer Adolf von Naſſau raubt eine Nonne; geſt. von H. Lips.

3) Zur Legende „der St. Elisabethen-Brunnen": die heilige Elisabeth kniet betend vor einem Kreuz; gest. von H. Lips.
4) Desgleichen: die heilige Elisabeth giebt einem armen Greise ihren kostbaren Handschuh; gest. von Fr. Bolt.
5) Zur Legende „St. Georg und die Wittwe": der heilige Georg belehrt die Wittwe, welche ihn für einen griechischen Gott hält; gest. von H. Lips.
6) Zur Legende „der Siegeskranz": Leuthold, seine Frau und Diotwina an Siegebald's geöffnetem Sarge; gest. von H. Lips.
7) Zur Sage „Die Nacht im Walde": Windruda empfängt vor der Thür ihrer Hütte Karl den Großen; gestochen von G. Rist.
8) Zur Sage „die Martinswand": Kaiser Max auf der Martinswand; gest. von H. Lips.

Im zweiten Jahrgang:

9) Zur Sage „Richard und Blondel": Richard Löwenherz und das Hirtenmädchen Mathilde; gest. von H. Ritter.
10) Zur Sage „Herzog Kanut der Heilige": Kanut kommt zu dem verrätherischen König Magnus von Schweden; gest. von H. Ritter.
11) Zur Sage „die Götzeneiche": Bonifacius hat das Kreuz aufgepflanzt, und Orshold und Wittaborn bekehrt; gest. von H. Lips.
12) Zur Legende „Radegundis": die heilige Elisabeth schneidet der schönen Radegundis die goldenen Locken ab; gest. von H. Ritter.
13) Zur Legende „die Jagd des heiligen Hubertus": Hubertus kniet vor dem Hirsch mit der Kreuzerscheinung; gest. von H. Ritter.

Ueber den Verbleib der Originalzeichnungen ist nichts bekannt; Herr Buchhändler Georg Reimer zu Berlin, der Verleger dieses Taschenbuches, vermuthet, daß es s. Z. übersehen worden sei, dieselben von den Kupferstechern zurückzufordern. Danach wären sie als verschollen anzusehen.

1812—1817. **Niebelungen.** (S. 49.) Sieben Zeichnungen im Besitze des Buchhändlers G. Reimer zu Berlin. In Stichen von G. Lips und H. Ritter, Amsler und Barth herausgegeben.

1) Titelblatt mit der Widmung an Niebuhr; bez. mit Monogramm und Jahreszahl 1817, $20^{7}/_{8}$" h., $26^{9}/_{16}$" br.; gest. von Amsler und Barth.

2) Der Königinnen Grüßen. Vers 2369—2373. 19¹/₄″ h., 25⁵/₈″ br.
3) Hagen's Heuchelei. Vers 3625—3636. 14¹³/₁₆″ h., 12½″ br.
4) Siegfried's Abschied von Chriemhilde. Vers 3697—3764. 16⁵/₈″ h., 17½″ br. Auch in Holz geschnitten bei Raczynski.
5) Siegfried fängt einen Bären und läßt ihn unter das Jagdgefolge los. Vers 3845—3852. 15½″ hoch, 23¼″ breit.
6) Siegfried's Tod. Vers 3937—3956. 22″ hoch, 24¼″ breit.
7) Chriemhild erblickt Siegfried's Leiche. Vers 4041—4052. 19³/₈″ hoch, 15″ breit.

Die Angabe der Verszeilen bezieht sich auf die Hagen'sche Ausgabe. (Breslau 1816.)

Blatt 1. Der Titel in leichtem Federumriß von der Größe des Stiches. Ehemals in der Rumohr'schen Sammlung (Katalog. Lübeck 1846. Nr. 3955.), weiterer Verbleib unbekannt.

Blatt 5. „Siegfried mit dem Bären", in zwei Stücken. Federumrisse 10½″ hoch, 17¼″ breit. Im Besitze der Frau Th. v. Cornelius zu Berlin.

Blatt 6. „Siegfried's Tod", noch einmal, 65 Ctmtr. breit, 56 Ctmtr. hoch; im Besitze des Grafen Marcelli zu Cagli in Umbrien.

Blatt 7. „Siegfried's Leiche", noch einmal, Federumriß mit Bleistift schattirt; 19³/₈″ hoch, 15″ breit; im Besitze der Frau Th. v. Cornelius zu Berlin.

Auszug zum Sachsenkriege, große Umrißzeichnung, lithographirt von Zach in München (bei Raczynski). Verbleib des Originals unbekannt.

Donaufahrt der Niebelungen, Umrißzeichnung in Bleistift, nicht ganz vollendet, Fol.; auf der Rückseite perspectivische Constructionen. Im Besitze der Frau Th. v. Cornelius zu Berlin.

1815—1817. Josef-Fresken im Bartholdy'schen Hause zu Rom. (S. 54 ff.)
1) Die Traumdeutung Josef's.
 a. Zeichnung in Deckfarben nach dem ersten Entwurfe; über dem Hauptbilde der Traumdeutung als Bogenfeld die Fruchtbarkeit, eine theils landschaftliche, theils figürliche Composition; kl. Fol. bez. P. Cornelius 1816; im Besitze des Kunsthändlers C. G. Boerner in Leipzig.

b. Federzeichnung nach einem zweiten veränderten Entwurf; im Besitze des großherzoglichen Museums zu Darmstadt.

c. Karton zu dem Fresko im Besitze des Oberbaurath Hausmann zu Hannover; gest. von Amsler.

2) Die Wiedererkennung Josef's und seiner Brüder.

a. Umriß in Bleistift, $13\frac{1}{2}''$ h., $16\frac{3}{4}''$ br.; im Besitze des Kunsthändlers L. G. Boerner in Leipzig.

b. Karton zu dem Fresko, $9' 6\frac{1}{2}''$ breit, $7' 8''$ hoch; im Besitze der Kunstakademie zu Berlin; gestochen von Hoffmann, in Holzschnitt bei Raczynski.

1817—1819. **Dante's Paradies.** Vorarbeiten zu einem Deckengemälde a fresko in der Villa Massimi zu Rom. (S. 68 ff.)

I. Zeichnung der ganzen Composition in Federumriß, zum Theil in Farben angelegt, etwa 24 zu 30''; im Besitze des Königs Johann von Sachsen zu Dresden. Im Umriß lithographirt von Eberle und mit Erläuterungen von Döllinger 1831 zu Leipzig unter dem Titel: „Umrisse zu Dante's Paradies" in neun Quartblättern herausgegeben. Die einzelnen figürlichen Theile des Werkes zerfallen in ein elliptisches Mittelfeld und acht Gruppen, welche jenes wie ein Ring umgeben, und stellen, dem Gange des Gedichtes folgend, der Reihe nach dar:

1) Die acht Gruppen des Ringes:

a. Sphäre des Mondes: Dante's Eintritt ins Paradies unter Beatrice's Führung.

b. Sphäre des Merkur und der Venus: Justinian, Folco und Rahab.

c. Sphäre der Sonne: Thomas von Aquin, Albertus Magnus, Bonaventura.

d. Sphäre des Mars und Jupiter: Karl der Große, Gottfried von Bouillon, Constantin u. A.

e. Sphäre des Saturn: Franz v. Assisi, Benedict ꝛc.

f. Sphäre der Fixsterne (Zwillinge): Petrus, Jacobus, Johannes — Dante und Beatrice.

g. Primum mobile und die Rose der Seeligen: Adam, Stephanus, Moses.

h. Fortsetzung: Johannes der Täufer, Augustinus, Gregorius.

2) **Das Mittelbild:** Dante und Bernhard von Clairvaux verehren die das Höchste (die Dreieinigkeit) anbetende Madonna.

II. Kartons.

1) **Die Gruppen** d. und e. des Ringes, als Doppelkarton ausgeführt; im Besitze der Frau Dr. Wolters zu Bilf bei Düsseldorf.
2) **Die Gruppen** f. und g. des Ringes, als Doppelkarton ausgeführt; im Besitze des Hauptmanns G. Cornelius zu Wetzlar, und von diesem, vorbehaltlich seiner Rechte, im Städel=schen Institut zu Frankfurt a. M. aufgestellt.
3) **Das Mittelfeld.**

Dieser Karton ist im Jahre 1819 von Cornelius bei seinem Abgange aus Rom seinem Freunde Joseph Koch zur Aufbewahrung übergeben worden, und seitdem ist jede Spur desselben verloren.

1811—1819*). Christus mit acht Jüngern bei Maria und Martha. Federumriß, 7" hoch, 8¼" breit; auf der Rückseite ein Gewand=studium im Umriß. Im Besitze der Frau Th. v. Cornelius zu Berlin.

„ Die Gefangennehmung Christi. Zeichnung in 4º von 1812 oder 1813. In der, dem Senator Freiherrn von Bernus zu Frank=furt gehörigen, Schlosser'schen Sammlung auf Stift Neuburg bei Heidelberg.

„ Abschied zur Flucht nach Aegypten. Bleistiftumriß zum Theil noch Skizze, doppelt Fol.; auf der Rückseite Skizzen mehrerer Gruppen; —

„ Dasselbe, zur Ausführung auf braunem Thonpapier leicht in Blei=stift umrissen; doppelt Fol.; beide Blätter im Besitze der Frau Th. v. Cornelius zu Berlin.

„ Abschied des Paulus von den Ephesern in Milet. Zeichnung im Kupferstichkabinet zu München.

„ Dasselbe, in scharfen festen Umrissen, 21" hoch, 24" breit; bez. Pietro Cornelius fe. Roma 1813. In der dem Senator Frei=herrn v. Bernus zu Frankfurt gehörigen, Schlosser'schen Samm=lung auf Stift Neuburg bei Heidelberg.

---

*) Die einzelnen hier folgenden Arbeiten des Cornelius, die während des römischen Aufent=haltes nach und nach entstanden sind, haben sich nicht alle dem besonderen Entstehungsjahr nach fest=stellen lassen. Wo dies ermittelt werden konnte, ist es beigefügt, und im Uebrigen ist die chronologische Anordnung, so gut als es irgend ging, versucht worden.

Diese Zeichnung ist bei der Anfertigung des vorigen Blattes benutzt worden (s. die Anmerkung weiter unten), und sie war von Cornelius dem Rathe Schloſſer gesandt worden, damit dieser sich für die Bestellung eines Oelbildes nach derselben intereſſiren möchte.

1811—1819. **Grablegung.** Zeichnung auf der Rückseite des vorvorigen in München befindlichen Blattes.

" **Romeo's Abschied von Julia.** (Act III., Scene 5.) Sepia= zeichnung, 1' 3½" hoch, 10¼" breit; im Thorwaldſen=Muſeum zu Kopenhagen.

" **Dieselbe Zeichnung** im Bleiſtiftumriß, bei der Sepia=Ausführung benutzt; im Besitze der Frau Th. v. Cornelius zu Berlin.

" **Julia als Scheinleiche** (Act IV., Scene 5). Angefangene Blei= ſtiftzeichnung, 13½" h., 16⅜" br.; ehemals in der Rumohr'ſchen Sammlung, jetzt im k. Kupferſtichkabinet zu Berlin.

" **Dieselbe Zeichnung** in Bleiſtiftumriß, von der nämlichen Größe; im Besitze der Frau Th. v. Cornelius zu Berlin.

" **Der Tod Romeo's und Julia's** (Act V., Scene 3). Federzeich= nung, 16¾" h., 19¼" br.; im Städel'ſchen Inſtitut zu Frank= furt; geſt. von E. Schäffer.

" **Dieselbe Zeichnung** in Bleiſtiftumriß, von der nämlichen Größe; im Besitze der Frau Th. v. Cornelius zu Berlin.

" **Kreuzabnahme.** Bleiſtiftumriß auf braunem Papier, nicht vollendet; doppelt Fol.; im Besitze der Frau Th. v. Cornelius zu Berlin.

" **Transparentbild auf die Einnahme von Paris**: Die Geſtalten der Gerechtigkeit und Kraft reichen ſich die Hand und der Genius des Sieges kränzt beide; — gemeinsam mit Overbeck 1814 ge= macht; von dieſem war die Gerechtigkeit gemalt, während die Kraft von Cornelius ausgeführt war. Nicht mehr vorhanden.

" **Eros belehrt Erato.** Federzeichnung, 29 Ctmtr. breit, 22 Ctmtr. hoch, (1815); im Besitze des Grafen Marcelli zu Cagli in Umbrien.
Diese Compoſition hat Cornelius um 1843 zu Berlin in Tuſche wieder= holt; siehe weiter unten.

" **Allegorie auf Tyrol.** Ein junges Weib in maleriſcher Landes= tracht, die Schutzgöttin Tyrol's, ſteht auf einem Joche, unter dem eine Schlange; sie iſt von einem Knaben mit Helm und Schild begleitet, und ſpricht zu zwei Frauen, welche, die Inſignien der Bibel und des Reichsapfels haltend, auf reich geſchmückten Stühlen sitzen, und Kirche und Reich vorstellen. Umrißzeichnung in Feder, oben gerundet.

Cornelius fertigte diese Zeichnung in Rom um 1815 auf Veranlassung Bartholdy's an, welcher bereits 1814 seinen „Krieg der Landleute in Tyrol" hatte erscheinen lassen, und der damals weitere literarische Absichten hegte, zu denen er dies Blatt verwenden wollte. 1853 ist dasselbe aus der Friedländer'schen Sammlung bei R. Weigel in Leipzig an den Kunsthändler E. Arnold in Dresden im Wege der Auction für 26 $\mathscr{K}$ 5 gr gekommen, später ist es von diesem weiter verkauft, doch hat jetzt nicht mehr ermittelt werden können, an wen. Der gegenwärtige Besitzer ist also unbekannt.

1811—1819. **Pietas.** Maria, die Mutter Jesu, mit den beiden anderen Marien, Johannes, Joseph von Arimathia, Nikodemus und Petrus beim Leichname Christi. Federzeichnung (um 1815) in Sepia auf bräunlichem Papier, 1' 1¼" hoch, 1' 4" breit. Im Thorwaldsen=Museum zu Kopenhagen.

" Dieselbe Zeichnung in Umriß*), auf braunem Papier, 12⅝" h., 15⅝" br. (hier rheinisches, dort dänisches Maß); im k. Kupferstichkabinet zu Berlin.

" Grablegung. Federzeichnung auf bräunlichem Tonpapier mit Gold gehöht; im Besitze von Hermann Mumm zu Frankfurt a. M.

" Grablegung. Umriß=Federzeichnung 8" h., 10" 6‴ br. Ehemals in der Rumohr'schen Sammlung, jetzt im Besitze des geheimen Rathes Dr. Müller zu Dresden; gest. von A. Krüger.

" Grablegung. Oelbild nach der vorigen Umrißzeichnung, 1818 oder 1819 ausgeführt; auf Holz 1' 1" hoch, 1' 6" breit. Im Thorwaldsen=Museum zu Kopenhagen; lithographirt von Schreiner.

" **Heilige Familie.** Umriß=Federzeichnung; bez. 1816. Im Besitze des Directors E. Bendemann zu Düsseldorf.

" **Die drei Marien am Grabe.** Oelbild, 28¼" breit und 23¾" hoch. Bestellt und im Karton vollendet 1815, jedoch erst 1822 abgeliefert. Im Besitze der Erben des Bestellers, Gerichts=Präsidenten Fromm zu Rostock, nemlich der Frau Ober=Med.=Räthin Stanius und deren Schwester Fräulein Fromm.

" **Die Flucht nach Aegypten.** Oelbild, etwa 8" hoch, 12" breit; landschaftlicher Hintergrund von Josef Koch. Im Besitze des Freiherrn von Schack zu München.

---

*) Die vielfach in dieser Zeit vorkommenden besonderen Umrißzeichnungen von ausgeführten Blättern erklären sich durch das S. 288 über die Anfertigung der Faustzeichnungen Gesagte. Meist sind diese Umrißblätter auf der Rückseite geschwärzt, und die Umrisse selbst sind mit einem stumpfen Stifte durchgedrückt.

1811	1819. **Die klugen und thörichten Jungfrauen.** Nicht ganz vollendetes Oelbild, etwa 4′ hoch und 5′ breit; in der städtischen Sammlung zu Düsseldorf.
„	**Madonna mit der Rose.** Bez. P. Cornelius 1818; vom Meister selbst auf Stein gezeichnet, Abdruck im Städel'schen Institut zu Frankfurt a. M.
„	**Entwürfe zu den Transparenten**, die bei dem Ludwigsfeste 1818 in der Villa Schultheiß zu Rom von den dortigen Künstlern gemalt waren.

Mittelbild: Die Künste, Baukunst, Bildhauerei, Malerei, Dichtkunst und Musik, unter einem Eichbaum versammelt; — Seitenbilder: die großen Meister der älteren Kunst; — und die alten Kunstbeschützer. — Unter diesen Bildern drei reliefartige Predellen: die Mauern Jericho's, — der Augiasstall, — Simson und die Philister, dies Alles in humoristischem Bezuge auf die damaligen Kunstzustände. (S. 71 ff.) Die Originalzeichnungen sind verloren, doch soll in Rom bei dem Bildhauer E. Wolf sich noch ein Stück der Transparente erhalten haben.

„	**Brustbild eines italienischen Landmädchens.** Bleistiftzeichnung auf braunem Papier in 4. Im Besitze der Frau Th. v. Cornelius zu Berlin.

Cornelius hat diese Zeichnung als Karton benutzt bei einem seiner Versuche, sich in der Fresko-Technik zu üben.

„	**Kopf des Malers Fohr.** Leichte Bleistiftzeichnung auf grauem Papier in 4. Im Besitze der Frau Th. v. Cornelius zu Berlin.
„	**Bildniß des Fr. Overbeck** und auf demselben Blatte neben jenem das Bildniß des Cornelius von Overbeck's Hand. Zeichnung von 1812 oder 1813. In der, dem Senator Freiherrn v. Bernus zu Frankfurt gehörigen, Schlosser'schen Sammlung auf Stift Neuburg bei Heidelberg.
„	**Ansicht von S. Giovanni e Paolo in Rom.** Bleistiftumriß, Fol., nicht ganz vollendet. Im Besitze der Frau Th. v. Cornelius zu Berlin.
	Die figürliche Staffage auf einer Anzahl von landschaftlichen Bildern des Joseph Koch; die ungleich bedeutendste und umfangreichste unter diesen Arbeiten ist die „Rückkehr Jakob's", die in der Quandt'schen Sammlung sich befand.

C. München 1819—1841.
(Einschließlich Düsseldorf 1820—1825. *)

1818—1830. **Glyptothek.** Die Fresken der Glyptothek zu München (S. 86 ff.) befinden sich in einer Vorhalle, die den Eintritt von der Rückseite des Gebäudes vermittelt und in zwei, rechts und links vor dieser liegenden, Prachtsälen. Die Säle sind quadratisch mit einspringenden Eckpfeilern angeordnet und mit rundbogigen Kreuzgewölben bedeckt. Es entstehen so in jedem Saale vier Gewölbeviertel und drei Spiegelflächen (Lünetten); die vierte Spiegelfläche wird durch das Fenster ausgefüllt. Die Wände ringsum sind mit Stuckmarmor belegt.

A. **Der Göttersaal**; beendet 1826.
I. Erstes Gewölbeviertel (dem Fenster gegenüber) vom Scheitel beginnend.
1) Eros mit dem Delphin: Element des Wassers. (Farbige Ausführung von Cornelius.)
2) Flora mit Amor und Psyche: Der Frühling.
3) Aufsteigen der Aurora mit den Horen: Der Morgen. (Farbige Ausführung von Zimmermann.) Lithographirt von Schreiner 1829.
4) Aurora, Tithonos und Memnon; links von Nr. 3. (Farbige Ausführung von Zimmermann.)
5) Aurora und Tithonos vor Zeus; rechts von Nr. 3. (Farbige Ausführung von Schlotthauer.)
6) Arabeske: Sieg des Geistigen über das Elementare.
7) ♀ Kephalos und Prokris; links von Nr. 6.
8) ♀ Aurora und Kephalos; rechts von Nr. 6.

Hierunter in der halbkreisförmigen Lünette (20′ Durchmesser):
1) ♯ Die Geburt der Venus. Flachrelief von Schwanthaler **).

---

*) In dem Buche „Kunstwerke und Kunstansichten" von Gottfried Schadow heißt es S. 209: „1823. Von Cornelius war in Berlin zum erstenmal ein Oelgemälde zu sehen: Die Madonna mit dem Kinde. Die Figuren in Naturgröße und von einer Ausführung, der die späteren Werke von diesem Meister wenigstens in dieser Art kaum gleich kamen." Diese so bestimmt auftretende Mittheilung veranlaßte mich zu gründlichen Nachforschungen, die denn freilich ergeben haben, daß hier ein Irrthum vorzuliegen scheint. Cornelius selbst erinnert sich durchaus nicht, jemals ein Gemälde wie dies gemacht zu haben, und er vermuthet, daß hier eine, der in früherer Zeit öfter vorgekommenen, Verwechselungen zwischen ihm und Overbeck stattgefunden habe. Es ist deshalb anzunehmen, daß die Schadow'sche Angabe unrichtig ist.

**) Wegen der Bedeutung der Zeichen ♀ und ♯ s. unten S. 399.

2) Die Wasserwelt: Poseidon und Amphitrite, auf einem Muschelwagen einherziehend, horchen dem Arion zu. (Farbige Ausführung von Cornelius mit Beihülfe von Zimmermann und Schlotthauer.)

II. Zweites Gewölbeviertel:

1) Eros mit dem olympischen Adler: Element des Feuers. (Farbige Ausführung von Cornelius.) In Holzschnitt bei Raczynski.
2) Ceres an der Herme des Pan ruhend: Der Sommer.
3) Helios auf goldenem Wagen: Der Mittag. (Farbige Ausführung von Cornelius, die der Pferde von Heidegg.) Lithographirt nach einer Zeichnung von F. Kühlen durch J. G. Zeller in München 1820.
4) Leukothoë, Klytia, und Hyakinthos; links von Nr. 3. (Farbige Ausführung von Schlotthauer.)
5) Daphne und Apollon; rechts von Nr. 3. (Farbige Ausführung von Heinrich Heß.)
6) Arabeske: Gewalt des Geistes über die Sinne. (Farbige Ausführung von Sipmann.)
7) ♀ Apoll unter den Hirten; links von Nr. 6.
8) ♀ Urtheil des Midas; rechts von Nr. 6.

Hierunter in der halbkreisförmigen Lünette (20' Durchmesser):

1) ♯ Sturz der Giganten. Flachrelief mod. von Haller. Umrißkarton hierzu im Besitze des Dr. Max Jordan in Leipzig.
2) Der Olympos. Versammlung der Götter; Hebe bringt dem eintretenden Herakles die Nektarschale entgegen. (Farbige Ausführung von Cornelius, unter Beihülfe von Zimmermann und Schlotthauer.)
3) ♯ Amor und Psyche. Hochrelief im Giebel des Thürsturzes, mod. von Schwanthaler.

III. Drittes Gewölbeviertel:

1) Eros mit dem Pfau: Element der Luft. (Farbige Ausführung von Cornelius.)
2) Bakchos mit einem Tiger und Amorinen: Der Herbst.
3) Heraufzug der Luna: Der Abend: in Holzschnitt bei Raczynski.
4) Diana und Endymion; links von Nr. 3.
5) Diana und Aktäon; rechts von Nr. 3.

6) Arabeske: Kampf in der Natur zwischen dem Menschen und den Thieren.
7) ♀ Opfer der Iphigenia; links von Nr. 6.
8) ♀ Jagd der Diana; rechts von Nr. 6.
   (2—8 farbige Ausführung von Schlotthauer.)
Hierunter befindet sich das halbkreisförmige Fenster.

IV. **Viertes Gewölbeviertel**, gestochen von E. Schäffer:
1) Eros mit dem Kerberos: Element der Erde; in Holzschnitt bei Raczynski.
2) Spiel und nächtliche Feier mit Amor und Komos: Winter.
3) Zug der Nyx auf dem Eulenwagen, mit dem Schlaf und Tod in den Armen: Die Nacht.
4) Hekate, Nemesis und Harpokrates; links von Nr. 3.
5) Die Parzen; rechts von Nr. 3.
6) Arabeske: Die Gebilde der Nacht kämpfen mit einander.
7) Zeus und Alkmene; links von Nr. 6.
8) Amor und Psyche; rechts von Nr. 6.
   (1. 2. 3. und 5. farbige Ausführung von Cornelius, 4. 6. 7. und 8. von Zimmermann.)

Hierunter in der halbkreisförmigen Lünette (20' Durchmesser):
1) # Raub der Proserpina. Flachrelief mod. von Stieglmayer.
2) Die Unterwelt. Orpheus ist an den Todtenrichtern vorbei, von Charon und Hermes nicht gehindert, zum Throne des Aides gelangt, wo Eurydike seiner harrt; die Eumeniden lauern finster grollend, und andere Gestalten des Tartaros sind sichtbar. (Farbige Ausführung von Cornelius mit Beihülfe von Schlotthauer und Zimmermann.)
3) # Ceres und Proserpina. Hochrelief im Giebel des Thürsturzes, mod. von Schwanthaler. (Die ganze Lünette, Malerei und Reliefs, gest. von E. Schäffer.)

B. **Der Trojanische Saal**; beendet 1830.
I. Rundbild im Scheitel des Kreuzgewölbes (5' Durchmesser). Hochzeit des Peleus und der Thetis, der Eltern des Achilleus. Farbige Ausführung von Schlotthauer; in Umriß gestochen von E. Schäffer (erschien in den Karlsruher „Deutschen Kunstblüthen").
Um dies Rundbild im Kreise herum die sitzenden Gestalten der zwölf Götter; mod. von Schwanthaler.

II. **Erstes Gewölbeviertel:**

1) Das Urtheil des Paris. (Grau in grau auf Goldgrund ausgeführt von Zimmermann und Schlotthauer); gestochen im Umriß von E. Schäffer („Deutsche Kunstblüthen").

   Hierunter links:

2) Odyssus unter den Töchtern des Lykomedes. (Farbige Ausführung von Zimmermann.)

   Rechts:

3) Venus und Mars von Diomedes verwundet. (Farbige Ausführung von Schlotthauer.) Gestochen von Thäter als Theil eines Blattes zu „Raczynski, Geschichte der deutschen Kunst."

   Zwischen 2 und 3:

4) Arabeske (nach unten im ausspringenden Halbrund schließend): Geschichte des Oedipus und seiner Söhne. (Farbige Ausführung von Eberle.)

5) ♀ Im Halbrunde: Achills Geburt.

Unter diesem Gewölbeviertel ist das halbkreisförmige Fenster; über dem letzteren:

♯ Der Kampf bei den Schiffen. Flachrelief mod. von Schwanthaler.

III. **Zweites Gewölbeviertel:**

1) Vermählung des Menelaos und der Helena. (Grau in grau auf Goldgrund; Ausführung von Zimmermann und Schlotthauer.) Gestochen von Thäter, als Theil eines Blattes zu „Raczynski, Geschichte der n. deutschen Kunst"; und in Umriß gestochen von E. Schäffer (Deutsche Kunstblüthen).

   Hierunter links:

2) Agamemnon vom Traumgott zur Schlacht ermuntert. (Farbige Ausführung von Schlotthauer.) Gestochen von Thäter als Theil eines Blattes zu „Raczynski, Geschichte der neuen deutschen Kunst".

   Rechts:

3) Venus und Amor schützen Paris gegen Menelaos. (Farbige Ausführung von Zimmermann.)

   Zwischen 2 und 3.

4) ♀ Arabeske: Die Dioskuren und Theseus.

5) ♀ Im kleinen Halbrund hierzu: Hephaestos schmiedet Achill's Waffen. (Farbige Ausführung von E. Neureuther.)

In der Lünette unter diesem Gewölbeviertel (Halbkreis von 26′ Durchmesser):

1) ☩ Kampf bei den Schiffen. Flachrelief von Schwanthaler.
2) Der Zorn des Achilleus wegen der Briseïs. (Farbige Ausführung von Cornelius, mit Beihülfe von Zimmermann und Schlotthauer.)

IV. **Drittes Gewölbeviertel** (dem Fenster gegenüber):

1) Entführung der Helena. (Grau in grau auf Goldgrund; Ausführung von Schlotthauer; gestochen in Umriß von E. Schäffer (Deutsche Kunstblüthen); in Holzschnitt bei Raczynski.

   Hierunter links:
2) Ajax hat den Hektor niedergeworfen. (Farbige Ausführung von Cornelius.)

   Rechts:
3) Nestor und Agamemnon wecken den Diomedes. (Farbige Ausführung von Cornelius.)

   Zwischen 2 und 3:
4) Arabeske: Philoktet und Perseus.
5) ♀ Im kleinen Halbrunde hierzu: Zeus mit der Wage, Athene und Apollon. (Farbige Ausführung von Neureuther.)

In der halbkreisförmigen Lünette unter diesem Gewölbeviertel (26′ Durchmesser):

1) ☩ Kampf des Achilleus mit den Flußgöttern. Flachrelief von Schwanthaler.
2) Der Kampf um den Leichnam des Patroklos. (Farbige Ausführung von Cornelius mit Beihülfe von Zimmermann und Schlotthauer.)

V. **Viertes Gewölbeviertel:**

1) Opfer der Iphigenia. (Grau in grau auf Goldgrund; Ausführung von Zimmermann und Schlotthauer.) Gestochen von E. Schäffer (Deutsche Kunstblüthen).

   Hierunter links:
2) Achilleus gewährt dem Priamos den Leichnam des Hektor. (Farbige Ausführung von Zimmermann.)

   Rechts:
3) Hector's Abschied von Andromache. (Farbige Ausführung von Schlotthauer.)

Zwischen 2 und 3:
4) Arabeske: Raub des Ganymedes, und Leda mit dem Schwan.
5) Im kleinen Halbrund hierzu: Der Tod des Achilleus. (Farbige Ausführung von Neureuther.)

In der halbkreisförmigen Lünette unter diesem Gewölbeviertel 26′ Durchmesser):

Der Fall Troja's. (Farbige Ausführung von Cornelius mit Beihülfe von Zimmermann und Schlotthauer.) Gestochen von Merz. Aus diesem Bilde Hekuba, Priamus, Kassandra und Neoptolemos in Holzschnitt (4 Stöckchen) bei Raczynski.

C. **Die kleine Vorhalle** zwischen beiden Sälen, beendet 1830:
1) Rundes Mittelbild am Gewölbe (6′ Durchmesser): Prometheus bildet den Menschen. (Farbige Ausführung von Cornelius.)
2) ♀ Lünette rechts: Der gefesselte Prometheus. Karton im Besitze des Dr. Ringseis zu München. (Farbige Ausführung von Schlotthauer.)
3) Lünette links: Pandora und Epimetheus. (Farbige Ausführung von Zimmermann.)
4) ♀ Arabeskenfeld mit Figuren der Psyche, Amorinen ꝛc.

Sämmtliche Originalkartons zur Glyptothek, mit Ausnahme der durch ♀ angemerkten 12 Nummern, befinden sich im Besitze des preußischen Staates und lagern zusammengerollt (S. 21 u. 349) in Berlin; auch mehrere Kartons mit Verzierungen, nach denen die Theilungslinien der Gewölbflächen ausgebildet sind, gehören hierher. Die mit ♀ Bezeichneten gehören zu kleineren Bildern und sind verschollen, so weit nicht anderes dabei bemerkt ist. Die mit # bezeichneten Stücke sind Zeichnungen, nach denen die plastische Ausführung statt fand.

Von den Zeichnungen, welche der Ausführung der Kartons zu den Glyptothekfresken zu Grunde gelegen, haben sich als erhalten folgende ermitteln lassen:
1) Eintritt des Herkules in den Olympos. Umrißzeichnung in Bleistift in 4. Die Composition weicht von der Freskoausführung erheblich ab. Im Museum zu Basel. (Geschenk des Fräulein Emilie Linder zu München.)
2) Die Entführung der Helena. Bleistiftzeichnung in 4., als erster Entwurf in Einzelheiten abweichend von der späteren

Freskoausführung. Im Besitze des großherzoglichen Museums zu Darmstadt.

3) **Derselbe Gegenstand**, wie er im Fresko ausgeführt ist. Umrißzeichnung; im Besitze des Professor J. Schlotthauer zu München.

4) **Das Opfer der Iphigenia.** Federzeichnung in 4.; im Besitze von Moritz Gontard zu Frankfurt a. M.

5) **Der Kampf um den Leichnam des Patroklos** (1828); Federzeichnung, 18 Ctm. h., 33 Ctm. br.; im Besitze des Grafen Marcelli zu Cagli in Umbrien.

6) **Die Zerstörung von Troja.** $9^{3}/_{4}''$ h., $19^{1}/_{2}''$ br. Die Gruppe der Hekuba und des Priamus in Bleistift umrissen, das Uebrige leicht eingerissen; braunes Papier. Im Besitze der Frau Th. v. Cornelius zu Berlin.

7) **Arabeskenfries** mit Satyrn und Nymphen aus der Glyptothek. Bleistiftzeichnung im Städel'schen Institut zu Frankfurt a. M.

———

Bildniß von des Künstlers erster Frau und seinen beiden Töchtern. Bleistiftzeichnung, $15^{3}/_{4}''$ h., $22^{1}/_{2}''$ br. Im Besitze der Frau Th. v. Cornelius zu Berlin.

Die Entstehungszeit dieses Blattes fällt in den Anfang oder die Mitte der zwanziger Jahre; das besondere Jahr hat sich mit Sicherheit nicht feststellen lassen.

1830. **Weibliches Brustbild.** Bleistiftzeichnung in 4. Im Besitze der Frau Th. v. Cornelius zu Berlin.

Diese Zeichnung gehört ungefähr in die Zeit, wohin sie hier gesetzt ist; näheres ist nicht anzugeben, möglich auch, daß sie etwas später fällt.

„ **Drei Bildnisse**, die Köpfe etwa in der Größe eines Thalers. Im Besitze des Geh. Raths Dr. Ringseis zu München.

Eines dieser Bildnisse stellt den Bildhauer Konrad Eberhard dar; Näheres war nicht zu ermitteln. Auch ist die Entstehungszeit nicht unbedingt sicher, obwohl die Blätter in diese Periode gehören.

„ **Bildniß des Sulpiz Boisserée.** (S. 115.) Zeichnung, ehemals im Besitze der Bürgermeister Thomas'schen Familie zu Frankfurt a. M.

Es hat sich nicht feststellen lassen, ob dies Blatt noch vorhanden ist.

„ **Thorwaldsen-Fest.** 4 Zeichnungen: Venus Anadyomene — Pygmalion — Prometheus — Geburt der Athene. Nach diesen Entwürfen wurden die Deckenbilder im Saale des Thorwaldsenfestes, 19. Februar 1830, von jüngeren Künstlern zu München ausgeführt. Verbleib der Originale unbekannt.

1827—1836. **Geschichte der Malerei.** (S. 114.) 48 Umrißzeichnungen in Bleistift, einige auch mit der Feder ausgeführt; im Besitze des Kupferstichkabinets zu München. — Nach denselben führte Professor Clemens Zimmermann die Freskomalereien im Bogengange der Pinakothek zu München aus. Dieser Bogengang, 419' lang, 18' breit und 29' hoch, besteht aus 25 Hängekuppeln; auf der einen Langseite sind die ganzen Bogenöffnungen mit niedrigen Brüstungen und Glasfenstern darüber, auf der andern sind sie durch Wandflächen geschlossen. Der Bilderschmuck ist an den Kuppeln und den halbkreisförmigen Spiegeln (Lünetten) dieser Wandflächen angebracht, so daß jedes Mal Kuppel und Spiegelbild gegenständlich zusammengehören. Die Kuppelräume (Loggia) 1—12 stellen die Entwickelung der italienischen, die 25—14 diejenige der außeritalienischen Malerei dar, der Kuppelraum 13 als die Mitte der ganzen Reihe enthält den großen Rafael; von beiden Enden nimmt also die geschichtliche Folge ihren Anfang und vereinigt sich in der Mitte. Dieser äußeren Symmetrie entspricht eine innere in der Art, daß z. B. die Abtheilungen des Fiesole und der Eyck's, Leonardo's und Dürer's, Michelangelo's und Rubens gleichmäßig geordnet sind. In den Spiegeln über den Eingangsthüren der schmalen Seiten des Bogenganges ist ein und dieselbe Darstellung zweimal angebracht: der bayerische Löwe bezwingt seine Feindin, die Schlange, und weibliche Figuren deuten weiter an, daß die Kunst in Bayern eine Heimath gefunden. Auf den Wandflächen unter den erwähnten 25 Spiegelbildern sind Namen und Wappen von Kunststädten gezeichnet.

I. Zueignung.

a. Kuppel:
1) Mittelbild auf Goldgrund: Bund der Religion mit den Künsten.
2) In dem umgebenden Ringe: David, Salomo, Lukas, Cäcilie.
3) In den Zwickeln vier plastische Medaillons: die evangelischen Symbole.

b. Spiegelfläche:
Einführung König Ludwig's in den Hain der Dichtung und Kunst.

II. Einleitung.

a. Kuppel:
1) In der Mitte plastisches Medaillon: Klio.
2) Im Ringe: α. Arabeskenstreifen. β. Bernhard v. Clairvaux predigt den Kreuzzug. γ. Arabeskenstreifen. δ. Schlacht von Ikonium.
3) In den Zwickeln vier plastische Medaillons: Gottfried v. Bouillon, Richard Löwenherz, Friedrich Barbarossa, Ludwig der Heilige.

b. Spiegelfläche:
α. Gründung des Campo santo in Pisa, 1278. β. Zu beiden Seiten hiervon Frauengestalten, als Pflegerinnen der Kunst.

III. Cimabue, um 1280.

a. Kuppel:
1) In der Mitte plastisches Medaillon: Cimabue.
2) Im Ringe: α. Cimabue betrachtet griechische Maler bei ihrer Arbeit. β. Er tritt bei denselben in die Lehre.
3) In den Zwickeln vier plastische Medaillons: Tafi, Duccio, Margeritone, Gaddi.

b. Spiegelfläche:
α. Triumphzug von Cimabue's großem Madonnenbild nach S. Maria novella in Florenz. β. Rechts von diesem: die entweichende Nacht — γ. links: Aurora als Verkündigerin des neuen Kunstlebens.

IV. Giotto, 1276—1336.

a. Kuppel:
1) Bild zur Rechten: Cimabue findet den Giotto bei den Schafen seines Vaters.
2) Bild zur Linken: Giotto legt seine Entwürfe zu Gemälden für die Peters-Basilika dem Papst Benedict vor.
3) Zwischen beiden Bildern die Bildnisse des Niccolo Pisano, Giov. Pisano, Giotto und Dante auf blauem Grunde.
4) In den Zwickeln vier plastische Medaillons: Taddeo Gaddi, Stefano Fiorentino, Pietro Cavallino, Simone Memmi.

b. Spiegelfläche:
1) In der Höhe des Bogens: Ein Genius weckt die schlummernde Gestalt der Kunst.
2) Darunter: Glaube, Liebe, Hoffnung.

3) Rechts davon: Giotto geht mit Clemens V. nach Avignon.
4) Links davon: Er malt in Neapel für König Robert.

V. Fiesole, 1387—1455.

a. Kuppel:
1) Mittelbild: Fiesole's Aufnahme unter die Seeligen.
2) Im ersten Ringe: Die vier Kirchenväter.
3) Im zweiten Ringe: α. Fiesole's Aufnahme in den Dominikanerorden. β. Er empfängt den Segen des Papstes Martin. γ. Er legt dem Cosmos v. Medici den Plan zum Kloster von S. Marco vor. δ. Er malt in den Klosterzellen.
4) Zwischen diesen Bildern die acht Seeligkeiten mit den vier evangelischen Symbolen.
5) In den Zwickeln: vier plastische Medaillons, Benozzo Gozzoli, Gentile da Fabriano, Zanobi Strozzi, Domenico di Michelino.

b. Spiegelfläche:
1) In der Höhe des Bogens: Der Weltheiland.
2) Darunter: Fiesole lehnt die bischöfliche Würde ab; in Holzschnitt bei Raczynski.
3) Rechts und links davon: Engel pflegen den Garten seiner Kunst.

VI. Masaccio, 1402—1443.

a. Kuppel:
1) Mittelbild: Leonardo, Michelangelo und Rafael als Vollender von Masaccio's freierer Kunstrichtung.
2) Im Ringe, welcher durch vier Bänder mit den plastischen Figuren der Apostel getheilt ist: α. Masaccio malt in der Kirche al carmine zu Florenz. β. Er legt die Entwürfe seiner Malereien in S. Clemente zu Rom dem Kardinal vor. — Zwischenbilder: γ. Der Tag. δ. Die Nacht.
3) In den Zwickeln vier plastische Medaillons: Fra Filippo, Baldovinetti, Castagna, Pollajuolo.

b. Spiegelfläche:
1) Links: Ahnung, und
2) Rechts: Anschauung der Kunst, allegorisch dargestellt; dazwischen Arabeske.

VII. Pietro Perugino, 1446—1524.

a. Kuppel:
1) Mitte: Bildniß des Pietro Perugino.
2) Im Ringe: α. Vier Darstellungen der Frömmigkeit, Keuschheit, Wahrheit und Beschaulichkeit; dazwischen Arabesken mit den — β. Gestalten seiner Schüler Pinturicchio, Sinnibaldo, lo Spagna, Buonfiglio.
3) In den Zwickeln vier plastische Medaillons: Rafaelino del Garbo, Garofalo, Andrea Verocchio, Beccafumi.

b. Spiegelfläche:
α. Pietro Perugino unterrichtet den Knaben Rafael. Zu beiden Seiten desselben β. die Gestalten des Friedens und der Liebe.

VIII. Vorgänger Rafael's, 1450—1515.

a. Kuppel:
1) Mitte: Vier Medaillons auf Goldgrund von Andrea Mantegna, Luca Signorelli, Domenico Ghirlandajo und Andrea del Sarto.
2) Im Ringe: α. Geburt der Venus. β. Geburt der Minerva. γ. Beseelung des Menschen durch Minerva, δ. die der Galathea durch Venus.
3) In den Zwickeln vier plastische Medaillons: Papacello, Lazaro und Giorgio Vasari, Pietro del Borgo.

b. Spiegelfläche:
Signorelli sitzt sinnend vor seinem jüngsten Gerichte im Dome zu Orvieto.

IX. Leonardo, 1452—1519.

a. Kuppel:
1) Mitte: Helios im Thierkreise (plastisch).
2) Im Ringe: α. Leonardo als Lehrer, — β. in seiner Werkstätte malend. Dazwischen kleine Darstellungen der vier Temperamente in mythologischen Gestalten, sowie die Bildnisse des Luini und des Marco d'Oggione.
3) In den Zwickeln vier plastische Medaillons: Pontormo, Fra Bartolommeo, Lorenzo di Credi, Andrea del Sarto.

b. Spiegelfläche:
α. Leonardo's Geburt. β. Sein Tod in den Armen von Franz I. — Dazwischen Arabesken.

X. Correggio, 1494—1534.
a. Kuppel:
1) Mitte: Correggio von Schülern umgeben.
2) Im Ringe: Die vier Elemente als Genien mit Adler, Delphin, Löwe und Pfau dargestellt.
3) In den Zwickeln vier plastische Medaillons: Francesco Francia, Parmegianino, Girolamo da Carpi, Taddeo Zuccheri.
b. Spiegelfläche:
1) In der Höhe des Bogens: α. Die heilige Cäcilia. β. Die Entfesselung der Psyche.
2) Darunter: Correggio, von Grazien und Genien umgeben, in Träume versenkt.

XI. Venezianer, 1470—1570.
a. Kuppel:
1) Mitte: Plastisches Medaillon der Venezia mit dem Löwen.
2) Im Ringe: α. Gentile Bellini beim Sultan Mahomed II. β. Albrecht Dürer bei Giovanni Bellini. — Kleinere Zwischenbilder: γ. Argonautenzug. δ. Geburt der Venus.
3) In den Zwickeln vier plastische Medaillons: Francesco da Ponte, Palma vecchio, Giorgione, Paolo Veronese.
b. Spiegelfläche:
α. In der Mitte: Diana von Ephesus. β. Rechts: Karl V. hebt Tizian's Pinsel auf. γ. Links: Besuch des Giulio Romano u. A. bei Tizian.

XII. Michelangelo, 1474—1563.
a. Kuppel:
1) Mitte: Die drei bildenden Künste.
2) Im Ringe: α. Michelangelo an seinem Moses meißelnd; β. an der Decke der Sistina malend. — Kleine Zwischenbilder: γ. Allegorische Darstellung der Begeisterung, δ. der Stärke.
3) In den Zwickeln vier plastische Medaillons: Sebastiano da Sangallo gen. Aristotele, Sebastiano del Piombo, Bugiardino, Granacci.
b. Spiegelfläche:
α. Michelangelo am Plane der Peterskuppel arbeitend. Hiervon rechts β. die Poesie des klassischen Alterthums, links γ. die des christlichen Mittelalters.

XIII. Rafael, 1483—1521.

a. Kuppel:
1) Mitte: Rafael im Anschauen der Madonna.
2) Im Ringe: α. Rafael in der Werkstatt seines Vaters. β. Sein Eintritt bei Perugino, γ. beim Papste Julius II., δ. Arbeiten mit Schülern im Vatikan. — Sämmtliche Kuppelbilder auf Goldgrund.
3) In den Zwickeln vier plastische Medaillons: Giulio Romano, Francesco Penni, gen. il fattore, Vicenzo di S. Gimignano, Giovanni da Udine.

b. Spiegelfläche:
Rafael auf dem Todtenbette.

Um in der geschichtlichen Folge nicht rückwärts zu gehen, beginnen wir die Reihe der Darstellungen aus der nichtitalienischen Malerei mit

XXV. Einleitung.

a. Kuppel:
Wiederholung der Darstellung in I.: Bund der Religion mit den Künsten.

b. Spiegelfläche:
Apotheose der Kunst.

XXIV. Anfang deutscher Bildung.

a. Kuppel:
1) Anordnung, Mittelbild und Zwischenverzierungen wie in II.; an Stelle der Bilder β. und δ. im Ringe hier: β. Schlacht bei Tours. δ. Bonifacius bekehrt die Deutschen.
2) In den Zwickeln vier plastische Medaillons: Walther von der Vogelweide, Heinrich von Ofterdingen, Wolfram von Eschenbach, Reinmar der Alte.

b. Spiegelfläche:
α. Karl der Große, umgeben von Künstlern und Gelehrten, β. wie bei II.

XXIII. Fortgang deutscher Kultur.

a. Kuppel:
1) α. Heinrich der Städteerbauer. β. Meister Gerhard mit dem Dom-Modell beim Bischof von Köln.

2) In den Zwickeln vier plastische Medaillons: Erwin von Steinbach, Gerhard von Köln, Hütz von Köln, Meister Pilgram.
b. Spiegelfläche:
α. Einzug der Reliquien der heiligen drei Könige in Köln. Zu beiden Seiten β. Martyrtod der heiligen Ursula, und γ. des heiligen Gereon.

XXII. Deutsche Maler nach 1350.

a. Kuppel:
1) α. Meister Wilhelm von Köln malt die heilige Jungfrau, β. sein Tod.
2) In den Zwickeln vier plastische Medaillons: Meister Wilhelm und Stephan von Köln, Wormser und Theodorich von Prag.
b. Spiegelfläche:
α. Die Vorfahren Christi, mit Bezug auf Zeitbloom's s. g. Stammtafel Christi in der Pinakothek. β. Die Kreuztragung, ebenso in Bezug auf Hans Holbein den älteren. Die übrige Ausschmückung ganz wie in IV.

XXI. Die Eyck's, 1366—1445.

a. Kuppel:
1) Mitte: Hubert und Johann van Eyck vom Genius des Friedens brüderlich umschlossen.
2) Im Ringe: α. Hubert bereitet Oelfarben, β. unterrichtet seine Geschwister Johann und Margarethe. γ. Johann unterweiset den Antonello da Messina. δ. Die Eyck's beim Herzog Philipp dem Guten von Burgund. — Zwischen diesen Bildern die Seeligkeiten wie in V.
3) In den Zwickeln vier plastische Medaillons: Lukas v. Leyden, Gassel, Schoorel, Engelbrecht.
b. Spiegelfläche:
Anbetung des Lammes in Bezug auf das s. g. Genter Altarwerk.

XX. Memling, nach 1450.

a. Kuppel:
1) Mitte: Die heiligen drei Könige.
2) Im Ringe: α. Memling in der Vision seiner Hauptwerke, β. malt im Hospital zu Brügge. Zwischen beiden

γ. Stiftung des Osterlammes, δ. des Abendmahles. Eintheilung und Bänder wie VI.

3) In den Zwickeln vier plastische Medaillons: Mabuse, Patenier, Bernhard von Brüssel, Heinrich Bles.

b. Spiegelfläche:
Wie bei VI.

XIX. Lukas von Leyden, 1494—1533.

a. Kuppel:
1) Mitte: Bildniß des Lukas von Leyden.
2) Im Ringe: wie VII. Statt der Zeitgenossen Perugino's hier Quintin Messis, Schoorel, Mabuse, Cranach.
3) In den Zwickeln vier plastische Medaillons: Melem, Antoni Moro, Lambert Lombardus, Heemskerk.

b. Spiegelfläche:
α. Lukas von Leyden auf dem Sterbebette. Das Uebrige wie in VII.

XVIII. Holbein, 1495—1554.

a. Kuppel:
1) Mitte, auf Goldgrund vier Medaillons: Hans Baldung Grün, Jesse Herlin, Amberger, Sigmund Holbein.
2) Im Ringe: α. Dem Holbein erscheint die heilige Jungfrau. β. Holbein's Einschiffung nach England. γ. Holbein bei Heinrich VIII. δ. Holbein malt den Thomas Morus.
3) In den Zwickeln vier plastische Medaillons: Zeitbloom, Friedrich Herlin, Martin Schaffner, Hans Schäufelin.

b. Spiegelfläche:
α. Holbein und der Todtentanz, zu beiden Seiten, β. tanzende Gruppen.

XVII. Dürer, 1471—1528.

a. Kuppel:
1) Mitte, plastisches Rundbild: Christus in einer Glorie.
2) Im Ringe: α. Dürer's Eintritt bei Wohlgemuth. β. Dürer bei der Arbeit. — Zwischen diesen Bildern kleine Darstellungen: Dürer's Allseitigkeit als Maler, Bildhauer, Formschneider und Mathematiker bezeichnend.
3) In den Zwickeln vier plastische Medaillons: Burgkmair, Johannes Dürer, Lukas Cranach, Penz.

b. Spiegelfläche:

α. Kaiser Max hält Dürer'n die Leiter. β. Dürer's Empfang in Antwerpen. Das Uebrige wie in IX.

XVI. Claudius der Lothringer, 1600—1682, und Rembrandt, 1606—1669.

a. Kuppel:

1) Mitte: Claudius*), von Zephyr, Amor und Psyche umgeben, betrachtet einen Sonnenuntergang.
2) Im Ringe: Wiederholung von X.
3) In den Zwickeln vier plastische Medaillons: Dow, Bol, Flinck, Bramer.

b. Spiegelfläche:

α. Allegorie des Lichtes, und β des unendlichen Raumes.

XV. Poussin, 1594—1665, und le Sueur, 1617—1655.

a. Kuppel:

1) Mitte, plastisches Rundbild: Genius auf dem Schwan.
2) Im Ringe: α. Poussin an der Staffelei, β. als Lehrer.
3) In den Zwickeln vier plastische Medaillons: Le Brun, Jouvenet, Milet, Bouet.

b. Spiegelfläche:

α. Rechts: Le Sueur in der Karthause von Paris, β. links: in der Nacht arbeitend.

Alles Uebrige in diesem Kuppelraum wie in XI.

XIV. Rubens, 1577—1640.

a. Kuppel:

1) Mitte, Diana von Ephesus durch den Genius der Kunst enthüllt.
2) Im Ringe: α. Rubens in künstlerischer Thätigkeit. β. Rubens und Maria v. Medicis. γ. und δ. wie in XII.
3) In den Zwickeln vier plastische Medaillons: Diepenbrock, Jordaens, van Dyk, Snyders.

b. Spiegelfläche:

α. Rubens als Maler und Gesandter bei Karl I. von England. Links hiervon: β. Prometheus, das Feuer raubend; rechts: γ. Bakchische Scene.

---

*) Cornelius nennt den Claude Lorrain Claudius den Lothringer; sein Name Gelée, den er selbst mit Gele und Gille unterzeichnete, scheint ein französirtes deutsches Wort zu sein. Wenige Meilen von dem Geburtsorte Gille's wird heute noch deutsch gesprochen.

Die Kuppel X. (Correggio) von Neureuther radirt in „Marggraf's Jahrbüchern" 1842; die Kuppel XII. (Michelangelo) und die Spiegelfläche XIII. (Rafael), lithographirt ebenda 1838. — Außer diesen sind einige andere Blätter in Kupfer radirt worden, jedoch in so wenig gelungener Weise, daß die Veröffentlichung unterbleiben mußte.

1830—1840. **Fresken in der Ludwigskirche zu München.** (S. 117 ff.)

I. Deckengemälde im hohen Chor, **Gott Vater** darstellend:

1) ♀ Mittelbild, 7½' breit, 9½' lang: Gott als Schöpfer und Herr der Welt. Lithographirt von Hohe. Im Umriß lithographirt von Unger in „Marggraff's Jahrbüchern" 1839.

2) ♀ In der Seitenstichkappe links: Gabriel mit den schützenden und vermittelnden Engeln.

3) ♀ In der Seitenstichkappe rechts: Michael mit den abwehrenden und streitenden Engeln.

II. Deckengemälde im Querschiff, den **heiligen Geist** und sein Walten darstellend:

1) In der Kreuzung, und zwar im Schlußstein:
  a. ♀ Die Taube als Symbol des heiligen Geistes; —
  In den vier Gewölbevierteln: (8' Scheitellänge, 19½' Bogenöffnung):
  b. Die Patriarchen und Propheten; 2 Kartons.
  c. ♀ Die Apostel und Märtyrer; 2 Kartons.
  d. Die Kirchenlehrer und Ordensstifter; 2 Kartons.
  e. ♀ Die Verbreiter des Christenthums; die heiligen Könige und Jungfrauen; 2 Kartons.

2) Im nördlichen Kreuzarm in den vier Gewölbevierteln: Die Evangelisten:
  a. Johannes (H. 10', Br. 10')
  b. Lukas (H. 10', Br. 10'), in Holzschnitt bei Raczynski.
  c. Mathaeus (H. 7½', Br. 15½').
  d. Markus (H. 7½', Br. 15½').

3) (Im südlichen Kreuzarm sind die Gestalten der Kirchenväter nicht von Cornelius, sondern von Hermann.)

III. Wandgemälde, die **Sendung Christi** darstellend:
1) Im Querschiff, nördliche Wand:
   a. Die Anbetung der Könige. Karton, gez. 1833. H. 22½′, Br. 18′; gestochen von H. Merz, in Holzschnitt bei Ra‑czynski.

   (Darüber in zwei Seitenbildern: die Verkündigung, welche je‑doch von Hermann und nicht von Cornelius ist.)
2) Im Querschiff, südliche Wand:
   a. Die Kreuzigung Christi. Karton, gezeichnet 1831. H. 21′, Br. 17′; gestochen von H. Merz.
   Darüber in zwei Seitenbildern die Auferstehung und zwar:
   b. Christus der Auferstandene und
   c. Magdalena, der er erscheint. Karton, entw. und gez. von Hermann. H. 15′, Br. 6′).
3) im hohen Chore: Christus als Weltrichter oder das jüngste Gericht, Karton gez. 1834 u. 35. H. 22′, Br. 14′. Fresko‑ausführung, 63′ hoch und 39′ breit, gestochen von H. Merz. Die Gruppe des Dante und Fiesole, sowie die der Heuchler in Holzschnitt bei Raczynski.

Die farbige Ausführung erfolgte seit 1836 und zwar mit Beihülfe von Hermann, C. Stürmer, Hellweger, Kranzberger, Schabet, Heiler, Moralt, Halbreiter, Lang und Lacher; das jüngste Gericht hat Cornelius ohne fremde Hülfe eigenhändig bis zuletzt durchgeführt.

Die Kartons, mit Ausnahme der durch ♀ bezeichneten, sind im Besitze des preußischen Staates und theilen das Schicksal derer von der Glyptothek. Von den mit ♀ angemerkten befinden sich I. 1—3 im Museum zu Basel (Geschenk des Fräulein Emilie Linder zu München), II. 1. a. c. u. e. dagegen scheinen verschollen zu sein.

Von den Zeichnungen, welche dem Freskowerke der Ludwigs‑kirche zu Grunde gelegen, haben sich ermitteln lassen:
1) Gott als Schöpfer (I. 1.), Bleistiftumriß, $5^{5}/_{8}$″ breit, 12″ lang. Erster Entwurf. Im Besitze der Frau Th. v. Cor‑nelius zu Berlin.
2) Die Apostel und Märtyrer (II. 1. c.), 16 Ctm. h., 48 Ctm. br. (1837.) Im Besitze des Grafen Marcelli zu Cagli in Umbrien.

3) Die Kirchenlehrer und Ordensstifter (II. 1. d.), ganz wie beim vorigen Blatte.

4) Die Anbetung der Könige. 24 Ctm. h., 18 Ctm. br. Im Besitze des Grafen Marcelli zu Cagli in Umbrien.

5) Entwurf des jüngsten Gerichts in Bleistift, 2' 7" hoch, 1' 7" 2'" breit. Die Composition weicht vom Fresko vielfach ab, und ist mit einem Quadratennetz überzogen. Im Museum zu Basel. (Geschenk des Fräulein Emilie Linder zu München.)

6) Farbenskizze des jüngsten Gerichts; sehr bestimmter Federumriß mit leichter angelegten Farben. 19" 10'" hoch, 12" 3'" breit. Im Städel'schen Institut zu Frankfurt a. M. Katalog Nr. 353.

Anbetung der Könige. Federzeichnung in Umriß. 4º., im Besitze des Malers H. Mosler in Düsseldorf.

Gänzlich andere Composition als die in der Ludwigskirche, doch muß sie ungefähr dieselbe Entstehungszeit wie diese haben.

1840—43. Christus in der Vorhölle. (S. 159 ff., 171 ff.) Oelgemälde, bez. „Cornelius", im Besitze des Grafen Raczynski zu Berlin.

Der Umrißkarton hierzu, 5' 5¾" hoch, 7' 2¼" breit, im Besitze der Frau Th. v. Cornelius zu Berlin.

Die Composition dieses Werkes gehört ganz München an, und auch die Ausführung gedieh in dieser Stadt bis zur Untermalung, es mußte deshalb hier und nicht unter den berliner Arbeiten aufgeführt werden.

1841. Jahreszeiten. Zeichnung zum Titelblatt des Cotta'schen Kalenders: die vier Jahreszeiten, durch das Weihnachts=, Oster=, Johannis= und Erntefest dargestellt. In Holz geschnitten von Braun in München. Im Besitze der Cotta'schen Buchhandl. das.

D. Berlin; seit 1841

(einschließlich des römischen Aufenthaltes 1853—61).

1842. Glaubensschild. (S. 166 ff.) Umrißzeichnung zu dem „Glaubensschild", im Besitze des Bildhauers Professor Dr. Hachnel in Dresden; gestochen in 6 Blättern von Hoffmann und Schubert.

I. Das Kreuz:
   a. In der Kreuzung: Brustbild des Weltheilandes.
   b. In den 4 gleichlangen Armen: Gestalten der Liebe, des Glaubens, der Hoffnung und der Gerechtigkeit, sowie auch der vier Evangelisten.
   c. In den Feldern zwischen den Armen: 1) der Wasserquell des Moses — 2) die Mannalese — 3) die Taufe — 4) das Abendmahl.
   d. Umgebendes Band in Kreisform mit den Gestalten der 12 Apostel (geschnittene Onyxe) in einem Ornament von Kornähren und Weinreben.

II. Der Rundfries in dem Ringe, welcher den innern Kreis mit dem Kreuze umschließt:
   a. Christi Einzug in Jerusalem.
   b. Der Verrath des Judas.
   c. Die Grablegung.
   d. Die Auferstehung.
   e. Pfingsten.
   f. Die Taufe durch die Jünger.
   g. Entsendung zweier Geistlicher von hier.
   h. Gemach der Wöchnerin mit dem Täufling.
   i. Vater und Freund erwarten die Taufzeugen.
   k. Der Taufzeuge mit seinen Genossen im Schiffe.

Diesen Rundfries schließt ein breiter Ornamentkranz ein.

Nach dieser Zeichnung ist der Schild selbst, welcher als Pathengeschenk König Friedrich Wilhelm's IV. an den Prinzen von Wallis nach England ging, mit der außerordentlichsten Meisterschaft ausgeführt und im Jahre 1847 vollendet worden. Stüler gab die Zeichnung für die Ornamente, August Ferdinand Fischer modellirte das Ganze in Wachs, Wolf und Lamko gossen es in Hoffauer's Werkstatt in Silber, Mertens ciselirte es und Calandrelli lieferte die geschnittenen Steine. Dies Exemplar wird im Schlosse Windsor aufbewahrt. Ein zweites Exemplar liegt, jedoch noch in einzelnen Stücken, im Antiquarium der königlichen Museen zu Berlin, und ist sehr schwer, in der Regel nur nach Ueberwindung zeitraubender Weiterungen zugänglich. *)

1842. **Sophokles.** Bleistiftzeichnung der Antigone mit dem Kruge, am Hausaltar zur Bestattung des Bruders entschlossen; Verbleib derselben unbekannt.

---

*) Der Sohn des unlängst verstorbenen Professor A. F. Fischer, der das Modell machte, Herr Bildhauer Georg Fischer zu Berlin (Johannisstraße 7.) ist im Stande, Originalabgüsse des Schildes in Gyps zu liefern, und wolle man sich wegen des Weiteren an denselben wenden.

Diese Composition hat E. Pfeuffer benutzt bei Anfertigung der Denk=
münze, welche Friedrich Wilhelm IV. zur Erinnerung an die erste Aufführ=
rung der Antigone machen ließ; sie bildet den Mitteltheil der Rückseite,
welchen ein Blätterkranz mit den Medaillons von L. Tieck, F. Mendels=
sohn=Bartholdy, der tragischen Maske und Musikinstrumenten umschließt.
Auf der Vorderseite ist der Kopf des Sophokles zu sehen. Cornelius hat
die obige Zeichnung nach einem Gedanken des Königs componirt, und dafür
seine eigene Idee, eine Apotheose des Sophokles darzustellen, aufgegeben.

1843. Germania. Bleistiftzeichnung zur Erinnerung an das tausend=
jährige Deutschland: Germania im Siege über die Zwietracht;
Verbleib der Zeichnung unbekannt.

Nach dieser Zeichnung modellirte Karl Fischer eine Denkmünze, welche
in Gold als Ehrengabe für geschichtliche Schriften verliehen wird.

" Tasso. (S. 170.) Sechs Umrißzeichnungen mit Darstellungen
aus Tasso's befreitem Jerusalem, im Besitze des Buchhändlers
G. Reimer zu Berlin; radirt von Eichens.

1) Der Engel Gabriel erscheint dem Herzog Gottfried von
Bouillon. I. 15. $12\frac{1}{4}''$ h., $14\frac{1}{2}''$ br.
2) Das Heer der Kreuzritter erblickt zum ersten Male Jeru=
salem. III. 3. $14\frac{5}{8}''$ h., $20\frac{1}{4}''$ br.
3) Armide spricht den Herzog Gottfried um Hülfe an. IV. 38.
$12\frac{1}{4}''$ h., $15\frac{5}{8}''$ br.
4) Herminia und Chlorinden's Rettung bei den Hirten. VII. 7.
$12\frac{1}{2}''$ h., $13\frac{1}{4}''$ br.
5) Die sterbende Chlorinde wird von Tankred getauft. XII.
67. 68. $11\frac{1}{8}''$ h., $11\frac{1}{4}''$ br.
6) Herminia erblickt den ohnmächtigen Tankred. XIX. 104. 105.
$13\frac{1}{4}''$ h., $17\frac{7}{16}''$ br.

Nach diesen Entwürfen wurden am 28. Februar 1843 bei einem Hof=
feste zu Berlin lebende Bilder gestellt.

" Eros belehrt Erato. Tuschzeichnung auf gelbem Tonpapier nach
der älteren, 1815 in Rom (s. S. 391) gemachten, Composition;
$13''$ h., $15\frac{7}{8}''$ br. Im Besitze der Königin (Wittwe) Elisabeth von
Preußen zu Potsdam.

Diese Zeichnung hat Cornelius in eine Ausstellung geschenkt, welche um
jene Zeit die damalige Prinzessin von Preußen zu wohlthätigen Zwecken in
Berlin veranlaßt hatte; Friedrich Wilhelm IV. sah bei dieser Gelegenheit
das Blatt und kaufte es sofort an. Es ist wahrscheinlich, daß dies Alles
1843 vorging, und deshalb ist das Blatt an dieser Stelle eingereiht worden,

doch mag dahin gestellt sein, ob es nicht ein Jahr früher oder später zu setzen wäre.

1843. **Friedrich Wilhelm III. und Luise legen ihre Kronen am Throne des Heilandes nieder.** Bleistiftumriß im Halbrund; 5¼" h., 9⅞" br. Im Besitze der Frau Th. v. Cornelius zu Berlin.

Dieser Entwurf war zur Ausführung in der Kuppel der Apsis des Mausoleums zu Charlottenburg bestimmt. Professor C. G. Pfannschmidt hat nach diesem Gedanken das Fresko selbständig bearbeitet und gemalt.

1843 u. 44. **Dom in Schwerin.** Sieben farbige Kartons zu drei Glasfenstern für die mittlere Kapelle am Chorumgang des Domes zu Schwerin, die ehedem die heilige Blutkapelle hieß, jetzt die mecklenburgische Fürstengruft ist. Die Kartons, über 7' hoch, sind auf Papier transparent in Oel gemalt, und befinden sich, angeblich sehr beschädigt und in Kisten verpackt, zu Schwerin im großherzogl. Galleriegebäude.

 1) Erstes Seitenfenster:
  a. Moses.
  b. Petrus.
 2) Mittelfenster:
  a. Maria.
  b. Himmelfahrt Christi.
  c. Johannes.
 3) Zweites Seitenfenster.
  a. Paulus.
  b. Jesaias.

Die Glasfenster selbst wurden nach den Kartons von C. Gillmeister in Schwerin ausgeführt.

Zeichnungen hierzu: 1. a u. b (ein Blatt, 17 Ctmtr. br., 20 Ctmtr. h.) und 2. b u. c (zwei Blätter, 12 Ctmtr. br., 20 Ctmtr. hoch) im Besitze des Grafen Marcelli zu Cagli in Umbrien.

1844. **Albertina.** Bleistiftzeichnung: Brustbild des Herzogs Albrecht von Preußen mit den Insignien der von ihm 1544 gestifteten Universität Königsberg.

Nach dieser Zeichnung schnitt Karl Fischer die Rückseite der, zur dreihundertjährigen Jubelfeier der Universität geprägten, Stiftungsdenkmünze; die Vorderseite zeigt Friedrich Wilhelm IV.

1844 u. 45. **Domhof.** (S. 182 ff.) Vier Umrißzeichnungen in Bleistift als Entwürfe zu den Fresken der Königsgruft am Dome zu

Berlin. Im Besitze des Kunstmuseums zu Weimar. In Kupferstich von J. Thäter, mit Text*). Leipzig 1846.

Die Königsgruft besteht aus der eigentlichen Grabstätte und einer Vorhalle, der s. g. Friedhofshalle; letztere ist ein Atrium nach Art der Alten und der Kreuzgänge des Mittelalters. Jede Wand dieses Peristyls mißt 180' Länge und etwa 35' Höhe. Die monumentale Raumtheilung für die Malerei ist auf allen Wänden dem Wesen nach dieselbe.

A. Wand gegen Osten: **Erlösung**, von rechtsher beginnend.
1) Feld.
    a. Bogen: der segnende Jehovah.
    b. Hauptbild: Anbetung der Könige.
    c. Sockel: Sündenfall und Austreibung aus dem Paradiese.
2) Nische mit der Gruppe der geistig Armen.
3) Feld.
    a. Bogen: klagende Engel.
    b. Hauptbild: Trauer um den Leichnam Christi.
    c. Sockel: Arbeit und erstes Verbrechen.
4) Thor zur Gruft; oben an den Bogenzwickeln:
    a. Moses.
    b. Johannes.
5) Feld.
    a. Bogen: Christus empfängt die sieben Sünder.
    b. Hauptbild: Heilung des Gichtbrüchigen.
    c. Sockel: Warnung vor der Heuchelei der Pharisäer.
6) Nische mit der Gruppe der Traurigen.
7) Feld.
    a. Bogen: der Eine Sünder, der Buße thut.
    b. Hauptbild: Die Ehebrecherin vor Christo.
    c. Sockel: Erneuter Bund mit Jehovah durch Noah.

B. Wand gegen Westen: **Auferstehung**, von linksher beginnend.
1) Eingangsthor von der Straße.
2) Feld.
    a. Bogen: der barmherzige Samariter.

---

*) Der Text ist von dem verstorbenen wirklichen geheimen Rathe Dr. Brüggemann in Berlin (Cornelius' Schwager) verfaßt, von Professor Carl Cornelius in München durchgesehen und vom Meister genehmigt worden.

  b. Hauptbild: Erweckung des Jünglings zu Nain.
  c. Sockel: David's Tanz vor der Bundeslade.
3) Nische mit der Gruppe der Barmherzigen.
4) Feld.
  a. Bogen: Auferstehung Christi.
  b. Hauptbild: Christus und Thomas.
  c. Sockel: Wunder des Jonas.
5) Nische mit der Gruppe der Friedfertigen.
6) Feld.
  a. Bogen: Fußwaschung.
  b. Hauptbild: Erweckung des Lazarus.
  c. Sockel: David schlägt den Goliath.

C. **Wand gegen Süden: Ausbreitung des Heiles;** von
linksher beginnend.
1) Feld.
  a. Bogen: Pauli Predigt.
  b. Hauptbild: Pauli Bekehrung.
  c. Sockel: Pauli Christenverfolgung.
2) Nische mit der Gruppe der Sanftmüthigen.
3) Feld.
  a. Bogen: Petrus erweckt die Tobitha.
  b. Hauptbild: Petrus heilt Kranke im Vorübergehen durch
   seinen Schatten.
  c. Sockel: Petrus verläugnet in seiner Kleingläubigkeit Jesum.
4) Feld. Großes Pfingstbild.
5) Feld *).
  a. Bogen: Verehrung des Lammes durch die Märtyrer.
  b. Hauptbild: Steinigung des Stephanus.
  c. Sockel: Loth's Flucht aus Sodom und Gomorrha.
6) Nische mit der Gruppe derer, die reines Herzens sind.
7) Feld.
  a. Bogen: Der Engel befiehlt dem Hauptmann Cornelius
   zu Petrus zu senden.

---

 *) Durch ein Versehen bei der Entstehung dieser Zeichnungen hat Cornelius dies ganze Feld auf die erste Wand gebracht, und umgekehrt das mit der Heilung des Gichtbrüchigen hierher gesetzt; leider ist diese störende Verwechselung auch in die Stiche übergegangen, und man hat also beim Studium derselben A. 5. a. b. c. und C. 5. a. b. c. gegenseitig zu vertauschen.

Riegel, Cornelius.

b. Hauptbild: Bekehrung des äthiopischen Kämmerers durch Philippus.
c. Sockel: Aufruhr der Goldschmiede in Ephesus.

D. Wand gegen Norden: die **letzten Dinge**; von rechtsher beginnend.

1) Feld.
   a. Bogen: die sieben Engel mit den Schalen des Zornes.
   b. Hauptbild: die vier apokalyptischen Reiter.
   c. Sockel: Besuch der Gefangenen, Tröstung der Traurigen, Zurechtweisung der Verirrten.
2) Nische mit der Gruppe derer, die um der Gerechtigkeit willen verfolgt werden.
3) Feld.
   a. Bogen: Der Herr der Ernte.
   b. Hauptbild: der Sturz Babels.
   c. Sockel: Bekleidung der Nackten und Aufnahme der Verirrten.
4) Feld. Großes Bild der klugen und thörichten Jungfrauen.
5) Feld.
   a. Bogen: Fesselung des Satans.
   b. Hauptbild: Ankunft des neuen Jerusalem.
   c. Sockel: Speisung der Hungrigen und Durstigen.
6) Nische mit der Gruppe derer, die da hungert und dürstet nach der Gerechtigkeit.
7) Feld.
   a. Bogen: Gott auf den evangelischen Symbolen.
   b. Hauptbild: Auferstehung.
   c. Sockel: Pflege der Kranken und Bestattung der Todten.

Sämmtliche Darstellungen der vierten Wand, sowie der Mittelbilder der zweiten und dritten Wand sind in ausgeführten Kartons vollendet. Diese Kartons sind Eigenthum des preußischen Staates, und im Cornelius'schen Hause zu Berlin, Königsplatz 1, freilich in ungenügenden Räumlichkeiten, der öffentlichen Betrachtung ausgestellt. Die Entstehungszeit der einzelnen Kartons ist in weiterem Verfolg hier angemerkt.

1846. Die vier apokalyptischen Reiter. Karton für den Domhof. (D. 1. b.) Gestochen von Julius Thäter 1849; im Stich erheblich verbessert von demselben 1863.

1847. Sockelbild zu den Reitern: Die Gefangenen besuchen, die Traurigen trösten und die Verirrten zurechtweisen. Karton für den Domhof. (D. 1. c.)

„ Bogenfeld zu den Reitern: Die sieben Engel mit den Schalen des Zorns. Karton für den Domhof. (D. 1. a.)

„ Landtag. Zwei Bleistiftzeichnungen: Der Genius Preußens und die vier Stände. Verbleib derselben unbekannt.

Nach diesen Entwürfen wurde eine Denkmünze auf den „ersten vereinigten Landtag der preußischen Monarchie" modellirt und geschnitten.

„ Kosmos. Bleistiftzeichnung auf Humboldt's Kosmos, $10^{5}/_{8}''$ Durchmesser: Genius der Wissenschaft, neben welchem eine Sphynx ruht, und der den Schleier bereits zur Hälfte vom Bilde der ephesischen Artemis gehoben hat; diese Gruppe steht in einem Pflanzenkranze, den wiederum die Zeichen des Thierkreises umgeben. Im k. Kupferstichkabinet zu Berlin.

Nach diesem Entwurfe modellirte Karl Fischer die Rückseite der s. g. Kosmos-Denkmünze; die Vorderseite zeigt Humboldt's Kopf nach Fischer's eigenem Modelle.

1848. Silberne Hochzeit. Bleistiftzeichnung: Kronos durch Eros besiegt. $4^{3}/_{4}''$ Durchmesser. Im Besitze des Dr. H. Riegel zu Berlin.

Nach dieser Composition schnitt Karl Fischer die Rückseite einer Denkmünze, die auf die Feier der silbernen Hochzeit Friedrich Wilhelm's IV. geprägt wurde. Die Vorderseite zeigt die Bildnisse des Königs und der Königin.

„ Gruppe: „Selig sind, die da hungert und dürstet nach der Gerechtigkeit." Karton für den Domhof. (D. 2.)

„ Sockelbild zur Ankunft des neuen Jerusalem: „Die Hungrigen speisen." (Gastmahl.) Karton für den Domhof. (D. 5. c.)

1849. Die Ankunft des neuen Jerusalem. Karton für den Domhof. (D. 5. b.) In Holz geschnitten von Unzelmann in der Deckerschen Prachtausgabe des neuen Testamentes. Berlin 1851.

„ Bogenfeld zur Ankunft des neuen Jerusalem: Fesselung des Satans. Karton für den Domhof. (D. 5. a.) In Holz geschnitten zusammen mit dem Vorigen.

1849. **Göthe.** Bleistiftzeichnung auf die hundertjährige Geburtsfeier Göthe's. Verschollen.

Nach diesem Entwurfe sollte eine Denkmünze angefertigt werden, was jedoch unter den damaligen Zeitverhältnissen unterblieb.

" **Feldzug am Oberrhein.** Bleistiftzeichnung: Michael mit dem Schlüssel stößt den gefesselten Drachen in den Abgrund. $6^{11}/_{16}$" Durchmesser. Im k. Kupferstichkabinet zu Berlin.

Nach diesem Entwurfe modellirte und schnitt W. Kullrich die Rückseite einer Denkmünze auf die Besiegung des Aufstandes in der Pfalz und Baden. Die Vorderseite zeigt den Kopf des damaligen Prinzen von Preußen.

1850. **Gewerbe.** Bleistiftzeichnung: Die Schutzgöttin Preußens auf einem aufsliegenden Adler. Verbleib derselben unbekannt.

Hiernach arbeitete Karl Fischer die Rückseite einer Denkmünze, die zur Anerkennung für gewerbliche Leistungen verliehen wird.

" **Gewerbe.** Bleistiftzeichnung: Athene und Hephästos reichen sich die Hand und über ihrem Bunde schwebt die Tyche (Fortuna). Verschollen.

Nach diesem Entwurfe schnitt C. Pfeuffer die Rückseite einer größeren Ehrenmünze, die für gewerbliche Leistungen verliehen wird.

" **Märtyrer.** 8 Umrißzeichnungen in Bleistift, jede 9 Ctmtr. breit und 17 Ctmtr. hoch: 1) Jakobus, Bischof von Jerusalem; 2) Polykarp, Bischof von Smyrna; 3) Ignatius, Bischof von Antiochia; 4) Stephanus; 5) Justinus; 6) Bonifazius; 7) Kilian; 8) Caecilia.

Nr. 1—7 im Besitze des Grafen Marcelli zu Cagli in Umbrien; Nr. 8 im Besitze der Frau von Thile zu Berlin.

Diese acht Zeichnungen wurden von Cornelius auf Wunsch seines nun verstorbenen Freundes Professor Lengerich gemacht, und von diesem benutzt, als derselbe in der neuen Schloßkapelle zu Berlin die Gestalten dieser Märtyrer malte. Es mag dahin gestellt bleiben, ob die Entstehung der acht Blätter nicht vielleicht ein Jahr später zu setzen wäre.

1851. **Brandenburg.** Bleistiftzeichnung: Minerva übergiebt dem Genius des Grafen Brandenburg das Steuer ꝛc. Verbleib unbekannt.

Nach diesem Entwurfe führte Karl Fischer die Rückseite einer Denkmünze auf den Ministerpräsidenten Grafen Brandenburg aus.

" **„Selig sind, die da hungern und dürsten nach der Gerechtigkeit."** Farbiges Oelgemälde, ausgeführt nach dem betreffenden Karton (s. 1848) des Domhofes, jedoch in kleinerem Maßstabe. Untermalung von F. Schubert. Im Besitze des Grafen Raczynski zu Berlin.

1851. Der Umrißkarton zu diesem Oelgemälde, 7′ 3½″ h., 5′ 3⅜″ br. Im Besitze der Frau Th. v. Cornelius zu Berlin.

Cornelius zeichnete diesen Karton in Umriß nach dem größeren, ausgeführten eigenhändig; Schubert hat ihn auf die Leinwand durchgepaust und dann die Untermalung gemacht.

„ Die Krönung Mariä. Umrißzeichnung in Bleistift; im Besitze des Königs Ludwig I. von Bayern zu München. Gest. von Thäter.

Dies Blatt ist von Cornelius in das „König Ludwig's-Album" gegeben, und auch in dem großen Werke dieses Titels vervielfältigt worden. — Seiner ursprünglichen Bestimmung gemäß diente dasselbe als Vorlage bei Anfertigung eines Glasgemäldes (25′ hoch, 17′ breit), welches in der königlichen Glasmalerei-Anstalt zu Berlin durch Teschner, Glinski u. A. für ein Fenster im Chor des Domes zu Aachen hergestellt wurde.

„ Die Auferstehung am jüngsten Tage. Karton für den Domhof. (D. 7. b.)

1852. Der Sturz Babels. Karton für den Domhof. (D. 3. b.)

Die Vollendung dieses und des vorhergehenden Kartons reichte wahrscheinlich in den Anfang des beziehungsweise folgenden Jahres herüber.

„ Die h. Elisabeth von Thüringen zeigt ihrem Gemahl einen von ihr gepflegten Kranken. Tuschzeichnung in kl. quer Fol.; im Besitze der Frau Fürstin Hohenlohe zu Wien. Auf Holz gezeichnet von J. Schnorr von Carolsfeld und geschnitten von Gaber in Dresden.

Diese Zeichnung war von Cornelius dem damals in der Gründung begriffenen katholischen St. Hedwigs-Krankenhaus zu Berlin geschenkt, und von diesem verkauft oder verloost; die Holzschnittdrucke sind gegenwärtig noch dort zu haben. Uebrigens erklärt sich durch diesen Zweck Wahl und Auffassung des Gegenstandes.

„ Petrus und der Zauberer Simon in Samaria. Leicht in Tusch behandelte Zeichnung; im Besitze der Frau Generalin Marie von Radowitz, geb. Gräfin Voß zu Berlin.

Der Entwurf hierzu im Besitze des Landschaftsmalers H. Crola zu Ilsenburg am Harz.

Diese Composition ist entstanden, als Cornelius mit seiner Familie zum Besuche bei dem Maler Crola auf dessen Gute weilte; später hat er dieselbe wiederholt, jedoch nur die vier, etwa 5″ hohen Figuren vollendet, während der Grund hierzu noch ganz weiß ist. Der Abbruch dieser Arbeit ist durch die Reise nach Rom im Frühjahr 1853 veranlaßt.

1853. **Vermählung.** Bleistiftzeichnung, 5" Durchmesser: Eros führt der sitzenden Braut den Bräutigam zu. Im k. Kupferstichkabinet zu Berlin. *)

    Nach diesem Entwurfe modellirte W. Kullrich die Rückseite einer Denkmünze auf die Vermählung der Prinzessin Anna von Preußen mit dem Prinzen Friedrich von Hessen.

   " **Die Taufe im Jordan.** Bleistiftzeichnung. Verbleib unbekannt.

    W. Kullrich modellirte nach diesem Entwurfe ein Relief in Wachs, welches als Fries für die Taufkanne der Garnisonkirche in Potsdam angewendet ist; diese Kanne ist sammt dem Friese in Gold, das aus den schlesischen Bergwerken gewonnen wurde, galvanoplastisch hergestellt. Es muß unentschieden bleiben, ob der Entwurf von Cornelius nicht ein oder zwei Jahre früher zu setzen ist.

1853—56. **Die Erwartung des Weltgerichtes.** (S. 241 ff.) Malerei in Deckfarben, 4' 8" breit, 5' 5" hoch, oben gerundet. Eigenthum des preußischen Staates, aufgestellt mit den Domhof-Kartons im Hause des Cornelius zu Berlin.

    Es ist bekannt, daß dies Gemälde als Entwurf für das, in die halbrunde Absis des neuen berliner Domes bestimmte, Freskobild entstanden war.

1855. **Hagen versenkt den Niebelungenschatz.** Tuschzeichnung etwa in 4°. Beitrag des Künstlers für das „Rheinlandsalbum", welches am 11. Juni 1854 dem damaligen Prinzen von Preußen und seiner Gemahlin bei der Feier ihrer silbernen Hochzeit von den Rheinlanden überreicht wurde. Im Besitze des Königs Wilhelm von Preußen zu Berlin.

1856. **Lady Macbeth**, in der Nacht umherirrend, von Arzt und Kammerfrau beobachtet. Bleistiftzeichnung, $16\frac{1}{3}$" breit, $16\frac{1}{4}$" hoch, im Besitze des Kunsthändlers Fr. Bruckmann in München; gestochen von J. Burger.

1857. **Sockelbild zum Fall Babels:** „Die Nackten bekleiden 2c." Karton für den Domhof. (D. 3. c.)

---

*) Cornelius machte im Ganzen zwölf Entwürfe zu Denkmünzen, von denen elf ausgeführt sind, nemlich Sophokles, Germania, Albertina, Landtag, Kosmos, Silberne Hochzeit, Feldzug am Oberrhein, Gewerbe (kleine und große Denkmünze), Brandenburg und Vermählung; unausgeführt blieb die Composition auf Göthe. Von diesen dreizehn Zeichnungen (Landtag zwei) haben sich drei im Kupferstichkabinet vorgefunden, eine ist in meinem Besitze, aber von den übrigen hat sich trotz meiner mühsamen und sehr zeitraubenden Nachforschungen nicht die geringste Spur ermitteln lassen; alle diese Zeichnungen, wie auch die zur Taufkanne, sind vom Künstler dem General-Director v. Olfers übergeben worden, welcher die plastische Ausführung zu leiten hatte. Es ist sehr zu bedauern, daß es diesen kostbaren Blättern gegenüber an der schuldigen Sorgfalt gefehlt hat, und daß wir so jetzt neun derselben als verschollen ansehen müssen. Was damit verloren ist, zeigen die erhaltenen, unter denen ganz besonders die Kosmos-Zeichnung als ein Werk der erlesensten Schönheit sich darstellt.

                                                          D. Verf.

1857. Bogenfeld zum Fall Babels: Der Herr der Ernte. Karton für den Domhof. (D. 3. a.)

1858. Pietas. Trauer um den Leichnam Christi nach der in den „Friedhofsentwürfen" enthaltenen Composition. (Wand A. Feld 3. b.) Gemälde in Tempera im Privatbesitze in England.

    Leider ist der Name des Besitzers, der das Bild damals in Rom von Cornelius erwarb, nicht zu ermitteln gewesen.

„   Der Karton hierzu. 1 Meter breit, 90 Ctmtr. hoch, im Besitze des Grafen F. Marcelli zu Cagli in Umbrien.

1859. Hagen versenkt den Niebelungenschatz. Bild auf Leinwand in lasirten Oelfarben nach der Composition von 1855 ausgeführt. 2' 4 3/4" hoch, 3' 2" breit. In der Wagner'schen Gemäldesammlung (Nationalgallerie) zu Berlin. Katalog Nr. 38.

„   Der Karton hierzu im Museum zu Antwerpen.

„   Faust und Gretchen im Garten: „Glaubst du an Gott?" Tuschzeichnung, ungefähr in derselben Größe wie die älteren Faustzeichnungen; im Besitze des Arztes Dr. Erhardt zu Rom.

1859 u. 60. Bogenfeld zur Auferstehung: Gott auf den vier Symbolen. Karton für den Domhof. (D. 7. a.)

1860. Wunder Christi: Jesus heilt die Frau, welche den Blutgang hatte. (Luk. VIII. 41 ff.) Tuschzeichnung, 16 5/8" hoch, 22 1/4" breit. Im Besitze der Frau Therese v. Cornelius zu Berlin.

1860 u. 61. Sockelbild zur Auferstehung: „Die Todten bestatten ꝛc." Karton für den Domhof. (D. 7. c.) (Ueber der Todten, die ins Grab gesenkt wird, an der Mauer die Inschrift „Geltruda", der Name von Cornelius zweiter Frau.)

1862—63. Die klugen und thörichten Jungfrauen. Kleiner Hülfskarton für den Domhof. (D. 4.)

1863—65. Christus nach der Auferstehung giebt sich im Kreise der Jünger dem zweifelnden Thomas zu erkennen. Karton für den Domhof; Mittelbild zur zweiten Wand. (B. 4. b.)

1865—66. Die Ausgießung des h. Geistes und die Taufe durch die Apostel. Karton für den Domhof; Mittelbild der dritten Wand. (C. 4.)

E. Unbestimmte Entstehungszeit.

Eine Zeichnung im Besitze des Arztes Dr. Honigmann in Düsseldorf.

 Der Besitzer verweigert hartnäckig jede Auskunft über dies Blatt, und so hat nicht einmal der Gegenstand desselben angegeben werden können.

Heilige Familie. Umrißzeichnung in Bleistift, 3" 2''' hoch, 4" 4''' breit; im Besitze des Oberbaurathes Hausmann in Hannover.

 Dies Blättchen hat der jetzige Besitzer um 1834 von dem bekannten Architektur-Maler Dom. Quaglio in München geschenkt erhalten; die Bezeichnung desselben „Cornelius fec." scheint von Quaglio herzurühren. Der Letztere gab die Zeichnung für eine Jugendarbeit aus, doch wird ihre Entstehung vermuthlich zwischen 1811 und 1816 zu setzen sein.

II. Skizzen und Studien.

Michael stürzt den Drachen. Bleistiftskizze, vermuthlich zu der oben aufgeführten Umrißzeichnung; im Besitze des Inspectors G. Malß zu Frankfurt.

Apollo auf dem Sonnenwagen, —

Apollo und die Musen, —

Bacchus und Ariadne, —

Eine Herme und eine Amorette mit Fruchtgehängen, —
 vier Entwürfe zu den Malereien im Schmitt'schen Hause; im Besitze des Inspectors G. Malß zu Frankfurt.

Ceres beschenkt den Triptolemos. Entwurf zu der oben aufgeführten Umrißzeichnung im Besitze des Inspectors G. Malß zu Frankfurt.

Apollo und Hyakinthos. Entwurf, im Besitze des Inspectors G. Malß zu Frankfurt.

Faust. Entwürfe und Studien, meist mit Bleistift oder Feder in Umriß gezeichnet; im Besitze des Inspectors G. Malß zu Frankfurt:
  1) Entwurf zu dem Titelblatt.
  2) Entwurf zu Auerbach's Keller.
  3) Gruppe des Faust und Mephisto hierzu.
  4) Gruppe der Zecher hierzu.

5) Entwurf zu dem Blatte, wie Fauſt Gretchen den Arm bietet.
6) Fauſt und Gretchen hierzu.
7) Mephiſtopheles hierzu.
8) Erſter Entwurf zur Gartenſcene.
9) Zweiter, mehr ausgebildeter Entwurf derſelben.
10) Die vier Köpfe hieraus mit dem Hintergrunde.
11) Fauſt und Gretchen hierzu.
12) Entwurf zu Valentin's Tod.
13) Erſter leichter Entwurf der Scene im Dom.
14) Erſter Entwurf der Walpurgisnacht.
15) Zweiter Entwurf hierzu.
16) und 17) Die Hexen in der Luft hierzu.
18) Erſter Entwurf zu den Reitern am Rabenſtein.
19) Zweiter, mehr ausgebildeter Entwurf hierzu.

Ferner im Beſitze der Frau Th. von Cornelius zu Berlin:
20) Valentin's Tod, Bleiſtift; auf der Rückſeite zwei Gewandſtudien.
21) Titel in veränderter Compoſition, Bleiſtift. Auf der Rückſeite und dem anhängenden Blatte verſchiedene einzelne Figuren und Gruppen.

Skizze in Feder, kleines Blättchen: Abſchied eines Ritters von ſeiner Geliebten, die in einem Kahne ohnmächtig abfährt, während er den Fuß aufs Land zurückſetzt. Im k. Kupferſtichkabinet zu Berlin.

<small>Ueber die Bedeutung dieſer Compoſition fehlt der nöthige Anhalt; das Blättchen war früher in der Sammlung des Oberpoſtdirectors Nagler zu Berlin, und iſt als Geſchenk des Profeſſors Schadow ins Kupferſtichkabinet gekommen.</small>

Madonna mit dem Kinde. Skizze in Feder und Bleiſtift; kl. 4⁰. Aus dem W. Schorn'ſchen Nachlaſſe; im k. Kupferſtichkabinet zu Berlin.

Fünf Blättchen mit verſchiedenen ganz kleinen Studien von Händen, Armen, Beinen u. ſ. w. Im k. Kupferſtichkabinet zu Berlin.

Niebelungen. Skizzen, im Beſitze der Frau Th. v. Cornelius zu Berlin:
1) Abſchied des Siegfried von der Kriemhilde; auf der Rückſeite nacktes männliches Studium.
2) Die Leiche des Siegfried vor dem Dom.
3) Hagen und die Donauweibchen, viermal auf demſelben Blatte weniger und mehr angelegt.

Die Joseph-Bilder.
> **Die Wiedererkennung.** Drei Skizzen auf demselben Blatte. Im Besitze der Frau Th. v. Cornelius zu Berlin.
> Studium zu einem der Brüder hierzu; im Besitze des Malers Hösemeyer zu München.
> **Die fetten Jahre, und Gruppen.** Skizzen, im Besitze der Frau Th. v. Cornelius zu Berlin.

Die zehn klugen und thörichten Jungfrauen. Skizze auf demselben Blatte wie die vorigen.
> Diese Skizze entspricht durchaus dem Gemälde W. Schadow's, welches in Frankfurt a. M. ist, und für das beste Werk dieses Künstlers gehalten wird. Die Uebereinstimmung ist so schlagend, daß, auch abgesehen von den mündlichen Zeugnissen der Zeitgenossen, kein Zweifel bestehen kann, Schadow habe nach dieser Skizze gearbeitet.

Christus in Bethanien. Skizze. Auf der Rückseite und dem anhängenden Blatte ein nacktes weibliches Studium und verschiedene Arme. Im Besitze der Frau Th. v. Cornelius zu Berlin.

Pauli Abschied von den Ephesern. Erste Skizze. Auf der Rückseite und dem anhängenden Blatte zwei Gruppen mit Christus und drei Gewandstudien. Im Besitze der Frau Th. v. Cornelius zu Berlin.

Italienische Landschaft. Kleine Federskizze. Im Besitze der Frau Th. v. Cornelius zu Berlin.

Schutzgeist: eine sitzende weibliche Gestalt, die mit der linken Hand ein in ihren Arm geflüchtetes Kind umfängt und die Rechte abwehrend erhebt. Leichte Bleistiftskizze, bez. P. Cornelius f. Erstes Blatt im ersten Bande des Josef Koch'schen Nachlasses; in der Bibliothek der Kunstakademie zu Wien.

Männlicher Act aus der ersten römischen Zeit, in Bleistift; auf der Rückseite eine männliche und weibliche Kostümfigur, wahrscheinlich aus einem alten Bilde copirt. Im Besitze des Malers H. Mosler in Düsseldorf.

Gewandstudium eines vom Rücken gesehenen Mannes. Bleistift. Kl. Fol. Im Besitze von Eduard Cichorius in Leipzig.

Sitzende, in Schlaf gesunkene, männliche Figur (vermuthlich nach Rafael). Federzeichnung. 8°. Im Besitze von Eduard Cichorius in Leipzig.

Skizzenbuch aus Italien. 4°. Verschiedene Skizzen, Studien und landschaftliche Darstellungen aus den Jahren 1811—1819 enthaltend. Im Besitze der Frau Th. v. Cornelius zu Berlin.

Entwurf eines Transparentes, zur Feier eines Besuches des kronprinzlichen Paares Friedrich Wilhelm (nachmals der IV.) und Elisabeth in Düsseldorf wahrscheinlich 1825, flüchtig und schwer sichtbar. Im Besitze des Inspectors Wintergerst in Düsseldorf.

Glyptothek.

Skizzen, im Besitze der Frau Th. v. Cornelius zu Berlin:
  1) Opferung der Iphigenia. Auf der Rückseite ein nacktes weibliches Studium.
  2) Hektor und Andromache; zweimal auf demselben Blatt.
  3) Priamus den Achilles bittend.
  4) Kämpfergruppe.
  5) Zorn des Achilles.
  6) Kampf um den Leichnam des Patroklus.

Zwei Studien zur Zerstörung Troja's:
  a. Act zum Agamemnon.
  b. Kopf einer der Töchter der Hekuba. Im Besitze des Inspectors Wintergerst in Düsseldorf.

Bruchstück der Skizze zu einer der Compositionen für den Bogengang der Pinakothek. Im Besitze der Frau Th. v. Cornelius zu Berlin.

Ludwigskirche.

Einer der vier Evangelisten. Skizze, im Besitze der Frau Th. v. Cornelius zu Berlin.

Zwei Studien zu Figuren im jüngsten Gerichte (eines davon zu einem Teufel); im Besitze des Professors Schlotthauer zu München.

Ein weibliches Studium, vermuthlich zu einem Engel in der Ludwigskirche; im Besitze des Kupferstechers Merz in München.

Göthe. Skizze zu der Zeichnung auf die hundertjährige Feier 1849. Im Besitze der Frau Th. v. Cornelius zu Berlin.

Gewerbe. Skizze der Zeichnung zur großen Denkmünze für gewerbliche Leistungen. Im Besitze der Frau Th. v. Cornelius zu Berlin.

Schiller-Göthe. Skizze zu dem weimar'schen Denkmale. Im Besitze des Hofsängers F. v. Milde zu Weimar.

  Die flüchtige Skizze ist bei Gelegenheit einer Unterhaltung mit Rauch entstanden, und war nicht ohne Einfluß auf diesen, als er seine bekannte Skizze zu jenem Denkmale machte.

Der Engel aus dem Sturz Babels. Skizze, im Besitze der Frau Th. v. Cornelius zu Berlin.

Die heilige Elisabeth. Skizze zu der Tuschzeichnung von 1852. Im Besitze der Frau Th. v. Cornelius zu Berlin.

Wunder Christi. Skizze zu der Tuschzeichnung von 1860. Im Besitze der Frau Th. v. Cornelius zu Berlin.

Studien verschiedener Art. Im Besitze des Professors J. Schlotthauer zu München.

> Näheres über Art und Anzahl dieser Blätter kann nicht angegeben werden, aus den S. 377 dargelegten Gründen; bekannt ist aber, daß Professor Schlotthauer die schönsten von den Cornelius'schen Acten und Gewandstudien besaß.

Studien. Im Besitze der Frau Th. v. Cornelius zu Berlin, und zwar:

74 Blätter mit männlichen Acten.

45 Blätter mit weiblichen Acten.

36 Blätter mit Studien zu Köpfen, Armen und Beinen.

54 Blätter mit Gewandstudien der verschiedensten Art.

> Viele dieser Blätter sind auch auf der Rückseite benutzt, und so mußte hier die Eintheilung nach dem hauptsächlichsten Gegenstand, welchen sie enthalten, erfolgen. Die ältesten dieser Studien sind aus Italien von 1811, die jüngsten aus dem Anfang der fünfziger Jahre. Unter ihnen befinden sich Naturstudien zu Figuren der Bartholdy'schen Fresken, der Glyptothek, der Ludwigskirche und der Domhof-Kartons; von den neueren sind besonders zahlreich die Studien zu den Figuren des Kartons der apokalyptischen Reiter vorhanden. Häufig ist auf der Aetzeichnung Name und Wohnung des Modells vermerkt.

Uebersicht der Werke
nach den Orten ihrer Aufbewahrung.

Antwerpen.
Museum:
    Hagen versenkt den Nibelungenschatz. Karton. S. 423.

Basel.
Städtisches Museum:
    Der Olympos. Bleistiftzeichnung. S. 399.
    3 Kartons zur Ludwigskirche: (Gott Vater und die Engel (I. 1—3). S. 411.
    Jüngstes Gericht der Ludwigskirche. Entwurf. S. 412.

Berlin.
Der Staat:
    Die Kartons zur Glyptothek. Ganz unzugänglich. S. 399.
    Die Kartons zur Ludwigskirche. Ganz unzugänglich. S. 411.
    Die Kartons zur Friedhofshalle. Im Cornelius'schen Hause. S. 418.
    Die Erwartung des Weltgerichts. Im Cornelius'schen Hause. S. 422.

Die Akademie der Künste:
    Die Wiedererkennung Joseph's und seiner Brüder. Karton. S. 389.

Die k. Museen (Antiquarium):
    Glaubensschild, in Silber ausgeführt. S. 413.

Das k. Kupferstich-Kabinet:
    Julia; Bleistiftzeichnung. S. 391.
    Pietas; Umriß. S. 392.
    Kosmos; Bleistiftumriß. S. 419.
    Feldzug; Bleistiftumriß. S. 420.
    Vermählung; Bleistiftumriß. S. 422.
    2 Skizzen. S. 425.
    5 Blättchen kleiner Studien. S. 425.

König Wilhelm von Preußen:
: Hagen versenkt den Niebelungenschatz (im Rheinlands=Album). S. 422.
Wagener'sche (National=) Gallerie:
: Hagen versenkt den Niebelungenschatz. Oelbild. S. 423.
Herr G. Reimer, Buchhändler:
: Sieben Zeichnungen zu den Niebelungen. S. 387.
: Sechs Zeichnungen zu Tasso's befreitem Jerusalem. S. 414.
Herr Graf A. Raczynski:
: Christus in der Vorhölle. Oelbild. S. 412.
: Gruppe: Seelig sind die da hungert ꝛc. Oelbild. S. 420.
Frau M. v. Radowitz, geb. Gräfin v. Voß:
: Petrus und der Zauberer Simon. Zeichnung. S. 421.
Frau v. Thile, geb. v. Graefe:
: Die heilige Caecilie. Umrißzeichnung. S. 420.
Frau Therese von Cornelius:
: Umrißkarton zur „Vorhölle". S. 412.
: Umrißkarton zur „Gruppe". S. 421.
: Bildniß der Frau Malß. S. 385.
: 3 Blätter zum „Faust"; Federumrisse. S. 386.
: Blatt 5 und 7 der „Niebelungen"; Federumriß. S. 388.
: Donaufahrt der Niebelungen; Bleistift. S. 388.
: Christus mit acht Jüngern; Federumriß. S. 390.
: Abschied zur Flucht nach Aegypten. Bleistiftumriß. S. 390.
: Dasselbe. S. 390.
: 3 Blätter zu „Romeo und Julia". Bleistiftumrisse. S. 391.
: Kreuzabnahme. Bleistiftumriß. S. 391.
: Landmädchen. S. 393.
: Maler Fohr. S. 393.
: S. Giovanni e Paolo. S. 393.
: Bildniß von des Künstlers erster Frau. S. 400.
: Weibliches Brustbild. S. 400.
: Gott als Schöpfer. S. 411.
: Friedrich Wilhelm III. S. 415.
: Wunder Christi. S. 423.
: 2 Skizzen zum Faust. S. 425.
: 3 Skizzen zu den Niebelungen. S. 426.
: 4 Skizzen zu den Josephsbildern. S. 426.
: Skizze der zehn Jungfrauen. S. 426.
: Skizze des Christus in Bethanien. S. 426.

Skizze des Abschiedes Pauli. S. 426.
Landschaftsskizze. S. 426.
Italienisches Skizzenbuch. S. 426.
6 Skizzen zur Glyptothek. S. 427.
Bruchstück einer Skizze zur Pinakothek. S. 427.
Skizze eines Evangelisten. S. 427.
Skizze zur Göthe-Denkmünze. S. 427.
Skizze zur großen gewerblichen Denkmünze. S. 427.
Skizze zum Engel im Sturze Babels. S. 427.
Skizze zur h. Elisabeth. S. 428.
Skizze zum Wunder Christi. S. 428.
74 Blätter mit männlichen Acten. S. 428.
45 Blätter mit weiblichen Acten. S. 428.
36 Blätter mit Studien zu Köpfen. S. 428.
54 Blätter mit Gewandstudien. S. 428.

Herr Dr. H. Riegel:
Kronos von Eros besiegt. Umrißzeichnung. S. 419.

Bonn.

Herr Dr. aus'm Werth, Professor, in Kessenich bei Bonn:
Pallas lehrt die Weberei. Oelbild. S. 383.

Cagli in Umbrien.

Herr Graf Philipp Marcelli:
Siegfried's Tod. S. 388.
Eros und Erato. Federzeichnung. S. 391.
Kampf um den Leichnam des Patroklos. Federzeichnung. S. 400.
Die Apostel und Märtyrer. Entwurf zum Fresko (II. 1. c.) der Ludwigskirche. S. 411.
Die Kirchenlehrer und Ordensstifter; desgleichen. (II. 1. d.) S. 412.
Anbetung der Könige; desgleichen. (III. 1.) S. 412.
Drei Zeichnungen zu den Figuren (1. a. b. 2. b. c.) der Schweriner Kapelle. S. 415.
Sieben Zeichnungen mit Gestalten von Märtyrern. Umriß. S. 420.
Pietas. Karton. S. 423.

Darmstadt.

Großherzogliches Museum:
Traumdeutung Joseph's. Federzeichnung. S. 389.
Entführung der Helena. Entwurf. Bleistiftzeichnung. S. 399.

Dresden.

König Johann von Sachsen:
: Dante's Paradies. Umrißzeichnung in Feder, zum Theil farbig angelegt. S. 389.

Herr Dr. Müller, Geh. Rath:
: Grablegung. Federzeichnung. S. 392.

Herr Dr. Hähnel, Bildhauer und Professor:
: Glaubensschild. Umrißzeichnung. S. 412.

Düsseldorf.

Städtische Gemäldesammlung:
: Die klugen und thörichten Jungfrauen; nicht ganz vollendetes Oelbild. S. 393.

Herr Feltmann, Kaufmann:
: Theseus und Peirithoos. Sepiazeichnung. S. 382.
: Anchises und Aeneas. Sepiazeichnung. S. 382.
: Bildniß in Oel von Herrn Feltmann's Vater. S. 382.

Herr H. Mosler, Maler:
: Brutus läßt seine Söhne hinrichten. Tuschzeichnung. S. 382.
: Kopf eines griechischen Helden (Odysseus). Bleistiftzeichnung. S. 382.
: Bildniß einer Dame. Bleistiftzeichnung. S. 383. (Siehe XIII.)
: Faust Blatt 6. Angefangene Federzeichnung. S. 386.
: Anbetung der Könige. Federzeichnung. S. 412.
: Männlicher Act. S. 426.
: 2 Kostümfiguren. S. 426.

Frau Dr. Wolters in Bilk bei Düsseldorf:
: Karton der Gruppen d und e im Ringe zu „Dante's Paradies". S. 390.

Herr E. Bendemann, Director:
: Heilige Familie. Federzeichnung. S. 392.

Herr Wintergerst, Inspector:
: Entwurf eines Transparentes. S. 427.
: Actstudium zum Agamemnon. S. 427.
: Kopfstudium zu einer der Töchter der Hekuba. S. 427.

Herr Dr. Honigmann:
: Eine Zeichnung. S. 424.

Essen.

Oratorium der barmherzigen Schwestern:
: Die heiligen 14 Nothhelfer, auf zwei Oelgemälden dargestellt. (Eigenthum der Brockhoff'schen Familie.) S. 381.

Frankfurt a. M.

Das Städel'sche Institut:
: Ritter mit gezogenem Schwerte. S. 384.
: Zwölf Zeichnungen zum Faust. S. 385.
: Tod Romeo's und Julia's. Federzeichnung. S. 391.
: Madonna. Steinzeichnung. S. 393.
: Friesstreifen aus der Glyptothek. Bleistiftzeichnung. S. 400.
: Farbenskizze zum jüngsten Gericht in der Ludwigskirche. S. 412.
: Dante-Karton. S. 390. (S. Wetzlar.)

Städtisches Museum:
: Heilige Familie. Oelbild. S. 383.

Herr G. Malß, Inspector des Städel'schen Instituts:
: 19 Blatt Entwürfe zum Faust. S. 424.
: 3 Bleistiftzeichnungen zu Dalbergs Ehren. S. 384.
: 1 Skizze zum Engel Michael. S. 424.
: 7 Entwürfe und Zeichnungen mythologischen Inhalts. S. 384 und 424.
: Die Reisebeschreibung in den Taunus mit 6 Zeichnungen. S. 385.

Herr Hermann Mumm:
: Grablegung. Federzeichnung. S. 392.

Herr Moritz Gontard:
: Widmungsblatt zum Faust. S. 386.
: Opfer der Iphigenia. Umrißzeichnung. S. 400.

Herr Fritz Bruère:
: 2 Oelbildnisse des Herrn und der Frau Willmans. S. 384.

Herr Ernst Kelchner:
: Oelbildniß der Frau Scheel. S. 384.

Malß'sche Familie:
: Bildniß in Oel. S. 385.
: 2 Zeichnungen zur Reise in den Taunus. S. 385.

Hannover.

Herr B. Hausmann, Oberbaurath:
: Traumdeutung Joseph's. Karton. S. 389.
: Heilige Familie. Umrißzeichnung. S. 424.

Heidelberg.

Schlosser'sche Sammlung auf Stift Neuburg, (dem Senator Freiherrn von Bernus zu Frankfurt gehörig):
: Abschied des Paulus. Zeichnung. S. 390.
: Gefangennehmung Christi. Zeichnung. S. 390.
: Bildniß Overbeck's. Zeichnung. S. 393.

Kopenhagen.

Thorwaldsen-Museum:
: Grablegung. Oelbild. S. 392.
: Pietas. Sepiazeichnung. S. 392.
: Romeo's Abschied von Julia. Sepiazeichnung. S. 391.

Leipzig.

Herr Eduard Cichorius:
: Michael stürzt den Drachen. Federzeichnung. S. 383.
: Der Schutzengel. Federzeichnung. S. 383.
: Gewandstudium. S. 426.
: Studium einer sitzenden Figur. S. 426.

Herr C. G. Boerner, Kunsthändler:
: Traumdeutung. Aquarellbild. S. 388.
: Wiedererkennung. Bleistiftumriß. S. 389.

Herr Dr. Max Jordan:
: Sturz der Titanen (Glyptothek. Götterfaal II.). Karton von Leeb gezeichnet. S. 395 und XIV.

London.

Prinz von Wallis (Schloß Windsor):
: Glaubensschild in Silber ausgeführt. S. 413.

München.

Glyptothek:
: Die Fresken. S. 394.

Ludwigskirche:
: Die Fresken. S. 410.

K. Kupferstich-Kabinet:
: Theseus und Peirithoos. Federzeichnung. S. 382.
: Jakob segnet Joseph's Söhne. Federzeichnung. S. 382.
: Abschied des Paulus von den Ephesern. Zeichnung. S. 390.
: Grablegung; auf der Rückseite des vorigen. S. 391.
: 48 Umrißzeichnungen zur Geschichte der Malerei für den Bogengang der Pinakothek. S. 401.

König Ludwig I. von Bayern:
: Krönung Mariä. (Aachener Dom.) Umrißzeichnung. S. 421.

Herr J. Schlotthauer, Prof.:
: Entführung der Helena. Umrißzeichnung. S. 400.
: 2 Studien zu Figuren im jüngsten Gericht der Ludwigskirche. S. 427.
: Studien verschiedener Art. S. 428.

Herr Hösemeyer, Maler:
　Studium zu einem der Brüder in der Wiedererkennung Joseph's.
　S. 426.
Herr Fr. Bruckmann, Kunsthändler:
　Lady Macbeth. Bleistiftzeichnung. S. 422.
Herr Dr. Ringseis, Geh.-Rath:
　Der gefesselte Prometheus. (Glyptothek.) Karton. S. 399.
　3 Bildnisse. S. 400.
Herr Merz, Kupferstecher:
　Weibliches Studium, vermuthlich zu einem Engel der Ludwigskirche.
　S. 427.
Herr Freiherr von Schack:
　Die Flucht nach Aegypten; Oelbild. S. 392.
Die Cotta'sche Buchhandlung:
　Jahreszeiten. S. 412.

Potsdam.

Elisabeth, Königin (Wittwe) von Preußen:
　Eros belehrt Erato. Tuschzeichnung. S. 414.
Die Garnison-Kirche:
　Taufkanne mit dem Cornelius'schen Relief. S. 422.

Rom.

Casa Bartholdy:
　Die Fresken. S. 388.
Herr Dr. Erhardt, Arzt:
　Faust und Gretchen. Tuschzeichnung. S. 423.

Rostock.

Die Töchter des verstorbenen Herrn Präsidenten Fromm:
　Die drei Marien am Grabe. Oelbild. S. 392.

Schwerin in Mecklenburg.

Großherzogliche Gallerie-Direction:
　7 Kartons zu den Figuren der Glasfenster der heil. Blutkapelle (in
　Kisten verpackt). S. 415.

Weimar.

Großherzogliches Museum:
　4 Zeichnungen der Entwürfe zur Friedhofshalle in Berlin. S. 415.
Herr F. von Milde, Hofsänger:
　Skizze zum Göthe-Schillerdenkmal. S. 427.

Werden a. d. Ruhr.
Herr Ferdinand Scheidt:
Kindergestalt. Oelbild. S. 383.

Wetzlar.
Herr G. Cornelius, Hauptmann:
Karton der Gruppen f. und g. im Ringe zu „Dante's Paradies
(zur Zeit aufgestellt im Städel'schen Institut zu Frankfurt a. M.)
S. 390.

Wien.
Die Akademie der Künste:
Schutzgeist. Bleistiftskizze. S. 426.
Frau Fürstin Hohenlohe:
Barmherzigkeit der heil. Elisabeth. Tuschzeichnung. S. 421.

An unbekannten Orten befindlich oder untergegangen.

Polyphem. S. 381.
Menschengeschlecht. S. 381.
Neuß: Wandgemälde. S. 382.
Malereien im Schmitt'schen Hause. S. 384.
Einige Bildnisse in Oel. S. 385.
Der Hadermann'sche Nachlaß. S. 385.
13 Zeichnungen zum „Taschenbuch". S. 386.
Titel zu den Niebelungen. Umriß. S. 388.
Auszug zum Sachsenkriege. S. 388.
Karton 3. zu Dante's Paradies. S. 390.
Einnahme von Paris. S. 391.
Allegorie auf Tyrol. S. 391.
Karton zu den drei Marien. S. 392.
Ludwigsfest 1818. S. 393.
Koch'sche Landschaften mit Staffage von Cornelius. S. 393.
Verschiedene Entwürfe und Kartons zur Glyptothek. S. 399.
Bildniß des S. Boisserée. S. 400.
Thorwaldsen-Fest. S. 400.
Entwürfe und Kartons zur Ludwigskirche. S. 410.
9 Entwürfe zu Denkmünzen. S. 422.
Taufe. S. 422.
Pietas, Temperagemälde. S. 423.

www.ingramcontent.com/pod-product-compliance
Lightning Source LLC
Chambersburg PA
CBHW022143300426
44115CB00006B/316